Janne Mommsen

Omas Inselgeschichten

Oma ihr klein Häuschen
Ein Strandkorb für Oma
Oma dreht auf

Rowohlt Taschenbuch Verlag

Dieses Buch ist fiktiv.
Die in diesem Buch dargestellten Personen und Ereignisse
sind frei erfunden. Ähnlichkeiten sind zufällig
und nicht beabsichtigt.

Sonderausgabe

Veröffentlicht im Rowohlt Taschenbuch Verlag,
Reinbek bei Hamburg, Juni 2013
«Oma ihr klein Häuschen» Copyright © 2010 by
Rowohlt Verlag GmbH, Reinbek bei Hamburg
«Ein Strandkorb für Oma» Copyright © 2011 by
Rowohlt Verlag GmbH, Reinbek bei Hamburg
«Oma dreht auf» Copyright © 2012 by
Rowohlt Verlag GmbH, Reinbek bei Hamburg
Umschlaggestaltung any.way, Barbara Hanke/Cordula Schmidt
(Illustration: Niko Reitze de la Maza)
Satz Plantin PostScript (InDesign) bei
Pinkuin Satz und Datentechnik, Berlin
Druck und Bindung CPI – Clausen & Bosse, Leck
Printed in Germany
ISBN 978 3 499 26677 5

Oma ihr klein Häuschen

In Erinnerung an Thea Schipper

Inhalt

1. Kellermaden auf Samt

Es ist ein ganz normaler Mittwochmorgen. Ich stehe an einen kalten grauen Stahlcontainer gelehnt und schaue auf das riesige Lehmfeld vor mir. Feiner Nieselregen füllt beständig die kleinen Pfützen, die mir vorkommen wie Karibikstrände. Das liegt wohl an der fröhlichen kubanischen Band, die gerade hinter mir im Container einen Salsa spielt. Ich sollte hinzufügen: original kubanisch, also nicht nachgemacht aus Rumänien oder dem Baltikum, wie so oft. Ich arbeite bei der Agentur Beucker Surprise als Eventmanager, bin also so etwas wie Bühnenbildner, Bauleiter und Oberkellner in einer Person. Meine Leute und ich haben die ganze Nacht durchgeschuftet, um den grauen Bürocontainer am Rand der Stadt in einen Palast aus 1001 Nacht zu verwandeln. Es ist etwa neun Uhr, und ich habe meine erste ruhige Minute.

Es war das übliche Standardarrangement zum Pauschalpreis: Wir haben die Wände herausgenommen, Schreibtische und Computer verschwinden lassen, den ganzen Raum mit schweren Samtdecken in Purpur ausgelegt, Scheinwerfer und dezente Leuchten installiert, eine kleine Bühne und eine Bar aufgebaut. Als die ersten Angestellten heute Morgen zur Arbeit kamen, legte sich ein herrlich verwirrter Ausdruck auf ihre Gesichter: Wo gestern ihre Büros waren, stehen nun Himmelbetten und Baldachine voller Kissen und Decken, die zum Herumlungern einladen. Es gibt Hummer, Kaviar und Champagner, in einer Ecke spielt die kubanische Live-Band.

Einige fürchteten im ersten Moment, sie seien ihren Job los und der Container bereits anderweitig vermietet. Aber nein, liebe Leute, alles ist prächtig! Die Chefetage der Baufirma findet, dass es einen großen Sieg zu feiern gibt, und will euch mit einer Überraschungsparty belohnen: Ihr Makler habt vor kurzem das letzte der hundertzwei Reihenhäuser auf dem Feld hinter dem Bürocontainer verkauft, jetzt werden Provisionen ausgeschüttet, dass es nur so knallt. Neues Auto gefällig? Großbildfernseher? Anzahlung für die Eigentumswohnung? Herzlichen Glückwunsch, alles ist möglich!

Langsam wird mein Smokingjackett nass, also spanne ich meinen kleinen Regenschirm auf. Meine schwarzen Lackschuhe versinken leicht im Matsch, jetzt merke ich doch die durchgearbeitete Nacht. Die Party ist bereits ein Selbstgänger, da muss ich nichts mehr tun. Der Abteilungsleiter tanzt im Hawaiihemd mit der spröden Dame aus der Buchhaltung, während andere sich zum Frühstück einen Cocktail mixen lassen. Wie aus dem Nichts steht eine Frau neben mir, die in ihrer ausgewaschenen schwarzen Jeans und der weißen, ungebügelten Bluse so gar nicht zu den schnieken Menschen im teuren Anzug und makellosen Kostüm passen mag. Vielleicht kommt sie auch aus der Nachbarschaft, wer weiß? Sie wirkt etwas jünger als ich, höchstens dreißig, hat einen Seitenscheitel und hält ihr glattes rötliches Haar mit einer silbernen Spange vom Gesicht fern. Ihre linke Augenbraue wird von einer kleinen Narbe unterbrochen, die aussieht wie ein Komma. Was sie da wohl gestreift hat?

«Darf ich mit unter den Schirm?»

Eine samtweiche sonore Stimme.

«Klar.»

Als sie sich dicht neben mich stellt, spüre ich eine angenehme Körperwärme, dezentes Amber-Parfüm erreicht meine Nase. Für diesen Duft gebe ich ihr jeden Kredit.

«Entschuldige, du hast da etwas Konfetti im Haar ...»

Sie zeigt es bei sich am Kopf, ich suche es, wie üblich, auf der falschen Seite.

«Darf ich?», fragt sie.

Ich beuge ihr meinen Kopf entgegen, sie zieht sanft und behutsam Reste einer Papierschlange aus meinem braunen Haar. Ihre Fingerkuppen berühren kurz meine Kopfhaut.

«Ganz schön dichte Wolle.»

«Ein Erbstück meiner Mutter.»

Es ist kaum zu glauben: Da rennt man dreimal die Woche ins Fitnessstudio, um eine Frau kennenzulernen, und das Einzige, was dabei herauskommt, ist eine gute Kondition. Und ausgerechnet hier, fernab von jeder angesagten Szenebar, am Rand eines Vororts von Hamburg, passiert es von selbst, morgens um neun. Erst denke ich, sie will nur kurz eine rauchen, aber auch nach der Zigarette bleibt sie einfach so neben mir stehen, schaut mit mir auf das lehmbraune Feld und summt leise die Melodie des kubanischen Jazztrios mit. Ich stimme mit ein. Drinnen grölen ein paar Männerstimmen der leichten, fröhlichen Musik entgegen: «Einer geht noch, einer hat noch Platz ...» Prompt erfassen mich ihre neugierigen, hellgrünen Katzenaugen. Als seien wir gerade nebeneinander aufgewacht, so nah fühlt sie sich an.

«Was für Idioten», murmelt sie.

Irgendjemand hat mir vorhin erzählt, dass die Käufer der Reihenhäuser überwiegend Leute sind, die sich eine eigene Immobilie gar nicht leisten können. Die Verkäufer haben ihnen die Finanzierung so lange schöngerechnet, bis sie alles geglaubt und unterschrieben haben. Klar, dass die Provisionen als Erstes gezahlt werden, damit die Makler als Einzige sicher aus dem Deal herauskommen. Dieselben Halsabschneider werden in einem Jahr die ersten Zwangsversteigerungen einleiten und erneut kassieren.

«Ich frage mich gerade, was für Tiere die geworden wären, wenn sie keine zwei Beine hätten», überlege ich.

Sie schenkt mir ein offenes Lächeln, inklusive Grübchen im Mundwinkel.

«Schwer zu sagen, was meinst du?»

«Kellermaden.»

Beim Lachen zeigt sie ihre wunderbar gleichmäßigen Zähne. «Diese ekligen Dinger, die Gott als Vogelfutter erschaffen hat?»

Ich bestätige das mit einem seriösen Expertenblick: «Kein Rückgrat, dünner Panzer.»

Eine einzelne, unglaublich widerliche Männerlache dringt zu uns durch.

«Dafür sind sie aber sehr laut.»

«Die Kellermaden mit den ekligen Stimmen haben die Biologen lange Zeit übersehen. Übrigens hält sich diese Unterart selbst für die Krone der Schöpfung.»

«Na ja, sie sind eben sehr erfolgreich.»

«Aber nur im Komposthaufen. Außerhalb gehen sie sofort ein.»

Meine Sätze suchen sich selbst ihren Weg, ich brauche an keiner Stelle zu überlegen. Ihr scheint es genauso zu gehen. Sie sendet kleine Zeichen, wirft mir vorsichtig-abtastende Blicke zu – allein dass sie so nahe neben mir steht, ist außergewöhnlich bei Erstkontakt. Aber man kann sich nie hundertprozentig sicher sein, langsam wird mir etwas flau im Magen.

«Du magst keine Makler, was?», grinst sie.

«Als zahlende Kellermaden? Immer!»

Sie lächelt mich an. «Ich muss wieder rein. Hast du eine Karte?»

Im Bruchteil einer Sekunde ziehe ich meine Visitenkarte aus der Brusttasche meines Smokings: «Bitte.»

Sie lächelt erneut und schaut mir tief in die Augen. «Danke.»

Und geht hinein. Ihr Blick war unmissverständlich, sie wird mich anrufen. Ich muss mich jetzt richtig zusammenreißen, um ihr nicht hüpfend zu folgen. Morgen wäre mein Einjähriges als Single gewesen. Und einen Tag vorher begegne ich einer Frau, die mir so vertraut ist, als würde ich sie schon ewig kennen.

Ein Wunder.

Und was für eine Frau! Dieses strahlende Lächeln, diese … Mein Handy klingelt. Roland Beucker ist dran, mein Chef. Schnell unterdrücke ich meine Euphorie und senke künstlich die Stimme: «Moin, Roland, was gibt's?»

«Sag du's mir, Sönke.»

Er klingt gar nicht gut, neun Uhr morgens ist einfach nicht seine Zeit. Ich lasse meinen Gefühlen jetzt freien Lauf und singe fast: «Hier läuft alles bestens.»

Plötzlich brüllt es durch den Hörer: «Hast du sie noch alle? Wir haben gerade eine unserer wichtigsten Kundinnen verloren, weil du so ein Idiot bist!»

«Häh?»

«Eben rief mich Katharina Gehling an, das ist die Chefin der Baufirma. Du hättest ihre Makler als Maden bezeichnet.»

Das kann nicht wahr sein.

«*Die* war die Chefin?»

«Ja!», schreit mein Chef und fügt etwas leiser hinzu: «Du bist gefeuert – fristlos!»

«Nun warte mal ...», stottere ich.

Aber Roland will nicht warten: «Sie hat gesagt, dass sie sich so eine Beleidigung als gut zahlende Kundin nicht bieten lassen muss. Recht hat sie.»

«Aber warum ...?»

«Warum sie immer in diesen blöden Jeans herumläuft? Das ist ihr Markenzeichen, wie doof bist du eigentlich?»

Klar, einer sympathischen, offenen Frau im Sozialarbeiter-Look vertrauen unbedarfte Kunden mehr als einer schicken Tussi mit Perlenkette.

«Du bist verbrannt», erklärt mein Chef, «Gehling kennt all unsere wichtigen Partner in Hamburg, und *dich* will sie nicht wiedersehen. Tut mir leid, aber du hast es selbst vermasselt.»

Die Bodennässe ist inzwischen durch meine Ledersohlen gekrochen und hat die Strümpfe erreicht. Bis eben habe ich mich für einen geschmeidigen, buffettauglichen Vollprofi gehalten. Jetzt habe ich nur noch nasse Füße und rote Ohren.

2. Mutterschiff

Zu Hause räume ich erst einmal wie ein Irrer meine Wohnung auf. Die Bücher haben auf dem Kühlschrank wirklich nichts verloren, sondern gehören zurück ins Bücherregal im Wohnzimmer. An der Garderobe hängen viel zu viele Jacken, die Hälfte davon wandert in den Schrank im Schlafzimmer. Ich werfe die Waschmaschine an, Weißwäsche bei 90 Grad, danach wienere ich den Ganzkörperspiegel im Bad, bis er glänzt wie neu. Ich betrachte mich, suche mein Gesicht nach Spuren ab, als könnte meine Verzweiflung als große Narbe an der Stirn erscheinen. Aber es ist alles so wie immer: ein Meter fünfundachtzig, langes braunes Deckhaar, an den Schläfen abgestuft, dunkelgrüne Augen, eine markante, lange Nase, gepflegte Zähne. Den Smoking trage ich immer noch, nur die Fliege habe ich bereits abgelegt.

Und jetzt?

Besaufen? Fernsehgucken? Hoffen, dass ich mit meiner Geschichte in irgendeiner Vormittags-Talkshow lande? Zu allem Überfluss kommt jetzt auch noch die Sonne raus. Bald werden im Straßencafé unten im Haus lauter fröhliche Menschen hocken, ihre Stimmen bis in meine Wohnung dringen. Besser, ich mache die Fenster zu.

Dabei ist doch in meinem bisherigen Leben immer alles

gut gelaufen: Schon mit Mitte zwanzig hatte ich das wunderbare Gefühl, am Ort meiner Bestimmung angelangt zu sein. Nach Schule und Zivildienst habe ich lustlos ein paar Semester BWL studiert und nebenbei viel gejobbt, vor allem in der Gastronomie. Mit dem Geld bin ich nach Südafrika gereist, dann nach Bolivien, Peru, Chile, Indien und Vietnam. Als sich alle anderen noch in der Ausbildung befanden, schmiss ich mein Studium und begann bei Beucker Surprise. Es war der perfekte Job für mich, weil ich einfach gern mit Menschen zu tun habe. Ich unterhalte mich genauso gerne mit dem Hausmeister wie mit dem Parteivorsitzenden.

Der Wagen mit dem Essen steckt im Stau?

Der berühmte Künstler hat von heute auf morgen abgesagt?

Je schlimmer es kommt, desto mehr laufe ich zu Höchstform auf. Erst Chaos bringt mich auf optimale Betriebstemperatur.

Ich war am richtigen Ort, zehn Jahre lang – bis heute. Roland Beucker muss mich noch nicht einmal offiziell feuern, weil ich freiberuflich für ihn gearbeitet habe. Aus diesem Grund werde ich auch keine Arbeitslosenunterstützung bekommen. Das Geld auf meinem Konto wird höchstens vier oder fünf Monate reichen, ab da wird es rapide bergab gehen. Die Sozialbehörden werden verlangen, dass ich mir irgendein Loch in einem miesen Stadtteil nehme, am besten im schattigen, dunklen Souterrain. Was habe ich dem schon entgegenzusetzen? Ein abgebrochenes Studium, zehnjährige Berufserfahrung als «Eventmanager» – eine Phantasiebezeichnung, die großspurig klingen soll, aber eigentlich nichts aussagt.

Ich muss mir nichts vormachen, meine Lebensbilanz ist erbärmlich: Seit einem Jahr bin ich Single, und beruflich stehe ich mit fünfunddreißig schlechter da als die meisten Schulabgänger. Wenn ich wenigstens eine Krankheit oder ein traumatisches Erlebnis als Rechtfertigung anführen könnte, eine schlimme Kindheit vielleicht – aber das fällt leider alles aus.

Es ist schlicht und einfach eigene Dusseligkeit.

Die ist zwar menschlich, macht mich aber extrem unattraktiv und lässt, nebenbei gesagt, meine Chancen bei Frauen weit unter null sinken.

Das Telefon klingelt.

Roland Beucker?

Hat er es sich anders überlegt?

Wenn ja, würde ich sofort runter ins Café gehen und mir einen antrinken. Wahrscheinlich fand er es doch zu hart, mich nach all den Jahren fristlos rauszuwerfen. Mann, wenn das wahr wäre, hätte er mir einen mörderischen Schreck eingejagt, aber das würde ich ihm sofort verzeihen.

Das Display zeigt, es ist nicht Beucker.

Es ist meine Mutter.

Geeske Naumann, nicht jetzt, bitte!

Nichts gegen meine Mutter, wir haben ein gutes Verhältnis – wenngleich ich mit meinem Vater schon immer etwas besser konnte –, aber sie hat leider die Tendenz, sich ungeniert in mein Leben einzumischen, wogegen ich im Laufe der Jahre hohe Deiche gebaut habe. An einigen Stellen zusätzlich mit Stacheldraht, zur eigenen Sicherheit.

«Moin, Mama.»

«Wie geht's?»

«Ist noch früh, der Tag kann noch einiges bringen», säusele ich mit fröhlicher Stimme. Wenn ich eines kann, ist es, mich zusammenreißen.

«Ich wollte dich nur an Omas Sechsundsiebzigsten erinnern.»

«Habe ich nicht vergessen, das Geschenk bringe ich nachher zur Post.»

«Das ist doch nie bis morgen da, Sönke!» Wenn sie meinen Namen so vorwurfsvoll betont, ist höchste Gefahr im Verzug.

«Egal, an ihrem Geburtstag hat sie sowieso genug um die Ohren.»

«Bring es mir vorbei, ich kann es im Wagen mitnehmen, wenn ich nachher zu ihr fahre.»

Ich soll vierzehn U-Bahn-Stationen plus Bus bis nach Norderstedt fahren, nur um das Paket bei Mama abzugeben, und dann den ganzen Weg wieder zurückfahren? An einem Tag wie heute? – Niemals!

«Lass mal, für Oma passt das auch einen Tag später», wehre ich ab.

«Was ist los, Sönke?»

«Wieso? Was soll sein?»

Neben den üblichen sieben Sinnen besitzt meine Mutter auch noch ein eingebautes Röntgengerät, einen Kernspin und einen Stimmenanalysator, und all das funktioniert auch per Telefon. Mit anderen Worten: Man kann ihr nichts vormachen.

«Ich habe gefragt, was los ist, Junge.»

Und sie lässt nie locker.

«Ich habe heute meinen Job geschmissen.»

Das ist zwar leicht geschönt, aber im Ergebnis dasselbe. Wahrscheinlich kündigt sie gleich an, dass sie vorbeikommt, um mit mir über eine Umschulung zu sprechen, die mich für die Kommunalverwaltung in Norderstedt qualifiziert. Dort arbeitet nämlich mein Vater. Oder sie wird mir vorschlagen, Optiker zu werden, wie sie. Für beide Berufe bin ich komplett ungeeignet, was sie beständig ignoriert.

Doch sie überrascht mich: «Dann brauchst du erst einmal Abstand.»

Meine Mutter hat plötzlich so etwas wie Stressmanagement drauf? Sonst höre ich in solchen Situationen doch immer: «Stell dich nicht so an, wir hatten es viel schwieriger damals.»

«Ja, dringend», bestätige ich leicht verwirrt.

«Ich habe eine Idee. Du fährst zu Oma, und ich bleibe hier.»

Ah, daher weht der Wind.

Sie will sich drücken.

Mama hat nicht gerade das beste Verhältnis zu ihrer Mutter, aus welchen Gründen auch immer. Aber wenn ich's mir genau überlege, ist ihr Vorschlag gar nicht so schlecht, denn meine Oma wohnt auf einer Insel mitten im Meer.

«Okay.»

Jetzt wirkt sie etwas überrascht, das höre ich durchs Telefon. Vermutlich hatte sie sich auf eine längere Diskussion eingestellt. Pragmatisch, wie sie ist, geht sie sofort zu den organisatorischen Dingen über. «Die Feier findet morgen früh um acht Uhr am Südstrand statt, da wo wir immer feiern, am Leuchtturm.»

«So früh?»

«Du kennst doch meine Mutter. Wohnen kannst du ja in Oma ihr klein Häuschen. Darüber soll morgen sowieso gesprochen werden.»

«Wieso?» Gibt es ein Problem mit Omas Haus?

«Genau genommen hat mein Vater es uns allen vermacht, und jetzt muss endlich entschieden werden, was damit geschieht.» Omas Mann, mein Großvater, ist vor fünf Jahren gestorben. Warum kommt das Haus erst jetzt zur Sprache?

«Wem ‹uns›?», forsche ich nach.

«Cord, Arne, Regina, Oma und mir.» Cord, Arne und Regina sind ihre Geschwister. «Du vertrittst mich ganz offiziell und stimmst einfach mit Oma, dann wird es keine Probleme geben. Den Schlüssel schicke ich dir mit dem Taxi in deine Wohnung, ich muss gleich zur Arbeit.»

Fünfzehn Kilometer mit dem Taxi? So großzügig zeigt sich meine sparsame Mutter selten. Ein Zeichen dafür, wie erleichtert sie ist, nicht auf Omas Geburtstag zu müssen. Meine Mutter hat in einer öffentlichen Podiumsdiskussion mal gefordert, den Küstenschutz aus Steuermitteln einzustellen und die Nordfriesischen Inseln den Naturgewalten zu überlassen, so sehr nervt sie ihre Sippe.

«In Ordnung.»

«Hast du noch Geld für Zug und Fähre?»

«Mama! Was denkst du denn?»

«Und wenn du wieder da bist, reden wir über deine berufliche Zukunft. Da finden wir was.»

Genau dieses Wir fürchte ich am meisten. Ich sehe schon ihr beleidigtes Gesicht, wenn ich ihre gutgemeinten Vorschläge sanft, aber bestimmt ablehnen muss.

Bloß weg!

3. Oma ihr klein Häuschen

Die Sonne ist gerade untergegangen, als ich in Dagebüll mit meinem schwarzen Hartschalenkoffer auf die letzte Fähre sprinte. Die Fahnen der Wyker Dampfschiff-Reederei knattern im Wind wie startende Hubschrauber, die Luft ist salzig und riecht nach schwerer, aufgewühlter See, auf den Wellenspitzen hüpfen weiße Schaumkronen. Den Smoking und das weiße Hemd trage ich immer noch, ich mochte mich noch nicht umziehen. Meine Abendkleidung wirkt natürlich reichlich dicke auf einer Urlauberfähre, aber das ist mir egal. Als die weiße *MS Nordfriesland* ablegt, leuchten die Lichter der Föhrer Hauptstadt auf der gegenüberliegenden Seite wie eine Verheißung. Dort ist ein anderer Kontinent.

Ich gehe aufs Achterdeck, obwohl es empfindlich kühl wird, und lasse das Festland hinter mir wie eine ferne Insel. Das erste Mal an diesem verkorksten Tag atme ich auf. In mir breitet sich plötzlich eine Mischung aus gespannter Erwartung und Optimismus aus. Wo auch immer dieses Gefühl herkommt, es tut gut.

Wir passieren eine Sandbank, auf der sich eine Gruppe dunkel gekleideter Gestalten räkelt. Was ist das? Ich schaue genauer hin und erkenne ein paar Seehunde mit großen dunklen Augen, die das letzte Licht des Tages genießen. Dass es die außerhalb von Zoos noch gibt, hatte ich komplett vergessen. Mir sind diese Tiere ein Rätsel, unter 17 Grad zu baden ist für mich einfach unvorstellbar.

Jetzt wird erst einmal Omas Geburtstag gefeiert und dann am Strand abgehangen. Danach regelt sich alles wie von selbst.

Die Autofähre wird immer wieder angehoben und fallen gelassen, wie ein defekter Lift, der hilflos zwischen zwei Etagen hin- und herfährt. Ich war noch nie seekrank, aber so langsam wird mir leicht mulmig zumute. Komischerweise genieße ich selbst dieses Gefühl, vielleicht weil es so komplett anders ist als alles andere an diesem Tag. Nach einer Dreiviertelstunde legen wir in Wyk an. Die Wogen schlagen heftig gegen die Mauer. Man hört Metall quietschen, es riecht ein bisschen nach Dieselruß. In einem verlorenen, kleinen Haufen Fußgänger eile ich von der Fähre. Die ersten Schritte auf dem Festland fühlen sich immer etwas seltsam an, als müsste man das Gehen neu lernen. Ja, ich bin eindeutig in einer anderen Welt angekommen.

Die Insel wirkt um diese Zeit fast ausgestorben, der Asphalt glänzt feucht im Licht der wenigen Straßenlampen. Ich steige in einen alten Mercedes, das einzige Taxi, das hinter dem kleinen Deich am Kai wartet. Der Fahrer hat sich als friesischer Fischer verkleidet. Er trägt ein blaues, grobes Hemd mit feinen hellen Streifen, eine Prinz-Heinrich-Mütze und hat einen weißen Vollbart. Allein die Ray-Ban-Sonnenbrille auf der Mütze passt nicht ins Klischee. Ich bin so erschöpft, dass ich im Wagen sofort einnicke, werde aber nach wenigen Minuten schon wieder geweckt.

Das Taxi steht mit laufendem Motor vor Omas kleinem Hexenhaus in Nieblum. Offensichtlich wird es gerade renoviert, ein Teil des Reetdaches ist mit einer giftgrünen Kunststoffplane abgedeckt. Hinter der auswuchernden Hecke steht das Gras hüfthoch, der Vorgarten würde wohl jeden Vorsitzenden eines Kleingartenvereins in den Herztod treiben, das gefällt mir. Ich drücke dem Taxifahrer sein Geld in die Hand und steige mit meinem Gepäck aus.

Als ich klein war, waren meine Eltern und ich häufig auf der Insel zu Besuch, und immer haben wir hier übernachtet. Unten gibt es zwei kleine Zimmer und eine enge Küche, oben befindet sich das Bad. Ich kenne die besten Nischen und Abseiten fürs Versteckspielen und erinnere mich genau, welche Bodendielen nach verschüttetem Bootslack riechen. Herrlich: Die nächsten Tage werde ich hier wohnen wie in einem Palast, ganz alleine. Ich werde im Garten in der Sonne liegen und mich einfach tot stellen – falls ich nicht gerade ein Bad in der Nordsee nehme.

In freudiger Erwartung hole ich den Haustürschlüssel hervor, den mir meine Mutter mitgegeben hat: Er geht keinen Millimeter hinein.

Bin ich zu blöd? Das gibt es doch nicht!

Ich probiere es noch einmal, wie ein Volltrottel stochere ich im Dunkeln herum, vergeblich. Jemand scheint das Schloss ausgetauscht zu haben.

Frechheit!

Jetzt fängt es auch noch an zu regnen.

Aber ich habe Glück, das Fenster neben dem Eingang ist nur angelehnt. Vorsichtig ziehe ich mich an der Mauer hoch, schiebe es auf und springe vom Fensterbrett ins Dunkel. In dem leeren Zimmer riecht es nach Schimmel, unterlegt mit einem Herrenduft, der vor einiger Zeit mal sehr angesagt war, Cool Water von Davidoff. Mit ausgestreckten Armen taste ich mich zum Lichtschalter vor. Eine Diele neben mir knarrt laut, was in einem alten Gemäuer nicht ungewöhnlich ist. Plötzlich krallen sich wie aus dem Nichts zwei knochige Finger von hinten in meinen Hals.

«Das hast dir so gedacht, was?», keucht eine tiefe Männerstimme in mein Ohr. Der volltönende Bass klingt tief vertraut. Wie der meines Onkels, dessen wunderbare Geschichten aus meiner Kindheit ganz tief in meinem Gedächtnis gespeichert sind.

«Cord?»

Die Finger lockern sich: «Sönke?»

Ein paar Schritte, dann geht das Licht in Form einer nackten Glühbirne an, die von der Decke baumelt. Ich drehe mich um, und fast wäre mir eine unangemessene Frage herausgerutscht: *Wo sind deine Haare, Cord?* Mein Onkel hat plötzlich eine Glatze! Wie kann das sein? Gut, er müsste inzwischen über vierzig sein, und obwohl wir nur sieben oder acht Jahre auseinander sind, kam er mir immer schon viel älter vor. Zur Beerdigung von Opa ist er nicht gekommen. Wir haben uns vor zehn Jahren das letzte Mal in Frankfurt gesehen, da war er noch blond mit dichter Riewerts'scher Wolle. Sein Gesicht war schon immer spitz und eingefallen, aber jetzt ist er noch dünner und ausgemergelter. Ungerechterweise ist das jüngere Bild in meinem Kopf als Original gespeichert, und das neue, gealterte, wertet mein Hirn als Abweichung. Cord kommt mir vor wie eine seltene Hühnerart im Amazonas, deren Namen ich leider vergessen habe. Er mustert mich mit seinen kleinen blauen Vogelaugen, in seinen Mundwinkeln hängt getrockneter Speichel.

«Mann!», fluche ich und reibe mir den Hals, er hat ordentlich zugepackt. Wir stehen in der Küche, genauer müsste ich wohl sagen, in der *ehemaligen* Küche: An den Wänden klebt eine verblichene, ehemals weiße Raufasertapete, die an einigen Stellen abgerissen ist. Sämtliche Elektrogeräte sind ausgebaut, die Anschlusskabel liegen schlaff auf dem staubigen Boden, immerhin sind die Kabelenden abgeklebt. In der Mitte des Raumes stehen ein weißer Plastiktisch aus dem Baumarkt und zwei wacklige Billigstühle. Der einzige Lichtblick in diesem trostlosen Raum ist die nagelneue Designer-Kaffeemaschine auf dem fleckigen Fußboden, daneben stehen eine Dose Dallmeyer Prodomo und ein weißer Steingutbecher mit einer lachenden Mickymaus drauf. Was geht hier eigentlich vor?

«Ich habe das Schloss austauschen lassen», kichert Cord und keckert dabei wie eine Krähe.

«Ohne jemandem was zu sagen?»

Cord ist offenbar in Hochstimmung: «Heute habe ich mir eine Zwei-Liter-Flasche Wasser gekauft und auf Ex gekippt. Dann bin ich zum Grab meines Alten gegangen und habe auf seinen Stein gepinkelt, bis ich nicht mehr konnte.»

Das ist zwar genau genommen keine Antwort auf meine Frage, aber irgendwie kann ich ihn verstehen. Einen Vater wie seinen hätte niemand gerne gehabt: geizig und humorlos, gepaart mit unerbittlicher Strenge. Opa war Lateinlehrer am einzigen Gymnasium auf Föhr. Er badete jeden Tag in der Nordsee, auch im Winter, und wenn er sich dafür ein Loch ins Eis hacken musste. «Mens sana in corpore sano» war sein Lieblingsspruch, schon früh musste ich die Übersetzung lernen: «Gesunder Geist in gesundem Körper.» Gerüchteweise ist er mit diesem Satz auf den Lippen sogar gestorben. Das Schlimmste war eigentlich, dass er weder sich noch seiner Familie Spaß am Leben gegönnt hat, am allerwenigsten seinem Sohn Cord, den er für einen Versager hielt. Der Arme musste sich im Abitur von seinem eigenen Vater in Latein prüfen lassen und machte eine Fünf. Es gab eben nur das eine Gymnasium auf der Insel. Von da an beschränkte sich der Kontakt zwischen Vater und Sohn auf Korrespondenzen über Cords gerichtlich erstrittenen Unterhalt für die Ausbildung als Zahntechniker. Seine Mutter besuchte ihn hingegen regelmäßig und steckte ihm heimlich Geld zu. Mittlerweile ist Cord geschieden, hat ein Kind und wohnt in der Nähe von Frankfurt, soweit ich weiß. Er wird an die zwanzig Jahre nicht mehr auf Föhr gewesen sein, wie gesagt, nicht einmal zur Beisetzung seines Vaters wollte er kommen.

«Wieso hast du das Schloss austauschen lassen?», frage ich noch einmal.

Cord geht auch jetzt nicht darauf ein, sondern fängt stattdessen an, schaurig laut zu singen: «There iiiis a house in Neeeew Orrrrrleans, They call the Riiiising Sun, And it's been the ruin of many a poor boy, And God I knew I'm one ...» Dazu schlägt er mit der linken Hand unrhythmisch auf die Plastiktischplatte.

Ist das noch normal, oder bin ich einfach zu spießig?

Kann man statt einer Antwort auch mal singen?

Aber selbst wenn, was soll mir das Lied sagen?

«Cord ...? Sag was, rede mit mir, stell mir doofe Onkelfragen nach Beruf und Familienplanung, bitte!»

Doch er singt unbeirrt weiter.

Was für ein Tag.

Und er ist noch nicht zu Ende.

Von draußen wummert es gegen die Tür, eine energische Frauenstimme bellt mit schneidendem Ton: «Polizei! Öffnen Sie die Tür!»

Wenn es erst einmal schiefläuft ...

Cord bricht seinen Gesang ab und lächelt das erste Mal: «Maria!»

Was? Mit meiner Cousine hätte ich als Letztes gerechnet.

«Ich denke, die ist bei der Autobahnpolizei in Neumünster?»

«Strafversetzt, behauptet meine Mutter.»

«Öffnen Sie die Tür und kommen Sie mit erhobenen Händen heraus», tönt es von draußen. Die gleiche Aussage wie in jedem Serienkrimi – gesprochen mit Marias rauer Altstimme. Zusammen mit Cords Bass und meinem Tenor wären damit bis auf den Sopran alle Stimmen eines klassischen Chores besetzt. Auch Maria habe ich bestimmt zehn Jahre nicht gesehen, bei Opas Beerdigung hatte sie Dienst in Neumünster.

«Verpiss dich! Das ist unser Haus!», schreit Cord zurück und grinst mich an.

«Wenigstens guten Tag sagen sollten wir», schlage ich vor. Cord wirft mir wortlos seinen Schlüssel zu, ich schalte das Licht im Flur an, gehe zur Haustür und schließe auf.

«Ganz langsam», kommt es von draußen, «ich will beide Hände sehen!»

Ich drücke behutsam die Klinke nach unten und zwinkere Cord zu. Dann reiße ich die Tür mit einem Ruck auf und rufe: «Überraschung!»

Das kostet mich fast das Leben.

Denn meine Cousine Maria meint es ernst.

Sie steht breitbeinig mit durchgedrückten Armen vor mir und hält mit beiden Händen die Pistole auf mich gerichtet, die Finger befinden sich am Abzug. Dass sie fast so groß ist wie ich, hatte ich beinahe vergessen. Ihre haselnussbraunen Augen weiten sich beträchtlich, als sie mich erkennt: «Sönke?»

So stehen wir ein paar Sekunden und blicken uns an. Was für eine Erscheinung! Es ist das erste Mal, dass ich sie in ihrer dunkelblauen Polizistinnenuniform sehe. Von ihrem strengen Gesichtsausdruck mal abgesehen, sieht sie klasse aus. Unter der Uniformmütze gucken ihre vollen, braunen

Haare hervor, fast meine Farbe. Die Haut über den hoch liegenden Wangenknochen spannt nicht mehr so wie früher, sondern ist weicher geworden, was ihr gut steht. Die lange, schmale Nase ist jetzt ein reizvoller Kontrast dazu, und ihre vollen Lippen sehe ich das erste Mal leicht geschminkt. Ihr Gesicht ist allerdings überraschend blass für diesen heißen Sommer, sie war wohl nicht viel draußen. Erst jetzt bemerke ich den angespannten Polizisten jenseits der sechzig mit klassischem Schnauzer, der neben ihr steht und nervös auf seiner Unterlippe kaut. Er hat ebenfalls eine Pistole gezückt.

Maria hält ihre Waffe immer noch auf mich gerichtet.

«Hallo, Maria.»

«Uns, äh, wurde ein Einbruch gemeldet …», stammelt sie.

«Kennst du den?», fragt ihr Kollege ungläubig.

«Mmh.»

Sie schaut mich prüfend an, als müsste sie mein Gesicht noch einmal mit der Verbrecherdatei abgleichen, dann sichert sie ihre Pistole.

«Darf ich dich vielleicht mal umarmen?», lächle ich.

Maria hebt nur andeutungsweise die Hände, als ich sie kurz an mich drücke. Dabei meine ich den Anflug eines Lächelns in ihren Mundwinkeln zu erkennen.

«Na, dann ist die Familie ja glücklich vereint», gluckst Cord hämisch von hinten.

«Moin Cord», sagt Maria, aber da ist der schon wieder weg.

«Na, wir sehen uns dann ja morgen bei Oma», verabschiedet sich Maria trocken, dreht sich um und geht mit ihrem Kollegen zurück zum Dienst-Passat. Ihr leichter Gang passt so gar nicht zu ihrem düsteren Gesichtsausdruck. Obwohl sie langsam geht, berühren ihre Füße den Boden nicht länger als unbedingt notwendig. Sie wirkt wie eine Langstreckenläuferin, immer zum Sprint bereit.

Eins ist klar: Dieser Frau verdanke ich mein gutes Ansehen bei den Jungs in meiner Schulklasse. Als Fußballer war ich eine Niete, Maria hingegen brillant. Sie hat mir damals beigebracht, wie man eine Flanke genau platziert, einen Angreifer austrickst und einen Ball aus der Luft stoppt. Später stellte sich mir allerdings das Riesenproblem, wie man an ein wunderschönes Mädchen rankommt, das eigentlich lieber ein Junge geworden wäre.

Seit Beginn meiner Geschlechtsreife war Maria meine unerreichbare Traumfrau. Unerreichbar nicht, weil sie meine Cousine war – mein Onkel Arne hatte sie im Alter von drei Jahren adoptiert –, sondern weil sie so verdammt schwer einzuschätzen war. Sie lächelte fast nie und trug immer schlechte Laune zur Schau, selbst in Glücksmomenten. Selten konnte sie sagen, dass etwas gut war, für sie war es höchstens «nicht schlecht». Daher sah ich es als die größte Herausforderung an, sie zum Lachen zu bringen, und wenn es mir gelang, war das für mich wie ein praller Sommertag. Früher sind wir tagelang gemeinsam über die Föhrer Marschwiesen gelaufen, wo sie mir zeigte, wie man mit dem über zwei Meter langen *Klopperstook* Gräben überspringt und wann man bei Ebbe ins Watt darf. Das waren jene seltenen Ausnahmen, in denen sie ausgelassen juchzte und sang, während der Westwind uns durchs Haar pfiff, und ich fühlte mich wie im Himmel. Blöderweise glaubte ich ernsthaft, dass sie diese Seite nur mir zeigte. Im Grunde war ich jedes Mal, wenn ich mit meinen Eltern zurück nach Hamburg fuhr, schwer verliebt und habe mich danach wochenlang in mein Zimmer verkrochen und melancholische Balladen gehört.

Und heute lebt diese Frau also davon, dass sie Besoffene in Ausnüchterungszellen schleppt, flüchtige Verbrecher im Streifenwagen jagt und sich mit Demonstranten prügelt.

«Maria hätte dich am liebsten verhaftet», geifert Cord, als er mit mir zurück in die Küche geht.

«Meinst du?»

Ich bin immer noch ganz durcheinander.

«Hast du nicht ihren Gesichtsausdruck gesehen?»

«Sie war einfach überrascht», verteidige ich meine Cousine.

«Das ist nett ausgedrückt.»

Plötzlich bin ich sehr müde und beschließe, alle weiteren Fragen auf morgen zu verschieben.

«Gibt es hier ein Bett?», frage ich.

«Nebenan», brummt Cord.

Etwas verdutzt betrachte ich den Raum neben der Küche. Hier steht ein amtliches Großeltern-Doppelbett mit dunklem Schleiflack und zwei nackten Matratzen, auf denen zwei Wolldecken liegen. Das macht es für mich zum Sterne-Hotel, auch wenn ich noch nicht weiß, wie ich es finden soll, mit meinem Onkel in einem Bett die Nacht zu verbringen. Offensichtlich ist es nämlich die einzige Schlafgelegenheit hier im Haus. Ich verschwinde kurz oben im Dachgeschoss, um mir in dem blitzblanken Badezimmer mit den orangen Kacheln brav die Zähne zu putzen. Als ich wieder runterkomme, liegt Cord bereits auf der rechten Betthälfte und schläft tief und fest. Er trägt ein schwarzes T-Shirt mit einem silbernen Glitzer-Panther auf der Brust, der fauchend das Maul aufreißt. Neben dem Bett liegt eine geöffnete Packung Schlaftabletten auf dem Boden. *Lass ihn eine Nacht zur Ruhe kommen, dann fängt er sich wieder.*

Keine Maklermade der Welt kann jetzt noch verhindern, dass ich schnell in einen tiefen Schlaf falle.

4. Fünfzig Arten, «Moin» zu sagen

Am Morgen wache ich ziemlich früh auf und kann blöderweise nicht mehr einschlafen. Die letzte Nacht schreit nicht gerade nach Wiederholung, es sei denn, man steht drauf, im Doppelbett neben einem erkälteten Asthmatiker zu liegen, dessen Röcheln einem permanent Todesnähe signalisiert. Cord schläft noch tief und fest. Zum Glück steht in der Küche die Kaffeemaschine, und so gehe ich nach dem Duschen mit Cords Mickymaus-Pott voller Kaffee hinaus. Die frühe Morgensonne beleuchtet den Garten wie einen Märchenpark, zwischen den beiden Apfelbäumen flattern Schmetterlinge hin und her, während sich unzählige andere Insekten in allen möglichen Formen und Tönen im hüfthohen Gras tummeln.

Nieblum ist ein altes Kapitänsdorf, in das reich gewordene Walfänger einst ihr Geld gesteckt haben, um sich ihren friesischen Traum zu erfüllen. Die reetgedeckten Dachschürzen der mächtigen Häuser ziehen sich weit hinunter wie Sturmhauben, die jede Witterung abzuhalten imstande sind. Das Mauerwerk wurde in elegantem Weiß gestrichen, jedes dieser Gebäude würde auf die erste Seite eines prachtvollen Kalenders passen.

Oma ihr klein Häuschen kommt da vielleicht nicht ganz ran.

Es liegt am Rand des Ortes, umrahmt von öden Sechziger-Jahre-Bauten, und wenn man um die Ecke lugt, sieht man nichts als Maisfelder und Nutzvieh. Die alten, roten Ziegel glühen im Morgenlicht, die Sonne arbeitet die natürliche Farbe des Reetdachs hervor, während sich das Grün der Moosflechten darauf harmonisch mit den Plastikplanen über den Löchern verbündet. Kaum zu glauben, dass ich mitbestimmen darf, was damit nun geschieht. Stolz wie ein Landlord lasse ich den Blick über meine Besitztümer schweifen, auch wenn es nur knapp dreihundert Quadratmeter sind. Keine Ahnung, was das Haus in diesem Zustand wert ist, vermutlich nicht viel. Es ist eine Todsünde, dass meine Insel-Verwandten nichts daraus gemacht haben. Das Haus könnte man doch hervorragend vermieten, es ist ein Paradies! Zugegeben, die Fenster sind fast blind, weil sie seit Jahren nicht geputzt wurden, und auch drinnen stehen einige Schönheitsreparaturen an. Für mich ist das nicht der Rede wert: Frische Tapeten an die Wände, ein paar Pötte Farbe auf die Leisten, eine neue Küche, auf das Dach neues Reet – dann ist es perfekt!

Aber jetzt ist vorerst Schluss mit dem Thema, schließlich ist der eigentliche Grund, weshalb ich hier bin, Omas Geburtstag. Ich beschließe, zu Fuß an der Küste entlang von Nieblum bis zum Wyker Südstrand zu gehen, wo das Familientreffen stattfinden soll. Für halb acht morgens ist es jetzt schon ungewöhnlich warm. Das Wattenmeer sieht in der Morgensonne und mit den sandigen Dünen der Insel Amrum im Hintergrund aus wie ein großformatiges, stilles Gemälde. Eine Seemöwe mit gelbem Schnabel kreist über mir und verbündet sich nun mit einer anderen zu einem Flug zur Nachbarinsel, als wenn sie dort eine Verabredung hätten. In meinem Rucksack liegt mein Geschenk für Oma, den Rucksack schenke ich ihr gleich mit, es ist das neuste Modell von Eastpack, sie liebt diese Marke.

Ich freue mich richtig auf meine Oma!

Schließlich hat nicht jeder eine Großmutter, mit der man auf die Berlinale gehen und zehn Filme in drei Tagen gucken kann. Als wir zusammen dort waren, war Oma Imke allerdings noch ein paar Jahre jünger, etwa siebzig. Nicht dass sie Eintrittskarten gehabt hätte, nein, ihr Ehrgeiz bestand darin, umsonst in die Kinos zu kommen – was wir fast immer schafften. Wenn die Besuchermassen herausströmten, mogelten wir uns gegen den Strom hinein. Einmal versteckten wir uns eine Stunde unter der Bühne, bis kurz vor Filmbeginn, und huschten dann auf zwei leere Plätze. Manchmal entdeckte ich auch einen vergessenen Lieferanteneingang, oder Oma täuschte in der Schlange einen Schwächeanfall vor, sodass ich sie drinnen im Foyer ablegen musste. Ich gab mich wechselweise als ihr Agent oder ihr Lover aus. Oma hatte keine Hemmungen, sie herzte chinesische Regisseure, nippte mit französischen Produzenten am Champagner und lernte eine Menge Promis kennen – sogar Brad Pitt.

Der kam nämlich, umgeben von mindestens dreißig Leuten, am vorletzten Tag in eine Filmvorstellung und war mit seiner dunklen Sonnenbrille kaum zu erkennen. «Guck mal, Brad Pitt», raunte ich Oma zu. Ich weiß nicht, ob es daran lag, dass sie ihn gar nicht kannte oder dass sie ihre Brille nicht aufhatte, jedenfalls stürmte sie sofort auf einen der Bodyguards zu, gab ihm einen Kuss auf die Wange und rief mit lustig blinzelnden Augen: «Hello, Brad Pitt! I wonna have a baby of you!» Dann zückte sie ihre Digitalkamera.

Der Mann bekam einen Lachanfall, der Vorfall wurde binnen weniger Sekunden mündlich in der Gruppe weitergereicht, bis alle in das Gelächter einstimmten. Schließlich kam Brad Pitt höchstpersönlich auf Oma zu. «I'd like to be on the picture with Mr. Pitt», bat er ganz ernst. Oma fand das zwar etwas frech, erlaubte es ihm aber. Das Foto hängt bei mir zu Hause im Badezimmer: Oma Imke meets Hollywood. Ich bin blöderweise nicht mit drauf, weil ich fotografiert habe.

Als ich sie später über ihre Verwechslung aufklärte, war Oma das so unangenehm, dass sie hinter ihrer braungegerbten Haut sogar rot anlief. Das wunderte mich, weil ihr sonst nie etwas peinlich ist, als Letztes ihre Kleidung, mit der sie ihren irrsinnigen Jugendwahn auslebt. Omas Haut ist immer lederbraun, denn was die U V-Strahlen draußen nicht schaffen, ergänzt sie im Sonnenstudio. Sie trägt einen sportlichen, frechen Kurzhaarschnitt mit blonder Färbung, und weil sie gertenschlank ist, kann sie sich garderobemäßig einiges erlauben – aber muss es ein kurzes T-Shirt sein, bauchfrei bis kurz unter den Nabel? Und leuchtend rote Basketballschuhe zu knallengen Jeans? Mit über siebzig? Da muss man durch bei Oma Imke, ich habe mich daran gewöhnt, es zu ignorieren.

Es wird bestimmt ein Riesengequietsche geben, wenn ich um die Ecke biege. Sie ahnt nicht, dass ich komme, genauso wenig wie mein Onkel Arne und meine Tante Regina, die ich das letzte Mal auf Opas Beerdigung gesehen habe.

Ist das jetzt wirklich schon fünf Jahre her?

Am meisten freue ich mich natürlich auf das Wiedersehen mit Maria. Gestern hatten wir doch entschieden zu wenig Zeit zu reden. Genug Zeit allerdings, um meine Neugier zu wecken. Wenn man seine Verwandten so lange nicht gesehen hat, ist das fast wie ein Blind Date.

Nach einer Dreiviertelstunde macht die Küste in Wyk einen scharfen Knick, da wo der Leuchtturm Olhörn steht. Hier soll die Feier stattfinden. Tatsächlich entdecke ich zwischen den leeren Strandkörben am Wasser einen knallrosa Zeltling, der aussieht wie ein notgelandetes Ufo. Allerdings nur, wenn man den schweren, hölzernen Bauerntisch und die steifen Stühle mit der hohen Lehne darunter ausblendet. Alles sehr mächtig für den weichen Sand.

Es ist halb neun, und von meiner Mischpoke ist noch niemand zu sehen. Dafür steht das deftige Buffet auf großen silbernen Platten schon bereit: Wie viele Leute erwarten die denn? Es gibt, wie an der Küste üblich, Fisch in allen Variationen, frisch aus dem Rauch oder als roten Heringssalat – nach altem Riewerts'schen Hausrezept, das auch meine Mutter zu hohen Festtagen rauskramt.

Ich wuchte einen der massiven Stühle in die Morgensonne und erblicke im Prielstrom des ablaufenden Wassers einen einsamen Surfer auf seinem Brett. Das Oberteil seines dunkelroten Neoprenanzugs hängt lässig herunter. Er gleitet mit dem kaum spürbaren Wind beständig und elegant über die spiegelglatte See. Hinter ihm erstreckt sich die Hallig Langeneß über mehrere Kilometer, die Häuser dort stehen wie an einer Schnur aufgereiht auf Warften, die im Winter bei Sturmflut vom Meer umspült werden. Plötzlich winkt der Surfer mir zu. Kennen wir uns? – Aber ja, das ist mein Onkel Arne, der Vater von Maria! Er legt eine lässige Wende hin und hält geradewegs auf den Strand zu.

«Mann, Sönke! Wo kommst du denn her?», juchzt er schon von weitem.

«Moin, Arne!»

Er springt von seinem Surfbrett, rennt auf mich zu und schließt mich sofort in seine Arme. Dabei werde ich pitschnass, aber das ist egal. In den Kellern sämtlicher Riewerts, außer bei Cord vielleicht, liegt eine Ausgabe des Surfmagazins aus den Achtzigern, auf der Arne das Titelbild ist, braun gebrannt, gut aussehend und muskulös. Wer sonst hat schon einen solchen Onkel in der Familie? Wir schauen uns an. Arne ist braun wie immer, seine übriggebliebenen blondgefärbten Haare hat er zu einem Pferdeschwanz gebunden. Mir fällt auf, dass die Tattoos auf seinen Armen von vielen Jahren Salzwasser und Sonne unscharf geworden sind. Hatte er bei Opas Beerdigung auch schon so viele Falten? Seine braunen Augen hingegen wirken immer noch jung: Die Iris ist eben der einzige Teil des Gesichts, auf dem sich keine Krähenfüße bilden.

«Alt bist du geworden, Sönke», grinst er mich an und haut mir mit seiner nassen Hand auf die Schulter.

«Ich? Wo das denn?», frotzle ich zurück, «hat deine Sehstärke schon so stark nachgelassen?»

Er lacht herzlich. Es ist schön, nach so langer Zeit genauso blöd rumquatschen zu können wie früher. Mein Onkel war vor vielen Jahren der erste Surfer auf der Insel und arbeitet mit sechsundfünfzig immer noch als Surflehrer. Er ist der Zweitälteste der vier Geschwister, nach meiner Mutter. Seit Jahrzehnten schlägt er sich nun schon am Strand durchs Leben und hat mich gelehrt, dass das auch eine Qualität sein kann. Ohne ihn hätte ich wahrscheinlich nie mein langweiliges BWL-Studium abgebrochen und den Nebenjob in der Eventagentur zu meinem Beruf gemacht. Und ich bin im Moment viel zu gut drauf, um mich schon wieder zu fragen, ob das eine sinnvolle Entscheidung war.

«Wo hast du denn meine Schwester gelassen?»

«Mama kann leider nicht, aber sie lässt dich herzlich grüßen.»

«Mensch, klasse, dass du gekommen bist! Du meldest dich ja so selten.»

«Genauso häufig wie du», erinnere ich ihn.

Er lacht erneut und schlägt alle fünfe in meine Hand: «Wie geht es dir?»

«Furchtbar – ich bin seit einem Jahr Single und habe gerade meinen Job verloren», sage ich *nicht*! Das hier ist ein Fest und keine Gruppentherapie: «Man schlägt sich durch, du kennst das ja.»

«Anpacken ist nichts für Städter, was?», nölt eine Frauenstimme von hinten. Sie meint es nicht so, das weiß ich. Meine dicke Tante Regina schleppt schwer schnaufend einen riesigen Korb Blumen über den Sand. Ihre Füße sinken bei jedem Schritt tief ein, sie schwitzt beträchtlich.

«Moin, Regina.»

«Moin, Sönke.»

Küsschen links, Küsschen rechts. Meine Tante Regina ist die Jüngste der vier Riewerts-Geschwister, gleichzeitig nur drei Jahre älter als ich und damit der Nachkömmling in der Familie. Sie ist meinem Opa wie aus dem Gesicht geschnitten, hat die gleiche Nase und die gleichen kleinen Augen. Nur dass Opa dünn war und sie von Anfang an rund – Regina gehört einfach so. Ob sie deswegen ein enges rosa T-Shirt tragen sollte, weiß ich allerdings nicht. Auch den neuen Fassonschnitt mit den rotgefärbten Haaren und den lila Strähnchen sollte sie überprüfen. Aber das ist Geschmackssache und im Moment vollkommen unwichtig. Regina wendet sich dem vielversprechenden Fischbuffet zu: Lachs, Hummer, Salate, alles da. Behutsam wie eine Bombenentschärferin korrigiert sie auf dem Tisch hier und da ungenaue Abstände zwischen Gabel und Messer, Teller und Gläsern, was außer ihr keiner erkennt. Dabei zuckt ihre rechte Oberlippe vor Anstrengung.

«Mensch Sönke, zum Fünfundsiebzigsten von Oma keine Spur von dir», lästert sie freundlich, «aber ein Jahr später stehst du plötzlich da.»

«Moment», stelle ich richtig, «zum Fünfundsiebzigsten war ich mit Oma in Amsterdam. Nur zur Nachfeier auf Föhr hatte ich keine Zeit.»

«Ist ja auch egal», freut sie sich, «wenigstens sehe ich so meinen Neffen mal wieder.»

Dass wir Neffe und Tante sind, betonen wir seit unserer Kindheit, so häufig es geht. Es ist eben etwas Besonderes, wenn man fast gleich alt ist. Ansonsten hatten wir nie viel miteinander zu tun. Es gibt einfach zu wenige Überschneidungen in unser beider Leben.

«Wo wohnst du denn?», erkundigt sich Arne.

«In Omas altem Haus», sage ich, obwohl es rein rechtlich ja allen gehört, wie ich seit gestern weiß, «zusammen mit Cord, der kommt nach.»

Arne und Regina werfen sich einen stummen Blick zu, den ich nicht deuten kann. Hat sich Cord etwa noch nicht bei ihnen gemeldet? Regina starrt auf ihre winzige goldene Armbanduhr, die in ihrem fleischigen Unterarm zu versinken scheint.

«Ich verstehe nicht, wo Mama bleibt», sorgt sie sich, «sie wollte schon um acht hier sein.»

«Es ist ja noch früh», gebe ich zu bedenken. «Sie kommt bestimmt gleich.»

Statt Oma wieselt auf der Promenade hinter dem Strand Cord heran. Mit grauem Anzug, weißem Hemd – oberster Knopf geschlossen – und schwarzen Halbschuhen. Gut gewählt, Cord, dein Outfit passt zum spätsommerlichen

Strand so perfekt wie ein Schneeanzug in die Sahara. Arne und Regina starren ihn an wie einen Außerirdischen. Auch sie dürften ihn über zehn Jahre nicht gesehen haben, seit wir damals alle zu Besuch bei Cord in Frankfurt waren.

«Moin», murmelt Cord.

«Moin», kommt es als Echo zurück.

Nordfriesland ist keine Gegend, in der die Anzahl der Wörter etwas über die Tiefe der Gefühle sagt. Woanders käme vielleicht ein Wortschwall wie: «Mensch Cord, zehn Jahre, Alter, lass dich anschauen, gut hast du dich gehalten! Wie lange ist das jetzt her? Das gibt es gar nicht, der Cord ist hier!» Auf Föhr wird all das in einem Wort zusammengefasst: *Moin.* Was nicht weniger herzlich gemeint ist. Allerdings muss man sehr genau hinhören, es gibt nämlich an die fünfzig Arten, «Moin» zu sagen: laut, leise, mit ansteigender oder absteigender Stimme, kurz, gedehnt, gepresst, feierlich, beiläufig, feindselig, bedrohlich, um nur ein paar Möglichkeiten zu nennen.

Arne und Cord umarmen sich und geben sich einen Klaps auf die Schulter, dann ist Regina dran, die ihren Bruder kurz in den Arm nimmt und ihn dann lächelnd auf Friesisch fragt: «Na, Cord, hü gungt et?»

Na, Cord, wie geht es?

Cord schüttelt heftig den Kopf, was ein bisschen irre wirkt, weil er dabei nichts sagt. Hat er schon wieder einen Anfall? Doch dann hält er den Kopf wieder still und erklärt düster: «Ich spreche kein Friesisch mehr.»

Arne deutet das als Kriegsansage: «Bliiw rauelk, wi san dach leewen noch en Familie.»

Nun mal ruhig, wir sind immer noch eine Familie.

Cord hat wirklich eine Vollmacke. Seine ganze Kindheit lang hat er mit seinen Geschwistern Friesisch gesprochen.

Statt Deutsch könnte er jetzt auch Englisch reden, das wäre genauso bekloppt.

«Meinetwegen müsst ihr nicht Deutsch reden», mische ich mich ein, «ich komme ins Friesische rein, nur mit dem Sprechen wird es schwierig.»

Immerhin ist Friesisch nicht bloß ein Dialekt, sondern eine eigene Sprache.

Cord schüttelt den Kopf: «Ist nicht wegen dir, Sönke.»

Regina gibt sich einen Ruck. «Wo Oma bloß bleibt?», fragt sie demonstrativ auf Hochdeutsch. «Ich habe schon drei Mal bei ihr angerufen. Zu Hause nimmt keiner ab, und auf ihrem Handy geht nur die Mailbox an.» Es klingt so künstlich wie in einem schlechten Laientheater. Hochdeutsch redet man in der Familie Riewerts nur mit Touristen und auf dem Amt.

«Die pennt halt aus», vermutet Arne, ebenfalls auf Deutsch.

Und wo bleibt eigentlich Maria? Die hat doch hoffentlich keinen Dienst! Ich würde sie zu gerne in normaler Kleidung sehen. Ob sie immer noch ihre schlechte Laune vor sich herträgt, wie damals, aber in Wirklichkeit von mir zum Lachen gebracht werden will?

«Das Wetter passt», setzt Regina ihren Dialogversuch fort, «wir können ja schon mal anfangen.»

Sie deutet auf das Fischbuffet.

Arne verzieht das Gesicht: «Tut mir leid, ich kann davon nichts essen. Ich bin Veganer.»

Fast muss ich laut loslachen. Was Arne schon alles in seinem Leben war! Buddhist und Raucher, katholisch und Nichtraucher, Atheist, fünf Monate FDP-Mitglied – oder war es die SPD? Und jetzt Veganer? Wenn Regina das nicht weiß, müssen sich die beiden auch länger nicht gesehen haben. Wie ist das möglich? Föhr ist nicht Australien, man läuft sich hier doch ständig über den Weg.

Regina ist ganz durcheinander: «Veganer? Sind das die, die auch keine Pflanzen essen?»

Sie meint es nicht ironisch, fürchte ich.

«Nein, Veganer kommen von der Vega, das ist ein anderer Stern», ätzt Cord.

Der hingegen weiß genau, was er sagt.

Arne wirft den Kopf in den Nacken und funkelt seinen Bruder giftig an: «Witzig.»

«Ziehst du das richtig durch? Mit Schuhen und Gürtel?», frage ich ungläubig bei Arne nach.

Regina versteht jetzt gar nichts mehr.

Arne hält seine Sandalen hoch: «Kautschuk. Und der Gürtel ist aus Baumwolle. Ich trage an meinem Körper nichts, was von Tieren stammt.»

«Also, letztes Jahr war ich beruflich öfter in China», wendet sich Cord nun an mich, «da habe ich oft Hund gegessen, mit 'ner leckeren Soße – ein Gedicht.»

Man würde Cord wohl nicht gerade im diplomatischen Korps einsetzen.

«Ich verkaufe das Haus nie, dass ihr das nur wisst», kürzt Cord nun den missglückten Smalltalk ab, setzt sich an den Tisch und spielt mit einer Gabel herum. Damit ist Reginas mühsam hergestellte Tischordnung hin. Und wir sind mitten bei der Sache.

«Dann zahlst du uns eben aus», zischt Regina. Offensichtlich hat sie nur darauf gewartet, dass einer das heikle Thema anschneidet, und ist sofort bereit zurückzuschießen.

«Nein.»

«Als wir es vermietet haben, war es dir auch nicht recht», schimpft Regina.

«Weil ihr Geeske und mich beschissen habt.»

«Unsinn.»

«3100 Euro Miete in einem Jahr – wer soll das glauben?»

Liebe Mama, wieso hast du mich nicht vorgewarnt?

«Du hast sie doch nicht mehr alle», mischt sich Arne nun ein und wird so laut, dass einige Touristen auf der Promenade stehen bleiben und misstrauisch zu uns herüberblicken.

«Ich kann beweisen, dass da Leute gewohnt haben, ohne Miete zu bezahlen!»

«Dein blöder Privatdetektiv hat da einiges nicht geschnallt.»

Ich hatte einen Geburtstag im Kreise meiner geliebten Familie mit anschließendem Strandurlaub gebucht. Stattdessen befinde ich mich mitten im Bürgerkrieg.

«Du hast einen Detektiv auf das Haus angesetzt?», hake ich ungläubig bei Cord nach.

«Ich kenne doch meine Familie», erwidert der trocken.

«Okay, im November hat ein Freund von mir vier Tage in dem Haus gewohnt. Na und? Der wäre sofort verschwunden, wenn ich einen Mieter gehabt hätte», rechtfertigt sich Arne.

«Der war ja nicht der Einzige.»

«Wie krank muss man eigentlich im Kopf sein, damit man so wird wie du?», explodiert Arne nun und baut sich vor Cord auf. «Du bist seit Ewigkeiten nicht mehr hier gewesen und willst nun das Haus behalten? Für wen, frage ich dich?»

«Siehst du nicht selber, wie lächerlich du aussiehst in deinem Gummianzug? Surflehrer mit Mitte fünfzig, ich weiß nicht, ob ich das traurig oder komisch finden soll.»

«Am besten, wir verkaufen die Hütte, dann gibt es keinen Streit», versucht Regina zu schlichten.

«Nein!», wiederholt Cord.

Regina drückt den Kopf nach unten, sodass ihr Doppelkinn fast die Unterlippe berührt: «Dir ist schon klar, dass der Bau von Grund auf renoviert werden muss?»

«Na und?», sagt Cord und verlässt das Schlachtfeld in Richtung Promenade, die sich deutlich mit kurzhosigen Touristen belebt hat.

Weg ist er.

Das wird nicht so leicht wieder zu kitten sein.

«Deine Mutter müsste eigentlich hier sein, um sich dazu zu äußern», beschwert sich Arne bei mir, heiser vor Aufregung.

«Mama hat mir ihr Stimmrecht übertragen.»

Arne schaut mich überrascht an: «Ach? Und wofür stimmst du?»

Alles, was ich jetzt sage, kann nur falsch sein. Am liebsten würde ich einfach die Klappe halten, aber das geht leider nicht.

«Wieso hat das mit dem Vermieten denn nicht geklappt?», weiche ich mit einer Gegenfrage aus.

«Was weiß ich», grummelt Arne.

Das ist eine Steilvorlage für den Eventmanager in mir, denn das Haus hat längst eine Menge Phantasien in mir ausgelöst: «Ich weiß, wer so etwas mietet, auch außerhalb der Saison.»

«Weil du schlauer bist als wir, oder was?»

«Alleine in meinem Stadtteil in Hamburg sind bestimmt sieben, acht Kitas, das sind sechs- bis siebenhundert Eltern mit kleinen Kindern, die vor allem außerhalb der Hauptsaison verreisen. An die kommt ihr von Föhr aus gar nicht ran. Ein Aushang am Schwarzen Brett, und die Sache läuft. Dazu kommen die ausgepowerten Redakteure und Werbefuzzis, die für eine Woche ihre Batterien auftanken wollen.»

«Die fahren doch alle nach Sylt», winkt Arne ab.

«Oder ins ‹friesische Malibu›, nach Nieblum auf Föhr», verkünde ich feierlich.

«Und wenn nicht?», keift Regina pessimistisch, «Bargeld ist sicherer, sage ich.»

«In dem Zustand kriegen wir viel zu wenig für die Hütte», behaupte ich, ohne es sicher zu wissen. «Vor einem Verkauf müsste die erst mal komplett renoviert werden.»

«Keinen Cent stecke ich in die Ruine!», erklärt Regina.

«Das musst du auch gar nicht», beruhige ich sie, «wir machen daraus ein Familienprojekt.»

Arne starrt mich an, als ob ich von einem anderen Stern komme: «Was soll das denn sein?»

«Du hast durch deine Winterjobs genug übers Reetdachdecken gelernt, und ich habe gerade sowieso etwas Zeit. Die Materialkosten teilen wir durch fünf, und bauen tun wir selbst.»

Arne hält einen Moment inne, dann explodiert er: «Kommt aus der Stadt und macht hier einen auf Chef! Und arbeiten müssen die blöden Insulaner, was?»

«Ich helfe doch mit.»

«Du willst uns nach Strich und Faden ausnutzen», zischt Regina.

Haben die verstanden, was ich eben gesagt habe?

«Nur weil du gerade zufällig Zeit hast, sollen wir unsere Jobs aufgeben und für das Haus schuften?», fragt Arne.

Ruhig bleiben, Sönke, gib dich so unbekümmert wie möglich.

«Ich mache am Tag, was ich schaffe, und ihr kommt am Feierabend dazu.»

«Hallo? Noch jemand zu Hause?», empört sich Regina, «ich habe einen Mann und einen Sohn, schon vergessen?»

«Wir reden von drei, vier Wochen, danach profitieren wir Jahrzehnte davon. Überlegt mal: Monat für Monat Cash auf die Hand.»

«Glaubst du!»

Offensichtlich drehen wir uns im Kreis, daher versuche ich es mit einer neuen Strategie.

«Wenn ich es richtig sehe, steht es momentan zwei gegen zwei: Ihr beide seid für Verkaufen, Cord und ich dagegen. Da liegt die Lösung auf der Hand …»

Arne verschränkt ungläubig die Arme vor dem Bauch: «So?»

«… Oma soll entscheiden», erkläre ich mit triumphierendem Lächeln. Im selben Moment wird mir jedoch klar, dass ich Quatsch rede. Egal wie sich Oma Imke entscheidet, sie müsste gegen zwei ihrer Kinder stimmen, und das würde sie niemals tun. Plötzlich habe ich eine Ahnung, warum sie noch nicht hier sein könnte.

«Ich sag dir mal was, Sönke», bollert Regina, «wenn du für mich und Arne stimmen würdest, stünde es jetzt drei zu eins. Dann wäre es egal, was Mama sagt.»

Arne flippt nun völlig aus: «Cord kann ich ja notfalls verstehen, der hat einfach einen Dachschaden. Aber *du* solltest dich schämen!»

«Dass wir das Geld brauchen, ist Sönke völlig egal», setzt Regina hinterher.

Ich bin fassungslos. «Ihr bekommt doch auf Dauer viel mehr raus, wenn wir das Haus renovieren!»

Arne senkt die Stimme: «Weißt du, ich habe mich echt auf diese Feier gefreut. Weil ich bis jetzt immer stolz war auf den Zusammenhalt unter den Riewerts. Aber jetzt kommst du und machst alles kaputt!»

Häh? Soll ich das ernst nehmen?

«Es ist einfach nur schwachsinnig, ein solches Juwel unter Preis zu verkaufen», wiederhole ich.

Arne nimmt nun wortlos sein Surfbrett und nutzt den letzten Rest des ablaufenden Hochwassers, um so schnell wie möglich zum Pitschi's zu kommen, dem Treffpunkt der Surfer am Südstrand, der gut hundert Meter entfernt liegt. Regina räumt das Geschirr zusammen und bemüht sich angestrengt, mich dabei nicht anzusehen.

Ich schnappe mir den Eastpack-Rucksack mit Omas Geschenk und verschwinde mit einem kurzen Abschiedsgruß.

Der nicht erwidert wird.

5. Lila Föhn auf Pappe

Was war das denn eben? Sind die alle übergeschnappt? Da freut man sich, im Schoß der Familie ein paar Tage lang abzuschalten und seine Sorgen zu vergessen, und dann so was.

Ich gehe auf der Promenade in Richtung Südwesten. Normalerweise würde ich über Arne lachen. Aber diesmal hat mein Surferonkel mich eindeutig zum falschen Zeitpunkt erwischt. Ich habe eben keine Freundin, der ich am Handy brühwarm weitertratschen kann, was mir Unglaubliches passiert ist, und ihr dabei *House of the Rising Sun* in der Original-Cord-Version vorsingen. Genau das würde ich nämlich jetzt tun – hätte ich eine.

Vielleicht liegt es aber auch an mir, und ich bin schon längst geisteskrank, ohne es zu merken.

Viele Indizien sprechen dafür.

Ein Jahr Single bedeutet ja nicht, ein Jahr kein Date gehabt. So war es nun auch nicht. Natürlich habe ich Frauen getroffen. Ich habe zweimal eine Frau in einem Straßenbahndepot abgeholt, mit einer anderen war ich bei einem Barockkonzert mit Originalinstrumenten, ich habe kostenlose Physiotherapie erhalten, war auf Ü-30-Partys und im Lager eines Reifenhändlers. Langzeitsingles qualifizieren sich bei ihrer Suche nach der richtigen Frau hervorragend für eine Karriere als Berufsberater – nur waren es in meinem Fall leider immer die falschen. Das heißt, natürlich waren nicht die Frauen falsch, sondern ich für sie, oder sie für mich.

Wirklich, Sönke?

Zehn-, fünfzehnmal, und immer alle falsch?

Und jetzt bricht mir nach den Frauen und dem Job auch noch die Großfamilie weg. Es klingt vielleicht blöd, aber für mich hatte das hier auf Föhr immer eine große Bedeutung, auch wenn ich in Hamburg aufgewachsen bin.

Es gibt ja ganz besondere Familien, die fest als Clans zusammenhalten, wie zum Beispiel die Kennedys, die Manns oder Mafia-Familien in Süditalien. So sind die Riewerts nicht. Wir sind ganz normal und wollen gar nichts anderes sein, keiner von uns war je im Fernsehen oder ist Herzchirurg oder Staatssekretär geworden. Alle paar Jahre sehen wir uns, finden das herrlich, und dann geht jeder wieder seiner Wege. Die Sippe war nie das Wichtigste in meinem Leben, aber jetzt, wo sie zu zerbrechen droht, fehlt sie mir.

Ich muss mich jetzt einfach zusammenreißen. Eigentlich bin ich ja wegen Oma hier. Und mit Maria kann ich trotzdem eine Pizza essen gehen. Die restliche Zeit findet man mich am Strand oder im Wasser. Es ist eben doch nicht ganz unwichtig, *wo* man eine Krise hat, und meine findet nicht in einem Gewerbegebiet, sondern an einem der schönsten Plätze dieses Planeten statt. Das sollte ich verdammt nochmal genießen. Ich muss nur noch Cord klarmachen, dass er mich in Ruhe lassen soll. Und wenn er es so nicht kapiert, singe ich es ihm notfalls vor.

Ein paar Kilometer vom Leuchtturm Olhörn entfernt wird die breite, solide Promenade parallel zum Strand plötzlich sehr seltsam. Da stehen mit einem Mal auf drei Etagen Bänke im zubetonierten Uferhang, wie auf einer Tribüne, alle schief und asymmetrisch verschraubt. Davor schaut man auf einen senkrechten Stein mit einem Tampen. Ein paar Meter weiter erkennt man ein wildes Muster auf dem Pflaster und ein Schild, welches das Rätsel löst: «Der Neubau der Uferpromenade wurde vom europäischen Fonds für regionale Entwicklung kofinanziert.» Warum gerade auf diesen dreißig Metern und nicht in Rumänien oder im Baltikum, ist mir unklar. Was soll sich denn hier aus den schiefen Bänken entwickeln?

Ich lege mich direkt vor dem Schild an den Strand. Am liebsten würde ich jetzt tief ins Wasser eintauchen und meine Stirn entspannen, während die salzige Nordsee sanft meine Kopfhaut massiert. Aber leider ist gerade Ebbe und das Meer weit weg. Was die Badegäste nicht davon abhält, sich trotzdem an den Strand zu legen. Wie harmlose, runde Tiere lagern sie in ihren nummerierten Strandkörben. Für mich sind diese Menschen der Inbegriff von Freiheit, und momentan fühle ich mich ihnen sehr viel näher als meiner Familie.

Die Mahnungen der Krankenkassen, die scheinbaren Ideale, die uns in den Medien vorgegaukelt werden: All das interessiert sie nicht. Die Menschen hier haben sich unabhängig davon gemacht: Dreißig Kilo Übergewicht werden nicht verdeckt oder kaschiert, im Gegenteil, auf der Promenade steckt man das T-Shirt sogar extra fest in die Hose. Dazu wird das Kreuz durchgedrückt, sodass die Rundungen noch deutlicher hervortreten. Models sind die Abweichung von der Norm, nicht sie!

Keiner muss sich hier schämen, auch ich nicht.

Als ich meine leichte, khakifarbene Baumwollhose ausziehe, enthülle ich ein körperliches Detail, das mir schon immer etwas unangenehm war: Ich habe keine Beinhaare. Die Frauen denken alle, dass ich sie mir rasiere. Ist ja auch logisch bei den vollen braunen Haaren auf meinem Kopf, dem kräftigen Bartwuchs und den dichten Brusthaaren. Aber nie hat sich eine die entscheidende Frage zu stellen getraut: Wozu macht ein Mann das? Um die Sache sofort klarzustellen, rede ich meist selbst über meinen Defekt, bevor er anderen auffällt.

Hier jedoch, unter den freien Föhrer Badegästen, brauche ich das nicht, hier bin ich einer unter vielen Unvollkommenen.

Und solche Probleme wie die ältere Touristin, die sich dahinten an eine Buhne im Watt lehnt, hat bei uns Riewerts Gott sei Dank keiner. Allerdings werde ich mit Sicherheit so enden, wenn sich nicht bald etwas ändert. Immer wieder versucht die ältere Frau sich aufzurichten, und genauso regelmäßig rutscht sie auf dem glitschigen Meeresboden aus. Neben ihr steht eine halbleere Flasche Korn. Ihre weiße Hose und die schicke helle Bluse sind bereits ziemlich eingesaut mit dunkelgrünem Schlick. Komischerweise erinnert sie von hinten mit ihrem Kurzhaarschnitt ein bisschen an meine Oma, nur dass Oma Imke keinen Alkohol mag. Hin und wieder trinkt sie ein Glas Schnaps, um die Wirkung ihrer Schmerztabletten zu verstärken, wenn die Osteoporose sie quält. Es ist nicht gerade das, was ihr Internist empfiehlt, aber es wirkt. Ansonsten nippt sie bei Empfängen und Feiern höchstens mal höflich am Sektglas, um es später unauffällig auszukippen.

Zum Geburtstag bekommt Oma von mir einen kleinen lila Reiseföhn, den ich in einen schuhkartongroßen Kunstharzblock eingegossen habe. Die Firmenaufschrift des Föhns habe ich mit einer krakeligen Signatur überklebt: Emil Nolde. Es ist eine Erinnerung an einen gemeinsamen Museumsbesuch bei mir in Hamburg vor zwei Jahren. Damals wollte Oma Imke unbedingt in eine Emil-Nolde-Ausstellung in der Kunsthalle. Da hatte es jedoch einen Wasserrohrbruch gegeben, sodass die Halle bis auf weiteres geschlossen war. Ich schlug vor, ein paar hundert Meter weiter zum Kunstverein zu gehen, warnte sie allerdings, dass man dort nie weiß, was einen erwartet, schöne Bilder oder Chaos.

Oma setzte ihren leicht empörten Was-denkt-mein-Enkel-eigentlich-wer-ich-bin-Blick auf und legte mir beruhigend die Hand auf mein Handgelenk: «Ich komme schon zurecht.»

Gezeigt wurden harmlose Arbeiten Hamburger Nachwuchskünstler, ein paar Bleistiftporträts von Lurchen, eine gefällige Steinskulptur, Fotos vom Schlachthof, die mit Blumen übermalt waren – und eine braune Pappe, auf der ein lila Föhn montiert war. Der Titel lautete: «Ohne Titel, 2007». Wenn man mich fragte, war es alles nicht umwerfend, und auch Oma war enttäuscht, hatte ich sie doch auf Tabubrüche und Skandale vorbereitet.

Plötzlich nahm ein Reisebus mit dem Aufdruck «De Riesebyer» den seitlichen Fenstern das Licht, eine Minute später fluteten an die dreißig Frauen vom Landfrauenverein Jannebyfeld in die Halle. Sie hatten einen Tag Hamburg pauschal gebucht und wie wir vor der verschlossenen Kunsthalle gestanden, bevor sie von ihrer Reiseleiterin hierhin geschickt wurden. Ratlos und ein wenig befangen standen die Frauen im Raum und wisperten sich mit unsicheren Blicken Boshaftigkeiten über die Exponate zu. Plötzlich trat Oma auf den Plan – ich schwöre, sie hatte mir gegenüber nicht den Hauch einer Andeutung gemacht –, klatschte laut in die Hände und rief: «Meine Damen, wenn ich mal kurz um Ihre Aufmerksamkeit bitten dürfte!»

Sofort fiel ihr die Reiseleiterin ins Wort: «Wir haben nur den Eintritt bezahlt, die Führung ...»

«... ist umsonst», beruhigte sie Oma und wandte sich wieder ihrem Publikum zu. Sie stellte sich vor den lila Föhn, der in dem Pappkarton steckte, woraufhin die Landfrauen sofort einen Halbkreis um sie bildeten.

«Der Künstler, der diese Skulptur angefertigt hat, heißt Hugo Jensen ...», begann Oma Imke.

Wo nahm sie das bloß her?

«... Man kann zu Recht behaupten, dass Jensen lange Zeit ein Getriebener war. Die letzten Jahre hat er in São Paulo gelebt, war drogenabhängig und wurde von Indianern im brasilianischen Urwald geheilt. Heute lebt er zurückgezogen auf einer Hallig im Wattenmeer und beschäftigt sich mit den Gezeiten, dem Wechsel von Ebbe und Flut. All diese Eindrücke, Brasilien und die Hallig, vereinigen sich geradezu idealtypisch in dieser Skulptur. Haben Sie noch Fragen?»

Die Landfrauen starrten auf den Föhn und schwiegen ergriffen. Niemand verstand auch nur ansatzweise den Zusammenhang zwischen Brasilien, dem Watt und dem Föhn. Wie auch? Ich drehte der Gruppe den Rücken zu, denn ich musste mir fest auf die Lippe beißen, um nicht loszubrüllen vor Lachen.

«Moderne Kunst ist was für sich», flüsterte eine Frau ihrer Nachbarin zu, die zustimmend kicherte und sich dann schnell wieder zusammenriss. Nur eine Schmallippige in bunter Bluse wagte eine Wortmeldung: «Hier steht aber, dass der Künstler Fabian Rothmann heißt.»

Das Problem war, dass Oma ihre Brille nicht auf und den Namen des Künstlers nicht erkannt hatte. Ich war sicher, jetzt flog sie auf. Doch Oma lächelte nur souverän: «Entschuldigen Sie, ich habe den Künstler so oft in seinem Atelier besucht, dass ich immer seinen bürgerlichen Namen benutze. Fabian Rothmann ist ein Pseudonym.»

Nach dieser Vorstellung sahen wir zu, dass wir schnell rauskamen. Vor der Tür haben wir uns dann in den Armen gelegen und Tränen gelacht. Wohlgemerkt: Auf Föhr ist Oma eine anständige Inselfriesin mit festen Gewohnheiten. Aber alles, was sich in einem solchen Leben anstaut, gleicht sie auf ihren wilden Festlandsausflügen mit mir aus. Ich spiele dabei die Gouvernante, verdrehe gespielt-entsetzt die Augen und versuche das Schlimmste zu verhindern.

Mit wenigen Menschen habe ich so viel Spaß wie mit Oma.

Die alte Frau im Schlick kommt immer noch nicht an Land, sie ist zu unsicher auf den Beinen und rutscht immer wieder aus. Nicht dass sie noch kopfüber ins Watt fällt und erstickt!

Ich gehe direkt auf sie zu: «Hallo?»

Ruckartig dreht sie sich um.

Und dann erlebe ich einen der schlimmsten Momente meines Lebens.

Eine alte Frau mit verwuselten Haaren starrt mich an, die eine Gesichtshälfte besudelt mit Schlick: Oma Imke!

Wie kann das sein? – Oma trinkt nie!

«Oma?»

«Jjjjjaaa.»

Sie versucht mich zu fixieren, was ihr, dem schiefen Blick nach, nicht gelingt.

Die Arme.

«Komm, ich helfe dir!»

Ich fasse sie unter und ziehe sie hoch, aber kaum ist sie oben, sackt sie haltlos zusammen, sodass ich auf dem schlüpfrigen Untergrund mit ihr wegrutsche. Jetzt liegen wir beide im Schlick, der warm ist wie eine Fangopackung, aber nicht gerade angenehm riecht. Meine helle Hose ist hinüber, ebenso mein Lieblingshemd. Im Film würden sie jetzt abblenden und uns am nächsten Tag zeigen. Aber das hier ist das wirkliche Leben, was bedeutet, dass ich mich aufraffen, mein Handy rausholen und sofort meine Polizistinnencousine Maria auf der Polizeistation anrufen muss. Alleine schaffe ich das nicht. Oma ist prompt auf dem Meeresboden eingeschlafen und schnarcht leise vor sich hin. Ich setze mich schützend vor sie, damit vom Strand aus niemand ihr Gesicht erkennen kann. Hin und wieder streiche ich ihr ein paar Haarsträhnen aus dem Gesicht und kraule ihren Nacken: «Arme Oma, was ist nur passiert?»

Kurze Zeit später rollt ein Dienst-Passat im Schritttempo auf die EU-geförderte Strandpromenade. Das Blaulicht ist angeschaltet, was angesichts des Schritttempos eher absurd als dramatisch wirkt. Sofort bildet sich eine Traube aus halbnackten Urlaubern um den Wagen, und erstaunlich lange passiert erst mal gar nichts, der Polizeiwagen steht einfach da. Dann schält sich die einzige Uniformierte, die ich persönlich kenne, aus dem Wagen. Maria setzt sich beim Aussteigen umständlich die Uniformmütze auf. Wofür die bei diesem Einsatz wichtig ist, bleibt mir ein Rätsel. Sie beugt sich erneut nach innen, holt eine verspiegelte Sonnenbrille heraus und schiebt sie sich auf die Nase. Widerwillig bleibt sie einen langen Moment neben der Fahrertür stehen und sondiert mit konzentrierten, langen Blicken die Lage, als sei die komplex und unübersichtlich.

Wie ein fieser Kleinstadtbulle in einem schlechten US-Film.

Widerwillig arbeitet sich Maria mit ihren schwarzen Dienstschuhen über den Strandsand auf mich zu. Es ist schon anstrengend, hier in Badekleidung beim Gehen eine gute Figur zu machen; in Uniform, mit schwerer Pistole und Funkgerät am Gürtel ist es komplett unmöglich. Ihr leicht-füßiger Gang verwandelt sich in schweres, watschelndes Schaukeln, bei jedem Schritt sinkt sie tief in den feinkörnigen Sand. Ob ihr bewusst ist, wie sehr sie einer Ente ähnelt? Obwohl Marias haselnussbraune Augen hinter der dunklen Sonnenbrille versteckt sind, drücken ihre heruntergezogenen Mundwinkel Verachtung gegen alles und jeden hier aus. Zwei Dutzend neugierige Touristen folgen ihr in einer Art Karnevalszug. Maria dreht sich um und brüllt sie an. Das macht sie offensichtlich sehr gut, denn prompt weichen die Leute zurück.

Dann geht sie – ohne Eile – zu mir.

Maria, komm in die Gänge, hier liegt unsere Oma!

Es ist unser zweites Treffen auf der Insel, und wieder haben wir dienstlich miteinander zu tun. Ehrlich gesagt wäre es eigentlich an der Zeit, sich mal privat zu verabreden.

Aber jetzt ist wohl der falsche Zeitpunkt dafür.

«Und?», fragt Maria ohne Begrüßung, genervt bis zum Anschlag. Ich erkenne in den Gläsern ihrer verspiegelten Sonnenbrille mein verschlicktes Gesicht.

«Oma ist besoffen.»

«Ausnüchterungszelle?»

«Was?»

«Oder ins Krankenhaus?»

«Hast du sie noch alle?»

Föhr ist nicht die South Bronx, so ein Vorfall spricht sich

hier sofort rum. Touristen darf es passieren, dass sie sich bis zur Bewusstlosigkeit betrinken, da landet ja so einiges auf der Insel. Aber wenn man hier wohnt, hat man sofort seinen Ruf weg, und der ändert sich dann nicht mehr so schnell – jedenfalls nicht zum Positiven.

«Was schlägst du vor?», fragt Maria und geht mit ihren langen Beinen in die Hocke, was bei einer Polizistin ungewohnt aussieht. Sie wirkt verunsichert, das überrascht mich.

«Wir bringen sie nach Hause.»

Maria mustert skeptisch Omas Hose und mein schlickiges Hemd: «Ihr saut mir den ganzen Wagen voll – alle beide.»

Habe ich richtig gehört?

«Na und?», platze ich heraus, «es ist immer noch unsere Oma. Außerdem ist das nicht dein Privatwagen.»

«Schrei nicht so.»

Ich denke gar nicht daran: «Willst du sie hier liegen lassen, oder passiert nochmal was?»

«Das ist ein Fall für den Notarztwagen.»

«Oma ist nicht krank, sondern besoffen!»

«Was es nicht besser macht.»

Ich habe keine Lust mehr auf sinnlose Diskussionen mit meiner bescheuerten Cousine, Dienst ist Dienst (… und Schnaps ist Schnaps): «Pack mal an, bitte.»

Ich greife Oma unter die Arme und werfe Maria einen auffordernden Blick zu.

Sie bleibt einen Moment unschlüssig stehen, dann nimmt sie Omas Füße.

Na, geht doch.

Der Auflauf auf der Promenade hat jetzt die Größe einer kleinen Wahlkampfveranstaltung erreicht. Das halbnackte Publikum beäugt misstrauisch jeden unserer Schritte. Helfen tut uns keiner – was mir sehr recht ist.

6. Die Musik
   passt einfach nicht

Maria rast mit Blaulicht durch die schmale Badestraße
und benutzt die Bremse seltener, als ich es zum Überleben
wichtig fände. Wahrscheinlich möchte sie es so schnell wie
möglich hinter sich bringen.

Am besten, ich schaue einfach nicht nach vorne.

Oma Imke sitzt neben mir auf dem Rücksitz wie eine leb-
lose Puppe. Ihr Kopf lehnt an meiner Schulter, ich halte
sie fest im Arm, damit sie in den Kurven nicht wegrutscht.
Kleine rotgeklinkerte Häuser, Bäume, Pensionen und Firmen mit Namen wie Mylin – Antike Kachelöfen, Banko's
Backshop und Akropolis II rauschen an uns vorbei. Nachdem wir in Maximalgeschwindigkeit die alte holländische
Windmühle passiert haben, gegenüber dem kleinen Park,
kommen wir in die Altstadt. Die kleinen rotgeklinkerten
Fischerhäuser wurden damals vor allem gegen die grimmigen Winterstürme gebaut. Sie sind schnörkellos und wetterfest – mehr wollen sie nicht sein. In den letzten Jahrzehnten
hat man sie jedoch für den Sommer aufgehübscht, hier und
da ein Wintergarten oder ein Balkon mit üppigen Blumen
und Rankpflanzen, was ihnen hervorragend steht.

Maria muss höllisch aufpassen, weil überall ungeübte
Fahrradfahrer unterwegs sind, die unberechenbare Schlen-

ker und Abbiegemanöver machen. Als wir die Fußgänger-
zone erreichen, schaltet sie auf Schritttempo herunter. Touristen mit Eiswaffeln in der Hand glotzen neugierig auf die
beiden Zivilisten hinten im Polizeiwagen: Warum sind die
wohl verhaftet worden? Würde ich mich auch fragen, wenn
ich ehrlich bin.

Nachdem Opa gestorben war, hatte Oma ihr großes
Friesenhaus am Stadtrand gegen eine moderne Dreizim-
merwohnung in der ersten Reihe an der Strandpromenade
getauscht. Ihre Insulaner-Freunde haben darüber verständnislos den Kopf geschüttelt, aber ich kann Oma gut verstehen. Sie hat vorgebaut für den Fall, dass sie nicht mehr
so gut kann, außerdem befinden sich alle Einkaufsmöglich-
keiten in wenigen Minuten Gehentfernung von hier. Und
wenn Oma Leben will, muss sie nur von ihrer Terrasse in
der ersten Etage auf die Promenade schauen, da ist nämlich
immer was los. Sucht sie Stille, wechselt sie auf den Seiten-
balkon. Ein perfekter Alterssitz mit Blick aufs Meer, genau
so möchte ich später auch mal leben.

Als wir vor Omas Haus ankommen, springt Maria aus dem
Wagen, reißt die Beifahrertür auf und stützt Oma von der
Seite ab. Ich rutsche durch und packe mit an. Erstaunlicherweise funktioniert das ohne Worte. Wir nehmen Oma in
die Mitte, kreuzen unsere Arme hinter ihrem Rücken, dann
greife ich nach Marias Hand unter Omas Beinen. Diese
Technik kenne ich von meinem Zivildienst im Altenheim,
Maria vermutlich von Einsätzen bei Sitzblockaden, wo sie
Demonstranten wegtragen musste. Sie fasst verbindlich
meine Hand, und an ihrem festen Griff spüre ich, dass ich
mich auf sie verlassen kann. Oma sitzt jetzt aufrecht zwischen uns. Die Kunden der Boutique Sandra Lückemann

unten im Haus bleiben stumm neben den übervollen Klamottenständern stehen und gaffen uns an.

In Omas Wohnung im ersten Stock schlägt uns sofort ein grasiges Parfüm entgegen. Maria und ich legen Oma auf ihr Bett im Schlafzimmer mit den lachsrosa Wänden. Wahrscheinlich wird sie mit ihrer schlickigen Kleidung die rosa Bettwäsche schmutzig machen, aber wir wollen sie nicht auch noch ausziehen. Oma macht keine Anzeichen, dass sie etwas von ihrer kleinen Reise mitbekommen hat, sondern schläft die ganze Zeit. Damit sie es bequemer hat, öffne ich den obersten Knopf ihres Hosenbundes. Erschöpft setzt sich Maria neben Oma auf die Bettkante und atmet tief durch.

«Ich bleibe hier», kündige ich an.

«Wozu?», stöhnt Maria genervt und bläst sich eine Haarsträhne aus der Stirn. «Oma schläft sich aus, und dann hat sich das.»

«Trotzdem.»

Jetzt verzieht sie das Gesicht zu einer angewiderten Fratze: «Helfer-Syndrom oder was?»

Ich will einfach für Oma da sein, wenn sie aufwacht, was ist daran schlecht?

«Ja, und?»

Die einzig mögliche Antwort auf eine derartig blöde Frage.

Maria legte eine Visitenkarte mit ihrer Durchwahl in der Polizeistation auf Omas Nachttisch und schaut mich an: «Wenn was ist …»

Eher würde ich versuchen, den Bundespräsidenten anzurufen als meine schlechtgelaunte Cousine. Obwohl unsere Zusammenarbeit letztlich gut geklappt hat.

«Mmh, tschüs», sage ich.

Und klinge genauso unfreundlich wie sie. Mit federnden

Schritten verlässt sie die Wohnung. Ich glaube, aus der Frau werde ich niemals schlau.

Genervt stelle ich den Rucksack mit dem Nolde-Föhn in Kunstharz auf Omas Küchentisch, ziehe Hose und Hemd aus, spüle beides unter der Dusche aus und werfe die Sachen in den Trockner. Dann gehe ich in Boxershorts ins vordere Zimmer. Aus ihrer alten Wohnung hat Oma nichts als einen prächtigen, antiken Sekretär und ein paar alte Stühle mitgenommen, ansonsten ist hier alles hell und eher modern eingerichtet. Über der bequemen weißen Couch hängt ein großformatiges Original des Künstlers Stefan Brée, ein stilisierter Elefant vor einem tonfarbenen Hintergrund. Es gibt eine kleine Essecke mit einem Tisch und vier Stühlen, alles nicht überkandidelt, aber sehr geschmackvoll. Auf dem Sekretär entdecke ich einen Laptop, der sogar noch angeschaltet ist. Aus Langeweile google ich den Elefanten-Maler und finde heraus, dass er Professor für Bildungsforschung in Hildesheim ist, was mich kaum wundert: Oma lernt unter den Touristen immer die absonderlichsten Leute kennen.

Plötzlich ertönt von draußen eine Tanzband, die als Anfangslied ausgerechnet *Time to say goodbye* spielt. Ehrlich gesagt schluchzt die Sängerin eher, als dass sie singt. Irgendwie bin ich jetzt neugierig geworden. Ich gehe auf den Balkon und schaue mir die Musiker genauer an: Die Sängerin hat blondierte Haare, einen starken osteuropäischen Akzent und ist nicht mehr ganz jung. Ende vierzig, würde ich schätzen. Sie trägt weiße Pumps, eine schwarze Hose mit Bügelfalte und eine kurzärmlige weiße Bluse mit tanzenden schwarzen Noten. Der langhaarige Keyboarder singt die zweite Stimme, während der Leadgitarrist zwischendurch immer wieder überraschend mit der flachen Hand auf seine

Conga schlägt. Alle Zuschauerbänke vor der Kurmuschel sind besetzt. Jetzt kommt das zweite Lied, *Girl from Ipanema*, auf Englisch mit russischem Akzent, was merkwürdigerweise gar nicht so schlecht passt.

Mein Blick schweift ab zu den Halligen Langeneß und Oland gegenüber. Die Menschen harren dort auch bei Sturmflut in ihren Häusern aus, notfalls im Dachgeschoss – eine trotzige Gegenwelt zum lässigen Schlenderboulevard auf unserer Seite. Mit einem Mal überkommt mich eine große Müdigkeit, und so lege ich mich auf die weiche Liege neben der Terrassentür und schließe die Augen. *Girl from Ipanema* vermischt sich mit dem stetigen Gemurmel der Passanten, einige Lacher liegen darüber, manchmal ruft jemand einen Namen. Habe ich mal gedacht, auf der Insel würde alles besser werden? Stattdessen stehe ich in einem nervigen Härtetest: Cord singt irre Lieder, für Arne und Regina bin ich das schwarze Schaf der Familie, Maria treffe ich nur dienstlich und immer mit schlechter Laune. Und Oma, meine letzte Hoffnung, übt sich im Komatrinken.

Es hat alles keinen Zweck, ich kann ebenso gut zurück nach Hamburg fahren. Der Strandurlaub war ein netter Versuch, aber daraus wird hier nichts mehr. Jetzt ist es etwa ein Uhr. Wenn ich mit der 18-Uhr-Fähre zurückfahre, könnte ich gegen elf zu Hause sein. Ich schicke eine SMS an meine Hamburger Freunde: Hat jemand Lust heute Abend auf ein Bier im Schanzenviertel?

Ein Geräusch lässt mich hochschrecken: Oma steht neben mir. Ihr Gesicht ist kaum zerknittert, ihr Make-up zentimeterdick, sie riecht nach teurem Parfüm und hat sich ein elegantes Cocktailkleid angezogen. Allein ihre blutunterlaufenen Augen zeugen von ihrem hochprozentigen Vormittag. Offensichtlich hat sie einen Filmriss, denn sie ist total erstaunt, mich zu sehen: «Sönke …?»

«Herzlichen Glückwunsch, Oma», murmle ich schlaftrunken.

«Seit wann bist du auf der Insel? – Und wie bist du überhaupt hier reingekommen?»

Ich stehe auf und umarme sie: «Mit deinem Schlüssel. Ich habe dich hierher gebracht, zusammen mit Maria.»

«O Gott.»

Meine Oma Imke ist eine äußerst tapfere Frau. Wir sind mal auf einer Landstraße als Erste an eine Unfallstelle gekommen, wo zwei Wagen frontal zusammengestoßen waren. Wie froh war ich, dass Oma dabei war, als wir die verletzten Fahrer aus den Wagen zogen und Erste Hilfe leisteten! Oma legte allen so sicher und souverän Verbände an, dass ich mich nur an sie ranhängen musste. Hinterher lobte sie der Notarzt, dank ihrer Hilfe hätten alle überlebt. Oma musste dann zugeben, dass sie nie einen Erste-Hilfe-Kurs gemacht hatte, weil sie gar keinen Führerschein besitzt. Sie ist wirklich eine Frau der Tat.

Es ist das erste Mal, dass ich sie weinen sehe, es schüttelt sie richtig durch in ihrem dünnen Kleid. «Es ist mir so was von peinlich, Sönke …» Sie hält sich die Hand vor den Mund.

Apropos peinlich: Ich weiß nicht, wann meine Oma ihren Enkel das letzte Mal in Unterhose gesehen hat. Schnell gehe ich zum Trockner, ziehe die Hose an und kehre zu ihr zurück. Sie schluchzt immer noch. Als ich sie fest in den Arm nehme und ihr durchs duschnasse Haar streiche, fühle ich durch das Kleid hindurch ihre knöchernen Rippen, so dünn ist sie. Uns wird beiden schnell zu warm vom Im-Arm-Halten, weswegen sie sich sanft von mir löst und mir in die Augen schaut.

«Danke, Sönke», schnieft sie.

«Dafür nicht, Oma, das ist Standard.»

Sie lächelt durch ihren Tränenschleier hindurch. Ich reiche ihr ein Taschentuch, und wir setzen uns nebeneinander auf die Liege.

«Ich finde übrigens, dass du es extrem dämlich angestellt hast, Oma.»

«Kein Wort weiter!»

«Du wirst deinem Enkel nicht das Wort verbieten.»

Anders kommt man bei Oma nicht durch.

«Ich weiß es doch selbst am besten ...»

«Nichts weißt du. Nur Vollalkoholiker betrinken sich mit Korn. Und Leute, die sonst nie trinken, wie du. Die so dumm sind, zu denken, wenn man sich besäuft, dann am besten mit diesem Zeug.»

Oma reckt mädchenhaft-neugierig ihren langen Hals: «Wie hätte ich es denn sonst machen sollen?»

Ich schaue ihr tief in die blauen Augen: «Mit Wein. Dann wirst du langsamer betrunken und hörst vielleicht früher auf. Schnaps mit vierzig Prozent ist wie mit dem Hammer auf den Kopf.»

Oma senkt den Blick. «Habe ich etwas angestellt, was mir schaden könnte?»

Ich verschränke demonstrativ die Arme vor dem Bauch. «An was denkst du?»

«Touris angepöbelt, Einheimische beleidigt, randaliert?»

«Leider ja.»

«Was jetzt davon? Touris oder Einheimische?»

Oma starrt mich wie eine Ertrinkende an, der gerade bewusst wird, dass sie niemand mehr retten kann: «Ich kann mich an nichts erinnern.»

«Es war ein Witz, Oma.»

Jetzt wird sie vor Empörung richtig laut: «Wenn ich Witze auf deine Kosten mache, geht das in Ordnung, aber nicht umgekehrt! Mann, Sönke, hast du mir einen Schrecken eingejagt.»

Wir müssen beide lächeln.

«Du hast friedlich im Watt gesessen und mit Matsch gespielt», beruhige ich sie.

Sie hält sich entsetzt die Hände vors Gesicht: «O Gott! Wie ein kleines Kind?»

«Es hat dich niemand erkannt.»

«Wie bin ich hergekommen?»

«Im Polizeiwagen von Maria.»

«Und wo habt ihr geparkt?»

«Vor der Tür, wo sonst?»

«Dann haben mich doch alle gesehen!»

Ich lege den Arm um sie: «Aber wie denn, Oma? Du bist ja nicht blöd. Dem hast du geschickt vorgebeugt.»

«Wie das?» Oma zieht hoffnungsvoll ihre rechte Augenbraue hoch.

«Du hast dir vorher das Gesicht mit Schlick eingerieben», beruhige ich sie, «mit der braunen Maske hättest du dich selbst nicht wiedererkannt.»

«Ich bin so froh, dass du mich gefunden hast, Sönke.»

Die blondierte Sängerin in der Kurmuschel singt jetzt ein Lied über den harten Winter in ihrer Heimat, der Taiga, und über dem Frost trotzende Menschen. So hört sich zumindest ihre Interpretation von Michael Jacksons *Beat it* an. Das Tempo steigert sich langsam, wie bei *Kalinka*, zwischendurch fordert sie das Publikum immer wieder auf mitzuklatschen, doch die Zuhörer reagieren eher zögerlich. *Beat it* wird immer schneller, bis es im Chaos endet und abrupt abbricht. Vielleicht sollten wir doch lieber nach hinten gehen.

«Auf dem Küchentisch steht mein Geschenk für dich», versuche ich Oma aufzumuntern.

«Später, ja?»

Oma Imke starrt über die Promenade hinweg aufs Meer.

«Was war denn überhaupt los mit dir?», erkundige ich mich vorsichtig. Plötzlich weint sie erneut. Mist, das wollte ich nicht.

«Dieses blöde Haus!», bricht es plötzlich aus ihr heraus. «Egal, wofür ich stimme, ich zerstöre damit die Familie. Außerdem hatte ich Rückenschmerzen. Deswegen habe ich einen Schnaps getrunken, einen gegen den Rücken, einen auf die Familie, einen auf das Haus und so weiter, immer im Kreis.»

«Also, um die Familie zu zerstören, muss schon etwas mehr passieren, meinst du nicht?»

Das sage ich nur, um sie trösten. Insgeheim bin ich mir nach dem, was heute Morgen vorgefallen ist, nicht mehr so sicher. Außerdem habe ich gut reden: In ein paar Stunden bin ich auf der Fähre, und dann muss Oma sich alleine mit Arne, Regina und Cord herumschlagen.

«Regina und Arne wollen das Haus abstoßen, Cord und deine Mutter wollen es behalten, stimmt's?», fragt sie nun und sieht betreten auf ihre Hände.

Ich grinse: «Mama hat mir ihr Stimmrecht übertragen. Ich wäre tatsächlich stark dafür, das Haus zu behalten, kann meine Meinung aber noch ändern.»

«Ich will nicht, dass du das tust.»

«Würde mir auch nicht leichtfallen, aber für dich …»

Plötzlich erhebt sich Oma. Die Trauer in ihren Augen ist einem resoluten Blick gewichen. «Mein lieber Sönke, du bist ein guter Junge, aber jetzt möchte ich ein bisschen allein sein. Ich habe rasende Kopfschmerzen, und das trotz zwei Aspirin …»

«Aber deinen Geburtstag feiern wir nach.»

Schon wieder scheint sie einen Geistesblitz zu haben: «Es gibt nur einen, der die Familie Riewerts aus dieser Situation retten kann.»

Da bin ich aber gespannt.

«Und wer soll das sein?»

«Du, mein Junge.»

Ich lache laut auf: «Was?»

Oma ist sich sicher: «Du bist der geborene Diplomat, nicht umsonst arbeitest du bei dieser Eventagentur …»

… bei der ich gerade gefeuert wurde, weil ich als Diplomat nichts tauge …

«… außerdem bist du eine Generation hinter den Streithähnen. Ich möchte, dass du alle wieder zusammenbringst.»

Ich weiß, dass sie es nett meint.

Tut mir leid, liebe Oma, mein Entschluss steht fest: Ich werde noch heute die Fähre zum Festland besteigen.

«Kann ich nicht lieber Frieden in Nahost schaffen?», schlage ich vor. Das wäre einfacher.

Oma schaut betrübt zu Boden: «Sind die Riewerts so heftig?»

«Ja.»

«Bitte, Sönke …»

Sie schaut mich fest mit ihren tiefblauen Augen an.

«Ich versuche es.»

Zwei Tage – höchstens!

Nicht für Arne, Cord und Regina.

Sondern nur für Oma.

«Wo wohnst du überhaupt?»

«Auf unserem Schloss in Nieblum, zusammen mit Cord.»

Oma starrt an mir vorbei.

«Wahrscheinlich hätte es ihm geholfen, wenn ich damals

die Scheidung eingereicht hätte. Aber ich habe einfach mit deinem Großvater …» Wie kommt sie denn jetzt auf dieses Thema? Die Hausfrage hat wohl noch einiges mehr aus ihrem Leben aufgewühlt.

«Hör auf damit», beschwichtige ich sie. Ich möchte nicht, dass sie sich an ihrem Geburtstag Schuldgefühle macht.

Sie legt die Hand auf mein rechtes Knie.

«Und versuch Cord zur Ruhe zu bringen, ja?»

Liebe Oma, Cord singt, wenn ich mit ihm reden will, vermutlich steht er kurz vor einer Einlieferung in die Geschlossene. Nur Valium oder härtere Drogen könnten ihn zur Ruhe bringen.

«Ich tue mein Bestes.»

Sie strahlt mich an: «Ich wusste, dass ich mich auf dich verlassen kann.»

Oma überschätzt mich maßlos, aber das spornt mich an. Ich verabschiede mich mit einem Kuss auf die Wange. «Und nachher schaust du dir mein Geschenk an, ja? Es wird dich aufmuntern. Morgen komme ich zum zweiten Frühstück bei dir vorbei – passt es dir so gegen elf?»

«Du bist ein lieber Junge.»

Ich muss zugeben, dass ich mich sehr freue, wenn Oma das sagt. Weil es sonst niemand zu mir sagt. Und weil meine Oma Imke es durch und durch ehrlich meint.

7. Die 68er von Nieblum

Die Flut schleicht sich so undramatisch heran, als wäre irgendwo ein Wassertank leckgeschlagen und die flache Pfütze darunter würde ganz langsam immer größer. Auf der Oberfläche meint man nur eine leichte Kräuselung zu erkennen, höchstens einen Zentimeter hoch, doch das täuscht. Die Miniwelle füllt in Minuten meterhohe Priele und besitzt eine Kraft, der man nicht widerstehen kann. Zeit, um endlich abzutauchen. Unter Wasser stemme ich mich wie ein Irrer zwei Schwimmbahnen lang gegen den Flutstrom und komme nur hoch, um kurz Luft zu schnappen. Dann lege ich mich regungslos aufs Wasser und lasse mich wieder zum Strand treiben. Zurück auf meinem Badehandtuch, pocht mein Herz wie verliebt: Sämtliche Gefäße sind optimal durchblutet.

Genau deswegen fährt man an die Nordsee.

Eine halbe Stunde später mache ich mich zu Fuß auf nach Nieblum, immer an der Wasserkante entlang. Neben mir erhebt sich eine kleine Steilküste, auf der gegenüberliegenden Seite liegen die Dünen von Amrum in der Sonne, nördlich ist Hörnum auf Sylt zu erkennen.

Es ist total absurd. Nachdem mein Onkel Arne mich als schwarzes Schaf geortet hat, erwählt Oma mich als Retter der Familie.

Aber was kann ich schon tun?

Ich habe nichts anzubieten als meine Überzeugung, dass wir das Häuschen behalten sollen. Vielleicht fällt mir ja noch ein genialer Kompromiss ein, für Oma probiere ich es gerne. Ich finde, das ist es wert. Wer, wie wir, zusammen feiern kann, sollte sich auch in schlechten Zeiten beistehen. Und außerdem: Was würde ich jetzt schon in Hamburg machen? An irgendeinem Tresen sitzen, zu viel trinken und meine Freunde volljammern. Was ich mit Sicherheit auch noch tun werde, aber das kann warten.

Viel eher als gedacht kommen die Strandkörbe am Nieblumer Strand in Sicht. Über mir brummt ein kleines Flugzeug, das ein Werbebanner hinter sich herzieht: *Ringreiten in Alkersum, 17. 9., ab 10:00 Uhr.* Irgendwie freue ich mich, dass es in Zeiten von Multimedia diese Reklameflieger immer noch gibt.

Mit einem Mal fällt mir eine ziemlich gutaussehende Frau auf, die fernab von allen anderen neben einem muskelbepackten Typ auf ihrem Handtuch liegt. Sommersprossen, rötliche Haare, dicke Gucci-Sonnenbrille. Mein Magen verklumpt zu einer harten Kugel: Das ist Katharina Gehling, die Tussi, die mich bei meinem Chef verpetzt hat! Ausgerechnet hier, auf Föhr, macht die Urlaub? So viel Pech kann keiner haben. Aber sie ist es, ohne Zweifel.

Welcher Fluch liegt bloß auf mir?

Ich gehe ein Stück näher heran. Im Bikini ist ihre makellose Figur zu erkennen. Da ist kein Gramm Fett zu viel, nichts, wo es nicht hingehört. Manchen Menschen hat der liebe Gott eine perfekte Verpackung geschenkt; Katharina Gehling gehört definitiv dazu.

Kaum habe ich diesen Gedanken zu Ende gedacht, schießt eine ungeheure Wut in mir hoch: Wie kann eine einzelne

Person so viel Macht haben, mit einem kurzen Anruf zehn Jahre Arbeit zunichte zu machen?

Ich habe einen Fehler gemacht, na und? Wer macht schon alles richtig?

Und was nun?

Ansprechen? Ist das nicht demütigend?

Feige an ihr vorbeischleichen? Ist das besser?

Nein, weglaufen gilt nicht. Ich werde kurz zu ihr hingehen und guten Tag sagen. Mal sehen, wie sie reagiert. Falls sie mich überhaupt wiedererkennt, wir haben uns ja nur ein paar Minuten gesehen. Ich steure direkt auf ihr Handtuch zu. Als ich mich vor ihr aufbaue, achte ich darauf, dass ich ihr die Sonne nehme. Der braungebrannte Bodybuilder mustert mich feindselig.

«Na?», grüße ich sie. Ihre schwarzdunkle Sonnenbrille schwenkt in meine Richtung.

«Äh», antwortet sie verlegen.

Ich neige ironisch den Kopf zur Seite: «Vielen Dank nochmal.»

«Kennen wir uns?»

Ihre Stimme klingt irgendwie anders, viel höher. Zur Sicherheit frage ich noch einmal nach: «Katharina Gehling?»

«Nee», knurrt der Bodybuilder und richtet sich bedrohlich auf. «Und tschüs!»

Die Frau schaut über ihre Brille: knallblaue Augen – Mist! Katharinas waren grün.

«'tschuldigung, war 'ne Verwechselung.»

Da habe ich es: Vermutlich bin ich tatsächlich schwerer gestört als alle anderen in meiner Familie. Bloß schnell zurück in mein verrottetes Häuschen und die Gardinen zuziehen!

Schon von weitem erkenne ich einen braungebrannten Mann vor unserer Eingangstür, der mit seiner randlosen Designerbrille aussieht wie ein Galerist oder Theaterregisseur. Fehlt nur noch ein lässiger Schal um seinen Hals. Der massige Mann ist hellblond, bestimmt Mitte sechzig und hat dicke, grobporige Wangen, dazu den passenden traurigen Bernhardinerblick. Neben ihm steht ein anderer, dessen alte hellblaue Jeans und kariertes Filzhemd von oben bis unten mit weißem Zementstaub eingesaut sind. Er trägt eine Basecap mit der Aufschrift *Petersen Beton* und dreckige Arbeitsschuhe. Cord ist offensichtlich nicht da, oder er macht nicht auf.

«Was wollen Sie auf meinem Grundstück?», grunze ich abweisend. Es ist das erste Mal, dass ich diesen Satz in meinem Leben sagen darf. Ich muss zugeben, es fühlt sich gut an.

Der Galerist nimmt seine Brille ab und lächelt mich an: «Bist du Sönke?»

«Wer will das wissen?»

«Brar Brodersen. Ich mache hier in Nieblum den Bürgermeister. Das ist Peter Schmidt.»

Der Eingesaute brummelt etwas Unverständliches zur Begrüßung.

«Der Vizebürgermeister?», erkundige ich mich nach seiner Funktion.

«Nee, sein Bauunternehmer ...», stellt der klar.

«Was wollen Sie?», frage ich so unfreundlich wie möglich.

Der Bürgermeister lächelt: «Du bist der Sohn von Geeske, nicht?»

«Und?»

Ich bin jetzt wirklich nicht in Laberstimmung.

«Ich bin mit deiner Mutter zur Schule gegangen», seufzt er und setzt hinzu: «Die wilde Geeske ...»

Er atmet laut und genüsslich durch die Nase aus.

Also ehrlich! Meine Mutter ist Optikerin in einer kleinen Fielmann-Filiale in Norderstedt bei Hamburg und seit achtunddreißig Jahren mit meinem Vater verheiratet – sie ist alles Mögliche, aber mit Sicherheit nicht wild. Und selbst wenn, bin ich der Letzte, der mehr darüber erfahren will. Brodersen gibt seinem Bauunternehmer einen Wink: «Wir telefonieren.»

«Jo. Tschüs.»

Weg ist er.

«Worum geht es?», drängle ich, während ich mit dem Schlüssel, den mir Cord gegeben hat, am Türschloss herumfummle. Bloß rein, bevor der mir Mamas Sexgeschichten im Detail ausbreitet.

Der Bürgermeister atmet erneut laut durch die Nase aus: «Weißt du, deine Mutter war eine wilde Tänzerin, Hard Rock, Heavy Metal, alles rauf und runter. In Nieblum waren wir auch Achtundsechziger, auf unsere Art.»

Da werde ich dann doch neugierig: «Sie meinen, es gab hier Demos? Sit-ins auf dem Deich? Freie Liebe im Schlick?»

«So ungefähr», behauptet er.

Die Phantasie geht mit mir durch. Ich stelle ihn mir mit langen strähnigen Haaren vor, einer klotzigen Hornbrille auf der Nase, die Maobibel auf dem Deich in Richtung Himmel gestreckt. Oder Flugblätter verteilend auf der Hafenmole: «Wehrt euch gegen die ausbeuterischen Fährpreise. Null-tarif für alle!» Nach dem Anti-Vietnamkrieg-Kongress in Utersum dann der legendäre Versuch, Passagiere umsonst mit einem alten Kutter nach Dagebüll zu schippern, jäm-merlich gescheitert aufgrund eines Motorschadens, aus-gerechnet die Fähre des Klassenfeindes musste alle an Bord nehmen …

Wohl kaum. Vermutlich hat er, wie in der Zeit üblich, eine Haarbürste in seiner Jeansjacke getragen und sein Mofa frisiert.

Mehr Achtundsechziger war der möglicherweise nie.

«Ich muss dann mal», verabschiede ich mich.

«Wir müssen was beschnacken», beharrt Brar Brodersen. «Im Golfclub gibt es einen alten Malt, den ich selbst aus Schottland mitgebracht habe. Sensationell. Ich lade dich ein.»

Wieso duzt der mich eigentlich die ganze Zeit? Und wieso sieze ich zurück? Ich bin Mitte dreißig!

«Schottland?», wiederhole ich nachdenklich.

«Als Bürgermeister kommt man viel rum in Zeiten der Globalisierung ...»

Klar, genau wie die Bürgermeisterkollegen aus Shanghai und New York: Nieblum hat immerhin an die siebenhundert Einwohner, plus Badegäste.

«... Wattenmeerkonferenz, Nordseetagungen. Da sind die *local heroes* aus Nordfriesland gefragt. Wenn der Meeresspiegel steigt, sind wir als Erste fällig.»

«Meinen Sie, das werden wir bei einem Malt lösen?»

Er verzieht keine Miene. «Sicher.»

Mir ist jetzt so gar nicht nach Golfclub mit einem schwer atmenden Bürgermeister. Andererseits habe ich Oma versprochen, mich um das Erbe zu kümmern, und dazu gehört wohl auch, offizielle Kontakte zu pflegen. Also setze ich mich in das geputzte silberne Hybridauto von Toyota, was so gar nicht zu meinen Vorurteilen über den Bürgermeister von Nieblum passen mag. Nachdem er den Elektromotor angelassen hat und das Auto lautlos startet, fängt Brodersen sofort an zu jammern: «Weißt du, wir Nieblumer müssen ganz schön hart ums Überleben kämpfen. Dass wir die größten Opfer des Mauerfalls geworden sind, ist den meisten im Land gar nicht bewusst.»

«Wie das?» Der scheint ja doch was Bedeutendes zu erzählen zu haben.

«Die Berliner waren jahrzehntelang unsere treusten Gäste. Neben den Hamburgern natürlich. Aber seit die Grenze offen ist, fahren die alle lieber nach Usedom oder Rügen. Kann ich ja verstehen: Man hat nur ein paar Stunden Anreise, keine Fähre, das sind zwei Urlaubstage mehr. Heute kommt kaum noch jemand aus Berlin.»

Ich schaue ihn so betroffen wie möglich an: «Hat es denn einen Ausgleich vonseiten der Regierung gegeben? Eine Art Solidaritätszuschlag?»

Brodersen lacht hämisch auf: «Denen im Osten haben sie goldene Autobahnen gebaut. Wir hingegen müssen sehen, wo wir bleiben.»

Wir erreichen die Auffahrt zum Parkplatz, neben dem ein grünes Schild mit dem Wappen des Golfclubs Föhr steht, darunter die Warnung: *Vorsicht! Fliegende Golfbälle!*

Sehr lustig.

Oder nicht?

Wir steigen aus und betreten das rustikale Clubgebäude aus edlem Holz. Brodersen muss etwas mit dem Barkeeper klären, währenddessen schaue ich mich um. Die Namen der Clubmaster seit 1973 hängen nach Damen und Herren getrennt auf Goldschildchen an einer Tafel, am Schwarzen Brett finden sich hinter Glas Mitteilungen, die für mich wie Spionage-Codes klingen: «Zeitweilige Platzregel (Besserlegen) – Ein auf einer kurzgemähten Fläche der Spielbahnen blau 2 bis 8 liegender Ball darf straflos aufgenommen und gereinigt werden. Der so aufgenommene Ball muss innerhalb einer Scorekartenlänge von seiner ursprünglichen Lage, jedoch nicht näher zum Loch und nicht in ein Hindernis oder auf ein Grün gesetzt werden.»

Ah ja.

Ich frage Brodersen nicht nach dem Sinn des Besserlegens, als der wiederkommt und mich sanft hinausschiebt. Wir setzen uns auf die Außenterrasse des Golfclub-Restaurants, die von einer hüfthohen, halbrund geschnittenen Hecke umrahmt ist. Hier verspeisen die Opfer der Wiedervereinigung frischen Hummer und trinken dazu ein Gläschen Champagner. Sie sind alle mit karierten Hosen, weißen Schuhen und einschlägigen Käppis verkleidet. Die einzigen Ausnahmen sind Brodersen und ich.

Auf dem Feld vor uns spielen Golfer auf einem Rasen, der aussieht wie ein künstlicher Teppich. Ich muss zugeben, dass ich eine Schwäche für Golfplätze habe, obwohl ich dem Sport selbst wenig abgewinnen kann. Genauso wie Neuwagen und Edelboutiquen haben sie einfach etwas Makelloses. Um die unzähligen Hügel des Nieblumer Platzes schmiegt sich eine gleichmäßig geschorene Rasendecke wie eine Latexmaske, die Rasenkanten an den Sandlöchern sind akkurat geschnitten. Jemandem wie mir imponiert so etwas gewaltig: In meiner Zweizimmerwohnung fliegt immer etwas herum, Bücher, Zettel, Klamotten. Ich bekomme es einfach nicht in den Griff. Kurz bevor Besuch kommt, starte ich dann immer eine verzweifelte Aufräumaktion – um schließlich einen Ordnungsstatus zu erreichen, den andere als Zeichen für einen dringenden Hausputz sehen würden.

Die Abendsonne, die direkt hinter dem letzten Grün langsam ins Meer sinkt, taucht den Platz in ein Weichzeichnerlicht, das ihn zusätzlich veredelt. Wie in einem Werbefilm für

Waschmittel leuchtet mein weißes Hemd hell in der Sonne. Bürgermeister Brodersen nimmt mit Genugtuung wahr, dass es mir hier gefällt.

«Du hast ja selbst gesehen, wie es um euer Haus steht», kommt er nun auf sein eigentliches Anliegen zu sprechen. «So geht es nicht weiter.»

Heimlich muss ich ihm zustimmen, gegen den Golfclub wirkt unser Haus wie ein verlassener Plattenbau im äußersten Sibirien.

«Wir sind dabei, das zu klären.»

«Es gibt verbindliche Fristen, die in drei Tagen abgelaufen sind.»

Der soll sich mal bloß nicht so haben!

Auf einmal wird er laut: «Wenn ihr nicht renoviert, bekommt ihr Strafen reingedonnert, die werden teurer, als das ganze Haus wert ist.»

«Mein Onkel hat vor Gericht bereits Widerspruch eingelegt», erwidere ich.

Brodersen schnappt sich einen Bierdeckel und klopft damit leicht auf die Tischplatte. Irgendwie habe ich das Gefühl, dass man sich vor ihm in Acht nehmen muss.

«Weißt du, Sönke, Cord wollte mal von Föhr nach Amrum schwimmen, das war so eine blöde Wette unter Schülern. Und was geschah? Die DLRG musste ihn aus dem Wasser ziehen, weil er das Maul zu voll genommen hatte. Der hat sich schon immer maßlos überschätzt.»

Dass die sich alle von früher kennen, vergesse ich immer wieder.

«Ich kenne die Geschichte von meiner Mutter anders», halte ich dagegen. «Angeblich hat Cord über die ganze Aktion nur gelacht und behauptet, er wollte schon immer mal mit einem Rettungsboot fahren.»

Aber Brodersen hat keine Lust darauf, dass seine Anekdoten richtiggestellt werden.

«Du siehst doch eigentlich ganz vernünftig aus, Sönke. Cord wohnt in Frankfurt und du in Hamburg, ihr seid viel zu weit weg, um das Haus in Schuss zu halten. Wir können das auf dem kurzen Dienstweg erledigen. Ich zahle jedem von euch zwanzigtausend bar in die Kralle, und ihr seid alle Sorgen los.»

Aus Spaß gehe ich darauf ein: «Also gut, hunderttausend für das Grundstück. Und was gibt es für das Haus?»

Er schaut mich mitleidig an: «Was für ein Haus?»

Es ist schon klar, er will es abreißen und etwas Teures dort hinbauen. Wenn es so läuft wie in jedem typischen Regionalkrimi, erteilt er sich die Baugenehmigung dazu quasi selbst. Das wäre ein Riesengewinn für ihn. Aber da geht wohl die Phantasie etwas mit mir durch. Trotzdem merke ich, dass ich langsam richtig sauer werde: «Vergiss es.»

Diesen Ton mag er gar nicht.

Und auch nicht, dass ich ihn das erste Mal zurückduze.

«Ich will in den nächsten Tagen Fortschritte sehen, sonst mache ich euch die Hölle heiß.»

«Was denkst du dir eigentlich?», erwidere ich. «Das ist allein unsere Sache!»

«Sie verkennen, dass wir hier Bestandsschutz haben», siezt er mich nun zurück. «Das Haus wird notfalls enteignet, wenn ihr euch nicht einigt. Zwei Tage noch, dann werden Tatsachen geschaffen.»

Ich stehe auf, bevor der Whisky kommt.

«Aber der Malt ...», greint der Bürgermeister, als sei es ein Zaubertrank, der alles ändern würde.

«Du verträgst auch zwei», beruhige ich ihn und verlasse den Golfclub.

Der Fußweg durch Nieblum in der tiefen Abendsonne ist ein Genuss. Die Mischung aus viel Geld und gutem Geschmack ist eben unschlagbar. Ein Friesenhaus überbietet das nächste an diskreter Pracht. Ich mache einen Schlenker durch De Meere, einen friedlichen, kleinen Park mit Ententeich in der Mitte – und treffe prompt auf Spuren der Achtundsechziger in Nieblum. Ein großes weißes Haus trägt riesengroß die Jahreszahl 1968 am Giebel, auf einem braunen Schild steht in weißer Sütterlinschrift: *Haus des Glaubens und der Jugend*. Hat man hier damals meine Mutter beim Headbanging gesichtet? Ich verlasse den Park und verschwinde im unscheinbaren westlichen Ortsrand, wohin sich kaum ein Tourist verirrt.

Inzwischen haben sich tiefe Schatten in unseren Garten gesenkt. Nur ein Teil wird noch hell erleuchtet, zwischen den hohen Gräsern erkenne ich zwei langstielige, rote Blumen. Unser Haus mit dem geflickten Dach fügt sich harmonisch ein. Plötzlich werde ich hellhörig: Ist das nicht Cords Stimme hinterm Haus? Ich schleiche mich ran und lausche. Und tatsächlich: Mein Onkel sitzt auf einer Bank und erzählt einem Mädchen in rotem Kleid und einem kurzgeschorenen Jungen mit schokoladeverschmiertem Mund eine seiner spannenden Piratengeschichten. Ich kenne sie. Als ich noch klein war, hat er sie mir auch erzählt. Dazu fährt er seine sonore Bassstimme auf tiefstes Volumen, ohne laut zu werden: «Fritz raubte Schiffe aus, die selber andere ausgeraubt hatten, und kassierte einen Teil der Ladung als Gehalt. Den Rest gab er an die eigentlichen Besitzer zurück …»

Ich lehne mich gegen die sonnenwarme Hauswand und höre weiter zu. Eine Libelle flirtet vor mir mit einem Schachtelkraut, ein Admiralsfalter setzt sich auf eine einzelne Sonnenblume.

Egal, was kommt: Wir müssen das Haus auf jeden Fall behalten.

8. Mini-Geständnis

Am nächsten Morgen stehe ich vor Omas Haustür am Sandwall und klingele Sturm. Sie macht nicht auf, obwohl wir doch zum Frühstück verabredet sind. Verstört starre ich auf ihr Klingelschild. Normalerweise würde ich mir keine Sorgen machen, aber nach gestern denke ich, dass wir auf Oma aufpassen müssen. Von Cord habe ich erfahren, dass bei ihr schon seit Wochen die Telefone heiß laufen wegen des Hauses und sie gar nicht mehr wusste, was sie sagen sollte. Kein Wunder, dass ihr die Lust auf die Geburtstagsfeier vergangen ist.

Ich setze mich auf einen Poller vor ihrem Haus und warte. Vielleicht ist sie ja nur kurz einkaufen gegangen. Über der Nordsee liegt ein weißer Seenebel, der immer heller und dünner wird, bis die Sonne ihn ganz vertrieben hat. Eigentlich wollte ich nach dem Frühstück an den Strand; Badehose und Handtuch habe ich im Rucksack dabei.

Nach einer Dreiviertelstunde immer noch keine Spur von Oma. Verdammt, was ist denn los mit ihr? Ich beschließe, dass es nun Zeit zu handeln ist, und gehe hinüber zum Polizeirevier am Wyker Hafen. Direkt gegenüber ist der Fähranleger, an dem gerade die weiße *MS Nordfriesland* aus Dagebüll festmacht. Hinter der Kippbrücke für Autos und

Passagiere stehen braungebrannte Urlauber von der Insel, die es kaum erwarten können, endlich die Fähre zu betreten – im Gegensatz dazu die blassen Neuankömmlinge auf der *MS Nordfriesland*, die nun eilig an Land drängen. Jedes zweite Auto, das sich in die Fahrspur auf dem asphaltierten Vorplatz einreiht, ist ein Kombi oder ein Van mit mindestens zwei Fahrrädern auf dem Dach. Zwischen all den Gruppen ordnen Männer mit weißen Uniformmützen das Chaos mit lauten Rufen und ausgebreiteten Armen. Vorgestern war ich selbst noch an Bord dieser Fähre, aber es liegt gefühlte zwei Wochen zurück.

Mit schweren Schritten gehe ich die lange Treppe zum Polizeirevier hoch. Ich sehe Marias abweisendes Gesicht schon vor mir. Aber wer sonst soll mir helfen? Arne? Regina? Oder vielleicht Cord? – Eher nicht.

Neben der Eingangstür steht *Bitte klingeln*. Ich zögere einen Moment, dann drücke ich den Knopf. Nach erstaunlich kurzer Zeit reißt ein großer, schlanker Uniformierter die Tür auf und mustert mich mit klaren, grünen Augen.

«Moin.»

«Moin. Ich möchte zu Maria Riewerts.»

«Ich kann Ihnen nicht weiterhelfen?»

«Nee, is' privat.»

«Denn komm mol rin.»

Auf der Wyker Polizeistation gibt es nicht den üblichen Tresen, den man aus Fernsehkrimis kennt. Stattdessen landet man sofort auf einem schmucklosen langen Flur, von dem die Zimmer der Beamten abgehen. Der Uniformierte deutet auf einen Stuhl und verschwindet in einem der Räume. Ich nehme Platz und betrachte das Fahndungsplakat an der Wand gegenüber, ein Bankräuber aus Düsseldorf wird dringend gesucht. Der Mann sieht aus, wie man sich einen Verbrecher in einem billigen Comic vorstellt: düsterer, kalter Blick, unheilvolles Lächeln, breite Boxernase. Warum sollte der ausgerechnet nach Föhr flüchten?

Erst jetzt entdecke ich durch eine halbgeöffnete Tür Maria, die konzentriert etwas in ihren PC tippt. Sie hat die Haare zu einem Pferdeschwanz zusammengebunden und dezenten dunkelroten Lippenstift aufgelegt. Ihr dunkelblaues, kurzärmliges Uniformhemd ist auf Kante gebügelt, die Uniformjacke hat sie über den Schreibtischstuhl gehängt. Dunkelblau steht ihr, das muss ich schon sagen. Neben dem Bildschirm steht ein kleiner, blaugestreifter Leuchtturm, um den sich ein Seehund schmiegt. Ob sie sich den selbst gekauft hat? Oder hat sie ihn beim Schrott-Julklapp gewonnen? Als ich ihr gegenüber den schnauz-bärtigen Kollegen Petersen entdecke, der sie vorgestern zu unserem Haus begleitet hat, hat es mit meinen Tagträumen ein Ende.

Ich habe keine Lust mehr zu warten.

«Moin, Maria», begrüße ich meine Cousine, als ich unaufgefordert eintrete.

Sie schaut nur kurz auf, ohne mich richtig anzusehen: «Moin.» Dann wendet sie sich wieder dem Bildschirm zu. So wimmelt man einen lästigen Bürger ab. Ihr Kollege mustert mich, als ob er mich am liebsten gleich in Sicherheitsver-wahrung nehmen möchte.

Blödes Spiel, lernt man das auf der Polizeischule?

Hallo? Ich bin's, dein Cousin Sönke!

Vom Fenster her spiegelt sich die Nordsee und beleuchtet Marias rechte Gesichtshälfte. Sie hat den wohl schönsten Ausblick, den man von einem Büro aus haben kann: über die Masten der Boote hinweg aufs Meer.

Maria weiß wenigstens, wo sie hingehört, seufze ich mit

leichtem Neid. Wo werde ich wohl landen? Auch an einem solchen Schreibtisch? Oder eher besoffen im Watt?

Plötzlich schaut sie auf: «Ja?»

Ihre braunen Augen wirken immer noch neutral.

«Oma ist weg», erkläre ich ihr.

Sie verschränkt ihre langen Läuferinnenbeine unter dem Schreibtisch: «Quatsch.»

«Doch! Ich war bei ihr, aber sie macht nicht auf.»

«Vielleicht ist sie einkaufen.»

«Ich war mit ihr verabredet und habe eine Dreiviertelstunde auf sie gewartet.»

Sie zieht die rechte Augenbraue hoch: «Und ich habe heute Morgen kurz mit ihr telefoniert, da war sie noch quicklebendig. Beruhigt?»

«Nicht wirklich.»

Maria stellt ihre Füße nun fest auf den Boden und beugt sich gönnerhaft zu mir: «Und was sollen wir tun, deiner Meinung nach?»

Allein schon dafür müsste ich sie entweder anschreien oder wortlos verschwinden, aber ich reiße mich zusammen und versuche es ein letztes Mal auf die Nette: «Komm, Maria, Oma ist zurzeit ziemlich von der Rolle, denk mal an gestern.»

«Kein Wunder, bei *der* Verwandtschaft.»

O. k., es war ein Versuch. Mit Maria geht es nicht.

«Meinst du damit dich oder mich?»

Ihr Kollege sendet zwei Blicke in den Raum: einen bösen zu mir und einen mitleidigen zu Maria. Maria ist die Situation offensichtlich unangenehm.

«Lass uns kurz vor die Tür gehen, ja?», schlägt sie vor und wendet sich an Petersen: «Ich bin mal weg.»

«Wenn du Hilfe brauchst …», bietet er an.

Bin ich ein Gewalttäter, oder was?

Wahrscheinlich will er seiner jungen, gutaussehenden Kollegin nur imponieren. Ich kann mir schon vorstellen, wie alle Polizisten im Revier um Marias Aufmerksamkeit rangeln.

Ob sie hier einen Freund hat?

Oder ist sie Single?

Draußen setzen wir uns auf den Deich neben dem Revier. Es ist etwas Wind aufgekommen, die Stahltaue der Segelboote im Sportboothafen klackern laut gegen die Masten. Meine kurze Hose war eine Spur zu mutig für die Temperaturen, was ich mir selbstverständlich nicht anmerken lasse.

Die *MS Nordfriesland* ist jetzt kurz vorm Ablegen, vom Achterdeck winken ein paar Passagiere, an der Mole winken Zurückgebliebene zurück.

«Vielleicht ist Oma ja weggefahren», spekuliert Maria. Sanfte Böen zuppeln an einer Haarsträhne, die sich aus ihrem Pferdeschwanz gelöst hat. Gedankenverloren streicht sie sie mehrmals zurück. Ich muss mich immer noch an ihr neues Aussehen mit Lippenstift und weicherem Gesicht gewöhnen. Sie wirkt wie die ältere Schwester der Frau von damals.

«Siehst du Oma oft?»

«Zweimal die Woche mindestens. Ich mache oft bei ihr Mittagspause. Sie kocht immer Thai für mich.»

«Du isst asiatisch?», staune ich, «das hast du früher strikt abgelehnt.»

«Ja, Sönke, manchmal verändert man sich im Leben.»

Reichlich scharf geschossen, Cousine! Maria tippt die Kurzwahltaste auf ihrem Handy und hält es ans Ohr.

«Papa hat sein Handy nicht an, da meldet sich nur die Mailbox», wundert sie sich. «Als Muttersöhnchen weiß er mit Sicherheit, wo sie steckt. Lass uns zu ihm fahren.»

Wenigstens teilt sie jetzt meine Sorge um Oma.

Direkt könnte sie das nie sagen – in der Hinsicht hat sie sich kein bisschen verändert. Sie steht auf und geht mit mir zu ihrem schwarzen Mini One, der unabgeschlossen neben dem Polizeirevier auf dem Deich parkt. Ich lasse mich auf den Beifahrersitz fallen.

«Der riecht ja innen wie neu!», staune ich. Den Wagen fuhr sie doch schon bei unserem letzten Treffen vor zehn Jahren.

Maria trommelt mit den Fingern auf das Lenkrad und schlägt jetzt einen lässig-rauen Ton an: «Letztens habe ich einen Jugendlichen beim Sprayen erwischt.»

Als Großstädter muss ich das erst einmal durchschalten: «Hier auf Föhr?»

«Die friesischen Sprayer nehmen sich bei uns Scheunen und Reetdachhäuser vor.»

«U-Bahnwaggons bieten sich ja nicht so an. – Aber was hat das mit deinem Auto zu tun?»

Als Maria anfährt, macht die Antriebswelle mahlende Geräusche wie ein Trecker. «Wenn ich einen Jugendlichen bei einer Kleinigkeit erwische, muss es ja nicht gleich ein Verfahren geben. Die müssen ihren Schmutz wegmachen, und die Strafe arbeiten sie an meinem Auto ab. Und weil ich *immer* einen erwische, bleibt der Wagen eben sauber.»

«Ist das denn legal?»

«Legal ist nur ein Strafverfahren», zuckt sie mit den Achseln, «aber ist es auch besser?»

Maria hat eben auch ihre netten Seiten.

Kurze Zeit später stellt sie den Mini oberhalb der Strandpromenade, gegenüber dem «Haus am Meer», im absoluten Halteverbot ab. Da jeder ihrer Kollegen Marias Wagen kennt, besteht vermutlich keine Knöllchen- oder Abschleppgefahr.

«Wir sind da», kündigt Maria an, holt tief Luft und umklammert das Lenkrad.

Mit einem Mal wirkt sie gestresst.

Ein wichtiger gemeinsamer Ort aus unserer Kindheit liegt direkt vor uns. Das Pitschi's war mal eine einfache Bretterbude am Südstrand, in der sich Surfer trafen und wo es Bier aus der Flasche gab. Später hat man das Ganze mit einer Terrasse und Glastüren veredelt und gute Weine und Fassbier ins Repertoire mit aufgenommen.

«Was habe ich dich damals beneidet», erinnere ich mich, «Schularbeiten machen am Strand, spielen, Freunde treffen. Das Pitschi's war ja fast euer Wohnzimmer.»

Maria legt die Stirn auf das Lenkrad, ihre Haare fallen über den runden Drehzahlmesser.

«Klar, für dich war Arne der coole Onkel mit den coolen Surferfreunden», beschwert sie sich.

«Ja, und?»

Sie richtet sich auf und schaut geradeaus auf die Straße: «Wie hohl die alle waren, hast du gar nicht mitbekommen.»

«Und wennschon, es war immer lustig bei euch.»

Maria lehnt sich nach hinten in den Sitz. «Und deine Familie? War die nicht lustig?»

«Du kennst doch meinen Vater. Er ist o. k., aber irgendwie auch ein typischer Beamter.»

Das Einwohnermeldeamt in Norderstedt und das Surfercafé am Strand sind schon ziemlich unterschiedliche Arbeitsplätze.

Maria lächelt versonnen.

«Ich war mal bei euch zu Besuch, da bin ich mit ihm am Wochenende zu einer türkischen Familie gefahren. Die brauchten dringend irgendwelche Dokumente für ihre Türkeireise.»

«Ja, so ist er.»

«Für deinen Vater sind die Antragsteller keine Nummern, sondern ernstzunehmende Menschen. Das hat mir imponiert.»

«Ja, aber ...»

«Und deine Mutter gibt den Menschen bei Fielmann das Sehen wieder. Tante Geeske hat mir mal gesagt, der erste erstaunte Blick eines Kunden durch eine neue Brille sei ihre eigentliche Belohnung.»

«Echt?»

«Von solchen Eltern habe ich immer geträumt.»

«Ich habe sie immer respektiert, es sind meine Eltern, und sie haben ihre guten Seiten. Aber der Joker war mein Surfonkel auf Föhr. Ein friesischer Buddhist! Wer hat schon so jemanden in der Familie?»

«Buddhist? Hat er das tatsächlich behauptet?»

In diesem Moment wird mir klar: Ich habe mir nie Gedanken darüber gemacht, dass Arne Maria allein großgezogen hat. Marias leiblicher Vater hatte sich schon vor ihrer Geburt vom Acker gemacht, ihre Mutter kannte nur seinen Hippie-Namen, Gandalf, eine Urlaubsbekanntschaft auf Ibiza. Der Mann ahnt vermutlich bis heute nichts von seiner Tochter. Marias Mutter kam dann mit ihrer kleinen Tochter nach Föhr, warum auch immer, heiratete spontan Arne – und verschwand ein Jahr später in Richtung Indien. Ihre Tochter ließ sie bei Arne zurück. Dass Maria nicht seine leibliche Tochter ist, spielte für Arne nie eine Rolle, er kümmerte sich wie selbstverständlich um die Kleine und adoptierte sie kurz nach der Scheidung. Sonst wäre Maria wohl in ein Heim gekommen.

«Hast du deine Mutter eigentlich mal wiedergesehen?»

Maria schaut nach vorn durch die Windschutzscheibe.

«Wir haben seit ein paar Jahren hin und wieder Kontakt.»

«Was macht sie denn?»

«Nachdem sie jahrelang Puppenspielerin in einem rollenden Marionettentheater war, hat sie als Kellnerin in einem Restaurant angefangen. Und seit einem Jahr hat sie ihren Frieden mit der Welt geschlossen.»

«Was heißt das denn?»

Maria lächelt: «Ihre Eltern haben ihr viel Geld und ein Haus am Genfer See vermacht, da lebt sie jetzt.»

Ich lächle. «Dann bist du also eine gute Partie.»

Sie zuckt mit den Achseln: «Sowieso.»

«Und was macht die Liebe auf der Insel?», frage ich beiläufig.

«Du bist genauso eine Nervensäge wie früher», wütet Maria zurück.

Das trifft mich tiefer, als ich es für möglich gehalten hätte. «So hast du mich damals gesehen?»

Ich schaue beleidigt durch die Seitenscheibe auf die Straße. Es fühlt sich fast so an, als hätte sie gerade mit mir Schluss gemacht, obwohl das natürlich Quatsch ist. Jetzt weiß ich wenigstens, in welcher abartigen Realitätsferne ich meine Pubertät verbracht habe.

Vollkommen unerwartet legt Maria ihre rechte Hand auf meine. Haut an Haut.

«Tut mir leid, Sönke, das ist mir nur so rausgerutscht.»

Ihre Augen suchen meinen Blick.

Ich drehe mich zu ihr: «Und wie war es wirklich?»

Das erste Mal in meinem Leben traue ich mich, sie das zu fragen. Maria lässt ihre Hand liegen, wo sie ist, während sie auf das Armaturenbrett mit den Rundinstrumenten schaut und mit der anderen Hand ganz leicht über den Blinkerhebel streicht, ohne ihn auszulösen.

«Ich habe dich immer total gern gemocht. Sogar mehr als gern.»

Mein Magen fühlt sich weich und hart zugleich an: «Warum hast du mir das nie gesagt?»

«Du hast mich nie an dich rangelassen.»

«Wie bitte?»

In Wirklichkeit war es so, dass ich erst sehr spät eine erste Freundin hatte, weil Maria immer dazwischenstand. Meine Eltern – und noch schlimmer: meine Freunde – hielten mich bei Mädchen für einen absoluten Spätzünder.

Das alles beruhte einzig und allein auf einem Missverständnis?

Weil wir zu schüchtern waren?

Wie wäre mein Leben verlaufen, wenn es damals mit uns geklappt hätte?

Maria starrt weiter auf die Rundinstrumente ihres Mini One. Am liebsten würde ich sie jetzt umarmen. Einfach so. Doch dazu müsste ich mich umständlich über den Gangknüppel zu ihr beugen. Außerdem, wer weiß, zu welchen neuen Missverständnissen das führen würde?

Kann ich mir sicher sein, wie sie das eben gemeint hat?

Maria räuspert sich und schluckt.

«Dann lass uns mal», sagt sie, entzieht vorsichtig ihre Hand und stößt die Fahrertür auf.

9. Große Welle

Die Urlauber starren Maria neugierig an, als sie die Treppen vom Deich auf die Promenade direkt auf das Pitschi's zugeht. Unterhalb ihres kurzärmligen Uniformhemdes trägt sie am breiten Gürtel Handschellen, Funkgerät, Pfefferspray und eine schwere Pistole. Sie schüttelt ihre Waden aus, als wollte sie in wenigen Sekunden zum Sturmangriff übergehen.

Wir tun beide so, als hätte es das Geständnis eben nicht gegeben, die Suche nach Oma geht jetzt vor.

Neben dem Pitschi's liegen unzählige Surfbretter auf Ständern, Neoprenanzüge hängen zum Trocknen über Stangen. Da etwas Wind aufgekommen und wieder Flut ist, ist es rappelvoll auf dem Wasser; an Land bleiben überwiegend Zuschauer und sonstige Touristen. Zwischen den Surfbrett-Ständern und dem Strandrestaurant bliebt Maria stehen und hebt die Arme in die Luft, um den Rücken zu strecken.

«Letzte Woche haben wir hier einen Dealer verhaftet», erinnert sie sich.

«Marihuana?»

«Ecstasy.»

«War dein Vater dabei?»

«Es war einer seiner besten Freunde.»

Oje.

«Und? War Arne stolz auf seine Tochter?»

«Wenn ja, hat er es jedenfalls nicht gezeigt.»

Klingt nicht gut.

Nach allem, was sie eben erzählt hat, muss Arne für Maria in der Pubertät ein peinlicher Berufsjugendlicher gewesen sein, eine Art alternder Schlagerstar, der auch Frauen in ihrem Alter anbaggerte. Andererseits hatte sie ihm für all das dankbar zu sein, was er für sie getan hatte. Beides zusammen war auf Dauer kaum auszuhalten, weshalb sie die Insel mit sechzehn für die Polizeiausbildung verließ. Bis die Strafversetzung sie zurück auf START katapultierte.

Wir gehen ein paar Schritte weiter.

«Warte …», wispert Maria mir zu.

Aus den Lautsprechern dröhnt Bob Marley, und obwohl die Terrasse gut besucht ist, hört man schon von weitem Arnes Stimme. Ich bin gespannt, wie er auf mich reagiert. Nach unserem Streit wird es ihm nicht gefallen, dass ich hier auftauche.

«Lauschangriff?», flüstere ich zurück.

Maria hebt bestätigend den Daumen. Wir stehen eng nebeneinander, achten aber darauf, dass wir uns nicht berühren. Jetzt nimmt Maria ihre blaue Uniformmütze ab und spielt nervös damit herum. Arne hält gerade einen Monolog.

«… auf Hawaii ist das eine ganz andere Dimension. Es ist total verrückt, die Surfer da wirken auf den ersten Blick wie zurückgeblieben, die haben so einen leeren Ausdruck in den Augen, dass du denkst, sie sind blöd. Aber das stimmt nicht. Die hören dir nicht zu, weil sie in Gedanken immer beim Meer sind. Vom Strand aus sehen die Wellen gar nicht so riesig aus, aber wenn du dann mit dem Brett rausschwimmst, merkst du, dass sie ungefähr so groß sind wie ein Mehrfamilienhaus. Jeder Surfer dort wartet auf die eine Welle. Ich habe sie erlebt. Es ist völlig überwältigend.»

Die Story von der großen Welle auf Hawaii war schon damals Arnes One-Hit-Wonder. Man hört beim ersten Mal fasziniert zu, wenn er die Mischung aus Angst und Glück beschreibt, die er verspürte, als er auf dem zehn Meter hohen Wellenkamm eine ganze Stunde lang in Richtung Küste ritt. Er hatte sich extra dafür mit dem «Heli» mitten auf dem Pazifik absetzen lassen.

So weit seine Version.

Alle Mitglieder der Familie Riewerts können tatsächlich bestätigen, dass er vor dreißig Jahren vierzehn Tage auf Hawaii war. Allerdings könnte man einwenden, dass er die ganze Zeit mit einem fiesen Magen-Darm-Virus im Hotelzimmer lag und daher niemals auf einem Brett gestanden haben kann. Aber das würde keiner von uns je tun, was eindeutig zu den Nettigkeiten unserer Familie zählt.

«Verstehst du, stundenlang draußen auf dem Meer zu sein und auf die richtige Welle zu warten hat mit Zen zu tun – kennst du Zen?»

Eine junge Frauenstimme haucht bewundernd: «Na ja, was man so kennt. Wie meinst du das denn speziell?»

«Die Leere», erklärt Arne bedeutungsvoll gedehnt, «erst in dir, und dann verschmelzen plötzlich Körper, Brett und Ozean.»

Auch Maria sieht für einen kurzen Moment leer aus.

Dann senkt sie wütend den Kopf wie ein Stier: «Zugriff!»

Eine halbe Sekunde später taucht zwischen den leichtbekleideten Surfern eine Polizistin in geschlossener, dunkelblauer Uniform auf, zusammen mit einem Mittdreißiger in kurzen hellen Cargohosen und schwarzem T-Shirt, der nicht gerade wie ein Zivilfahnder aussieht. Arne hockt mit nacktem, braungegerbtem Oberkörper neben einer glatzköpfigen Punkerin an der Bar. Die Frau hat sechs Ohr-, zwei Nasenringe und ein Lippenpiercing. Sie ist ungefähr zehn Jahre jünger als Maria und dreißig Jahre jünger als Marias Papa.

«Scheiße, die Bullen!», flucht die Punkerin und knallt ihre Bierflasche auf den Tresen.

Doppelt peinlich für Arne.

«Moin, Papa», grüßt Maria süffisant.

«Äh, Maria? Moin, Sönke ...»

Die Punkerin starrt die Polizistin, die jetzt vor ihr steht, feindselig an.

«Kennst du die?», erkundigt sie sich bei Arne mit offenem Entsetzen.

Ich schaue zu Maria und freue mich darüber, wie sie sich freut.

«Auf der Insel kennt jeder jeden», windet sich Arne und hofft, sich mit diesem kleinen Scherz aus der Affäre zu ziehen.

«Klar, deswegen sage ich hier auch ‹Papa› zu allen», erklärt Maria der Punkerin.

«Man sieht sich», verabschiedet die sich prompt. Arne schaut ihr nachdenklich hinterher.

«Mutt hat al drank?», erkundigt sich Maria auf Friesisch: *Darf die schon trinken?*

Arne holt Luft, als ob er Maria etwas erklären wollte, dann blafft er mich an: «Na, hetzt du jetzt auch noch meine Tochter gegen mich auf? Oder wie ist das?»

War ja klar. Ich gehe nicht drauf ein.

«Deine Mutter ist verschwunden», erkläre ich Arne stattdessen, «sie macht die Tür nicht auf, obwohl wir verabredet waren. Weißt du, wo sie steckt?»

Arne reagiert gereizt: «Nein. Aber sie ist wohl erwachsen, oder?»

«Und wenn ihr was passiert ist?», sorgt sich Maria.

Arne beobachtet die Punkerin, die in Richtung Wasser verschwindet.

«Was soll ihr passiert sein? Sie ist sechsundsiebzig und kerngesund.»

«Gestern hat sie sich dermaßen volllaufen lassen ...», kläre ich Arne auf.

Der lacht, ohne uns anzuschauen: «Mama? Niemals.»

Es hat sich also noch nicht herumgesprochen.

Maria widerspricht vehement: «Und wie! Ich war dabei.»

Jetzt sieht Arne mich an, um sich zu vergewissern, dass seine Tochter ihn nicht auf dem Arm nimmt: «Echt?»

«Maria und ich haben sie aus dem Watt gezogen, sie konnte nicht mehr stehen», setze ich nach.

«Und wieso?»

«Glaubst du, das Gezerre um das Haus bringt ihr Spaß?», erinnert Maria ihren Vater.

Arne überlegt einen Moment, dann weist er mit dem Zeigefinger auf mich: «Das musst du Sönke sagen, nicht mir.»

Mein netter Onkel, der Held meiner Kindheit.

«Was ist nun», frage ich, «weißt du was oder nicht?»

«Warum habt ihr nicht schon vorher angerufen?», meckert Arne.

Maria stemmt die Arme in die Hüften: «Dein Handy ist aus.»

«Was? Schiete.»

Arne fummelt an seinem Handy herum, hält es ans Ohr und hört seine Mailbox ab.

«Wer weiß, wie ihr Herz auf den Alk reagiert», frage ich

mich laut. Kurze Zeit später reicht uns Arne sein Handy. Er sieht plötzlich sehr blass aus. «Hört euch das an.»

Maria und ich stellen uns eng nebeneinander, halten uns jeweils ein Ohr zu und hören mit dem anderen die Mailbox ab. Unsere Köpfe berühren sich dabei unausweichlich. Erst hört man gar nichts, dann ein Rauschen, vielleicht ist es auch ein Keuchen, jemand, der in Atemnot ist. «Arne …?», greint Oma Imkes Stimme durch den Hörer. «Also …» Dann hören wir wieder nur das Rauschen, bis es abbricht.

«Das war Oma», sage ich ängstlich.

«Hast du einen Schlüssel für ihre Wohnung?», erkundigt sich Maria hastig bei ihrem Vater.

Der reißt mir das Handy aus der Hand: «Nee.»

Maria tänzelt nervös von einem Bein aufs andere.

«Wieso nicht?», schimpft sie, «es kann doch immer mal was sein.»

«Verbummelt», greint Arne beschämt.

«Wir müssen trotzdem rein», rufe ich.

Und schon quetschen wir uns zu dritt in den Mini, ich gehe freiwillig nach hinten. Maria verscheucht mit ihrer Hupe ein paar Radfahrer und fährt mit durchdrehenden Reifen los. Wir haben trotzdem alle das Gefühl, dass es viel zu lange dauert.

10. Gefahr im Verzug

Maria rast wie eine Irre durch die Tempo-dreißig-Zone und überholt, wo sie kann – und wo sie eigentlich nicht kann. Diesmal hat sie sogar einen Grund dafür, aber kein Blaulicht. Wir nehmen denselben Weg wie gestern, durch die schnurgerade Badestraße und vorbei an Banko's Backshop und Akropolis II.

Maria ist, wie wir alle, kirre vor Sorge.

Hupend vertreibt sie radfahrende Touristen, die Zahl der hochgestreckten Stinkefinger auf der Insel steigt während unserer Fahrt um geschätzte 600 Prozent. Arne kaut vor Aufregung an seinen Fingernägeln.

Unterwegs höre ich noch einmal die Mailbox ab: Hat Oma von ihrer Wohnung aus angerufen? Woher kommen die Hintergrundgeräusche? Ich vermute, dass Wind ins Handy geblasen hat, während Arne das Geräusch eindeutig als Keuchen identifiziert. Maria ist sich nicht sicher, glaubt aber an etwas Harmloses, das sich bald aufklären wird. Sie bremst scharf vor Omas Haus, wir springen raus, laufen an der Sandra-Lückemann-Boutique vorbei zum Eingang und klingeln wie blöde.

Nichts regt sich.

Nachdem uns endlich eine Nachbarin hereingelassen

hat, stürmen wir durchs kühle Treppenhaus die Stufen hoch.

«Aufbrechen!», ruft Arne, als wir vor Omas verschlossener Tür stehen.

«Gefahr im Verzug», bestätige ich, als sei ich Polizist und hätte das zu entscheiden.

«So einfach wie im Film geht das nicht», erklärt uns Fachfrau Maria, die so was als Einzige schon mal gemacht hat, «das ist eine massive Tür, wir brauchen ein Brecheisen. Der Schaden liegt dann allerdings im vierstelligen Bereich.»

Arne schaut uns mit flimmernden Augen an: «Mensch, wenn Mama da drinnen liegt, ist das egal.»

«Über den Balkon», schlage ich vor.

Also laufen wir die Treppe wieder runter und raus auf die Promenade, wo sich die trägen Touristenströme immer noch eisschleckend vorbeischieben. Die Band spielt wieder die Taigaversion von Michael Jacksons *Beat it*, der russische Akzent kommt mir schon fast vertrauter vor als das Original. Wir haben Glück. Neben dem weißen Kurhaus gegenüber gibt es eine Wendeltreppe, die von Grünpflanzen umrankt wird. Ein Gärtner steht gerade auf einer hohen Aluleiter, um sie zu beschneiden.

«Runter da», ruft Maria ihm zu.

Der Mann wirft ihr einen fragenden Blick zu.

«Polizei», sagt Maria und zeigt überflüssigerweise ihren Ausweis, als würde die Uniform nicht genügen. Der Mann klettert schnell von der Leiter: «Was ist denn …?»

Maria ruft: «Die Leiter …», aber da halten Arne und ich sie schon in der Hand und balancieren sie hinüber zu Omas Balkon. Arne klettert als Erster hinauf, Maria folgt ihm, zum Schluss komme ich. Wir pressen die Gesichter an die gläserne Balkontür und starren hinein. Nichts zu erkennen, aber von hier aus können wir auch nur das Wohnzimmer einsehen. Der Laptop ist ausgeschaltet, auf der hellen Couch liegt Omas Cocktailkleid von gestern. Mein Kunstharzwürfel mit dem Föhn steht auf dem Couchtisch, das freut mich, obwohl ich so angespannt bin.

Maria zückt ihren Leatherman, eine Art Schweizer Messer für Handwerker mit unzähligen Werkzeugen. Mit wenigen Drehungen hebelt sie die Balkontür auf, und wir gehen hinein. Oma liegt weder im Bett, noch ist sie im Bad. Im Schlafzimmer sieht es nach Aufbruch aus, der Kleiderschrank ist aufgerissen, einige Sachen sind vom Bügel gefallen. Ihr Koffer steht da, aber Maria vermisst an der Flurgarderobe Omas Lieblings-Schietwetter-Jacke und die rosa Gummistiefel, auch ihr großer Reiserucksack in der Abseite neben der Eingangstür fehlt.

Ist sie verreist?

Wohin?

Warum sagt sie niemandem Bescheid?

Ich habe Hemmungen, Omas Sachen zu durchwühlen, und lasse mich daher erst mal auf die Couch fallen. Maria setzt sich so nah neben mich, dass ihre Uniformjacke meine Schulter berührt.

«Vielleicht sind wir alle auch nur hysterisch», überlege ich laut. «Das wäre im Nachhinein mehr als peinlich.»

«Oma ist ja nicht dement oder gestört», bestätigt Maria.

Arne hält nichts auf, er sucht im Bad nach allen möglichen Hinweisen, während Maria und ich die Köpfe zusammenstecken, um noch einmal die Mailbox abzuhören: Hat Oma vielleicht während des Anrufs einen Herzanfall bekommen?

«Hört sich nicht so an», finde ich.

«Das ist der Wind», meint auch Maria.

Jetzt stürmt Arne mit einer Tablettenschachtel den Raum und hält sie hoch wie eine Trophäe: «Ein Herzmittel.»

Maria zuckt mit den Achseln: «Und?»

«Du musst eine Vermisstenanzeige aufgeben», bedrängt Arne seine Tochter, «Hubschrauber, Hunde, das ganze Programm.»

«Die meisten Vermissten tauchen nach vierundzwanzig Stunden wieder auf», winkt Maria ab.

«Und wenn nicht?»

«Der fehlende Rucksack und die anderen Sachen sprechen für eine ganz normale Reise», pflichte ich Maria bei.

«Und wenn nicht?»

«Wir können im Moment nichts tun.»

Arne ist außer sich, seine Augenlider flattern, als Maria ihn am Arm festhält: «Bedeutet dir deine Großmutter denn gar nichts?», fragt er.

«Wo sollen wir deiner Meinung nach anfangen zu suchen?», gibt Maria zurück, «sie kann aufs Festland gefahren sein oder sonst wohin.»

Arne läuft nervös auf und ab.

«Ich gehe zur Fähre und rede mit den Leuten», überlegt er laut, «wenn Mama aufs Festland gefahren ist, hat sie dort jemand gesehen, die kennen sie ja alle.»

«Wie heißt denn Omas Hausarzt?», erkundige ich mich.

«Dr. Behnke, in der Mühlenstraße», antwortet Maria, «bei dem war ich auch schon mal, ist aber lange her.»

«Dann gehe ich jetzt zu ihm und rede mit ihm über das Herzmittel.»

«Gute Idee, ich komme mit», bietet Maria an, was mich freut. Irgendetwas hat sich verändert, seit wir zusammen das Pitschi's gestürmt haben. Ob ihre kleine Beichte der Auslöser war? Dann wäre es allerdings typisch für sie, wenn sie jetzt wieder auf Distanz ginge, um es ungeschehen zu machen.

Aber das tut sie nicht.

«Was machen wir mit der Balkontür?», sorge ich mich, «die geht nicht mehr zu.»

Maria schaut mich verständnislos an.

«Der Sandwall ist nicht die Reeperbahn», klärt sie mich auf.

Die Band hinter uns ist plötzlich bei Gitte angelangt: *Ich will alles, und zwar sofort, bis der letzte Traum in mir zu Staub verdorrt*. Nach *Beat it* von Michael Jackson ist das ein harter Schnitt. In ihrer Heimat sind die Vollblutpunks, da bin ich inzwischen sicher.

11. Gepäck ist doch keine Krankheit

Die Arztpraxis von Dr. Behnke liegt in einem wunderschönen reetgedeckten Bauernhaus. Vor der schweren Holztür
löst Maria ihren Pferdeschwanz und schüttelt das lange
Haar kurz kopfüber aus. Es ist ihr etwas unangenehm, dass
ich sie dabei beobachte.

Weiß Maria eigentlich, wie gut sie aussieht?

So viel steht fest: Wenn ja, will sie es aus irgendeinem Grund
nicht wahrhaben – und das ist bei ihr keine Koketterie. Männer, die ihr Komplimente machen, haben sofort verloren, das
weiß ich noch von früher. Für wen hat Maria in den letzten
Jahren wohl die Burgtore heruntergelassen? Für starke Hel-
den? Oder hat sie eher streunende Hunde und Katzen einge-
sammelt? Weil sie über die nie die Kontrolle verlor?

Ich öffne die dunkelgrüne Holztür und lasse meiner Cousine den Vortritt, wofür sie sich mit einem leichten Schräg-
stellen des Kopfes bedankt. Wir gelangen in einen kleinen
Raum, dessen Decke und Wände vollständig mit alten
blauen friesischen Kacheln bedeckt sind. Was für eine Verschwendung für einen Vorraum, ich bin begeistert! In der
Mitte des Raumes steht ein klobiger Bauerntisch mit den
üblichen Aktenordnern und PC, an der Wand alte Büro-
schränke mit weiteren Akten.

«Was kann ich für Sie tun?», erkundigt sich die braungebrannte Sprechstundenhilfe mit den künstlichen Wimpern hinter einer Designerbrille aus hellem Holzimitat. Sie ist etwa Mitte zwanzig und trägt nicht die übliche weiße Kleidung, sondern ein leichtes, seidenes Sommerkleid mit grünem Blumenmuster, was nicht so recht zu den Kacheln passen will.

«Wir würden gerne Herrn Dr. Behnke sprechen. Es ist dringend», bittet Maria, während ich ihre Uniformmütze in der Hand halte und damit herumspiele. Komisches Gefühl, mit kurzer Hose zum Arzt zu gehen. Das ist mir erst einmal passiert, in Portugal, als ich in einen Seeigel getreten war.

«Um was geht es denn?»

Maria beugt sich vor.

«Es ist privat», raunt sie leise.

Die Sprechstundenhilfe rührt das nicht.

«Bitte sagen Sie Dr. Behnke, dass es um Imke Riewerts geht», erwidert Maria ebenso ungerührt, aber mit deutlich strengerem Blick.

Das scheint zu wirken. Die Arzthelferin bittet uns, im Wartezimmer Platz zu nehmen, und verlässt den Vorraum.

Wenn es ein Buch mit dem Titel «Die zwanzig faszinierendsten Wartezimmer der Welt» gäbe, wäre Dr. Behnkes mit Sicherheit dabei. Zu diesem Arzt würde ich auch gehen, wenn er der letzte Pfuscher wäre. In Hamburg kenne ich Wartezimmer überwiegend mit Lamellengardinen, Hydrokulturen und Kunstdrucken. Hier hingegen ist es ziemlich dunkel, und es riecht nach Holzrauch. Die Decke wurde herausgenommen, sodass man direkt unter dem Reetdach sitzt, die unregelmäßigen roten Backsteinmauern sind naturbelassen. In der Mitte des Raumes befindet sich ein großer Feuerplatz mit einem Herdfeuer. In solchen Bauten steckt die Weisheit von Jahrhunderten, allein von der Akustik her: Alle harten Alltagsgeräusche werden zu Ohrschmeichlern verwandelt. Ein Dutzend Patienten hat es sich in gemütlichen Kippsesseln bequem gemacht. Maria und ich steuern zwei Sessel in einer Ecke des Zimmers an und legen die Beine hoch. Unwillkürlich stelle ich mir vor, wie im Winter draußen der Sturm ums Haus heult, das Herdfeuer in der Mitte knackt und man sich streitet, wer früher drankommt: «Sie waren zwar später da, aber gehen Sie doch bitte vor!»

Der einzige Bruch sind die Fotos von Sehenswürdigkeiten Italiens an der Wand: das Kolosseum, ein Panorama von Neapel, eine Strandszene am Lido di Venezia, vermutlich vom Arzt selbst fotografiert. Maria und ich liegen nebeneinander und blättern in Zeitschriften, um uns abzulenken.

«Was würdest du tun, wenn du zehn Millionen hättest?», frage ich sie spontan.

«Wie kommst du jetzt darauf?»

«Keine Ahnung, vielleicht weil ich gerade Fotos von Brad Pitts und Angelina Jolies Zuhause gesehen habe.»

«Und wie sollte ich an zehn Millionen kommen?»

«Lotto?»

Maria schaut mich an, als hätte ich sie gerade der Prostitution bezichtigt: «Bin ich blöd? Ich spiele kein Lotto.»

«Okay, dann schenke ich dir einen Schein, und der gewinnt zufällig.»

Sie überlegt keine halbe Sekunde: «Ich würde es in kürzester Zeit auf den Kopf hauen und dann weiterleben wie bisher.»

So viel Unvernunft hätte ich dir gar nicht zugetraut, Respekt, Maria.

«Herr und Frau Riewerts, bitte», ruft die Sprechstundenhilfe in den Raum.

Da müssen wir beide lächeln.

Fast hätte ich aus Spaß Marias Hand genommen. Fast.

Dr. Behnke setzt seine randlose Brille auf, erhebt sich von seinem Schreibtisch und kommt uns mit freundlichem Blick entgegen. Ihn plagt dasselbe Problem am Kopf wie mich an den Beinen: Er hat eine Vollglatze. Omas Hausarzt wird so um die sechzig sein und besteht im Wesentlichen aus zwei dicken Kugeln, einer runden Kopfkugel und einer größeren Bauchkugel, an der spittelige Arme und Beine befestigt sind.

«Herr Dr. Behnke, wir müssen ernsthaft über Ihre Gesundheit reden», verziehe ich sofort mit Blick auf seine Figur das Gesicht, «Ihre Gelenke werden sich bei dem Übergewicht im Alter schnell abnutzen. Da gibt es nur eins: abnehmen! – Rauchen Sie?»

Das sage ich natürlich *nicht*!

«Moin, Frau Riewerts», begrüßt der Arzt Maria, «Sie haben Ihren Freund mitgebracht?»

Dr. Behnke vermutet offensichtlich ein Problem wie Impotenz, Geschlechtskrankheit, unerfüllten Kinderwunsch oder Ähnliches – warum sonst sollten wir hier zu zweit auftauchen? Irgendwie würde ich mir wünschen, dass Maria das Pärchenspiel nicht sofort auflöst.

«Äh, nein, das ist mein Cousin, Sönke Naumann. Seine Mutter ist eine geborene Riewerts», stellt sie jedoch klar.

Schade.

«Geht es um eine Erbkrankheit?», spekuliert er. Offensichtlich hat er vergessen, dass Maria adoptiert ist.

«Ja», bestätige ich aus Spaß.

«Nein», widerspricht Maria und funkelt mich streng an.

«Was sind denn die Symptome?», fragt Dr. Behnke neugierig.

«Oma ist weg», erklärt Maria.

Er braucht eine Sekunde, um umzuschalten: «Imke? Weg?»

«Sie sind doch mit ihr befreundet – wissen Sie zufällig, wo sie sein könnte?»

Dr. Behnke überlegt einen langen Moment, dann schaut er uns abwechselnd in die Augen.

«Imke kommt wieder», verspricht er mit verbindlichem Ton. Es klingt so wie: *Nehmen Sie drei am Tag davon, und Ihre Beschwerden sind innerhalb kurzer Zeit verschwunden. Keine Risiken, keine Nebenwirkungen, es ist rein pflanzlich.*

«Wie können Sie sich da so sicher sein?», wundere ich mich.

«Geben Sie mir mal Ihren rechten Arm», fordert mich Dr. Behnke auf und nimmt die Armmanschette in die Hand.

«Das ist ein Missverständnis», protestiere ich.

Dr. Behnke ist das egal. «Bluthochdruck bemerken die meisten erst, wenn es zu spät ist. Hier kommt keiner raus, ohne dass ich gemessen habe.»

Ich setze mich auf die Liege und mache ihm wenig Hoffnung: «Ich rauche nicht, habe kein Übergewicht und trinke kaum Alkohol. Außerdem bin ich seit einem Jahr Single und renne zwanghaft ins Fitness-Studio, um eine Frau kennenzulernen.»

Das kann Maria ruhig wissen.

«Und? Hat es geklappt?»

Interessiert rollt Dr. Behnke mit seinem Hocker auf mich zu und schiebt mein schwarzes T-Shirt etwas hoch.

«Nein.»

Auch das darf Maria erfahren.

Der Arzt lächelt still in sich hinein.

«Oma ist herzkrank, oder?», meldet sich Maria, die nun aufs eigentliche Thema zurückkommen will. «Wir haben ein Herzmittel bei ihr gefunden.»

«Dazu darf ich leider nichts sagen.» Dr. Behnke legt mir die Manschette um, pumpt sie auf und hält sich das Stethoskop ans Ohr: «Hundertfünfundvierzig zu fünfundneunzig im Ruhezustand, das ist nicht gut.»

«Zufall», kontere ich. Der kann mich mal!

«Bloß, weil Sie gesund leben, müssen Sie noch lange nicht gesund sein.»

«Bin ich aber.»

«Die Riewerts haben alle ein Problem mit Bluthochdruck, und leider sind solche genetischen Dispositionen entscheidender, als man bisher angenommen hat. Da können Sie so viel nichtrauchen, wie Sie wollen. Ich will den Teufel nicht an die Wand malen, aber behalten Sie das im Auge.»

Unzählige Joggingrunden im strömenden Regen, bei denen ich den inneren Schweinehund bekämpft habe, Tonnen von Eisen, die ich gestemmt habe – alles umsonst?

«Und Sie, Frau Riewerts?»

Dr. Behnke legt nun die Manschette um Marias schlanken Arm, unterhalb des blauen Uniformhemdes. Kaum zu glauben, dass sich ihre langen, ebenmäßigen Finger im Kragen von besoffenen Randalierern festkrallen können, um sie zu Boden zu reißen. Aber auch wenn sie eher nach feinfühligem Violinenspiel aussehen – sie können, da bin ich sicher.

«Fünf Zigaretten am Tag», gibt Maria zu.

Also zehn mindestens.

Ihr gesamter Gesichtsausdruck, inklusive Nase, scheint

sich gegen diese Untersuchung zu wehren. Was bei mir heimliche Schadenfreude auslöst, denn das treibt die Werte nach oben. Ich werde Maria um Längen schlagen, denn ich bin innerlich viel ausgeglichener und kann immer ohne Probleme einschlafen – falls das etwas damit zu tun hat.

Dr. Behnke lässt den Druck aus der Manschette um Marias Arm und lächelt: «Hundertdreiundzwanzig zu achtzig – perfekt.»

Wie kann ein Mensch wie Maria solche Werte haben? Plus Rauchen?

Ein Rätsel der Natur, es ist nicht zu begreifen.

Dr. Behnke setzt sich wieder an seinen Schreibtisch und lehnt sich in seinem Kippsessel nach hinten.

«Imke und ich sind seit über dreißig Jahren befreundet. Seit ich hier auf der Insel bin. Wir sind zusammen durchs Watt geritten, ich habe ihr Golf beigebracht, wir haben gemeinsam für den Motorbootführerschein gebüffelt und …»

«Oma kann Motorboot fahren?», unterbricht Maria ihn verblüfft. «Sie hat ja nicht mal einen Autoführerschein!»

«Imke ist dreimal durchgefallen und hat es dann gelassen», beruhigt uns Dr. Behnke.

Maria schlägt die Beine übereinander.

«Was wollte Oma mit einem Motorboot?», überlege ich laut. Ich kann mir sonst viel vorstellen, aber das nicht.

Dr. Behnke lächelt: «Was alle damit wollen, sinnlos durch die Gegend tuckern.»

«Da ist sie gar nicht der Typ für», wundert sich Maria und sucht meinen Beistand: «Oder?»

Es ist, als würden wir uns schon lange kennen, was auf eine Art ja auch stimmt.

«Wirklich nicht», bestätige ich.

«Sie scheinen wenig von Ihrer Großmutter zu wissen.»

«Wenn sie einen Motorbootführerschein machen wollte, hatte sie etwas damit vor», sage ich.

«Da fragen Sie Imke am besten selbst.»

«Das würden wir gerne tun», klagt Maria, «wenn wir wüssten, wo sie steckt.»

«Wie Sie wissen, unterliege ich der Schweigepflicht.»

«Besitzen *Sie* ein Motorboot?», erkundigt sich Maria.

«Ja.»

«Und haben Sie Oma mal mitgenommen?»

Nicht schlecht, Frau Hauptkommissarin.

«Ja.»

«Wohin, wenn ich fragen darf?»

«Sie dürfen nicht.»

«Mit Gepäck?»

«Das fällt ebenfalls unter die Schweigepflicht.»

«Gepäck ist doch keine Krankheit», protestiere ich.

«Doch», antwortet Dr. Behnke trocken.

«Können Sie sicher sein, dass ihr nichts passiert ist?», versucht es Maria noch einmal.

«Das kann man nie, Frau Riewerts.»

«Also, ich fasse noch einmal zusammen», sage ich, «Sie wissen, wo unsere Oma ist, wollen es uns aber nicht sagen?»

Dr. Behnke legt beide Hände flach auf den Schreibtisch.

«Nur so viel: Sie ist sicher nicht weit von hier.»

«Was heißt das? Inseln, Festland, Nordhalbkugel?»

«Wir drehen uns im Kreis. Es geht Imke gut, und nun entschuldigen Sie mich bitte.»

Vorm Haus lehnen Maria und ich uns ratlos an die Motorhaube des schwarzen Minis, der in der prallen Sonne ganz warm geworden ist. Die Temperatur überträgt sich angenehm auf meinen Hintern.

«Was meint er damit: ‹Sie ist nicht weit von hier›?», grüble ich.

«Keine Ahnung.»

«Nicht mal du wusstest das mit dem Motorbootführerschein? Obwohl du jede Woche dreimal bei ihr zum Essen bist?»

«Ich verstehe es selber nicht.»

«Oma hat ein Geheimnis.»

«Tja.»

Maria fängt an, vor ihrem Wagen auf und ab zu tigern.

«Wir brauchen mehr Anhaltspunkte», finde ich.

Maria schaut auf ihre Armbanduhr. «Ich muss zurück zur Wache. Vielleicht hat Papa ja im Fährhafen was erfahren.»

Schade, dass sie schon gehen muss.

«Rufst du mich an, wenn du was hast?»

«Ja. – Was machst du?»

«Auf'n Deich gehen.»

«Und da?»

«Schlauer werden.»

Sie schaut mich prüfend an.

«Mmmh.»

Ich lächle Maria zu: «Ich warne dich, irgendwann kommt der Tag, an dem ich mit dir Pizza essen gehen will.»

Dafür gibt es ein herzliches Lachen von ihr.

«Ahja?»

«Nicht?»

«Doch, klar.»

Diese zwei Worte entspannen mich mehr, als sie ahnen kann.

Maria springt in ihren Mini und rauscht davon. Kein Kuss auf die Wange, keine Umarmung. Ich bleibe noch einen Moment auf der Bank sitzen und überlege ernsthaft, ob ich die erste Zigarette seit fünf Jahren rauchen soll.

12. Auf der Deichkrone

Im Verleih in der Königstraße hatten sie nur noch ein klassisches Holländerfahrrad, auf dem ich nun mit durchgedrücktem Rücken gegen den Wind kämpfe. Anders kann man mit den Dingern einfach nicht fahren. Ich schlängele mich aus der Inselhauptstadt hinaus und radele auf der Krone des mächtigen Seedeiches an dem großen Teich vorbei in Richtung Osterland mit seinen satten Marschwiesen. Ein «Amt für ländliche Räume» warnt auf einem riesigen Schild: *Bitte rechnen Sie auf den Deichen und Deichverteidigungswegen mit deichtypischen Verschmutzungen und Unebenheiten (z.B. Treibgut, Schafkot, Weidezäunen oder Schlaglöchern)*. Von diesem «Amt» habe ich noch nie gehört, es klingt für mich irgendwie nach UFO-Abwehr, während die Deichverteidigung an die Wikinger erinnert.

Wie auch immer, falls ich Schafkot sehe, bin ich gewarnt.

Die Sonne ist jetzt weg, und das schattenlose Grau lässt mich ruhiger werden, was ich gut gebrauchen kann.

Alle Farben sind klar sortiert.

An Land das satte Grün, rechts das braune Wattenmeer und über allem ein grauer Himmel mit bläulichem Hoffnungsschimmer. Auf dem Deich werde ich groß und klein zugleich: Von den Windrädern abgesehen, bin ich der höchste Punkt in der Landschaft, aber über mir türmen sich riesige Himmel, die mich winzig erscheinen lassen. In der Ferne kann ich den Hindenburgdamm sehen, über den der Autozug gerade eine lange, bunte Kette von Autos nach Sylt transportiert. Ich erinnere noch von früher, dass man während der Überfahrt im Wagen sitzen bleibt. So einfach kommt man nach Föhr nicht, zum Glück, denn es schützt die Insel vor zu heftigen Touristeninvasionen.

Plötzlich erkenne ich ganz am Ende des Deiches einen Punkt über dem Horizont. Mein Herz schlägt höher. Das könnte Omas Freundin Christa sein. Dass ich darauf nicht früher gekommen bin! Wenn mir jemand weiterhelfen kann, dann sie.

Christa gehörte als Omas beste Freundin eigentlich schon immer zur Familie, jedenfalls kenne ich sie, seit ich denken kann. Sie sitzt täglich zwei Stunden auf dem Deich, egal bei welchem Wetter. Im Winter ist sie dick eingepackt in einen gefütterten Ansitzsack mit breiten Hosenträgern, wie ihn Jäger tragen, die die Arme zum Schießen frei haben müssen. «Unter diesen Himmeln fühle ich mich Gott am nächsten», hat Christa einmal auf einer Familienfeier bekannt, «das ist meine Kirche.» Jeden Tag fotografiert sie den Himmel und stellt die Aufnahmen dann ins Internet. Für sie sind es Heiligenbilder. Von Oma weiß ich, dass ihre Website sieben- bis achttausendmal täglich angeklickt wird, das Interesse geht von Lappland bis nach Südafrika. Auch ich bin oft auf ihrer Seite.

Christa ist alleine.

Sie sitzt auf einem stoffbespannten Klappstuhl mit Blumenmuster und schaut auf den schlickigen Meeresboden bei Ebbe. Neben ihr liegt ein Mountainbike, daneben steht ein zweiter Stuhl. Sie trägt eine weiße Sommerhose, einen leichten, dunkelblauen Pulli und eine elegante Sonnenbrille im Haar. Ich fand Christa schon immer sehr attraktiv. Das klingt vielleicht ungewöhnlich für einen Mittdreißiger, denn sie ist bereits sechsundfünfzig, und ich meine auch nicht, dass sie bestimmt mal eine schöne Frau *war*; sie *ist* es! Die hochliegenden Wangenknochen, die klaren blauen Augen, das schulterlange volle Haar, meinetwegen gefärbt, und der klar geschnittene und trotzdem volle Mund sind wirklich sehr besonders, ich schaue sie gerne an.

«Moin, Christa», grüße ich.

«Moin Sönke», kommt es zurück, ohne ein Anzeichen von Überraschung. «Na? Mit der letzten Fähre zum Einbruch nach Nieblum – das musste ja schiefgehen.»

Es spricht sich doch alles rum auf der Insel.

Als hätte sie mich erwartet, deutet Christa auf den zweiten Stuhl neben sich und dreht sich wieder zum Meer. Ich nehme ihr Angebot an, schaue ebenfalls in die Ferne und halte die Klappe. In meiner Eventagentur hatte tendenziell immer der recht, der am längsten quatschen konnte. Bei Christa ist es umgekehrt. Sie redet nicht viel und mag auch nicht zum Sprechen genötigt werden.

Aus dem Grund habe ich immer das Gefühl, dass sie tief unter meine Oberfläche schauen kann. Oma Imke behauptet, Christa besitze das «zweite Gesicht». «Spökenkieker» werden solche Menschen hier genannt, sie haben den Ruf, Krankheiten heilen oder Warzen besprechen zu können. Nun bin ich weder krank, noch habe ich Warzen, deswegen habe ich es nie ausprobiert. Aber ich könnte sie mal wegen meiner fehlenden Beinhaare fragen, fällt mir plötzlich ein. Oder wegen meiner unklaren Zukunft, vielleicht sieht sie da ja etwas.

Christa schweigt beharrlich, und ich störe sie nicht dabei.

Friesen gelten ja in Deutschland ohnehin als notorische Schweiger. «Es dauert, bis man mit ihnen warm wird, aber wenn es dann so weit ist, kann man sich immer auf sie verlassen», behaupten wohlwollende Süddeutsche gern. «Sie reden nicht viel, aber was sie sagen, hat Hand und Fuß.»

Solche Menschen sind natürlich eine Katastrophe für jede Party – Partys leben nun einmal davon, dass man auf andere zugeht, sich auch mal um Kopf und Kragen quatscht und dabei kein Fettnäpfchen auslässt. Genau genommen werden den Friesen dieselben Eigenschaften zugeordnet wie Menschen mit schweren Verhaltens- und Kommunikationsstörungen. Was natürlich vollkommen übertrieben ist, denn wenn es so wäre, würde der Tourismus hier gar nicht funktionieren. Pensionswirte, die einem mit genuscheltem «Moin» den Schlüssel auf den Tresen knallen, kurz die Zimmernummer ansagen und dann wieder im Hinterzimmer verschwinden, würden nicht eine Saison überleben. Nein, in Wirklichkeit freuen sich die Insulaner über Gäste und quasseln und lachen gerne mit ihnen. Allerdings gibt es hier ein Gesetz, das Verfassungsrang besitzt: Wenn du gerade nicht quatschen willst, wird das respektiert. Einfach am Tresen sitzen und nachdenken? Kein Problem. Versuch das mal in Köln oder im Ruhrpott …

«Oma hat es mit dem Herzen?», breche ich nach einer langen Pause das Schweigen.

Christas Blick haftet unbeirrt am Horizont. Auf dem Hindenburgdamm fährt gerade ein weiterer Autozug nach Sylt, fast alle Wagen sind diesmal silbern.

«Im Alter hat doch jeder was.»

Ich schweige erneut so lange wie möglich.

«Und der Motorbootführerschein?», frage ich dann.

Jetzt dreht sie amüsiert den Kopf zu mir, ihre Augen blitzen auf: «Ach ja?»

«Oma und ein Motorboot?»

«Hat ja nicht geklappt.»

Wieder Stille.

«Ik witj ei wann Imke kommt», meldet sich Christa plötzlich auf Friesisch.

Ich weiß nicht, wann Imke kommt.

Ein leichter Windhauch zieht über den Deich und lässt die Grashalme kräuseln.

«Wo ist sie denn?», frage ich ganz direkt.

Sie weiß es.

«Ik swiige stalh», entschuldigt sie sich.

Ich halte die Klappe.

«Ich werde sie trotzdem suchen», drohe ich, «ich muss mit ihr reden.»

«Ja.»

Wieso wissen Omas Freunde, wo sie steckt, wollen es aber keinem aus der Familie sagen?

Immerhin weiß ich jetzt von zwei Seiten, dass offensichtlich nichts Schlimmeres vorgefallen ist, was mich etwas beruhigt. Ich verabschiede mich von Christa und radele wieder zurück. Der Wind hat gedreht, ich habe wieder Gegenwind.

Plötzlich komme ich mir total lächerlich vor.

Ich mache hier einen auf Superdetektiv und suche Oma – aber was passiert, nachdem ich sie gefunden habe? Und mit dem Haus alles geklärt ist? Wenn ich keinen offiziellen Grund mehr habe, noch länger auf der Insel zu bleiben? Dann werde ich der arbeitslose Sönke Naumann sein, ohne Berufsabschluss, mit schwer einzuschätzenden Erfahrungen im Veranstaltungs- und Partybereich.

Ein Nichts.

Ich pette in die Pedale.

Das Rad kommt auf Touren, trotz des Gegenwindes.

Oder gerade deswegen.

Vielleicht werde ich Sozialarbeiter für mittelalte Herren, die manisch *House of the Rising Sun* singen, tröste ich mich, oder gründe einen Oma-Suchservice. Meine vielfältige Familie bietet ja zum Glück Praktika in vielen Lebensbereichen.

13. Das perfekte Dinner

Da ich meinen Smoking dabeihabe, ziehe ich ihn auch an. Mit einem frischen weißen Hemd, das ich über die Hose fallen lasse, ohne Fliege. Cord war wirklich großzügig, kurz vorm Schlafengehen hat er mir einfach so die Schlüssel seines Wagens in die Hand gedrückt. Ich wusste gar nicht, dass er mit dem Auto auf die Insel gekommen war. Der Wagen ist eine echte Überraschung: ein klotziger, dunkelblauer Volvo-Geländewagen mit dunkel getönten Scheiben. Ich hatte vergessen, dass der Rising-Sun-singende Cord Chef eines gutgehenden Zahnlabors ist und viel Geld verdient. Neben dem Armaturenbrett klebt ein streichholzheftgroßes Foto hinter Plexiglas, auf dem seine thailändische Exfrau und ihre gemeinsame Tochter zu sehen sind. Jade musste jetzt um die vierzehn sein und sieht ausschließlich ihrer Mutter ähnlich. Cords geschiedene Frau ist Zahnärztin und hat eine Zeitlang sein Labor in Bangkok geleitet.

Das Navi bringt mich zielsicher zu Reginas kleinem Einfamilienhaus in der Rungholtstraße, gleich hinterm Wyker Postamt. Ihre Einladung zum Abendessen kam vorhin wie aus dem Nichts. Wahrscheinlich hat sie ein schlechtes Gewissen, weil sie mich am Strand so blöd angemacht hat. Aber vermutlich steckt viel mehr dahinter. Cord ist nämlich nicht eingeladen. Klar: Regina weiß, dass gegen ihn wegen des Hauses nicht anzukommen ist.

Bei mir hingegen hat sie noch Hoffnung.

Ich bin schon sehr gespannt, wie sie die Sache angeht. So plump, wie sie sich am Strand verhalten hat, habe ich sie eigentlich nicht in Erinnerung. Mit Sicherheit hat sie sich eine raffinierte Strategie ausgedacht, um mich rumzukriegen. Ich kann mich dabei entspannt zurücklehnen: Habe ich was zu verlieren?

An der Wohnungstür begrüßt mich ihr Mann mit einem Händedruck wie eine Pressluftzange: «Moin, Sönke!»

«Moin, Holger.»

Holger ist im Gegensatz zu seiner Frau dünn und zäh, seine hochliegenden Wangenknochen immer ein wenig gerötet. Zur Feier des Tages hat er sich ein rotes Jackett übergezogen, darunter trägt er ein hellblaues Hemd. Er fühlt sich sichtlich unwohl in diesem Aufzug. Wahrscheinlich hat ihm das Regina aufgedrückt. Holger arbeitet in der Stackmeisterei, die für die Betonnung von Fahrrinnen zuständig ist. Weil der Boden des Wattenmeeres durch Ebbe und Flut immer in Bewegung ist, muss der Kurs der Fähren immer wieder neu bestimmt und mit Büschen markiert werden. Als ich die Wohnung betrete, kommt Regina schon aus der Küche und wischt sich die Hände an der Schürze ab.

«Schön, dass du mal bei uns bist, Sönke.»

Küsschen links, Küsschen rechts, das ist in Nordfriesland nicht anders als in Frankreich. Obwohl es auf der Insel auch noch die gleichberechtigte Alternative mit durchgestrecktem Arm gibt.

«Ja.»

«Wann warst du das letzte Mal hier?»

«Das war nur ganz kurz, nach Opas Beerdigung.»

Eigentlich habe ich da nur einen Schlüssel an der Wohnungstür abgegeben. In diesem Moment schlurft ihr dicker Sohn John in den Flur.

«Sag Sönke guten Abend», fordert Holger ihn auf, als sei das nicht selbstverständlich, «kennst du ihn noch?»

«Moin», murmelt John unfreundlich. Er wiegt mit seinen zwölf, dreizehn Jahren bestimmt achtzig Kilo, und das bei einer Größe von etwa eins sechzig. Sein bernhardinerhafter Gesichtsausdruck erinnert jetzt schon an Bürgermeister Brodersen.

«Gib deinem Cousin die Hand.»

Er kommt mit gestrecktem Arm auf mich zu.

«Moin, John», sage ich und drücke seine schlaffe Hand.

Ich sollte wohl Interesse zeigen und ihn fragen, in welche Klasse er jetzt geht, was seine Hobbys sind oder so etwas. Doch zum Glück bleibt mir das erspart, denn John ist ein guter Junge: Er dreht sich wortlos um und trottet wieder in sein Zimmer. Mein spontanes Interesse gilt den alten Stichen, die im Flur hängen. Sie zeigen den dänische König und den Dichter Hans Christian Andersen, die beide in Wyk kurten. Wyk war 1819 das erste Seebad Schleswig-Holsteins. Irgendwie macht es mich melancholisch, wenn ich sehe, wie schön Hafen und Strandpromenade im 19. Jahrhundert ausgesehen haben.

Nachdem wir kurz im Flur stehen bleiben, ohne große Worte zu wechseln, gehen wir ins Esszimmer mit den hochlehnigen Stühlen, die ich von der missglückten Familienfeier am Strand kenne. Ich staune nicht schlecht. Gegen dieses dunkle Holz überall haben meine konservativen Eltern eine richtige Hippiebude. Sogar die Decke ist vertäfelt, und das gesamte Zimmer ist vollgestopft mit kleinen Tischen und nutzlosen Schränkchen. So werden nicht einmal mehr Altenheime eingerichtet, dabei ist Regina nur drei Jahre älter als ich. Andererseits ist es mir generell ziemlich egal, wie Leute wohnen, Spaß haben kann man überall, auch bei Regina im altdeutschen Stil. Wenn wir bloß nicht schon wieder verloren im Raum herumstehen würden.

Um ein bisschen Stimmung in die Bude zu kriegen, zündet Regina ein paar Kerzen auf Messingleuchtern an und schaltet das Deckenlicht aus, was mich an Weihnachten erinnert.

«Mit Mama das ist ein Ding, was?», empört sich Regina. «Haut die einfach ab!»

«Da kann man nichts machen.»

«Das ist so was von typisch. Immer Flausen im Kopf, aber wenn es drauf ankommt, kann man sich nicht auf sie verlassen.»

Wie meine Mutter scheint auch Regina ein schwieriges Verhältnis zu ihrer Mutter zu haben. Bauchfrei auf der Berlinale und ähnliche Kapriolen sind mit Sicherheit nicht ihr Ding. Zugegeben, für mich geht das auch nur bei Oma. Wenn ich mir meine Mutter in so einem Aufzug vorstelle … aber da besteht ja zum Glück keine Gefahr.

«Es geht ihr auf jeden Fall gut, sagt Christa.»

«Christa redet viel, wenn der Tag lang ist.»

Christa redet viel? Meint sie dieselbe Christa wie ich?

«Meinst du, sie lügt?», erkundige ich mich besorgt.

Regina überlegt einen Moment.

«Nee, das wird schon seine Richtigkeit haben.»

Na, hoffentlich. Überzeugend klingt sie nicht.

Andererseits wirkt sie auch nicht so, als ob sie sich ernsthafte Sorgen machte.

«Wann geht es denn nu los mit dem Essen?», brummt Holger ungeduldig, «ich habe Hunger und Sönke bestimmt auch.»

Danke Holger, ich habe heute tatsächlich kaum was gegessen.

«Nur noch einen Moment», bittet Regina.

«Was denn noch?», blafft Holger.

«Bei uns ist es so, dass jede Mahlzeit unter einem bestimmten Motto steht», erklärt sie mir und strahlt ihren Mann an, der jetzt leicht genervt zur Seite schaut.

«Ach ja?», versuche ich Interesse zu heucheln.

«Heute ist es 1001 Nacht.»

Na, super, das Motto meiner letzten Party im Baucontainer, aber das kann Regina natürlich nicht ahnen.

«Ich lasse mich überraschen.»

«Zu jedem Gang gibt es ein Gedicht. Wusstest du überhaupt, dass ich Gedichte schreibe?»

Ich befürchte das Schlimmste.

«Nein.»

Plötzlich redet sie irrsinnig schnell und leiert dabei, als hätte sie Drogen genommen: «Ich-schreibe-eigentlich-nur-so-zum-Spaß-aber-meine-Freundin-Birte-hat-gesagt-ich-soll-die-Texte-unbedingt-an-einen-Verlag-schicken-und-du-musst-mir-sagen-was-du-davon-hältst-aber-ehrlich.»

«Du redest zu schnell», bemerkt Holger in demütigender Offenheit. Regina verzieht getroffen das Gesicht und wendet sich nun ausschließlich an mich: «Findest du das auch?»

«Für mich geht das in Ordnung», lüge ich.

Wenn das so weitergeht, halte ich höchstens noch eine halbe Stunde durch, bis ich schreie.

«Nu, lass Sönke sich doch erst einmal setzen», brummt Holger.

«Ja, setz dich, Sönke», bittet mich Regina, «ich schaue nach dem Essen.»

Sie eilt hinaus, während ich mich auf einen der extrem

unbequemen Stühle setze. Erstaunlich. Ich hätte erwartet, dass Regina sofort auf das Haus zu sprechen kommt. Stattdessen wirkt sie fast entrückt und beichtet mir von ihren künstlerischen Ambitionen? Die Riewerts sind doch immer für Überraschungen gut.

«Und? Hast du Arbeit?», erkundigt sich Holger.

«Muss ja», antworte ich.

«Wem sagst du das.»

Da kommt Regina schon wieder aus der Küche und läutet mit geheimnisvollem Lächeln eine kleine helle Glocke in ihrer Hand. Das Zeichen fürs Essen. John schlurft aus seinem Zimmer und lässt sich auf einen Stuhl am Esstisch fallen. Dann holt Holger ein Tablett mit kleinen Salatschüsseln, die ihm Regina abnimmt und auf die Plätze stellt. Danach bleibt sie stehen, räuspert sich, zieht einen kleinen roten Zettel aus ihrer Hose und setzt ihre randlose, viel zu große Brille auf. Holger nimmt eine Serviette und spielt mit seinen rissigen, hornhautverkrusteten Händen daran rum.

«Das Rauschen des Windes, das Schreien der Möwen, der Leuchtturm blinkt, wie tausend und die eine Nacht», rezitiert sie.

«Guten Hunger», bollert John.

Regina schaut mich erwartungsvoll an.

Soll ich das jetzt kommentieren?

«Schön», lobe ich.

Ich habe tatsächlich schon Schlechteres gehört.

«Wirklich?»

«Ja.»

Sie lächelt beglückt und verschwindet aus unerfindlichen Gründen erneut in der Küche.

«Du machst das ganz richtig», raunt mir Holger zu, was ich

vor seinem Sohn ziemlich schäbig finde, «sie braucht etwas Bestätigung.»

Danach fordert er mich auf, schon mal anzufangen, obwohl seine Frau noch nicht da ist. Ich probiere den aufwendig drapierten Salat mit Nüssen und Mango. Regina kommt zurück.

«Der Salat schmeckt klasse», sage ich.

«Danke.» Sie strahlt mich an.

«Schreibst du nur so, oder machst du einen Kurs?», erkundige ich mich höflich.

«Beides. Ich bin hier an der Volkshochschule bei Maike Feddersen-Clausen, die kennst du sicher.»

Was für ein Doppelname!

«Nein, woher?»

«Die hat schon viel veröffentlicht, im Ingrid-Beusen-Verlag in Niebüll.»

«Tut mir leid, mit Lyrik kenne ich mich nicht so aus.»

Regina schaut mich vorwurfsvoll an: «Du kennst nicht mal ihre berühmten Blumenbücher?»

«Tut mir leid», wiederhole ich. Mit meinem Bekenntnis scheine ich in ihrem Ansehen rapide gesunken zu sein.

«Nun lass ihn doch», greift Holger ein.

Regina schaut erst ihn, dann mich verwirrt an.

«Nächstes Jahr wollen wir mit dem Kurs sogar zur Buchmesse nach Frankfurt fahren», verkündet sie.

«Das ist bestimmt interessant.»

«Wir wollen da Flyer verteilen mit unseren Gedichten, wer weiß, vielleicht werde ich da entdeckt. Ich muss ja schließlich nicht immer Optikerin bleiben wie meine Schwester Geeske, oder was meinst du, Sönke?»

Habe ich das richtig gehört? Regina will ernsthaft Dichterin werden?

«Mama gefällt ihr Job», verteidige ich meine Mutter.

«Und wie findest du die Sache mit der Buchmesse? Das ist doch eine Riesenchance, oder?»

Was sage ich bloß?

«Warum nicht.»

Woraufhin sie erneut in die Küche rennt.

Holger verzieht das Gesicht.

«Meinst du, dein Betrieb hat Zukunft?», will er wissen.

«Du, entschuldige, wo ist denn die Toilette?», würge ich ihn ab. Dieses Thema hat zurzeit bei mir nicht mal mehr das Potenzial für einen Smalltalk.

«Im Flur, links neben der Eingangstür.»

Im Vorbeigehen sehe ich durch die halbgeöffnete Tür zur Küche, wie Regina vor dem geöffneten Backofen steht und sich eine Flasche Hochprozentigen an den Mund hält. Sie stürzt den Schnaps in schnellen Schlucken runter. Das gibt mir Hoffnung: Der Abend kann nicht lang werden!

Als ich von der Toilette zurückkomme, ist das Wohnzimmer leer. Holger hilft Regina in der Küche, und John ist wieder in seinem Zimmer verschwunden. Ich vertreibe mir die Zeit, indem ich mir die Bücher im Regal über dem Fernseher ansehe: Ildikó von Kürthy, Hera Lind, die Frauenbestseller der letzten zwanzig Jahre sind vollständig versammelt. Allein der Bildband mit dem Titel *XXL-Monster-Trucks* gehört wohl Holger. Ich ziehe das schwere Buch heraus und entdecke in der Regallücke dahinter zwei kleine Flaschen Jägermeister.

Erwischt!

Das Versteck ist nicht einmal geschickt gewählt, denn wenn Holger mal ein Buch in die Hand nehmen würde, dann wohl dieses, es sei denn, er steht auf *Mondschein-tarif* und *P. S. Ich liebe Dich*. Oder weiß Holger ohnehin Bescheid?

Jetzt kommen Regina und Holger mit zwei großen Nirosta-Töpfen wieder herein.

«Coq au vin», freue ich mich, «das habe ich ewig nicht gegessen.» Das Buch konnte ich eben noch schnell ins Regal zurückstellen.

Bei diesem Gang ist Regina total entspannt. Ihr Alkoholpegel scheint auf einem optimalen Level zu liegen, sie lächelt mich heiter an.

«Holgi und ich waren letztes Jahr in Thailand», erzählt sie, «und abends gab es in unserem Hotel Karaoke …»

«Also, das stimmt nicht ganz», berichtigt ihr Mann sie, «es gab jeden Abend was anderes, Flamenco, Bingo … Karaoke gab es nur alle drei Tage.»

Flamenco in Thailand? Ich frage nicht nach.

«Jedenfalls habe ich beim Karaoke *Your Song* von Elton gesungen, vor allen Leuten», gluckst Regina, «kannst du dir das vorstellen?»

Nach einer Flasche Hochprozentigem immer.

«Am nächsten Tag haben wir dann eine Ausflugsfahrt zu einem Kloster gemacht», fährt sie fort, «da haben die Mönche auch gesungen, so asiatisch, was die da halt so sprechen. Jedenfalls fragt mich einer, ob ich nicht auch etwas Religiöses aus meiner Heimat singen könnte. Und spontan fiel mir nur *Your Song* ein. Aber das konnte ich natürlich nicht bringen, die verstehen ja alle Englisch.»

«Und was hast du schließlich gesungen?», versuche ich die Geschichte abzukürzen, bevor Regina sich ins Unendliche verliert. Sie schaut mich triumphierend an: «*Your Song!* Aber mit anderem Text.» Sie singt zu der Melodie von Elton John: «An kaam'k uk hen uun't lokelkst steed, huar surgen goor ej wiar, toocht ik dach äeder an uk leed, am di, min eilun Feer.»

Den Text kenne ich aus meiner Kindheit. Meine Mutter hat damals darauf bestanden, dass ich das Lied auf Fering, dem Föhrer Friesisch, auswendig lerne. Es ist quasi die Nationalhymne von Föhr und bedeutet übersetzt: «Und käme ich auch an den glücklichsten Ort, wo Sorgen gar nicht wären, dächte ich doch früh und auch spät an dich, meine Insel Föhr.» Natürlich mit einer anderen Melodie.

«Aber warum hast du es nicht mit der richtigen Melodie gesungen?», staune ich, «dann hätten die Mönche doch erst recht nicht gemerkt, dass es nichts Religiöses ist.»

Plötzlich starrt Regina mich mit weitaufgerissenen Augen an: «Hast du das etwa nicht verstanden?»

«Doch, klar.»

Jetzt kippt ihre Stimmung: «Du hast es nicht verstanden, oder?»

«Doch.»

So ein Mist.

«Kannst ruhig zugeben, dass du es nicht verstanden hast.»

Regina rennt kurz raus, vermutlich um wieder einen zu kippen. Holger und ich schweigen uns betreten an. Nach wenigen Sekunden kommt sie wieder rein, als wenn nichts gewesen wäre: «Also weiter im Text!»

«Was für ein Text?», frage ich.

Die Antwort darauf bleibt sie mir schuldig, weil sie in dem Moment, als ich die Frage stelle, stolpert und mit der Stirn gegen die Tischkante knallt. Blut läuft auf den hellen Teppich, gleichzeitig klingelt es an der Tür. Holger hastet ins Badezimmer, um Verbandszeug zu holen. Es klingelt erneut.

«Sönke, machst du auf, bitte?», ruft Holger aus dem Badezimmer.

Sein dicker Sohn John ist dazu offensichtlich nicht in der Lage.

Ich öffne die Tür.

Vor mir steht ein adrettes Ehepaar in Reginas und Holgers Alter. Er könnte Holgers Bruder sein, lang und dünn, mit wettergegerbtem Gesicht und rissiger Haut. Seine Frau sieht aus wie eine Kosmetikverkäuferin: weißblond gefärbte Haare und reichlich geschminkt. Sie hält einen üppigen Blumenstrauß in der Hand.

«Ja, äh, Moin, wir sind die Jansens aus Oldsum.»

«Abend», grüße ich verhalten, ohne zur Seite zu gehen. Wie Zeugen Jehovas sehen die zwar nicht aus, ich weiß aber auch nicht, was sie wollen.

«Wir sind bei Gina und Holgi zum Essen eingeladen», erklärt der Mann.

Gina & Holgi, das klingt wie ein Volksmusik-Duo.

Da kommt Regina schon aus dem Bad, sie blutet noch immer und wirkt jetzt plötzlich sehr betrunken. Holger wieselt hinterher.

«War das heute?», lallt sie.

«Das Essen reicht für alle», überlegt Holger.

Schlechte Idee!

«Isch hab misch ve'tan», nuschelt Regina.

Plötzlich wird mir das alles zu viel. Ich muss hier weg, und zwar so schnell wie möglich.

«Ich muss dann mal», verabschiede ich mich unverbindlich. Ich weiß, höflich ist was anderes.

Das Pärchen starrt entsetzt auf die heftig blutende Wunde von Regina.

«Sollte man nicht besser einen Arzt holen?», schlägt die Frau vor und hält sich ein Papiertaschentuch vor den Mund, um ihren Brechreiz zu unterdrücken.

«Nein, ist schon in Ordnung. Es reicht, wenn Regina sich etwas hinlegt», findet Holger.

«Wir kommen dann besser ein anderes Mal. Tschüs.»

Die beiden gehen. Ich schließe mich ihnen an und will gerade hinausgehen, da schreit Regina mich an: «Ich brauche das Geld für das Haus! Bitte! Bitte! Bitte!»

«Nimm das nicht so ernst», beruhigt mich Holger, während Regina wieder im Bad verschwindet. «Sie will nur einen neuen Mercedes, für ihre Shoppingtouren nach Hamburg. Vollkommener Schwachsinn, wenn du mich fragst. Hier in Wyk ist sie in zwei Minuten zu Fuß bei der Arbeit, und ansonsten genügt unser Golf dreimal für die Insel, und für Hamburg auch. Mit dem Benz glotzen dich vielleicht einige auf der Fähre an, aber in Hamburg? Sobald du da zwei Meter von der Karre weg bist, sieht doch keiner mehr, dass der Schlitten zu dir gehört.»

Recht hat er. Und ich nutze die Gelegenheit, um den Abgang zu machen.

Ich springe in Cords Volvo, der mir wie ein gut eingerichtetes Wohnzimmer vorkommt, und fahre nach Nieblum zurück. Im CD-Player liegt Hardrock für alternde Männer, *Smoke on the water* von Deep Purple, ein Live-Mitschnitt. Heftiger Regen trommelt auf das Autodach, was gut zur Musik passt.

Ich bin beunruhigt.

Einen Abhängigen hast du ja manchmal in der Familie. Aber bei uns betrinkt sich Oma bis zum Umfallen, Cord schläft nur mit Schlaftabletten, und jetzt Regina …

Vielleicht ist es ja erblich.

Ich erinnere mich noch genau, dass mir ein leichter Schauer über den Rücken lief, als Oma Imke mir mal mit erhobener Stimme sagte, es sei lange überfällig gewesen, dass das Blut der Insulaner sich endlich mit fremdem durchmische. Aber was hieß das für die Zeit davor? Gab es auf Föhr Kinder mit zwei Köpfen und elf Fingern? Haben auch die Riewerts einen Genschaden?

Wenn ja, sind meine persönlichen Aussichten trübe.

Ich muss darauf setzen, dass ich eine Mutation bin. Das ist meine einzige Hoffnung.

Als ich zu Hause ankomme, erscheint mir das Doppelbett neben dem schnarchenden Cord plötzlich wie das Paradies.

14. Der Rolls-Royce der Meere

Als ich am nächsten Morgen in die Küche gehe, um die Kaffeemaschine anzuwerfen, zucke ich zusammen vor Schreck: Arne steht plötzlich im Raum. Was nur möglich ist, weil weder Cord noch ich die Haustüre abgeschlossen haben. Wahrscheinlich hat Regina ihn angerufen und erzählt, dass sie gestern Abend in der Hausfrage nicht weitergekommen ist.

«Moin, Sönke.»

«Was willst du?», blaffe ich ihn unfreundlich an.

Ich finde, diesen Tonfall hat er verdient. Es ist eine originalgetreue Kopie seiner eigenen Ausdrucksweise vorgestern am Strand.

«Komm, ich war letztens nicht gut drauf. Hör zu, ich bin seit drei Wochen Single und noch total genervt. Da verliert man schon mal die Nerven …»

Was keiner mehr verstehen kann als ich.

«… Es tut mir leid.»

Gegen Entschuldigungen bin ich leider vollkommen wehrlos, eine Schwäche von mir. Da hat die Erziehung meiner Eltern tief gewirkt.

«Okay.»

«Friede?»

«Friede. Was Neues von Oma?», frage ich ihn.

Arne schüttelt den Kopf: «Nein, aber ich denke, Mama geht's gut.»

«Sowohl von Christa als auch von Behnke weiß sie, dass wir sie suchen. Wieso meldet sie sich nicht?»

Arne zuckt mit den Achseln: «Manchmal ist sie so, da kannst du nichts machen. Überleg mal, Mama hat ihren Rucksack mit und ist an der Fähre nicht gesehen worden. Das bedeutet doch, sie ist noch auf der Insel.»

«Aber wieso hat sie keiner gesehen? Hier kennen sich doch alle.»

«Wenn sie sich bis morgen nicht gemeldet hat, will Maria nochmal los und sie suchen.»

«Na, denn.»

«Mach mal einen Tag Pause, Sönke.»

«Wahrscheinlich hast du recht.»

«Nicht wahrscheinlich, sondern ganz sicher.»

Seine neuen Falten treten alle einzeln hervor, als er mich anlächelt: «Also, am Strand war ich ein echter Kotzbrocken, oder?»

«Yupp.»

«… und dafür muss ich büßen, findest du nicht auch?»

«Am liebsten wäre mir Bargeld», schlage ich vor, «und zwar so viel wie möglich.»

Er lacht: «Ich habe was Besseres. Wir gehen auf große Fahrt, und für dich ist alles zollfrei. Hast du Lust?»

Natürlich bin ich misstrauisch. Will er mich jetzt mit seiner Entschuldigung weichklopfen, damit ich das Haus doch verkaufe? Und solange Oma nicht da ist, verlasse ich die Insel ungern. Andererseits, warum nicht zwischendurch eine kleine Kaffeefahrt mitnehmen?

«Wir machen eine richtig satte Altherrenpartie», grinst er. «Lass dich überraschen.»

Ich bezweifle, dass ich mit fünfunddreißig schon zu dieser Zielgruppe passe, aber man wird sehen.

Der Himmel klart auf, als Arne mit seinem olivenfarbenen Ex-Bundeswehr-VW-Bus am Wyker Sportboothafen hält. Wir steigen aus und gehen über den Steg zum schönsten und elegantesten Objekt weit und breit: ein Original Riva-boot aus den sechziger Jahren. Der Bootskörper besteht aus Holz mit fugenloser, tiefroter Mahagonibeplankung, der Konstrukteur hat nicht an Chrom gespart. Innen ein klassisches Armaturenbrett mit weißem Steuerrad, schneeweißem Ledersessel und dahinter eine gepolsterte Liegefläche sowie ein schlank auslaufendes Heck. Die Panoramascheibe vorn ist blau getönt. In den fünfziger bis siebziger Jahren posierte der gesamte Jetset auf solchen Booten. Ich verbinde damit Schwarz-Weiß-Fotos von Männern mit langen Koteletten und bis zum Bauch geöffneten Hemden, neben denen sich eine schöne Frau rekelt.

Arne springt an Bord.

«Der Rolls-Royce der Meere!», ruft er.

Ich bin beeindruckt: «Wo hast du das her?»

Arne lacht: «Geklaut.»

«Was würde man dafür zahlen müssen?»

«In dem Zustand? Zweihunderttausend, mindestens. – Leinen los!»

Im hinteren Teil des Bootes sind ein weißer Plastiktisch und zwei dieser stapelbaren, weißen Billigstühle mit ein paar Tampen und Seemannsknoten befestigt. Vorn steht eine riesige Kühltasche.

Arne wirft den Motor an, der satt losbollert wie ein alter Straßenkreuzer. Ich gehe an Land, löse die Leinen und springe zurück an Bord. Arne rauscht schnell und elegant aus dem Wyker Hafen heraus. Genauso bekloppt wäre eine Männertour im gemieteten Porsche gewesen, aber dafür ist Föhr zu klein, und außerdem gibt es auf der Insel keine Sportwagen zu mieten. Wir passieren die grüne Steuerbordtonne in der Hafenausfahrt, die vermutlich Reginas Mann Holger hier verankert hat. Arnes lange Resthaare flattern im Wind, er wirkt stolz und begeistert, am Ruder eines derartigen Bootes zu stehen. Vor Langeneß dreht er nach steuerbord ab und flutscht zwischen Föhr und Amrum hindurch in Richtung Sylt, und zwar mit Vollgas. Das Boot fliegt geradezu über die Wellen. Während wir so dahintreiben, lasse ich meine Hand über Bord hängen und spiele mit den Fingern im kühlen Wasser herum. Die Nordsee fühlt sich samtweich an und funkelt in der Sonne wie ein riesiges Paillettenkleid im Scheinwerferlicht.

«Wir müssen schnacken», ruft Arne gegen den Wind.

Es klingt ernst.

Soweit ich weiß, haben wir nur zwei ernste Themen miteinander zu verhandeln, das eine ist Oma, aber die ist weg, und das andere ist das Haus, worüber zu streiten ich gerade gar keine Lust habe.

«Können wir die Erbschaft mal einen Tag ruhen lassen?», bitte ich ihn. «Es ist einfach zu schön hier.»

Arne schüttelt den Kopf: «Es geht um Maria.»

Das habe ich nun gar nicht erwartet.

«Was ist mit ihr?»

«Bist du an ihr dran?»

Natürlich geht ihn das nichts an, und genauso natürlich wird mein Mund trocken.

«Was soll das heißen?»

«Ja oder nein?»

«Arne, also wirklich.»

Eine große Welle rollt von der Seite gegen unser Boot und bringt es für einen kurzen Moment zum Schlingern, sodass Arne beherzt gegensteuern muss.

«Also ja!»

«Was soll das?»

«Du bist in sie verliebt, seit du dreizehn bist.»

«Maria und ich haben uns seit Jahren nicht gesehen.»

Mist, jetzt fange ich an, mich zu rechtfertigen.

«Du warst immer hinter ihr her, aber sie hat dich nie rangelassen, stimmt's?»

«Würdest du dir denn wünschen, dass ich was mit ihr anfange?», spiele ich den Ball zurück. Ich fürchte, wir sind gerade dabei, ein drittes ernstes Thema zu bekommen.

Doch Arne ist noch nicht fertig: «Lass die Finger von ihr. Du bist seit längerem Single, nehme ich an. Da würdest du jede nehmen, nur um dir zu beweisen, dass es noch geht, oder?»

Zeit für einen Warnschuss: «Du scheinst ja zu wissen, wovon du redest. Bist du nicht gerade selbst verlassen worden?»

«Ja, aber das war nichts Ernstes.»

Was denn nun? Heute Morgen hat er damit noch seine schlechte Laune begründet. Ich erwidere nichts, und offensichtlich war das gut so. Auch er schweigt jetzt.

Ich bin froh über meine rote Windjacke, denn trotz Sonne weht der Nordwind. Wie hält es Arne bloß im T-Shirt aus? Jetzt hält er auf eine Sandbank kurz vor Hörnum auf Sylt zu und stellt den Motor aus. Das Boot läuft sanft auf Grund. Arne springt ins Wasser und wirft einen kleinen Anker in den Sand. Ich reiche ihm Tisch und Stühle vom Achterdeck.

Eine Tafel mitten im sonnigen Meer, genau zwischen den Inseln Amrum, Sylt und Föhr! Und im Hintergrund leuchten die sandigen Dünen von Hörnum.

Einfach genial.

Arne holt Bier, Weißwein, Räucherfisch und Baguettebrot aus der Kühltasche, dazu Besteck und Porzellanteller mit friesisch-blauem Muster, die ich noch von meinem Opa kenne. Schade, dass Oma nicht hier ist! Sie hätte es geliebt. Denn so idyllisch das alles hier ist, kann ich es nicht voll genießen. Wenn Oma sich gemeldet hätte, wäre das anders, aber sie ist nun mal sechsundsiebzig, und da muss ich mich auf die Möglichkeit einstellen, dass etwas Schlimmes passiert ist. Es ist einfach so: Solange ich nichts Genaues weiß, bin ich unruhig, und ich verstehe gar nicht, warum Arne so gelassen ist.

«Du isst Fisch?», staune ich, als er beherzt seinen Löffel in einen Heringstopf hält.

«Wieso?»

«Als Veganer?»

«Nun sei mal nicht so streng, es muss auch Ausnahmen geben.»

Sein Riesenauftritt als Veganer ist erst zwei Tage her. Was soll's.

«Weißt du, beruflich brauche ich mir keine Sorgen zu machen», erzählt Arne mir genüsslich. Mein Blick wandert zum Leuchtturm von Hörnum. Ansonsten ist um uns herum das Meer. Wenn ich von hier aus immer geradeaus fahren würde, käme ich in Nordamerika an. Hat das schon mal jemand probiert?

«Gesurft wird immer», stimme ich zu.

«Quatsch, Surfen läuft bei mir nur noch unter Spaß. Ich bin dabei, einen Internet-Versand aufzubauen.»

Ich ziehe meinen BlackBerry aus der Windjacke und fahre ihn hoch: «Wie ist denn die Adresse?»

Arne starrt auf meinen Minicomputer und winkt ab.

«So weit sind wir noch nicht. Das will alles solide vorbereitet sein.» Das Wort «solide» war für Arne früher eines der schlimmsten Schimpfwörter überhaupt.

«Es geht um *die* Plattform für Surfer in aller Welt, inklusive Bretterverkauf, Klamotten etc.»

«Und da ist noch keiner vor dir drauf gekommen?»

«Natürlich. Bloß hatte niemand Sponsoren wie ich an der Hand, die voll mitziehen, internationale Firmen wie Apple und O'Neill.»

Onkel Arne, der Global Player?

«Wie bist du an die Kontakte rangekommen?»

«Weißt du, Sönke, ich surfe mein ganzes Leben lang, davon verstehe ich etwas. Und genau diese Erfahrungen schieße ich jetzt in eine neue Umlaufbahn.»

Für dieses nölige Getue liebe ich ihn irgendwie. Ich überhäufe ein Stück Baguette mit Krabben und beiße lustvoll hinein.

Nun senkt Arne verschwörerisch die Stimme: «Ich habe einen Klamottendesigner in Amsterdam an der Hand, der sonst nur für die Großen arbeitet. Für die ganz Großen, verstehst du? Der baut mir eine Billigkollektion vom Feinsten. Hier», er greift in die Kühltasche und zieht einen daumendicken Schnellhefter heraus, «das ist der Businessplan für die Bank. Lies mal.»

«Später.»

«Nee, lies.» Er beugt sich zu mir: «Ich möchte dir ein Geschäft vorschlagen, das ich nicht jedem anbiete. Ich kann das mit dem Haus in Nieblum schon verstehen, das könnte man sicher ganz schickobello herrichten. Aber du bist Mitte dreißig, da musst du auch an deine Zukunft denken.»

«Es geht also doch ums Haus.»

«Wie viel hast du bis jetzt für deine Rente zurückgelegt?»

Und das von meinem Freak-Onkel …

«Wenig. Na ja, gar nichts.»

«Ich habe früher auch immer gedacht, das ist nicht wichtig. Aber in vier Jahren werde ich sechzig, Alter, und da sieht die Sache anders aus.»

«Ehrlich gesagt, bin ich gerade arbeitslos geworden.»

«Kein Problem», behauptet er und deutet auf den Schnellhefter: «Du kannst stiller Teilhaber werden oder aktiv mitarbeiten. Wenn du willst, hast du den Job.»

Jetzt wird es Zeit, deutlich Flagge zu zeigen: «Hör mal zu, Arne, Surfen ist nicht meine Branche. Davon verstehe ich nichts.»

«Lies den Businessplan.»

«So ein Haus kann ich überblicken, aber eine Internet-Bude?»

Natürlich bin ich nicht so sicher, wie ich tue. Geht mir gerade der Job meines Lebens durch die Lappen, nur weil ich zu blöd bin? Vielleicht könnte ich in zehn Jahren Chef von so etwas wie Apple sein? Und selbst wenn nicht, habe ich überhaupt eine Alternative in meiner Situation? Auf der anderen Seite weiß ich, dass Arne eine Menge Fähigkeiten besitzt, nur Geschäftssinn gehört überhaupt nicht dazu.

«Mit dem Geld aus dem Hausverkauf ginge es mit der Bank noch schneller», versichert er mir.

«Ich lese es, versprochen.»

«Aber beeil dich, das Timing ist wichtig.»

«Ich will auf jeden Fall erst mal Omas Meinung hören.»

Er schluckt. «Klar.»

Und dann wechseln wir endlich das Thema und quatschen über Wetter, Kinofilme, Weltpolitik und Geländewagen. Die Flut steigt und steigt, sodass wir am Schluss bis zu den Knöcheln im Wasser sitzen.

Als wir zurückfahren, wird es empfindlich kühl im Rivaboot, und man kann sich leider nirgendwo gegen den Fahrtwind schützen. Normalerweise verkehren diese Boote im Sommer auf Schweizer Seen oder am Mittelmeer. Ich verkrieche mich auf dem Boden, als Arne Fahrt aufnimmt. Auch er friert in seinem dünnen weißen T-Shirt, versucht aber, es nicht zu zeigen.

Dann kommt er doch nochmal auf den eigentlichen Grund seiner Bootstour zurück.

«Das mit dem Haus ist eine romantische Idee, aber Schwachsinn», schreit er gegen den Wind. «Mit dem Geld aus dem Verkauf hole ich im Internet das Sechsfache wieder rein, Sönke.»

«Wie dringend brauchst du das Geld denn?», frage ich ihn ganz direkt.

«Ey, dass wir uns nicht missverstehen, ich bin nicht darauf angewiesen. Das ist ein Geschäft mit fetter Rendite, da sind auch noch andere scharf drauf. Dir biete ich die Teilhabe nur an, weil wir eine Familie sind. Wenn du schlau bist, nimmst du deinen Anteil aus dem Haus, und wir werden zusammen groß.»

Es ist nicht mein Thema, solange Oma verschwunden ist, er kapiert es einfach nicht.

Beim Einlaufen in den Wyker Hafen sehen wir am Kai einen Polizei-Golf mit eingeschaltetem Blaulicht. Als wir näher kommen und im Schleppgang an den weißen Freizeitbooten vorbeischippern, eilt uns Maria auf dem Steg entgegen. Das erste Mal, seit ich auf der Insel bin, trägt sie keine Uniform, sondern Jeans und ein schlichtes weißes T-Shirt.

So sieht sie also privat aus.

Ihr Gang ist leicht und federnd wie immer, aber ihr Gesicht

strahlt eine düstere Unruhe aus. Sie erinnert mich ein bisschen an die Zivilfahnder im Fernsehen, wenn sie kurz davor sind, jemanden zu verhaften, und nur noch auf den Zugriffsbefehl des Einsatzleiters warten, der jede Sekunde kommen kann. Arne wirft ihr den Tampen zu, Maria vertäut das Motorboot fachgerecht mit ihren schlanken Fingern.

«Ist irgendwas?» Arne schaut sie misstrauisch an.

Maria redet leiser als sonst: «Hast du dir *dafür* das Geld bei mir geliehen? Für dieses bescheuerte Boot?»

Arne schweigt.

Maria fährt die Lautstärke hoch: «War das die Investition, die du mit den siebenhundert Euro tätigen wolltest? Ein Protzboot leihen, um Sönke damit durchs Wattenmeer zu schaukeln? Du kannst nicht mal deine nächste Miete bezahlen.»

Peinlich.

Arne wehrt sich, so gut er kann: «Ich darf ja wohl meinen Lieblingsneffen Sönke zu einer Herrenpartie einladen.»

«War es wenigstens erfolgreich?» Wovon redet sie?

«Maria!», mahnt Arne sie.

Maria schaut mich prüfend an: «Und? Verkaufst du?»

Aha, ich verstehe. Ehrlich gesagt, möchte ich meiner Cousine nicht im Verhör begegnen.

«Lies den Geschäftsbericht», bittet mich Arne, «da ist alles von vorne bis hinten durchkalkuliert.»

Maria imponiert das wenig.

«Wann bekomme ich mein Geld zurück?», schnarrt sie ihren Vater an.

Arne tut mir leid. Seinen grandios geplanten Tag beendet er als geprügelter Hund.

«Bist du deswegen mit Blaulicht hier angerückt?», schimpft er. «Du hast sie wohl nicht mehr alle.»

«Mein Geeeld!»

Arne sucht meinen Blick: «Die rückt hier mit Blaulicht an, um ein paar Euro einzutreiben. Das ist Amtsanmaßung!»

«Das Blaulicht ist wegen was anderem.»

«Tu doch nicht so!»

«Ich brauche Sönke für einen Polizeieinsatz.»

«Waaas?», staune ich.

Maria lächelt mich geheimnisvoll an: «Wir haben eine Hausbesetzung.»

Ich muss laut lachen: «Du spinnst, oder?»

Über Hausbesetzungen habe ich im Gemeinschaftskundeunterricht mal ein Referat gehalten. Ich konnte damals kaum glauben, dass es so etwas ausgerechnet im ordentlichen Deutschland gibt. Und jetzt lebt diese Bewegung ausgerechnet auf Föhr wieder auf? Hatte Bürgermeister Brar Brodersen doch recht mit den Achtundsechzigern in Nieblum?

Maria meint es ernst: «In euerm Haus in Nieblum.»

Ich versuche ihren ernsten Blick nachzuahmen: «Mist, jetzt haben uns die Autonomen am Arsch.»

Da muss Maria dann auch laut lachen.

Nur Arne hat im Augenblick keinen Sinn für Humor und wendet sich mit vergrätztem Gesicht ab.

«Die Tour war grandios», bedanke ich mich. Unsere Tafel mitten im Meer war ganz großes Kino, das werde ich nie vergessen.

«Ich muss das Boot klarmachen», muffelt Arne, während ich zu Maria in den Polizei-Golf steige.

15. Hausbesetzung

Als ich aus Marias Polizei-Golf steige, riecht die Luft noch ein bisschen nach dem warmen Sonnentag und gleichzeitig nach feuchtem Gras und Blättern – eine erste Vorahnung auf den nahenden Herbst. Auf dem Gehweg steht eine kleine Gruppe Neugieriger, die im Halbdunkel aussehen wie Gespenster. Unser Haus liegt im grellen Scheinwerferlicht eines Kamerateams, das geflickte Dach, ja, jede Unebenheit im Mauerwerk wird schonungslos optisch herausgearbeitet.

Aber halt, etwas ist neu.

Fenster und Eingangstür sind mit Brettern vernagelt, was für unser heruntergekommenes Traumhaus mehr als Ergänzung erscheint denn als Stilbruch. Über der Eingangstür hängt ein rotes Banner, auf dem in weißer Schrift steht: «Dieses Haus ist besetzt.»

Das Chaos hier erinnert mich an meinen früheren Job. Da stand ich meistens mit einem Handy am Ohr in einem halbfertigen Raum, suchte den Fahrer mit dem Essen, während ich parallel den Kellnern Zeichen gab, welche Gläser wir brauchten, und dem Techniker zuraunte, wo er den Strom für die Musikanlage abzapfen konnte. Alles musste erst einmal schieflaufen, bevor es auf die richtige Spur kam.

Heute bin ich hier nur Gast.

Ich kann allerdings nicht ausmachen, wessen Party das hier ist.

Was ich auf den zweiten Blick bedrohlich finde, ist, dass der Rasen gemäht ist. Das kann Cord nicht mit einem Mäher gemacht haben, dafür waren die Halme in unserem Garten viel zu hoch. Nein, das ist das Ergebnis mühsamer Handarbeit mit einer Sense!

«Wie ist die Lage?», fragt Maria ihren Kollegen. Es ist wieder Herr Petersen, der Ältere mit dem Schnurrbart.

«Sag du es mir.»

«Wieso ich?»

«Es ist *deine* Familie.»

«Gibt's eine Anzeige?»

«Bis jetzt nicht.»

«Wenn es keine Anzeige gibt, liegt auch nichts vor.»

Mit Genugtuung vernehme ich, dass Maria ihre Sippe verteidigt. Außerdem steht ihr die Kombination aus Jeans und weißem T-Shirt grandios, das muss ich sagen. Passt perfekt zu ihrer dunklen Haarfarbe und den braunen Augen. Ich schalte meinen BlackBerry ein. *Twitter* war schneller als alle anderen vor Ort, unter «Hausbesetzung Nieblum» finde ich einen aktuellen Eintrag: «Seit Jahren der Ruhe gibt es wieder ein besetztes Haus in Deutschland: auf der Nordseeinsel Föhr, wo seit Jahren die Immobilienpreise steigen und steigen. Viele Einheimische können sich die Mieten und Hauspreise auf ihrer eigenen Insel nicht mehr leisten.» Ich zeige Maria das Display, auf dem ein unscharfes Foto von Cord zu sehen ist, wie er gerade dem Fotografen die linke Faust zeigt.

Maria schaut mich besorgt an: «Sollen meine Kollegen Cord da rausholen?»

«Meine Sachen sind auch noch dadrin», ist das Einzige, was mir als Antwort einfällt.

Als wenn das wichtig wäre.

Würde mich Cord als Geisel nehmen, wenn ich da jetzt reinginge?

«Und wenn er sich umbringt?», fragt Maria bange.

Muss ich mich dafür verantwortlich fühlen? Wieso eigentlich?

«Ich bin nicht Cords Sohn, sondern sein Neffe und nur zufällig hier. Fragen wir deinen Vater oder Regina.»

«Du hast doch mitbekommen, wie die drauf sind.»

Auch wieder wahr.

«Und nun?»

Maria tritt nervös von einem Fuß auf den anderen: «Warum macht Cord so was?»

«Der ist nach dreißig Jahren das erste Mal wieder auf der Insel, da kommt ihm alles hoch. Es ist zu viel für ihn.»

«Eine akute Psychose, ausgelöst durch die indirekte Konfrontation mit seinem verhassten Vater?»

Ich schaue Maria verblüfft an: «Kennst du dich damit aus?»

Sie zuckt mit den Achseln: «Ich habe auch einen Vater.»

Ich suche den Blick aus ihren großen Augen: «Würdest du wegen Arne Häuser besetzen?»

Maria verzieht keine Miene: «Es würde ihn weniger ärgern, als wenn ich welche räume.»

«Ich gehe jetzt da rein», schlage ich vor.

«Soll ich mitkommen?»

«Nee, das mache ich besser allein. Immerhin wohne ich hier mit Cord zusammen.»

«Und ich?»

«Könntest du den Kameramann verscheuchen?»

«Gerne. Und übrigens: Die rote Windjacke steht dir nicht.»

«Danke.»

Maria haucht mir vollkommen überraschend einen kurzen Kuss auf die Wange und eilt davon. Dann verscheucht sie Fotografen und Kameramann rabiat vom Grundstück, denn auch für die Presse gelten die Paragraphen über Hausfriedensbruch.

Ich husche zum Haus und klopfe an die verrammelte Tür: «Cord? Ich bin's, Sönke.»

Der Kuss wirkt immer noch nach, er glüht geradezu, was im Moment äußerst unpassend ist.

«Cord?»

«Lass mich in Ruhe!», kommt es gedämpft von innen.

«Meine Sachen sind noch bei dir.»

Die Tür öffnet sich einen Spalt, zwei Bretter werden dabei nach außen gedrückt, und mein schwarzer Hartschalenkoffer erscheint in der Lücke. Im Hintergrund erkenne ich Cords blasses und verheultes Gesicht.

«Was ist denn los?», frage ich leise.

«Scheiße ist los», flüstert er mit brüchiger Stimme.

«Wir sind doch eine Fraktion und wollen das Haus behalten», versuche ich ihn aufzumuntern.

Ein Versuch.

«Darum geht es längst nicht mehr.»

«Sondern?»

Ich drücke die zwei Bretter weg, sodass ich hineinschlüpfen kann. Drinnen ist es stockfinster, nur durch ein paar Ritzen zwischen den Brettern dringt etwas Licht von außen. Wir setzen uns in die Küche. Auf dem weißen Plastiktisch stehen eine brennende Kerze und eine Flasche Cola, daneben liegt eine Packung mit Schlaftabletten, was mir gar nicht gefällt. Cord trägt nur Unterhemd und Unterhose. Ich habe mal eine TV-Reportage über die Adventszeit im verarmten Norden Russlands gesehen, da sah es ungefähr genauso aus.

Wortlos reicht mir Cord einen geöffneten DIN-A4-Umschlag, aus dem ein Blatt Papier hervorlugt. Wirkt irgendwie amtlich.

«Der Einspruch gegen den Zwangsabriss ist abgelehnt?», vermute ich.

«Keine Ahnung.»

Er kippt etwas Cola aus der Flasche hinunter. Ich ziehe den Brief heraus, der von einem Genlabor in Utrecht in den Niederlanden stammt.

Häh?

Ein komplett anderes Thema.

«Was ist das?»

«Habe ich heute nachgeschickt bekommen.»

Ich überfliege den Brief, so gut das bei dem schwachen Kerzenlicht geht, und bleibe am entscheidenden Satz hängen: «Die von Ihnen gesandten Haare stimmen mit der von Ihnen gesandten DNA zu 99 % überein.»

Cord starrt vor sich hin: «Hat mich 1500 Euro gekostet, aber das war es wert. Hättest du damit gerechnet?»

Ich habe keine Ahnung, wovon er redet.

«Um was für Haare geht es da?»

«Diesen Brief habe ich vierzehn Tage vorher bekommen.»

Er reicht mir einen weiteren Brief im DIN-A4-Format, auf Computer geschrieben.

«Kann ich bei dem Funzellicht nicht entziffern», sage ich.

«Ich kenne das Schreiben auswendig», flüstert Cord. «*Sehr geehrter Herr Riewerts, hallo Cord, du sollst einfach etwas wissen: Dein Vater ist nicht dein leiblicher Vater. Gezeugt bist du von mir,*

wir haben uns leider nie gesehen. Anbei ein paar Haare von mir
als Beweise für eine DNA-Analyse.»

Kann man das glauben?

«Moment – dieser Unbekannte behauptet, dass er dein Vater ist? Und nicht Opa?»

Unsere Familienarchitektur beginnt in meinem Kopf in sich zusammenzufallen. Meine durchschnittliche, langweilige Familie besitzt ein dunkles Geheimnis? Kann eigentlich nicht sein: «Und das schreibt der dir mit PC, ohne Unterschrift und Adresse?»

Cord legt die Hände flach auf den Tisch, sie zittern wie bei einem Alkoholiker auf Entzug: «Erst dachte ich, das ist irgendein Spinner, aber dann habe ich seine Haare an das Labor geschickt. Und Bingo! Er ist wirklich mein Vater.» Jetzt rückt Cord mit seinem Stuhl näher an mich heran. «Mensch, Sönke, da macht man jahrelange Therapie wegen des Alten, und dann war alles umsonst.»

«Quatsch, du kennst doch Oma! Die hätte dir auf jeden Fall die Wahrheit gesagt.»

«Der alte Fuchs hat gewittert, dass ich kein echter Riewerts bin.»

«Opa hätte dich hochkant rausgeworfen, wenn du nicht von ihm gewesen wärst.»

«Sagst du. Die Analyse sagt das Gegenteil.»

Das stimmt allerdings, es sei denn, das Labor hat einen Fehler gemacht. Ich nehme den Umschlag in die Hand: «Wieso hat dir dein angeblicher Vater keine Adresse hinterlassen?»

«Keine Ahnung.»

Plötzlich brüllt er los: «Verkauft doch die Bude, ist mir alles egal. Ihr ...» Er bricht ab und murmelt: «Ich muss mal auf Toilette.»

Dann geht er hinaus.

Irgendetwas muss passieren, und zwar jetzt.

Als Erstes muss Cord zur Ruhe kommen. Der steigert sich da in irgendwas hinein. Ich schnappe mir vier Schlaftabletten, zerbrösele sie mit einem Messerstiel auf dem Tisch und schütte sie in die Cola. Cord muss dringend schlafen, sonst dreht er durch.

Als mein Onkel wiederkommt, schaut er mich mit tränenunterlaufenen Augen an. «Ich möchte wissen, warum mich meine Mutter jahrzehntelang belogen hat.» Er nimmt einen beherzten Schluck von der Cola. Geht doch.

Ich kann mir beim besten Willen nicht vorstellen, dass Oma so etwas tun würde. Sie ist ehrlich und direkt bis zur Selbstaufgabe und für hohe Diplomatie vollkommen ungeeignet. Erst recht ihrem eigenen Sohn gegenüber.

Schwer legt Cord den Kopf auf den Tisch. Das Schlafmittel beginnt wohl schon zu wirken. «Entschuldige, aber ich muss mich etwas ausruhen.»

Während Cord die Augen zufallen, schleiche ich zur Tür und rufe laut nach draußen: «Maria?»

Sie ist sofort da.

Zuverlässig, ganz dabei, mit angespanntem Gesicht und aufmerksamen Augen.

«Ja?»

«Hilfst du mir mal?»

«Was ist?»

«Ich habe Cord Schlaftabletten gegeben, wir müssen ihn ins Bett tragen.»

Maria kommt herein und stemmt empört die Hände in die Hüften: «Ey, sind wir eigentlich die Träger für unsere drogenkranke Familie?»

«Ja.»

Maria nickt: «Wie immer?»

Wir packen Cord genau so an, wie wir Oma genommen haben, und tragen ihn ins Schlafzimmer. Zum Glück wehrt er sich nicht, sondern schnarcht sofort los, nachdem wir ihn ins Bett gelegt haben. Behutsam decke ich ihn zu. Nicht böse sein, Cord.

Neugierig schaut sich Maria in dem Raum um, in dem einige abgerissene Tapetenbahnen locker herunterhängen.

«So wohnst du also.»

«Ich liebe halt das Idyll.»

Maria nickt und geht mit mir hinaus.

Kaum stehen wir vor dem Haus, richtet sich ein greller Scheinwerfer direkt auf uns, sodass ich das Gefühl habe, auf der Stelle zu erblinden. Maria stürmt mit gesenktem Kopf auf den Kameramann zu und schiebt ihn vom Grundstück. Von der Seite wieselt mein Freund, Bürgermeister Brodersen, mit seinem Bernhardinerkopf in meine Richtung.

«Du siehst ja selbst, so geht das nicht weiter», schimpft er. «Wenn ihr nicht renoviert, lasse ich das Haus abreißen.»

«Cord hat Widerspruch vor Gericht eingelegt, das muss erst verhandelt werden», bluffe ich.

«Es wird ihm nichts nützen», blufft Brodersen zurück, «Cord war immer ein schlechter Verlierer.»

«Bitte keine Anekdoten mehr von früher.»

Auf die wilde Geeske und Ähnliches kann ich jetzt gut verzichten. Außerdem hat mir Arne vorhin erzählt, dass Brodersen gar kein echter Insulaner ist, sondern aus Flensburg stammt

«Du verkennst, dass wir in Nieblum Bestandsschutz haben», schimpft er.

Ich schaue ihm direkt in seine gierigen Bernhardineraugen: «Ihr solltet Cord jeden Tag tausend Euro Honorar zahlen.»

«Bist du übergeschnappt?»

Langsam geht mir sein Tonfall wirklich auf den Geist. Eigentlich wäre es an der Zeit, ihn mal so richtig anzuschreien. Brodersen braucht das einfach. Aber der Tag war lang, und ich bin einfach zu müde, um laut zu werden.

Ich zeige ihm meinen BlackBerry mit dem Bericht über die Hausbesetzung: «Morgen ist Nieblum deutschlandweit in allen Zeitungen. Hausbesetzung im Wattenmeer, das wird eine super Schlagzeile.»

Auf Föhr gibt es tatsächlich eine mehr oder weniger versteckte Wohnungsnot für Normalverdiener, denn alle verfügbaren Räume werden an Touristen vermietet, und das bringt ein Vielfaches der normalen Mieteinnahmen. Wahrscheinlich werden Journalisten das Thema mächtig aufbauschen – worüber sollten sie sonst schreiben?

Brar Brodersen ist ehrlich entsetzt, worüber ich mich sehr freue: «Ist das echt?»

Ich lächele: «Alle Medien werden darüber berichten.»

«O Gott!»

«Ein Glücksfall für Nieblum, das könnten Sie als Werbekampagne gar nicht bezahlen.»

«Waas?»

«Nebenbei werden Sie erwähnen, wie idyllisch es hier ist. Nieblum wird in aller Munde sein.»

Er kapiert wirklich sehr langsam, dieser Global Player.

«Aber das ist doch Quatsch», argumentiert er, «genau genommen ist Cord Hausbesitzer und kein Besetzer.»

«Müssen die Journalisten das wissen?», raune ich ihm zu. Wenigstens Nieblum bekommt die Schlagzeilen. Die Reporter werden das idyllische Dorf auf der Nordseeinsel Föhr haarklein beschreiben.

Jetzt schaltet er endlich durch: «Aber nicht, dass Cord heute Nacht aufgibt, er muss noch ein bisschen durchhalten.»

«Dafür sorge ich.»

Plötzlich ist er ganz auf meiner Seite, im Grunde waren wir ja immer Freunde: «Ich hatte gehofft, dass einer von euch Riewerts mal vernünftig wird.»

Und eine Hand wäscht die andere, mein lieber Freund.

«Dafür wird der Abrisstermin um ein Jahr verschoben.»

Schon gerät unsere zarte Freundschaft in eine kleine Krise.

«Was? Niemals!»

Ich werde ein klein wenig lauter: «Dann lass uns das Ganze sofort beenden.» Und rufe in Richtung Haus: «Coord!»

Wohl wissend, dass der mit vier Schlaftabletten tief schläft und mich nicht hört. Der Kameramann eilt mit seinem Tonmann auf uns zu.

Brar Brodersen fasst mich am Ellenbogen: «Ein halbes Jahr.»

Schon in meiner Schulzeit habe ich davon geträumt, einmal im Leben in einer solchen Position zu sein. Auch wenn es im Grunde nur eine Dorfposse ist: «Neun Monate.»

«In Ordnung.»

Wir geben uns die Hand, und ich weiß, das gilt.

Eine Dauerlösung ist es natürlich nicht, denn dafür brauchen wir nach wie vor Omas Stimme. Aber der Aufschub entspannt die Lage schon mal erheblich.

«Was sagen Sie zu den Ereignissen hier?», löchert eine Reporterin den Bürgermeister.

«Ich bin sehr besorgt», verkündet er, «wir werden alles tun, um Ausschreitungen zu verhindern.»

«Sind denn Ausschreitungen zu befürchten?», bohrt die Reporterin nach.

«Darüber darf ich aus Sicherheitsgründen keine Angaben machen.»

Sehr gut, Brodersen, das wird sie in Trab halten.

«Werden Autonome aus Hamburg und Berlin erwartet?»

«Mal weg mit der Kamera», schnaubt Brodersen. Dann wendet er sich ganz leise an die Reporterin: «Morgen brennen hier vermutlich die Reetdächer. Aber von mir haben Sie das nicht.»

Was Umgang mit Medien anbelangt, ist Brodersen ein Naturtalent, Respekt.

Ich verziehe mich zu Maria, die sich lässig mit einer Colaflasche in der Hand an die Motorhaube ihres Polizei-Golfs lehnt.

«Durst?», fragt sie und reicht mir die Flasche.

«Ja.»

Ich nehme einen großen Schluck, die Cola ist warm.

«Zur Not kannst du auch bei mir wohnen.»

Das kommt vollkommen unerwartet.

Ich versuche, mir meine Freude nicht anmerken zu lassen. «Hast du es denn genauso gemütlich wie hier?»

«Ich will keinen zwingen.»

«Gib mir zwei Minuten.»

Ich husche ins Haus und hole den Hartschalenkoffer mit meinen Sachen.

16. Kuschelrock 1–7

Maria wohnt ein paar Kilometer von Wyk entfernt in Wrixum. Ein Ort mit ungefähr siebenhundert Einwohnern, der sich im Wesentlichen an der Hauptstraße verteilt. Kein pittoreskes Kapitänsdorf wie Nieblum, sondern überwiegend unauffällige Einfamilienhäuser, die im Lauf der Jahre in mehreren Reihen hinter der Hauptstraße gebaut wurden. Es gibt nur eine Besonderheit, eine alte Windmühle vom Typ «Großer Erdholländer», in der sich ein Restaurant befindet. Maria wohnt am Rand des Dorfes, gleich hinter einem riesigen Spielplatz mit Klettergerüst, Schaukeln, Rutschen und festinstallierten Fußballtoren aus Alu. Da es bereits dunkel ist, wird das gesamte Areal mit Flutlicht ausgeleuchtet.

«Fruchtbare Gegend hier», stelle ich fest, als Maria in die Sackgasse einbiegt, wo sie wohnt.

Sie hat es falsch verstanden: «Furchtbar?»

«Nein, frrrruchtbar!»

«Wieso?»

«Der Spielplatz reicht für fünfhundert Kinder, grob geschätzt.»

«Friesenkinder lieben die Weite, die brauchen einfach mehr Platz.»

Sie fährt bis zum Wendehammer am Ende der kurzen

Sackgasse und parkt vor einem nichtssagenden Einfamilienhaus aus den siebziger Jahren. Als wir hintereinander auf Waschbetonplatten am Haus vorbeigehen, springt per Bewegungsmelder die Außenbeleuchtung an. Der Weg endet vor der Tür einer Einliegerwohnung im Souterrain.

Im Vergleich zum Resthaus sind derartige Wohnungen immer der schlechtere Wohnraum: klein, eng, dunkel und im schlimmsten Fall feucht. Oben ist alles besser. «Ich habe mein ganzes Leben in einer Einliegerwohnung gelebt» ist das Bekenntnis eines armseligen Menschen, oder etwa nicht? Na ja, ich übertreibe etwas, aber in der Regel wohnt man ein paar Jahre so und zieht dann woandershin.

So weit die Theorie.

Als ich Marias Wohnung betrete, fühle ich mich sofort wohl. Es riecht gut bei ihr, nach Nordseeluft und ganz leicht nach Curry, meinem Lieblingsgewürz. Ihre Wohnung ist in gedämpftem Gelb gestrichen, alles wirkt sehr hell. Vom großen Wohnzimmer mit Küchenecke geht es auf die Terrasse, das Schlafzimmer nebenan ist klein, aber ausreichend für ein französisches Bett mit roter Bettwäsche und einen Schrank.

Draußen fängt es an zu regnen.

Als ich mich auf die helle Couch fallen lasse, ziehe ich meine rote Windjacke erst mal nicht aus. Gegenüber ist ein Spiegel, in dem ich mein Gesicht sehe. Mein Haar ist ziemlich verwuselt, und auf dem Bootstörn mit Arne habe ich mir leicht die Nase verbrannt, aber das wird morgen wieder weg sein.

Maria verschwindet in der Dusche.

Beim zweiten Blick merke ich, dass mich etwas irritiert. Überall an den Wänden hängen Setzkästen mit kleinen Figuren: einer mit Miniteddys, zwei mit Wiking-Spielzeugautos, einer mit Miniwerkzeugen (kleine Spielzeugspaten,

Harke, Nähmaschine, Spinnrad). Im Bücherregal entdecke ich ausschließlich Spionagethriller, was ich ungewöhnlich für eine Polizistin finde: Träumt Maria davon, auf Föhr eine Art weiblicher James Bond zu werden? Dazu gibt es ein *Star Wars*-Plakat mit Leuchtdioden an den Schwertern. Liebe unter der Autosammlung, das ginge für mich gar nicht, und auch die Miniteddys wären ein echter Lustkiller. Ehrlich gesagt, sieht es hier aus wie im Jugendzimmer eines zwanzigjährigen Bundeswehrrekruten, der am Wochenende von der Kaserne nach Hause kommt, aber nach dem Bund woanders hinziehen will und deshalb nichts verändert. Nur die Kuschelrock-1–7-CDs sind ein merkwürdiger Bruch. Wenn Maria ein Date wäre, würde ich sehen, dass ich hier wegkomme, möglichst ohne Angabe meiner Handynummer.

Doch dann entdecke ich plötzlich ein Stück graues Treibholz in einem Regal, das an beiden Enden ausgefranst ist. Es hat Jahre im Salzwasser gelegen, und auf dem Holz steht in krakeliger schwarzer Filzschrift das Wort «Rungholt».

Das hat sie aufgehoben?

Ich habe es mal am Strand gefunden und ihr zum fünfzehnten Geburtstag geschenkt. Rungholt war in Vorzeiten eine Art friesisches Atlantis, eine ungeheuer reiche Stadt, die irgendwann im Meer verschwunden ist. Wir haben uns immer wieder ausführlich ausgemalt, wie es da wohl zugegangen war.

Barfuß und mit nassen Haaren kommt Maria aus dem winzigen Bad neben dem Schlafzimmer. Sie trägt eine weiße Hose und eine türkise Bluse und wirkt etwas zerbrechlich und gleichzeitig sehr entspannt, was ein großes Kompliment an mich ist. Was war eigentlich mit dem Wangenkuss, den sie mir gegeben hat, bevor ich zu Cord ins Haus gegangen bin?

Moment, Sönke – wie dumm bist du eigentlich?

Sobald du dich Maria näherst, geht sie doch sofort auf Distanz, das kennst du zur Genüge. Alles läuft zu ihren Bedingungen oder gar nicht. Und bitte sehr: Was muss im Leben einer Frau passiert sein, damit sie Wiking-Autos und Teddybären sammelt? Frag dich das immer wieder, Sönke, bevor dir die Phantasie durchgeht!

Jetzt setzt sie sich mit einer Flasche Rotwein und Gläsern neben mich.

«Kannst du die aufmachen?», bittet sie.

Ich öffne die Flasche und schenke uns ein. Es ist ein sauteurer, zehn Jahre alter *Médoc*, der wunderbar samtig schmeckt. Ich würde sie jetzt gerne auf die Kuschelrock-Alben ansprechen, fürchte aber, dass dann die Stimmung wieder kippt, und das will ich unter gar keinen Umständen riskieren. Dabei hätte ich nichts dagegen, mal wieder *Angie* oder *I'd love you to want me* von Lobo zu hören (obwohl die noch weit vor meiner Zeit lagen). Maria legt ihre nackten schlanken Füße auf den kleinen Tisch vor der Couch, ich lege meine seitlich daneben, obwohl das eigentlich unbequem ist.

«Wenn du zurück nach Nieblum willst, musst du nur Bescheid sagen», bietet sie an, ohne dass sie damit rechnet.

Ich ziehe meine rote Windjacke aus: «Du glaubst nicht, wie gut mir das hier tut.»

Maria lächelt zufrieden.

Sie lächelt zufrieden!

«Von Oma was Neues?», erkundige ich mich. Obwohl ich mir die Antwort auch selbst geben kann. Denn Neuigkeiten hätte ich wohl als einer der Ersten erfahren.

«Nee.»

«Arne hat gesagt, wenn sie sich bis morgen nicht gemeldet hat, fahndest du nach ihr.»

«Das glaubt der?»

«Ja.»

Maria verzieht leicht beleidigt das Gesicht.

«Das mache ich jetzt schon, ist doch klar. Ich frage alle, denen ich begegne.»

«Und keiner hat sie gesehen?»

«So klein ist die Insel auch wieder nicht. Ich kann ja nicht jeden Hof und jedes Haus durchsuchen. Aber wenn das stimmt, was Christa und Behnke erzählt haben, wird sie sich melden, da bin ich sicher.»

Maria ist also auch beruhigt. Und so, wie sie es sagt, kann ich es für den Moment glauben und entspanne mich.

«Wie bist du eigentlich wieder hier auf Föhr gelandet?», frage ich.

«Erbärmlich, oder?»

«Kommt drauf an.»

«Freiwillig war das nicht.»

«Cord meinte, du wurdest strafversetzt?»

Maria nickt.

«Was hast du angestellt?»

«Wir hatten eine Fahndung nach einem schwarzen Mercedes Kombi mit abgedunkelten Scheiben reinbekommen. Ich fahre nachts Streife mit einem Kollegen in der Nähe von Neumünster, als ich bemerke, dass genau so ein Wagen vor uns fährt. Ich sage: ‹Den schauen wir uns mal genauer an!›, und was macht der Fahrer des Wagens vor uns? Gibt Gas! Und zwar wie Hölle, das war ein AMG-Mercedes.»

«Sind das die mit über vierhundert PS?»

«Ja. Der Typ fährt wie ein Irrer über die A7 Richtung Dänemark, überholt auf dem Pannenstreifen, kommt fast ins Schleudern, aber wir lassen uns nicht abschütteln. Unser 5er BMW ist schließlich auch kein Trecker. Vor der Auffahrt zur Kanalbrücke in Rendsburg passiert es, er verliert die Kontrolle, rauscht erst in die Mittelleitplanke, dann fliegt er quer über die Fahrbahn, streift einen Lkw und überschlägt sich. Der Typ hatte Glück, außer ein paar Schrammen und einem gebrochenen Daumen hat er nichts abbekommen.»

Eine typische Maria-Geschichte, würde ich sagen.

«Deswegen wird man strafversetzt?»

«Der Mann hatte den Wagen voller Pelze, die über zweihundertfünfzigtausend Euro wert waren. Der dachte, wir sind Räuber, die ihm was wollen.»

«Mit Blaulicht?»

«Das will er nicht gesehen haben. Er hat nur einen zivilen BMW wahrgenommen, der ihn abdrängen wollte.»

«Und was sagte der Richter?»

«Ich wurde freigesprochen. Aber es gab heftige Prügel von der Presse. Mein Chef meinte, ich hätte überreagiert. Deswegen wurde ich direkt in meine Heimat versetzt. Als Beamter können die das jederzeit mit dir machen.»

«Und jetzt?»

«Erst war es wie Knast, aber jetzt geht es.» Ich blicke sie unauffällig von der Seite an. Sie sieht nachdenklich aus. «Und du? Du bist was Großes geworden, habe ich gehört. Manager, oder so?», fragt sie.

Ich schaue sie melancholisch an.

«Eher oder so.»

«Wie nennt sich das genau?»

«Eventmanager.»

«Weite Welt, was?»

«Du kennst dich da aus?»

Maria verzieht keine Miene: «Ich verhafte manchmal solche Leute, da lernt man immer dazu.»

«Mein Job ist aus dem fleischverarbeitenden Gewerbe hervorgegangen», erkläre ich ihr. «Der Metzger, der die Wurstplatte fürs Fest lieferte, kannte immer jemanden, der Musik machen konnte, sein Kumpel aus dem Kegelverein stiftete ein paar Bierfässer, und seine Frau stellte Vasen mit Blumen auf. Heute nennt sich das ganze Eventagentur, statt Wurst gibt es Sushi und Hummer, und den Filterkaffee hat man durch Latte Macchiato ersetzt. Das, was ich mache, heißt dann ganz wichtig ‹Eventmanager›, früher war das im Prinzip der Oberkellner.»

«Schenken Sie mir bitte noch einen ein?», grinst Maria und deutet auf ihr leeres Glas. Ich gieße ihr Wein nach und beichte, dass ich vor ein paar Tagen meinen Job verloren habe. Die Geschichte mit Katharina Gehling lasse ich allerdings aus.

Das alles liegt so weit weg, dass ich beim Erzählen das Gefühl bekomme, es sei einem Freund und nicht mir selbst passiert.

«Wie lange willst du denn auf der Insel bleiben?», will Maria wissen.

Fragt sie das einfach nur so?

Was ist, wenn ich ihr jetzt sage, dass ich morgen fahre und dies unser letzter Abend für lange Zeit ist?

«Erst mal muss ich das mit dem Haus regeln, das habe ich Oma versprochen. Ansonsten zieht mich gerade nichts zurück nach Hamburg.»

Sie zeigt weder Freude noch Erleichterung.

«Na, 'ne vernünftige Wohnung hast du ja schon mal.»

«Du bist meine Rettung, Maria.»

Der Wein schmeckt unglaublich gut, und plötzlich fühlt

sich alles so leicht an. Vor allem kann ich endlich mal loslassen: Job, Haus, spielt alles gerade keine Rolle. Ich bin hier bei Maria, das zählt.

Wir schauen uns in die Augen.

Weder sie noch ich weichen aus.

Ich stelle mir vor, wie es sich wohl anfühlt, sie zu küssen, da senkt sie den Blick hastig auf ihre Armbanduhr: «Oh.»

«Was ist?»

Sie springt auf.

«Ich muss los», stöhnt sie.

«Hast du Dienst?»

Maria zögert einen Moment: «Nee, ein Blind Date.»

Was?

«Auf der Insel?»

Sie schaut zur Seite.

«Wieso nicht?»

«Ich denke, hier kennt jeder jeden?»

«Mach dir keine Sorgen, das kriegen wir trotzdem hin.»

Sie schnappt sich eine Jacke und schlüpft barfuß in ein Paar Sneakers.

Ich fühle mich wie ein abgestrafter Junge.

«Du weißt ja, wo alles steht.»

«Ja», brumme ich genervt, was sie überhört.

«Bis denn.»

Schon ist sie draußen.

Unglaublich. Was denkt sie sich eigentlich?

Eine Weile warte ich noch, dass sie wiederkommt und irgendetwas erklärt, aber das passiert nicht.

Andererseits: Warum ärgere ich mich eigentlich über Maria? Es ist doch immer dasselbe mit ihr. Selbst schuld, dass ich jedes Mal wieder auf sie hereinfalle.

Ich weiß noch, unsere letzte Begegnung fand vor zehn

Jahren statt. Es war ein hochsommerlicher Sonntag, mein Geburtstag, und plötzlich stand Maria in ihrem damals nagelneuen Mini One vor der Tür. Es war eine dieser Überraschungen, die man sich insgeheim für seinen Geburtstag erhofft, die sich aber normalerweise nie ereignen. Zumindest nicht an Geburtstagen. Ich schlug vor, in ein Parkcafé zu gehen, um dort anzustoßen, aber Maria hatte andere Pläne und fuhr mit mir statt in den Park direkt zu einem karminroten, vierstöckigen Kaufhaus.

Meine vorsichtigen Proteste überhörte sie einfach.

Schon das Schaufenster schreckte mich ab. Dort waren Fotos von Azubis ausgestellt, die im Winter durch die nordische Wildnis kriechen, um die Produkte der Firma auszuprobieren. Neben der Kasse hing ein großflächiges Plakat, auf dem für einen Dia-Vortrag geworben wurde: «Oimjakon – der kälteste bewohnte Platz der Erde. Hier wurden 71,2 Grad gemessen. Eine nach Süden abschließende Bergkette verhindert den Zufluss wärmerer Luftmassen in den sibirischen Ort.»

Ich würde dafür spenden, dass die armen Bewohner schnellstens von dort evakuiert werden, aber für die Kunden von Globetrotter schien es eine Art Gütesiegel zu sein. Arktistaugliche Anoraks und grobes Schuhwerk, das auch bei minus vierzig Grad nicht einfriert, halte ich in Mitteleuropa für genauso sinnvoll wie einen Geländewagen auf glattem Asphalt. Leute, die so etwas tragen, wollen in der Regel auch nicht nach Oimjakon, man trifft sie in einem solchen Aufzug eher in Foyers von Off-Theatern, zu Vernissagen unbedeutender Künstler sowie hochkonzentriert in Lehrerzimmern von Gesamtschulen.

Meine attraktive, sture Cousine klärte mich ausführlich über die Guccis und Pradas der Outdoormarken auf, die preislich übrigens in derselben Liga angesiedelt sind. Sie suchte sich in der Frauenabteilung eine geschmackvolle, dunkelgrüne Regenkombi mit passenden Gummistiefeln aus.

«Willst du dir auch eine anziehen?», drängte sie mich.

«Wieso?»

Partnerlook?

«Ich will mit dir in den Regen.»

Ich schaute schlechtgelaunt durch die riesigen Scheiben in den blauen Himmel und dachte sehnsüchtig an den Stadtpark mit Seen, Wiesen und Biergärten.

«Sollen wir nicht lieber raus? Die Sonne scheint, und außerdem habe ich Geburtstag.» Das ist normalerweise ein Bestimmertag.

«Danach, ja?»

Minuten später kam ich vollständig verpackt aus der Männerabteilung, die einzige freie Hautfläche waren mein Gesicht und meine Hände. Es mag ja Paare geben, die auf Gummi stehen, ich bin nicht so der Latex-Typ – trotz fehlender Beinhaare.

Maria kannte sich aus.

Zielstrebig führte sie mich in eine übergroße Duschkabine in der Ecke des Raumes und betätigte einen Fußschalter. Sofort begann von oben ein mittelstarker Regen auf uns herabzuprasseln, und wir konnten die Undurchlässigkeit unserer Regenkleidung überprüfen. Auch als Maria mich enger an sich zog, wollte bei mir keine Freude aufkommen, denn gleichzeitig drückte sie einen weiteren Schalter und löste damit eine Windmaschine aus, die Sturm verursachte. Der Regen peitschte wie wahnsinnig gegen uns.

Als ich danach, wie vereinbart, in den Stadtpark wollte, zog Maria mich stattdessen in die Kältekammer, die auf minus zwanzig Grad eingestellt war. Das war ernsthaft kalt. Deshalb kroch sie in einen Daunenschlafsack und legte sich auf einen quaderförmigen Eisblock, der mit Rentierfellen bedeckt war. Ich verabschiedete mich jetzt endgültig mit dem Hinweis auf die Sonne und meinen Geburtstag und rannte hinaus.

Tage später kam ein simples «Sorry» von ihr auf einer Postkarte, die ich dem Altpapier übergab. So ist das mit den Überraschungen am Geburtstag.

Ich klappe die Schlafcouch auf und beziehe das Bettzeug, das Maria mir hingelegt hat. Dann schnappe ich mir die *Star Wars*-DVD und schaue mir die erste Episode an, die ich ewig lange nicht gesehen habe. Nebenbei werfe ich einen Blick auf Arnes Geschäftsbericht, aber der kommt gegen *Star Wars* nicht an. Nach einer Weile kommt *Star Wars* wiederum nicht gegen meine Globetrotter-Erinnerung an, die mir jetzt in allen Einzelheiten hochkommt.

Ich mache dabei gar keine gute Figur.

Genauso wenig wie heute Abend.

Es hat keinen Sinn, diese Insel bringt mir kein Glück. Morgen bin ich wieder auf dem Festland, mein Entschluss steht fest. Nur Oma hätte ich gerne noch gesehen, das muss jetzt schneller gehen.

17. Butter bei die Fische

Am nächsten Morgen nehme ich mit einem Leihfahrrad erneut den Weg auf der Deichkrone. Es nieselt, mein Gesicht ist gleichmäßig nass, das braungraue Watt geht über in das Anthrazitgrau des vormittäglichen Himmels. Aber das Wetter ist mir im Moment komplett egal, denn in jedem Fall ist mir der Deich lieber als Marias Einlieger-Bunker. Niemals würde ich jemanden zu mir nach Hause einladen und kurz darauf einfach weggehen, weil ich ein Blind Date habe. So etwas kann man ja wohl absagen oder verschieben. Anders ausgedrückt: Nachdem wir uns zehn Jahre nicht gesehen haben, ist es nicht gerade ein Zeichen besonderen Interesses. Und dann ist sie in der Nacht noch nicht mal wiedergekommen. Schön für sie, dass ihre Verabredung mit irgendeinem Insulaner-Touristen-Polizistenkollegen geklappt hat. Für mich, als ihren Gast, war es allerdings extrem öde, morgens allein vor der Teddybärensammlung zu frühstücken.

Es muss dringend etwas passieren. Denn eins ist klar: Ich werde weder zu Maria nach Wrixum zurückkehren noch in das Doppelbett mit Cord.

Auf den Gepäckträger des Rades habe ich einen Mini-Klappstuhl aus Marias Küche geklemmt. Kann sein, dass sich Oma heute meldet, kann aber auch nicht sein. Ich spiele jedenfalls nicht mehr mit. Diese Geheimnistuerei steht mir bis sonstwohin. Wenn Christa weiß, wo Oma steckt, will ich die Adresse haben. Dann rede ich kurz mit Oma und bin eine halbe Stunde später auf dem Weg nach Hamburg.

Christa sitzt wie immer auf ihrem Stuhl und trägt Regenhose und einen grünen Poncho. Sie war beim Friseur, ihre Haare sind kürzer als letztes Mal.

«Moin», sage ich, klappe den Stuhl auf und setze mich neben sie auf die Deichkrone.

Christa schaut weiter in Richtung Horizont: «Moin, Moin.»

Zwei Möwen setzen sich auf die Deichkante und veranstalten dabei einen Höllenlärm. Lieber Gott, hättest du denen nicht schönere Stimmen einbauen können? Das hätte dich nicht mehr als ein Augenzwinkern gekostet. Das Nieseln geht langsam über in einen handfesten Regen. Christa schweigt beharrlich, hält die Kamera in der Hand und überlegt wohl, wann sie ihr tägliches Foto macht.

«Mal Butter bei die Fische», beginne ich, «wie war das mit Omas Motorbootführerschein?»

Christa fürchtet wohl, dass ich sie mir jetzt vorknöpfen will – und genau das habe ich auch vor. Es ist ihre Pflicht, uns zu beruhigen. Schließlich machen wir uns alle, ausnahmslos, Sorgen um Oma. Auch wenn das momentan vielleicht das Einzige ist, was uns verbindet.

«Bitte?»

«Wozu hat Oma den gemacht?»

«Keine Ahnung.»

«Glaube ich dir nicht.»

«Dann nicht.»

«Hör mal zu, Christa, wenn du schweigst, ist das schon schlimm genug. Aber dass du lügst, ist unverzeihlich.»

Mein forscher Ton verstört sie: «Ich lüge?»

«Christa! Du bist ihre beste Freundin. Ihr seht euch jeden Tag. Da hat Oma dir nicht erzählt, wozu sie ein Motorboot braucht?»

Schweigen.

«Also ja!»

Christa nimmt ungerührt die Kamera hoch und drückt auf den Auslöser. Meine Worte scheinen vollständig an ihr abzuperlen. Ich beschließe, dass die Zeit der Diplomatie vorbei ist, und reiße ihr die Kamera aus der Hand.

Sie schaut mich erschrocken an: «Her damit!»

Ich halte die Kamera demonstrativ hoch, wie bei einem Kinderspiel.

«Wo ist Oma?»

«Die Kamera!»

Christa kann mich mal.

«Wo ist Oma?», wiederhole ich erheblich lauter.

«Willst du mich erpressen?»

«Ja.»

«Das hätte ich nicht von dir gedacht, Sönke.»

«Und wennschon.»

«Lächerlich», brüllt sie.

«Wir sind in großer Sorge, die ganze Familie», brülle ich zurück.

Sie hält die Lautstärke: «Es ist nichts!»

Ich schleudere ihre Kamera in hohem Bogen in Richtung Deichkante. Wenn sie kaputtgeht, soll sie sich bei mir melden. Wütend springe ich auf mein Fahrrad und fahre den Deich landeinwärts hinunter. Wahrscheinlich starrt mir Christa gerade hinterher, als wäre sie dem Teufel persönlich begegnet.

Natürlich ist es total ungerecht.

Christa kann nichts für meine schlechte Laune, ich sollte umdrehen und mich entschuldigen. Aber irgendwie bringe ich es nicht über mich. In diesem Moment nähert sich auf dem Wirtschaftsweg hinter dem Deich ein Taxi und hält direkt vor mir an. Es regnet inzwischen in Strömen. Der Fahrer sieht aus wie ein friesischer Fischer: blaues, grobes Hemd mit feinen hellen Streifen und Prinz-Heinrich-Mütze, weißer Vollbart. Allein die Ray-Ban-Sonnenbrille auf der Mütze passt nicht ins Klischee.

Den kenne ich doch.

Klar, das ist der Taxifahrer, der mich am ersten Tag von der Fähre nach Nieblum gefahren hat. Mir fällt ein, dass Christa eben kein Fahrrad dabeihatte, wahrscheinlich ist es kaputt. Um ihr tägliches Foto fürs Internet zu machen, hat sie sich wohl mit dem Taxi hierhergefahren lassen, und jetzt holt sie der Fahrer wieder ab. Obwohl er keine Regenkleidung trägt, scheint ihm das Wetter nichts auszumachen.

«Moin, Riewerts», sagt er gutgelaunt, als er aus seinem uralten Mercedes aussteigt. Ich bin beeindruckt, er erinnert sich noch an mich.

«Moin.»

Er reicht mir seine riesige Hand und stellt sich vor: «Ocke.» Dabei wirft er den Kopf leicht in den Nacken und blinzelt mich an: «Na, Brodersen hast du ja mächtig aufgescheucht.»

Sogar mein Streit mit dem Bürgermeister ist schon auf der Insel rum?

«Wat mutt, dat mutt.»

Ocke lacht.

Ich überlege: Wenn Christa den Taxifahrer kennt, kennt Oma ihn vermutlich auch. Vielleicht weiß er, wo sie ist. Aber selbst wenn, wird er wahrscheinlich dichthalten wie alle anderen auch. Probieren kann man es trotzdem mal: «Hast du meine Oma Imke auch öfter mal gefahren?»

«Jo.»

«Und wohin das letzte Mal?»

Ocke kratzt sich am Bart: «Bist du jetzt der Hilfssheriff von Maria?»

«Wieso?»

Er sieht mir direkt in die Augen: «Na ja, wenn du schon bei ihr wohnst ...»

Das ist nicht wahr, oder? Hocken auf der Insel überall Spione, die jeden Schritt von mir sofort weiterleiten? Big Brother auf Friesisch?

«Um den Datenschutz auf der Insel ist es schlimmer bestellt, als ich dachte», beschwere ich mich.

Ocke lacht: «Ich weiß sogar, was du auf dem Konto hast.»

«Wie das?» Mich wundert gar nichts mehr.

«Von der Bank. Mein Schwager arbeitet da.»

«Und da hat er ...?»

«War 'n Witz, Junge.»

Er klopft mir lachend auf die Schulter.

Der ging zwar auf meine Kosten, war aber gut.

Ockes freundlicher Blick ermuntert mich, es ein zweites Mal zu versuchen: «Bitte, Ocke, wir machen uns große Sorgen um Oma.»

Er nickt nachdenklich.

«Du musst mir wirklich keine großen Geheimnisse verraten», setze ich nach. «Ich würde nur gerne wissen, wo sie ist.»

Er überlegt eine Weile und brummt dabei immer wieder leise auf.

Vielleicht ist Oma in letzter Zeit gar nicht mit ihm gefahren. Warum sollte sie auch? Sie kann ja in Wyk alles zu Fuß erreichen.

«Das letzte Mal habe ich sie vor drei Tagen nach Dunsum gebracht», meldet sich Ocke plötzlich.

Dunsum? Das sagt mir was. «Wo man ins Watt geht, wenn man nach Amrum rüberwill?»

«Jo.»

«Hatte sie Gepäck dabei?»

Die Frage durfte Dr. Behnke ja nicht beantworten, angeblich wegen seiner Schweigepflicht. Aber die gilt ja Gott sei Dank nicht für Taxifahrer.

«Einen großen Rucksack, wie immer.»

«Das heißt, sie hat das öfter gemacht?»

Ocke zögert einen Moment: «Aber Imke erfährt nichts davon, klar?»

«Klar.»

«Sie war jede Woche im Watt.»

«Und wie kam sie zurück? Hast du sie wieder abgeholt?»

«Nee.»

«Also nimmt sie von Amrum aus die Fähre?»

Er beißt sich auf die Lippen und schüttelt fast unmerklich den Kopf. Anscheinend bleibt sie länger da.

«Wen kennt Oma denn auf Amrum?»

«Keine Ahnung.»

«Mensch, Ocke, ich will sie finden, da brauche ich keine Schnitzeljagd.»

«Ich hab schon viel zu viel geschnackt.»

Abrupt dreht sich Ocke um und geht Christa entgegen, die oben auf dem Deich gerade ihren Stuhl einklappt und uns dabei misstrauisch beäugt.

«Wo soll ich denn anfangen zu suchen?», rufe ich ihm hinterher, «Amrum ist groß – bitte!»

Ocke geht stur weiter.

Bitter, so kurz vor dem Ziel zu scheitern.

Ratlos steige ich aufs Fahrrad.

Was kommt als Nächstes? Die Suche auf der Nachbarinsel?

Das kann ich mir nicht leisten, tut mir leid, Oma.

«Da, wo du ankommst, am Oode Waii», ruft es plötzlich vom Deich, ohne dass sich der Mann umdreht.

«Daaaankeeee.»

Er zeigt keine Reaktion.

Ich trete in die Pedale. Natürlich könnte ich jetzt die Fähre nehmen und auf Amrum diesen «Oode Waii» suchen, aber irgendwie erscheint es mir organischer, denselben Weg wie Oma zu nehmen, nämlich durchs Watt. Wenn ich sie schon gegen ihren Willen aufstöbere, erweise ich ihr damit immerhin einen gewissen Respekt.

Oder mache ich es jetzt komplizierter, als es eigentlich ist?

Es gibt allerdings ein Problem: Ich kann nicht alleine durchs Watt gehen, das ist viel zu gefährlich. Dazu brauche ich Maria, und mit der möchte ich eigentlich nichts zu tun haben. Ich ziehe mein Handy aus der Jacke. Anrufen muss ich sie in jedem Fall, denn sonst löst sie eine inselweite Fahndung aus, obwohl Oma doch ganz woanders ist. Ich werde mich kurz fassen, sie soll nicht mitbekommen, wie sauer ich auf sie bin.

Eine halbe Stunde später sitze ich in Marias Mini und fahre mit ihr nach Dunsum.

18. Wattwanderung

Maria rutscht vor mir über den zubetonierten Deichsaum, als sei das ihr täglicher Weg zur U-Bahn. Der Wind bläst uns scharf entgegen und peitscht uns harte Regentropfen ins Gesicht. Mit ihren athletischen Beinen nimmt Maria sofort Geschwindigkeit auf und beugt den Kopf viel tiefer gegen den Wind, als sie müsste. Wir laufen barfuß, sodass der weiche Schlick in kleinen Fontänen zwischen unseren Zehen hochspritzt. Maria trägt den Anorak, den sie damals bei Globetrotter gekauft hat, mit dichtgezogener Kapuze. Ihre schwarze Gore-Tex-Regenhose hat sie bis unter die Knie hochgekrempelt, die Schuhe sind in ihrem kleinen Rucksack verstaut.

Meine ersten Schritte im Watt sind etwas zögerlicher. Wenn ich ehrlich bin, wäre ich am liebsten allein gegangen, aber es hat keinen Zweck: Wenn mir hier etwas passiert, bin ich der Natur komplett ausgeliefert. Drei, vier Stunden kann der Mensch auf dem Meeresboden überleben, dann kommt der sichere Tod.

Wenn ich geradeaus blicke, gibt es nichts, woran mein Auge hängen bleibt. Die unendliche Fläche vor mir vereint sich am Horizont mit dem Himmel. Auf meinen Orientierungssinn habe ich mir immer etwas eingebildet, in Metropolen wie Paris oder London laufe ich zu Höchstform auf. Einmal eine Straße langgegangen, schon ist sie gespeichert und jederzeit abrufbar. Es sind die Details, die haften bleiben, das verblasste kleine c im Schild über dem Café Balzac, der hinkende Obsthändler an der Ecke, der VW Golf mit dem verrosteten belgischen Nummernschild – alles eben, woraus sich eine Geschichte konstruieren lässt.

Das kann ich hier vergessen.

Wir sind alleine im Watt, denn bei so einem Sturm werden sämtliche Touristentouren abgesagt. Was ist, wenn sich das Wetter weiter verschlechtert und auch noch Nebel aufkommt? Ein Handy nützt dann nichts mehr, denn wie soll man im Nebel seine Position beschreiben? Hätte Maria für diesen Fall ein GPS-Gerät dabei? Egal. Sie kennt sich hier aus, ich muss ihr vertrauen. Und bin gleichzeitig abhängig von ihr. Das passt mir zwar nicht, aber jetzt geht es um Oma, nicht um mich.

Der Wind lässt nicht nach, er ist weiterhin stark und beständig. Maria schaut sich kurz um, ob bei mir alles okay ist.

Ich habe keine Lust, mit ihr zu reden.

Wir befinden uns in einem Biosphärenreservat: Wenn sie mich behandelt wie eine bedrohte Tierart, der man sich nicht nähern darf, ist alles bestens. Nach dieser Aktion werden wir uns ohnehin mindestens zehn Jahre nicht sehen, schätze ich.

Um mich abzulenken, zwinge ich mich zu einem stillen Erdkundereferat über den Ort, an dem ich mich gerade befinde. Das lenkt ab und beruhigt mich. Der Name «Wattenmeer» leitet sich aus dem friesischen Wort «wad» ab, was «seicht» bedeutet. Es ist eines der größten Feuchtgebiete der Erde, vierhundertfünfzig Kilometer lang, und erstreckt sich von der dänischen Nordseeküste bis zur niederländischen Stadt Den Helder. Ein Quadratmeter Watt enthält mehr tierische Biomasse als der Boden tropischer Urwälder. Zweimal am Tag wird bei Ebbe der Meeresboden auf einer Breite von bis zu zwanzig Kilometern freigelegt. Nach rund sechs Stunden spült die Flut regelmäßig neue Nährstoffe an. Was weiß ich noch?

«Fliegen …»

Das ist Marias Stimme, die irgendwo von links kommt. Es ist das erste Mal, dass sie etwas sagt, seit einer halben Stunde. Ich weiß natürlich sofort, was sie will. Eigentlich habe ich keine Lust, aber ich will kein Spielverderber sein.

«… ist …»

Unser altes Einwortspiel von damals: Jeder sagt ein Wort, und daraus entsteht dann eine Geschichte.

«… eine …»

«… schöne …»

«… Nebensächlichkeit Komma …»

«… die …»

«… Nagetieren …»

«… vollkommen …»

«… egal …»

«… ist Punkt»

«Denn …»

«… Nagetiere …»

«… lieben …»

«… den …»

«… Untergrund Komma …»

«… weil …»

«… sie …»

«… hier …»

«… Flugzeuge …»

«... nicht ...»

«... hören Punkt Aus.»

Wir schauen uns kurz an, während wir beharrlich weiter auf Amrum zuwandern. Eine mächtige Sturmmöwe mit grau-weißem Gefieder und gelbem Schnabel segelt über uns, in der Hoffnung auf ein paar Brotkrumen. Ich tauche wieder ab in meine Gedanken, die sich auf dem Meeresboden neu sortieren. Wahrscheinlich, weil es hier keine vorgeformten Wege gibt.

«Wieso bist du eigentlich seit einem Jahr Single?», will Maria wissen.

Ein ganz schlechtes Thema.

«Bei dir ist es ja vorbei seit letzter Nacht.»

Ich kann es einfach nicht übergehen.

«Was?»

«Na, dein Blind Date», erinnere ich sie.

Maria senkt den Kopf, als träfe sie gerade eine Windbö: «Ja?»

«Wie lange warst *du* denn Single?», frage ich.

«Länger als du, vermute ich.»

Immerhin ehrlich.

«Schraubt man da seine Ansprüche runter oder rauf?»

Maria sieht beleidigt nach vorne.

«Soll das heißen», schnaubt sie, «dass ich jeden nehmen würde?»

«Ich frage mich das ernsthaft – auch für mich.»

Sie lässt etwas Druck ab: «Ah ja?»

«Früher habe ich geglaubt, nur Gestörte sind lange allein. Du weißt schon, solche, die am Hauptbahnhof abhängen, um unter Menschen zu kommen.»

«So etwas gibt's hier auf Föhr nicht. Bei uns hocken die allein in ihren Hütten und besaufen sich vor der Glotze.»

«Genauso werde ich auch enden.»

Maria verzieht das Gesicht: «Jammerst du immer so rum?»

«Nur weil du gestern einen Kerl gerissen hast, musst du mich nicht blöde anmachen!», blaffe ich zurück.

Maria verstummt.

Endlich.

Der feuchte Meeresboden zeichnet die Wellenbewegung mit seinen durchlaufenden Sandrippeln nach. Wenn ich nach unten schaue, kommen sie mir vor wie ein Modell der felsigen Wüsten Neufundlands, über das ich im Tiefflug hinwegjage.

Mittlerweile ist Amrum zum Greifen nah. Doch zwischen uns und der Insel befindet sich noch ein ungefähr dreißig Meter breiter Priel, durch den eiskaltes Wasser mit Höchstgeschwindigkeit rast.

«Wie tief ist das?», erkundige ich mich vorsichtig.

«Unterschiedlich», überlegt Maria, während sie das Wasser genau beobachtet, «heute ist starker Wind, da läuft die Flut höher auf als sonst.»

«Will sagen?»

«Bis zum Hintern mindestens.»

«Also runter mit der Hose?»

«Jo.»

Es ist immer noch sehr kalt, und plötzlich regnet es wie aus Eimern. Alles in mir weigert sich, bei diesen Temperaturen Regenhose und Jeans auszuziehen, aber es geht nicht anders. Nur Jacke und Unterhose behalten wir an. Ich schaue nicht zu Maria, denn ich habe genug damit zu kämpfen, dass der Wind mir unbarmherzig auf den Unterkörper bläst. Mutig stürme ich in den Strom.

Was uns nicht tötet, macht uns härter?

Falsch, das eisige Meerwasser tötet mich auf der Stelle! Es gibt jedenfalls ernstzunehmende Rückmeldungen von Blase und Nieren, die in diese Richtung gehen. Das Wasser reicht mir bis zur Hüfte, und da Maria ein paar Zentimeter kleiner ist, steckt sie noch etwas tiefer drin. Die Strömung ist so stark, dass wir mit ausholenden Armbewegungen durch den Fluss rudern. Dazu kommen der Regen und Wasser von allen Seiten. Würde ich mich ein bisschen gehen lassen, könnte ich bei der arktischen Wassertemperatur (in Wirklichkeit wahrscheinlich dreizehn, vierzehn Grad) nur noch schreien.

Wie hat Oma das bloß geschafft, mit großem Rucksack auf dem Rücken?

Mitten im Fluss ruft Maria mir zu: «Ich habe gestern Nacht bei einer Freundin geschlafen.»

«Es gab gar kein Blind Date?», schreie ich zurück.

Je lauter man redet, desto weniger zittert man, stelle ich fest. Maria bleibt mitten im Priel stehen und öffnet ihre Kapuze. Der Wind ergreift sofort ihre dichten Haare und wirbelt sie nach allen Seiten.

«Mir wurde es irgendwie zu eng mit dir.»

Ich lasse sie stehen und gehe unbeirrt weiter. Es gibt nur ein Ziel für mich: raus aus dem Wasser!

«Wieso hast du mich dann eingeladen?», rufe ich nach hinten.

Keine Antwort.

«Habe ich etwas falsch gemacht?», setze ich nach.

«Nein.»

Sie holt auf und läuft jetzt wieder neben mir. Meine Körperoberfläche ist vollkommen betäubt, die Kälte breitet sich mittlerweile auch von innen aus.

«Ich … es war lange niemand bei mir. Da muss ich mich erst mal wieder dran gewöhnen.»

Maria zieht an mir vorbei, sodass sie ein paar Schritte voraus ist. Vermutlich will sie ihre Verlegenheit vor mir verbergen.

«Und das ist so heftig, dass du gleich fliehen musst?», wundere ich mich. Ich hätte ihr mehr Souveränität zugetraut.

«Kann ich nicht erklären», ruft sie.

«Soll ich abhauen?»

Maria dreht sich um, während sie weitergeht: «Nein. Ich würde es schön finden, wenn du bleibst.»

Ja, was denn nun?

Zum Glück sind wir endlich auf der anderen Seite. Der Rand des Priels ist sehr steil, ich muss all meine Kraft zusammennehmen, um mich hochzuhangeln, ohne ins Wasser zu stolpern. Aber dann ist es geschafft. Ich zerre bibbernd ein Handtuch aus meinem Rucksack und rubbele mich trocken. Dann springe ich, so schnell ich kann, wieder in meine Hose.

Maria ist schon fertig.

Wir traben jetzt auf die Nordspitze von Amrum zu, damit uns warm wird. Die hohen Dünen erscheinen mir als sicheres Festland. Große Schilder warnen davor, sie zu betreten, das gesamte Areal ist ein Vogelschutzgebiet. Wir gehen auf einem asphaltierten Feldweg in Richtung des ersten Ortes mit dem schmucklosen Namen Norddorf. Irgendwo bei den ersten Häusern soll Oma sein, so hat es der Taxifahrer beschrieben.

«Meinst du, es ist richtig, was wir machen?», überlege ich laut.

Maria bleibt stehen: «Was meinst du?»

«Oma wird ihre Gründe für die Geheimnistuerei haben. Sollten wir sie nicht besser in Ruhe lassen? Stell dir vor, man würde dir hinterherspionieren.»

Maria bleibt stehen, während ich ein paar Schritte weiter gehe.

«Vielleicht hast du recht.»

Sie zögert ebenfalls? Das habe ich nicht erwartet. Ehrlich gesagt, hatte ich gehofft, dass sie mich vom Gegenteil überzeugt.

«Lassen wir es», schlage ich vor.

«Zurück durchs Watt können wir nicht mehr, in einer Stunde kommt die Flut», gibt sie zu bedenken.

«Es gibt ja noch die Fähre.»

«Okay, dann lass uns die nehmen. Der Weg dahin führt sowieso an dem Haus vorbei, das wir suchen.» Maria war schon immer sehr pragmatisch, was sie zuletzt gestern Abend eindrucksvoll unter Beweis gestellt hat.

«Wir könnten ja mal unauffällig durch die Fenster luschern», schlage ich vor.

«In Ordnung.»

So richtig wohl ist ihr dabei auch nicht.

Die sandigen Dünen neben dem Weg werden abgelöst durch Pferdeweiden, auf denen glänzende braune Hengste grasen. Im Wassergraben davor raschelt dichtes Schilf, das mir fast bis zur Schulter reicht. Ein starker Rückenwind treibt uns mit aller Macht den Oode Waii entlang bis zur Kreuzung mit der Straße Bideelen. Dort steht eine rotgeklinkerte moderne Doppelhaushälfte mit hohem, steilem Dach, in das eine Gaube mit breitem Panoramafenster eingearbeitet ist.

Das erste Haus hinter den Dünen. Hier muss es sein.

Jetzt wird mir richtig warm.

Vor dem Eingang steht ein seltsames Auto, das ich noch nie gesehen habe, ein neuer russischer Lada Kombi mit Kieler Kennzeichen.

Wer fährt so einen Wagen?

«Komm, wir lassen es», zögere ich.

«Das ist doch albern. Wenn wir schon mal hier sind, klingeln wir auch», überredet mich Maria. «Außerdem, das mit dem Haus in Nieblum muss mit Oma geklärt werden. Hast du selbst gesagt.»

Als wir auf den Eingang mit der weißen Holztür zugehen, erkenne ich Oma sofort durch eines der Fenster. Mir stockt der Atem. Was macht sie hier? Sie trägt eine rote Baseballmütze, hält ein Glas Weißwein in der Hand und lacht. In einem Bett neben ihr liegt ein blass aussehender, älterer Mann mit weißer Mähne. An den Wänden sind volle Bücherregale zu erkennen.

«Das geht uns nichts an», flüstere ich leise.

Maria und ich stehen so nahe nebeneinander, dass ich wieder ihr Amber-Parfüm riechen kann.

«Wir suchen Oma schon seit Tagen», flüstert sie zurück.

«Trotzdem.»

«Guten Tag sagen kann nicht schaden.»

«Stell dir vor, du triffst dich mit deinem Lover, und Oma steht vor der Tür.»

Maria sieht mich erschrocken an: «Meinst du, das ist ihr Lover?»

«Was denn sonst?»

Ich drücke die Klingel.

Von innen kommt jemand an die Tür.

Maria und ich schauen uns starr in die Augen. Ich möchte am liebsten weglaufen, doch dafür ist es nun zu spät.

19. Dünenliebe

Ich erschrecke mich fast ein bisschen, als eine junge Krankenschwester in weißem Kittel und weißer Hose, ein Stethoskop um den Hals, die Tür öffnet. Ihre Wangen sind leicht gerötet, und sie sieht ein bisschen so aus, als hätte sie gerade herzlich gelacht.

«Ja?»

«Moin, mein Name ist Sönke Naumann, das ist Maria Riewerts. Wir würden gerne unsere Großmutter sprechen, wenn das möglich ist.»

«Bitte, warten Sie einen Moment.»

Ich schaue mich in dem schattigen Flur um und sehe lauter Fotos von den Dünenlandschaften rings um das Haus.

«Maria? Sönke?», tönt Omas Stimme von drinnen.

Endlich!

Eine Sekunde später steht sie barfuß vor uns, in Jeans und ausgeleiertem, viel zu großem Ringel-Sweatshirt mit grünen Streifen. Es ist schön, ihre knochigen Arme um meinen Hals zu spüren, als sie mich fest an sich drückt.

«Da seid ihr ja.» Als wären wir verabredet.

Sie umarmt Maria.

Oma nimmt es mir etwas zu lässig. Immerhin haben wir

sie wie blöde gesucht. Die Schwester vom Pflegedienst verzieht sich diskret in die Küche.

«Wieso hast du dich nicht gemeldet?», frage ich mit mittelschwerem Vorwurf in der Stimme.

«Ich weiß», antwortet Oma hastig, «aber es ging ja auch so.»

«Das hätten wir einfacher haben können.»

«Ich brauchte einfach Zeit», seufzt Oma und sieht uns mit traurigem Blick an. Wer soll dem widerstehen können? Irgendwie ist es auch egal, wir haben uns gefunden, und damit fertig.

«Wo sind wir hier?», fragt Maria.

«Bei meinem Freund. Er heißt Johannes.»

Da habe ich mit Oma über alles in der Welt geredet, aber von ihrem Freund hat sie mir nie erzählt. «Ach ja?»

Ein bisschen beleidigt bin ich schon.

«Kommt mal mit.»

Sie geht mit uns vor die Tür, wo wir uns nebeneinander auf eine Bank im Vorgarten setzen und ins Wattenmeer schauen. Oma braucht ein bisschen, bis sie sprechen kann.

«Johannes ist seit über vierzig Jahren mein Liebhaber.»

Maria und ich werfen uns einen kurzen, erstaunten Blick zu. Ich habe mich immer gefragt, wie eine tolle Frau wie Oma mit einem Stinkstiefel wie unserem Großvater zusammen sein konnte, aber das war ein Tabuthema, das ich nie angesprochen habe. Ich ging einfach immer plump davon aus, dass man in ihrer Generation einfach viel erduldete und die Klappe hielt. Ein blödes Vorurteil, wie sich gerade herausstellt.

«Du meinst …»

«Ja, euer Großvater hat davon nichts geahnt.»

«Aber warum hast du uns nach Opas Tod nichts davon erzählt?», staunt Maria.

«Ich wusste nicht, wie meine Kinder reagieren.»

«Und wo habt ihr euch kennengelernt?», will Maria wissen und bereut es anscheinend gleich wieder. «Tut mir leid, ich bin einfach zu neugierig.»

Oma lächelt versonnen: «Wir sind uns im Watt begegnet, er kam von Amrum, ich von Föhr.»

Das war eine der wenigen Freiheiten in Omas Ehe, die nie zur Disposition standen: ihre Wattwanderungen, die sie fanatisch durchzog. Jetzt ist klar, warum.

«Können wir ihm nicht mal hallo sagen?», bittet Maria.

«Immerhin gehört er zur Familie», ergänze ich.

«Es geht Johannes nicht gut», sagt Oma, «er hatte vor zwei Wochen einen Schlaganfall.»

Sie blickt zum Wasser. Die Flut überspült den Weg, den Maria und ich gerade gekommen sind.

«Kommt», fordert sie uns auf.

Maria und ich schauen uns mit banger Erwartung an.

Mit dem Wohnzimmer betreten wir nicht nur einen fremden Raum, sondern auch ein anderes Land, wie es scheint. Es gibt keine Wand ohne ein volles Bücherregal – alle Buchrücken sind in kyrillischer Schrift bedruckt, sodass ich nicht einmal ahnen kann, worum es geht: Mathematik, Schachspiel oder Poesie? In einer Ecke steht eine riesige, dunkelrote Couch, neben dem großen Fenster zum Garten ist ein Krankenhausbett aufgestellt. Der Mann, der darin liegt, hat sich eine elegante schwarze Hornbrille in die wuseligen weißen Haare gesteckt, die ein bisschen an Einstein erinnern.

Er schläft.

Auf dem dunklen Eichenparkett liegen unzählige Schwarz-Weiß-Fotos im DIN-A4-Format, alles Winterbilder. Oma und Johannes im Schnee, vor einer russischen Holzkirche,

Oma mit einer Pelzmütze in einem Wald, der unter den schweren Schneelasten fast erstickt. Auf den Bildern ist Oma viel jünger als jetzt, vielleicht vierzig. Johannes sieht kräftig und stark aus. Seine Augen wirken listig, sein Kinn kantig, was überhaupt nicht zu seiner runden Kartoffelnase passt. Er trägt Oma auf seinen Armen zu einem Motorschlitten. Ungefähr zehn Jahre später sitzt sie vor einer Jurte aus Fellen, aus der Rauch steigt. Sie isst etwas, das aussieht wie roher Fisch, zwei Inuit sitzen neben ihr und zeigen lachend ihre silbernen Jackettkronen.

Ich habe nicht gewusst, dass Oma jemals in Russland war.

Nun schleicht Oma zu ihrem Geliebten und streicht ihm zart über die Wange. Es geht mir durch und durch, wie vertraut sie mit ihm ist, und doch wirkt es gleichzeitig fremd.

«Johannes?», flüstert Oma. «Wir haben Besuch.»

Hinter seinem Bett entdecke ich noch eine Bücherwand mit Bänden in deutscher, englischer und französischer Sprache: Biographien von Nelson Mandela, Shirley MacLaine, Thomas Mann, Victor Hugo, François Mitterrand. Dazwischen ein einziges russisches Buch, dessen Titel ich erraten kann: Lenin.

Johannes schlägt die Augen auf und schaut uns an.

«Sönke? Maria?», keucht er, ohne zu zögern. Seine Aussprache klingt so, als hätte er einen Klops im Mund, denn seine rechte Gesichtshälfte scheint vom Schlaganfall gelähmt zu sein. Ich bin tief beeindruckt, dass er uns in seinem Zustand erkennt – Menschen, die er nie gesehen hat, höchstens auf Fotos. Er ist auf jeden Fall bestens informiert.

«Ja», bestätigt Oma.

Ich trete mit Maria an sein Bett, sie will ihm als Erste die Hand geben, aber er schüttelt nur bedauernd den Kopf.

«Die Arme wollen nicht mehr», erklärt uns Oma.

«Hallo, Herr … Entschuldigung, ich weiß nicht mal Ihren Nachnamen», spreche ich ihn an.

«Moin», röchelt Johannes schwach.

«Ihr könnt ‹Johannes› und du zu ihm sagen», schlägt Oma vor und wendet sich ihrem Geliebten zu, «oder?»

Johannes nickt bestätigend.

Ich schaue Maria an.

Ihre Haare sind immer noch von Wind und Regen im Wattenmeer nass und verwuselt. Sie steht ergriffen da, ohne einen Muskel ihres Körpers zu bewegen, und ist ganz bei Johannes.

«Wir haben eben erst von dir erfahren», sage ich. «Gut, dass Oma dich hat.»

Maria nickt: «Finde ich auch.»

Jetzt bäumt Johannes sich auf und ringt sich mit allergrößter Anstrengung ein Wort ab: «Krank …»

«Strengen Sie sich, äh, streng dich nicht zu sehr an», bittet Maria leise. Sehe ich da Tränen in ihren Augen? Ich schaue noch einmal genauer hin: Tatsächlich, eine einzelne Träne läuft ihr quer über die rechte Wange.

«Wir haben uns Sorgen gemacht um deine Freundin», erzähle ich.

Komisch, meine Oma «Freundin» zu nennen.

Er nickt.

«Aber Oma hatte keine Chance», grinst Maria aufmunternd, trotz ihrer feuchten Augen, «wir hätten sie auch in Sibirien gefunden.»

Johannes schüttelt fast unmerklich den Kopf und deutet ein schiefes Lächeln an. Sein Blick wird starr und entfernt sich nun wieder. Ob er an den russischen Norden denkt, den er so gut kennt? Jetzt fallen ihm die Augen zu.

«Wir kommen bald wieder», verspreche ich mit einem dicken Kloß im Hals. Leise entfernen Maria und ich uns aus dem Wohnzimmer in Richtung Flur. Oma folgt uns.

«Jetzt habt ihr einige Fragen, schätze ich», vermutet Oma, «die Reisen nach Russland und warum ich nie darüber geredet habe, nicht wahr?»

Maria und ich stehen ganz nah beieinander, weder sie noch ich mögen schon reden.

Maria räuspert sich.

«Wie geht es *dir* denn?», fragt Maria Oma nun.

«Ich komme zurecht.»

«Ist Johannes Russe?», will ich dann doch wissen.

«Im Herzen. Er war Professor für Russistik in Kiel.»

«Dann war er nur am Wochenende hier?»

«Und in den Semesterferien. Aber ich war auch häufig bei ihm in Kiel. Er hat dort nebenbei bei der Telefonseelsorge gearbeitet. Das lag ihm so am Herzen, dass er schlecht wegkam.»

Jetzt stützt sich Oma mit ausgestrecktem Arm an der Wand ab. Sie ist erschöpfter, als sie zugeben mag, was auch ihre Schminke nicht überdecken kann.

«Alles in Ordnung?», erkundige ich mich besorgt.

«Jaja.»

Maria und ich werfen uns einen kurzen, einvernehmlichen Blick zu: Wir sollten jetzt gehen.

«Dürfen wir der Familie verraten, dass wir dich gefunden haben?», vergewissere ich mich.

«Ihr dürft. Morgen holen wir meinen Geburtstag nach, mit allen. So gegen drei bei mir. Sagt ihr den anderen Bescheid?»

Ich versuche, sie zu bremsen: «Hat das nicht Zeit?»

Oma schüttelt den Kopf: «Ich will es so. Möchtet ihr noch einen Tee?»

«Nein, danke, wir möchten gerne die nächste Fähre nach Föhr kriegen, da müssen wir uns beeilen.»

Wir umarmen Oma und gehen aus dem Haus.

Draußen erwartet uns die Krankenschwester und bietet uns freundlich an, uns mit ihrem Polo über die Inselstraße zum Fähranleger nach Wittdün zu bringen, was wir dankend annehmen. Während der Fahrt sagen Maria und ich kein Wort. Wir hängen beide unseren Gedanken nach, was die Frau vom Pflegedienst offenbar vollkommen in Ordnung findet, denn auch sie hält den Mund.

Angenehmes Nordfriesland.

Merkwürdig wird es erst, als wir mit einem Pulk schwatzender Urlauber an Bord der Fähre gehen. Maria und ich steuern zielstrebig das Achterdeck an und stellen uns an die Reling. Das Schiff legt ab, und bald rückt Amrum wieder in die Ferne. Ich merke, dass mein Gesicht noch nachglüht von der Wattwanderung. Über der offenen See hat sich eine tiefhängende, schwarze Wolke gebildet, die das Meer bedrohlich dunkel aussehen lässt. Plötzlich reißt die Wolke in der Mitte auf, und die Sonne leuchtet durch die runde Öffnung auf das gekräuselte Wasser wie ein kilometergroßer, heller Scheinwerfer. Dann schüttet es aus der Wolke heraus, der Lichtkegel bleibt für einen Moment davon verschont, eine helle Insel im Wasser. Im nächsten Moment schließt sich die Wolke wie ein Vorhang, und der Regen peitscht auch hier herunter.

Ich setze meine Kapuze auf: «Hoffentlich wird Johannes bald gesund.»

«Wieso sind sie nach dem Tod von Opa nicht zusammengezogen?», fragt Maria.

«Keine Ahnung. Oma scheint sich aber nicht einsam gefühlt zu haben.»

Maria sucht meinen Blick. «Ich bin gespannt, wie mein Vater darauf reagiert.»

«Arne? Der muss sich gerade melden mit seinen tausend Affären.»

«Papa ist ein Muttersöhnchen, unterschätz das nicht.»

«Er wird es überleben. Oma muss sich vor niemandem rechtfertigen.»

«Genauso wenig, wie ich mich für einen Lover rechtfertigen wollte», sagt Maria. «Egal, wie peinlich er ist.»

«Gab es denn so was schon mal?»

Ich kann es einfach nicht lassen, selbst jetzt nicht.

«Was?»

«Einen peinlichen Lover.»

Keine Antwort.

«War er so peinlich, dass du auch jetzt nicht über ihn reden kannst?»

Maria grinst mir direkt ins Gesicht und hält ihre Kapuze zu: «Und selber?»

«Ich hab zuerst gefragt.»

Maria lächelt einfach weiter – und sagt nichts. Wir starren stumm auf das weißschäumende Kielwasser. Sie hat recht, es ist blöde.

«Wie das wohl bei uns ist, wenn wir alt sind?», sinniere ich. «Wie werde ich mich fühlen?»

«Für mich ist das vollkommen klar», wundert sich Maria.

«So?»

«Ich setze mich auf Parkbänke, wo sich viel junge Leute aufhalten, vor einer Halfpipe vielleicht, falls es so was dann noch gibt. Und dann labere ich sie gnadenlos voll mit Geschichten aus meinem Leben.»

«Superplan», sage ich. Dann lege ich kurz, wirklich nur ganz kurz, meinen Arm um Marias Schultern und schüttele sie aus Spaß einmal sanft hin und her.

20. Stabile Seitenlage

Am nächsten Nachmittag beginnt die Band in der Kurmuschel ihr Programm mit *Lady in Red*, gesungen von dem Bassgitarristen mit den langen schwarzgefärbten Haaren. Die russische Sängerin tritt in den Hintergrund und bedient nur hin und wieder ein Tamburin. Und das auch nur aus Verlegenheit, weil sie nicht einfach so auf der Bühne rumstehen kann. Der Himmel ist wieder bedeckt und grau, aber in Pullover und Jacke kann man sich gerade noch auf Omas Balkon aufhalten, ohne zu frieren.

Cord, Arne und ich sitzen uns gegenüber und schweigen uns an. Arne hat sich ein schwarzes Jackett über das olivgrüne T-Shirt gezogen, ich trage einen blauen Seemannspullover und darüber ein graues Jackett. Cord steckt wieder in seinem grauen Anzug, den er schon am Strand getragen hat, dazu trägt er ein beiges Hemd, das er bis oben zugeknöpft hat. Sieht fast aus wie eine Zwangsjacke. Auf dem hölzernen Teewagen liegt der Föhn in Kunstharz, den ich Oma geschenkt habe.

Die nachgeholte Geburtstagsfeier wird nicht reibungslos verlaufen, das steht fest, denn Oma muss ihre Entscheidung wegen des Hauses verkünden. Das allein wäre schon schlimm genug.

Aber inzwischen ist das nicht mehr der größte Stolper-stein.

Maria hat ihren Vater noch gestern von der Fähre aus angerufen und ihn beruhigt, dass wir Oma gefunden haben. Und auch wo. Das wird sofort rumgegangen sein. Cord, Arne und Regina werden ausflippen, wenn es um den Lover ihrer Mutter geht. Ich bin entschlossen, als Omas Anwalt aufzutreten. Maria würde mir mit Sicherheit beistehen, aber sie kann leider nicht kommen, weil sie schläft. Letzte Nacht war der schleswig-holsteinische Innenminister spontan auf der Insel, weshalb sie die ganze Zeit vor seinem Ferienhaus Wache schieben musste. Ich war also gestern Abend wieder alleine in Marias Einliegerwohnung, was aber diesmal gar nicht schlecht war, denn ich habe mich auf die Couch gelegt und das getan, worüber ich sonst nur lästere: Kuschelrock 2–4 gehört, was total kitschig und gut war. Dazu habe ich Unmengen Schokolade verdrückt.

Regina poltert mit zwei Plastikschüsseln ins Wohnzimmer, in ihrem Kielwasser schwimmen Holger und John. Da wir nun vollständig sind, gehen wir anderen auch rein und grup-pieren uns unter dem Elefantenbild.

«Herzlichen Glückwunsch nachträglich zum Geburtstag», leiert John herunter und reicht Oma seine dicke Tatze.

«Friesentorte!», ruft Regina einladend.

Heute wirkt sie einigermaßen nüchtern. Ihr Mann schickt ein viel zu lautes *Moin, Moin* in den Raum. Weitere Stühle werden aus der Küche geholt, Positionen werden festgelegt, dann versinkt alles in düsterem Schweigen.

«Mensch Oma, sechsundsiebzig, Wahnsinn!», versucht Regina das Gespräch mit gespielter Fröhlichkeit anzuwerfen. Als sei es ein ganz normaler Geburtstag, nachdem Oma zu dem eigentlichen Fest nicht erschienen, sondern zu ihrem heimlichen Liebhaber geflüchtet ist, mit dem sie seit über vierzig Jahren zusammen ist.

«Ich finde es wunderbar, dass die ganze Sippe endlich mal wieder zusammenhockt», behauptet Arne und gießt das Wasserglas vor sich randvoll mit Schnaps. Wer's glaubt.

«Tja, nun ist es raus», sagt Oma unvermittelt und schaut unsicher in die Runde.

«Oma, es ist *dein* Leben und *deine* Liebe», stelle ich sofort klar. Natürlich ist es eher an die anderen gerichtet.

Cord starrt düster vor sich hin. «Erzähl uns mehr, Mama.»

«Wieso sollte sie das?», gibt Arne zurück. Anscheinend will er davon nichts wissen.

«Johannes ist sehr krank», gebe ich meinen Verwandten zu bedenken, bevor sie die Keule ziehen. Regina schweigt zwar, aber sie sieht aus, als sei sie kurz vorm Implodieren.

Oma wirft mir einen gütigen Blick zu.

«Du hast ihn gesehen, Sönke, das hat er nicht verdient. Bei der Kieler Telefonseelsorge hat Johannes so vielen Menschen geholfen. Einmal hat er drei Stunden mit einem Mann geredet, der auf einer Bonner Rheinbrücke stand und sich runterstürzen wollte. Er hatte gerade seine Frau bei einem Verkehrsunfall verloren, den er selbst verursacht hatte. Johannes konnte ihn überzeugen, nicht zu springen, was ihm der Mann später sehr gedankt hat. So etwas war Johannes wichtiger als seine Arbeit an der Universität.»

Es klingt vielleicht lächerlich, was ich jetzt denke, und öffentlich würde ich es nie zugeben. Aber ich sehne mich in meinem unübersichtlichen Erwachsenenleben oft nach einem Menschen, der mir sagen kann, was richtig und was falsch ist, wenn ich nicht mehr durchblicke. Kein Guru, sondern einfach ein weiser Mensch, der einem hilft. Natürlich weiß ich, dass es so jemanden nicht geben kann, und selbst ein Therapeut kann einem im besten Fall nur die richtigen Fragen stellen, die Entscheidungen muss man selbst fällen.

Aber mal angenommen, es gäbe diesen Menschen? Nach dem, was Oma über Johannes erzählt hat, kommt er dem schon sehr nah.

Ein Gelehrter, der sich mit Biographien beschäftigt und mehr Lebenswege kennt als die meisten. Der zwischen Moskau, Kieler Förde, Sibirien und Wattenmeer pendelt und über den Tellerrand schauen kann. Wenn Johannes wieder gesund ist, würde ich gern ausführlich mit ihm reden, das kann Oma ihm schon mal ausrichten. Denn spätestens wenn ich wieder auf dem Festland bin, brauche ich einen Plan.

«Wie kann er jemand in Bonn retten, wenn er bei der Kieler Telefonseelsorge war?», hakt Cord nach. Er wirkt wie ein misstrauischer Vernehmungsbeamter, der eine Verdächtige überführen will. Noch eine solche Frage, und ich gehe ihm an die Gurgel.

Doch Oma kennt sich aus: «Wenn du übers Handy bei der Telefonseelsorge anrufst, wirst du bundesweit irgendwohin vermittelt.»

«Wann hat das begonnen mit euch?», erkundigt sich Arne jetzt. Er ist der Entspannteste von allen – neben Holger und John natürlich.

«Mitte der Sechziger», erklärt Oma.

«Dann bist du seit über vierzig Jahren mit dem Mann zusammen?», staunt Regina.

«Ja.»

«Du hattest meine ganze Kindheit lang Sex mit einem

Fremden?», schluchzt sie theatralisch. Ihr Sohn John schiebt sich schnell ein weiteres Stück Friesentorte in den Mund.

«Das geht zu weit, Regina!», sagt Arne. «Was erwartest du denn von Oma? Dass sie dich in ihr Liebesleben einweiht? Du warst noch ein Kind! Stell dir mal vor, *du* hättest einen Lover und ...» Er sieht betreten zu Holger und John und lässt seinen Gedanken unvollendet. Kluge Entscheidung, Arne.

«Wieso hast du mich und Cord überhaupt bekommen?», fragt Regina ihre Mutter, «wenn du eigentlich mit jemand anderem zusammen warst?»

Oma weiß darauf keine Antwort, außer: «Das Leben ist eben nicht immer logisch.»

Was man bei seinen Eltern am wenigsten akzeptiert ...

«Und ich habe immer gedacht, ich bin in einer harmonischen Familie aufgewachsen», gibt Regina frustriert zurück.

Cord lacht hämisch auf: «Nicht im Ernst, oder?»

«Von dir mal abgesehen», winkt Regina ab.

«Regina, also wirklich! Reiß dich zusammen!», sagt Holger. Er befürchtet zu Recht, dass das alles nicht gut endet.

«Du hast uns nicht die Wahrheit gesagt, Mama», sagt Cord nun ganz leise und ohne jede Spur von Unsicherheit.

Ich ahne, was jetzt kommt.

«Doch, das ist die Wahrheit», widerspricht Oma.

«Ich bin also das Kind von Richard Riewerts?»

«Von wem denn sonst?» Oma wird jetzt wütend, das sehe ich ihr an.

«Richard ist nicht mein Vater.»

Stille.

Alle starren Cord an.

«Damit rennst du am besten zu einem Therapeuten», schlägt Arne vor.

«Ich weiß, es war nicht einfach für euch mit eurem Vater», sagt Oma und scheint Cords Vermutung ignorieren zu wollen, denn sie wendet sich nun an Regina. «Ich wollte tatsächlich, dass du in einer intakten Familie aufwächst. Vor allem für dich habe ich meine Ehe weitergeführt, so gut es eben ging.»

Reginas Enttäuschung mindert das kaum: «Es war alles eine riesige Lüge.»

«Na ja, eher ein Arrangement. Das kommt häufiger vor, als man denkt. Und es muss nicht das Schlechteste sein.»

Arne verschluckt sich fast an seinem zweiten Korn: «Vater wusste davon?»

«Sagen wir mal so, er ahnte es.»

«Richard ist nicht mein Vater!», wiederholt Cord nochmal lauter.

Arne stöhnt auf: «Hual ap!»

Hör auf damit.

Jetzt hat Cord seinen großen Auftritt. Entschlossen zückt er das Papier vom Genforschungsinstitut: «Hier ist der Beweis, schwarz auf weiß! Den habe ich von meinem leiblichen Vater bekommen.»

«Quatsch», explodiert Oma, «ich muss es ja wohl wissen. Oder glaubst du etwa auch, dass ich nicht deine Mutter bin?»

«Das ist der Beweis.» Cord hält das Papier hoch. «Der ist mein Vater. Vermutlich ist es Johannes.»

Arne starrt ungläubig auf den Wisch, dann auf seine Mutter: «Mama?»

Oma lächelt.

Doch irgendetwas ist seltsam an diesem Lächeln, es ist

starr und wirkt viel zu weit weg. Regina merkt als Erste, dass etwas nicht stimmt, und eilt zu ihr. In dem Moment sackt Oma zusammen, ihre Lippen sind weiß und blutleer. Zum Glück fangen Arne und Regina sie auf, schubsen den dicken John beiseite und legen Oma auf die Couch.

Herzinfarkt? Schlaganfall?

«Einen Arzt», rufe ich. «Schnell!»

Alles springt auf und rennt durcheinander – außer Holger und John.

«Dr. Behnke», stöhnt Oma und japst nach Luft.

«Stabile Seitenlage», sagt Arne. Cord legt Oma ein Kissen unter den Kopf, während Regina bereits mit Dr. Behnke telefoniert.

«Arzt ist unterwegs», meldet sie.

Mein Mund wird trocken vor Aufregung: «Der soll sich beeilen.» Nach endlosen Minuten, in denen niemand etwas sagt und alle zittern, hören wir endlich ein Martinshorn näher kommen.

Dr. Behnke schießt ins Zimmer, er hat einen Defibrillator dabei und einen knallroten Notarztrucksack auf dem Rücken. Als er Oma erblickt, geht er sofort auf die Knie.

«Imke, kannst du mich verstehen?», fragt er ruhig.

Oma nimmt ihre gesamte Kraft zusammen und röchelt: «Keine Luft!»

Mir wird schlecht vor Angst.

Dr. Behnke misst ihren Blutdruck, leuchtet in ihre Augen und legt ihr einen Tropf an. Jetzt kommen zwei Krankenwagenfahrer mit einer Trage herein und betten Oma darauf, während Dr. Behnke den Tropf in der Hand hält. Kleinigkeiten fallen mir auf; einem der Sanitäter fehlen oben links zwei Zähne. Ich hätte mir gewünscht, dass Oma von perfekt aussehenden Männern getragen wird, aber das ist natürlich komplett unwichtig. Mit solchen Ablenkungen schützt sich das Hirn lediglich vorm Zusammenbruch. Wir folgen der Trage ins Treppenhaus und sehen zu, wie die Männer Oma mit schnellen, gekonnten Handgriffen in den Krankenwagen schieben. Dr. Behnke springt mit hinein und befestigt den Tropf an einem Haken in der Decke. Schon verteilt sich die Familie in die Autos: Regina, Holger und John in Reginas Golf, Arne und ich springen in seinen VW-Bus, Cord fährt alleine in seinem Volvo-Geländewagen. Keiner schnallt sich an, wir fahren sofort los.

Das Inselkrankenhaus im Rebbelstieg ist ein einstöckiger Neubau mit zwei großen Duckdalben vor der Tür. Das sind massive hölzerne Pfähle, an denen große Schiffe festmachen können. Überängstliche Touristen vermuten, dass bei schweren Überflutungen hier die Rettungsboote anlegen, um die Kranken zu evakuieren. Doch damit liegen sie falsch: Das Krankenhaus liegt hoch genug, es ist reine Kunst am Bau.

Wir fahren auf den Parkplatz der Notaufnahme, wo bereits der Krankenwagen mit geöffneten Türen steht. Es musste wohl alles sehr schnell gehen. Wieder springt mein Gehirn auf Nebensächlichkeiten an, um den Druck herunterzufahren, registriert das Baumhaus hinter der hohen Hecke zum Nachbargrundstück und die Aufschriften vor drei Stellplätzen neben dem Eingang, zweimal «Diensthabender Arzt», einmal «OP-Bereitschaft». Auf Letzterem parkt ein schrottiger Renault. Hoffentlich benutzt der Arzt beruflich besseres Gerät.

In der Notaufnahme, wo Oma bereits behandelt wird, werden wir von einer energischen Schwester angewiesen, im Wartezimmer zu bleiben. Ich gehe unruhig auf und ab. In einer Ecke hängen Fotos von Ärztinnen, Ärzten und Schwestern. Dicke, dünne, alte, junge, blonde, dunkelhaarige, hübsche, nicht so hübsche. Ich schaue mir jedes Bild genau an, als hinge davon Omas Leben ab. Regina hat ihren Kopf auf Holgers Schulter gelegt, während John eine Tier-Zeitschrift liest. Arne trommelt mit den Fingern leise gegen den Kaffeeautomaten und kämpft mit den Tränen. Cord gibt ihm einen tröstenden Klaps auf die Schulter.

Niemand hat noch Reserven. Wie konnte es so weit kommen?

Das Wartezimmer wird zum U-Boot, das auf Grund gelaufen ist. Der Druck im Inneren nimmt von Minute zu Minute zu, keiner kommt heraus. Alle atmen immer schwerer und lauter, es ist unerträglich.

Die Zeit vergeht nicht.

Oma darf nicht sterben!

Wenn es um Gesundheit geht, gibt es keine Gerechtigkeit, das wissen wir alle. Die größten Arschlöcher werden muntere neunzig, während zur gleichen Zeit eine alleinerziehende Mutter mit vierzig an Krebs stirbt. Sollten Gebete nützen, müssen sie jetzt gesprochen werden. Ich bete drei stille Vaterunser hintereinander. Und bin mit Sicherheit nicht der Einzige von uns, der das tut.

Nach einer gefühlten Ewigkeit kommt Dr. Behnke herein, der die ganze Zeit bei seiner Freundin geblieben ist und seinem Kollegen assistiert hat.

In mir krampft sich alles zusammen. Regina schluchzt laut auf, noch bevor er etwas gesagt hat.

«Wie es aussieht, war es nur ein Schwächeanfall», erklärt Dr. Behnke, «Imkes Herz pumpt wieder stabil.»

Er versucht ein Lächeln.

«Das heißt, vorher war es nicht stabil», stelle ich fest.

«Nein», klärt er uns auf, «deswegen muss sie hier bleiben und weiter beobachtet werden. Es kann ein harmloser Infekt sein, der sich da ankündigt, oder etwas Ernstes. Das müssen wir aber erst herausbekommen.»

«Können wir sie sehen?», bittet Cord.

Dr. Behnke schüttelt den Kopf: «Imke braucht jetzt Ruhe. Wir haben ihr ein Schlafmittel gegeben. Ich schaue heute Abend noch einmal bei ihr vorbei.»

Er verabschiedet sich.

Keiner von uns regt sich, wir bleiben alle sitzen. Ich atme das erste Mal wieder tief durch.

«Halleluja», stöhnt Arne erleichtert.

«Die Kuh ist noch nicht vom Eis», warnt Regina plump, aber wahrheitsgemäß.

«Nun hör mal auf», protestiere ich gegen ihren Pessimismus.

Arne baut sich vor Cord auf.

«Und komm Mama nie wieder mit dieser Vatergeschichte», droht er.

Cord hält seinem Blick stand und sagt gar nichts. Langsam schlurfen alle Riewerts hinaus.

«Wir sollten Omas Freund aus Amrum holen», schlägt Cord vor, als wir alle zusammen auf dem Parkplatz stehen.

«Ich will den nicht sehen», sagt Regina trotzig.

«Johannes wird sie aufmuntern», stimme ich Cord zu.

«Oder auch nicht. Ihr habt doch gesagt, er ist selber krank», sagt Regina.

«Oma und Johannes sind seit vierzig Jahren zusammen», erkläre ich ihr, «er ist der wichtigste Mensch in ihrem Leben.»

Regina verschränkt ihre dicken Arme vor der Brust. «Na ja! Wie man's nimmt.»

Es ist die reine Eifersucht, vermute ich.

«Bis auf ihre Familie natürlich», füge ich hinzu.

Sie nickt zufrieden.

Jetzt legt mir Cord die Hand auf die Schulter: «Wie krank ist Johannes denn wirklich?»

«Er liegt im Bett und kann nicht aufstehen», sage ich, «keine Ahnung, ob er überhaupt transportfähig ist.»

Cord nickt mir auffordernd zu: «Er wird Mama auf jeden Fall sehen wollen. Komm, Sönke, wir packen ihn in meinen Wagen und bringen ihn hierher nach Föhr.»

«Willst du mitkommen?», frage ich Arne.

«Das kriegt ihr schon hin», murmelt der abwesend und geht allein vom Gelände. Er sieht vollkommen fertig aus. Seinen VW-Bus lässt er auf dem Parkplatz stehen.

Ehrlich gesagt, ist mir gar nicht wohl bei dem Gedanken an eine Reise mit meinem psychotischen Onkel. Wenn er Johannes weiter für seinen Vater hält, endet das im Chaos.

Aber kann ich mich dem entziehen?

21. Blut ist dicker als Wasser

Der Himmel ist zwar bedeckt, aber freundlich und hell. Cord und ich setzen uns aufs windgeschützte Achterdeck, wo es angenehm warm ist. Ich ziehe Jackett und Seemannspulli aus, während Cord mit irrem Lächeln aufs Wasser starrt. Er hat sogar den obersten Knopf seines Hemdes geöffnet, was er sonst nie tut. Vermutlich glaubt er, in wenigen Minuten das erste Mal seinem leiblichen Vater gegenüberzutreten, und schwitzt deshalb vor Aufregung.

Mir ist die ganze Geschichte ein Rätsel. Einerseits glaube ich Oma, andererseits frage ich mich, wie das Genlabor zu seinem Befund gekommen ist. Im Prinzip müsste man eine Gegenprobe durchführen, aber auf die Idee ist meine Polizistinnen-Cousine natürlich vor mir gekommen. Als ich vorhin mit Maria telefonierte, schlug sie vor, dass ich eine Haarsträhne von Johannes besorge. Sie kennt jemanden bei der Spurensicherung in Husum, der einen amtlichen Vergleich mit Cords DNA machen kann, bei dem hat sie ohnehin noch etwas gut.

Bloß: Wie stellt sie sich das vor?

Ich kann doch nicht einfach mit einer Schere zu einem Todkranken gehen und ihm einfach ein Büschel Haare abschneiden, schon gar nicht, wenn ich ihn kaum kenne.

Andererseits hat sie natürlich recht, denn dann ist die Sache endgültig geklärt.

Seltsamerweise scheint Cord plötzlich in Feierstimmung zu sein und lächelt die anderen Passagiere mit entrücktem Blick an. Ich möchte mir gar nicht vorstellen, was gleich im Haus von Johannes ablaufen wird. Tränen, Umarmungen, Zusammenbruch.

Es macht mir Angst.

Zum Glück sind wir nicht allein auf dem Achterdeck. Neben uns sitzt eine hohlwangige Frau mit blonden Strähnchen im dunklen Haar, die mit ihrem ungefähr fünfjährigen Sohn schimpft, weil der sich zu weit über die Reling lehnt: «Nu lass dette, aba sofort!» Daraufhin trollt sich der Junge zu seinem Spielzeugkoffer unter der Sitzbank und packt ein paar kleine Autos aus, von denen er eines ins Wasser schleudert, was seine Mutter zum Glück nicht mitbekommt.

Schön, dass es noch eine Welt außerhalb unseres Familiensumpfes gibt.

«Na, och aus Berlin?», meldet sich eine andere Frau in hellrotem Kleid und setzt sich zu ihr.

«Nee, aus Bayern, hört man det nich?»

Gelächter.

Die beiden geben sich förmlich die Hand: «Petra aus Kreuzberg.»

«Janine aus Wedding. Aba arbeeten tu ick in Kreuzberg.»

«Wo denn?»

«Ecke Skalitzer, Reichardstraße.»

«Wie denn? In dem Spajettiladen?»

«Alimentari italiano.»

«Und schmecken tut et wie bei ALDI, wa?»

«Na ja, nich janz. Aber die Kunden sind alle kackschlau, det ist wahr. Und selber?»

«Ein-Euro-Markt aner Kasse, vergiss es. Meine Kleene hat ne Allergie, deswegen bin ick hier uf Mutter-Kind-Kur. Vonner AOK.»

«Ick och. Welches Haus?»

«Sonnenau in Norddorf.»

«Ick bin Löwenherz. Aber ooch Norddorf.»

«Vielleicht jibt et ja ma Ausjang fürn Cocktail.»

«Oder och zwee.» Gekicher.

«Mein Oller hat sich schon beim Jetränkemarkt einjedeckt, bevor ick weg war, zehn Kästen. Soll er ruhig, der braucht ooch ma ne Auszeit.»

Jetzt beugt sich Cord zu den beiden Frauen vor und sagt: «Das Wichtigste ist, dass die Familie zusammenhält.»

Mir läuft es kalt den Rücken herunter: Was treibt ihn dazu, sich da einzumischen? Gott sei Dank ignorieren Petra und Janine aus Berlin ihn einfach.

«Lust auf nen Red Bull mit Schuss?», zwinkert Petra.

«Könnte der letzte für Wochen sein», überlegt Janine, «im Heim is det bestimmt verboten.»

«Ich gebe einen aus!», strahlt Cord.

Petra wendet sich nun direkt an Cord: «Weißt du, Meister, warum det Mutter-Kind-Kur heißt? Weil wir da ohne Kerle sind. Und det is ooch jut so!»

Die beiden Frauen stehen auf, nehmen ihre Kinder und gehen. Wenn ich ihn nicht am Arm festgehalten hätte, wäre er wohl hinterhergelaufen.

«Cord, bitte.»

«Wieso? Heute ist mein Glückstag!», jubelt er. «Da sollen alle was von haben.»

Wenigstens bleibt er jetzt sitzen.

«Weißt du was? Ich habe meinen Stiefvater schon vollkommen von meiner Festplatte gelöscht.»

Ich vergewissere mich sicherheitshalber: «Du meinst Opa?»

«Genau.»

In diesem Zustand werde ich ihn nicht zu Johannes bringen, das geht mit Sicherheit schief. Ich muss ihn unbedingt überreden, auf der Fähre zu bleiben und zurückzufahren.

Doch Cords Pläne stehen fest: «Ich werde meinen Vater mit zu Oma ins Krankenhaus nehmen, und dann werden sie uns zusammen die Wahrheit erzählen.»

«Oma braucht Ruhe», erinnere ich ihn.

Das beeindruckt ihn wenig.

«Wie ist er denn so?», will Cord wissen.

«Wer?»

«Na, mein Vater.»

«Können wir bitte vorläufig von ‹Johannes› reden?»

«Wie du willst ... Also wie ist Johannes?»

«Sympathisch.»

«Nett, dass du das sagst. Ich bin ja jetzt genau genommen nur noch ein Halb-Onkel für dich.»

«Vergiss es, du bleibst mein Voll-Onkel.»

«Stell dir vor, ich bin gar kein echter Friese, sondern halber Rheinländer.»

Es ist sinnlos, gegen ihn anzureden.

«Dann kannst du ja schon mal überlegen, was du beim nächsten Karneval tragen willst.»

«Ich gehe als Tiiiigeeeer!», juchzt Cord.

Na klar.

Gut, dass es mir egal ist, wie merkwürdig mich die Leute auf dem Achterdeck angucken, weil ich zu diesem Verrückten gehöre. Die Chance, dass ich einen von denen wiedersehe, ist gering.

Als wir endlich hinter einem Meiereilaster mit silbernem Tank von der Fähre rollen, sehen wir die beiden Berlinerinnen mit ihren Kindern an der Bushaltestelle stehen. Cord möchte sie unbedingt mitnehmen, hupt und winkt, während ich ihm verzweifelt klarzumachen versuche, dass sein Wagen für vier Erwachsene und zwei Kinder zu klein ist. Dass wir überhaupt besser umdrehen sollten, spare ich mir, es würde nicht zu ihm durchdringen.

Ich kann nur das Schlimmste verhindern, jedenfalls hoffe ich das.

Also rauschen wir über die Inselstraße nach Norddorf. Am Oode Waii steht immer noch der Lada Kombi vor der Tür. Ich könnte wetten, dass sich kaum ein Mensch in Deutschland freiwillig einen derartigen Wagen kaufen würde – außer eben einem Russischprofessor. Es ist eine liebenswürdige Verbeugung vor dem Land, in dem er so oft war. Auch und gerade weil es ein Schrottauto ist.

«Hier lebt er?», juchzt Cord aufgeregt und schaut sich um.

«Ja.»

Mir wird immer mulmiger zumute. Kann man einen kranken alten Mann meinen durchgeknallten Onkel zumuten, der noch dazu vorhat, sich als sein Sohn auszugeben?

Zu spät. Die Wohnungstür geht auf – und Christa steht vor uns. Komischerweise wundert mich das nicht einmal, aber irgendwie ärgert es mich, wie nahe sie die ganze Zeit bei Oma gewesen sein muss.

«Moin, Christa.»

«Moin, Sönke, Moin, Cord.»

«Hast du das von Oma gehört?», frage ich.

Christa nickt betreten: «Wie geht es ihr?»

«Das wird schon.»

Aus dem Wohnzimmer dringt leise Sinfonie-Musik.

Cord spitzt die Ohren: «Was ist das dadrinnen? Mozart?»

«Ne, Schostakowitsch.»

«Ich habe Russland immer geliebt», schwärmt er nun. «Das Land hat in mir immer ein bestimmtes Gefühl ausgelöst, das ich mir nie so richtig erklären konnte. Jetzt weiß ich, warum.»

Was labert der da?

Ich glaube, er ist jetzt schon weit drüber, dabei hat er seinen vermeintlichen Vater noch gar nicht gesehen.

«Wir wollten Johannes holen, das wird Oma aufmuntern», kündigt Cord an und tritt dabei vor Aufregung von einem Bein aufs andere.

Christa schüttelt den Kopf: «Johannes ist nicht transportfähig.»

«Aber …»

«Er liegt im Sterben. Es dauert nicht mehr lange.»

Erschrocken hält sich Cord die Hand vor den Mund: «Das darf nicht sein.»

«Kennst du ihn?», fragt Christa verwirrt.

«Eben nicht. – Ich möchte ihn sehen.»

«Aber nur von weitem!», gehe ich sofort dazwischen und werfe Christa einen eindringlichen Blick zu. Den kann sie leider nicht deuten, trotz ihrer übersinnlichen Kräfte. Ich möchte unbedingt vermeiden, dass Cord sich dem sterbenden Johannes heulend aufs Bett wirft.

Christa öffnet die Tür. Die spröde Musik von Schostakowitsch wird lauter. Die kyrillischen Schriftzeichen auf den Buchrücken wirken beim zweiten Besuch fast schon familiär, genauso wie die Fotos von Oma und Johannes auf dem dunklen Eichenparkett. Jetzt eilt Cord auf das Bett in der Ecke zu und ruft: «Vaaater!»

Christa schaut mich erschrocken an: «Was hat der denn?»

«Er glaubt, Johannes ist sein Vater.»

«Waaas?»

Cord steht bereits neben Johannes' Bett. «Vater, ich bedauere, dass wir uns nicht früher kennengelernt haben. Ich habe Jahrzehnte auf dich gewartet und gelitten ...»

«Bitte!», unterbricht ihn Christa rigoros, «das genügt.»

«... und jetzt erst bin ich dort angekommen, wo ich hingehöre.»

Johannes öffnet die Augen und stöhnt: «Weg!»

Dann schläft er wieder ein.

In einem Anfall von Klarheit – oder von Wahnsinn? – nehme ich die kleine Verbandschere, die auf dem Nachtschrank neben dem Bett liegt, und reiche sie Christa.

«Könntest du Johannes bitte eine Strähne aus dem Haar schneiden?»

Christa ist entsetzt: «Seid ihr jetzt alle geisteskrank geworden?»

Aber Cord versteht sofort: «Wir müssen einen weiteren Gentest machen, der alles beweist.»

Kurz blickt Christa uns erstaunt an, dann nickt sie und tritt ohne zu zögern an Johannes' Bett. Sie schneidet ihm vorsichtig eine Strähne aus dem Haar und legt sie in eine kleine Kaufhof-Tüte, die ebenfalls auf dem Nachttisch liegt.

«Ich bleibe hier», verkündet Cord, als ich die Tüte nehme und nun Anstalten mache zu gehen.

Ich fasse ihn fest am Ellenbogen: «Cord, es reicht. Dein Vater braucht jetzt Ruhe.»

Ich habe extra «dein Vater» gesagt, um ihn zu besänftigen.

Mit Erfolg, denn jetzt lässt mein «Halb-Onkel» sich widerstandslos von Christa und mir hinausbringen.

Im Flur blickt er verträumt auf die Fotos von den Dünenlandschaften und fragt: «Habt ihr bemerkt, wie ähnlich wir uns sehen?», ruft er.

Er meint sich und diesen von Schmerzen entstellten Menschen? Jetzt muss er vollkommen abgetaucht sein in seine Parallelwelt. Wie bekomme ich den bloß wieder heil nach Föhr zurück?

«Wir haben die Haare als Beweis, Cord», erinnere ich ihn, «Maria lässt sie von der Spurensicherung untersuchen, und dann kannst du ganz sicher sein.»

«Er sieht so aus wie ich!», wiederholt Cord.

Quatsch.

«Ja, Cord.»

Cord lässt die Dünenbilder nicht aus den Augen: «Aber er wollte, dass ich weggehe. Er lehnt mich genauso ab wie mein Stiefvater», jammert er und behält dabei immer noch die Dünenbilder im Auge.

«Cord, Johannes ist schwer krank.»

«Aber ich bin immerhin sein Sohn!», ruft er und rennt aus dem Haus.

«Na, denn fröhliche Rückfahrt, Sönke», sage ich laut zu mir selbst, um mir Mut zu machen.

Christa nimmt meinen Arm: «Du bist nicht sein Therapeut, Sönke. Er ist für sich selbst verantwortlich.»

«Und wenn er über Bord springt?»

«Wird er nicht», ist sich Christa sicher. Wenn sie wirklich das «zweite Gesicht» hat und in die Zukunft sehen kann, wird es stimmen.

«Gut.»

«Es gibt noch etwas», druckst Christa herum.

«Für die Kamera hast du noch einen gut bei mir.»

Ich weiß auch nicht, warum mir gerade jetzt die Kamera einfällt, es passt eigentlich gar nicht.

«Die Kamera?»

«Die ich vom Deich geschleudert habe. Es tut mir leid.»

Christa winkt ab: «Ich hatte es verdient, und außerdem ist sie heil geblieben. Nein, es ist etwas anderes …»

«Was denn?»

«Johannes wünscht sich, am Strand zu sterben», sagt sie leise, «und er möchte Imke dabeihaben.»

«Hm.»

«Kann sie kommen?»

«Oma ist sehr schwach, und bis jetzt wissen die Ärzte noch nichts Genaues.»

Christa schaut mich bittend an: «Es ist Johannes' letzter Wille.»

«Ich werde Oma fragen.»

«Es würde ihm den Abschied leichter machen.»

«Wie viel Zeit hat er noch?»

«Schwer zu sagen, aber ich denke, wir sollten ihn morgen früh zum Strand bringen.»

Mir läuft ein kalter Schauer über den Rücken.

Wer ist «wir»?

Bin auch ich damit gemeint?

Wie sollen wir das machen?

Ohne Arzt?

Zu welchem Strand? Hier sind doch überall Urlauber!

Bisher war ich nur auf einer einzigen Beerdigung, der meines Opas. Meine Großeltern väterlicherseits sind vor meiner Geburt verstorben. Dass Menschen sterben, war für mich abstrakt, es betraf andere, die ich nicht persönlich kannte. Es gab sie, das wusste ich, aber nicht in meinem Leben.

Diese beruhigende Illusion löst sich gerade mit aller Macht auf.

«Ich tue mein Bestes», verspreche ich leise.

Was nicht viel sein wird, fürchte ich.

Draußen vorm Haus wartet Cord neben seinem Geländewagen auf mich. Er ist nicht ansprechbar. Vernünftigerweise überlässt er mir das Steuer seines Volvos, um uns zur Fähre nach Wittdün zurückzubringen.

Während der gesamten Überfahrt bleibt Cord im Wagen sitzen. Was läuft da gerade bei ihm ab? Soll ich ihn in eine psychiatrische Klinik bringen? Da hätte ich doch Hemmungen, mal abgesehen davon, dass wir dafür aufs Festland müssten.

In Wyk halte ich kurz an der Polizeiwache. Maria ist nicht da, aber sie hat bereits ihren Kollegen Petersen instruiert, dem ich die Tüte mit Johannes' Haaren übergebe. Er verspricht, sie sofort zur Spurensicherung nach Husum zu schicken. Die erste gute Tat von diesem Typen, seit ich auf der Insel bin.

Cord sagt bis zu unserem Haus in Nieblum kein Wort. Es ist wohl besser, wenn jetzt jemand bei ihm bleibt. Ich spreche Maria kurz auf die Mailbox und lege mich neben ihn auf das gute alte Schleiflackbett. Wie gerne würde ich hinzufügen, dass dies die erste Nacht wäre, in der Cord nicht schnarcht.

Aber das wäre gelogen.

22. Entführung aus dem Inselkrankenhaus

Am nächsten Morgen ist Sonntag, und ich wache von selbst mit einem Magengrummeln auf. Es ist, als hätte ich heute eine wichtige Prüfung zu bestehen. Das Gefühl im Bauch kenne ich noch von Matheklausuren in der Schule, für die ich immer zu wenig getan hatte. Eigentlich dachte ich, dass diese Art von seelischem Stress längst hinter mir liegt. Genau wie damals bin ich durch nichts vorbereitet und kann auf nichts zurückgreifen.

Arne, den ich gestern noch telefonisch über alles informiert habe, holt mich in Nieblum ab, wovon Cord zum Glück nichts mitbekommt, denn er schläft noch. Ich habe mir ein frisches schwarzes T-Shirt und eine Unterhose aus seinem Koffer genommen. Ein bizarres Gefühl, aber was soll ich machen? Schließlich sind alle meine Klamotten bei Maria. Über dem T-Shirt trage ich den Seemannspullover und das Jackett von gestern. Dass wir Cord nicht mitnehmen zum Tod seines vermutlichen Vaters, wird er mir bis in alle Ewigkeit nachtragen. Aber mit ihm würde es die Hölle werden – für Johannes.

Eine steife Brise fegt durch die Stadt, dazu scheint die Sonne. Eigentlich ist es mein Lieblingswetter, doch für das, was wir jetzt vorhaben, ist der starke Wind gar nicht gut.

«Meinst du wirklich, wir sollen es wagen, bei diesem Wetter?», frage ich Arne, als ich in seinen klapprigen VW-Bus steige. Arne trägt eine dicke wetterfeste Jacke. Gedankenverloren reicht er mir ein Brötchen mit einer Paste, die nach Tofu schmeckt.

Heute ist also wieder Veganertag.

«Wir können nicht warten», raunt er mit leiser Stimme.

Er ist genauso nervös wie ich.

Da fällt mir ein, dass ich seinen Businessplan noch gar nicht genauer gelesen habe. Zum Glück sind jetzt andere Sachen wichtiger.

Wir passieren die beiden Duckdalben vor dem einstöckigen Inselkrankenhaus, das still in der Morgensonne liegt. Auf dem Parkplatz eines diensthabenden Arztes stellt Arne den Bus ab, direkt neben der Notaufnahme.

«Sollen wir Cord nicht doch Bescheid sagen?», überlegt er.

«Der dreht uns nur durch», fürchte ich. Dabei bin es eher ich, der durchdreht.

«Wer weiß, wie es Mama geht», hält Arne dagegen. «Wir können jetzt jede Hilfe brauchen.»

Aber er scheint den Gedanken schon verworfen zu haben, denn im nächsten Augenblick springt er aus dem Wagen, und wir eilen ums Haus zum Haupteingang. Die gläserne Schiebetür springt automatisch auf. Das ist aber auch schon das Einzige, was von selbst passiert.

«Dürfen wir einer Herzkranken überhaupt eine solche Nachricht bringen?», zweifelt Arne, während wir Omas Zimmer suchen. Überall in den Fluren hängen Buntstiftbilder von abstrakten Segelbooten, die über abstrakte bunte Meere gleiten.

Sollen die zur Heilung beitragen?

Mich machen sie kirre, aber ich bin ja auch gesund.

«Wenn Oma ihr Leben mit diesem Mann verbracht hat, hat sie ein Recht darauf, es selber zu entscheiden», finde ich.

Arne ist da nicht so sicher: «Aber es ändert doch nichts, er wird so oder so sterben.»

«Ich wäre auch froh, wenn meine Geliebte in so einem Moment bei mir wäre, du nicht?»

«Ich habe keine Geliebte», knurrt Arne.

«Ich auch nicht.»

«Dann müssen wir beide wohl alleine sterben.»

Er meint es nicht mal ironisch, fürchte ich. Aber genaugenommen ist an dieser Aussage etwas dran: Wer würde mich finden, wenn ich allein in meiner Hamburger Wohnung sterben würde? Man liest ja manchmal in der Zeitung von Menschen, deren Leichen erst Wochen später entdeckt werden. Das wird dann gerne als Indiz für die Isolation in unserer Gesellschaft gewertet. Auf mich trifft das kaum zu. Ich habe viele Freunde, bin nicht vereinsamt, und trotzdem würde man mich wohl erst nach Wochen finden. Alle würden denken, ich sei spontan in Urlaub gefahren, und würden mir witzige Sprüche auf den Anrufbeantworter quatschen («Ist die Mafia hinter dir her, oder warum rufst du nicht zurück?»). Bevor jemand die Feuerwehr holt und die Tür aufbrechen lässt, könnten Wochen vergehen. Singleschicksal.

Andererseits, wenn ich tot bin, kann es mir auch egal sein.

Und heute geht es nicht um mich.

«Sollten wir nicht vorher den Arzt fragen, ob Mama überhaupt transportfähig ist?», zögert Arne.

«Und wenn nicht?»

«Du hast recht: Wir müssen das allein durchziehen.»

Nach kurzem Anklopfen betreten wir Omas Zimmer. Als Erstes sehe ich ihre ungefähr sechzigjährige Nachbarin im rosa Morgenmantel, der es gutzugehen scheint. Sie ist unglaublich fett, ihre Wangen glühen rot, und sie hat die fettigsten Haare, die ich je in meinem Leben gesehen habe – mit strengem Mittelscheitel. Ihr ebenso fetter Mann sitzt an ihrem Bett, die beiden schauen im Vormittagsfernsehen eine Talkshow mit dem Titel: «Du bist ein fettes Schwein, ich hasse dich.» Ich sehe genauer auf den Bildschirm, um mich zu vergewissern: Es ist tatsächlich der Titel! Der Ton ist dröhnend laut eingestellt, im Zimmer riecht es verqualmt, was nicht daran liegt, dass hier jemand geraucht hätte. Nein, es ist der Mann, der derartig intensiv nach Qualm riecht. Die lassen wirklich kein Klischee aus. Oma liegt im Bett am Fenster und schläft. Sie ist an einen Tropf angeschlossen, was mir angst macht: Wie sollen wir sie so hier rausbekommen?

Es klopft, und im selben Moment wird die Tür aufgerissen. Typisch Krankenhaus: Ein «Herein» abzuwarten, sieht das Personal als vertane Zeit an. Schon stürmt eine Schwester mit einem jungenhaften Arzt ins Zimmer. Der darf höchstens seit zehn Jahren Auto fahren, aber schon operieren, daran muss ich mich wohl gewöhnen.

«Visite. Wenn die Besucher kurz rausgehen würden?»

Widerwillig stellt Omas Bettnachbarin mit der Fernbedienung den Ton ab, aber die Bilder flackern weiter, was bei einer Talkshow besonders sinnlos ist. Zusammen mit ihrem Mann gehen wir auf den Flur. Arne und ich betrachten intensiv die abstrakten bunten Segelbootbilder, als wenn sie uns wirklich interessierten. Da klingelt mein Handy, Christa ist dran, aus Amrum: «Wie weit seid ihr?»

«Ist gerade Visite.»

«Beeilt euch, es dauert nicht mehr lange.»

Eine Krankenschwester am Ende des Flurs entdeckt mich mit dem Handy und ruft: «Aus damit! Aber sofort!»

Statt einer Antwort stürme ich zurück ins Krankenzimmer, wohin Arne mir zögerlich folgt. Oma ist wach, der junge Stationsarzt misst gerade ihren Blutdruck.

«Moin, Arne, mein Junge, Moin, Sönke, mein Lieber», begrüßt uns Oma.

«Moin, Oma.»

«Würden Sie bitte draußen warten?», empört sich der junge Stationsarzt.

«Nein, wir müssen Frau Riewerts sofort mitnehmen.»

«Ausgeschlossen.»

«Was ist los?», fragt Oma schwach.

«Johannes liegt im Sterben», kläre ich sie auf. Jetzt schaut Oma den Arzt entschuldigend an und löst die Manschette: «Ich muss dann mal …»

Der Arzt sieht seine Autorität schwinden und wendet sich an mich: «Das ist nicht möglich.»

«Es ist ein Notfall», widerspreche ich.

Der Arzt überlegt. Offensichtlich hat er unseren Wortfetzen entnommen, worum es geht. «Können Sie den Sterbenden nicht herbringen? Er wird hier bestens versorgt.»

Dafür gibt es zwar den Kreativitätspunkt, aber leider funktioniert das nicht.

«Der Mann ist auf Amrum», erklärt Arne.

«Aber Frau Riewerts kann jetzt unmöglich auf die Nachbarinsel fahren.»

Ein letztes Aufbäumen.

«Doch», flüstert Oma.

Der Arzt ist *not amused*: «Das Risiko …»

«… ist höher, wenn ich nicht bei ihm bin», ergänzt Oma, «weil ich dann vor Sorge sterbe.»

«Ich muss Sie warnen.»

«Auf eigene Verantwortung», unterbreche ich und löse

die Bremsen von Omas Bett. «Entschuldigen Sie, es muss schnell gehen.»

Arne hilft schieben.

Während wir das Bett die Gänge entlangbugsieren, starren uns Personal und Patienten feindselig an, als wäre das eine Entführung. Wir eilen durch die Notaufnahme hinaus. Draußen auf dem Parkplatz betten wir Oma vorsichtig in den VW-Bus, in den Arne vorausschauend eine Matratze gelegt hat, die mit einem roten Spannbettlaken bezogen ist. Oma trägt das Nachthemd aus dem Krankenhaus, weiß mit blauen Punkten, das hinten offen ist. Ihr Gesicht hat einiges an Farbe verloren, aber ihre Füße sind immer noch tiefbraun und die Nägel leuchtend rot lackiert.

Jetzt kommt die Schwester, die mich wegen des Handys ausgeschimpft hat, mit einem Klemmblock unter dem Arm angerannt. Oma muss unterschreiben, dass sie das Krankenhaus auf eigene Verantwortung und gegen den Willen des behandelnden Arztes verlässt.

Vorsichtig fährt Arne zum Sportboothafen, wo Maria bereits auf dem Kai auf uns wartet. Ein Lichtblick. Sie trägt eine schwarze Hose und eine schwarze Windjacke, ihr Gesicht wirkt angespannt und weich zugleich. Neben ihr liegen ein zusammengerollter bunter Windschutz und ein Sonnenschirm sowie ein Mumienschlafsack.

«Oma, wie geht es dir?», fragt sie liebevoll.

«Eine Bootstour ist jetzt genau das Richtige», lügt Oma mit angespanntem Blick.

«Ich muss auf der Wache noch kurz einen dringenden Bericht schreiben und komme dann nach», sagt Maria.

Bitte, Maria, hat das nicht Zeit? Ich wäre ruhiger, wenn du dabei wärst.

Statt mein inneres Flehen wahrzunehmen, fragt sie: «Wie geht es Cord?»

«Als ich wegging, hat er noch geschlafen.»

Maria schaut mich nachdenklich an. «Das Genmaterial ist schon bei der Spusi in Husum, die sind dran.»

Ich beschließe, dass jetzt keine Zeit zu verlieren ist. Maria kommt nach – ihre Entscheidung. Schnell rufe ich Christa an, die leider nicht ans Telefon geht. Ich spreche ihr auf die Mailbox, dass wir unterwegs sind.

«Hoffentlich ist es noch nicht zu spät», sorgt sich Oma.

Die ersten Urlauber mit hellen langen Cargo-Hosen und fröhlichen Baseballcaps schlendern bereits entspannt auf dem Kai und machen Fotos.

«Hältst du durch, Oma?», frage ich bange.

«Klar», flüstert sie.

Arne ist auf dem Wasser ein Künstler. Er hat das Rivaboot direkt quer an einen Steg gelenkt. Jetzt muss Oma ihre ganze Kraft zusammennehmen, Maria und ich stützen sie, und zusammen fallen wir mehr auf das Boot, als dass wir gehen. Maria legt den Mumienschlafsack auf die lederne Sonnenliege im hinteren Teil des Bootes, wo vielleicht schon mal Brigitte Bardot oder der Schah von Persien lagerte. Erschöpft lässt Oma sich daraufsinken, und Maria zieht behutsam den Schlafsack zu.

«Der hält dich warm», beruhigt sie Oma und zwinkert mir zu: «Habe ich damals bei Globetrotter gekauft, der geht bis minus zwanzig Grad.»

«Gut so», antworte ich. Damit bekommt unser missglückter Ausflug von damals doch noch einen Sinn.

Ich helfe Maria mit Windschutz und Sonnenschirm, Arne vertäut beides fest an Bord.

«Los jetzt», drängelt Maria, «ich komme mit der nächsten Fähre nach.»

In kleinem Gang tuckert Arne aus dem Hafen an den weißen Sportbooten vorbei. Der Wind hat etwas nachgelassen, trotzdem ist es immer noch sehr frisch. Während Oma warm und sicher im Mumienschlafsack liegt, fallen ihr langsam die Augen zu. Und das ist gut so, denn außerhalb des Hafens wird die See ziemlich kipplig, die Wellen haben weiße Schaumkronen.

Ich sitze neben Oma und halte sie fest.

Jetzt macht Arne seine Jacke zu und gibt Gas. Einige Wellen wirken wie eine Sprungschanze, sodass wir ein paarmal hart mit dem Bug aufknallen. Prompt wacht Oma auf, ihr bleibt wirklich nichts erspart. Mit ein paar Knoten weniger wäre es allerdings auch nicht besser, denn dann würde Oma heftig durchgeschaukelt werden. Arne nimmt denselben Kurs, den er auf unserem Männerausflug genommen hat, zwischen Föhr, Amrum und Sylt hindurch. Hier ungefähr haben wir getafelt, mitten im Meer, aber dafür habe ich jetzt keine Augen. Ich muss auf Oma achten.

«Es sieht gut aus, wir sind bald da», beruhige ich sie.

Sie versucht ein Lächeln, was ihr aber nicht gelingt. Jetzt fährt Arne um die Nordspitze Amrums herum und tuckert in kleinem Gang auf den Strand zu. Es ist einigermaßen schwierig, das Rivaboot im flachen Wasser festzumachen, aber zum Glück hat Arne einen schweren Eisenanker dabei. Wie Oma so auf dem Sonnendeck daliegt, sieht sie blass und ausgezehrt aus. Geradezu das Gegenteil der mondänen Ladys, die sich in den Sechzigern auf solchen Luxusbooten vor den Kameras räkelten.

«Wie machen wir das jetzt?», frage ich Arne.

«Ihr holt Johannes, ich warte im Boot», treibt uns Oma an.

Offensichtlich hat sie Kraft gesammelt, woher auch immer. Ihre Stimme ist wieder fest und klar.

«Und wenn es dir schlecht geht?»

«Wenn er am Strand sterben will, muss ich nicht mit zu seinem Haus. Das ist ein Weg zu viel. Ich warte hier.»

Arne schaut seine Mutter betroffen an.

Eine gefasste, mutige Frau.

«Ich gebe dir mein Handy, Mama. Sönkes Nummer ist gespeichert.»

«Beeilt euch», bittet sie eindringlich.

Arne und ich joggen los, was im weichen Sand gar nicht so einfach ist. Wir müssen so schnell wie möglich über die Dünen zum Oode Waii kommen.

23. Unter großen Himmeln, ganz nah   I

Auf der anderen Seite der Dünen beginnt eine andere Klimazone. Ohne den schneidenden Wind vom Meer ist es gefühlte zehn Grad wärmer, der letzte Rest des flüchtigen Sommers scheint sich hierhin verzogen zu haben. Arne und ich keuchen im Laufschritt in Richtung Norddorf, lassen aber nicht nach. Mir ist so heiß wie sonst nur bei hohem Fieber.

Ehrlich gesagt habe ich noch nie solche Angst gehabt.

Einen Sterbenden an den Strand schleppen? Ich habe noch nie einen Toten gesehen.

Und was passiert danach? Hat jemand die Nummer eines Bestattungsinstituts dabei? Bestimmt nicht.

«Warte …», keucht Arne und bleibt stehen. Wir schnappen beide nach Luft. «Weswegen rennen wir eigentlich so?», japst er.

«Damit wir nicht zu spät kommen.»

«Du meinst, wir könnten den Tod verpassen?»

Ich halte an, lasse mein Jackett auf den Asphalt fallen und streife den Seemannspulli ab.

«Was passiert eigentlich, wenn Johannes in der Zwischenzeit gestorben ist?», fragt Arne.

Für mich bricht in diesem Moment eine Welt zusammen:

Ich dachte, *er* weiß das! Immerhin ist er der Ältere von uns beiden.

«Wie jetzt?», stammle ich.

Arne stützt sich mit durchgedrückten Armen auf seinen Knien ab. «Glaubst du, *ich* habe so etwas schon mal gemacht?»

Ich weiß nicht, ob ich das durchstehe. Schon als Kind habe ich geahnt, dass Erwachsene zwar eine Menge toller Sachen dürfen, aber dass es dabei einige fiese Haken gibt.

Etwas langsamer als vorher nähern wir uns Johannes' Haus Ecke Bideelen. Pullover und Jackett trage ich über dem rechten Arm. Vor der Einfahrt steht immer noch der Lada, aber jetzt ist die Heckklappe geöffnet, und auf der Ladefläche liegt eine Matratze, die über die Stoßstange hinausragt.

Das, was ich mir ausgemalt habe, geschieht nun wirklich.

Ich werde mich an Christa halten. Sie hat vermutlich den besten Überblick von allen. Nervös zieht Arne am Gummi seines Pferdeschwanzes, als sei das locker. Wir zögern, aber dann spüren wir beide, dass das nichts ändert, geben uns einen Ruck und gehen ins Haus.

Die Tür ist offen.

«Christa», rufe ich leise.

«Im Wohnzimmer», höre ich ihre Stimme.

Arne und ich schauen uns einen kurzen Moment lang an und treten dann über die Schwelle zum Wohnzimmer. Mir wird schlecht. Die Fotos sind weggeräumt, damit wir freie Bahn haben. Johannes wird nie wieder eins dieser wunderbaren Bücher mit den kyrillischen Schriftzeichen in die Hand nehmen, und auch seine Joggingschuhe hinten in der Ecke werden ihren Zweck verlieren.

Bitter.

Das Bett steht in der Mitte des Raumes. Ich muss mich stark zusammenreißen, um dem Panikgefühl im Magen nicht nachzugeben. Instinktiv drücke ich mir Pullover und Jackett vor den Bauch, als könnte mich das vor irgendetwas schützen.

Christa sitzt neben Johannes' Bett und schaut uns erwartungsvoll an. Johannes sieht blass aus, und seine rechte Gesichtshälfte wirkt noch schiefer als gestern. Seine Augen sind geöffnet, aber er scheint trotzdem nicht viel mitzubekommen von dem, was hier geschieht.

«Bist du sicher, dass es so weit ist?», vergewissert sich Arne leise bei Christa.

Die nickt stumm: «At as nü balh tu aanj.»

Es geht nicht mehr lange.

Ich sehe zum Bett.

«Wir bringen dich jetzt an den Strand», kündige ich Johannes an.

Er zwinkert zur Bestätigung zweimal mit dem Lid.

Arne räuspert sich und muss ein paarmal schlucken, bevor er reden kann.

«Imke wartet dort auf dich», erklärt er Johannes laut.

Johannes zwinkert erneut zweimal. Er weiß, dass es jetzt zum Sterben geht, und ist einverstanden.

«Denn mal los!»

Arnes Stimme hat plötzlich etwas Entschlossenes, er scheint an seiner Aufgabe zu wachsen. Hinter dem Sprücheklopfer steckt doch mehr, als ich gedacht habe, und das steckt mich an.

Entschlossen wirft Christa die Bettdecke zurück. Johannes trägt ein dunkelblaues T-Shirt und bunte Boxershorts, darunter sehe ich das erste Mal in meinem Leben eine Windel für Erwachsene. Arne, Christa und ich schieben ihn an die Bettkante, und auf ein Zeichen heben wir ihn von beiden Seiten hoch. Seine Haut fühlt sich bettwarm an. Dann tragen wir Johannes mit schnellen Schritten über den Flur hinaus zum Lada. Johannes stöhnt auf, was mir durch und durch geht, aber wir können es nicht ändern. Vorsichtig betten wir ihn auf die Matratze, die die gesamte Ladefläche im Lada ausfüllt.

Arne geht ans Steuer, ich setze mich mit Christa nach hinten, sodass wir die Matratze festhalten können. Ein verirrter warmer Windstoß fegt in die Heckklappe, als Arne gerade den Rückwärtsgang einlegt. Wir tuckern im Schritttempo den Oode Waii entlang, an Schilfgräben und Pferdeweiden vorbei bis zu den Dünen des Vogelschutzgebietes. Einige Touristen glotzen neugierig in den Wagen. Vor der ersten Düne im Vogelschutzgebiet hält Arne an, steigt aus und tritt ein paar kniehohe Holzpfähle zusammen, damit wir keinen Umweg nehmen müssen.

Innerlich fahre ich komplett auf Autopilot: Nur das Nächstliegende machen und dabei nicht an den folgenden Schritt denken.

Zusammen ziehen wir vorsichtig die Matratze raus, auf der Johannes liegt. Arne und ich packen seinen ausgemergelten Körper genauso unter Armen und Beinen, wie Maria und ich Oma getragen haben, während Christa Arnes Jacke und meine Sachen in einen großen Rucksack stopft. Johannes wiegt nicht viel, aber trotzdem versinken wir bei jedem Schritt tief im pulverweichen Sand, außerdem geht es bergauf.

Hier in den Dünen ist es absolut windstill, sodass uns der Schweiß jetzt in Strömen runterläuft. Johannes muss Schmerzen haben, denn er hält die Augen geschlossen und stöhnt laut auf, obwohl er vom Arzt kurz vor unserer Ankunft noch eine Morphiumspritze gekriegt hat, wie Christa weiß.

Auf der anderen Seite der Düne kühlt uns die steife Brise, die vom offenen Meer kommt. Ganz hinten, an der Wasserkante, liegt das Rivaboot. Aber Oma hat es bereits verlassen, wie ich jetzt feststelle. Sie hat den Windschutz mit den bunten Blumen, den wir an Bord hatten, in einer Dünenmulde aufgebaut! Wie ist sie bloß in ihrem Zustand aus dem Boot gekommen und hat die Sachen über den Strand bis zu den Dünen geschleppt? Unglaublich!

Vorsichtig betten wir Johannes auf die Decke, die Oma vorbereitet hat. Jetzt legt sie sich neben ihn und streicht sanft durch sein volles Haar. Johannes' Augen öffnen sich und leuchten matt, aber unendlich dankbar. Schnell baut Arne den Sonnenschirm über ihnen auf, dann ziehen wir uns zurück.

Jeder von uns sucht sich einen Platz in den Dünen.

Christa bleibt in der Nähe des Windschirms, falls Oma Hilfe benötigt, Arne und ich verkrümeln uns links und rechts oberhalb des Lagers, wie Wächter auf einem Turm.

Der Wind ist auflandig und bläst mit bestimmt vier Stärken. Er trimmt den Strandhafer gegen den Strich, sodass sich alle Halme der Windrichtung beugen. Doch kaum lässt der Wind mal nach, fällt das zähe Gras wieder zurück in die ursprüngliche Form. Einmal erwischt mich so eine Bö, die leichten, hellen Sand in die Luft schleudert, und ich muss die Augen schließen. Kurz danach knirscht Sand zwischen meinen Zähnen. Hoffentlich bleibt Johannes davon verschont.

Ich hole Pullover und Jackett aus Christas Rucksack. Von meinem Platz aus sieht die Szenerie hinter dem bunten

Windschutz aus wie ein perfektes Urlaubsidyll. «Es ist bitter, im Sommer zu sterben», denke ich, und merke sofort, dass das Unsinn ist. Im November ist es vermutlich noch viel schlimmer.

Wie jeder von uns habe ich schon einige hundert Menschen sterben sehen, im Kino und im Fernsehen. Mit Musik und letzten klugen Worten des Sterbenden. Doch unter unserem Sonnenschirm gibt es keine Musik und keine klugen Worte. Johannes reißt verzweifelt die Augen auf und strengt sich irrsinnig an, seine geliebte Frau im Blick zu behalten. Als könnte er den letzten Anblick als Standbild mit in die Ewigkeit nehmen. Zwischendurch bleibt immer wieder sein Atem weg, sein Körper bäumt sich auf, dann kommt er wieder und sucht erneut den Blick seiner Geliebten.

Plötzlich erkenne ich Maria. Sie kommt von unten über den Strand zu uns. Die schwarze Stola, die sie über ihre schwarze Jacke geworfen hat, wirkt auf altmodische Art dem Anlass angemessen. Sie kommt genau im richtigen Augenblick. Wenn mich jetzt überhaupt etwas trösten kann, ist sie es. Anstelle einer Begrüßung schauen wir uns kurz und ernst in die Augen. Sie wirft einen kurzen Blick hinter den Windfang zu Oma und Johannes und beißt sich auf die Lippen. Dann sucht sie sich ebenfalls einen Platz in den Dünen, nicht weit von mir, von wo aus sie sowohl das Meer als auch Johannes im Blick hat.

Wie angenehm, dass ich für mich sitzen darf und sie trotzdem in meiner Nähe weiß. Ich starre auf die Wogen mit den tanzenden Schaumkronen auf der Spitze, die sich gewaltig auftürmen, bevor sie mit Gebrüll auf den Strand schlagen und flach in alle Richtungen zerfließen. In meiner Jacketttasche finde ich einen vergessenen Vitaminbonbon, den ich mir in den Mund stecke. Ich spüre erst beim Kauen, dass noch ein paar Stoffreste daran kleben, und schlucke sie mit herunter.

Viel zu spät bemerke ich die Familie mit den zwei kleinen Kindern, die sich nun vom Strand unserem Dünenlager nähert. Sie sind nur noch fünfzig Meter entfernt. Mir fällt sofort auf, dass der dünne Vater und die dicke Mutter genau die gleichen Sonnenbrillen tragen. Ihre Kinder schleppen Schaufeln und Eimer in der Hand und grölen mit viel Spaß ein Kinderlied: «Meine Oma fährt im Hühnerstall Motorrad, Mootooorrrrad, Motooooorad …»

Kaum etwas könnte weniger passen.

Zielsicher steuern sie auf unsere Düne zu, wahrscheinlich ihr Stammplatz seit Wochen.

Und nun?

Arne reagiert als Erster, sprintet ihnen hastig entgegen und redet auf sie ein. Den Vater scheint das nicht zu beeindrucken, er geht stur weiter. Er trägt ein Motto-T-Shirt mit der Aufschrift: *«To be or not to be»*.

In seiner Verzweiflung hält Arne ihn am Arm fest, was ein großer Fehler ist, denn nun wird der Kerl auch noch aggressiv. Ich eile dazu und höre den Mann schon von weitem schimpfen. «Hier isch überhaupt koa Sperrgebiet, ihr wollt des nur für eusch habe. Des seh i gar nit ein.»

Als ich näher komme, erkenne ich auf seinem T-Shirt seinen Spitznamen, den ich überlesen habe: *«To be* Jockel *or not be»*.

«Kann ich Sie kurz alleine sprechen?», frage ich ihn.

Arne lässt ihn los.

Ich schiebe den Mann beiseite und zeige auf den Sonnenschirm: «Wir haben ein Problem», beichte ich ihm die Wahrheit, «unser Vater liegt dahinten im Sterben.»

Jockel wird jetzt richtig sauer: «Des isch ja wohl die blödste Lüge, wo isch je g'hört hab!»

Ich kann nicht mehr.

«Vielleicht ist es auch gut so», sage ich leise, «Kinder nehmen den Tod natürlicher, als man denkt.»

Ich nicke Arne kurz zu, dann gehen wir beide zurück zu Oma. Jockel zögert einen Moment, aber er riskiert es nicht, uns zu folgen. Ich schaue hinter den Windfang. Johannes liegt immer noch mit seinen bunten Boxershorts und dem schwarzen T-Shirt unter dem Sonnenschirm, er hat die Augen geschlossen.

Es ist vorbei.

Meine starke, tapfere Oma hält seine Hand und schaut traurig, aber auch erleichtert aufs Meer. Erst als sie die Tränen sieht, die mir übers Gesicht laufen, schluchzt sie auf und weint auch hemmungslos. Ich gehe zu ihr und schließe sie in meine Arme.

Arne steht dabei und streichelt die Hand seiner Mutter.

Dann schaue ich zu Johannes, der neben uns im Schatten liegt wie ein dösender Urlauber. Nur wenn man genauer hinsieht, ist unter seiner braunen Haut eine Blässe zu erkennen, die nicht zum Leben gehört. Meine starke, tapfere Oma nimmt ein Handy aus ihrer Bademanteltasche, wischt sich die Tränen aus dem Gesicht und ruft Dr. Behnke an.

Ich schaue mich um.

Nichts hat sich verändert.

Der Wind spielt mit dem Dünengras, und auf den Wellen tanzen weiße Schaumkronen.

24. Unter großen Himmeln, ganz nah   II

Es tut gut, mit dem Rivaboot auf der kippligen See zurückzufahren. Die Gischt spritzt immer wieder wütend über
unsere Köpfe hinweg. Maria sitzt achtern auf dem Sonnendeck und hat sich den Windschutz über ihre schwarze Kleidung geworfen, um nicht nass zu werden. Ich sitze in Pulli
und Jackett neben Arne, der das Ruder fest in der Hand
hält. Drei Austernfischer mit leuchtend roten Schnäbeln
begleiten uns eine Weile beständig mit ihren Rufen, sind
dann aber plötzlich verschwunden.

Ohne Christa wären wir am Strand wohl alle überfordert
gewesen. Sie hat Johannes' Unterkiefer sofort nach seinem
Tod mit einer Mullbinde festgebunden, damit er nicht nach
unten rutschte. Ich hätte das nicht fertigbekommen. Und
zum Glück besitzt unsere Familie Dr. Behnke als Freund,
der schon nach zwei Stunden mit seinen Helfern am Strand
war. Sie betteten Johannes auf eine Trage, bedeckten seinen
Körper mit einem schneeweißen Laken und brachten ihn
zum Krankenwagen.

Oma begleitet ihren Geliebten auf die Fähre nach Föhr, das
erspart ihr die erneute Fahrt mit dem kleinen Rivaboot über
die unruhige See. Außerdem ist sie so unter ärztlicher Obhut,
immerhin lag sie heute Morgen noch im Krankenhaus.

Ich habe Oma versprochen, zusammen mit Maria alle Vorbereitungen für die nächsten Tage zu übernehmen. Das Absurde ist ja: Wenn jemand gestorben ist, tritt danach keine Stille ein, sondern Geschäftigkeit. Freunde und Angehörige müssen schnell benachrichtigt werden, und es muss geklärt werden, wo auswärtige Trauergäste schlafen, was es beim sogenannten Leichenschmaus zu essen und zu trinken gibt etc. Eine Beerdigung ist ein Event, und davon verstehe ich etwas.

Im Wyker Hafen hat eine Schute mit Kies festgemacht, ein Bagger schaufelt gerade den begehrten Rohstoff, den es auf der Insel nirgends gibt, mit aufheulendem Motor auf einen Lastwagen. Vermutlich für das nächste Wochenendhaus eines wohlhabenden Hamburgers. Mir tut der Lärm gut, denn er zwingt mich zurück ins Diesseits.

«Ich muss das Boot heute noch nach Dagebüll bringen», sagt Arne, als er Maria und mich an einem Steg an Land springen lässt. Es ist gerade mal früher Nachmittag. Gegenüber kommt ein weißes Ausflugsschiff an, dessen Seitenwand mit einem riesigen lachenden Seehund verziert ist, der aus unerfindlichen Gründen ein rotes Herz jagt. An die hundert Urlauber verschiedenen Alters wanken angetrunken von Bord, vielleicht eine Kegelgesellschaft oder ein Chor. Überall wuseln Touristen herum, ein Fischbrötchen nach dem anderen wandert über den Tresen der Verkaufswagen.

«Bist du klar?», frage ich Maria. Sie trägt immer noch die schwarze Stola über ihrer Jacke. Es ist absurd, aber nicht zu übersehen: Sie hat, während Johannes starb, ordentlich Farbe im Gesicht bekommen.

«Geht so», meldet sie mit ernstem Gesicht zurück, «und du?»

«Sollen wir gleich loslegen?», schlage ich vor.

Damit erschrecke ich sie sichtlich: «Du meinst sofort?»

«Ich kann jetzt nicht stillsitzen und nachdenken. Außerdem muss es gemacht werden. Aber wenn du noch etwas Zeit brauchst, warte ich.»

Maria kaut auf ihrer Lippe.

«Nee, lass uns mal», stimmt sie zu. «Der Bestatter ist gleich da drüben.»

Sie deutet auf ein Haus am Hafen.

Für Bestatter stellt sich vermutlich immer die Frage, was sie im Schaufenster zeigen sollen: eine Urne, eine Tafel mit einem Sinn- oder Werbespruch («Wenn es mal so weit ist, soll es schön sein»), ein Foto, das die Ewigkeit darstellen soll, z.B. ein herbstlicher Laubbaum oder eine Meeresaussicht (beides gerne in Schwarz-Weiß). Im Hamburger Schanzenviertel habe ich sogar schon bunte Särge mit Hundertwasser-Motiven gesichtet. Bei Hauke Hansen sieht man hingegen nur halbdurchsichtige Gardinen und ein kleines Schild, auf dem schlicht steht: «Hauke Hansen, Bestattungen, Tag & Nacht», mehr nicht.

Sehr angenehm.

Ich halte Maria die Tür auf und betrete das erste Mal in meinem Leben ein Bestattungsinstitut. Eine helle Türklingel kündigt Kundschaft an, als befänden wir uns in einem Tante-Emma-Laden. Ich bin dankbar, dass wir die einzigen Kunden sind und dass hier außer dem Kalender «Leuchttürme der Welt» keine weiteren Bilder an der Wand hängen. Ein Schreibtisch, darauf ein Apple-Notebook und ein Notizblock, drei Sessel, das ist alles.

Jetzt kommt Bestatter Hauke Hansen aus dem Nebenzimmer herein. Er ist ungefähr so alt wie ich, hat blondes

Haar und trägt einen korrekten Seitenscheitel. Seine blauen Augen mustern uns neugierig. Er ist braun gebrannt, trägt ein dunkles Hemd, eine dunkle Hose, aber keinen Schlips und kein Jackett.

«Moin, Hansen», grüßt Maria freundlich.

Er schüttelt ihre Hand: «Maria, nicht? Ohne Uniform hätte ich dich kaum erkannt.»

Wie es scheint, versucht Hansen zu verbergen, dass er ein Kaugummi im Mund hat. Deswegen kaut er, wenn gerade jemand von uns redet, ganz schnell zwei-, dreimal und schiebt es dann wieder nach hinten.

«Wir kennen uns aus dem Erdbeerparadies», erklärt mir Maria.

Das ist die traditionelle Disco auf der Insel.

«Ich bin Sönke Naumann, der Enkel von Imke Riewerts, aus Hamburg», stelle ich mich umständlich vor.

Er versteht: «Kommt ihr wegen Imke?»

Ich erinnere mich noch schwach an seinen Vater, der unseren Opa bestattet hat: ein unterwürfiger Mann mit künstlich gesenkter Stimme, wie ein Oberkellner in einem feinen Restaurant. Hansen sieht dagegen eher so aus, als ob er den größten Teil seiner Zeit am Strand oder in der Disco verbringt.

«Nee, Oma geht es gut», beruhigt ihn Maria. «Es ist ihr …»

«… ihr Freund», springe ich ein, «er ist heute gestorben. Sie sollen ihn bestatten.»

«Mein Beileid. Wann genau ist er denn gestorben?»

«Heute Mittag.»

«Und wo?»

«Auf Amrum.»

«Ahja. Welcher Bestatter ist denn bisher zuständig?»

«Keiner.»

«Dann bräuchte ich mal die Adresse.»

Er nimmt seinen Kugelschreiber in die linke Hand und dreht ihn mit Zeige- und Mittelfinger im Kreis herum.

«Nein, das ist bereits erledigt», sage ich, «der Tote ist schon unterwegs nach Föhr.»

Dr. Behnke müsste jeden Moment mit Johannes am Fährhafen gegenüber ankommen.

«Und wie kommt er hierhin?»

«Im Krankenwagen.»

Hansen starrt uns an und hippelt dabei mit den Beinen unter dem Schreibtisch: «Das ist aber nicht erlaubt.»

«Man darf einen Toten ein paar Tage bei sich zu Hause behalten.»

«Ja, aber nicht transportieren.»

Der arme Hansen muss sich sichtlich sammeln, denn das hier weicht doch sehr vom üblichen Standard auf der Insel ab. «Und wo wird der Tote dann liegen?»

Sein Kiefer bewegt sich dreimal ganz schnell, dann parkt er sein Kaugummi wieder zwischen den linken Backenzähnen.

«In der Praxis von Dr. Behnke.»

Maria schaut auf ihre Armbanduhr: «In ungefähr zehn Minuten.»

Jetzt kann Hansen vor Aufregung seine Beine gar nicht mehr still halten: «Beim Arzt?»

«Ja, im Wartezimmer.»

Zufällig hatte Dr. Behnke die Praxis gerade für ein paar Tage geschlossen, wegen Urlaubs, und konnte uns daher sein wunderbares Wartezimmer unter dem Reetdach als Aufbahrungsraum anbieten. Johannes hätte sich vermutlich lieber in Omas Wohnung am Sandwall gesehen, aber dort würde Oma die Musik von der Kurmuschel doch zu sehr stören.

«Im Wartezimmer», wiederholt Hansen ungläubig. «Wie heißt der Verstorbene denn?»

«Professor Dr. Johannes Gutthold.»

Endlich was Handfestes: Er schreibt sich den Namen auf einen Zettel.

«Und wie stellt ihr euch die Beerdigung vor?»

Dreimal kauen.

«Eine Seebestattung vom Kutter aus.»

Jetzt schaut er uns bedauernd an: «Das geht nicht.»

«Wieso das denn nicht?», staune ich zurück.

«EU-Recht.»

«Die verbieten Seebestattungen?»

Er windet sich.

«Nein, aber es gibt genaue Auflagen. Korrekt läuft das so: Der Verstorbene wird zuerst verbrannt, dann wird die Urne außerhalb der Dreimeilenzone beigesetzt, und zwar mit einem amtlich zugelassenen Fahrgastschiff. Bei uns auf Föhr ist das die *Rüm Haart*, die normalerweise Ausflugsfahrten auf die Halligen macht.»

«Wie viele Leute passen da rauf?», frage ich.

«Zweihundertfünfzig.»

Ich bin entsetzt: «So ein Riesendampfer?»

Maria wirft mir einen kurzen, intensiven Blick zu und schüttelt fast unmerklich den Kopf

«Gibt es hier auf der Insel ein Krematorium?», will ich wissen.

«Leider nein. Nur in Flensburg.»

Ich schaue Maria unsicher an. «Wenn es nicht anders geht …», sagt sie.

«In Ordnung, ich unterschreibe, dass ich für die Kosten einstehe», schlage ich vor.

Hansen reicht mir ein paar Formblätter.

«Ich würde den Toten gerne sehen», bittet er.

«Ja, klar», sagt Maria.

«Wir würden gern übermorgen die Abschiedsfeier abhalten, ist das möglich?», frage ich.

Das Wort «abhalten» benutze ich sonst nie. Ich weiß auch nicht, wo das jetzt herkommt.

«Selbstverständlich.»

«Wir hätten da noch ein paar konkrete Ideen für die Feier. Sie stehen hier auf diesem Zettel», sage ich.

Hansen nickt nervös und kaut jetzt ganz offen in einem durch.

Etwas später stehen Maria und ich im Hafen. Es ist bedeckt, und der Wind hat nachgelassen. Neben dem Haus der WDR-Reederei dümpelt die *Rüm Haart* am Kai. Ein Albtraum: Es ist tatsächlich das Ausflugsboot mit dem lachenden Seehund, der das rote Herz jagt!

«Wir werden Johannes nicht vor einem lachenden Seehund dem Meer übergeben», schimpfe ich empört.

«Ich regele das», verspricht Maria.

«Und wie?»

«Mach dir keine Sorgen», lächelt sie.

Ich glaube, wir sind beide erleichtert, dass wir das Schlimmste erledigt haben, und steigen in ihren Mini.

Maria parkt nicht vor ihrem Haus, sondern an dem riesigen Spielplatz am Anfang der Straße. Statt in ihre Wohnung gehen wir dorthin und setzen uns auf die Wippe. Bis auf eine Clique von drei Jugendlichen ist der Platz leer. Ein ungefähr fünfzehnjähriger Junge mit blasser Haut und weißer Blousonjacke sitzt auf seinem aufgebockten Mofa. Sein roter Helm schlenkert am Lenker. Vor ihm hocken zwei jüngere Mädchen auf der Lehne einer Bank, ein dickes in einem rosa Herrenjackett und ein schlankes, das eine ausgewaschene Jeansjacke trägt. Alle drei rauchen und werfen uns einen kurzen prüfenden Blick zu, ob wir sie deswegen anmachen.

Das ist in einer halben Sekunde entschieden. Entwarnung.

Wir sitzen zu beiden Seiten der Wippe und kippeln ein wenig auf und ab. Plötzlich fängt es an zu regnen, obwohl direkt über uns gar keine Wolken zu sehen sind. Deswegen nehmen wir die ersten Tropfen auch nicht ernst. Doch innerhalb kürzester Zeit bildet sich über uns eine fette graue Wolke, und ein beständiger Regen setzt ein. Der Junge wirft das Mofa an, das schlanke Mädchen springt hintendrauf. Die Dicke muss nebenherlaufen.

Ich klettere auf das Gerüst mit den Stahltauen, das um einen ungefähr zehn Meter hohen Pfahl gespannt ist. Maria klettert von der anderen Seite hoch.

Als wir uns oben gegenüberstehen, küssen wir uns.

Das geht so schnell und einvernehmlich, dass ich mir im nächsten Moment gar nicht sicher bin, ob es wirklich passiert ist. Doch dann berühren sich unsere Lippen erneut, und ich schiebe vorsichtig mit den Fingerspitzen Marias Haar zurück, während sie über meine Stirn streicht. Wir küssen uns heftiger und krallen uns gegenseitig die Finger in die Haare. Ich muss mit den Füßen sorgfältig die Balance halten, um nicht ein paar Meter in die Tiefe zu sausen. Der Regen wird heftiger, es prasselt aus allen Eimern, aber wir wollen nicht aufhören. Bald sind wir nass bis auf die Haut, und ich merke, wie mir langsam kalt wird, Maria auch, sie zittert schon.

Ich spreche es kurz vor Maria aus: «Wollen wir für immer hierbleiben?»

«Ja», sagt sie und löst sich von mir.

Getrennt hinunterzuklettern fühlt sich in unserer Situation an wie eine Trennung auf Monate. Fast rutsche ich vom Seil ab, das jetzt extrem glitschig ist. Unten verbinden wir uns wieder und eilen engumschlungen zu Marias Einliegerwohnung. Auf dem Weg dorthin treffen wir ihre Vermieter, ein älteres Ehepaar, das unter einem riesigen schwarzen Schirm mit ratiopharm-Schriftzug im Regen spazieren geht, «Moin, Maria» sagt und mich dabei neugierig anstarrt. Wir zittern beide am ganzen Körper, wegen der Kälte und vor Aufregung.

Hinter der Wohnungstür reißen wir uns die nassen Klamotten vom Leib, was umständlich ist, weil sie an der Haut haften. Das erste Mal sehe ich Maria nackt, aber nur ganz kurz, weil wir eine Sekunde später schon wieder eng zusammen unter der Dusche stehen. Das heiße Wasser tut anfangs richtig weh, so ausgekühlt sind wir. Ich spüre ihre weiche Haut, was sich unfassbar gut anfühlt. Wir trocknen uns nicht besonders sorgfältig ab, weil das wieder eine Trennung bedeuten würde.

Als wir endlich das Bett erreichen, kriechen wir unter die Decke und warten eng umschlungen darauf, dass wir warm werden.

Ich habe Angst, dass etwas schiefgehen könnte.

Plötzlich sind wir uns sehr fremd, obwohl – oder gerade weil wir uns so lange kennen. Auf eine unbestimmte Art wird dadurch alles noch aufregender.

Maria riecht wunderbar.

Wir lassen uns noch mehr Zeit.

Bis uns alles egal ist und wir endlich hemmungslos übereinander herfallen. Einmal, dann gleich noch einmal, und
dann liegen wir lange Zeit so nahe beieinander, wie sich zwei
Menschen überhaupt nahe sein können. Das regt uns erneut
auf, aber diesmal ist alles viel langsamer, und intensiver.

Irgendwann fallen wir in einen leichten Schlaf.

«Fliegen ist eine schöne Nebensächlichkeit, die Nagetieren vollkommen egal ist», weckt mich Maria nach eine Weile
flüsternd.

Unser Einwortspiel im Wattenmeer.

«Du erinnerst dich noch an den Satz?», freue ich mich.

Mir fällt erst jetzt auf, dass es draußen dunkel ist und wir
kein Licht anhaben.

«Ich habe *alles* gespeichert, du nicht?»

Ich ergänze flüsternd den zweiten Teil: «Denn Nagetiere
lieben den Untergrund, Komma, weil sie hier Flugzeuge
nicht hören.»

Wir schlafen in dieser Nacht wenig, lieben uns, reden
kluges und dummes Zeug und hören Kuschelrock 1–7 vollständig durch. Dabei gestehen wir uns leise noch ein paar
Geheimnisse: Wie unsicher Maria in Wirklichkeit war, als
ich am ersten Abend in der Tür unseres Häuschens stand.
Dass sie dachte, ich finde sie blöde, weil sie Polizistin ist.
Mein Part ist, alles zu dementieren und mich zu beklagen,
dass ihre Hand viel zu kurz auf meiner lag, als wir vorm
Pitschi's in ihrem Wagen saßen. Es ist alles nicht so, wie es
sein sollte.

Sondern viel, viel besser.

25. Der Riewerts'sche Gencode

Am Morgen wachen wir davon auf, dass Marias Handy nebenan im Bad piept. Kaum zu glauben: Ich liege tatsächlich in ihrem Bett, es ist warm und ihre Haut ist die weichste der Welt. Wir ignorieren das Handy und schauen uns an.

«Ich kann es noch gar nicht fassen», flüstert Maria und küsst mich auf den Mund.

«Du kannst deine Meinung jederzeit ändern», kokettiere ich.

«Einen Teufel werde ich tun», rutscht es ihr laut heraus.

Einige Zeit später steht sie auf und geht ins Bad. Als sie wiederkommt, kriecht sie mit dem Handy zurück unter die Decke und schmiegt sich an mich: «Ich habe eine SMS von der Spurensicherung in Husum bekommen, Johannes ist nicht Cords Vater.»

«Wie Oma gesagt hat», nuschele ich, ohne mich zu wundern.

«Damit hat Cord den amtlichen Beweis.»

«Ich rufe ihn eben an.»

Maria gibt mir das Handy, und ich lasse mir über die Auskunft Cords Handynummer geben.

Cord sitzt gerade im Wagen. Er hört sich gar nicht gut an: «Keiner sagt mir, dass mein Vater stirbt», brüllt er, «alle sind dabei, nur ich nicht.»

«Cord …»

«Lösch meine Nummer, Sönke. Ich will nie wieder was mit einem Riewerts zu tun haben!»

Er braucht wirklich dringend Fachbetreuung.

«Johannes ist nicht dein Vater!», schreie ich jetzt in den Hörer und richte mich im Bett auf. «Maria hat gerade das Ergebnis von der Spurensicherung bekommen.»

Das beeindruckt ihn wenig.

«Lüge!»

Ganz langsam und ruhig rede ich weiter: «Es ist hundertprozentig sicher. Du solltest dich sofort bei deiner Mutter entschuldigen.»

Aber Cord hat schon aufgelegt.

Muss ich etwas tun?

Nein.

Maria ist schon auf dem Weg zur Dusche: «Ich habe blöderweise Dienst. Oder soll ich mich krankmelden?» Ich folge ihr in das winzige, weißgekachelte Bad mit dem IKEA-Duschvorhang voller bunter Fische und stelle mich zu ihr unter die enge Dusche.

«Am liebsten ja.» Die Aussicht auf einen ganzen Tag mit ihr im Bett ist durch nichts zu toppen.

Sie stellt das warme Wasser an.

«Blöderweise ist die Insel zu klein zum Schwänzen. Wenn uns jemand sieht …», sagt sie.

«Wir müssen ja nicht rausgehen», entgegne ich. Ich habe alle Zeit der Welt.

«Außerdem muss jemand nach Oma schauen.»

«Du hast recht.»

«Leider.»

Wir küssen uns unter dem warmen Wasserstrahl.

Wie jeden Tag schieben sich die Touristen an Omas Haus vorbei, aber Gott sei Dank ist die Kurmuschel noch nicht besetzt. Die osteuropäische Version von *Lady in Red* käme mir jetzt wirklich unpassend vor. Es fühlt sich ohnehin schon seltsam genug an, verliebt in ein Trauerhaus zu gehen. Irgendwie komme ich mir vor wie eine Flipperkugel, die zwischen zwei Stationen hin und her geschleudert wird.

Oma öffnet mir die Tür.

Ihre Augen sind müde, ihre Haut zerknittert, das kurze Haar verwuselt. Sie trägt ein hochgeschlossenes schwarzes Kleid. Und trotzdem wirkt sie schon viel kräftiger als gestern im Krankenhaus. Oder bilde ich mir das nur ein, weil ich immer noch vollkommen drüber bin nach der Nacht mit Maria?

«Schön, dass du kommst, Sönke.»

«Moin, Oma.»

Wir sind nicht allein. Cord und Arne sitzen friedlich nebeneinander auf der Couch, wie ganz normale Brüder.

Ein neues Bild.

«Moin.»

Beide wenden den Kopf im gleichen Winkel zu mir, als hätten sie das einstudiert: «Moin, Moin.»

Wie aus einem Mund.

Fast muss ich lachen, es kommt mir vor wie Slapstick. Ich werfe einen prüfenden Blick auf Cord. Hat er endlich geschluckt, dass Johannes nicht sein Vater war? Es scheint fast so, denn anstatt mich weiter zu beschimpfen, blickt er schuldbewusst nach unten.

«Arne hat netterweise hier übernachtet», lenkt Oma ab.

Der Gute.

Fast bekomme ich ein schlechtes Gewissen, denn ich hätte mich gestern Abend auch erkundigen müssen, wie es ihr geht. Andererseits bin ich davon ausgegangen, dass ihr

Freund Dr. Behnke alles regelt. Er hätte angerufen, wenn irgendwas nicht gestimmt hätte.

«Wie geht es dir?», frage ich Oma.

Ich setze mich zwischen meine beiden Onkel auf die Couch, während Oma sich auf einem Sessel niederlässt.

«Ich bin froh, dass Johannes nicht lange leiden musste.»

«Das ist ein Trost, immerhin.»

«Aber er fehlt mir jetzt schon sehr.» Oma blickt traurig auf das Elefantenbild über der Couch.

«Ich hätte ihn gerne näher kennengelernt», sage ich.

«Es war ein Fehler, ich weiß. Aber irgendwie war es auch reizvoll, mein Geheimnis für mich zu behalten.»

«Es musste für dich passen, nicht für uns», erinnert sie Arne.

«Aber ihr seid noch sauer auf mich, oder?» Jetzt sieht sie uns drei direkt an.

«Da kennst du die Familie Riewerts schlecht. Wir werden Johannes einen würdigen Abschied bereiten», verspreche ich, «Maria und ich haben bereits alles mit Hansen besprochen.»

Oma strahlt mich an. «Mein Lieber.»

Jetzt legt Cord etwas ungelenk seinen Arm um meine Schultern.

«Ich habe mich in dieser Vatersache irgendwie verrannt, Sönke. Ich muss mich bei dir entschuldigen.»

«Du hättest deiner Mutter ruhig glauben können.»

«Ohne dieses bescheuerte Gutachten von dem Geninstitut hätte ich das auch.»

«Wie die darauf gekommen sind, ist mir auch immer noch ein Rätsel», sage ich.

Oma steht auf.

«Ich werde jetzt Johannes besuchen», kündigt sie an.

«Ich komme mit», bietet Cord an.

«Dü määnst et gud, man ik maad lefft alian wees mä Johannes.»

Es ist gut gemeint, aber ich möchte jetzt alleine mit Johannes sein.

«Jä was.»

Ja, gewiss doch.

Cord spricht wieder Friesisch! Sieh an.

Plötzlich kommt mir eine Idee. «Wie war das eigentlich nach Opas Tod?», frage ich Oma. «Du bist doch ziemlich schnell in diese Wohnung gezogen, oder?»

«Vier Wochen später, wieso fragst du?»

«Und wer hat die Haushaltsauflösung im alten Haus gemacht?»

«Regina, die hat da wochenlang herumgewühlt. Die kann ja nichts wegschmeißen. Steht alles bei ihr in der Garage.»

Ich schaue erst Arne, dann Cord an: «Ich glaube, wir müssen etwas mit eurer Schwester klären.»

Wir verabschieden uns von Oma und fahren mit Cords Volvo-Geländewagen zu Reginas Backsteinhaus in der Rungholtstraße. Ihr nicht ganz perfektes Dinner liegt jetzt schon fünf Tage zurück. Besorgt schreiten wir zur Eingangstür hinauf und klingeln Sturm. Ich glaube, uns allen drei ist ähnlich mulmig zumute. Als Holger die Tür aufreißt, wirkt er sehr aufgeregt: «Wisst ihr, wo Regina steckt?»

Wir schauen uns fragend an: «Nee, wieso?»

Er lässt uns rein. Die Stiche im Flur vom alten Föhr sind abgehängt, die Tapeten sind teilweise abgekratzt, und auf dem Boden liegt eine Plastikplane. Offensichtlich soll hier renoviert werden.

«Regina ist weg», jammert Holger.

«Seit wann?»

«Die ganze Nacht. Ich glaube, sie hat einen anderen.» Der ist ja vollkommen neben der Spur.

«Was?», wundert sich Arne.

«Nee!», beruhige ich Holger.

«Woher willst du das wissen?»

«Hat Regina einen Computer?», frage ich stattdessen.

«Ja», antwortet Holger verwundert und deprimiert zugleich.

«Holst du bitte mal John?»

Jetzt wird Holger ungewohnt laut. «Halt den Jungen da raus, bitte.»

«Tut mir leid, aber es geht nicht anders.»

«Joohn!», ruft Holger. Er scheint völlig willenlos zu sein, was im Moment genau das Richtige ist.

John kommt aus seinem Zimmer geschlurft. Er trägt eine graue Jogginghose und das Mannschaftsshirt des FC Bayern München. Nacheinander reicht er uns seine schlaffe Tatze.

«Kommst du in den PC deiner Mutter rein?», frage ich ihn direkt.

Beleidigt verzieht er das Gesicht, als ob das die blödeste Frage der Welt sei.

«Kinderspiel.»

«Dann fahr ihn bitte mal hoch.»

John schlurft mit uns ins Wohnzimmer. In einem offenen Schreibsekretär neben der nussbraunen Schrankwand steht ein Laptop, den er mit betont lässigem Tastendruck hochfährt. Arne, Cord und ich schauen ihm dabei von hinten über die Schulter.

«Was willst du da finden?», fragt Holger, der uns besorgt gefolgt ist. «Regina hat sich wohl kaum im Computer versteckt.»

«Doch», erkläre ich ihm.

Jetzt bekommt Holger einen hysterischen Hustenanfall.

«Bist du irre?»

«Nein, aber vielleicht Regina.»

«So redest du nicht über meine Frau!»

Ich ignoriere ihn einfach und starre gebannt auf den Bildschirm. Regina ist so naiv, dass ich es nicht fassen kann. Sie hat die Datei, die ich suche, unter *CORD.doc* auf dem Desktop abgespeichert. Auf unser Bitten hin öffnet John sie, und Cord liest laut vom Bildschirm ab: *Sehr geehrter Herr Riewerts, hallo Cord, du sollst einfach etwas wissen: Dein Vater ist nicht dein leiblicher Vater. Gezeugt bist du von mir, wir haben uns leider nie gesehen. Anbei ein paar Haare von mir als Beweise für eine DNA-Analyse.*

Cord schaut schockiert auf den Bildschirm: «Das ist genau der Brief, den ich bekommen habe.»

«Wann hast du ihn denn genau bekommen?», frage ich. Cord fasst sich an die Stirn: «Jetzt, wo du's sagst: Kurz nachdem ich mit Regina telefoniert habe. Da habe ich ihr gesagt, dass ich das Haus unter keinen Umständen verkaufen will.»

«Siehst du? Ihr Plan war es, dich aus der Familie zu vertreiben. Also hat sie diesen Brief geschrieben, von wegen, ‹ich bin dein wirklicher Vater›, und hat ein paar Haare aus einer alten Bürste von Opa beigelegt. Die muss sie aus den alten Sachen aus der Garage gehabt haben.»

Cord nickt: «Klar, dass die mit meiner DNA übereinstimmten. Dass die Haare von meinem echten Vater stammten, konnte ich ja nicht ahnen.»

«Genau. Sie hat gehofft, dass du durchdrehst und auf dein Erbe verzichtest.»

«Ein echter Scheißplan», blafft Cord jetzt Holger an.

Der schaut beschämt zu Boden, obwohl er ja nun wirklich nichts dafür kann.

Ich bremse Cord sanft aus. «Es hätte fast funktioniert. Aber dass Oma einen Lover hatte, hat alles durcheinandergewirbelt. Jetzt musstest du ja denken, Cord, dass Johannes dein Vater ist.»

Arne kann es nicht fassen: «Mannomann, Reginchen. Bestimmt ist ihr daraufhin klargeworden, dass wir das nochmal mit 'ner Genanalyse überprüfen und sie dann auffliegt.»

Holger wimmert: «Deswegen ist sie weg? Wo ist sie bloß?»

«Wohin ist sie denn als Teeny immer abgehauen?», frage ich Arne und Cord.

Meine Onkel schauen sich ratlos an.

«Ich habe ja kaum etwas von ihr mitbekommen», entschuldigt sich Arne. «Sie war fast zwanzig Jahre jünger.»

Auch Cord fällt nichts ein.

«Aber jedes Kind hat doch ein Versteck.»

«Die Vogelkoje in Boldixum?», fragt Arne seinen Bruder.

Das ist ein Waldstück hinterm Deich.

Cord nickt: «Stimmt, da war sie oft.»

Wenn es hart auf hart kommt, sind die Riewerts wohl alle keine Gemeinschaftstrinker, sondern ziehen sich allein in die Natur zurück. Oma ins Watt und Regina in die Vogelkoje.

Zum Glück bleibt uns jedoch eine Suchaktion erspart:

Der Schlüssel in der Haustür wird gedreht, und Regina wankt herein. Ihr Haar ist zerstrubbelt, sie trägt eine Decke unter dem Arm. Vermutlich hat sie draußen geschlafen.

Mit großen Augen starrt sie uns an.

Ihr muss klar sein, dass wir alles wissen.

«Moin, Regina», sagt Cord.

Er klingt so ruhig, dass es fast bedrohlich wirkt.

Ich höre die Bombe förmlich ticken. Immerhin hat Regina ihren Bruder in eine schwere Krise gestürzt, und was sie getan hat, war bösartig und ist nicht zu entschuldigen.

«Coooord!», ruft sie und hält sich beschämt die Hände vors Gesicht.

Ich hoffe nur, dass er ihr keine knallt oder so etwas.

Für ein paar Sekunden scheint alles stillzustehen.

Keiner traut sich zu atmen.

Cord starrt Regina an.

Es ist nicht zu erkennen, was in ihm vorgeht.

Dann flüstert er «bscht» und eilt mit geöffneten Armen auf seine Schwester zu.

«Ich schäme mich so sehr», heult sie.

«Schluss jetzt mit der ganzen Scheiße!», sagt Cord und nimmt sie in den Arm.

26. Die schönste Beerdigung der Welt

Ich fühle mich etwas beklommen, als ich mich in gelie-
henem schwarzem Anzug und schwarzem Schlips dem
Reetdachhaus von Dr. Behnke nähere, denn ich weiß,
dass Johannes da drinnen im offenen Sarg aufgebahrt ist.
Vielleicht ist es eine Frage der Gewohnheit, und in anderen Ländern ist das ganz normal. Aber ich wohne nun
mal hier. In Hamburg habe ich mal einen rumänischen
Maler kennengelernt, der mir von einem Herrn Pascu aus
seinem Dorf erzählt hat. Den hatte man nach seinem Tod
im Sommer unter einem Mirabellenbaum aufgebahrt, und
das ganze Dorf kam und nahm Abschied von ihm. Seitdem
habe ich Angst, dass ich aus irgendwelchen Gründen mal
nach Rumänien muss, denn in meiner Phantasie muss man
in den Vorgärten dort immer mit einer Leiche rechnen.

Hoffentlich wird mir nicht schlecht.

Maria geht neben mir, sie trägt einen eleganten schwarzen
Sommermantel, eine schwarze Strumpfhose und schwarze
Ballerinas. Schön, dass sie da ist, generell, aber auch gerade
jetzt. Ich halte ihr die Tür zum verkachelten Vorraum
auf. Als ich das Wartezimmer betrete, muss ich mehrmals
kurz hintereinander schlucken. Im Herdfeuer knacken ein
paar glühende Scheite. Regina hat den Raum wunderbar

geschmückt; es gibt an einigen Stellen Blumen, aber nicht zu viele. Anstelle von Behnkes Urlaubsfotos aus Italien hat sie Bilder aus Johannes' Haus aufgehängt, die Oma und Johannes glücklich im russischen Schnee zeigen.

Vorsichtig blicke ich zum Sarg. Johannes sieht aus, als ob er schliefe.

Es ist überhaupt nicht ekelig, sondern sehr würdevoll.

Links neben dem Sarg ist ein schlichtes Blumengesteck aufgestellt, rechts davor steht ein großer Flachbildfernseher. Die Liegestühle hat Regina entfernt, denn im Liegen kann man wirklich nicht trauern. Stattdessen sitzen wir auf soliden Holzstühlen aus der Boldixumer Kirche, die Arne mit seinem VW-Bus angekarrt hat. Meine Mutter ließ verlauten, dass sie auf einer wichtigen Fortbildung im Allgäu sei und nicht kommen könne. Sei's drum. Außer ihr sind alle Riewerts anwesend und sitzen stumm in der ersten Reihe um Johannes herum: Arne, Cord, Regina, ihr Mann Holger und John. Rechts neben mir sitzt Maria, links Oma. Christa ist da, Dr. Behnke in einem dunkelblauen Anzug, der über seinem Bauch spannt, drei alte russische Kollegen von Johannes, die alle riesige klotzige Brillen aus der Sowjetzeit tragen und kaum ein Wort Deutsch sprechen; die blonde Pflegerin aus Amrum; zwei ältere Männer und eine jüngere Frau, die sich als Mitarbeiterin der Telefonseelsorge aus Kiel vorstellt. Johannes war in seiner Familie der Nachkömmling, seine Verwandtschaft ist bereits weggestorben, daher sind nur seine zwei etwa sechzigjährigen Neffen erschienen. Etwas entfernt stehen Bestattungsunternehmer Hansen und vier Träger.

Es ist ungewöhnlich, um einen Menschen zu trauern, den man gar nicht kennt. Aber Johannes ist uns allen auf unerklärliche Weise nahegekommen, denn durch ihn haben wir erst wieder zueinandergefunden. Allein dafür sind wir ihm diesen Abschied schuldig.

Jetzt erhebt sich Oma und stellt sich vor die Trauergemeinde. Ich bewundere sie dafür, wie gefasst sie ist. So weit möchte ich auch mal kommen.

«Viele von euch haben Johannes nicht richtig kennengelernt», hebt sie an, «deswegen möchte ich euch gern ein Video zeigen.»

Sie nickt John zu, der die Fernbedienung betätigt und nun einen Film abspielt, den er kurz vor der Trauerfeier aus Omas Aufnahmen auf seinem PC zu einem kurzen Video zusammengeschnitten hat, sehr professionell, mit weichen Überblendungen und sauberem Ton.

Am Anfang sehen wir die Laeiszhalle in Hamburg, wo vor allem Sinfoniekonzerte stattfinden. Im Publikum sitzt nur eine Zuschauerin: Oma! Auf der großen, beleuchteten Bühne steht ein Steinway-Konzertflügel, der an die drei Meter lang ist. Ein Pianist im Frack stellt sich vor den Flügel und verbeugt sich: Es ist Johannes, mit schlohweißer Mähne. Er hat wirklich ein bisschen Ähnlichkeit mit Einstein! Oma klatscht wie wild und wirft ihm Kusshände zu, während Johannes seine Frackschürze über die Klavierbank wirft und jetzt richtig loslegt. Erst versucht er sich an der *Mondscheinsonate* von Beethoven, aber nur am ersten Satz, der sehr langsam ist, dann folgt etwas Leichtes von Mozart, das übergeht in eine wilde Boogie-Improvisation. Er verspielt sich andauernd, aber es kümmert ihn kein Stück. Sein Gesicht ist ganz ernst, er wirkt wie ein richtiger Konzertpianist.

Ich gebe John ein Zeichen, Bild und Ton auszublenden.

«Johannes hatte die Halle zu unserem dreißigsten Jahrestag nur für uns gemietet», erzählt Oma unter Tränen. «Es war das schönste Konzert meines Lebens.»

Alle Blicke gehen auf den offenen Sarg und das ruhende Antlitz von Johannes. Mir scheint es fast, als hätte der Film ein unmerkliches Lächeln in sein Gesicht gezaubert.

«Es gibt noch einen Ausschnitt, den wir rausgesucht haben und der John und mich auf besondere Art berührt hat», sage ich und gebe John erneut ein Zeichen.

Das Video zeigt Johannes in einem Hotelzimmer vor einem riesigen Bett. Er ist alleine dort, offensichtlich hat er die Kamera selbst aufgestellt und wendet sich nun an Oma: «Liebe Imke, ich bin alleine in diesem pompösen Hotel in Kiew. Schade, dass du nicht hier bist, um mit mir in diesem monströsen Bett zu nächtigen. Ich habe erst jetzt, mit zweiundsiebzig Jahren, etwas Wunderbares entdeckt, was mir riesigen Spaß bereitet.» Er stellt sich auf das Fußende des Bettes, schaut einen Moment ernst in die Kamera – und lässt sich dann kerzengerade nach hinten fallen. Man sieht seinen Körper kurz hochfedern, dann steht er lachend wieder auf. «Nochmal!», kündigt er an, stellt sich hin und lässt sich erneut nach hinten fallen.

Diese Episode löst in der Trauergesellschaft eine befreiende Heiterkeit aus. John und ich haben stundenlang in Reginas Wohnung gesessen und Filme von Johannes und Oma geguckt. Je mehr ich gesehen habe, desto mehr habe ich bedauert, diesen Mann nicht besser gekannt zu haben.

Jetzt steht Regina auf und liest ein Gedicht vor:

Wir sind die Treibenden
Aber den Schritt der Zeit
Nehmt ihn als Kleinigkeit
Im immer Bleibenden.

Das ist nicht von ihr, sondern von Rilke – und äußerst passend, wie ich finde.

Dann stellt sich Oma vor den Sarg.

Alle erheben sich.

Oma betet laut das Vaterunser.

Anschließend gibt sie Hansen mit dem Kopf ein Zeichen.

Der Bestatter und seine Leute treten an und verschließen den Sarg mit einem Deckel. Dann tragen sie ihn durch einen Seiteneingang aus der Arztpraxis hinaus.

Maria und ich werfen uns einen kurzen Blick zu und nehmen Oma dann in die Mitte.

Die anderen Trauergäste folgen mit langsamen Schritten. Draußen wartet bereits ein blankgeputzter Leichenwagen mit offener Heckklappe. Jetzt macht Maria sich kurz von Oma los und redet ein paar Worte mit Hansen. Ich bekomme nur mit, dass sie darauf besteht, die Heckklappe offen zu lassen. Hansen windet sich. Es sei verboten, einen Sarg zu zeigen, das gelte in Deutschland als Erregung öffentlichen Ärgernisses. Aber Maria nimmt das auf ihre Kappe: «Lass das meine Sorge sein.»

Ihr Tonfall lässt keine Zweifel zu. Der Wagen fährt langsam an – mit offener Klappe.

Wir schreiten hinterher.

Oma hat sich fest bei mir und Maria eingehakt, wir sind die Ersten im Trauerzug. Hinter uns gehen Arne und Cord, als Nächste folgt Regina mit Holger und John, dann Christa neben Dr. Behnke und anschließend Johannes' Neffen und seine russischen Kollegen mit den altmodischen Brillen, dann alle anderen. Es war ausdrücklicher Wunsch von Johannes, noch einmal durch Wyk gefahren zu werden, am Haus seiner geliebten Imke vorbei.

Zuerst geht es gemessenen Schrittes durch leere Wohnstraßen. Als wir uns aber dem Sandwall nähern, ertönt laut die Musik aus der Kurmuschel. Die russische Sängerin feiert gerade die Stadt New York in den höchsten Tönen: *I'm gonna make a brand new start of it – in old New York.*

Die Zuhörer klatschen begeistert mit.

Als wir bei Omas Haus langsam um die Ecke biegen, bricht die Musik abrupt im Chaos zusammen.

Die Sängerin hat den Leichenwagen gesehen und abgewinkt, sodass die Zuhörer sich verwirrt umdrehen und anfangen zu tuscheln. Jetzt bittet die Sängerin die Leute mit einer stummen Geste, sich zu erheben, was erstaunlicherweise alle tun. Viele ältere Männer kennen noch die alten Bräuche und nehmen ihre Kopfbedeckung ab. Die Sängerin schließt die Augen und fängt ganz leise an zu singen:

Protschaj moj drug,
moj dorogoj,
tebja zabyt ne smoschem my,
poslednij put,
poslednije slowa …

Johannes' russische Kollegen singen leise mit. Einer von ihnen übersetzt flüsternd hinter mir: «Auf Wiedersehen, mein Freund, mein lieber Freund, dich werden wir nicht vergessen, dein letzter Weg, die letzten Worte …»

Hansen will weiter, er gibt seinen Leuten ein Zeichen. Ich glaube, er ist froh, wenn wir heil bei der Fähre angekommen sind, ohne dass er seine Lizenz verliert. Doch John findet, dass es zu früh ist, und baut sich mit verschränkten Armen vor seiner Motorhaube auf, woraufhin Hansens Leute im Wagen ihn fragend ansehen. Als Antwort deutet John nur stumm mit dem Kopf zur Kurmuschel.

Nach Beendigung des Liedes bekreuzigt sich die Sängerin, und John gibt den Leichenwagen frei. Wir schreiten nun auf dem Sandwall, der Hauptpromenade von Wyk, entlang. Wegen des guten Wetters ist es fast so voll wie in der Hauptsaison. Alle finden eine kleine Geste, um unseren Trauerzug zu würdigen: Vor dem Traditionscafé Steigleder erheben sich ein paar Touristen von ihren Stühlen, bei Friseur Pohlmann schneidet einen Moment lang niemand die Haare, im Bücherladen bu-bu bleibt die Kasse zu, und in der Pinte wird die Musik heruntergedreht. Selbst vor dem Schild *Lecker! Lecker! Bratwurst* lassen die Menschen die Würste liegen, bis wir vorbeigezogen sind. Dann passieren wir in der Königstraße den Supermarkt der Gebrüder Stammer. *Letzter Kaufmann vor Dagebüll,* lese ich neben der Eingangstür.

Vor der Fähre wartet wie immer eine Menge Autos mit Fahrrädern auf dem Dach. Wir ordnen uns hinter dem Leichenwagen in einer Extraspur ein. Nachdem alle Ankommenden das Schiff verlassen haben, überprüfen die Männer an Bord kurz, ob das Deck frei ist, dann stellen sie sich links und rechts neben die Rampe, nehmen ihre weißen Mützen ab und halten sie sich vor den Bauch.

Es braucht keine Worte oder weiteren Gesten.

Hansen rollt langsam mit dem Wagen an Bord. Im selben Moment gehen die Flaggen auf der Brücke auf halbmast und werden es die ganze Überfahrt lang bleiben.

Maria umschließt mit ihrer Hand meinen Zeigefinger und lässt den Kopf auf meine Schulter fallen.

«So möchte ich auch mal verabschiedet werden», flüstert sie leise. Seine Familie kann man sich nicht aussuchen, das ist wahr. Umso schöner, wenn man mit ihr so ein Glück hat wie ich.

Wir Riewerts stehen eng beieinander und schauen der Fähre stumm nach, bis sie eine Dreiviertelstunde später auf der anderen Seite angekommen ist.

Oma ist sicher, dass es Johannes gutgeht.

So sei es.

Epilog
Hornbrillen aus Russland

Ein gutes halbes Jahr später.

Ich stehe an einem Pfeiler der dunkelblauen Stahlbrücke und schaue in den Nieselregen, der im Wyker Fährhafen vor mir niedergeht. Das graue Nordseewasser sieht nicht gerade nach Karibik aus, und es spielt auch keine kubanische Band hinter mir, wie auf dem Feld in der Nähe von Hamburg, auf dem die 100 Reihenhäuser inzwischen bezugsfertig sind.

Es ist ein ungewöhnlicher Donnerstagmorgen im April. Die Ebbe ist wegen des Ostwindes zu niedrig abgelaufen, die *MS Rungholt* steckt ungefähr dreißig Meter vom Kai entfernt im Schlick fest. Erst in ungefähr zwei Stunden wird die Flut wieder eine Handbreit Wasser unter die Autofähre setzen, sodass sie die fehlenden Meter bis zum Anleger schafft. Was mich äußerst nervös macht, denn heute soll meine erste größere Tat als Mitarbeiter der Föhrer Kurverwaltung Wirklichkeit werden. Als Neuling haben sie mir natürlich die schwierigste Aufgabe gestellt: die Insel im Winter zu vermarkten. Und das ist mir gelungen. An Bord der *MS Rungholt* befinden sich fünfzig Werbetexter, -graphiker, Creativ-Direktoren, Junior- und Seniortexter und wie die sich sonst alle nennen. Die Agentur heißt Nordpol und ist zurzeit sehr angesagt in der

Szene. Sie will auf Föhr ein Brainstorm-Wochenende verbringen.

Auf dem Achterdeck kann man genau sehen, wer Werber ist und wer nicht. Die Touristen tragen modische Jacken von Marken, die jeder kennt. Werber hingegen solche, die nur Eingeweihte kennen, und zwar bevor sie in Szenezeitschriften als neuer Trend vorgestellt werden. Außerdem würde nie einer von ihnen eine dieser randlosen Brillen tragen, wie sie zurzeit modern sind. Nein, sie sind der Zeit immer mindestens einen Schritt voraus und tragen dieselben klotzigen Horngestelle wie Johannes' russische Freunde. Auf der Beerdigung habe ich die Lage natürlich vollkommen falsch eingeschätzt: Die Russen kamen mit ihren Hornbrillen aus der Sowjet-Ära modisch nicht aus der Steinzeit, sondern lagen weit vorne!

Die Gastronomie an Bord wird ein Kulturschock für die Werber sein, denn die Küche ist vollkommen Sushi-frei, aber immerhin gibt es einen Latte macchiato, wenn auch mit Sicherheit von der falschen Firma und aus dem falschen Automaten. Plötzlich sehe ich, wie mir der Creativ-Direktor mit einer Bockwurst in der Hand vom Achterdeck zuwinkt. Kurz darauf klingelt mein Handy.

«Habt ihr das extra gemacht?», brummt er mich an.

Er erinnert mich an Roland Beucker, meinen früheren Chef. Aber diesmal kann ich wirklich nichts dafür.

«Nee, das ist die Macht der Natur.»

«Das Brainstormen heute Abend muss dann ausfallen.»

«In spätestens zwei Stunden ist die Fähre wieder frei», versuche ich ihn zu beruhigen.

«Von mir aus kann es auch länger dauern. Die Hälfte von unserer Mannschaft ist schon halb betrunken, es ist einfach herrlich! Von dieser Party werden wir noch nach Jahren reden. Es ist ein bisschen *Titanic* für Arme.»

Da lächelt der Eventmanager Sönke Naumann das breiteste Lächeln, das er draufhat: «Super! Ich lasse Sie nachher retten.»

Was soll ich jetzt auf dem Kai sinnlos auf und ab tigern, ich springe in meinen Golf und fahre nach Nieblum.

In unserer Familie hat sich einiges getan.

Maria hat die Urne mit Johannes' Asche aus dem Flensburger Krematorium persönlich beschlagnahmt und Oma übergeben. Selbstverständlich wurde sie nicht vor einem lachenden Seehund, sondern von einem Krabbenkutter aus dem Meer übergeben. Hansen, der Bestatter, hat sich so sehr aufgeregt, dass er sich fast an seinem Kaugummi verschluckt hätte. Arne war inzwischen bei Cord in Frankfurt und ist mit blütenweißen, geraden Zähnen aus dessen Labor zurückgekehrt. Dafür erhalten Cords Exfrau und seine Tochter bei ihrem ersten Föhr-Urlaub einen kostenlosen Surfkurs. Arne hat übrigens keinen Internethandel aufgemacht, sondern einen Surfbrettverleih in Utersum übernommen.

Vor Oma ihr klein Häuschen steige ich aus.

Mit dem frischen Reetdach und den Fenstern ist es ein Traum geworden. Alle Riewerts haben kräftig mit angepackt und alles von Grund auf renoviert. Maria und ich haben Arne und Regina ausgezahlt, Oma und Cord haben uns großzügig ihren Anteil überlassen. Regina fährt jetzt den ersehnten neuen Mercedes, den sie uns kürzlich sogar für einen Kurzurlaub auf dem Festland geliehen hat.

In diesem Moment kommt die Sonne kurz heraus und scheint durch die blanken Scheiben auf das frischbezogene Bett im Schlafzimmer. Manchmal kann ich es immer noch nicht fassen, dass ich hier zusammen mit Maria lebe. Bis zur

Flut sind es noch zwei Stunden, und sie hat frei – diese zwei Stunden werden wir ausnutzen.

Schöner kann es auch im Paradies nicht sein, das macht mir fast schon Angst.

Ein Strandkorb für Oma

Inhalt

1. Familienbande

Im Hamburger Flughafen eilen an diesem Freitagabend
Dutzende Geschäftsmänner im Laufschritt durch die Tür
des Sicherheitsbereiches, sie sind alle gleich gekleidet und
ziehen identisch aussehendes Handgepäck hinter sich her.
Hinter ihnen kommen braun gebrannte Urlauber herausge-
watschelt, ganz langsam, weil ihre Ferien an der Tür endgültig beendet sind. Ein paar Edelpunker mit zerfetzten
Lederjacken, großen dunklen Sonnenbrillen und teuren
Alukoffern balgen beim Hinausgehen wie junge Hunde miteinander. Die Flugpassagiere werden von quietschenden
Angehörigen und Freunden erwartet oder von traurig drein-
blickenden Fahrern mit Schildern wie «Airbus – Mr. Chang»
oder «Atlantic Hotel – Monsieur Mathieu Longuet». Erst
wenn die Männer angesprochen werden, erwachen sie aus
ihrer Stand-by-Position und knipsen ein Lächeln an: «Hatten Sie einen guten Flug?» Auf die Punker wartet niemand,
sie eilen direkt zur gegenübergelegenen Bar und ordern auf
Englisch ein «Original German Pils».

Ich stehe regungslos neben einem Pfeiler und schaue mir
das alles an wie einen Film. Maria wandert unruhig vor mir
auf und ab, ihre Läuferinnenbeine federn auch bei diesem
langsamen Tempo immer etwas nach, als sei sie jederzeit zu

einem Sprung bereit. Die dunklen Haare hat sie auf Schulterlänge gekürzt, daran muss ich mich noch gewöhnen. Sie trägt eine dunkelblaue Hose, die oben eng und unten weit geschnitten ist. Diese «Marlene-Dietrich-Hose» hat sie selber genäht, genau wie die schwarze Bluse. Was Mode anbelangt, hat Maria ihre ganz eigene Auffassung, ganz unbelastet von der jeweils aktuellen Mode mixt sie die Fünfziger mit den Siebzigern und den Neunzigern; was es nicht von der Stange gibt, näht sie selbst.

Ihre braunen Augen senden klare Signale: Ich will hier weg!

Schließlich bleibt sie vor mir stehen und lehnt sich bei mir an. Automatisch wie bei einem Industrieroboter greifen meine Arme von hinten um sie, meine Nase passt perfekt in den Spalt hinter ihrem rechten Ohr, wo ich eine leichte Note Amber inhaliere. Die vermischt sich mit dem vertrauten Apfelshampoo, auf das Maria nur zur Wespenzeit verzichtet.

Ich spüre, wie ihre Unruhe nachlässt.

«Fernweh?», fragt sie.

Die Vibrationen des Knochens hinter ihrem Ohr verdoppeln ihre Stimme bei jedem Wort, was fast ein bisschen zu aufregend ist für eine öffentliche Halle.

«Absolut.»

«Wohin?»

«Auf eine grüne Insel 150 Kilometer nördlich.»

Natürlich möchte ich mit Maria vielleicht noch nach Feuerland, Angkor Wat in Kambodscha und nach Südafrika fahren. Aber seit einem Jahr lebe ich mit der Frau meiner Träume in einem Reetdachhaus auf Föhr, da lockt mich erst einmal nichts weg. Ich staune selbst über mich, war ich doch der typische Hamburger, der früher unentwegt von der großartigen Energie der Großstadt schwärmte.

Maria und ich sind gleich nach dem ersten Kuss zusammengezogen, und das war genau richtig, auch im Nachhinein besehen. Natürlich mussten verschiedene Gewohnheiten synchronisiert werden, Butter oder Margarine, Waschmaschine auf 40 oder 60 Grad, wann reden, wann lieber massieren, wann Fernsehen glotzen, wann ins Watt und wann in die Kneipe, wann einfach im Wintergarten beieinanderliegen und dem Sturm zuhören, wann alleine, wann zusammen. Dazu musste ich Marias Sprache lernen: wie meint sie es, wenn sie etwas sagt? Und viel wichtiger: wann sagt sie etwas, ohne den Mund aufzumachen?

Maria ist nicht so sehr eine Frau des Wortes, sondern vielmehr der Tat. Eines Abends im November kam sie spät nach Hause, grüßte mich kurz und suchte dann einen Spaten und eine Lampe. Anschließend buddelte sie wie eine Irre im Garten an einer Grube für den Gartenteich, den wir gar nicht dringend brauchen. Weder die Dunkelheit noch der beständige Nieselregen hielten sie davon ab. Es hatte sich einfach am Tag bei ihr einiges angestaut, das genau dorthin musste.

Die Teich-Aktion, so lernte ich, war auch eine Liebeserklärung an mich: sie wollte ihre schlechte Laune nicht an mir auslassen; ich konnte ja nichts dafür. Allerdings habe ich ihr nach einer Stunde eine Flasche Bier und ein paar Schnittchen gebracht, genau zum richtigen Zeitpunkt. Sie lächelte mich mit erdverschmiertem Gesicht an und kam entspannt ins Haus zurück.

Unser Kind müsste längst angekommen sein, der Flieger ist pünktlich vor einer halben Stunde gelandet.

«Meinst du, wir werden gute Eltern sein?», sorgt sich Maria.

«Eine liebevolle, strenge Mutter und ein lockerer, inkonsequenter Vater – ideale Bedingungen, würde ich sagen.»

Maria löst sich aus meiner Umarmung und dreht sich um.

«Du hältst dich also für locker?»

«Klar.»

«Und mich für streng …»

«Du bist immerhin Polizistin und kannst mit Waffen umgehen, du kennst alle Verhörtechniken …»

«So weit die Theorie», sagt Maria und grinst. «Ich erinnere dich nochmal daran.»

Ich kann mir nur schwer vorstellen, mit einem Kind zu leben: Früh aufstehen, Windeln wechseln, langweilige Urlaubsorte ansteuern, Kombi fahren etc. Andererseits: die Vorstellung, ein Kind mit Maria zu haben, wäre das Größte und würde alles Unvorstellbare sofort vorstellbar machen.

Unser Kind kommt aus Frankfurt, es heißt Jade, ist fünfzehn Jahre alt und unsere gemeinsame Cousine (was daran liegt, dass Maria als Adoptivtochter meines Onkels Arne gleichzeitig auch meine Cousine ist). Sie heißt nicht Dschäid, sondern Jade wie Jadebusen. Mein Onkel Cord und seine thailändische Ex-Frau Narasinee sind Jades Eltern; seit ihrer Scheidung leben sie in zwei Doppelhaushälften direkt nebeneinander. Jade war noch nie auf Föhr und will unbedingt die Wurzeln ihres Vaters kennenlernen, so hat es uns Cord jedenfalls übermittelt. Er selbst hat die Insel gleich nach der Schule verlassen, wegen seines despotischen Vaters, der gleichzeitig sein Lateinlehrer war und ihm «aus erzieherischen Gründen» eine Fünf ins Abi geknallt hat. Cord hat es auf dem Festland geschafft: er ist erfolgreicher Zahntechniker mit eigenem Betrieb in Frankfurt. Erst fünf Jahre nach dem Tod seines Vaters ist er das erste Mal zurück nach Föhr gekommen.

Wir haben darauf bestanden, dass Jade bei uns wohnt. Maria und ich haben sie das letzte Mal vor Ewigkeiten in Frankfurt gesehen, da war sie noch ein Baby. Zur Orientierung haben wir von Cord ein Foto bekommen, das sie in einem weißen Kommunionskleid zeigt.

Jade wird es genießen, der Enge ihrer elterlichen Umgebung in Frankfurt zu entkommen. Das Strandleben auf Föhr wird ihr genauso guttun wie mir damals. Ich hatte auch so einen jugendlichen Onkel, Marias Vater Arne, der Surflehrer war und mir auf meinen Föhr-Urlauben alles erlaubte, was meine Eltern verboten hatten. Dieser Stab wird nun an mich weitergereicht, weil ich der Nächstjüngste in der Familie bin, und ich freue mich schon darauf. Ich werde mit Jade nächtelang durch die Gemeinde ziehen und mich um keine Pädagogik kümmern. Kein Belehren oder Erziehen, wir werden einfach Spaß zusammen haben! Wie gesagt, wenn du Glück hast, hast du so einen in der Familie, der das mit dir macht. Ich erinnere mich selbst noch genau daran, wie angenehm das war.

Wieso ist Jade immer noch nicht da?

Dass sie sich seit ihrer Kommunion äußerlich verändert hat, ist Maria und mir klar, aber unter den Ankommenden wäre uns eine Fünfzehnjährige mit asiatischen Augen doch aufgefallen.

Ich wähle Jades Nummer, die ich mir auf einen Zettel geschrieben habe.

Besetzt.

Ich spreche ihr auf die Mailbox: «Moin, Jade, hier ist Sönke, melde dich doch bitte, wir sind am Flughafen in der Ankunftshalle.»

Die Punks hinter uns an der Bar kippen ein Bier nach dem

anderen und grölen mit schottischem Akzent irgendetwas Versautes, das ich nur halb verstehe.

Ich wähle noch einmal Jades Nummer.

Jetzt geht sie ran.

«Jade, wo steckst du? Hier ist Sönke.»

«An der Bar. Ich habe euch nicht gesehen.»

Ich drehe mich um.

Ein leichenweiß geschminktes, zierliches Mädchen mit schwerem, schwarzem Ledermantel, dunkellila Rock sowie Schnürstiefeln bis übers Knie nimmt ihre Sonnenbrille ab. Düster geschminkte asiatische Augen werden sichtbar, auf ihre rechte Wange hat sie sich drei Tränen aus Glas geklebt.

Das ist Jade?

Mein erster Gedanke: *Wir haben nur ein Badezimmer!*

Diese Maske dauert jeden Morgen mindestens eine Stunde plus abends eine halbe Stunde zum Abschminken! Und was Nordseewasser und salzige Luft mit so viel Make-up anstellen, wird ihr nicht gefallen, schätze ich.

Sie schenkt weder Maria noch mir die Andeutung eines Lächelns.

«Moin, Jade», grüßt Maria freundlich und will sie umarmen. Doch Jade schiebt ihre Cousine weg: «So nahe stehen wir uns nicht.»

Eine klare Ansage.

Maria weiß gar nicht, wie sie reagieren soll (was äußerst selten vorkommt). Ich biete Jade nicht mal meine Hand an, sondern murmele ein betont beiläufiges «Moin».

Maria schaut nervös auf die Uhr.

«Wenn wir die letzte Fähre noch kriegen wollen, müssen wir uns beeilen.»

«Ich muss noch austrinken», protestiert Jade.

«Alkohol unter achtzehn ist verboten», erinnert sie Inselpolizistin Maria. Jade verabschiedet sich von jedem der Punkbandmitglieder, die sie im Flugzeug kennengelernt hat, mit einer Umarmung. Und nimmt demonstrativ noch einen großen Schluck Bier aus ihrem Glas.

Maria behält sich durchaus ihre eigene Meinung über Gesetze vor und handelt mal locker, mal eher streng. Aber bei Alkohol und Drogen in Verbindung mit Jugendlichen versteht sie keinen Spaß. Sollte Maria jetzt allerdings auf das Gesetz pochen, wäre das ein unglücklicher Start für die nächsten vierzehn Tage. Ich wage es kaum, sie anzuschauen.

Marias Augen verdunkeln sich um einige Grade, ihr Körper ist bereit für den Zugriff – aber angesichts einer Familienangehörigen überfällt sie offenbar eine Art Beißhemmung.

Sie sagt nichts.

Ich greife auch nicht ein.

Wir stehen da wie die letzten Trottel.

Fast muss ich über mich und Maria lachen.

Fast.

2. Kein Strandhotel

Maria peitscht ihren alten Mini One mit leise wimmern-
den Reifen aus dem kurvigen Parkhaus. Jade sitzt hinten,
ihr Rollkoffer steht neben ihr auf dem Sitz, weil er nicht in
den kleinen Kofferraum passt. Ich würde mich auf so en-
gem Raum verpflichtet fühlen, ein paar freundliche Worte
mit meinen Gastgebern zu wechseln, zumal wenn ich vierzehn Tage bei ihnen wohnen wollte und erst recht, wenn es
meine Verwandten sind.

Jade nicht.

Sie ist hoch konzentriert, aber nicht auf uns.

Ihre Ohren sind mit ihrem Handy verstöpselt, sie schreibt
eine SMS nach der anderen. So was wie «Hi, Sönke und
Maria sind echt o.k., ich freue mich auf die Zeit mit ihnen»?
Wohl kaum.

Maria schweigt und blickt stur geradeaus auf die Piste. Sie
muss ihre Niederlage in der Flughafenbar erst einmal ver-
dauen. Ich streichele ihre Hand und ernte ein schiefes Lächeln. Die nächsten zwei Wochen könnten für Maria und
mich unter Umständen sehr lang werden. Unser Kind auf
Zeit haben wir uns etwas geschmeidiger vorgestellt, aber was
soll's, Jade ist eben ein ganz normales pubertierendes Mädchen, und wir sind die Erwachsenen.

Bis zur letzten Fähre in Dagebüll ist nicht mehr viel Zeit. Langsam wird es dunkel. Auf der Autobahn ist zum Glück nicht viel los, so kommen wir mit Marias Dauervollgas ungehindert bis Rendsburg. Dort wird die Autobahn auf eine hohe Brücke über den Nordostseekanal geführt, hier gilt Tempo 80. Doch das hält Maria nicht davon ab, einen Polizeiwagen mit 120 zu überholen.

«Dringender Einsatz», knurrt sie.

Das sehen ihre Kollegen anders.

Jedenfalls klebt der Polizei-Opel sofort hinter uns, auf dem Display unterhalb des blinkenden Blaulichts leuchten in eindringlichem Rot die Worte «STOP. POLIZEI».

«Oh nee!», stöhnt Maria, «nicht jetzt.»

Sie fährt auf den Parkplatz kurz vor der Brücke, der Polizeiwagen klebt beharrlich an unserer hinteren Stoßstange. Von der lärmenden A7 mal abgesehen, ist der Parkplatz einer der schönsten Aussichtspunkte Norddeutschlands: der Blick geht in die flache grüne Landschaft bis zum Horizont, im Nordostseekanal unter uns zieht ein schneeweißes, russisches Kreuzfahrtschiff vorbei, dessen Namen ich wegen der kyrillischen Buchstaben nicht entziffern kann. Ein paar Passagiere schwimmen auf dem Oberdeck im beleuchteten Pool; sie schauen zu uns herauf.

Maria springt aus dem Mini und eilt mit federnden, großen Schritten auf die beiden runden Mittvierziger zu, beide mit hoher Stirn und schwarzen Lederjacken. Es muss alles schnell gehen, wir haben noch eine Dreiviertelstunde, dann ist die letzte Nachtfähre weg. Draußen hängt das letzte Licht dieses Tages. Maria hat sich keine Jacke angezogen, weil sie davon ausgeht, dass der Verstoß unter Kollegen schnell zu regeln ist. Plötzlich erfasst sie eine Windbö und wirbelt ihre Haare erst zur Seite, dann senkrecht nach oben. Zusätzlich beulen sich ihre weiten Hosen auf Maximaldicke, was sie wie ein Michelin-Männchen aussehen lässt.

Die beiden pummeligen Zivilbeamten tragen beide weiße Hemden und Jeans, sie sehen sich ähnlicher als viele Brüder.

«Maria, Maria, Maria», singt der eine Beamte.

«Hallo, bloody Mary», ergänzt sein Kollege.

«Moin Piet, hallo Volker.»

«Lang ist's her.»

Man kennt sich wohl von früher, als Maria bei der Autobahnpolizei in Neumünster war. Eine erneute Windbö fährt den Kollegen in den Rücken und bastelt ihnen eine lächerliche Resthaarfrisur. Maria, die ihnen gegenübersteht, sieht aus, als müsste sie gegen Fahrtwind kämpfen. Alle drei drehen sich im selben Moment synchron weg, es sieht aus wie ein eingeübter Tanzschritt, nun weht der Wind für alle von der Seite.

«Jungs, sonst ja immer gerne, aber heute hab' ich es eilig.»

«Das war zu merken!»

So viel zu Marias lockerer Ansage, unter Polizisten gäbe es keine Strafzettel.

«Also, Kollege …», protestiert Maria, «wegen der paar Kilometer …?»

Er schüttelt den Kopf.

«Wir müssten mal die Dame auf dem Rücksitz sprechen.»

Maria zuckt zusammen.

«Wieso das?»

Ich steige aus, um Jade hinten rauszulassen. Sie zieht sofort eine Hassfresse auf.

«Ein Anruf bei meinem Vater, und er lässt den fiesesten Anwalt der Stadt von der Leine», stellt sie klar, bevor die Polizisten auch nur ein Wort sagen können.

Maria und ich ahnen nicht im Geringsten, worum es gehen könnte.

«Als ihr vorbeigezogen seid, hat sie uns den Stinkefinger gezeigt», sagt Volker.

«Und?», pampt Jade ihn an.

Maria nimmt ihre Kollegen beiseite.

«Die Kleine habe ich von Kollegen aus Hamburg aufgedrückt bekommen», lügt sie, «Intensivtäterin, sie soll zu uns auf die Insel, um wieder auf Spur zu kommen, als letzte Chance.»

Das will Volker nicht glauben: «Du und Kuschelpädagogik?»

Maria versucht das Ganze abzukürzen: «Bei dem Register, das die hat, würde jedes Verfahren im Sand verlaufen, das könnt ihr vergessen.»

Volker überlegt einen Moment, dann gibt er sich einen Ruck.

«Wenn du meinst.»

Er nickt seinem Kollegen zu.

«Du bist ja bald wieder bei uns», freut der sich.

Was meint der denn damit?

«Davon wüsste ich aber», erwidert Maria, meinen Blick meidend.

«Du stehst fest bei uns im Dienstplan, ab Monatsanfang!»

«Sagt wer?» Ihre Stimme bewegt sich in einer viel raueren Lage als vorher.

«Hugo Boss.»

«Da irrt der Chef.»

Was soll denn das? Wieso steht Maria im Dienstplan der Autobahnpolizei?

Wenn sie versetzt würde, hätte sie mir das gesagt. Oder?

Piet wendet sich an Jade: «Nächstes Mal bist du fällig, verlass dich drauf.»

Nach dieser leeren Drohung gehen die beiden zurück zu ihrem Polizei-Opel. Ich klemme mich auf den Rücksitz des Mini, Jade soll ab jetzt vorne sitzen, damit Maria sie im Blick hat.

«Hast du sie noch alle?», bricht es aus ihr heraus.

Jade fummelt ungerührt an ihrem Handy herum und will sich wieder die Ohrhörer einstöpseln.

«Aber jetzt gilt Handyverbot!», weist Maria sie zurecht.

Macht zwar keinen Sinn, aber Jade hält sich erstaunlicherweise ohne Widerspruch daran.

Ich sitze hinten und sage gar nichts.

Es ist unmöglich, die letzte Fähre noch zu bekommen. Aber Maria will das offenbar immer noch nicht einsehen. Als wir von der Autobahn auf die dunkle Landstraße abbiegen, überholt sie die Autos vor uns in Zweier- und Dreier-Einheiten. Ich muss dringend mit ihr über die Versetzung reden! Aber nicht im engen Wagen von hinten, bei diesem Tempo, während Jade vor mir sitzt.

Am Hafen von Dagebüll strömt salzige Nordseeluft in meine Nase. Die weißen Kronen auf den Wellen sehen in der Dunkelheit aus wie schneebedeckte Berge, die ins Tanzen geraten sind. Von drüben senden die Lichter der Inselhauptstadt Wyk ihre Strahlen übers Wasser.

Unser Heimatplanet – endlich!

Euphorie kommt trotzdem nicht auf, denn die letzte Fähre hat gerade den Hafen verlassen und tuckert ohne uns Richtung Wyk. Ohne den Zwischenfall auf der Kanalhochbrücke hätten wir es gerade so geschafft.

Hätten.

Vielen Dank, Jade!

Zwischen 23:00 und 5:00 ist die Insel nicht erreichbar. Ein Hotel für die paar Stunden zu nehmen, wäre Verschwendung, also legen wir uns einfach auf den Deich. Besonders kalt ist es nicht, es riecht nach Erde und Gras, mit einer zarten Note von Schafskot, letztere verdränge ich nur mühsam.

Maria schmiegt sich eng an mich.

«Wieso weiß ich nichts von deiner Versetzung?»

Nach der Schule hat Maria Föhr verlassen und wurde Polizistin in Neumünster, weil es ihr auf der Insel zu eng wurde. Wegen einer Verfolgungsjagd, bei der der Verfolgte nicht nur einen Unfall baute, sondern sich auch noch als unschuldig herausstellte, wurde sie nach Föhr zurückversetzt. Für Maria die Höchststrafe. Erst als wir zusammenkamen, konnte sie sich wieder auf die Insel einlassen. Dachte ich zumindest bis gerade eben.

«Es war ein Fehler, es dir nicht zu sagen, ich weiß. Weißt du, nach meiner Strafversetzung habe ich wie eine Irre darum gekämpft, wieder wegzukommen von Föhr, …»

Maria schaut mich traurig an.

«… und als ich dich kennengelernt habe, wollte ich das wieder rückgängig machen. Blöderweise ist das bei denen in Kiel untergegangen. Ich rede morgen mit Gerald über den Widerspruch, dann nehmen die das zurück, da bin ich sicher!»

Gerald Brockstedt ist ihr Revierleiter.

«Und wenn nicht?»

«Das wird morgen geregelt», murmelt Maria.

Die Dienstpläne bei der Autobahnpolizei sagen bis jetzt das Gegenteil.

Eine frische Brise kommt auf. Maria und ich fangen an zu frieren, auf Übernachtung in der freien Natur waren wir nicht eingestellt. Jade hingegen wickelt sich schweigend in ihren schwarzen Ledermantel, der tagsüber viel zu warm war, aber jetzt genau richtig ist. Der Wind nimmt erstaunlich schnell zu. Von der See schieben sich heftige Wassermassen heran, die die Flut nicht ablaufen lassen, trotz Ebbe steigt der Pegel, statt zu fallen.

Irgendwann lässt der Wind sämtliche Hunde aus dem Zwinger und hetzt sie auf uns. Die Böen greifen uns von allen Seiten an, auf dem Deich ist es nicht mehr auszuhalten. Wir suchen uns ein windgeschütztes Plätzchen hinter dem «Strandhotel», aber es nützt nichts, die Hunde finden uns auch dort.

«Ich habe keine Lust mehr», brülle ich gegen den Sturm, «wir nehmen uns ein Zimmer!»

Das hätte mir früher einfallen sollen; alles ist schon geschlossen.

Also zwängen wir uns in den Mini.

Leider ist dieses Lifestyle-Auto nicht nur vom Namen her das Gegenteil eines Campingbusses.

Zur drangvollen Enge kommt das emotionale Reizklima.

Maria weiß, dass sie einen Fehler begangen hat, sie hätte mit mir über die drohende Versetzung reden sollen. Zusätzlich ist sie sauer auf Jade, und ich bin es auch.

Jade wiederum ist aus unerfindlichen Gründen sauer auf uns beide. Wirklich schlafen kann niemand, alle halbe Stunde meldet sich irgendein akut abgeknickter Körperteil, aber es hilft ja nichts.

3. Die sprechenden Steine

Der kipplige Seegang bei der Überfahrt nach Föhr kommt mir wie eine zusätzliche Schikane vor. Obwohl sich die wütenden Wellen mit den weißen Schaumspitzen in der klaren Morgensonne optisch hervorragend machen.

Nur, was nützt das, wenn an Bord die Kaffeemaschine kaputt ist?

Im Salon setzen wir uns an einen Tisch, Maria macht sich auf der Sitzbank lang und nimmt meinen Schoß als Kopfkissen: Ich lasse meinen Kopf auf die Tischplatte sinken, genau wie Jade. Das ist zwar nicht bequem, aber im Vergleich zum Mini schon ein Fortschritt. Gerade, als ich etwas eingenickt bin, weckt mich ein Kellner, um mir mitzuteilen, dass die Kaffeemaschine wieder geht. Ab da kann ich endgültig nicht mehr einschlafen.

Die «Uthlande» zieht kurz vor Föhr hart nach Steuerbord und fährt ein Stückchen parallel zur Wyker Seepromenade, wo Oma wohnt. Föhr präsentiert sich an diesem Morgen wie die Kulisse eines Werbefilms, die Sonne arbeitet jeden Mauervorsprung mit warmem, hellem Licht heraus, die Fensterscheiben werfen die Strahlen glitzernd wie helle Sterne zurück.

Dann tuckert die Fähre langsam zum Fähranleger und wird festgemacht. Sonst drängen sich hier Passagiere und Touristen zwischen voll bepackten Autos. An diesem Morgen sehe ich nur einen einzigen Lastwagen und eine einsame Frau, der Hafen gehört um diese Zeit sich selbst.

Als wir näher kommen, erkenne ich die Frau: In einem roten Hosenanzug, mit frischem Make-up und blond gefärbten, kurzen Haaren, knackebraun wie immer, steht unsere Oma da und winkt uns zu.

Jade, Maria und ich winken zurück.

Das ist wirklich Oma!

Wie immer viel zu auffällig und Generationen zu jung gekleidet für ihre 76 Jahre. Aber immer voller Energie und Unternehmungslust. Woher weiß sie, dass wir auf der ersten Morgenfähre sind?

Großes «Hallo» am Kai, als wir auf dem Hafenparkplatz aus dem Wagen springen. Oma umarmt ihre Enkelin Jade und drückt sie, so doll sie kann. Jade lässt es sich ohne Protest gefallen. Dabei haben sich Oma und sie bisher nur ein paar Mal in Frankfurt getroffen.

«Jade, mien seuten Deern …!»

«Süßes Mädchen» trifft es vielleicht nicht ganz präzise, aber was soll's.

«Moin, Oma, schön dich zu sehen», begrüßt Jade sie.

Respekt, so viel nette Worte hatte sie für uns nicht.

Dann schlingt Oma ihre Arme um Maria und mich.

«Woher wusstest du, dass wir um diese Zeit ankommen?», frage ich.

Oma legt ihren strengen Gouvernantenblick auf.

«Petersen hat mich angerufen, als ihr in Dagebüll an Bord gegangen seid.»

Ich schaue zur Brücke hoch. Den grauhaarigen Kapitän

Petersen kenne ich vom Sehen, er singt im örtlichen Shanty-chor «Die Knurrhähne», die zu jedem Hafenfest auftreten.

«Kinder, jetzt frühstücken wir erst einmal, oder was denkt ihr?»

Sie deutet auf den großen Picknickkorb zu ihren Füßen.

«Frische Brötchen, Krabben, Marmelade, alles dabei. Jade, du magst doch Krabben?»

«Bestimmt.»

Die Müdigkeit ist bei uns allen verflogen.

Außer bei Maria, die blöderweise gleich Tagschicht hat. Die Arme gähnt, was das Zeug hält. Das wird hart für sie.

Maria nimmt mich beiseite und umfasst meine Hüften.

«Mach dir keine Gedanken, Sönke», flüstert sie. «Wir blei-ben zusammen in unserem Haus.»

Das höre ich natürlich gerne. Aber macht sie sich da nichts vor?

«Falls du nicht versetzt wirst.»

Maria legt ihre Wange an meine Wange.

«Mach dir keine Sorgen. Bis heute Abend ist das geklärt.»

Sie gähnt erneut und gibt mir einen Kuss.

«Ich koche uns was!», verspreche ich.

Dann verabschiedet sich Maria von Oma und Jade und schlendert zum Polizeirevier, das direkt gegenüber am Sport-hafen liegt. Bis heute Abend entscheidet sich Marias Schick-sal auf der Insel, und ich kann nichts tun außer warten.

Oma steigt in den Mini, und wir fahren nach Nieblum. Das kleine Reetdachhaus, in dem Maria und ich wohnen, ist um-geben von einem verwilderten Grundstück. Es besitzt nur zwei Zimmer und einen halb fertigen Wintergarten, der mit einer durchsichtigen Plastikplane abgedeckt ist. Auf dem Dach liegt frisches Reet, das Arne letzten Winter aufgetragen hat. Als ich die Tür öffne, rieche ich noch ein bisschen das Avocadobad, das Maria vor unserer Abreise zum Hamburger Flughafen genommen hat.

«Wir haben gedacht, du schläfst im Schlafzimmer. Ist das o. k.?»

Jade sagt gar nichts, sondern inspiziert misstrauisch den Raum. Ein frisch bezogenes Bett, ein Kleiderschrank, die Fenster nach Norden, sodass sie nicht vorzeitig von der Sonne geweckt wird. Ach ja, über dem Bett hängt eine Urlandschaft in Tonfarben, Oma hat uns dieses Bild ihres Lieblingsmalers Stefan Brée aus Hannover zum Einzug geschenkt.

Jade schmeißt ihren Koffer aufs Bett.

«O. k.?», frage ich noch einmal.

«Für zwei Wochen wird es gehen», kommt von ihr.

Sie tut so, als hätte ich ihr gerade einen Pappkarton über einem Lüftungsschacht angeboten. Langsam mache ich mir ernsthaft Sorgen. Föhr bietet unter anderem das Wattenmeer, riesige Himmel, tolle Strandbars, Bootstouren und vieles mehr. Alles grandios und einzigartig, aber das scheint Jade kein bisschen zu beeindrucken. Zwei Wochen!

«Sag mal, Jade, wie nennt sich die Mode, die du trägst?»

So direkt darf wohl nur Oma fragen.

«Gothic.»

«Und was bedeutet das? Darfst du kein Fleisch essen? Oder betest du zum Satan?»

Jade lacht (tatsächlich, sie lacht!).

«Mit Geistern liegst du gar nicht so falsch. Wir beschäftigen uns mit der dunklen Seite des Lebens.»

Mit Oma redet Jade ganz normal.

«Tod und Vergänglichkeit?»

«Ja.»

«In deinem Alter?», wundert sich Oma. «Das ist ungewöhnlich. Ich muss mich mit 76 ja langsam für die Abreise klar machen, aber ihr doch nicht! Trotzdem, ich finde das nicht schlecht, besser als Saufen.»

Jades Bier am Flughafen will ich jetzt mal nicht verpetzen.

«Und wo trefft ihr euch so? Ich meine, über so was quatscht man ja kaum bei McDonalds oder im Supermarkt.»

«In Frankfurt gibt es Super-Friedhöfe mit alten, tollen Gräbern und großen Mausoleen. Da hängen wir die ganze Zeit ab.»

Oma schaut Jade an und überlegt.

«Weißt du was, mien Deern? Wir holen zum Frühstück noch ein paar Verwandte dazu.»

«Wie meinst du das?», mische ich mich ein, «Arne und Regina schlafen noch.»

Arne ist, wie gesagt, gleichzeitig mein Onkel und Marias Adoptivvater, und Regina ist meine Tante.

«Die meine ich nicht.»

«Wen dann?»

Sie zieht sich ihre Jacke an.

«Kommt, wir machen ein Picknick!»

«Draußen ist Sturm, Oma.»

Der Wind pfeift heftig ums Haus.

«Aber es ist nicht kalt.»

Ich kapiere immer noch nicht.

«Willst du auf den Deich?»

«Nein, zu unseren Verwandten. Nach Süderende.»

Sie zwinkert mir zu.

Darauf hätte ich auch gleich kommen können.

Oma hat sofort den Platz im Sinn gehabt, an dem Jade mit Sicherheit auf Föhr andockt.

Also wieder rein in den Mini. Die Bäume biegen sich im starken Westwind. Oma freut sich über den Sommersturm, plaudert über den letzten Winter, als Föhr wochenlang verschneit war, und fragt Jade nach der Schule.

Wie es eine ordentliche Oma so tut.

Nach einigen Kilometern Schweigen rückt der mächtige, alte Kirchturm von St. Laurentii in Süderende näher. Das massive, trotzige Gotteshaus wurde im 13. Jahrhundert erbaut und ist umgeben von einem dichten Wald. Um das Kirchengebäude herum befindet sich einer der ältesten Friedhöfe der Insel. Wir stellen den Wagen vor der Friedhofsmauer ab. Der Wind pfeift wild durch die Bäume und schüttelt sie heftig durch.

Wir gehen durch ein kleines Tor auf den Friedhof. Ich trage den Picknickkorb, Jade die Decke und Oma die Thermoskanne mit frischem Tee, den ich eben gekocht habe.

«Das hier ist nicht *irgendein* Friedhof», sagt Oma. «*Diesen* solltest du besser kennen als alle anderen.»

Jade blickt sie skeptisch an.

«Fast alle, die hier liegen, haben etwas mit dir zu tun», erkläre ich.

Jade ist wie elektrisiert, auch wenn sie sich bemüht, es nicht zu zeigen.

In meiner Kindheit gab es keinen Verwandtenbesuch auf Föhr ohne einen Rundgang auf dem Friedhof von St. Laurentii. Auf den Grabsteinen kann man unsere Familiengeschichte über mehrere Jahrhunderte zurückverfolgen. Wir halten an der letzten Ruhestätte von Brar Riewerts, an dessen weißem Stein oben die Symbole Kreuz, Herz und Anker – für Glauben, Liebe, Hoffnung – prangen.

«Der heißt wie ich!», freut sich Jade.

«Kein Zufall, mien Deern. Wenn wir den ausbuddeln würden, wären Teile seiner DNA mit deiner und meiner identisch», erklärt ihr Oma.

Jade schaut mich an.

«Echt?»

Man nennt die Grabsteine auf diesem Friedhof die «sprechenden Grabsteine», es war hier Brauch, auf ihnen die Lebensgeschichte der Verstorbenen einzumeißeln. Die Inschrift auf dem Stein, den ich Jade zeige, kenne ich von unseren unzähligen Besuchen auswendig:

Brar Riewerts

An dem Fuße dieses Denkmals liegt das Verwesliche der beiden Eheleute Brar Riewerts und seine Frau Antje Ketelsen. Ersterer ist am 22. Juli 1768 in Oldsum geboren, 1791 in den Ehestand mit der 1771 geborenen Antje Ketelsen aus Süderende getreten. Er war vom 15. bis zum 40. Lebensjahre ein mit dem Glück des Herrn gesegneter Seefahrer und führte 15 Jahre lang verschiedene Schiffe als Kapitän nach Grönland und Westindien. Den Eheleuten wurden 4 Kinder geboren, wovon 2 im Alter von sieben und eines im Alter von neun starben. Nach seiner Zeit als Kapitän führte der Verstorbene strebsam seinen Hof in Oldsum, bis ihn der Todesbote am 5. Dezember 1849 im gesegneten Alter von 81 Jahren in die Ewigkeit mitnahm. Seine Frau Antje lebte im Witwenstand noch zwei Monate und drei Tage, bis sie ihm am 9. Februar folgte.

Auswärtige staunen immer, dass Föhr, schon lange bevor es diesen Begriff überhaupt gab, ein «Global Village» war. Die Seeleute fuhren von hier aus mit Schiffen um den ganzen Globus und brachten Geschichten, fremde Speisen und Getränke mit. Der typisch friesische Tee zum Beispiel stammt ja auch nicht vom Anbau auf dem Deich.

Jades Blick bleibt erschüttert an Brar und Antje Riewerts' Grabstein haften. Sie schaut drein, als würde sie sich gut an die beiden erinnern. Es ist eines, in Frankfurt mit Freunden nach Betriebsschluss auf Friedhöfen herumzuhängen und düstere Musik zu hören, vielleicht Gedichte vorzulesen oder Briefe an die Toten zu verfassen. Etwas komplett anderes ist es, direkten Anschluss zu den Toten zu bekommen wie auf diesem Friedhof.

«Ich kann ihre Energie spüren», flüstert Jade.

«Das ist die Kraft der Riewerts!», sagt Oma und wendet sich an mich: «Was meinst du, Sönke, mein Lieber, sollen wir hier frühstücken oder drüben bei Matthias?»

«Bei Matthias ist immer mehr Stimmung», finde ich.

«Du hast recht, Sönke. Kommt, Kinder.»

So ganz sicher bin ich mir nicht, ob es nicht ein Sakrileg ist, auf einem Friedhof zu picknicken. Andererseits sind wir unseren Vorfahren auf diese Art wirklich sehr nah.

Also breiten wir die Picknickdecke vor dem Grab von Matthias Petersen aus, der aus Omas direkter Linie stammt. Oma hat Teller in Friesischblau dabei, selbst gekochte Marmelade, backfrische Brötchen und Krabben. Sie gießt den dampfenden Tee in große Pötte.

Sie freut sich, es ist genau der richtige Ort, um ihre Enkelin zu beeindrucken, Jade kann ihren Blick nicht von dem Grabstein vor uns lassen:

«Falls du dich bei Greenpeace bewerben willst, solltest du den besser verschweigen», frotzelt Oma.

Plötzlich muss sie gähnen.

Irgendetwas scheint ihr schlagartig alle Energie aus dem Körper zu ziehen. Ihre Lippen werden weiß, sie lässt sich rücklings auf die Picknickdecke fallen.

«Alles klar, Oma?», frage ich besorgt. «Oder soll ich einen Arzt holen?»

«Nein, nur einen Moment ...», stöhnt sie und schiebt sich eine weiße Pille in den Mund.

Jade und ich schauen uns ratlos an.

«Ich habe uns nachher bei einem Malkurs angemeldet», raunt sie heiser, während sie die Augen geschlossen hält.

«Das können wir gerne verschieben», sagt Jade.

Gutes Kind.

Oma schließt die Augen: «Gib mir fünf Minuten.»

Tatsächlich richtet sie sich nach kurzer Zeit wieder auf und scheint wieder voll da zu sein. Sie besteht darauf, nun endlich mit uns zu frühstücken. Ich bin ein bisschen beruhigt, aber meine Gedanken laufen trotzdem unaufhörlich im Kreis. Was ist, wenn Maria versetzt wird? Wie werden wir dann zusammenbleiben? Telefonisch? Als Bild auf dem Laptop? Viele Paare müssen sich so arrangieren, manche mögen das sogar. Ich könnte das nicht, glaube ich

Ich schaue auf mein Handy, kein Anruf.

Wie auch? Es ist noch lange nicht Mittag.

Nach diesem Tag werde ich mich auf meinem Sterbebett nicht zurücksehnen, das weiß ich jetzt schon.

4. Der Gesang der Seevögel

Oma war nicht vom Malkurs abzuhalten, ich habe sie gegen zehn Uhr vor dem eleganten, weißen «Museum Kunst der Westküste» in Alkersum abgesetzt. Wenigstens ist Jade bei ihr. Ich habe meiner Cousine zur Sicherheit noch einmal meine und Marias Handynummer gegeben. Zum Glück ist heute, wie jeden Samstagnachmittag, Chorprobe mit den «Seevögeln», das wird mich ablenken.

Wie eine kleine Möwenkolonie stehen wir zu acht dicht nebeneinander auf der Deichkrone und stemmen uns gegen den Sommersturm. Das Meer schäumt und bäumt sich mächtig auf, wie es sich für eine echte Sturmflut gehört. Der Wind kommt aus Russland, das gerade unter einer Hitzewelle leidet. Die Luft hat sich über der Nordsee angenehm abgekühlt und wurde mit einer Prise Salz und Jod veredelt. Wenn ich tief einatme und die Augen schließe, wird mein Körper bis in den letzten Winkel mit frischem Sauerstoff geflutet. Nach einer Weile bin ich so euphorisch, dass ich glaube, fliegen zu können.

Wütende Wellen mit Schaum auf den Kronen lecken gierig am Deichsaum

Wir halten dagegen. Nicht, dass sich der Sturm davon beeindrucken ließe, aber wir halten ihm stand.

Direkt neben mir brummt der dicke Autohändler Brar seinen Bass mit der Kraft eines tiefen Schiffshorns, an seiner Seite steht der dünne Karl vom Wyker Standesamt. Gerda und Annalena zaubern mit ihren Ende fünfzig einen fast schwarzen Alt hin, absolut überraschend bei zwei blond gefärbten Landfrauen aus der Milchwirtschaft. Die mollige Stationsschwester Antje vom Inselkrankenhaus steht im Sopran neben Museumsaufsicht Friederike mit den weizenblonden Zöpfen. Die Einsätze gibt uns Vogelwart Markus, der mich im Tenor unterstützt.

Unsere Stimmen summen leise und trotzdem mit aller Kraft, die wir besitzen: «Nothing compares to you». Wie ein wehrhaftes, elegantes Boot gleiten wir gegen den Wind durch das Lied.

Der Wind dreht sich.

Von Norden nähert sich eine giftschwarze Welle, die einige Kilometer hoch ist und so breit wie der Horizont! Wir «Seevögel» stehen plötzlich genau in der Mitte zwischen Sommerlicht rechts und Inferno. Der Verstand sagt mir, das ist keine Welle, sondern eine riesige Regenfront, aber meine Augen sind nicht sicher, denn die Wolken steigen ohne Übergang aus der dunklen See.

Schon die ersten Tropfen sind doppelt so schwer wie bei einem normalen Regen. Dann geht es ohne Übergang heftig zur Sache. Wir rennen vom Deich zu unseren Autos zurück. Beim Sprint zu Marias Mini werde ich auf wenigen Metern pitschenass. Als ich die Tür zuknalle, hole ich erst einmal tief Luft und wische mir die Feuchtigkeit von der Stirn, während sich der Regen krachend und trommelnd auf dem Autodach austobt. Plötzlich klopft es von draußen wild an der Beifahrerscheibe. Ich erkenne schemenhaft eine Frau. Eine Sekunde später springt Mitsängerin Friederike auf den

Beifahrersitz, die blonden Zöpfe hängen wie tropfnasse Wäsche von ihrem Kopf.

«Endlich mal wieder ein richtiges Wetter», strahlt sie. Ihre hellblauen Augen leuchten so fröhlich, als würde gerade eine lange geplante Party beginnen. Als Insulanerin weiß sie, dass das Wetter in einer halben Stunde vermutlich wieder ganz anders sein wird.

Friederike zieht eine selbst gebrannte DVD ohne Aufschrift aus ihrer Jacke.

«Die solltest du kennen.»

Ich bin etwas überrascht. Weder habe ich Geburtstag, noch haben wir uns jemals sonst etwas geschenkt.

«Danke, das ist ja nett.»

Vielleicht ist das etwas für einen Fernsehabend mit Maria, wenn auch nicht gerade heute.

Friederike zieht die DVD zurück.

«Du musst mir etwas versprechen, Sönke …»

Das hört sich richtig feierlich an. Was wird das?

«Ja?»

«Du darfst sie niemandem anderem zeigen, auch nicht Maria.»

«Ist das ein Porno, oder was?», frage ich lachend.

Sie verzieht keine Miene.

«Bitte versprich es mir.»

Ich gebe ihr meine regennasse Hand: «Versprochen.»

«Und ich habe sie dir nie gegeben.»

Sie reicht mir die DVD.

Wir umarmen uns kurz, dann reißt sie die Beifahrertür auf und rennt durch den Platzregen zurück zu ihrem Wagen. Ich lege die DVD auf den Beifahrersitz und fahre los.

Zu Hause landet die silberne Scheibe auf der Flurkommode, denn als Erstes muss ich nach der Plastikfolie im Wintergarten sehen. Seit wir die Wand von der Küche zum Garten aufgebrochen haben, leben Maria und ich in einem Provisorium. Der Wintergarten vor der Küche besteht zurzeit aus einem Betonfußboden und einem Stahlrahmen, der fest in Boden und Mauerwerk verankert ist. Was noch fehlt, sind die Scheiben. Die halbblinde Plastikfolie an den Seiten und oben hat trotz des Platzregens erstaunlich dicht gehalten. Mit einem Besenstiel hebe ich sie oben leicht an, damit die schwere, bauchige Pfütze darauf klatschend zur Seite abfließen kann.

Das Handy klingelt: Maria!

Ich bekomme einen leichten Schweißausbruch, als ich rangehe.

«Ja?»

«Moin, Sönke, tut mir leid, es hat länger gedauert.»

«Föhr oder Autobahn?»

«Alles verschoben, hier brennt gerade die Luft. Hast du noch gar nichts gehört?»

«Nein, was denn?»

«Der Hafen ist dicht, jedes Auto wird kontrolliert, die ganze Insel wird von uns auf den Kopf gestellt. Im Kunstmuseum in Alkersum ist ein wertvolles Bild geklaut worden. Die haben sogar einen BKA-Spezialisten eingeflogen.»

Plötzlich wird mir ganz anders.

«Mensch, Oma war mit Jade in dem Museum! Ist jemandem was passiert?»

«Nein, niemandem. Mann, Sönke, für uns ist das eine Steilvorlage!»

«Wie das?»

«Erklär ich dir später, ich muss wieder ... Bis dann, ich freu mich.»

«Ja, ich auch.»

Was soll ich denn nun davon halten?

Das Beste ist jetzt, ich kümmere mich erst einmal weiter um unser Essen, wie geplant. Bald schmurgeln zwei Heilbutte, mit Knoblauch und Basilikum gewürzt, im Backofen, das asiatische Gemüse liegt bereits fertig geschnippelt im Wok. Als nichts mehr zu tun ist, schießen meine Gedanken wieder hoch wie eine Boje, die man mit Gewalt unter Wasser gedrückt hat und die jetzt nicht mehr zu halten ist.

Wenn alles dumm kommt und Maria versetzt wird, ist das heute eine Art Abschiedsessen.

Tschüs, Föhr!

Der Regen lässt immer noch nicht nach. Mir fällt die DVD von Friederike wieder ein. Vielleicht lenkt die mich ja ab. Wenn sie so ein Geheimnis darum macht, könnte der Film spannend sein. Ich lege mir auf der Couch ein paar Kissen zurecht und nehme meinen Laptop auf den Schoß. Dann schiebe ich Friederikes DVD in den Schacht.

Sie hat den Film ohne Titel abgespeichert.

Das Bild ist zunächst etwas krisselig. Man sieht den hinteren Teil des «Museums Kunst der Westküste». Friederike wohnt direkt gegenüber, der Film muss von ihrer Überwachungskamera stammen. Ihr Mann lagert wertvolle Kacheln in ihrem Haus, bei ihnen wurde schon mal eingebrochen.

Nichts passiert auf dem Video, nicht einmal Passanten.

Was soll ich damit?

Gerade, als ich vorspulen will, öffnet sich im Parterre des Museums ein Fenster. Eine ältere Dame schaut vorsichtig auf die Straße, erst nach links, dann nach rechts. Das Ganze hat etwas von altem Stummfilm, weil der Ton fehlt und alle Bewegungen dadurch sehr grob wirken. Die ältere Frau trägt einen bunt bekleckerten, ehemals weißen Malerkittel und schaut nun direkt in die Kamera.

Es ist unsere Oma.

Was macht sie da?

Oma setzt sich seitwärts auf die Fensterbank, dreht sich zur Straße hin und hängt die Beine heraus. Über ihrer Schulter baumelt ein kantiger, flacher Gegenstand in einer großen Leinentasche. Sie gönnt sich eine kleine Pause zum Luftholen, dann gleitet sie hinaus auf die Straße.

Hat sie die Tür nicht gefunden, oder was?

Mir bricht der Schweiß aus.

Oma geht nach links aus dem Bild. Kurz darauf erscheint am Fenster ein stark geschminktes Mädchen in einem Ledermantel: Jade!

Jade springt ebenfalls mit einem Satz hinaus.

Der Film stammt laut Einblendung von heute um 13:05 Uhr.

Ich habe mal von einer Seniorin gelesen, die eine Hanfplantage unterhielt, um ihre Rente aufzubessern, und hin und wieder schlägt auch mal ein Rentner um sich. Das ist kaum ein Indiz für wachsende Seniorenkriminalität, wenn so etwas passiert, ist es eine Ausnahme und steht gleich in der Zeitung.

Im Ernst, nie im Leben hat meine 76-jährige Oma ein Bild geklaut, um es an internationale Kunsthehler zu verscherbeln.

Wir sind doch eine ganz normale Familie! Niemand von den Riewerts hat je ein Verbrechen begangen, falsch parken und 30 Stundenkilometer zu viel war das Äußerste. Als ich fünfzehn war, habe ich sehr unter der Normalität meiner Familie gelitten. Da hätte mir eine klauende Oma sehr gefallen.

Oma ist unschuldig.

Aber wieso ist sie aus dem Fenster geklettert?

Und Jade?

Schwerer Diebstahl mit fünfzehn? Weil sie sicher sein kann, dass ihr Vater den fiesesten, teuersten Anwalt des Landes besorgt? Oder als *Hilferuf*, für was auch immer? Und Oma deckt sie?

Ich schaue mir die DVD noch einmal von vorne an.

Als könnte der Film diesmal anders ausgehen. Doch wieder klettert Oma aus dem Fenster, gefolgt von Jade. Ich schalte die DVD ab und lege den Laptop neben mich auf den Boden.

Was ist bloß los mit Oma?

Gut, in letzter Zeit wirkte sie manchmal müde und unkonzentriert, sie suchte öfter nach Begriffen, weil sie mit den Gedanken woanders war. Das habe ich für eine Phase gehalten, die vorübergeht, wie eine verschleppte Viruserkrankung. Außerdem kennt es doch jede und jeder, dass einem manchmal nicht gleich die richtige Vokabel einfällt.

Dann gibt es noch die Gerüchte, dass sie letztens von ihrem Balkon am Sandwall Touristen gesegnet haben soll. Das war mit Sicherheit nur ein Gag von ihr, der jetzt von irgendwelchen kleinkarierten Nachbarn hochgespielt wird. Wenn Oma mit mir früher auf dem Festland unterwegs war, hat sie sich noch ganz andere Dinge geleistet. Zum Beispiel Landfrauen wortreich durch die Ausstellung des Hamburger Kunstvereins geführt, ohne auch nur einen einzigen Maler oder ein Bild zu kennen. Bis sie von einem Wachmann, der es besser wusste, rausgeschmissen wurde. Sie nimmt sich halt im Alter die Freiheit, Dinge zu tun, die sie sich vorher in ihrem Leben nie getraut hätte. Und das liebe ich ganz besonders an ihr.

Auf Föhr hat sie sich allerdings stets ein bisschen zurückgehalten, um nicht ins Gerede zu geraten.

Ich will lieber abwarten, als Gerüchten zu glauben. Auf der Insel wird viel erzählt, die Einsegnung der Touristen wird es nicht wirklich gegeben haben.

Aber die Geschichte mit dem Museum! Hoffentlich muss die Polizei nicht gegen Oma ermitteln, das wäre übel. In dem Fall könnte sich Maria ihrer Versetzung kaum entziehen. Das Polizeirevier in Wyk ist einfach zu klein, man würde sich von Seiten der Polizei keinem Verdacht der Strafverschleierung aussetzen wollen und sie wie geplant aufs Festland schicken.

Aber so weit sind wir noch nicht.

Auch wenn ich mich nicht ganz wohl dabei fühle: ich werde Maria die DVD nicht zeigen, das habe ich Friederike versprochen. Und versprochen wird nicht gebrochen.

5. Zwei Heilbutte durch drei

Der Regen hört so schlagartig auf, als hätte jemand den Hahn abgestellt. Von den dicken, grünen Blättern der Rhododendren im Garten perlen schwere Tropfen zu Boden, einige hüfthohe Gräser sind umgeknickt. Es wird warm, man sieht und riecht, wie überall die Feuchtigkeit aus der Erde verdampft.

Ich schiebe den alten Bauerntisch von der Küche in den Wintergarten, drum herum stelle ich zwei unserer Bauhaus-Imitat-Sessel aus Leder und Chromstahl. An den Rand der Tafel kommen unsere großen Kerzenleuchter, neben die Teller rote Trockenblumen. An sich bin ich nicht so sehr der Deko-Typ, aber in meiner Zeit als Eventmanager habe ich mir einiges von den Kellnern abgeguckt. Maria tut gerne burschikos, praktische Outdoor-Kleidung statt kleines Schwarzes. Sie hat ja auch recht, mit High Heels kommst du nicht gut übern Deich. Aber neuerdings, das habe ich herausbekommen, genießt sie es auch, wenn es mal mondäner zugeht.

Ich öffne den besten Pinot noir, den der Weinhändler meines Vertrauens in Wyk verkauft. Nach einer Weile ist alles für das Essen vorbereitet. Sogar frisches Bettzeug habe ich aufgezogen.

Wohl fühle ich mich trotzdem nicht.

Werde ich Maria gleich das erste Mal belügen müssen?

Als Maria in ihrer dunklen Polizistinnenuniform in den Wintergarten stürmt, staune ich: Nach unserer schlaflosen Nacht in Dagebüll müsste sie ziemlich am Ende sein, aber sie sieht kein bisschen müde aus. Maria wirft ihren Gürtel mit der Pistole in die Ecke und umfasst meine Hüften, in ihren glänzenden braunen Augen sehe ich gleichzeitig Entwarnung, Nähe und Euphorie.

Ich weiß nicht, wo sie das hernimmt.

«Heute ist unser Glückstag», juchzt sie und fällt mir um den Hals, das vertraute Apfelshampoo erreicht zusammen mit dem Amber-Parfüm meine Nase. «Die Kollegen vom Festland drehen auf der Insel jeden Stein um, eine Hundertschaft und ein Hubschrauber sind im Einsatz, das ganz große Besteck.»

Ich komme nicht ganz mit: «Was hat das mit uns zu tun?»

Maria grinst.

«Der B K A-Mann lässt Straßenkontrollen aufstellen, die Fähren werden durchsucht, er checkt den Sportboothafen, parallel läuft eine Rasterfahndung im Computer, es gibt Zeugenbefragungen im Museum und im Ort. Das wird alles nichts bringen. Insulaner schwärzen sich nicht gegenseitig an.» Das kann ich für Oma nur hoffen, die Polizeiaktion macht mir Angst.

«... wenn du sagst, den und den habe ich auf der Straße in der Nähe des Museums gesehen, wird er sofort als Zeuge verhört. Und zwar von jemandem, der vom Festland kommt, kein Friesisch redet und sowieso bald wieder weg ist. Deshalb hat vor Ort keiner was mitbekommen. Aber ich kenne meine Insulaner.»

«Du glaubst, der Täter ist Föhrer?»

«Ich weiß es! Wir haben einen Erpresserbrief bekommen. Darin fordert er die Wiedereinführung der alten Postleitzahlen, sonst macht er aus dem Bild ein 100-Teile-Puzzle.»

«Das ist ja völlig irre. Bekommen wir jetzt eine neue Anschrift?»

Maria schüttelt den Kopf: «Natürlich *nicht*.»

«Das ist so was von absurd, deswegen klaut man doch kein Bild!»

«Für mich klingt das nach friesischem Humor. Die Insulaner halten nach außen dicht, aber mit mir reden sie. Nicht direkt, man muss zwischen den Zeilen hören können. Du kennst doch den alten Fietje …»

«Der in Alkersum immer mit seinem Rollator rumläuft?»

«Genau. Der will die ganze Zeit im Haus gewesen sein, hat er dem BKA-Mann erzählt. Aber Britta von der Konditorei hat ihn auf der Straße rumlaufen sehen wie immer. So etwas erzählt sie natürlich nur mir. Sönke, den Fall werde *ich* lösen. Wenn ich den Täter habe, können die mich gar nicht mehr versetzen.»

«Und wenn es nicht klappt?»

«Falsche Frage», widerspricht Maria entschieden und küsst mich auf die Nasenspitze, «lass uns erst einmal essen, ich habe einen irrsinnigen Hunger.»

Das Wasser kocht, ich werfe die Pasta hinein, und wir gehen in den Wintergarten. Maria ist begeistert von meinem Tisch.

«Mann, Sönke, du hast dich ja voll ins Zeug gelegt, Wahnsinn.»

Ich zünde die Kerzen an, obwohl es noch hell ist.

«Wann kommt Jade?», will Maria wissen.

«Die ist mit Oma unterwegs und will bei ihr schlafen.»

«Die beiden verstehen sich super. Das hätte ich nie gedacht. Meinst du, Jade unternimmt auch mal was mit uns?»

«Klar, ich hole sie morgen bei Oma ab und mache mit ihr eine Radtour durch die Marsch.»

«Glaubst du, das haut sie vom Stuhl?»

«Wir werden die Insel-Friedhöfe abklappern, Süderende haben wir schon heute Morgen abgefrühstückt.»

Maria lacht: «Gute Idee. – Sag mal, Oma und Jade waren auch im Museum, hast du vorhin gesagt?»

«Sie haben da einen Malkurs gemacht.»

«Der ist unser größtes Problem.»

«Wieso?»

«Da waren an die sechzig Leute im Haus, während die Alarmanlage ausgeschaltet war. Die müssen wir alle vernehmen.»

«Oma und Jade könnt ihr schon mal von der Liste streichen. Die sind früher gegangen.»

Eine riskante Lüge. Was, wenn Zeugen sie später gesehen haben?

«Vielleicht haben die ja trotzdem was beobachtet.»

«Lass uns essen, ja?»

In diesem Moment kommt ein braun gebrannter Mann mit längeren schwarzen Haaren über den Rasen in den offenen Wintergarten. Ich schätze, er ist ungefähr zehn Jahre älter als wir, so Mitte vierzig. Auch in seinem dunklen Anzug wirkt er durchtrainiert wie ein Athlet. Sein rechter hellbrauner Mokassin-Schuh sieht komplett durchgeweicht aus, er scheint im Garten in eine Pfütze getreten zu sein. Was sucht der Typ hier?

«Moin, Tobi!», sagt Maria. Ach, sie kennt ihn?

«Tag», antwortet er und mustert mich durch eine schwarze Designerbrille.

«Das ist Sönke – Tobias», stellt Maria uns sehr knapp vor.

Tobias drückt meine Hand.

«Bundeskriminalamt», sagt er, als hätte das hier, im privaten Rahmen, irgendeine Bedeutung. Und Maria ergänzt:

«Wir kennen uns von der Polizeischule. Bevor Tobias zum BKA aufgestiegen ist.»

«Ah ja.» Maulfaul kann ich auch. Der Typ soll einfach verschwinden.

«Wie siehst du überhaupt aus?», mokiert sich Maria.

Tobias schaut an sich herunter.

«Ich habe mich mit Kaffee eingesaut. Es ist mir sehr unangenehm», sagt er, «aber ich bin heute mit dem Heli hierhergeflogen, und die haben meinen Koffer mit den Wechselsachen am Flughafen vergessen.»

Maria wendet sich an mich: «Kannst du Tobias nicht mit Klamotten aushelfen? Ihr habt doch ungefähr dieselbe Figur.»

Tobias und ich schauen uns stumm an.

Ich bin eigentlich nicht unzufrieden mit mir, aber der Herr Bundeskriminalbeamte verbringt offensichtlich einige Zeit beim Krafttraining, und es sieht leider nicht einmal übertrieben aus, sondern sehr dynamisch.

Auf seinem dunklen Anzug ist der Kaffeefleck kaum auszumachen, ich verstehe die Aufregung nicht ganz. Egal, ergeben trotte ich mit ihm ins schattige Schlafzimmer, was mir merkwürdig vorkommt mit einem Fremden, den ich vor zehn Sekunden das erste Mal gesehen habe. Im Klamottentauschen sind Mädchen geübter, von Jungen habe ich das selten gehört. Vielleicht mal eine Jacke oder einen Pullover, wenn es kalt wird – aber Unterhosen und Strümpfe?

«Was brauchst du?», frage ich.

Er scannt meinen Schrank ab.

«Den schwarzen Anzug da, einmal Jeans und Sweatshirt, wenn du hast.»

Der Fremde will meinen besten, teuersten Anzug haben? Den ich in meinem Lieblingsladen in Hamburg gekauft habe? Der so leicht ist, dass du ihn gar nicht merkst, wenn du ihn trägst? Wenn ich mir vorstelle, dass der bei einer Verfolgungsjagd zu Schaden kommt …

«Sweatshirt habe ich nicht, höchstens eine Trainingsjacke.»

Der Totenkopf des 1. FC St. Pauli ist oben rechts etwas abgeblättert, was ihn aber nicht zu stören scheint.

«In Ordnung.»

Tobias riecht nach Rasierwasser, teuer, aber überhaupt nicht meine Marke. Das bleibt doch nicht in meinen Klamotten hängen?

Er zieht seinen Anzug mit dem unsichtbaren Kaffeefleck aus.

«Und? Was macht der Bilderklau?», erkundige ich mich.

«Der Täter muss gewusst haben, dass die Alarmanlage heute ausgeschaltet ist.»

«Leichte Beute, was?»

«Na ja, es waren extra zwei Wachmänner für die Bewachung abgestellt worden. Leider hing das Gemälde in einem abgelegenen Gebäudeteil.»

Wie hätte unsere Oma professionelle Wachmänner austricksen können?

«Wie wertvoll war das Bild denn?»

«Kann man nicht genau sagen, auf jeden Fall weit im sechsstelligen Bereich.»

Ich pfeife durch die Zähne.

«Also Profis?»

«Oder ein Gelegenheitsdieb, kann ich noch nicht sagen.»

Ich deute auf seine Hose.

«Der Reißverschluss.»

«Wie? Ach ja.»

Er zieht ihn hoch.

Wir gehen zurück in den halbfertigen Wintergarten. Maria hat die Tagliatelle bereits ins kochende Wasser geworfen. Sie lächelt Tobias einladend an: «Willst du mit uns essen?»

Das kann nicht ihr Ernst sein.

Tobias schaut auf die Uhr.

«Keine Zeit.»

Gut so!

«Maria, du musst mit.»

«Ich habe Dienstschluss.»

«Ich brauche dich dringend.»

Hey, Meister, ich brauche Maria dringender!

«Essen müssen wir sowieso.»

Prinzipiell glaube ich an Gott, aber hier komme ich ins Zweifeln: Ist es Teil des göttlichen Plans, dass Maria mit einem Kollegen vom Bundeskriminalamt verschwindet? An dem Abend, an dem wir über unsere Zukunft reden müssen? Ich bin stinksauer.

«Das könnt ihr vergessen, weil ich das nur für uns gekocht habe, Maria. Und nicht dafür, dass du das mit einem hektischen BKA-Bullen runterschlingst wie einen Hamburger im Drive-in.»

Natürlich sage ich das *nicht*, sondern murmle: «Ist ja genug da.»

«Erst klaue ich deine Klamotten, und dann futtere ich dein Essen auf», sagt Tobias. In Wirklichkeit ist es ihm kein bisschen peinlich, aber immerhin tut er so als ob.

«Ach was, setz dich.»

Gespielte Großzügigkeit meinerseits.

«Aber nur kurz.»

Tobias setzt sich auf meinen Platz, Maria verschwindet schnell im Badezimmer.

Wie teilt man zwei Heilbutte in gerechte drei Stücke? Zumal, wenn sie nicht filettiert sind und einem der Gast kritisch auf die Finger schaut?

«Was war das überhaupt für ein Bild, das geklaut wurde?», erkundige ich mich.

«Es heißt ‹Friesisches Mädchen›, von Otto Heinrich Engel.»

Ich bekomme sofort einen trockenen Mund.

«Welche? Engel hat mehrere gemalt.»

Eine böse Ahnung kriecht in mir hoch.

«‹Friesisches Mädchen› von 1940.»

«Ein Mädchen mit weißer Schürze und Zöpfen, mit einer Kastanie im Hintergrund?»

«Woher kennst du das?», staunt Tobias. «Es ist erst vor kurzem wieder aufgetaucht.»

Mir wird schlecht.

Es ist ein blöder Zufall und doch wieder nicht.

Die Riewerts waren weder Großgrundbesitzer oder Intellektuelle, noch verkehrten sie mit berühmten Leuten. Bis auf den Maler Otto Heinrich Engel, der damals in Berlin hoch geschätzt und berühmt war. Den hatten sie zufällig kennengelernt, weil er einige Sommer auf Föhr verbracht hat. Omas Eltern, die einen kleinen Lebensmittelladen in Wyk besaßen, wollten ihrer Tochter zur Einschulung etwas Besonderes antun. Deswegen hat meine Urgroßmutter meine Oma im Alter von sechs in das Glücksburger Atelier von Engel gebracht, um sie malen zu lassen. Das muss um 1940 gewesen sein.

Das Bild ist im Krieg verschollen, bevor Omas Mutter es bezahlen konnte, Oma hat mir mal davon erzählt.

Was sage ich jetzt bloß? Ich hätte nie von diesem Bild anfangen sollen …

«Och, Engel war ja damals oft auf der Insel. Und alle reden immer von diesem verschollenen Bild», murmele ich.

«Wer genau?», bohrt Herr BKA.

«Na, alle.»

Er lässt nicht locker.

«Zum Beispiel? Ich muss das wissen, vielleicht hilft es uns weiter.»

«Niemand Spezielles. Reden eben alle so daher.»

Im Zusammenhang mit der DVD mag ich an keinen Zufall mehr glauben, am Ende hat Oma wirklich etwas damit zu tun! Und die Forderung nach den alten Postleitzahlen entspricht durchaus ihrem Humor.

Zum Glück kommt Maria in diesem Moment zurück. Sie hat sich frisch geschminkt und legt ihre Hand auf meine Schulter.

«Ist das ein Verhör?», wundert sie sich.

«Ich bin für jeden Hinweis dankbar», sagt Tobias und entspannt sich wieder.

«Geschichten über diesen Engel kursieren hier Tausende», rettet mich Maria, die nichts von Oma und dem Bild weiß. «Er war der bedeutendste Maler, der je auf der Insel war.»

«Allerdings», bestätige ich.

Maria setzt sich neben Tobias.

Ich zucke zusammen, als sein Handy klingelt. «Habt ihr was …?», ruft er hinein und springt dann auf: «Ich komme.»

Vor meinem geistigen Auge führen in diesem Moment grimmige Polizisten meine geliebte Oma in Handschellen aus ihrer Wohnung. Bitte nicht!

Tobias wendet sich an Maria. «Tut mir leid, aber die Leute vom Malkurs machen Terz, weil sie nach Hause wollen. Immerhin sitzen die seit heute Mittag da. Komm, Maria, je schneller wir die Aussagen der Zeugen haben, desto schneller haben wir den Täter. Ich brauche ein möglichst lückenloses Bewegungsprofil von sämtlichen Leuten, die im Museum waren.»

Eigentlich ist es rätselhaft, dass die Polizei nicht längst auf die Spur eines asiatisch aussehenden Gothic-Mädchens mit ihrer viel zu jugendlich gekleideten Großmutter gekommen ist. Auffälliger geht es kaum.

«Klar», bestätigt Maria und rennt zum Küchenschrank. Sie schiebt ihre und Tobias' Portion in zwei Tupperboxen, dann zieht sie mich zu sich.

«Ich weiß, es ist *unser* Abend, Sönke», flüstert sie mir ins Ohr. «Normalerweise würde ich ihn zum Teufel schicken. Aber ich will lieber dranbleiben, auch für uns.»

Plötzlich werden ihre Augen feucht, was ich von ihr gar nicht kenne: «Sönke, ich will weiter mit dir hier leben.»

«Ich doch auch», sage ich. An mir liegt es ja nicht.

Sie gibt mir einen Kuss, dann verschwindet sie mit Tobias vom obersten Kriminalamt, der einen schwarzen Dienst-BMW mit aufheulendem Motor in Bewegung setzt.

Viele Feriengäste kommen Jahr für Jahr nach Föhr, um alle Betriebssysteme herunterzufahren und tiefenentspannt zurückzukehren. Und tatsächlich kehren die meisten mit neu aufgeladenen Batterien zurück. Warum gelingt mir das nicht, wo ich doch an der Quelle der Ruhe wohne? In einem idyllischen Reetdachhaus, hundert Meter vom Weltkulturerbe Wattenmeer entfernt?

Es nützt mir gar nichts!

Einige deutliche Indizien sprechen dafür, dass Oma das «Friesische Mädchen» von 1940 gestohlen hat, und das ist noch zurückhaltend ausgedrückt.

Was könnte sie zu so einer Tat getrieben haben? Und dann dieser irre Erpresserbrief!

Ich fürchte, es gibt nur eine plausible Antwort darauf, auch wenn ich die lieber verdrängen würde: Unsere geliebte Oma baut ab.

Ihr Schwächeanfall auf dem Friedhof, ihre Vergesslichkeit und nun das Bild. Wahrscheinlich hat sie sich darauf erkannt und sich für die rechtmäßige Besitzerin gehalten. Endlich hielt sie das Bild in den Händen, das sie nie gesehen und an das sie all die Jahre gedacht hatte.

Für die Polizei wäre Friederikes Videoaufzeichnung von Omas Flucht aus dem Fenster ein gefundenes Fressen. Tobias würde sie in die Mangel nehmen und nicht lockerlassen, was ihren Zustand vermutlich drastisch verschlechtern würde. Oma wäre fällig, und Maria würde von der Insel versetzt werden!

Ich will heute Abend nur noch unter einer Decke liegen und mich tot stellen.

Ob ich in vier Wochen noch mit Maria auf Föhr lebe?

Keine Ahnung!

Für mich erscheint nicht mal sicher, ob wir unsere Postleitzahlen behalten.

Mir bleibt immerhin der Pinot noir, laut Weinhändler ein Jahrgang mit sensationellem Abgang. Letzteren kann ich leider nicht bestätigen, denn die ersten Schlucke trinke ich direkt aus der Flasche.

6. Roter Punkt in grüner Marsch

Maria und ich haben ganz eng beieinander auf der Couch im Wohnzimmer geschlafen, wie Akkus, die in einer Steckdose aufgeladen werden. Da Jade bei Oma übernachtet hat, hätten wir auch ins Schlafzimmer wechseln können, aber dazu waren wir zu faul. Leider habe ich Maria nur im Halbschlaf mitbekommen, denn sie kam erst weit nach Mitternacht und ist um sechs schon wieder zum Dienst abgehauen. Die Fahndung läuft auf Hochtouren, ich kann nur noch beten.

Bloß wofür?

Dass Maria den Fall löst und auf der Insel bleiben kann? Und wenn Oma dabei verhaftet wird? Soll ich Maria die DVD verschweigen oder ihr die Wahrheit sagen?

Ich sollte erst einmal in aller Ruhe mit Oma reden, bevor ich sonst was in Gang setze. Aber wann und wie?

Ich mache ja schließlich keinen Urlaub auf Föhr, ich muss dringend arbeiten! Mein Dispo-Kredit ist fast ausgereizt, ich brauche frisches Geld auf meinem Konto, das kann ich nicht mehr verschieben.

In Hamburg habe ich jahrelang bei einer Event-Agentur gearbeitet, bis ich dort gefeuert wurde. Als ich zu Maria nach Föhr zog, habe ich erst einmal bei der «Föhr-Touristik» eine befristete Halbtagsstelle bekommen. Vor einiger Zeit bin ich «outgesourct» worden. Im Klartext heißt das, ich bin selbständig und arbeite auf eigenes Risiko. Mein neuester Plan ist es, eines der ehrgeizigsten Projekte aus der Bibel zu kopieren: die Arche Noah. Anders als Noah muss ich sie zum Glück nicht selber bauen, es gibt sie bereits: die Autofähre «Uthlande», die uns heute Morgen auf die Insel gebracht hat. Ich will Pensionen, Gemeinden und Betriebe der Insel mit eigenen Ständen auf dieses Schiff laden und sie ins Herz der Hauptzielgruppe, zu den Hamburger Landungsbrücken, schippern. Dort können sich Stammurlauber und Neugierige mit einem attraktiven Programm und Ausstellungen über die Insel Föhr informieren.

Mein Plan ist eigentlich fix und fertig, nur die Kunden wissen noch nichts davon.

Ich habe eine Liste mit genau 241 Adressen auf der Insel, was bedeutet, ich muss 241 Leute einzeln aufsuchen und sie für mein Projekt begeistern. Wenn ich fünf am Tag schaffe, wären das 48 Tage, das ist eine Menge. Erst wenn ich das hinter mir habe, verdiene ich Geld – im besten Fall. Ich brauche vor allem die großen Inselbetriebe und Hotels, die W. D. R.-Reederei (das heißt «Wyker Dampfschiffsreederei») und nicht zuletzt das «Museum Kunst der Westküste». Aber erst einmal will ich klein anfangen, um die Stimmung für das Arche-Projekt auszuloten. Dazu ist die Hilfe von Landwirt Hauke Hansen nötig, mit dem ich zufällig mal einen Abend an einem Tresen verbracht habe, zusammen mit Brar von den Seevögeln.

Hauke hat nur heute, am Sonntag, Zeit. Da ich Jade in der Nähe abholen soll, kann ich das mit dem Besuch bei ihm verbinden.

Nach einem kleinen Frühstück setze ich mich aufs Rennrad. Die Temperatur an diesem Sonntagmorgen wechselt je nach Sonne und Wolkenfeldern jeweils um mehrere Grad. Der Wind kommt vom Meer; er frischt immer wieder in Böen auf. Ich habe noch genug Zeit und beschließe, einen Umweg über die so genannte «Traumstraße» zu fahren, vorbei an Goting und Utersum Richtung Dunsum. Unterwegs rolle ich über sanfte Hügel (die höchste Erhebung auf Föhr ist dreizehn Meter hoch), die festliche Panorama-Ausblicke übers Meer zur Nachbarinsel Amrum bieten. Neben dem letzten Haus vor dem Deich in Dunsum steht das uralte Mercedes-Taxi von Ocke, das ist ein Freund von Oma. Der weißbärtige Ocke trägt wie immer ein blaues Fischerhemd und fummelt gerade an den Scheibenwischern herum, die wohl unter dem gestrigen Sturmregen gelitten haben. Er winkt mir freundlich zu. Für einen kurzen Moment überlege ich, ob ich nicht anhalten und ihn fragen soll, ob ihm an Oma etwas aufgefallen ist. Aber so viel Zeit habe ich nicht mehr.

Nach einigen Kilometern passiere ich die kleine Brücke über den Grat-Kanal. Dahinter beginnt eine riesige Weite, die mehr zum Himmel gehört als zur Erde. Die Marsch ist flach wie eine Leinwand und wird vom Himmel immer wieder neu in den unterschiedlichsten Lichtstimmungen bemalt. Du weißt nie, was dich hier erwartet, in der Marsch kannst du euphorisch werden, aber genauso gut depressiv. Es wundert mich nicht, dass dieser Teil der Insel erst 1960 besiedelt wurde. Dem wollte sich vorher niemand aussetzen. Die ersten schlichten Rotklinkerhäuser standen verloren im Nichts, die Schwarz-Weiß-Fotos aus den frühen Jahren wirken trostlos. Die Bewohner pflanzten schnell wachsende Hölzer um ihre Wohnhäuser und Stallungen, die heute über den Dachfirst reichen und die Höfe wie geschützte Inseln in der grünen Weite erscheinen lassen.

Hier irgendwo ist Oma zusammen mit Jade unterwegs. Als ich sie auf ihrem Handy anrief, ging sie gleich dran. Mein erster Gedanke war beruhigend und schäbig zugleich: das kann sie also noch.

Seit einigen Minuten liegen Weiden und Felder unter schweren, grauen Wolken. Es geht stur geradeaus, der Gegenwind ist heftig. Unberechenbare Windböen machen es unmöglich, einen regelmäßigen Tret- und Atemrhythmus zu finden, auch mit äußerster Kraftanstrengung komme ich nur mühsam voran. Mitten in der sattgrünen Fläche erkenne ich kilometerweit entfernt einen winzigen roten Punkt, eine Farbe, die in der Natur hier nicht vorkommt.

Das ist mein Ziel.

Es dauert ewig, bis der Punkt größer wird, dann steht Oma in ihrem dunkelroten Hosenanzug an der verabredeten Kreuzung endlich vor mir, ihr altmodisches Hollandrad wartet am Rand der Straße. Der rote Hosenanzug ist schon auffällig genug, sollte man meinen, aber Oma ist zusätzlich in grellen Bonbonfarben geschminkt, ihre blond gefärbten Haare hat der Wind in alle Richtungen verwuselt.

Komischerweise hat sie mich nicht kommen sehen, obwohl sie doch in meine Richtung blickt. Ihr Gesicht sieht müde aus, die Augen sind matt, die Wangen eingefallen.

Was natürlich erlaubt ist mit 76 Jahren! Aber ich kenne sie doch anders.

«Moin, Oma!»

Sie schrickt zusammen.

«Sönke! Kannst du nicht klingeln?»

«Wieso sollte ich – hier draußen?»

Dann nehmen wir uns zur Begrüßung in den Arm.

«Moin, Sönke, mein Lieber.»

«Vorsicht, ich bin noch ganz verschwitzt.»

«Ich *liebe* frischen Männerschweiß!»

«Du warst eben ganz in Gedanken, was?»

Oma blinzelt mich an: «Ja, ich habe mich gerade tierisch über dich aufgeregt.»

«Was hab ich denn getan?»

«Ich finde es furchtbar, dass du auf Föhr lebst, damit du das nur weißt!»

Eine typische Oma-Ansage, schockierend ehrlich.

«Wieso?»

«Wenn ich früher einen Inselkoller bekam, hatte ich immer eine Anlaufstelle bei dir. Und jetzt?»

«Andere Großmütter freuen sich, wenn ihre Enkel solide werden», gebe ich zurück.

Tatsächlich ist Oma in meiner Hamburger Zeit oft zu mir gekommen, worüber ich mich immer sehr gefreut habe, auch wenn sie mich dabei oft an meine Grenzen gebracht hat. Einmal wollte sie auf dem Kiez mit mir in einen «Independent-Club», von dem sie in der Zeitung gelesen hatte. Sie hatte im Lexikon nachgeschlagen, dass ‹independent› unabhängig heißt. Das fand sie klasse! Ich versuchte ihr zu erklären, was Independent-Music ist, warnte sie vor lauten Bässen und drangvoller Enge, wodurch sie sich aber keineswegs abhalten ließ. Oma wollte unbedingt wissen, was unter «unabhängigen» jungen Leuten so ablief. Also fuhren wir auf die Reeperbahn in den Club und begehrten Einlass. Oma war wie immer viel zu jugendlich gekleidet, was die stumpfen Türsteher gar nicht witzig fanden: «Wir sind kein Altersheim, sterben kannst du auch woanders.» Ich beschwerte mich heftig über den Spruch. Aber Oma ignorierte das Gelaber der Typen einfach, stellte ihre Augen auf irgendetwas zwischen Melancholie und Trauer. Und konterte mit einer ebenso dicken Ansage: «Ihr habt ja recht, Jungs. Aber vor fünfzig Jahren war ich Striptease-Tänzerin in genau diesem Laden. Jetzt habe ich noch vier Wochen zu leben, da wollte ich ein letztes Mal sehen, was aus dem Club geworden ist. Wäre das möglich? Ich sterbe auch nicht bei euch, versprochen!»

Da wurden die harten Kiez-Kerle weich, und die Tür öffnete sich.

In den Kellerräumen war es so eng, dass man sich nur auf Tuchfühlung bewegen konnte. Die Gäste reagierten befremdet. Was machte die Alte hier? Oma besetzte den einzigen Platz, den man Irrläufern wie ihr zubilligte, den Barhocker. Doch sie beließ es nicht beim Beobachten, sprang irgendwann auf, riss die Arme hoch und tanzte. Da gab es niemanden im Raum mehr, der sich nicht in sie verliebte.

Das ist allerdings schon etwas her.

Ich bemerke, dass ich Oma gegenüber misstrauisch werde und anfange, alles an ihr in Hinsicht auf möglichen Verfall zu interpretieren: Reagiert sie schnell genug auf das, was ich sage? Ergibt das, was sie erzählt, Sinn?

Plötzlich rasen drei unternehmungslustige schwarze Cocker-Spaniel auf uns zu, einer der Hunde springt mit wedelndem Schwanz an meinem Bein hoch. Kein Mensch weit und breit, zu dem sie gehören könnten.

«Deine?», frage ich so neutral wie möglich.

«Ja», sagt sie geistesabwesend.

«Um Gottes willen!»

Nicht auch noch drei Hunde!

Oma schaut mich empört an: «Wieso?» Dann gibt sie Entwarnung: «Sie gehören Walter Behnke, er hatte keine Zeit zum Gassigehen.»

Ihr Hausarzt.

Ich sollte aufhören, aufgrund von Gerüchten irgendeine Diagnose über Oma stellen zu wollen! Wenn sie jünger wäre, würde ich mir gar keine Sorgen über ihren Zustand machen, dann wäre sie halt gerade «voll im Stress». Ich will ihr nicht misstrauen, nur weil sie alt ist.

Nein, ich werde so ehrlich zu Oma sein wie immer, dann wird sich alles klären, auch der Diebstahl im Museum.

«Wo steckt Jade?», erkundige ich mich. Ich hatte doch mit ihr verabredet, dass wir von hier aus eine Radtour über die Insel machen.

«Sie wollte nachkommen.»

Die schwarzen Cocker-Spaniel jagen sich gegenseitig mit hängenden Zungen über die Felder.

«Komm, wir gehen ein bisschen», schlage ich vor. Ich lehne mein Fahrrad an einen Zaun. Oma hakt sich bei mir ein, und wir laufen langsam die schnurgerade, schmale Teerstraße weiter, die am Ende mit dem Horizont verschmilzt. Die schwarzen Cocker-Spaniel rennen immer weiter weg. Obwohl die Landschaft tellerflach daliegt, schaffen sie es, vor unseren Augen zu verschwinden, bis sie eine Minute später wieder aus einem Graben oder knietiefen Halmen hervorschießen.

Oma gähnt herzhaft.

«Müde?», frage ich sie.

«Schlafen kann ich noch genug, wenn ich tot bin», weicht sie mir aus.

Schlafmangel kann einen kirre machen, wer kennt das nicht? Vermutlich ist sie deshalb etwas durcheinander, Oma muss nur mal wieder schlafen. Ihr Hausarzt Dr. Behnke soll ihr ein Mittel verschreiben, dann kommt alles wieder ins Lot.

«Kennst du schon die neusten Gerüchte über dich?», frage ich sie.

Sie verdreht die Augen.

«Will ich gar nicht hören.»

Unterwegs hat Maria mich angerufen und mir weitergegeben, was sie von einem Kollegen auf dem Polizeirevier erfahren hat. Unsere geliebte Oma scheint momentan etwas vergesslich und durcheinander zu sein.

«Ich kann es mir schon denken», blinzelt sie mir zu. «Ich war nachts im Pyjama auf der Straße nach Boldixum unterwegs?»

Genau das hat mir Maria vorhin erzählt.

«Ja.»

Mit Glück ist nichts dran.

«Haben die auch erwähnt, dass ich mich ausgeschlossen hatte?»

«Natürlich nicht.»

Einerseits bin ich erleichtert, dass es eine plausible Erklärung dafür gibt. Andererseits ist die Frage nach dem Bilderklau damit immer noch nicht geklärt.

«Die Haustür unten stand offen und hat im Sturm geklappert, ich konnte deswegen nicht einschlafen. Da bin ich runter und habe sie zugemacht. Blöderweise hat der Wind meine Wohnungstür zugeschlagen.»

«Und wie bist du wieder reingekommen?»

«Lebe ich seitdem auf der Straße, oder was?»

Weicht sie mir aus, oder ist sie beleidigt? Ich nehme sie in den Arm.

«Alles gut, Oma.»

Ihre Augen strahlen: «Mach dir keine Sorgen, mein lieber Sönke.»

Mich darf man manchmal auch nicht genauer fragen.

Zum Beispiel, warum ich mal eine halbe Stunde lang die Fernbedienung gesucht und sie schließlich im Kühlschrank gefunden habe. Dabei war es ganz einfach zu erklären: du telefonierst kurz in der Werbepause eines guten Films mit der Fernbedienung in der Hand und suchst gleichzeitig im Kühlschrank etwas zu essen. Da fehlt dir eine Hand. Also legst du die Fernbedienung kurz ab, im selben Moment erfährst du am Telefon etwas Sensationelles, haust die Kühlschranktür zu – und weg ist sie.

Plötzlich brechen die Wolken auf, und das Himmelslicht beschreibt die Marsch mit kräftigem, sattem Grün und trunkenem Blau, wie Curaçao. Der starke Wind bringt all diese Farben zum Tanzen und mischt sie nach Belieben. Die Hunde toben auf uns zu und setzen sich hechelnd vor Oma auf den Asphalt. Oma wirft einen gelben Ball die Straße hinunter, um den sie sich balgen, als hinge ihr Leben davon ab.

«Wie war der Malkurs mit Jade?», erkundige ich mich.

Womit ich mich endlich traue, mich der Kernfrage zu nähern.

«Gut.» Kommt da noch was?

Normalerweise hätte Oma mir brühwarm jede Einzelheit berichtet und über alles und jeden gelästert.

«Habt ihr was von dem Diebstahl mitbekommen?»

Oma legt ihre knochige Hand auf mein Handgelenk und beruhigt mich: «Nein.»

«Weißt du, welches Bild sie geklaut haben?»

«Nein.»

«Das ‹Friesische Mädchen› von 1940.»

«So?»

Sie tut so, als hätte sie den Titel nie gehört.

«Bist du da drauf?», bohre ich nach.

«Keine Ahnung, es ist ja verschollen.»

«War es bis jetzt.»

«Ich habe es nicht gesehen, was kann ich also sagen? Möglich ist alles. Und jetzt Schluss damit, Sönke!»

So einfach kann ich nicht lockerlassen, es geht um zu viel.

«Wieso bist du mit Jade durchs Fenster abgehauen?»

Ihr Kopf schießt herum.

«Quatsch.»

Sie ist wirklich empört.

«Ich habe es selber gesehen.»

Sie legt ein sarkastisches Lächeln auf: «Von Nieblum aus, kilometerweit entfernt.»

«Jemand hat mir Aufnahmen von einer Überwachungskamera zugespielt.»

Oma überlegt angestrengt, dann wird ihr Gesicht plötzlich hilflos und leer.

«Ich … erinnere mich nicht.»

Sie wirkt betroffen über sich selbst. Und seltsam, ich glaube ihr.

Die Polizei allerdings würde ihren Gedächtnisverlust anzweifeln und sie notfalls irgendwohin einweisen.

Ein schreckliches Schweigen legt sich einen Moment zwischen uns, bis sich Oma innerlich aufbäumt und richtig laut wird: «Wer glaubt, dass ich mit zarten 76 Jahren ein Bild klaue?»

Auf der DVD war nur zu sehen, dass etwas Eckiges, Flaches in Omas Tasche steckte, als sie aus dem Fenster kletterte. Ob es das besagte Bild war, konnte ich nicht erkennen. Das frage ich lieber genauer bei Jade nach, die war ja dabei.

«Der Täter fordert die Postleitzahlen von vor 1993 zurück, nur dann gibt er es wieder.»

«Mann, es gibt vielleicht Verrückte …»

Als sie das sagt, liegt plötzlich so eine Nuance in ihrem Gesicht, die mir wieder vertraut und äußerst wach vorkommt. Ich weiß genau, wann Oma spielt und wann nicht. Deswegen kann ich eindeutig sagen, dass sie jetzt nicht die Wahrheit sagt.

«Weißt du deine noch?», frage ich.

«2270 Wyk», kommt es sofort.

Ihr Langzeitgedächtnis ist voll da.

Obwohl ich in der Zeit etliche Briefe nach Föhr an Maria und Oma geschickt habe, hätte ich das nicht mehr gewusst.

Oma gähnt herzhaft und lehnt sich an einen Zaunpfahl, ihre Energie geht sichtlich in den Keller. Der Wind ist immer noch heftig. In ihrem Zustand wird sie den Rückweg kaum schaffen.

Also was tun? Ein Taxi rufen?

Von ferne nähert sich über den schmalen landwirtschaftlichen Nutzweg ein Mofafahrer, der einen Fahrradfahrer mit seinem rechten Arm neben sich herschiebt. Als sie näher kommen, erkenne ich auf dem Rad eine Frau in dunklem Ledermantel: Jade. Sie sitzt auf dem alten, rostigen Fahrrad von Opa, das Jahre unbenutzt im Keller gestanden hat. Da sie spontan bei Oma übernachtet hat, musste sie sich aus Omas Schminkkoffer bedienen. Ihre Leichenblässe ist einem gesunden, dezent gebräunten Teint gewichen, die schwarze Farbe um ihre Augen ist leicht verlaufen.

Der strohblonde Mofafahrer ist ungefähr so alt wie sie und im Gegensatz zu ihr naturbraun. Er trägt ein weißes Blouson, über seinem schwarzen T-Shirt baumelt ein Goldkettchen mit einem Seepferdchen. Sein roter Helm baumelt lässig am Lenker.

«Moin, Jade, mien Deern», ruft Oma begeistert. «Du hast ja schnell Anschluss gefunden. Ist das dein neuer Freund?»

Die beiden laufen rot an. Jade wirft dem Jungen einen entschuldigenden Blick zu, der wohl so etwas sagen soll wie: «Reg' dich nicht auf, es ist nur Familie, für die kann keiner was.»

Jaja, Omas Ansagen muss man zu nehmen wissen.

«Du bist Momme, nicht?», weiß Oma, «der Enkel von Ocke.»

Omas Freund Ocke ist der Taxifahrer, an dessen Haus in Dunsum ich vorhin vorbeigeradelt bin. Er kutschiert Oma bei Bedarf überall hin, sogar bis Hamburg, wenn es sein muss.

Momme nickt.

«Ich fahr' denn mal wieder», verabschiedet er sich verlegen von Jade, «deine Handynummer hab' ich ja.»

«Ciao!»

Es ist beiden erkennbar unendlich peinlich, vor uns zu sprechen. Schließlich geht es darum, ob sie sich wiedersehen, was sehr, sehr wichtig sein kann. Das würde ich auch nicht gerne vor Oma und meinem zwanzig Jahre älteren Cousin verhandeln.

«Moooment», ruft Oma und schiebt ihr Rad neben Mommes Mofa. «Kannst du mich zurückschieben? Ich bin ziemlich kaputt.»

Mommes Augen signalisieren mittleres Entsetzen, denn das bedeutet, er muss die alte Frau gleich anfassen. Oder sie ihn, was aufs Gleiche hinausläuft. Ich umarme sie.

«Kommst du nachher zu Arne?», frage ich.

Mein Onkel Arne feiert am Abend eine kleine Party am Utersumer Strand. Er war der erste Surfer auf Föhr und hat bis Mitte fünfzig auf den Brettern gestanden und Kurse gegeben. Das langhaarige Hippie-Idol meiner Jugend. Nach einem Bandscheibenvorfall arbeitet er nun als Strandkorbvermieter und Partyveranstalter und feiert heute ein spontanes Fest.

«Ich schau mal», nuschelt Oma müde und umarmt Jade und mich. «Bis später, meine Kinder.»

«Ist das in Ordnung mit dem Mofa?», erkundige ich mich.

«Ja», antwortet Momme, dabei habe ich doch Oma gemeint.

Sie setzt sich aufs Rad und hält sich mit ihren knochigen Fingern an Mommes Schulter fest. Dann ruft sie die Hunde: «Dari! Menno! Biela! Es geht los!»

Momme fährt mit einem Ruck an, sodass Oma fast vom Rad fällt. Sie fängt sich im letzten Moment, und die beiden nehmen Geschwindigkeit auf. Die Cocker-Spaniel des Hausarztes laufen mit lachenden Mäulern neben den beiden her. Von weitem sieht das Ganze aus wie eine typische Teeny-Szene. Hoffentlich kommen sie heil an.

Jade und ich bleiben an der Kreuzung im Nichts zurück.

«Und nun?», fragt sie mich unfreundlich.

7. Tausche Föhr gegen iPhone

Der Wind legt nochmal einen drauf, das wild raschelnde Schilf in den Gräben schmeichelt den Ohren, es riecht nach Erde und Süßwasser aus den Gräben.

«Wo geht es lang?», fragt Jade.

«In die andere Richtung», stelle ich fest.

«Ich möchte mich sofort zu Hause überschminken.»

Ich atme tief durch.

«Wir müssen einen kleinen Umweg machen, ich muss noch etwas Geld verdienen.»

«Heute ist Sonntag», erinnert mich Jade ungläubig.

«In einer halben Stunde habe ich eine Verabredung mit einem Inselbauern, die kann ich nicht verschieben.»

«Kann ich hier warten?»

«Es geht schnell», verspreche ich.

Vorhin forderte der Gegenwind von Radfahrern so heftige Anstrengung wie bei einer Alpenüberquerung, in der anderen Richtung lässt er Jade und mich bergab rollen: Der kraftstrotzende Wind nimmt unsere Rücken als Segel und bläst uns voran, ohne dass wir viel treten müssen. Jade ist trotzdem schwer am Keuchen, Sport ist offensichtlich nicht ihr Ding, und die Kette von Opas alter Gurke quietscht unter jedem ihrer Tritte erbärmlich. Außerdem ist der schwere Ledermantel im Weg, der ihr permanent gegen die Knie schlägt und ausdauernde, runde Bewegungen mit den Beinen unmöglich macht. Aber Jade beißt die Zähne zusammen und versucht keine Schwäche zu zeigen.

«Wie findest du Föhr denn so bisher?», erkundige ich mich freundlich.

Allein die Frage bereitet ihr ein derartiges Unbehagen, dass sie sich sichtlich zusammenzieht.

«Willst du mich vollquatschen?» Für sie klingt das wohl nach der gespielten Nettigkeit eines Onkels, der sie eigentlich doof findet.

Es geschieht mir recht. Einer wie ich, der sich als Eventmanager an bestimmt 500 Buffets mehr oder weniger erfolgreich durchgelabert hat, sollte auch mal eine Niederlage einstecken können. Andererseits war das eine ganz normale Frage, finde ich. Seit ihrer Ankunft am Hamburger Flughafen hat Jade kaum ein Wort mit mir oder Maria geredet. Meint sie, mir macht das Spaß? Na ja, einen Versuch noch.

«Welcher Friedhof in Frankfurt ist eigentlich dein liebster?», frage ich.

«Was soll das denn?»

«Eine einfache Frage für einen *Goth*, dachte ich.»

«Wie kommst du darauf?»

«In Frankfurt ist es für mich der Hauptfriedhof», sage ich. «Es ist zwar der einzige, den ich kenne, aber ich finde ihn super.»

Ich meine das vollkommen ernst. Die parkähnlichen klassizistischen Anlagen sind eigentlich viel zu schön für den Tod.

«Hat sich Papa bei dir beschwert, oder was ist los?»

Sie traut mir wirklich gar nicht.

«Cord ist doch total weltfremd, der schnallt gar nichts davon. Stimmt's?»

Sie schaut mich erstaunt an.

«Übrigens gehen nicht alle Goths auf Friedhöfe», klärt sie mich auf.

«Aber die meisten *Dark Waver* wie du.»

Jetzt ist sie wirklich baff: «Wie kommst du darauf, dass ich … Hey, mein alter Cousin Sönke kennt sich aus mit schwarzer Romantik? Ich fass es nicht.»

Es ist das erste Mal, dass sie meinen Namen ausspricht, seit Maria und ich sie am Flughafen abgeholt haben. Wenn auch zusammen mit dem Adjektiv «alt».

Tatsächlich habe ich mich gestern Abend, als Maria mit ihrem BKA-Kollegen verschwunden war, im Internet schlau gemacht. Es hat mich einfach interessiert. Bei den «Gothics» gibt es laut Internet so viele verschiedene Richtungen, dass ich nur gestaunt habe. Düsteres Auftreten und dunkle Kleidung scheint die einzige Klammer für alle zu sein. Laut Internet hat die Bewegung ihren Zenit längst überschritten, aber es gibt einen harten Kern, zu dem Jade offensichtlich gehört.

Warum nicht mit dem Tod, Trauer und Vergänglichkeit sich auseinandersetzen? Das ist ehrlich und kann zugleich romantisch sein. Als ich als Teeny jahrelang unglücklich in Maria verliebt war, war ich auch extrem empfänglich für derartige Themen.

«Dafür, dass wir im Fernsehen nie vorkommen, kennst du uns aber gut.»

Auf die Idee, dass ihr alter Cousin einfach nur gegoogelt hat, kommt sie gar nicht.

«Kennst du auch NDT?», erkundigt sie sich.

«Äh, das sagt mir jetzt nichts auf Anhieb.»

«**N**eue **D**eutsche **T**odeskunst.»

Wie bitte? Irgendwie war meine Recherche wohl nicht ganz vollständig. Hoffentlich ist das nichts, worauf Gefängnis steht.

«Ach so.»

Das erste Mal ahne ich bei Jade so etwas wie den Anflug guter Laune.

«Weswegen bist du wirklich hier?», frage ich. «Doch nicht wegen der Wurzeln deines Vaters?»

Ihr Blick geht unverändert geradeaus.

«Das willst du nicht hören.»

«Spuck's aus.»

Sie dreht ihren Kopf zur Seite und guckt mir giftig in die Augen.

«Papa hat mir ein iPhone mit Vertrag versprochen, wenn ich vierzehn Tage durchhalte.»

Als ob Föhr eine Gefängnisinsel wäre. Auf so eine Idee kann auch nur Cord kommen. Was verspricht der sich von einer erzwungenen Familienzusammenführung? Wo er doch selbst Jahrzehnte nicht auf Föhr war, weil ihn alles hier an seinen verhassten Vater erinnerte.

«Die Riewerts sind eine kaputte Familie.»

«Sagt wer?»

«Mein Vater.»

Am liebsten würde ich Jade mit der nächsten Fähre nach Hause schicken. Cord hätte ruhig sagen können, was er uns da zumutet. Warum muss ich mit einem Mädchen zusammenwohnen, die bei uns nur ihr teures Handy absitzen, ansonsten aber nichts mit uns zu tun haben will? Und wenn sie dreimal meine Cousine ist, ich bin kein Punching-Sack für verhaltensgestörte Teenager! Aber ich muss mich wohl zusammenreißen, Oma zuliebe. Jade kann immerhin als einzige ihre Unschuld bezeugen.

«Zählst du Oma auch dazu, zu der kaputten Familie?»

«Nein. Oma ist klasse.»

Na, wenigstens das.

«Weiß sie von dem iPhone?»

Das trifft sie. Vor Oma will Jade nicht als geldgeiles Luder dastehen. Wahrscheinlich fragt sie sich jetzt, ob ich das Oma weitererzähle. Sollte diese unausgesprochene Drohung unser Verhältnis harmonischer gestalten, hätte ich nichts dagegen.

«Wie war euer Malkurs?», frage ich, um zum Wesentlichen zu kommen.

«Ganz o. k.»

«Was hast du gemalt?»

«Wieso?»

«Interessiert mich einfach.»

«Ist doch egal».

Zäh ist das Luder!

«So geheim?»

Sie schaut mich gelangweilt an.

«Ein Grab mit einem Menschen, halb Engel, halb tot.»

«Und Oma?»

«Einen Strandkorb, der halb unter Wasser steht. Das war ein Traum, den sie in der Nacht davor gehabt hat.»

Ich kann leider nicht lockerlassen.

«Und was für ein Bild hatte Oma bei sich, als ihr aus dem Fenster geklettert seid? War es das mit dem Strandkorb?»

Jade tritt fester in die Pedale und versucht, ein wenig vorweg zu fahren, aber ich bleibe neben ihr.

«Ich verstehe nicht, was das Geheimnis daran sein soll.»

Sie wird richtig sauer.

«Ich möchte nicht darüber reden, o. k.?»

«Warum nicht?»

«Es ist meine Sache – und Omas.»

Viel weiter bringt mich Jade nicht.

Vielleicht ist es auch besser, wenn ich gar nicht weiß, ob Oma schuldig ist. Eines bleibt Fakt: Wenn Friederikes DVD in die Hände der Polizei geriete, würde Oma mächtig Ärger bekommen. Und das könnte sie momentan gar nicht gebrauchen.

Ich hole tief Luft.

«Egal, warum ihr aus dem Fenster ausgestiegen seid», sage ich. «Maria darf davon nichts erfahren!»

Jade blickt mich mit großen Augen an. Mit dieser Wendung hat sie nicht gerechnet.

Ich auch nicht, es ist mir einfach so herausgerutscht.

8. Talkshow

Der Himmel sieht schon etwas freundlicher aus, an einigen Stellen meine ich bereits ein Graublau zu erahnen. Jade und ich rollen mit unseren Rädern auf den Hofplatz von Hauke Hansen in Toftum. Er passte hervorragend aufs Autodeck und wäre mein erster zahlender Kunde. Sein Hof liegt am Rande von Toftum, das genau genommen ein Ortsteil von Oldsum ist. Vor der Scheune rechts steht sein altes Friesenhaus, das ein bisschen anders aussieht als die perfekt renovierten Wochenenddomizile der Hamburger Ärzte und Unternehmensberater: Das rote Mauerwerk sieht schmutzig und mürbe aus, die Kanten bröckeln, das Reetdach ist vermoost und wurde an einigen Stellen durch Blechplatten ersetzt. Die Scheune ist aus neuem Waschbeton, der im oberen Teil mit grünem Blech verblendet wurde, die gesamte Dachfläche ist mit Solarzellen bestückt. Neben der Scheune gammelt ein schmutzig weißer Toyota Land-Cruiser mit abmontierten Kennzeichenschildern und fehlender Beifahrertür vor sich hin.

«Du kannst draußen warten», biete ich Jade an.

«Bin wohl nicht vorzeigbar.»

Ich atme tief durch.

«Dann komm mit.»

Jade verschränkt ihre Arme. «Nee, keinen Bock.»

Tolles Spiel.

«Es stinkt hier», beschwert sie sich.

«Denk immer an das iPhone.»

Ich gehe auf die offene Scheunentür zu. Hauke kniet vor einer rostigen Achse, die auf dem Betonboden liegt, seine Bewegungen wirken langsam und bedächtig. Mit einer Flex fährt er vorsichtig in das verrostete Eisen, was einen fürchterlichen Lärm produziert, Funken sprühen nach allen Seiten. Er muss wahrgenommen haben, dass ich hereingekommen bin, lässt sich durch mich aber nicht ablenken.

Also warte ich.

Hauke ist groß, er wirkt breit und massig, sein Haar ist grau, kräftig und voll, er trägt schwarze Gummistiefel, eine braune Latzhose und eine blaue Arbeitsjacke. Ich weiß von Brar aus dem Chor, dass der Endfünfziger seit seiner Scheidung alleine auf dem Toftumer Hof lebt. Sein Vieh hat er abgeschafft und eine GbR gegründet, die eine Biogasanlage mit Mais versorgt, ungefähr achtzig Häuser bekommen von seinen Feldern Energie geliefert.

Natürlich muss ich keinen Maisbauern auf meine Arche bekommen.

Aber Hauke hat ein Hobby, das ihn hochattraktiv für jede Inselpräsentation macht: er sammelt und restauriert Kutschen, die er mit seinen vier Pferden gerne über die Insel bewegt. Von Einspännern bis zum Vierspänner, mit Verdeck oder mit festem Chassis, steht alles hier in der Scheune, teilweise mit großen Planen verdeckt, sodass man nur die großen Holzspeichenräder sieht.

Nach einer Weile setzt er die Flex ab und richtet sich auf.

«Moin», sage ich.

«Moin.»

Er klingt nicht so, als ob er mit mir schunkeln wollte, aber auch nicht unfreundlich. Automatisch passe ich mich ihm an und versuche, so wenig Worte wie nötig zu benutzen.

«Ich komm wegen der Kutschen.»

«Hmmh.»

«Machstu noch Ausfahrten?»

«Jo.»

«Brauchste Werbung?»

«Immer.»

«Auch in Hamburg?»

Er schaut mich prüfend an: «Du willst mit der Fähre nach'e Landungsbrücken?»

Es ist also schon rum.

«Jo.»

«Wer ist dabei?»

«Friederike mit Kacheln und Arne mit Strandkörben.»

Natürlich darf Friederike ihre Kacheln umsonst ausstellen, für die DVD bin ich ihr das schuldig. Und Arne, Marias Vater, muss als Mitglied der Riewerts-Sippe natürlich nichts für seine Strandkörbe zahlen.

«Denn hast ja noch Platz.»

Bei einer momentanen Auslastung von drei Prozent kann man das so ausdrücken.

Er kratzt sich wieder am Bart.

«Ich überleg's mir.»

«Jo.»

«Neue Freundin?»

Er deutet mit dem Kopf hinter mich.

Ich drehe mich um.

Jade kniet in ihrem Ledermantel neben einer kleinen schwarz-weiß gescheckten Katze auf dem Hofplatz und streichelt sie. Dass sie erst fünfzehn ist, kann man unter der ganzen Schminke nicht erkennen.

«Meine Cousine Jade.»

Jade betritt die Scheune.

«Thailand?», fragt Hauke und lächelt Jade an: «Moin.»

«Meine Mutter ist aus'm Katalog», sagt Jade, ohne eine Miene zu verziehen.

«Thailand? Dann kannst du sicher Kung-Fu?», antwortet Hauke. Seine Augen lachen angriffslustig.

Thailand und Kung-Fu? Wie kommt er auf so einen Quatsch?

«Klar, schwarzer Gürtel», erklärt Jade. Ausgerechnet Jade.

«Kleines Kämpfchen?», fordert er sie auf.

Sie lässt ihren Ledermantel fallen und imitiert eine Kung-Fu-Haltung. Der sonst so bedächtige Hauke hat sie so schnell gepackt, dass ich gar nicht mitbekomme, wie, dann steht sie auf einer Kutsche.

Jade kriegt sich gar nicht wieder ein.

«Beest dü ei rocht uun 't Hood? Ha ick di wat den?», ruft sie wütend.

Spinnst du? Habe ich dir was getan?

Meine Kinnlade sackt nach unten. Jade spricht Friesisch? Auch Hauke versteht die Welt nicht mehr.

«Ik thoocht, de könnst Kung-Fu.»

Ich dachte du kannst Kung-Fu!

«Dat wiar. Ik könn ei ens 100 Meter luup, saner Loft tu haalen.»

«*Das war ein Witz. Ich kann nicht mal 100 Meter laufen, ohne nach Luft zu schnappen.*»

Er lacht.

«Det as slacht.»

Das ist aber schlecht.

Ich starre Jade an: «Woher kannst du Friesisch?»

Sie spricht besser Fering als ich!

«Von meinem Vater. Das war in Frankfurt unsere Geheimsprache.»

«Komisch. Als Cord das erste Mal nach zwanzig Jahren wieder auf die Insel kam, hat er sich geweigert, auch nur ein Wort Friesisch zu sprechen.»

Jades Vater muss sich trotz der schmerzenden Erinnerung all die Jahre wie ein Wahnsinniger nach Föhr gesehnt haben. Hauke kratzt sich am Bart.

«Cord as dan Aatj? As det was?»

Cord ist echt dein Vater?

«Jä was. Käännst dü ham?»

Ja. Kennst du ihn?

«Jä.»

Hauke winkt Jade zu sich: «Schük dü man e waanj ütj.»

Du suchst die Kutsche aus.

Das kann ich als Zusage werten. Mein erster zahlender Kunde!

«Mein Sohn war übrigens auch Gruftie», sagt Hauke.

«Ich bin kein Gruftie», protestiert Jade.

«Als mein Sohn das war, was du bist, hieß das noch Gruftie.»

Er wühlt in seiner Kiste und reicht Jade ein silbernes Petruskreuz mit schwerer Eisenkette.

«Richtig schwer», staunt sie. Ihre Augen leuchten.

«Selbst geschmiedet.»

«Kostet?», erkundigt sich Jade.

Hauke kratzt sich am Bart. «Geschenkt. Mein Sohn braucht das nicht mehr.»

Man hört plötzlich, wie draußen mehrere Wagen mit hoher Geschwindigkeit auf den Hof preschen.

«Besuch», sage ich und lächle dabei. Wir gehen beide zum Scheunentor.

Hätte ich bloß nicht gelächelt.

Allein die Geschwindigkeit ist bemerkenswert, mit der BKA-Mann Tobias seinen schwarzen BMW auf Hauke Hansens Hof lenkt, während das aufgesetzte Blaulicht aufgeregt Vorfahrt auf dem landwirtschaftlichen Weg einfordert, der vollkommen frei ist. Hauke packt mich grob an der Schulter: «Hast du die geschickt?»

«Ich? Wieso das denn?»

«Weil deine Alte dabei ist.»

Jetzt erst entdecke ich Maria, die neben Tobias im Wagen sitzt und unglücklich zu mir hinüberschaut.

«Ich wusste nichts davon», beteure ich.

Jade verdrückt sich in eine geschlossene Reisekutsche im letzten dunklen Winkel der Scheune. Tobias kommt mit Maria gemächlich auf mich und Hauke zu. Mir erscheint das wie eine Art falscher Film: Hier findet eine Polizeiaktion statt, und der leitende Kommissar trägt *meine* Klamotten, *meinen* besten schwarzen Anzug, unter seinem Jackett *mein* St.-Pauli-Kapuzen-Sweatshirt mit dem abgeknabberten Knochen, und darunter *meine* Unterhose und *meine* Strümpfe!

Und das Schlimmste, neben ihm geht *meine* Liebste!

Vor drei Wochen hatten Maria und ich ein wunderbares Wochenende in Kopenhagen. Obwohl die dänische Hauptstadt eine unserer Lieblingsstädte ist, merkten wir, dass wir möglichst lange in unserem riesigen Hotelbett bleiben wollten. Keiner von uns fühlte sich verpflichtet, draußen Pflaster zu treten, wir haben unser Zimmer das ganze Wochenende kaum verlassen und es uns richtig gut gehen lassen.

Jetzt nicken wir uns zu wie zwei entfernte Bekannte.

«Hallo!», grüßt Tobias schneidig.

Maria schweigt betreten.

«Moin», knurre ich.

Hauke sagt gar nichts, er schaut stur an Tobias und Maria vorbei.

«Sorry, ich habe einen Fleck in deinen Anzug gemacht, den bekommst du natürlich gereinigt zurück – auf Staatskosten», entschuldigt sich Tobias bei mir.

Von Hauke kommt ein undefinierbares Schnalzen. Dass ich Tobias meine Kleidung geliehen habe, ist für ihn der endgültige Beweis, dass ich etwas mit der Polizeiaktion auf seinem Hof zu tun haben muss.

«Hast du das Totenkopf-Shirt im St.-Pauli-Fanshop gekauft?», will Tobias wissen.

«Das gibt es auch am Hamburger Flughafen, wenn du zurückfliegst.»

Was hoffentlich bald sein wird.

«Bist du privat hier oder beruflich?», fragt Tobias.

«Beruflich», antwortet Maria für mich. Wir werfen uns einen kurzen Blick zu.

«Auf'n Sonntag?», wundert sich Tobias. «Du hast es auch nicht leicht, was?» Er dreht sich zu Maria: «Wie wir, was? Das Verbrechen kennt keine Feiertage.»

Hoho.

Maria verzieht keine Miene.

Bisher hat Tobias kein Wort zu Hauke gesagt, und das, obwohl der die ganze Zeit direkt neben uns steht. Ich fühle mich mies dabei, von Tobias als «guter Kumpel» vereinnahmt zu werden, ich bin aber gleichzeitig vollkommen bewegungsunfähig. Eine glatte Niederlage.

«Wird das hier 'ne Talkshow?», meldet sich Hauke nun endlich, ohne Tobias anzuschauen.

Tobias dreht sich zu ihm, als hätte er ihn gerade erst entdeckt.

«Winter, BKA», schnarrt er, sein Plauderton ist plötzlich verschwunden. «Wissen Sie, warum wir hier sind?»

«Runter von meinem Grundstück!», bellt Hauke.

«Wir suchen ein gestohlenes Gemälde. Dürfen wir uns bei Ihnen mal umsehen, Herr Hansen?»

Hauke verschränkt demonstrativ die Arme. «Durchsuchungsbeschluss?»

«Noch ist es eine reine Befragung.»

«Ich ruf meinen Anwalt an», verkündet Hauke. Äußerlich wirkt er ruhig wie immer.

«Ich schlage vor, das klären wir unter uns, dann sparen Sie eine Menge Geld, Herr Hansen.»

«Das ist es mir wert.»

«Wo waren Sie gestern zwischen zwölf und dreizehn Uhr? Das wissen Sie vielleicht auch so.»

«Auf'm Trecker.»

«Zeugen?»

«Keine.»

«Schlecht.»

«Und jetzt …?»

«… prüfen wir Ihr ganzes Leben. Was Sie schwarz verdienen, wen Sie kennen, alles. Sie sind immerhin einschlägig vorbestraft.»

Auf den Nachbargrundstücken sind die Leute vor die Tür getreten, um zu sehen, was sich da auf Haukes Hof abspielt.

Maria geht zurück zum Dienst-BMW von Tobias und lehnt sich an die Motorhaube. Ich folge ihr. Am liebsten würde ich auf der Stelle ihren schlanken, langen Hals küssen, um die Spannung zu lockern.

«Den Kunden bin ich los», beschwere ich mich leise bei ihr.
Was ich eigentlich sagen möchte: «Lass uns hier abhauen und zusammen schlafen.»

«Hauke Hansen als Dieb, mal ehrlich ...»

Maria beißt sich kurz auf die Unterlippe. «Tobias hat alle Insulaner durch die Computer gejagt, und der hat bei Hauke Alarm geschlagen. Hauke wollte den Hof seines Vaters erst nicht übernehmen, er hat zehn Jahre in Hamburg gelebt. Da hat er mächtig auf den Putz gehauen, wusste ich auch nicht.»

«Was hat er denn Schlimmes gemacht?»

«Bilder aus der Kunsthalle abgehängt, auf einen Haufen gelegt und in Papier gewickelt.»

«Hauke?»

«Er wollte mit ein paar Leuten gegen die Sparpolitik des Senats protestieren.»

«Das heißt aber doch noch lange nicht, dass er das ‹Friesische Mädchen› geklaut hat», fluche ich.

«Natürlich nicht», sagt sie. «Aber wir müssen dem nachgehen.»

Neben uns in der Scheune wird es nun richtig unangenehm. Tobias hat sich provozierend vor Hansen aufgebaut und grinst ihm verächtlich in die Augen. Primitivste Anmache, wie aus einem Lehrfilm für Ghetto-Kids. Blöderweise springt Hansen darauf an; er packt Tobias am Anzugkragen (*meinem* Anzugkragen!) und schüttelt ihn durch. Darauf hat der nur gewartet. Obwohl Hansen einiges mehr wiegt, wirft Tobias ihn mit einem gekonnten Dreh zu Boden und nimmt ihn in den Schwitzkasten. Hansen läuft puterrot an, was Tobias nicht bewegt, lockerzulassen.

Maria rennt hinüber zu Hansen und macht etwas, das mich total verwirrt: Sie legt ihre linke Hand in Tobias' Nacken und streift ihm mit der anderen Hand sanft über den Arm.

«Hey, Tobi», säuselt sie leise.

Tobias starrt sie an, als hätte sie ihm gerade eine Liebeserklärung gemacht. Er wird ganz weich und lässt los. Hauke rollt sich stöhnend zur Seite. Maria und Tobias schauen sich tief in die Augen, als seien sie seit ewigen Zeiten zusammen. So eng ist Maria mit Fremden sonst nie: ist das irgendein Trick aus der Polizeischule? Oder was ist da los zwischen ihr und Tobias? Hauke und Tobias stehen auf.

«Wir sehen uns wieder, Herr Hansen», kündigt Tobias an. Es klingt nun plötzlich sehr zivilisiert und alles andere als bedrohlich.

Jade huscht plötzlich an allen vorbei aus der Scheune heraus, springt auf ihr altes Fahrrad und radelt mit quietschender Kette vom Grundstück.

«Warte!», rufe ich. Doch sie fährt einfach weiter.

«Wo will sie hin?», frage ich Maria, «Jade kennt nicht mal die Richtung zu uns.»

Maria stemmt ihre Arme in die Hüften. «Vielleicht sollte ihr jemand helfen ...?»

Ich bleibe regungslos stehen, Maria zieht eine Augenbraue hoch, «... zum Beispiel jemand aus der Verwandtschaft?»

«Jaja, bis später.»

Wir küssen uns flüchtig auf die Wange.

«Bis später.»

«Sehen wir uns gleich bei Arnes Strandparty?»

Maria beißt sich kurz auf die Unterlippe. «Ich hoffe es. Versprechen kann ich es nicht, du siehst ja, was hier so abgeht.»

Die Lage wird immer unübersichtlicher. Ich kann nur hoffen, dass sich das, was hier auf Hansens Hof passiert ist, nicht auf Föhr herumspricht. Wenn Hauke behauptet, ich wäre eine Art Polizeispitzel, läuft meine Arche auf Grund, bevor sie in See gestochen ist. Ich springe aufs Rennrad und umfahre schwungvoll den schwarzen BMW, auf dem das Blaulicht immer noch blinkt.

Nach wenigen Metern habe ich Jade eingeholt, die entschlossen in die schlecht geölte Pedale tritt. Sie will so schnell wie möglich weit weg vom Polizeieinsatz, genau wie ich. Wir radeln nebeneinander durch das alte Bauerndorf Oldsum mit seinen eng zusammenstehenden, wunderschönen Reetdachhäusern. Die Galerie «Art und Weise – Entspannungsmusik» lassen wir links liegen, wir steuern den Edeka-Markt «b.C. Rickmers» an der Hauptstraße an. Jade kauft sich ein Mineralwasser und kippt fast einen Liter in sich hinein, dann bringt sie die Pfandflasche brav zurück.

«Das war krass eben», stöhnt sie, «oder?»

«Vielleicht hat Hauke das Bild ja wirklich geklaut», sage ich. «Was wissen wir schon?»

«Das glaubst du doch selbst nicht.»

«Mensch, Jade, wenn Oma das Bild hat und du es weißt, musst du es mir sagen», versuche ich es nun direkt. «Ich will doch nur verhindern, dass ihr etwas passiert.»

Jade beugt sich flach nach vorne gegen den Wind. «Die Kutschen kannst du vergessen, oder?»

Sie will einfach nichts verraten, da kann man nichts machen.

«Vielleicht kannst du ja bei Hauke ein gutes Wort für mich einlegen», bitte ich.

«Können wir jetzt nach Hause fahren?»

«Gerne, aber lass uns vorher beim Sonnenuntergangsfest von Arne vorbeischauen, ja?»

«Untergang klingt sympathisch», murmelt Jade mit einem kaum wahrnehmbaren Lächeln.

9. Familie Riewerts tanzt

Es gibt auf Föhr ganz besondere Festtage, an denen das Wattenmeer zur Bühne für ein einzigartiges Schauspiel wird, hundert Kilometer lang und unendlich hoch. So wie am heutigen Sonntagabend.

Der Himmel zitiert die Farben der Südsee und mischt sie mit nordischem Sommerlicht, ohne jede Scheu vor Kitsch: Die Abendwolken werden knallrosarot bis lila angemalt, in den Pfützen des Watts leuchten Bonbonfarben von gelb bis kakaobraun. Autofahrer halten an und steigen aus, um zu schauen, Einheimische und Touristen pilgern an die Wasserkante, die Leute schalten den Fernseher aus und treten vor ihre Häuser.

Jade und ich stellen die Fahrräder hinterm Deich beim Utersumer Kurhaus ab und eilen die Treppen hoch. Der Anblick reißt einen förmlich nieder, und warm ist es dazu.

Die Außenterrasse des Kurhauses ist voll besetzt. Die Gäste blicken gemeinsam in den Abendhimmel und tuscheln leise miteinander. Jade und ich ziehen unsere Schuhe aus; wir gehen hinunter zum Strand, von wo entspannte Musik zu uns herüberschallt. Der Sand ist noch warm, die feine Körnung massiert beim Gehen angenehm die Fußsohlen. Überall stehen Arnes Strandkörbe herum, sie sind mit Lichterketten verbunden, an denen chinesische Lampions und bunte Glühbirnen hängen. Es sind ganz verschiedene Leute gekommen, junge und ältere. Keiner der ungefähr fünfzig Gäste, die oder der nicht ergriffen zwischen der sandigen Südspitze Sylts und der Nordspitze Amrums aufs offene Meer unter dem bunten Himmel schaute.

Auf zwei blauen Strandkörben stehen mittelgroße Musikboxen. Mein Onkel Arne hockt etwas entfernt davon in seinem grünen Vermieter-Strandkorb mit der schwarzen Rückennummer 001 und schickt dem Mischpult neben sich sanfte Bassbeats in den Sonnenuntergang.

«Mann, Arne ...», stammle ich, als ich mit Jade vor ihm stehe. Sein Anblick ist ein Schock für mich, er wirkt auf mich wie ein Fremder. Mein Onkel hat bisher seine Freak-Frisur auch durchgehalten, als die Haare merklich dünner wurden; für einen kläglichen Pferdeschwanz reichte es noch. Nun steht er mit stoppelkurzen blonden Borsten vor uns, die sich kaum von den nackten, braun gebrannten Hautflächen auf seinem Kopf abheben.

«Was ist passiert?», frage ich schockiert.

Er begrüßt mich und Jade mit coolem Handschlag. Dann umarmt er uns herzlich, auch Jade, was die ohne Kommentar geschehen lässt. Irgendetwas scheint sich bei ihr gelöst zu haben.

Arne erzählt, dass er diese Party deswegen veranstaltet, weil er beim Friseur gewesen sei und dies eine historische Zäsur darstelle, ab jetzt beginne für ihn ein neuer Lebensabschnitt. Was genau er damit meint, führt er nicht aus. Ich frage nicht nach. Arne hat in dem Jahr, das ich auf Föhr lebe, an die zehn neue Lebensabschnitte begonnen. Den bunten Partyhimmel überm Wattenmeer sieht er als göttlichen Segen für einen Neuanfang; als geborener Insulaner hätte er allerdings auch im strömenden Regen gefeiert.

Unsere Familie ist vollzählig erschienen: Meine fast gleichaltrige Tante Regina trägt neuerdings schulterlange blonde Locken und knallenge weiße Jeans, die ihre Schlankheit betonen sollen. Sie hat bestimmt zwanzig Kilo abgenommen, seit sie keinen Alkohol mehr trinkt und strenge Diät hält. Leider nervt nun ihr penetranter Missionsanspruch: Man kann in ihrer Gegenwart keine Currywurst mehr essen, ohne sich einen Vortrag über tierische Fette anzuhören. Ihr Mann Holger, der bei der Stackmeisterei für die Bojen rund um die Insel zuständig ist, sitzt auf einem Klappstuhl und raucht Pfeife, ihr übergewichtiger vierzehnjähriger Sohn John versucht vergeblich ein spitteldünnes gleichaltriges Mädchen anzubaggern, indem er es vollquatscht. Mit Jade redet er übrigens kein Wort; die löst mit ihrem Aufzug offenbar ernsthafte Angst bei ihm aus.

Oma ist natürlich auch da. Keine Spur von Müdigkeit, im Gegenteil. Sie tanzt sich in Trance wie eine Hippiebraut und schleudert theatralisch ihre Arme in die Luft, wie damals im Independent-Club. Ich denke, sie bewegt sich so wild, um ihre Müdigkeit zu bekämpfen. Auf ihr T-Shirt hat sie das Oberteil der traditionellen Friesentracht drucken lassen, dazu trägt sie eine enge türkisfarbene Leinenhose. Jade begutachtet Omas filigranes Brustamulett aus Silber, das sie sich übers T-Shirt gehängt hat, es gehört zur Originaltracht. Der Schmuck besteht aus zehn bis zwölf Knöpfen sowie einer mehrgliedrigen Hakenkette mit den traditionellen Symbolen Kreuz, Herz und Anker.

«Genau das war doch auch auf dem Grab von Brar und Antje Riewerts, oder?», fragt Jade.

Oma zieht ihre rechte Augenbraue hoch.

«Was soll das heißen?», tadelt sie Jade sanft und kneift sie in die Wange. «Dass ich ins Grab gehöre?»

Jade ist ganz erschrocken. «Das wollte ich damit nicht sagen.»

«Lass man, mien Deern, ich habe den Text für meinen Grabstein schon fertig», klärt Oma sie auf.

Das ist mir neu. «Nicht im Ernst», hake ich nach.

«Bevor meine Familie irgendeinen Mist schreibt, mache ich es lieber selber», erklärt Oma entschlossen. Sie ist eben sehr eigen.

«Lass mal hören – oder soll es eine Überraschung werden?»

Oma zögert keinen Moment, sie streckt ihren schlanken Hals und hebt ihren rechten Arm mit ausgestrecktem Zeigefinger hoch in die Luft:

> «*Imke Rieverts,*
> geb. 22. 7. 1934, gestorben 22. 7. 2054
> wurde dank der Apparatemedizin
> plus ein bisschen Homöopathie
> gesunde 120 Jahre alt.
> Sie hatte einen Mann auf Föhr, mit dem sie
> vier wunderbare Kinder aufzog, und
> einen Geliebten auf Amrum.
> Hier ruhen meine Gebeine – ich wollt',
> es wären deine!»

Ich kenne meine Oma so gut, dass ich weiß: Sie meint das vollkommen ernst. Sollte dieser Text in einen großen Feldstein eingemeißelt auf dem Friedhof von St. Laurentii abgeliefert werden, gibt es zwei Möglichkeiten: entweder wird er vom Pastor verboten oder auf einer Postkarte gedruckt.

Als Momme kommt und auffällig-unauffällig nach Jade sucht, ist ihr Glück perfekt. Jade setzt sich neben ihn mit dem Rücken zur See und blickt amüsiert auf ihre tanzende Familie. Natürlich spielt ihr Onkel Arne die falsche Musik, und richtig wohl fühlt sie sich nur unter anderen schwarzen Romantikern. Trotzdem sieht sie nicht ernsthaft unzufrieden aus.

Ich ziehe mich auf eine Düne zurück, auf der ich mich lang mache und in den Bonbon-Himmel schaue, auch wenn das ohne Maria nur halb so schön ist. Ich hoffe sehr, dass sie es noch schafft. Unser Zusammentreffen bei der Polizeiaktion war ein wirklich blöder Zufall, aber Föhr ist eben überschaubar.

Schwerer Zigarrenrauch erreicht meine Nase. Ich finde es aber gar nicht unangenehm, es muss eine gute Marke sein. Ich richte mich auf.

Ein paar Meter weiter steht ein graumelierter älterer Herr und schaut ergriffen ins Watt: Kapitän Petersen von der W. D. R.-Reederei, der Oma morgens vorgewarnt hat, dass wir kommen.

«Moin, Petersen, du hast das Meer doch häufiger gesehen als wir alle», wundere ich mich.

«Das Staunen darüber hört nie auf», seufzt er. Beruhigend irgendwie.

Langsam wird es dunkel und Arnes Musik schneller, die Beats hämmern mit über 120 Schlägen pro Minute in den Raum.

«Und was sagt der Shantysänger zur Musik?», erkundige ich mich vorsichtig beim Kapitän.

«Die Bässe erinnern mich an die Seefahrtsschule, als wir beim alten Schmidt Morsezeichen gelernt haben. Schmidt war damals schon uralt; er ist noch auf Viermastern um Kap Hoorn gefahren.»

Als Morsezeichen habe ich die Bässe noch nie gehört.

«Irgendwo im All werden diese Zeichen ankommen», ist Petersen sich sicher. «Und irgendwann bekommen wir auch Antwort.»

Ich weiß nicht recht, wie ernst er das meint, aber an diesem Abend, bei diesem Sonnenuntergang, bin ich in der Stimmung, alles zu glauben.

«Übrigens ein Tipp wegen deiner Arche …»

Petersen und ich haben nie darüber gesprochen. Ich bin trotzdem nicht erstaunt, dass er es weiß. Föhr ist klein, und Hauke Hansen hatte ja auch schon davon gehört.

«… gute Idee!»

Mir wird richtig warm vor Freude. «Danke.»

Er sucht meinen Blick. «Läuft bloß nicht an, oder?»

«Wer sagt das?» Solche Gerüchte können das Projekt abwürgen, bevor es gestartet ist.

«Ich.»

Ich gebe mich locker: «Das braucht seine Zeit.»

«Es gibt auch einen handfesten Grund dafür», sagt er.

«So?» Mir wird fast schlecht vor Neugier, denn Petersen kennt sich auf Föhr aus wie kaum ein Zweiter.

«Du bist im falschen Chor.»

Das ärgert mich richtig: «Was hast du gegen die Seevögel?»

«Gar nichts.»

«Aber?»

«Da machen zu wenig echte Insulaner mit.»

«Die wohnen alle auf Föhr.»

«Nicht gebürtig.»

Ich werde ein bisschen spitz: «Das hört man beim Singen aber nicht.»

«Das ist gar nicht der Punkt. Bei unseren Knurrhähnen singen die Chefs von wichtigen Inselbetrieben mit.»

Was gibt es Schöneres, als bei einem sanften Beatmix über sanft hin- und herwiegende ältere Herren im Shantychor zu reden?

«Jens Jensen vom Café Friesentraum, der Verwaltungsleiter der Inselklinik, Lükki von der Feuerwehr: Wenn der sich für dich einsetzt, hast du sie alle im Sack.» Und er fügt etwas hinzu, was wie eine Einladung klingt: «Wir üben jeden Dienstagabend in der *Eilun feer skol*.»

Petersen hat natürlich recht. Aber Shantys?

«Ich überleg's mir.»

Sie gehören immerhin seit meiner Kindheit zu den Hafenfesten wie Fischbrötchen und Bier.

In diesem Moment taucht Maria zwischen den Strandkörben auf und läuft mit hochgerecktem Hals und strahlenden braunen Augen auf uns zu. Endlich! Wenn ich sie nicht schon lieben würde, hätte ich mich spätestens jetzt in sie verliebt.

Sie hat sich umgezogen und trägt eine andere Marlene-Dietrich-Hose, diesmal in hellbeige, dazu eine weiße Bluse, über ihre Schultern hat sie sich einen hellblauen Pullover gehängt. Wir pressen uns so dicht aneinander, als wären wir seit Monaten getrennt gewesen. Maria fühlt sich weich an und riecht gut wie immer. Sie zieht mich weiter weg auf die Nachbardüne.

Eigentlich darf man dieses Gebiet wegen des Küstenschutzes nicht betreten, aber wir machen heute eine Ausnahme und lassen uns in den warmen Sand sinken, wo wir wild herumknutschen. Für mehr ist es leider zu öffentlich.

Schließlich liegen wir uns gegenüber und reiben unsere Nasen aneinander.

«Eskimokuss», flüstert Maria.

«Meinst du, die küssen immer noch so? Inzwischen machen die das bestimmt wie wir, oder?»

Maria dreht sich auf den Rücken, schaut in den Himmel und räuspert sich.

«Das war vielleicht ein Mist vorhin bei Hansen», sagt sie.

«Hat es was gebracht? Oder war es nur ein Schuss ins Blaue?»

«Na ja, der Computer hat Hauke halt als verdächtig ausgespuckt, da muss man mal nachfragen.»

«Nachfragen nennst du das? Tobias hätte Hauke fast erwürgt.»

«Er ist übertrieben ehrgeizig. Das war schon auf der Polizeischule so. Normalerweise arbeitet Tobias auch gar nicht im Außendienst, aber die haben in Wiesbaden gerade eine Grippewelle, da ist er eingesprungen.»

«Na, so ein Zufall.»

«Wie meinst du das?»

«Ach, nichts.»

Über den seltsamen, intimen Blick von Maria zu Tobias verliere ich kein Wort. Sie soll ja nicht denken, dass ich eifersüchtig bin.

«Wir gleichen jetzt die Protokolle vom Malkurs gegeneinander ab», sagt Maria. «Wer wann wo war. Das ist ein ziemliches Chaos, viele Zeugen erinnern sich nur ungenau. Eine Touristin behauptet sogar, Oma und Jade noch gegen Mittag im Museum gesehen zu haben.»

«So?» Das klingt gar nicht gut.

«Ich habe die beiden nochmal angerufen, sie haben gesagt, dass sie da längst weg waren. Und Fietje hat das bestätigt.»

Fietje mit dem Rollator hat also geplaudert und Oma mit einer Lüge entlastet. Guter Mann! Als Oma und Jade nach ihrer Flucht durchs Dorf gegangen sind, waren sie quasi unsichtbar: im Dorf halten alle die Klappe. Bis jetzt jedenfalls.

Außer dieser einen Frau aus dem Malkurs scheint niemand Oma und Jade gesehen oder vermisst zu haben. Ich bin trotzdem nicht sicher, wie lange das noch gut geht. Vielleicht sollte ich Maria doch lieber von der DVD erzählen? Aber selbst wenn Oma unschuldig ist, würde sie das nicht vor intensiven Verhören durch Tobias schützen, erst recht, wenn der im Augenblick keine heiße Spur hat. Oma würde das in ihrem jetzigen Zustand nur mühsam durchstehen.

Nein, es bleibt dabei: keine DVD, keine Verdächtigung! Erst wenn Tobias von der Insel verschwunden ist, werde ich den Film Maria zeigen.

Wir knutschen weiter in den Dünen. Ich will an gar nichts anderes denken.

Irgendwann ist es stockdunkel, nur im Norden ist noch der Abglanz des Mittsommerlichtes zu sehen. Wir gehen zurück zu den anderen, und ich tanze mit Maria; das haben wir viel zu lange nicht mehr getan. Wir können gar nicht mehr aufhören. Um uns herum tanzen Arne, Oma, Regina, John und Holger. Wer hat schon eine solche Familie? Ich bin stolz auf sie alle.

Am nächsten Tag brennt Omas Wohnung.

10. Die schöne Tomatensoße

Das frühe Sonnenlicht wirft trapezförmige Muster mit bizarren, spitzen Winkeln auf den hellen Holzfußboden im Wohnzimmer. Maria und ich wachen ineinander verknäult auf einer Betthälfte auf, wir haben die ganze Nacht Körper an Körper beieinandergelegen, ohne dass es uns zu eng wurde. Das wollen wir nicht ändern, nur weil es hell ist.

Nach der Sonnenuntergangs-Party war es unmöglich einzuschlafen. Wir mussten leise sein, denn Jade schlief ja nebenan im Schlafzimmer. Maria hat heute Vormittag frei und will das mit mir voll auskosten. Am liebsten würden wir bis Mittag im Bett bleiben, aber wir haben ja Besuch und wollen mit Jade im Garten frühstücken. Als ich ins Bad schlurfe, kommt sie mir im Flur entgegen und hält sich brav die Hand vor den Mund, als sie herzhaft gähnt. Sie zählt wohl zu den wenigen Menschen auf dieser Welt, die morgens frischer aussehen als während des restlichen Tages. Ohne ihr Makeup und mit nassen Haaren wirkt sie überraschend klein und verletzlich, auf jeden Fall deutlich jünger als fünfzehn. Das sage ich ihr natürlich nicht.

Leider ist ein romantisches Frühstück, wie ich es mir vorstelle, nur in guten Hotels mit Zimmerservice möglich. Im wirklichen Leben muss ich mich aufs Fahrrad setzen, zum

Bäcker in der Hauptstraße fahren, Brötchen holen, einen Smalltalk über das gute Wetter halten, zurückfahren, Orangen in die Presse legen, Kaffee und Eier kochen, selbst gemachte Marmelade in kleine Töpfchen füllen, Krabben aus dem Kühlschrank holen.

Maria deckt den Tisch im Garten neben der Grube, die mal ein Gartenteich werden soll. Die letzte Feuchtigkeit der Nacht hängt noch im Gras, und die ersten Insekten starten zu Erkundungsflügen im hüfthohen Gras. Die Kiefern geben einen kräftigen Duft dazu, der sich mit der salzigen Meeresluft verbindet. In der Sonne ist es schon erstaunlich warm, auf die laue Nacht scheint ein heißer Hochsommertag zu folgen.

Jade setzt sich zu uns an den gedeckten Tisch.

«Und, wie fandest du es gestern?», erkundige ich mich.

«Auf einem Friedhof hätte es mir besser gefallen», sagt sie trocken.

«Mir war es auch eine Spur zu fröhlich», frotzelt Maria, «keiner hat depressiv in der Ecke rumgehangen und gejammert.»

«Doch, ich!», protestiere ich. «Ich habe Kapitän Petersen vorgeheult, dass ich zu wenig Kunden für meine Arche habe.»

«Dass der überhaupt da war», wundert sich Maria und beißt in ein Krabbenbrötchen. «Bei *der* Musik. Petersen ist doch weit über sechzig.»

«Was soll Oma denn sagen?»

«Ja, Oma», singen Maria und Jade gleichzeitig in derselben Sprachmelodie und lächeln sich an.

«Petersen war meinetwegen da», erkläre ich den beiden, während ich mir die Schüssel mit Krabben von Marias Platz angele. «Er will, dass ich in den Shantychor eintrete.»

Dafür ist er extra den Weg von Wyk nach Utersum gefahren, das hat mir imponiert. Langsam werde ich nervös. Was ist, wenn das Arche-Projekt *nicht* klappt? Andererseits hat mir Kapitän Petersen wirklich Mut damit gemacht, dass er die Arche für eine gute Idee hält! Immerhin arbeitet er bei der Reederei, von der ich eine Autofähre für lau haben will. Für heute Nachmittag stehen noch einige hochkarätige Termine in einem großen Hotel und einer Bank auf dem Plan. Es muss mit der Arche deutlich schneller vorangehen.

«Und, machst du es?», fragt Jade.

Ich halte mein Frühstücksmesser drohend in ihre Richtung.

«Ich bin wild und chaotisch», empöre ich mich künstlich. «Sehe ich aus, als ob ich in einen Shantychor passen würde?»

Ich lege einen großen Löffel voller Krabben auf eine Ecke meines krossen, weißen Brötchens und beiße hinein. Für diese Geschmacksexplosion am Gaumen lohnt sich mindestens das halbe Leben!

«Wild und chaotisch, wie unsere Vorfahren, die Walfänger», bestätigt Jade.

«Ganz genau! Denk an Brar Riewerts, den Seefahrer, das war ein Kerl wie ich!»

«Nur hat der bestimmt keinen Soul gesungen, sondern Shantys, oder?», sagt Jade und belegt ein Brötchen mit Räucherlachs.

«Was willst du damit andeuten?»

«Dass Shantys bestens zu dir passen. Und zwar sowohl, was deine Vorfahren als auch dein Alter anbelangt.»

Maria und Jade freuen sich über meinen empörten Gesichtsausdruck.

Das Telefon klingelt.

«Ich bin nicht da», ruft Maria abwehrend.

Drinnen springt der Anrufbeantworter an. Danach melden sich gleichzeitig mein und Marias Handy. Wir lassen sie einfach klingeln.

Bis Jades Handy Alarm schlägt, das neben ihrem Teller liegt. Sie geht sofort ran und wird plötzlich so blass, als sei sie geschminkt.

«Was ist?»

«Das war Oma. Ihre Wohnung ist abgebrannt.»

Wir rasen zu dritt zum Sandwall, der Wyker Hauptpromenade am Strand, wo Oma in erster Reihe direkt gegenüber der Kurmuschel wohnt, mit unverbaubarem Blick aufs Meer und die Hallig Langeneß gegenüber. Normalerweise flanieren hier Gäste und Einheimische in einem nie versiegenden Strom. Nun staut sich eine große Menschentraube vor Omas Balkon. Die weiß gekleideten Musiker in der Kurmuschel gegenüber haben die Instrumente zur Seite gelegt und pausieren auf roten Ikea-Klappstühlen. Nur die etwas ältere Sängerin im weißen Minirock und weißen High Heels geht nervös am Rand der Bühne auf und ab.

Fenster und Balkontüre vor Omas Wohnung sind offen, die Männer von der freiwilligen Feuerwehr rollen gerade die Schläuche ein, und hinter der Feuerwehr steht ein Krankenwagen.

Wir rennen zu dritt das Treppenhaus hoch. Es riecht angebrannt, ansonsten sieht der Hausflur aus wie immer. Omas Wohnungstür wurde allerdings grob aufgebrochen, einige Holzsplitter liegen auf dem Boden. Das sieht gar nicht gut aus.

Wir laufen hinein: Entwarnung, Erleichterung und Tränen. Oma steht in ihrer halb ausgebrannten Küche und hält sich die Hand vor den Mund.

«Is' nochmal gut gegangen», beruhigt Zugführer Lükki sie mit sonorer Stimme. Er singt wie Kapitän Petersen bei den Knurrhähnen einen beeindruckend vollen Bass. Lükki ist fast zwei Meter groß und arbeitet normalerweise an der Tankstelle. Mit seinen breiten, eckigen Schultern sieht er aus wie das Urbild eines starken Feuerwehrmannes.

«Oma, Oma», schreien wir durcheinander, und umarmen sie von allen Seiten.

«Was ist passiert?», frage ich Lükki.

«Imke hat den Herd angelassen und ist einkaufen gegangen. Blöderweise lagen neben dem Herd Zeitungen und eine offene Buddel Brennspiritus. Die hat dann Feuer gefangen.»

«Was wolltest du denn mit dem Brennspiritus?», will ich von Oma wissen.

Sie schaut mich verwirrt an.

«Die schöne Tomatensoße! Da waren asiatische Gewürze drin, die habe ich mir extra aus Hamburg schicken lassen.»

«Was wolltest du kochen?»

«Spaghettis, was sonst?»

«Morgens um neun?», staunt Jade.

«Warum nicht?», fragt Oma zurück.

«Die Musiker von der Kurmuschel haben den Rauch bemerkt und uns geholt», erklärt Lükki.

Ich drücke ihm fest die Hand: «Mensch, danke, Lükki, du hast eine Tragödie verhindert.»

Er winkt ab: «Dafür sind wir da.»

Oma schüttelt bekümmert den Kopf. «Ich kam gerade vom Einkaufen zurück, da waren die netten Herren von der Feuerwehr schon in der Wohnung.» Sie schaut sich in ihrer verwüsteten Küche um. «Die schöne Tomatensoße …»

Sie ist vollkommen durcheinander.

«Kann Oma weiter hier wohnen?», erkundige ich mich bei Lükki. Der braucht kein Messgerät, um das zu beurteilen. Er atmet einmal tief ein und weiß dann Bescheid: «Wenn ihr gut durchlüftet, soll das wohl gehen.»

Jade setzt sich mit Oma ins Wohnzimmer unter ihr Lieblingsbild, das einen Elefanten zeigt. Das Bild hat farblich eine leichte Rauchnote erhalten und sieht fast interessanter aus als vorher. Was man über die reichlich nachgedunkelten Tapeten eher nicht behaupten kann.

Jade legt den Arm um ihre Großmutter; die lässt ihren Kopf auf Jades Schulter sinken. Jades Haare sind immer noch nicht trocken; sie sieht erschrockener aus als Oma.

«Es dauert Tage, bis ich die Gewürze wieder habe», stöhnt Oma erneut. «Die muss ich alle neu bestellen.»

«Ich bin froh, dass dir nichts passiert ist», wiederholt Jade.

Maria schaut auf die Uhr. «Soll ich den Dienst absagen?», überlegt sie laut.

«Wir kriegen das schon hin», beruhige ich sie.

Lükki wendet sich an Maria: «Wie weit seid ihr mit dem Bildklau in Alkersum?»

Der ist natürlich Thema Nummer eins auf der Insel. Sogar die Tagesschau hat kurz darüber berichtet.

«Geht voran.»

«Na, hoffentlich», brummt Lükki, «an jeder Kreuzung 'ne Kontrolle, das nervt langsam.» Dann verabschiedet er sich.

Kurz danach stürmt Regina herein; sie kommt direkt aus dem Optikerladen, wo sie arbeitet. Sie trägt wieder hautenge Jeans und ein eng anliegendes T-Shirt. Als Erstes umarmt Regina ihre Mutter.

«Ich habe es eben erst erfahren.»

Oma will nicht umarmt werden und schiebt sie weg. «Alles im Lot, mein Kind, nur die Tomatensoße ist hin, mitsamt allen Gewürzen.»

Regina schaut sich pikiert um. «Wie das hier aussieht ...»

«Was meinst du?», protestiere ich.

«Siehst du das nicht, oder willst du es nicht sehen?!»

Ich schaue mich um. Gut, es liegen Zeitschriften und Bücher auf dem Fußboden, aber ein bisschen Unordnung ist doch keine Katastrophe!

Regina macht trotzdem einen Riesenaufstand: «Das geht so nicht weiter! Da muss sich sofort etwas ändern!»

Für eine perfekte Hausfrau wie sie, die jede Woche sämtliche Fenster putzt, war diese Wohnung schon vor dem Brand unbewohnbar.

«Hier lebe ich!», protestiert Oma laut.

«So geht das nicht!», widerspricht Regina.

«Und ob das so geht!», verwahrt sich Oma gegen Reginas Angriffe. «Was fällt dir eigentlich ein, so mit deiner Mutter zu reden?»

Plötzlich zittert sie leicht.

«Willst du dich hinlegen Oma?», frage ich besorgt.

«Auf gar keinen Fall. Aber eine Decke wäre gut. Sönke, im Schlafzimmerschrank ...»

Ich husche über den unaufgeräumten Flur ins Schlafzimmer und suche im übervollen Kleiderschrank nach der Decke. Noch mehr als nach Rauch riecht hier alles penetrant nach der plüschigen Himbeerseife, die Oma zwischen den Sachen gelagert hat. Unter der dicken Wolldecke am Boden erfühle ich plötzlich einen kantigen Gegenstand.

Könnte das ein Bild sein? *Das* Bild?

Ich ziehe vorsichtig – und tatsächlich, es ist ein Goldrahmen! Ich beginne fieberhaft zu überlegen: Wenn es das «Friesische Mädchen» ist, könnte ich es anonym dem Museum zurückgeben, und alles wäre in Butter. Oder noch besser: Ich spiele es Maria zu, damit die den Fall heldenhaft lösen kann und auf Föhr bleibt.

«Was wird das, Sönke?»

Wie aus dem Nichts ist Oma hinter mir aufgetaucht.

«Hier ist die Decke ...», stammle ich. «Sie riecht ein bisschen nach Rauch, ein bisschen nach Himbeere.»

Oma deutet auf das Bild. «Leg das weg!»

Ich drehe das Bild ruckartig um, bevor Oma es mir aus der Hand reißen kann. Und schaue auf eine sommerliche Ansicht in freundlichen Blautönen. Darauf ist ein weißer Strandkorb zu sehen, der mitten im Wasser steht, im Hintergrund sind der Deich voller Schafe und der Leuchtturm Olhörn vom Wyker Südstrand zu erkennen. Auf dem Strandkorb sitzt eine Möwe, daneben steht ein Tischchen mit einer Thermoskanne und einem Teepott, über allem schweben weiße Schäfchenwolken. Offensichtlich ist es das Bild, von dem Jade gesprochen hat, das Oma im Museum gemalt hat.

Schade.

Ich meine natürlich, gut so!

«Hat nichts abbekommen», stelle ich fest, einfach weil ich irgendetwas sagen will, und füge noch einmal hinzu: «Die ganze Wohnung hätte ausbrennen können.»

«Ist sie aber nicht», schimpft Oma laut, «nur die Tomatensoße!»

«Oma, beruhige dich bitte.»

«Du hast ja recht, Sönke.» Sie legt sich aufs Bett und macht die Beine lang. Ich lege die Wolldecke über sie.

«Alles klar mit dir, Imke Riewerts?»

Wenn ich sie beim vollen Namen nenne, sind wir uns besonders nahe, das hat sich über die Jahre so entwickelt.

«Müde», flüstert Oma.

Regina kommt herein: «Mama, so geht das wirklich nicht, das sieht hier aus ...»

«Regina, das ist jetzt zweitrangig!», fauche ich sie an.

«Ich will doch nur helfen!», keift Regina zurück, macht kehrt und verlässt eingeschnappt die Wohnung. Ich drehe mich wieder zu Oma.

«Wir lassen dich jetzt besser in Ruhe, ja? Was ist mit der Tür? Soll ich einen Schlosser anrufen?»

«Das hat Zeit. Hier im Haus wohnen nur ehrliche Leute, und unten ist ja immer abgeschlossen.»

«Sicher?»

Oma nickt und flüstert mit geschlossenen Augen: «Es wäre alles weg gewesen. Meine Kinderfotos, meine Möbel, meine Bücher, alles. Wie hätte ich da weiter leben können? – Da wäre ich besser mit verbrannt ...»

«Oma, so darfst du nicht reden», widerspricht Jade, die sich hinter uns leise ins Schlafzimmer geschlichen hat.

«Komm ...», sage ich und winke sie hinaus. «Ist ja nochmal alles gut gegangen.»

Jade und ich gehen zum Brandherd in die Küche, wo Maria auf einem Stuhl steht und mit einem Schraubenzieher an der schwarzen Dunstabzugshaube herumstochert. Sie ist die bessere Handwerkerin von uns beiden, das muss ich neidlos zugeben.

«Alles hin», stellt sie fest.

«Der Herd auch?»

«Sowieso.»

«Oma sollte nicht mehr selber kochen, oder was meinst du?»

«Besser nicht.»

«Kann das nicht jedem mal passieren?», fragt Jade.

Maria drückt den Schraubenzieher mit aller Kraft gegen die Wandhalterung der Dunstabzugshaube.

«Um neun Uhr morgens Spaghetti kochen, Brennspiritus neben den Herd stellen und dann einkaufen gehen», sagt sie grimmig. «Das ist ein bisschen viel, findest du nicht?»

«Oma ist halt ein bisschen … exzentrisch», verteidigt sie Jade, was ich gut verstehen kann, ich bin ja auch begeistert von Oma. Aber diese Geschichte können wir nicht so einfach übergehen. Mit so etwas wird Oma gefährlich für sich selbst und andere.

«Kannst du erst mal hier bei Oma bleiben?», frage ich Jade.

«Klar.»

Plötzlich löst sich die Dunstabzugshaube mit einem Ruck. Maria springt zum Glück eine Zehntelsekunde früher vom Stuhl und lässt das Aluminiumungetüm neben sich zu Boden krachen. Unmittelbar danach fängt draußen in der Kurmuschel die ukrainische Band wieder an zu spielen: «Life is life, nana – na- nana», knödelt die Sängerin mit starkem osteuropäischem Akzent.

Maria schaut mich an. «Erinnerst du dich an die Nachthemdgeschichte? Als Oma meinte, sie hätte sich ausgeschlossen?»

Ich nicke.

«Mein Kollege hat mir eben erzählt, Oma hätte ihren Schlüsselbund in der Hand gehabt, als er sie aufgesammelt hat.»

11. Geheime Mission

Heute muss ich nicht mehr darüber spekulieren, ob der Himmel hellgrau oder graublau ist. Er ist, wie er sein sollte: kompromisslos dunkelblau bei hoch stehender Mittagssonne! Eigentlich habe ich an diesem Nachmittag meine wichtigen Arche-Termine. Doch nach dem Brand der Wohnung geht es an dieser Baustelle nicht weiter. Wir müssen jetzt erst einmal dringend wegen Oma einiges besprechen.

Als ich mich in Utersum der mächtigen Kurklinik aus den dreißiger Jahren nähere, stoße ich an der leicht erhöhten Küstenlinie als Erstes auf Dutzende rauchender Menschen in Bademänteln und Jogginghosen. Auf dem gesamten Klinikgelände herrscht Rauchverbot, nur hier nicht. Fast könnte man die Raucher als Erkennungszeichen der Klinik ansehen (was der medizinischen Leitung wohl nur bedingt gefallen würde). Immerhin hat die Verwaltung vor der letzten Baumreihe des Waldes alle zwanzig Meter einen grauen Aschenbecher aufstellen lassen. Aber da der Weg von den Gebäuden durch den Wald hierher über zehn Minuten dauert, lohnt sich das nicht für eine einzelne Zigarette. Hier rauchen alle auf Vorrat.

Regina hat mich und Arne hierherbestellt, um über Oma zu reden. Und auch wenn es für Föhrer fröhlichere Orte gibt als dieses Krankenhaus: Der Ausblick von hier aus ist wirklich grandios, schaut man doch direkt auf die gegenüberliegende Insel Amrum. Und wendet man sich nach rechts, kommt die Südspitze von Sylt in Sicht, und zwischen den Inseln funkelt und glitzert die offene Nordsee. Ein Stückchen weiter hoch stehen Arnes Strandkörbe, dort haben wir gestern das Fest gefeiert.

Neu ist der Schiffssteg mit dem frisch geweißten Holzgeländer, der im kühlen Schutz des Nadelwaldes beginnt und über die Dünen hinaus zum Meer geht. Er endet vor einer festgeschweißten Schranke, auf der ein Blechschild hängt: «Nächste Fähre um :oo Uhr», die Stundenangabe ist verwischt. Darüber prangt das vertraute Emblem des Fährmonopolisten «Wyker Dampfschiff Reederei», links und rechts stehen ein paar frisch geweißte Wartebänke.

Ich bin zu früh, aber das ist ganz angenehm so. Ich setze mich auf eine Bank und schließe die Augen. Es tut gut, ein bisschen Sonne mitzunehmen. Nach und nach kommen mir die Schiffsreisen meines Lebens in den Sinn: die stürmische nach Island, die mit ausgefallener Klimaanlage von Italien nach Griechenland, und die schönste, mit Arne, als er mich mit einem edlen Rennboot auf eine Sandbank mitten im Wattenmeer geschippert hat, wo wir zwei Stühle aufstellten und Bier tranken.

Kurze Zeit später höre ich Schritte, dann fällt ein Schatten auf mich. Ich öffne die Augen. Eine ältere Dame sitzt neben mir. Sie hat einen altmodischen kleinen Koffer auf dem Schoß. In ihrem steifen Kostüm scheint sie einem Kostümfilm aus den Fünfzigern entsprungen zu sein: Das strenge Fräulein Rottenmeier aus der Stadt besucht Heidi auf dem Einödhof. Ihre Augen sind hellblau, sie wirken fast durchsichtig, auf jeden Fall sind sie ungewöhnlich aufmerksam und wach.

«Warten Sie auch auf die Fähre?», erkundigt sie sich freundlich. Sie verbringt offensichtlich viel Zeit an der frischen Luft, braun gebrannt wie sie ist.

«Kann man so sagen.»

Sie nickt und schimpft sofort los: «Ich muss nach Schobüll. Die sind mit der letzten Rate so was von rückfällig, das lasse ich mir nicht mehr bieten. Jetzt fahr ich selber hin und hole mir das Geld persönlich ab.»

Fräulein Rottenmeier hält das Kreuz bemerkenswert gerade. Zusammen mit den hohen Wangenknochen wirkt ihre Haltung sehr aristokratisch und irgendwie auch schön.

«Immer nur Ärger in der Welt», bestätige ich.

Fräulein Rottenmeier nickt melancholisch. «Wem sagen Sie das, ich hätte mich nie mit den Schobüllern einlassen sollen. Immer an der Grenze der Insolvenz, aber ich habe ihnen trotzdem die 10 000 vorgeschossen.» Sie seufzt. «Wahrscheinlich war ich zu gierig, ich wollte mir das Geschäft nicht entgehen lassen.»

«Das ist menschlich», tröste ich sie, ohne auch nur zu ahnen, worum es geht.

«Ist das eine Entschuldigung?», widerspricht sie energisch. «Krieg ist auch menschlich, wenn man so will, deswegen ist er trotzdem schlecht.»

«Ich meinte nur …»

«Sie wollten nur etwas Nettes sagen, ich weiß.»

Wir blinzeln uns einvernehmlich an.

Dann erhebt sich Fräulein Rottenmeier: «Einen Tipp noch, junger Mann …»

«Bitte …»

Sie schüttelt den Kopf: «Das wird heute nichts mehr.»

«Was bitte?»

Sie senkt die Stimme und lächelt mitleidig: «Schauen Sie mal ins Watt: Extremes Niedrigwasser …»

«Ja, wir haben Ebbe.»

«Wie soll die Fähre hier anlegen können? Die kommt heute nicht mehr. Schönen Tag noch, der Herr.» Fräulein Rottenmeier verlässt den Steg mit ihrem Koffer in der Hand, den ihr ein weiß gekleideter Pfleger galant abnimmt. Positiv gedacht hatten Fräulein Rottenmeier und ich ein paar nette Minuten zusammen, wir mochten uns. Das ist mehr, als ich von vielen Menschen sagen kann …

Die Wahrheit ist, hier wird nie ein Schiff anlegen.

Der Steg endet am Strand, und das Wasser ist noch mindestens fünfzig Meter weg. Auf dem Gelände der Kurklinik hat man eine Station für Demenzkranke eingerichtet, zu der Fräulein Rottenmeier vermutlich gehört. Ich habe mal gelesen, dass man in vielen Kliniken Bushaltestellen aufgebaut hat, an denen sich die Patienten täglich treffen. Eine Haltestelle gibt ihrem Warten angeblich einen Sinn und beruhigt sie. Auf Föhr hat man mit dieser Anlegestelle die maritime Variante gewählt, das ist den Patienten von der Insel vertrauter.

Wenn Oma allerdings hier warten würde, wüsste ich nicht, wie ich damit umgehen sollte.

Ich schließe wieder die Augen.

Bis mich erneut ein Schatten von hinten überfällt. Mein Onkel Arne. An seine Stoppelfrisur habe ich mich immer noch nicht gewöhnt, er sah so schön lächerlich aus mit der ausgedünnten Freak-Frisur, dass ich es schon wieder gut fand. Zugegeben, so wirkt er jünger. Zumal ihm sein Bruder

Cord, Jades Vater, vor Wochen in seinem Frankfurter Zahn-labor schneeweiße Zähne der Farbstufe A1 verpasst hat. Die-sen Weißegrad besitzen sonst nur Teenies, wenn sie Glück mit den Genen haben und ihre Zähne penibelst pflegen. Als Strandkorbvermieter ist Arne immer braun gebrannt, was ihn ziemlich attraktiv aussehen lässt (da können Hautärzte warnen, so viel sie wollen).

Arne schaut sich um, auch er war noch nie hier.

«Was ist das denn?»

Ich erkläre ihm, was es mit dem Steg auf sich hat.

Arne ist empört: «Damit wollen die schwerkranke Men-schen abspeisen?»

Er klettert auf die Brüstung und kippelt darauf herum.

Jetzt betritt Regina den Steg, unsere Gastgeberin sozusa-gen. Sie sieht angespannt aus, als sie uns begrüßt, und trägt immer noch die hautengen Jeans und das knappe T-Shirt von heute Morgen. Ihr Mann hat mir auf Arnes Strandparty gestern besorgt zugeflüstert, dass sie ihr Traumgewicht vor allem durch Abführpillen erreicht habe, Holger befürchtet, dass sie ihre Alkoholsucht durch eine neue Abhängigkeit er-setzt hat. Regina setzt sich zu mir auf die Bank, Arne bleibt auf der Brüstung hocken.

«Die sollten die Senioren lieber auf einen Kutter packen und echte Fahrten mit ihnen machen», bollert er. «Auf die Halligen oder nach Sylt.»

«Das würde die Verwirrten nur noch mehr verwirren», weiß Regina und erneuert ihren kirschroten Lipgloss. «Die brau-chen regelmäßige Abläufe.»

«Hat jemand mal die Betroffenen gefragt, wie die das fin-den?», schnarrt Arne.

Die beiden Geschwister sind sechzehn Jahre auseinan-der und haben praktisch nie zusammen gelebt. Was ihre aggressive Empfindlichkeit füreinander noch unerklärlicher macht.

«Die Reisen, die die im Kopf machen, strengen genug an.»

Arne schüttelt den Kopf. «So etwas behaupten die Pfleger doch nur, weil sie sich selber nicht bewegen wollen, Hauptsache bequem.»

«Ich habe jeden Tag im Optikerladen mit Alten zu tun», trumpft Regina auf. «Du kennst ja nur deine Surferteenies.»

Arne hört gar nicht mehr hin. «Ich kann mir nicht vorstellen, wie das ist, wenn man alles vergisst», sinniert er leise.

«Hast du noch nie was vergessen, oder was?», sagt Regina spitz.

Arne lässt sich nicht ärgern, dafür kennt er seine Schwester einfach zu lange.

«Meistens sagt man doch, ‹das habe ich total vergessen›, wenn man sich gerade an etwas erinnert», überlegt er. «Aber wenn es richtig weg ist, dann hat man es ja nicht vergessen, es ist dann so, als ob es nie da war.»

«Mit Oma geht es so nicht mehr weiter!», sagt Regina unvermittelt.

«Nun mal langsam», mische ich mich ein. «Wir wissen nicht mal, ob sie wirklich krank ist! Es kann doch auch eine vorübergehende Schwäche sein.»

«Ich sehe, was ich sehe», ereifert sich Regina. «Der Brand! Und die Wohnung von Mama war so was von verkommen … Sie muss ins Heim, da kommen wir nicht drum herum.»

«Meine Wohnung sieht viel schlimmer aus als ihre», poltert Arne. «Muss ich deswegen auch ins Heim?»

Recht hat er.

«Wenn Oma 35 wäre, fänden so ein kleines Malheur alle normal», gebe ich zu bedenken. «Nur weil sie 76 ist, tüten wir das ganz anders ein. Das muss doch alles nichts bedeuten.»

«Genau!», pflichtet Arne mir bei.

«Das ganze Haus hätte abbrennen können», hält Regina dagegen.

«Ist es aber nicht.»

«Und wenn es beim nächsten Mal passiert? Und andere dabei umkommen? Kannst du dann noch ruhig schlafen?»

«Drama, Drama, Drama!», singe ich mit theatralischer Stimme. Aber ich weiß: Regina hat recht.

Arne ist nun ernsthaft sauer auf seine Schwester: «Solange ich lebe, kommt Mama nichts ins Heim! Du bist richtig herzlos, Regina, das muss ich dir mal sagen.»

«Nun mal langsam», bremst seine Schwester beleidigt. «Ich habe mir die Einrichtung auf dem Gelände angeschaut. Hier gibt es Wohngruppen mit zehn Leuten, die liebevoll betreut werden. Das ist besser, als man denkt.»

«Du willst sie doch nur loswerden», wirft Arne seiner Schwester vor. «Mama würde durchdrehen in so einer Gruppe!»

«Du hast echt keine Ahnung», sagt Regina. «Die Räume sind komplett im Fünfziger-Jahre-Stil eingerichtet, mit Nierentischen, Goldrandtapeten, Röhrenradios und so weiter. Das beruhigt die Patienten, weil sie innerlich in dieser Zeit leben.»

«Mama lebt aber nicht in den Fünfzigern, sondern heute, und zwar mit Laptop und allem Pipapo.»

Wie solche Heime wohl eingerichtet werden, wenn ich mal alt bin? Ikea-Möbel, Poster vom Mauerfall, C64-Computer, auf denen wir den ganzen Tag Tetris spielen? Überall liegen bunte Magische Würfel herum, die einige Spezialisten in zehn Minuten in den Urzustand zurückdrehen können, im Kassettenrecorder läuft Roxette, Billy Joel und Phil Collins?

Wahrscheinlich wird es genauso kommen. Durch so ein Ambiente werden wir unsere Rollatoren schieben, ich mag gar nicht weiter darüber nachdenken.

Arne fährt etwas herunter: «Mama geht es gut. Und wenn sie manchmal etwas vergisst, na und?»

«So warst du schon immer, Bruderherz», sagt Regina. «Kopf in den Sand, und dann wird alles besser.»

«Dein blinder Aktionismus ist auch nicht besser», keilt Arne zurück.

Ich springe zu ihm aufs Geländer. «Wir sollten auf jeden Fall die Herdregler bei ihr zu Hause abschrauben.»

«Wie soll sie dann kochen?», will Arne wissen.

«Gar nicht, wir bestellen einen Essensdienst.»

Arne schüttelt energisch den Kopf: «Darauf lässt sich Mama nie ein.»

«Der Herd ist sowieso im Eimer», erinnert uns Regina. Arne und ich schweigen.

«Also was nun?», will Regina wissen. Weder Arne noch ich mögen etwas sagen.

«Lass uns abwarten, ja?», bitte ich.

«Was soll das ändern?»

«Oma fängt sich wieder, da bin ich sicher.»

«Du bist genauso feige wie Arne», keift mich Regina an.

«Eine solche Entscheidung braucht Zeit», sage ich. «Außerdem müssen wir erst einmal mit Oma reden, sie ist ja nicht behindert oder entmündigt.»

Regina schüttelt demonstrativ den Kopf. «Mama ist viel zu stur. Sie wird nie einsehen, dass sie Hilfe braucht.»

«Ich bleibe dabei: Als Erstes müssen wir mit ihr reden!»

«Was soll übrigens die Geheimnistuerei mit Maria?», beschwert sich Arne bei Regina, «sie ist genauso Omas Enkelin wie Sönke!»

«Das geht auf mein Konto»,sage ich.

Maria habe ich von unserem Treffen nichts gesagt, und ich bitte die beiden, fürs Erste die Klappe zu halten. Dann erzähle ich ihnen von Friederikes DVD. Sie wollen es erst nicht glauben. Erst nach und nach sickert bei ihnen durch, was das für Oma, Maria und uns alle in der Familie bedeuten könnte.

«Mist», flüstert Arne heiser.

«Kannst du wohl laut sagen», sagt Regina. «Meinst du wirklich, Mama hat das Bild geklaut?»

«Oma sagt nein. Aber komisch ist das alles schon.»

«Sie muss sich stellen», fordert Regina, «freiwillig!»

«Willst du Mama in den Knast schicken?» Arne klingt jetzt richtig böse.

«Wenn sie wirklich tüdelig ist, wird sie nicht schuldig gesprochen», sage ich, aber das beruhigt Arne wenig.

«Die würden sie in eine Klapsmühle stecken», murmelt er.

«Lass uns Oma ein bisschen beobachten», versuche ich die Emotionen weiter herunterzukochen. «Vielleicht ist es ja nur eine vorübergehende Krise.»

«Und bis dahin?», fragt Arne.

«Es muss immer jemand bei ihr sein», sagt Regina.

«Wie soll das gehen?», seufzt Arne pessimistisch. «In der Saison komme ich erst abends vom Strand weg.»

«Das ist doch schon mal was», sage ich. «Dann bist du abends dran.»

Auch Regina sieht nur eine kleine Lücke in ihrem Terminplan: «Ich könnte in der Mittagspause.»

«Dann ist das eben deine Zeit.»

Regina widerspricht heftig: «Ich brauche aber meine Pause!»

Es gibt Mütter und Töchter, die sich besser verstehen als

Oma und Regina, das gilt für beide Seiten. Trotzdem, so gut kenne ich Regina, wird sie am Ende zuverlässig zur Stelle sein.

«Ich muss im Augenblick Vollgas geben, damit ich finanziell über den Berg komme», erkläre ich. «Aber wenn wir alle mitmachen, schaffen wir das.»

Arne nickt: «Mama soll nicht ins Heim.»

«Was wäre denn mit Jade?», fällt mir noch ein.

Entsetzen bei Regina: «Das ist absurd! Die ist doch noch durchgeknallter als ihr Vater.»

«Nur weil sie sich anders anzieht als du?»

«Dass sie aussieht wie eine Tote – geschenkt. Aber die ist krank im Kopf.»

«Alles nur Fassade, im Grunde ist Jade eine nette Deern. Und Oma kann wirklich gut mit ihr.»

Regina springt empört von der Bank auf. «Diese Krähe macht Mama doch depressiv.»

«Du müsstest mal sehen, wie frisch Jade nach dem Aufwachen aussieht.»

«Sollte ich sie auch nur einmal lächeln sehen, glaube ich dir sofort», sagt Regina.

Ich schaue meine Tante und meinen Onkel fragend an.

«Also ja? Jade bleibt noch zehn Tage, dann sehen wir weiter.»

Arne nickt. «Falls es nicht klappt, müssen wir halt umdisponieren. Wir können Mama sowieso nur langsam beipulen, dass sie Hauspersonal bekommt.»

Keiner spricht das böse Heim-Wort noch aus.

Schade, dass Fräulein Rottenmeier nicht mehr da ist. Ich würde sie gerne mal fragen, wie sich das hier hinter dem Küstenwald für sie anfühlt.

12. Die Würfel sind gefallen

Ich fahre zurück nach Nieblum und bleibe vor unserem Haus noch einen Moment im Wagen sitzen. Die Insekten in unserem Garten genießen die Sonne, heute ist es warm, jede Flugroute kann eingehalten werden, der Wind hat sich weit nach draußen auf den Atlantik zurückgezogen.

Unser geheimes Treffen sitzt mir immer noch quer im Magen. Das gemeinsame Schweigen wird nicht lange durchzuhalten sein. Maria muss aufgeklärt werden, egal, was danach passiert. Schließlich ist es auch ihre Großmutter. Die Heimlichkeiten in unserer Familie führen zu weit, jetzt sitzen auch schon Arne und Regina mit im Boot. Irgendwann wird es Maria von jemandem erfahren. Und das sollte möglichst niemand anders sein als ich.

Falls sie jetzt zu Hause ist, werde ich ihr alles beichten. Dann soll und muss sie selber entscheiden, wie sie sich Oma gegenüber verhält: verhören, verhaften oder vertuschen. Ich bin allerdings ziemlich sicher, dass sie unsere Oma schützen wird, etwas anderes kann ich mir gar nicht vorstellen.

Im Kopf lege ich mir schon den Text zurecht: «Maria, ich muss dir etwas sagen. Also, ich habe anonym eine DVD zugesteckt bekommen, die zeigt Oma beim Verlassen des Museums. Durch ein Fenster, um genau zu sein. Sie trägt ein Bild bei sich, und Jade ist auch dabei.» Schlecht.

Außerdem ist es schon wieder gelogen: Ich habe die DVD nicht anonym zugesteckt bekommen, sondern von Friederike. Und der habe ich hoch und heilig versprochen, nichts zu sagen. Oder muss ich meine gute Freundin und Mitsängerin von den Seevögeln mit ans Messer liefern? Es ist alles sehr, sehr kompliziert. Am liebsten würde ich im Wagen sitzen bleiben und hier übernachten. Aber ich gebe mir einen Ruck. Die Wagentür scheint einige Tonnen schwerer geworden zu sein, ich bekomme sie kaum auf.

Schon vor der Haustür dringt mir lautes Gelächter entgegen, Frauenstimmen, dazu höre ich ein klapperndes Geräusch: Da schüttelt jemand einen Würfelbecher. Der Becher schlägt auf die Tischkante, dann quietscht es wieder. Ich gehe durch den Flur ins Wohnzimmer. Alle, über die ich gerade mit Arne und Regina gesprochen habe, sitzen um den großen Tisch versammelt: Oma, Jade und Maria. Die Klappcouch mit dem Bettzeug, auf der Maria und ich schlafen, ist ausgefahren, weswegen es sehr eng im Raum ist. Die Atmosphäre hat etwas von Pyjamaparty oder Klassenfahrt.

Oma trägt einen bunten Seidenkimono, Maria ihre Uniform ohne Jacke, mit kurzärmligem Hemd und gelockertem Schlips. Jade sieht aus wie immer, inklusive der drei aufgeklebten Tränen unter dem rechten Auge. Auf dem schweren Holztisch stehen Teetassen und ein angebrochener Käsekuchen. Jede der Riewerts-Frauen hat einen Teller vor sich, in der Mitte des Tisches liegt ein beschriebenes Blatt Papier.

Ich beuge mich zu Oma und gebe ihr einen Bussi auf die Wange, danach bekomme ich von Maria einen kurzen Kuss auf den Mund.

«Moin, Jade», sage ich und lächle.

Oma scheint die Aufregung über den Brand in ihrer Wohnung erstaunlich gut überstanden zu haben, wenn sie jetzt schon wieder feiern kann. Das macht mir Mut. Ich könnte es Maria vor Oma und Jade sagen, aber will ich jetzt wirklich die Spaßbremse sein? Hat das nicht Zeit bis morgen?

«Sechs!», ruft Jade entsetzt, Maria und Oma klatschen hämisch. Marias braune Augen strahlen mich an, ein dünner Schweißfilm zieht sich über ihr Gesicht. Jade starrt geschockt auf den Würfel mit den sechs Augen. Man merkt, dass sie das gar nicht witzig findet.

«Jetzt bist du fällig!», freut sich Oma.

Jade sucht mit den Augen Hilfe bei Maria, doch die schüttelt energisch mit dem Kopf: «Der Würfel hat immer recht!»

Maria und Oma klopfen auffordernd auf die Tischplatte. Zögerlich erhebt sich Jade von ihrem Stuhl, dann klettert sie umständlich auf den Tisch.

«Was ist denn das für ein Spiel?», wundere ich mich.

«Kniffeln mit verschärften Regeln», kreischt Oma. Die Frauen lachen.

Jade steht etwas verloren auf dem Tisch, bittet um Ruhe. Oma hält unsere kleine Videokamera in der Hand und richtet das Objektiv auf ihre Enkelin.

Sieht so eine tüdelige, pflegebedürftige Greisin aus?

Meine Cousine stellt sich auf den Tisch und breitet die Arme weit aus. «Es ist unsinnig, sich dunkle Sachen anzuziehen, dunkle Gedanken zu hegen, sich dunkel zu schminken», verkündet Jade im Predigerton. «Und noch schwachsinniger ist es, auf Friedhöfe zu gehen, um dort die Schwingungen der Toten aufzufangen. Nein, es ist besser, lustige Lieder zu

singen und Fastnacht zu feiern, auch außerhalb der Fast-
nachtszeit.» Sie unterbricht sich: «War das genug?»

«Singen!», fordert Maria.

Jade zögert keine Sekunde: «Einer geht noch, einer hat
noch Platz, einer geht noch ...»

Ich erkenne meine Cousine nicht wieder ...

«Danke!» Oma legt die Kamera beiseite und reicht ihr ein
Küchenpapier.

«Abschminken!»

Jade schaut sie bittend an. «Oma, es dauert eine Stunde,
das so hinzukriegen.»

«Abschminken», fordert jetzt auch Maria.

Für Jade muss sich das anfühlen wie eine Gesichts-Ope-
ration. Erstaunlicherweise nimmt sie tatsächlich das weiche
Küchenpapier in die Hand und wischt sich die Schminke
aus dem Gesicht. Danach bindet Oma ihr noch ein Seiden-
tuch mit schön bunten Blumen um.

«Wunderbar», ruft sie und schaltet die Kamera wieder ein.

«Wie sind die Regeln?», frage ich schwer beeindruckt.

Oma reicht mir den Zettel, der auf dem Tisch liegt. «Auf
die Liste hier haben wir sechs verschiedene Möglichkeiten geschrieben, was man machen muss, wenn die entspre-
chenden Augen kommen. Zwei gute, zwei mittlere und zwei
schlechte. Wobei man vorher natürlich diskutieren muss,
was *wirklich* gut und *wirklich* schlecht ist.»

Ich schaue mir den Zettel mit Omas steiler, alter Hand-
schrift an:

1. Ich rufe einen Freund an und mache ihm Komplimente.
2. Ich spende zehn Euro für einen guten Zweck, und zwar
   sofort, per Internet.
3. Ich gehe auf die Straße und segne fremde Menschen.
4. Ich putze sämtliche Fenster des Wintergartens.

5. Ich bettle zehn Minuten unter Aufsicht der anderen an der Nieblumer Hauptstraße.
6. Ich stelle mich auf den Tisch und halte eine Rede darüber, warum «Gothic» totaler Schwachsinn ist, und schminke mich ab. Die Rede wird aufgenommen und ins Netz gestellt.

Letzteres war natürlich nur für Jade schlimm.

Mich macht vor allem das Segnen stutzig. Oma soll ja vom Balkon aus Passanten gesegnet haben, behaupten einige Insulaner. Könnte dies das Ergebnis eines Würfelspiels gewesen sein? Ich erinnere mich schwach an das Buch eines amerikanischen Psychiaters, das ich vor Jahren gelesen habe. Wenn ich mich richtig erinnere, war seine Grundthese, im Leben sei alles Zufall, insofern könnten wir unsere Handlungen auch auswürfeln, weil es auf dasselbe hinauslaufe. Das Buch wurde in einigen Kleinstädten Australiens verboten, weil dort immer mehr Leute würfelten und ihr Verhalten überhaupt nicht mehr vorhersehbar war. Mal betrogen sie ihre Ehepartner, mal predigten sie Enthaltsamkeit, an einem Tag waren sie Jesus, am nächsten Hitler.

«Mach doch mit!», fordern mich die drei auf.

«Vielleicht ein anderes Mal.»

«Feigling!», ruft Oma. Ich gebe ihr lachend einen Kuss auf die Wange.

Es ist auf jeden Fall der falsche Zeitpunkt für ein Gespräch über die DVD. Ich bin froh, dass sich alle so gut verstehen, das möchte ich nicht zerstören. Maria und ich müssen alles in Ruhe klären, und nicht, wenn Jade und Oma im Haus sind. Und wenn ich ehrlich bin, habe ich heute Abend noch einen Termin, der meine Arche weit nach vorne bringen könnte. Auch wenn ich dieses Date gerne noch vor mir hergeschoben hätte.

«Ich fahre gleich weiter», entschuldige ich mich bei Maria und gehe in die Küche. Am Tresen zum halbfertigen Wintergarten schmiere ich mir ein schnelles Brot mit frischem Kräuterquark. Maria kommt zu mir, ihr Gesicht ist immer noch hochrot vom Lachen.

«Oma stellt Jades Auftritt echt ins Internet», juchzt sie.

«Seit dem Kurs an der VHS weiß sie auch, wie das geht», antworte ich.

«Und ihre Enkelin muss das ausbaden.»

«Danach kann sich Jade auf keinem Friedhof mehr blicken lassen», sage ich grinsend. «Ihre Gothic-Freunde verstehen da bestimmt keinen Spaß.»

«Wo musst du hin?», fragt Maria und umfasst von hinten meine Hüften.

«Die Arche voll kriegen», murmele ich. Mein Dispo-Kredit ist bis zum Anschlag ausgereizt, ich erwarte jeden Tag die Kündigung der Bank. Zeit zu handeln, da müssen die Familienangelegenheiten ab und zu zurückstehen.

«Das passt gut», sagt Maria. «In einer Dreiviertelstunde fahr ich zur Nachtschicht.»

«Wir leben ja hektischer als in der Großstadt», jammere ich.

Maria stellt sich hinter mich und spielt mit ihrer Nase von hinten an meinem Ohr. «Es kommen andere Zeiten.»

«Bloß wann?»

«Wenn deine Lieblingspolizistin den Dieb gefasst hat.»

«Wie weit seid ihr denn?», frage ich.

Maria lässt von meinem Ohr ab. «Sag' mal, Friederike singt doch bei dir im Chor.»

Ich nicke.

«Weißt du, ob sie Geldprobleme hat?»

Geldprobleme? Wie kommt sie jetzt ausgerechnet auf Friederike? Ich erleide einen leichten Schweißausbruch, den Maria hoffentlich nicht bemerkt.

«Wieso das denn?»

«Friederike war im Museum, obwohl sie an dem Morgen keinen Dienst hatte. Angeblich, um eine Tasche zu holen, die sie vergessen hatte. Aber sie wusste natürlich, dass der Alarm ausgeschaltet war, und ein Wachmann hat sie bei dem Bild gesehen.»

«Du spinnst.»

«Und noch etwas: die Überwachungskamera von ihrem Haus gegenüber hat alles aufgezeichnet ...» Mein Herz hört auf zu schlagen. «... bis auf die Stunde vom Diebstahl.»

Mein Puls schießt wieder hoch.

Wenn sich Maria auf Friederike einschießt, bricht alles zusammen. Die Arme würde einen viel zu hohen Preis für ihre Nettigkeit bezahlen. Ich muss sie auf jeden Fall anrufen und warnen oder besser noch vorbeifahren.

Jade platzt herein. Sie ist noch ganz verschwitzt von ihrem Auftritt auf dem Tisch.

«Gibt es noch Kekse?», fragt sie.

«Klar», antwortet Maria und reicht ihr eine Packung.

«Sag' mal Jade, ich habe ein großes Anliegen», sage ich. «Könntest du noch etwas länger bei Oma bleiben? Du hast ja mitbekommen, ihr geht es nicht so gut.»

Jade lacht. «Ich würde sagen, es geht ihr fast zu gut.»

Den Brand scheint sie vergessen zu haben.

«Nur dass du ein Auge darauf hast, falls was anbrennt.»

«Gebongt», sagt Jade und zieht mit den Keksen ab.

«Über Omas Zukunft müssen wir uns in der Familie mal zusammensetzen», meint nun Maria. «Aber ich kann erst dabei sein, wenn das mit dem Museum geklärt ist.»

Ich nicke stumm und schuldbewusst

«Ich muss wieder rein», entschuldigt sich Maria, «sonst stellen Jade und Oma das nächste Spiel alleine zusammen. Das muss ich verhindern.»

Alles könnte so perfekt sein.

«Vorsicht beim Würfelspiel, du bist Polizistin», warne ich sie lächelnd.

«Wer weiß, wie lange noch», sagt Maria düster. Ich hatte es gar nicht so ernst gemeint.

«Was heißt das?»

«Sollte ich beim Betteln in Nieblum verhaftet werden, werde ich gefeuert. Dann ist wenigstens alles geklärt.»

«Keine Witze dieser Art, bitte.»

Maria lacht: «Das entscheidet der Würfel.»

«Bitte nicht.»

«Der Würfel hat immer recht!»

Wir küssen uns, und ich eile zum Wagen.

Natürlich fahre ich zuerst nach Alkersum und schleiche mich hinterm Museum zu Friederikes Haus. Das bin ich ihr schuldig, sie darf keinen Ärger mit der Polizei bekommen, bloß weil sie Oma deckt. Allein ihretwegen schon muss ich Maria bei der nächsten Gelegenheit alles offenbaren.

Ich klingle mehrmals an ihrer Tür und schaue durch die Fenster. Aber Friederike ist nicht zu Hause und auch nicht auf dem Handy erreichbar, was in ihrer Situation das Beste ist. So ist sie wenigstens auch für Tobias nicht zu finden. Ich hefte einen Zettel an die Haustür und hinterlasse auf ihrer Mailbox eine Nachricht, dass sie mich anrufen soll. Dann fahre ich nach Wyk. Nun gibt es kein Halten mehr …

13. Auf Kaperfahrt

Wenn man vergessen will, dass man sich auf einer friesischen Nordseeinsel befindet, weil man lieber im Märkischen Viertel in Berlin, in Bitterfeld oder Wanne-Eickel wäre, gelingt das am ehesten auf dem Gelände der *Eilun Feer Skol*, dem Schulzentrum in Wyk.

Über den asphaltierten Schulhof gehe ich auf etwas zu, das aussieht wie ein nüchterner Bürobau aus den Siebzigern. Die ehemals weiße Fassade des Gebäudes ist an vielen Stellen mit schmutzigen schwarzen Schlieren überzogen, algenartige grüne Pflanzenreste lecken vom Dach herab. Schwer zu glauben, dass mal ein Architekt mit leuchtenden Augen und roten Ohren für diesen Bau geworben haben soll. Und dass auf der Auftraggeberseite ebenso leuchtende Augen ernsthaftes Interesse signalisiert haben.

Ich fühle mich in diesem Komplex allerdings sofort heimisch, denn ich bin auf eine ähnliche Schule gegangen. Von innen siehst du das Gebäude ja nicht, und wenn du hinausschaust, blickst du hier auf alten Baumbestand und die Rotklinkerbauten im Rebbelstieg, wogegen nichts zu sagen ist. In der rötlichen Abendsonne, nach diesem üppigen Hochsommertag, wirkt die *Eilun Feer Skol* wie eine große, stolze

Kathedrale, das warme Abendlicht schenkt dem weißen Gebäude so etwas wie Schönheit und Stolz.

Ich setze mich neben die Halfpipe vor der Haltestelle der Schulbusse, die mit massiven Gittern von der Straße abgetrennt ist. Wann war ich das letzte Mal seit meinem Abschluss in einer Schule? Jetzt fällt es mir ein, zur Stimmabgabe für die Bundestags-, Europa-, Senatswahl, die in meinem Hamburger Wahlkreis immer zwischen Kuscheltieren und Tuschebildern in einer Grundschule stattfand.

Was die Erinnerungen an meine eigene Schulzeit anbelangt, stehen die Pausen im Vordergrund, in denen ich alle traf, und das jeden Tag verlässlich. Niemals wieder im Leben danach habe ich meine Freunde so oft gesehen, jede und jeder war immer auf dem neusten Stand.

Die Zeit zwischen den Pausen war deutlich schwieriger. Da fallen mir sofort die etwas dickeren Jungs und Mädchen ein, die es schon so nicht leicht hatten, aber von Sportlehrer Franzius noch extra vorgeführt wurden. Vor der ganzen Klasse. Wir Idioten haben auch noch gelacht, wenn sie wie ein Sack am Reck hingen, hilflos, mit hochrotem Kopf, schwitzend, und Franzius seine Sprüche abließ. Dafür schäme ich mich heute noch.

Oder Dr. Koschinsky, der Geschichtslehrer, der aus irgendeinem Grund etwas gegen mich hatte und bei dem ich nie über eine Vier hinauskam, obwohl ich vorher immer auf zwei stand. Da halfen keine Elterngespräche, irgendwann war ich so blockiert, dass ich tatsächlich nichts Vernünftiges mehr zustande bekam.

Ich staune selbst, was mir an der Halfpipe so alles gallebitter hochkommt. Und gleich soll ich wieder zur Schule, zu einer besonders schweren Prüfung. Die entscheidende Prüfungsfrage lautet heute nämlich: Kann ich so tun, als ob ich Shantys gut finde? Kann ich mich wirklich verstellen? Kommt meine Arche nicht auch ohne das in Fahrt? Was ich vorhabe, geht weit über einen Smalltalk am kalten Buffet hinaus. Einem Chor beizutreten, dessen Musik man nicht mag, geht gar nicht. Ich werde es trotzdem probieren.

Also trotte ich hinüber zum Haupteingang, öffne die Glastür und gehe hinein. Der Sonnenuntergang bleibt draußen, ab hier bewege ich mich vollständig in hellem Neonlicht. Kein Mensch ist zu sehen. In den leeren Gängen riecht es nach kaltem Schweiß und Kunstfaser-Teppichboden, an den Wänden hängen gedruckte Nolde-Aquarelle und Schülerzeichnungen von Dinosauriern.

Plötzlich habe ich ein Déjà-vu. Mein oft wiederkehrender Albtraum, in dem ich zu einer wichtigen mündlichen Prüfung erwartet werde, aber in einem Labyrinth umherirre, in dem ich den Prüfungsraum nicht finde. Es sah in diesem Traum genauso aus wie hier!

Ich zögere einen Moment und gehe weiter. Im Gegensatz zu meinem Traum komme ich mit der Raumordnung dieser Schulzentren bestens zurecht, gelernt ist gelernt. Im Nu stehe ich vor der richtigen Tür: Raum A103, Klasse 7 b.

Ich hole tief Luft.

Meine Vorurteile gegen Shantychöre sitzen tief: ältere Herren mit weißen Bärten, in Fischerhemden und mit Prinz-Heinrich-Mützen auf dem Kopf, die sich beim Singen tapsig hin- und herwiegen, vermutlich riechen sie stark nach Rasierwasser. Trotzdem hat Kapitän Petersen natürlich recht: Ich kann mich nicht von den Insulanern absondern, wenn ich etwas von ihnen will. Also klopfe ich besonders kräftig, um meine Zweifel zu übertönen.

Ein paar Männerkehlen grölen kurz und knapp: «Herein!» Klingt nach Bundeswehr, etwa wie: «Stillgestanden!»

In meiner Schulzeit hätte ich genau gewusst, was mich erwartet hätte, wenn der Lehrer noch nicht da gewesen wäre: das pure Chaos, alle kippeln mit den Stühlen, laufen durcheinander, und jemand kritzelt etwas Versautes an die Tafel.

Ich reiße die Tür auf. Das Klassenbild sieht genauso aus, wie ich es in Erinnerung habe, nur mit anderer Besetzung. Eine Handvoll Herren um die sechzig lümmelt sich an den Tischen wie die Schüler der 7 b, wenn der Lehrer nicht da ist: gekippelte Stühle, Schuhe auf die Tischplatten, einer kritzelt mit Kreide einen pinkelnden Hund an die Tafel. Alle scheinen noch eine Rechnung mit Schulautoritäten offen zu haben. Das hört offensichtlich nie auf. Sehr sympathisch.

Kapitän Petersen freut sich, mich zu sehen: «Moin, Sönke.»

Von den anderen kommen auch freundliche «Moins». Petersen stellt sie mir vor: Da ist der schlanke Konditormeister Jens Jensen vom «Café Friesentraum», Christian Rodiek, der weißhaarige Verwaltungsleiter der Inselklinik, der sein Jackett gegen eine abgewetzte blaue Jeansjacke getauscht hat, Lükki von der Feuerwehr, der den Brand bei Oma gelöscht hat, der dicke, glatzköpfige Hotelchef Holger Ketels, der ganz kleine Augen hat, der etwas steife, bärtige Bankangestellte Fritz Jensen von der Nordfriesischen Bank und Bürgermeister Brodersen aus Nieblum mit seinen Bernhardinerwangen, den ich oft bei uns im Ort treffe und der mit meiner Mutter und meinen Onkeln Arne und Cord in einer Straße aufgewachsen ist und jede Geschichte aus ihrer Jugend kennt. Seit er nicht mehr das Häuschen abreißen will, in dem Maria und ich wohnen, gehen wir sogar richtig nett miteinander um.

«Moin», grüße ich, «ich bin Sönke, aber das wisst ihr ja.»

«Moin, Moin» von allen Seiten.

«Wann kommen die anderen?», erkundige ich mich.

Der dicke Ketels lacht so heftig, sodass seine kleinen Augen fast nicht mehr zu sehen sind. «Was für andere? Es gibt keine anderen!»

Verstehe, ein überalteter Chor mit Nachwuchssorgen, kurz vorm Abnippeln, und ich soll die Jugendquote heben – mit 36 eine selten gewordene Gelegenheit, auf die ich trotzdem gerne verzichten kann. Kapitän Petersen scheint meine Gedanken zu lesen und grinst mich breit an: «So ist das nun mal, wenn man pauschal gebucht hat.»

«Lass uns anfangen», drängelt der steife Fritz Jensen. «In genau einer Stunde und 15 Minuten wirft uns der Hausmeister raus.»

«Was kannst du denn aus'm Stegreif?», erkundigt sich Lükki bei mir.

Ich überlege: «Hamborger Veermaster.» Als Hamburger Junge lernt man dieses Lied in der Schule noch vor der Nationalhymne.

Die Männer pulen sich hinter den Tischen heraus und drängen sich hinterm Lehrerpult eng zusammen. Ich stelle mich ganz automatisch zum Tenor, der von vorne gesehen immer links steht.

«Nee, du nicht», weist Brodersen mich zurecht und schiebt mich sanft nach vorne.

«Du machst den Vorsänger», erklärt Lükki. Offensichtlich ist das ein Gemeinschaftsbeschluss, der vor meiner Ankunft gefällt wurde.

«Das ist nicht euer Ernst.»

Kapitän Petersen schaut mich freundlich-streng an.

«Und wie!»

«Ich werde beim Shantysingen immer leicht seekrank», albere ich blöde herum, «außer ich stehe hinten.»

«Dagegen gibt's ein altes Hausmittel», kommt es vom Kapitän ungerührt zurück. Er zaubert eine Flasche Köm aus seinem Rucksack und gießt mir ein Schnapsglas ein.

«Nicht lang schnacken, Kopf in'n Nacken.»

Ich erinnere ich mich in diesem Moment an den Besuch zweier amerikanischer Studentinnen in meiner Hamburger WG, mit denen ich damals auf den Kiez gegangen bin. Wir waren erst in ein paar coolen Läden, die sie sehr an ihre Heimat Austin, Texas erinnerten. Der Abend lief nicht gut, sie hatten aus irgendeinem Grund schlechte Laune, was weiß ich. Das änderte sich schlagartig, als wir im «Silbersack» landeten, einer Kult-Eckkneipe mit «German unplugged music». Was sie damit meinten, war ein besoffener Akkordeonspieler, der Hans Albers nachahmte. Mein Kurs bei ihnen stieg gewaltig, da ich die meisten Lieder mitsingen konnte: «Auf der Reeperbahn nachts um halb eins ...»

Petersen hängt sich ein Schifferklavier um und gibt ein «A» an alle, die Jungs summen einen Grundakkord in freundlichem Dur.

Meine Stimme ist noch gar nicht eingesungen. Egal, los geht's. Ich atme tief in den Bauch und singe: «Ik heff mol een Hamborger Veermaster seen ...»

Die Männer geben mir erstaunlich sanft ein Echo zurück: «To my hooday ...» Fühlt sich gar nicht schlecht an.

Meine Stimme wird fester: «De Masten so scheep as den Schipper sien Been ...»

Wieder fangen die Herren mich verlässlich auf: «... to my hooday, hooday hooohoohooho.»

Dann singen wir zusammen, den Refrain. Genau wie die Seevögel, mit voller Kraft, aber nicht zu laut: «Blow, Boys, blow, for Californio, there ist plenty of gold, so I've been told, on the bank of Sacramento.»

Es ist verblüffend. Wenn ich tief einatme und die Augen schließe, wird der Körper bis in den letzten Winkel mit frischem Sauerstoff geflutet. Nach einer Weile werde ich so euphorisch, dass ich glaube, fliegen zu können. Und wieder spüre ich das, wovon sonst nur Esoteriker nach einem ihrer Tantra-Reiki-Sushi-Wochenenden berichten: Ich werde ganz leicht. Oma, Maria, alle Geheimnistuereien, die Arche, die Zukunft, alles rückt weit weg und macht einer tiefen Zuversicht Platz.

Wie kann das sein? Genau dasselbe habe ich bei den Seevögeln empfunden. Funktioniert das mit Shantys in einer Siebziger-Jahre-Schule genauso wie auf dem Deich im Sommersturm? Egal, *was* du singst, wenigstens du *singst*?

Mehr davon!

Die Herren sorgen unablässig für musikalischen Nachschub, und ich bin erstaunt, wie viele Shantys ich kenne: Hans Albers, «Rolling Home», «Wo die Nordseewellen trekken an den Strand». Die Lautstärke des Chores kommt niemals plump daher, sondern wird unglaublich fein abgestimmt auf den Vorsänger. Meine Vorurteile waren lächerlich, die Männer verstehen viel mehr von Musik als ich.

Danach sitzen wir an den Schultischen zusammen, wir halten alle Bierflaschen in den Händen, die Hotelchef Ketels aus seiner großen Sporttasche gezaubert hat.

«Klargekommen?», erkundigt sich Petersen.

«Ihr seid richtig gut», lobe ich aus vollem Herzen. Wenn die nicht Shantys singen würden, sondern etwas anderes, wären die unglaublich erfolgreich.

«Wieso singt ihr eigentlich Seemannslieder?», frage ich.

Lükki grient sich einen. «Ganz einfach. In dieser sterilen

Schule vor uns hinsingen, wäre zu öde. Mit Shantys bekommen wir eben die meisten Auftritte in dieser Gegend.»

Ich kann das fast nicht glauben. «Und was hört ihr privat?»

Der steife Fritz Jensen von der «Nordfriesischen Bank» lächelt freundlich: «Ich bin großer Anhänger des Original Blues, John Lee Hooker, wenn du den kennst.»

Verwaltungsleiter Christian Rodiek mag finnischen Tango. Ich lache: «Tango aus Finnland?»

Christian ist meine Unwissenheit leicht unangenehm: «Finnland ist Tangoland Nummer eins, wenn du die Zahl der Tänzer auf die Bevölkerungszahl umrechnest, noch vor Argentinien.»

«Nee.»

«Ist so.»

Konditormeister Jens Jensen findet Tango grässlich, egal, wo er herkommt. «Ich bleibe bei den Stones.»

Im Endergebnis hört niemand von ihnen privat Shantys, sondern singt sie ausschließlich bei den Knurrhähnen.

Nach der Probe gibt es natürlich keine Zusagen wegen der Arche, das war auch nicht zu erwarten. Für den großen Durchbruch sorgt am nächsten Tag Oma – ausgerechnet im Museum «Kunst der Westküste»!

14. Die Königin von Dänemark

Oma kommt mit zwei Gläsern Portwein aus der Küche und setzt sich auf die Couch unter dem verräucherten Elefantenbild. Ihre Wohnung ist so akkurat aufgeräumt, wie seit Jahren nicht mehr. Der Brandgeruch hängt immer noch im Raum, vermischt sich aber jetzt mit dem fiesesten, schärfsten Scheuermittel, das ich je gerochen habe. Regina muss wie eine Furie durch die Räume gefegt sein. In einer verborgenen Ecke ihrer Putzkammer hortet sie bestimmt noch Mittel aus den Sechzigern, die wegen ihrer Schadstoffhaltigkeit nicht mal mehr von Nordkorea als Kampfmittel eingesetzt werden. Ich mochte Omas lässige Unordnung; jetzt liegen selbst die Zeitschriften streng auf Kante übereinander.

«Wie sieht das hier bloß aus?»

«Regina war nicht zu bremsen», seufzt Oma.

Verstört setze ich mich neben sie. Die ukrainische Band draußen in der Kurmuschel beginnt gerade mit dem Udo-Jürgens-Lied «Ich war noch niemals in New York». Ich werde diesen Titel für den ganzen Tag nicht mehr aus dem Ohr bekommen, das weiß ich jetzt schon, aus irgendeinem Grund trifft das Lied bei mir auf eine extrem empfangsbereite Hirnregion.

«Skål for gamle denmark», prostet mir Oma auf Dänisch zu.

«Skål, Oma.»

Sie sieht immer noch müde aus und sollte dringend etwas schlafen.

«Wo steckt Jade?», frage ich. Die sollte doch Oma nicht aus den Augen lassen. Ich habe ihr sehr ins Gewissen geredet, dass wir uns alle auf sie verlassen und so weiter, und sie war damit einverstanden.

«Die treibt sich mit dem Enkel von Dingsda herum, na, wie heißt er noch ...»

«Ocke?»

Oma schaut mich erleichtert an. «... genau, mit Momme treibt sie sich rum.»

Der Mofafahrer, der Oma mit dem Fahrrad vom Osterland nach Hause gezogen hat.

«Warst du mal bei Dr. Behnke?»

«Wieso? Sehe ich krank aus?»

«Ich dachte nur, wegen deiner Schlafstörungen.» Ich tue so, als wäre das schon ein Thema gewesen, wobei ich auf ihre Vergesslichkeit setze. In Wirklichkeit habe ich mit Oma nie darüber geredet.

«Was denn für Schlafstörungen?», wundert sie sich.

«Haben wir darüber nicht neulich geredet?»

Oma schaut mich besorgt an. «Du kannst dich nicht daran erinnern, worüber du mit mir geredet hast?»

«Dann habe ich das wohl verwechselt», rede ich mich heraus.

Oma schaut mir prüfend in die Augen und schüttelt mit dem Kopf: «Sönke, was ist denn los mit dir?»

«Wieso?»

«Du siehst gestresst aus.»

«Ja?»

Oma ist wirklich besorgt. «Das mit den Gedächtnislücken solltest du im Auge behalten, damit ist nicht zu spaßen», mahnt sie. «Das kann was Ernstes sein.»

Moment mal! Irgendetwas läuft hier gerade schief.

Oma kippt den Portwein mit einem Schluck hinunter, was fast so aussieht, als müsse sie sich Mut antrinken.

«Sönke, ich muss mal ernsthaft mit dir reden», flüstert sie plötzlich leise und heiser. Ihr Tonfall ist ungewohnt schüchtern, wie bei einem Bekenntnis, das ihr sehr, sehr schwer fällt. Wahrscheinlich hat sie selbst endlich eingesehen, dass sie Hilfe braucht.

«Och, Oma.»

Es fällt ihr nicht leicht, damit herauszurücken, was ich gut verstehen kann. Wem würde es anders gehen? Ich bekomme einen trockenen Mund. Was folgt jetzt? Ein Geständnis wegen des Diebstahls im Museum? Ist ihr doch wieder alles eingefallen?

Ich nehme Oma in den Arm, drücke sie und gebe ihr einen Kuss auf die Wange.

«Es ist nicht einfach», murmelt sie.

«Ich, die ganze Familie, wir werden dir alle helfen, wo immer wir können. Du bist nicht alleine, das weißt du ja», sage ich, und ich meine jedes Wort davon ernst.

Oma legt ihre Stirn in ein paar mehr Falten als sonst. «Wovon redest du, Sönke?»

Ich hebe abwehrend die Arme. «Äh, wolltest du nicht gerade …»

«Warum habe ich bloß andauernd das Gefühl, du willst mir etwas in den Mund legen?»

Oma hat recht, ich sollte mich zurückhalten. «O.k., schieß los, was willst du mir erzählen?»

Oma schaut an die Decke und sucht nach Worten.

«Also, normalerweise mische ich mich ungern in die Angelegenheiten anderer Leute. Aber in der Familie ist es etwas anderes, oder?» Sie schaut mich prüfend an.

«Kommt drauf an», sage ich zögerlich.

«Wenn man sieht, dass jemand gegen die Wand fährt, und derjenige erkennt es selber nicht, sollte man da nicht Verantwortung übernehmen?»

Ich blicke nicht mehr durch und nicke verwirrt.

«Also, Sönke, ich bin eine alte Insulanerin und habe zeit meines Lebens auf Föhr gewohnt. Und Föhr ist eine kleine Insel, was bedeutet, ich kenne alle hier.» Sie starrt an die Decke.

«Willst du wegziehen, Oma? Mach dir keine Sorgen, wir besuchen dich überall, auch wenn es am Ende der Welt ist.»

Oma runzelt erneut ihre runzlige Stirn. «Sönke, was ist bloß los mit dir?», schimpft sie.

Ich hebe abwehrend beide Hände.

«Gut, du willst nicht wegziehen, alles klar, finde ich auch besser.»

Oma schaut mich mitleidig an wie einen kranken Menschen. «Sönke, ich habe mit Kapitän Petersen geredet, und der hat mir verraten, dass deine Arche nicht anläuft.»

Die Arche? Es geht um die Arche?

«Ach, das wird schon.»

Sie lacht. «Du bist sogar in den Shantychor eingetreten, Sönke, du Heuchler, nur um Kunden zu gewinnen.»

«Wieso Heuchler?»

«Eher wird der Papst Moslem als du Shantysänger.»

Oma selbst besitzt einen etwas bizarren Musikgeschmack. Beatles rauf und runter, Simon & Garfunkel, Reinhard Mey, aber ich habe sie auch schon mal bei Freddy Quinns «Junge, komm bald wieder» heulen sehen.

Sie hebt ihre Stimme wie ein Pastor auf der Kanzel und zitiert aus dem Alten Testament: «Aber mit dir will ich meinen Bund aufrichten, und du sollst in die Arche gehen mit deinen Söhnen, mit deiner Frau und mit den Frauen deiner Söhne.»

Sie fügt hinzu: «1. Mose 6, Vers 18». Ich wusste gar nicht, dass sie so bibelfest ist.

«Noah hatte es auch einfach, der hatte Unterstützung von ganz oben.»

Oma grinst. «Die bekommst du auch, mein lieber Sönke, und zwar noch heute Abend!» Sie fuchtelt mit zwei Karten in der Luft herum. «Ich habe zwei Einladungen für die Vernissage im ‹Museum Kunst der Westküste›. Die sind von Direktor Dr. Jesper Ringstaed höchstpersönlich.»

«Woher kennst du denn den Ringstaed?»

Oma wirft den Kopf in den Nacken und lächelt stolz. «Von der Eröffnung, auf der ich Margarete von Dänemark höchstpersönlich die Hand geschüttelt habe.»

Diese Geschichte haben alle in der Familie wohl an die hundert Mal gehört. Die dänische Königin war bei der Eröffnung des Museums in Alkersum anwesend, und Oma hat ihr die Hand geschüttelt. Ein Foto gibt es davon nicht, aber drei glaubwürdige Insulaner haben es bezeugt. Oma liebt die dänischen Royals über alles. Was genau genommen einen kleinen Verrat darstellt, denn die Friesen haben jahrhundertelang gegen die dänischen Könige gekämpft, das stellt quasi einen zentralen Bestandteil ihrer Identität dar. Eines der Wahrzeichen im Föhrer Inselwappen ist der Grütztopf, mit dem die friesischen Frauen der Legende nach die dänischen Steuereintreiber vertrieben haben, indem sie vom Dach heiße Grütze geschüttet haben.

Oma gießt mir Portwein nach. «Du kommst mit, und ich stelle dich Ringstaed vor. Ich habe ihm von deinem Arche-Projekt erzählt, und er war sehr angetan.»

«Echt?»

Das klingt ja phantastisch.

Oma nimmt meine Hände und schaut mich eindringlich an. «Mensch, Sönke, der Ball liegt direkt vorm Loch. Er braucht nur einen kleinen Schubs.»

Weiß Oma wirklich, was sie da tut? Kennt sie Ringstaed wirklich, und erinnert der sich auch an sie? Ich bin da nicht sicher. Oma neigt dazu, ihre Wirkung zu überschätzen. Und falls sie sich auf der Vernissage danebenbenimmt oder einen ihrer Ausfälle hat, schadet es mir unter Umständen mehr, als es nützt. Immerhin ist sie im Nachthemd mit ihrem Haustürschlüssel in der Hand durch Wyk gelaufen! Und wie war das mit der asiatischen Tomatensoße für die morgendlichen Spaghetti? Den Bilderdiebstahl lasse ich mal ganz ausgeklammert.

Andererseits möchte ich die Museumsleute natürlich dringend auf meine Arche einladen. Eine Ausstellung mit Bildern von der Westküste wäre das kulturelle Highlight auf dem Schiff; das würde todsicher viele andere Betriebe von der Insel mitziehen.

«Sehe ich da kein dankbares Lächeln im Enkelgesicht?»

Ich habe wohl zu lange überlegt. «Danke, Oma, super!» Was soll ich nur tun?

Meine Großmutter tut das, was sie so überzeugend kann wie sonst kaum jemand in der Welt: Sie strahlt mich begeistert an. Es wird schon gut gehen.

«Gerne, mein Sönke.»

«Wann geht es los?»

«Heute Abend zur besten Sendezeit, um sechs.»

«Ich hol dich ab.»

Oder sollte ich besser doch kneifen?

15. Nordisch-elegant

Die Sonne wird durch eine dünne Hochnebelschicht gefiltert, der Himmel besteht aus Millionen weißer Punkte. Dieses Licht kommt mir an diesem warmen Sommerabend heller vor als Licht von einem wolkenlosen Himmel. Ich parke Marias Mini auf einem Hof am Rande des Dorfes, weil der reguläre Parkplatz bereits voll ist. Es riecht hier streng nach frischem Kuhdung. Ich springe aus dem Wagen und halte Oma die Tür auf. Sie hat, wie immer, ihre Lieblingsfarbe «bunt» gewählt, die kimonoartige Bluse besteht aus nahezu allen Farben, die auf diesem Planeten vorkommen. Auch ihr leuchtend hellblauer Lidschatten ist nicht dazu geeignet, einen diskreten Kontrast dazu zu setzen. Ich bin froh und erleichtert, dass sie nicht bauchfrei geht, es wäre nicht das erste Mal. Jade ist mit dem Fahrrad vorgefahren, nicht, weil sie die Vernissage nicht erwarten konnte, sondern um Momme früher zu treffen.

Irgendwie habe ich eine böse Vorahnung, dass heute Abend etwas Ungutes passiert. Ich kann nicht genau sagen, was es sein könnte, aber irgendetwas Wichtiges wird schiefgehen, da bin ich sicher. Vielleicht wird Oma verhaftet, oder Dr. Ringstaed will nicht auf mein Schiff, oder etwas anderes. So ein Gefühl habe ich sehr selten, aber wenn ich es habe, ist es verlässlich.

Was soll ich tun? Wegen einer bösen Vorahnung sagt man nicht ab. Das wäre lächerlich, außerdem hängt der Erfolg meiner Arche ziemlich an dem Abend. Hier geht es um keine Klitsche, sondern um ein internationales Kunstmuseum, das erstaunlicherweise in einem kleinen Inseldorf abseits der großen Metropolen liegt. Wenn man das erste Mal hier ist, kann man nicht fassen, was für kostbare Werke in Alkersum hängen. Das hängt mit der Lebensgeschichte des Gründers Frederik Paulsen zusammen. Er wurde 1909 in Dagebüll geboren und fühlte sich zeit seines Lebens Föhr und der friesischen Kultur verbunden. Daran hielt er auch fest, als er in der NS-Zeit aus Deutschland fliehen musste. Paulsen wurde später in Schweden mit einem Pharma-Unternehmen ernsthaft reich und zog anschließend nach Alkersum zurück. Sein Sohn Frederik Paulsen jr. ließ nach dem Tod seines Vaters das Kunstmuseum hier bauen, das nicht seinem Stifter huldigt, sondern der Kunst. Alles ist bis ins Detail nordisch-elegant.

Oma hakt sich bei mir ein. Alle Menschen, die auf der Hauptstraße zu sehen sind, schlendern in Richtung Museum. Schon der Fuhrpark der Gäste unterscheidet sich von Vernissagen dieser Preisklasse in Hamburg oder anderswo. Kein roter Teppich, kein Protz. Viele haben ihren Wagen auf dem Festland gelassen und sind mit dem Fahrrad da. Selten sieht man so verschiedene Menschen miteinander gehen, teures dunkelblaues Tuch plaudert mit Streetwear, und Touristen in Urlauberkleidung kommentieren von der Seite. Großes Thema überall ist natürlich der Kunstraub. Ein bisschen sind alle auch neugierig, an diesem Abend den Tatort eines Verbrechens kennenzulernen.

Schon auf der Straße treffen wir die ersten Bekannten,

Gerda und Annalena, außerdem Vogelwart Markus von den Seevögeln, den rundlichen Hotelchef Holger Ketels von den Knurrhähnen, der mir mit seinen kleinen Augen fröhlich zuzwinkert, und meinen Freund Brar, den Autohändler, der mir auf die Schulter haut und eine vernichtende Revanche für unser letztes Tischtennis-Match ankündigt (das ich gewonnen habe, wenn auch nur mit einem Punkt Vorsprung).

Oma kämpft gegen ihre chronische Müdigkeit, das ist ihr deutlich anzumerken.

«Wenn du nach Hause willst, sagst du Bescheid», biete ich ihr an.

«Na, das ist ja eine tolle Ansage, am Beginn einer Party», beschwert sie sich. Hoffentlich geht das gut.

Der alte Dorfgasthof, in dem die legendäre Wirtin Grethjen Hayen im letzten Jahrhundert hin und wieder Maler beherbergte, wurde neu aufgebaut; die Fassade hat man weiß bemalt. An der Wand des Gastraums steht riesengroß ihr Sinnspruch: *Nee, wi hebb'n eenmol ein Maler hat, nie weder wüll's wi en Maler hebb'n.* (Nee, wir haben schon einmal einen Maler gehabt, nie wieder wollen wir einen Maler haben.) Das soll sie zu Heinrich Otto Engel gesagt haben, als der bei ihr wohnen wollte. Mit der wunderbaren Pointe, dass er anschließend elf Sommer kam und ihr Gasthof posthum zum Kunstmuseum ausgebaut wurde. Um das Haus gruppieren sich eine reetgedeckte Scheune und zwei schlichte rechteckige Quader aus gelbem skandinavischem Klinker, es gibt einen großen windgeschützten Innenhof.

Am Eingang des weißen Gasthofes werden wir herzlich von Friederike begrüßt. Ihre beiden Zöpfe sitzen perfekt, und die blauen Augen leuchten freundlich wie immer, sie lässt sich uns gegenüber nichts anmerken. Immerhin steht das Museum offenbar zu ihr, wenn sie trotz des Verdachts der Polizei hier am Eingang die Karten kontrollieren darf.

Ich nehme sie beiseite. «Maria weiß nichts von der DVD», flüstere ich ihr ins Ohr.

«Trotzdem ist die Polizei hinter mir her», antwortet sie. «Das muss ein Ende haben.»

«Ich regele das», verspreche ich. Maria muss dringend mit ins Boot! Die Ermittlungen gegen Friederike sind eine üble Panne, die keiner absehen konnte.

Friederike grinst: «Die können mir zum Glück nichts beweisen!»

«Du warst es ja auch nicht.»

Sie nickt und reißt die Karten der nächsten Besucher ab: «Viel Spaß heute Abend!»

Überall sieht man frisch geduschte, kultivierte Menschen mit sauberen Fingernägeln, die ein Glas Sekt in der Hand halten. Im Vorbeigehen höre ich neben Friesisch und Deutsch noch Dänisch, Englisch, Schwedisch, Norwegisch und Niederländisch, sogar Russisch. Was mit dem internationalen Renommee des Museums, aber auch mit der Biographie des Stifters und der des dänischen Direktors Jesper Ringstaed zusammenhängt. Begriffe wie «Fjord» und «Sturmflut» fallen unter den Vernissage-Gästen häufiger als «Point of Sale» oder «geschätzter Marktwert», was ich sehr angenehm finde.

Die Terrasse des Innenhofs ist voller Menschen, ich erkenne Christian, den Verwaltungsleiter der Inselklinik, Lükki, der bei Oma gelöscht hat, Bürgermeister Brodersen aus Nieblum, alle in Fischerhemden mit rotem Halstuch. Einige Auswärtige glauben, hier seien echte Fischer anwesend, und das sollen sie wohl auch.

Es scheint an diesem Abend zur Nacht hin immer wärmer zu werden statt kälter. In der Mitte des Innenhofs sitzen Jade und Momme im Schneidersitz auf dem Rasen, Jade in voller schwarzer Montur mit Ledermantel. Irgendwie gefällt es mir, dass die Tradition weitergereicht wird, sich in einem bestimmten Alter im Schneidersitz demonstrativ auf den Boden zu setzen, wo sonst nur Leute stehen, um zu zeigen, dass man anders ist. Momme sieht etwas unsicher aus. Zugegeben, Jade hat es leichter als er, sie ist in zehn Tagen wieder in Frankfurt, Insulanerjunge Momme dagegen wird die meisten Leute täglich wiedertreffen, zum Beispiel seinen Mathelehrer, den ich am Sektstand gesehen habe, und seinen Fußballtrainer …

Jade springt auf und umarmt Oma. «Moin, Oma.»

Dann umarmt sie mich. «Moin, Sönke.» Es ist unsere erste Umarmung.

Oma und ich begrüßen kurz Momme, der nicht aufsteht, weil er unauffällig die Zigarette hinter sich auszudrücken versucht, die er bis zu unserem Erscheinen mit Jade geteilt hat. Es gelingt ihm nicht ganz, ein kleines Rauchzeichen steigt unbeirrt weiter hinter seinem Rücken auf.

Meine böse Vorahnung löst sich auf, das Gegenteil tritt ein: Ich habe mich geirrt, es wird ein phantastischer Abend! Heute wird alles geklärt, auch und gerade mit Maria, ich spür das!

Ich gehe mit Oma an meiner Seite vom Garten in den großen Salon, der voll gehängt ist mit Bildern, die alle mit dem Meer und seinen Bewohnern an der Westküste zu tun haben, von Norwegen bis zu den Niederlanden. Die weißen Wände besitzen keine Fußleisten, die Beschriftungen sind direkt auf die Wand gedruckt. Alles wirkt dadurch leicht, die Wände scheinen zu schweben. Das Tageslicht erhält von allen Seiten Zugang; wenn draußen Wolken vorbeihuschen, erscheinen die Bilder in immer wieder neuer Farbtemperatur und Helligkeit.

Plötzlich steht Tobias vor uns.

In *meinem* besten Anzug.

In *meinem* schwarzen Hemd.

Das mir Maria zu *meinem* letzten Geburtstag geschenkt hat.

«Hallo, Sönke.» Er haut mir auf die Schulter, als seien wir alte Kumpel. Nach seiner Rauferei mit Hauke finde ich das noch schlimmer, als es so schon wäre. Mit einem freundlichen Lächeln zeigt er seine perfekten Zähne. Den eloquenten, kunstsinnigen Intellektuellen auf der Vernissage hat er mit Sicherheit genauso drauf wie den stumpfen Provokateur auf Haukes Hof.

Ich trete zur Seite. «Das ist meine Großmutter Imke Riewerts.»

Er reicht Oma die Hand. «Angenehm, Winter, Bundeskriminalamt.»

«Wie sind Sie bloß beim Kunstdiebstahl gelandet?», erkundigt sich Oma höflich, die offensichtlich schon via Inselklatsch von dem Fahnder Tobias Winter gehört hat. Taxiert sie gerade ihren Gegenspieler, ohne dass der es ahnt?

Tobias lächelt. «Vater Kunsthistoriker, Mutter Chemikerin, was soll da herauskommen? Vater hat mich in alle wichtigen Kunstmuseen der westlichen Welt geschleift, und ich habe fünf Semester Chemie studiert. Letzteres zwar ohne Abschluss, aber dadurch kann ich immerhin die Leute von der Spurensicherung fachlich besser verstehen als die meisten meiner Kollegen.»

Kurz zusammengefasst, er kann *alles*.

Plötzlich hat Oma hinter ihm einen Bekannten entdeckt, dem sie heftig gestikulierend zuwinkt.

«Wo ist Maria?», frage ich Tobias.

«Kommt gleich», kündigt er an. «Die wollte noch was von Zuhause holen, sie müsste jeden Moment hier sein. Aber ich warne dich gleich: wir sind dienstlich hier.»

Will der mir verbieten, mit meiner Liebsten zu reden? «Guten Tag sagen darf ich aber noch, oder?»

«Wenn nichts Wichtigeres anliegt …», lächelt er. Im besten Fall meint er das ironisch. Ansonsten kann ich nur bereuen, dass Hansen ihn nicht dienstunfähig gehauen hat.

Bürgermeister Brodersen aus Nieblum drängelt sich zwischen uns. Obwohl ich blau-weiß gestreifte Fischerhemden und rote Tücher nicht mehr sehen kann, muss ich sagen, ihm steht das.

«Mensch, Sönke», schnauft er. «Ich hab dich überall gesucht.»

«Was gibt's denn?»

«Du musst uns aushelfen.»

«Wie?»

Er sieht gestresst aus. «Kapitän Petersen ist nicht gekommen, du bist der Einzige, der einspringen kann.»

Ich weiß, dass die Knurrhähne eingeladen sind, zu den Meeresbildern zu singen.

«Nicht im Ernst.»

Er lässt das nicht gelten. «Eine Hand wäscht die andere, Sönke.» Es klingt wie eine Drohung.

Erst jetzt entdecke ich, dass er Fischerhemd und Prinz-Heinrich-Mütze für mich schon in der Hand hält. «Los, auf Klo und rüber damit, es fängt gleich an.»

Oma amüsiert sich prächtig: «Ayay, Bootsmaat Sönke.»

Wo bin ich hier nur hineingeraten? Ich werfe einen kurzen Blick Richtung Notausgang, dann eile ich doch zur Herrentoilette, um mich umzuziehen.

Dr. Jesper Ringstaed ist ein riesiger, etwas untersetzter Mann mit rotblonden Haaren, ungefähr Mitte vierzig. Von seiner massigen Figur her könnte man ihn für einen Förster oder Landwirt halten. Seine Hände sind groß wie Schaufeln und berühren doch selten etwas anderes als Papier und das Edelmetall der Museumstürklinken. Erst einmal begrüßt er die Gäste auf Deutsch, Friesisch und Dänisch. Dann spricht er mit leichtem dänischem Akzent auf Deutsch weiter.

«Diese Ausstellung zeigt die zeitlose Erhabenheit des Meeres, der Sehnsucht nach den Weiten des Horizonts und der Angst vor der Unbeherrschbarkeit der Elemente. Das Schöne dabei ist, dass es auf natürliche Weise keine Barrieren zwischen Kunst und Publikum gibt. Sie, meine Damen und Herren, sind alle mit dem Schiff über das Meer auf die Insel gekommen, mit anderen Worten, Sie alle hatten Meereskontakt, bevor Sie unser Museum betraten. Da erfüllt sich in gewisser Weise der Sinnspruch von Joseph Beuys, ‹Alle Menschen sind Kunstexperten, außer Kunstexperten›. In diesem Sinne fühle ich mich durch Ihre Anwesenheit sehr geehrt.»

Dann fügt er hinzu: «Und falls der Dieb vom ‹Friesischen Mädchen› unter uns ist, habe ich eine Nachricht für ihn: Wir finden dich! Unsere Hunde riechen dich schon! Und sie bellen nicht nur, sie beißen! Ohne Vorwarnung! Vielen Dank.»

Fröhlicher Applaus der Vernissagegäste.

Die Knurrhähne entern das Parkett. Lükki setzt mir die Prinz-Heinrich-Mütze auf und schiebt mich vor sich her. Die anwesenden Seevögel nehmen den Überläufer aus ihren Reihen staunend zur Kenntnis.

Mich überfällt das sichere Gefühl, einen Fehler zu machen. Nicht wegen der Seevögel, und auch nicht, weil BKA-Tobias mit verschränkten Armen in der ersten Reihe steht und mich höhnisch angrinst. Nein, hier ist Originalkunst ausgestellt, und mit den Knurrhähnen verkaufe ich mich unter Preis. Die kopieren nur das Klischee. Wie billig wirkt das, wenn ich da mitmache? Ich muss mich sehr zusammenreißen, denn dieser Gedanke raubt mir alle Energie, die ich für den Gesang dringend benötige.

Zu spät, ich stehe schon auf der Bühne. Also weg mit der Kopfbremse!

Dann tritt plötzlich ein Mann mit einem Akkordeon vor die Gäste, den ich so gar nicht mehr erwartet habe. Graumeliert, mit Fischerhemd: Kapitän Petersen! Die Knurrhähne grinsen mich an.

Sie haben mich reingelegt! Von wegen, Petersen ist nicht gekommen, die wussten, dass ich mich geweigert hätte zu singen! Kapitän Petersen wirft mir einen freundlichen Blick zu, spielt auf seinem Akkordeon den Kammerton «A» und verteilt Töne an die verschiedenen Stimmen. Die Herren summen vierstimmig an, dann geht es für mich los: «Ik heff mol een Hamborger Veermaster sehn ...»

Wir bekommen freundlichen bis begeisterten Applaus, auch von Dr. Ringstaed, und sogar von den Seevögeln, Friederike, Gerda und Anna. Nur Vogelwart Markus verschränkt stur die Arme vor seiner Brust.

Die Knurrhähne klopfen mir anerkennend auf die Schulter. Sekunden später halte ich ein randvolles Schnapsglas in der Hand und kippe mit meinen Chorbrüdern edlen Linie-Aquavit, der traditionell neunzehn Wochen in Fässern von Schiffen reift, die den Äquator kreuzen (auf der Rückseite jedes Etiketts sind der Name des Schiffes und die genaue Zeit der Reise vermerkt). Er schmeckt wunderbar. Von überall kommen Bekannte auf mich zu, um mich zu begrüßen, mein stoppelköpfiger Onkel Arne, Taxi-Ocke, der Freund

von Oma und Großvater von Momme, und sogar Kutschenbauer Hauke, der nicht erkennen lässt, ob er noch sauer auf
mich ist. Aus dem Augenwinkel sehe ich, wie sich Oma
mit erhobenen Armen durch die dichte Menschenmenge
kämpft. Sie deutet auf Dr. Ringstaed, der umlagert ist von
Presse, Funk und Fernsehen; alle wollen an diesem großen
Abend etwas von ihm. Oma rührt das nicht im Geringsten,
sie ist überzeugt davon, dass sie und ihr Enkel Sönke wichtiger sind als die anderen, und würgt die Journalisten ab.

Dr. Ringstaed nimmt ihr das nicht einmal übel. Es ist allerdings wie in der Tagesschau: mehr als 1:30 min haben wir
bei ihm nicht, um die Welt zu erklären.

«Moin, Jesper», fängt Oma an. «Das ist mein Enkel Sönke,
der mit der Arche.»

Ein haferflockengroßes Partikelchen Mozzarella klebt in
Ringstaeds linkem Mundwinkel, soll ich ihm das sagen?
«Moin, Noah», antwortet er. «Schön, dass du da bist.»

In seinem Museum legt er Wert auf das «Du», im Dänischen ist das «Sie» ja sogar ganz abgeschafft und bleibt allein der Anrede an die Königin vorbehalten.

«Ich hatte schon mit der Stiftung gesprochen, die fanden
die Idee grandios», sagt er. «Aber der Diebstahl hat alles
durcheinandergebracht, jetzt haben sie plötzlich Bedenken
wegen der Sicherheit. Immerhin ist deine Autofähre kein
festes Museum.»

Damit habe ich gerechnet. «Die Bilder werden 24 Stunden am Tag streng bewacht», versuche ich ihn zu beruhigen. «Ich verlange sogar höhere Auflagen, als die Versiche-
rung es verlangt.»

Jesper Ringstaed nickt. «Wir haben schon ein paar Werke
ausgewählt. In Hamburg für unser Museum zu werben wäre
natürlich ein Traum.»

«Was heißt das konkret?», mischt sich Oma ein. «Seid ihr dabei, oder nicht?»

In diesem Moment schiebt sich Maria neben mich. «Ich muss dich sprechen, Sönke, sofort!»

Einen derart hochroten Kopf habe ich bei ihr weder gesehen, noch hätte ich ihn mir so rot vorstellen können. Ihre Augen sind kalt und abweisend.

«Jetzt nicht», zische ich.

Jesper Ringstaed schaut irritiert auf Maria. Von hinten pirscht sich eine junge Reporterin an ihn heran: «Mr. Ringstaed, just a minute …»

«Das ist meine Frau Maria», stelle ich vor.

Ringstaed streckt Maria freundlich seine Hand entgegen: «Moin.»

Maria reagiert gar nicht auf ihn. Stattdessen zerrt sie so stark an mir, dass es eine Schlägerei geben würde, wenn ich mich gegen sie stemmen würde.

«Entschuldigung», raune ich Ringstaed zu und beschließe, Maria das erste Mal in unserer Beziehung zur Sau zu machen. Unser Aufeinandertreffen bei Kutschenbauer Hauke Hansen war so unglücklich wie unvermeidbar. Aber das hier geht gar nicht!

Oma schüttelt mit dem Kopf. Ihr Enkel reißt alle Bausteine wieder ein, die sie mühsam aufgebaut hat. Ich würde es ihr gerne erklären, aber jetzt geht es eben gerade nicht. Maria zieht mich durch die Menschenmenge in einen schmalen Raum zwischen großem und kleinem Salon; hier hängen Lithographien von Munch und Nolde.

«Hast du sie noch alle?», fauche ich sie an. «Das war mein wichtigster Kunde!»

Sie zieht eine DVD aus ihrer Handtasche: «Wieso weiß ich nichts davon?»

Ich bekomme einen trockenen Mund. «Was ist das?», beschwere ich mich, als wenn ich es nicht wüsste. Ein vollkommen überflüssiges, feiges Ausweichmanöver.

«Die habe ich in deinem Schreibtisch gefunden, als ich nach Büroklammern gesucht habe.»

Aus Verlegenheit und Überforderung starre ich auf die beiden dunklen Lithographien von Munch, vor denen wir stehen. Die erste heißt «Anziehung I», 1896, und die andere «Trennung», 1896. Beides malte Munch in einem Jahr. Wenn es nicht so ernst wäre, könnte ich die Parallelität fast komisch finden.

16. Auftritt Maria

Maria zerrt mich in die Galerie hinter «Grethjens Gasthof», in der die Bilder von Otto Heinrich Engel hängen. Hier halten sich nicht ganz so viele Leute auf wie im Salon. Den Diebstahl hat Ringstaed nicht vertuscht: anstelle des gestohlenen Bildes hat er hinter Panzerglas eine Kopie des Erpresserbriefes gehängt, in dem die alten Postleitzahlen gefordert werden. Nicht-Eingeweihte halten das wahrscheinlich für eine moderne Installation, auf jeden Fall zeugt es von Humor.

«Weiß Tobias von der DVD?», frage ich besorgt.

«Noch nicht!», zischt mich Maria an.

Ich berühre sanft ihren Arm. «Maria, ich wollte dich nicht in Konflikte zwischen Dienst und privat stürzen!»

Sie zieht ihren Arm weg. In diesem Moment biegt Jade um die Ecke und lacht fröhlich: «Mensch, Sönke, ich wusste es ja, du machst dich perfekt als Shantysänger!»

«Ich bin nur eingesprungen», antworte ich mit belegter Stimme, ich mag trotz des Streits mit Maria nicht gar nichts sagen.

«Hast du auch von der DVD gewusst?», fährt Maria Jade an.

«Was für eine DVD?»

«Auf der du mit Oma aus dem Fenster kletterst!»

Einen Moment lang braucht Jade, dann wird sie fast genauso rot wie Maria: «Na und?»

«Du hast behauptet, ihr wärt schon um elf wieder gegangen ...» – Was Insulanerzeuge Fietje von der Alkersumer Dorfstraße mit seiner Falschaussage bestätigt hat. – «... aber der Zeitcode auf dem Computer sagt, es ist 13:05 Uhr.»

Unser ganzes Lügengebäude bricht gerade zusammen.

«Dann ist das Ding eben kaputt!», erwidert Jade pampig.

Was kann ich tun? Kann ich überhaupt noch etwas tun?

«Darüber werden wir noch zu reden haben, dienstlich!»

«Maria ...!», gehe ich dazwischen.

«Arme Sau», fährt mich Maria an. «Wer nicht mal seiner Liebsten traut ..., ich sollte wohl besser sagen, seiner *angeblichen* Liebsten!» Sie ist nicht zu bremsen.

Ich werfe Jade einen flehenden Blick zu: «Wir haben gerade Stress. Vielleicht könntest du ...»

«Ganz genau», tobt Maria, «weil du mich die ganze Zeit belügst!» Sie rauscht davon, die Treppe hinunter. Auch in der größten Wut legt sie ihren leichten Gang nicht ab.

«Ich hätte es dir heute gesagt!», rufe ich ihr hinterher.

Maria lacht höhnisch auf: «Hätte!»

Ich verscherze es mir gerade mit der gesamten Insel, aber das ist nicht zu ändern. Maria saust durch das Museum, ich hinterher. Überall stehen Menschen, die wir kennen und die uns begrüßen wollen. Wir müssen abenteuerliche Zickzack-Kurse nehmen, um ihnen auszuweichen. Wenn sie direkt vor uns auftauchen, ignorieren wir sie einfach.

«Du willst doch nicht gegen Oma ermitteln?», flüstere ich mit aller Kraft gegen den Lärmpegel.

Maria hält sich in der Lautstärke weitaus weniger zurück.

«Du hättest mir vertrauen können!», ruft sie.

«Ja.»

Jetzt wird sie noch lauter: «Hast du aber nicht!»

«Hallo, Sönke, hallo, Maria», ruft eine Frauenstimme von der Seite. Wir schauen gar nicht hin, wo das herkommt. Hintereinander ziehen wir an meinem Lieblingsbild vorbei, dem «Portrait eines Fischerjungen im Südwester» von Christian Krohg. Ein Bild, vor dem ich normalerweise jedes Mal vor Bewunderung innerlich auf die Knie gehe. Ein zarter Junge in dunkler Fischerkleidung und mit dunklen Augen schaut den Betrachter mit verhaltenem Blick an. Die Landschaft hinter ihm ist in Pastelltönen gehalten und deutet den bevorstehenden Sonnenuntergang an. Eine Stimmung, die gleichzeitig ein Gefühl von Glück und Todesahnung in mir auslöst.

Plötzlich laufen wir Tobias direkt in die Arme.

«Na, alles klar? Weitergekommen?», fragt er bei Maria nach. Sie antwortet nicht.

Was Tobias nicht akzeptieren kann: «Hey, krieg ich vielleicht mal 'ne Antwort? Ich bin dein Vorgesetzter!»

Was wiederum Maria egal ist.

«Hallo, meine Kinder, kommt doch mit zur Bar.» Oma.

Maria wird sie doch nicht ans Messer liefern? Doch nicht mal, wenn sie so wütend ist, wie jetzt, oder?

«Maria, was guckst du böse», sagt Tobias.

«Ich *bin* böse», giftet Maria zurück und geht weiter. Oma und Tobias schauen sich vielsagend an: dicke Luft ....

«Ich komme mit Ihnen zur Bar», sülzt Tobias und bietet Oma galant seinen Arm an. «Was darf ich Ihnen ausgeben?»

«Wieso ausgeben? Es ist alles umsonst», korrigiert Oma seine große Geste. «Aber gerne.»

Unsere topverdächtige Oma und der Ermittler des Bundeskriminalamtes, das ist keine gute Konstellation. Aber das kann ich im Augenblick auch nicht ändern.

Ich folge Maria durch die Menschenmenge, was gar nicht so einfach ist, denn immer wieder schieben sich freundliche Gäste zwischen uns, die ich nicht einfach beiseiterempeln mag.

«Wie kommst du eigentlich dazu, in meinen Sachen herumzuwühlen?», zische ich, was natürlich vollkommen schwachsinnig ist.

Maria kämpft sich an einem dicken Mann vorbei, der aussieht wie ein Opernsänger. «Liebe heißt Vertrauen!», ruft sie zurück. «Du hast weder das eine noch das andere!»

Wir gehen in den Garten im Innenhof, aber auch hier sind lauter Leute. Der massige Ringstaed steht plötzlich neben mir und zwinkert mir zu: «Noah tat das Dach von der Arche und sah, dass der Erdboden trocken war. Wir bekommen das hin.»

Es klingt wie eine Zusage. Leider kann ich mich im Moment darüber gar nicht freuen. Was Ringstaed nämlich übersieht: Noah hatte keinen Ärger mit seiner Frau, als er auf die Arche ging. Vor allem keinen Ärger, den er sich selbst eingebrockt hatte, sonst wäre sein Kahn bei der Sintflut mit Sicherheit abgesoffen. So wie meiner jetzt.

Plötzlich ist Maria weg. Ich suche die Menschenmenge ab. Nichts zu sehen. Es ist draußen dunkel geworden und immer noch warm. Die Gäste stehen in kleinen Gruppen zusammen, allesamt bester Dinge, die Gesichter sind vom Alkohol und der Sommerwärme gerötet. Nur Maria ist nirgends zu entdecken.

Ich renne zu Friederike, die den Eingang bewacht: «Hast du Maria gesehen?»

Doch Friederike hat ganz andere Sorgen. «Sie war hier.

Mensch, Sönke, Maria hat die DVD gefunden und mir einen Höllenärger deswegen angedroht. Ich dachte, die sei sicher bei dir!»

«War sie auch!»

«War sie nicht!»

Ich beruhige sie, so gut es geht: «Es ist extrem blöde gelaufen, Friederike, ich kümmere mich darum.» Falls es nicht zu spät ist.

Friederikes Blick verrät mehr Zweifel als Zuversicht. Wenn ich bei ihr unten durch bin, kann ich das durchaus verstehen.

«Ich werde alles gestehen», kündigt sie an.

«Später, ja?», bitte ich.

Sie schüttelt heftig den Kopf.

«Lass mich mit Maria sprechen, bitte, Friederike.» Das scheint mir immer noch sicherer zu sein, als mit Tobias zu reden.

«Die ist gerade eben mit einem Polizeiwagen weggefahren», verrät mir Friederike.

Ich renne die Hauptstraße hinunter zum Hofplatz und springe in den Mini. Ich muss jetzt zu Maria! Oder?

Unterwegs zücke ich mein Handy und versuche sie zu erreichen, aber es geht nur die Mailbox ran. Ich sage, dass wir reden müssen, dass ich aber erst mal an den Strand fahre, um nachzudenken.

Kaum zu glauben, meine Beziehung steht auf der Kippe. Diese Frau liebe ich, wie kann das sein?

17. Föhrer Manhattan

Immer, wenn Föhr nicht mehr alle seine Bewohnerinnen und Bewohner nähren konnte, wanderten viele von ihnen aus. Die Westerlandföhrer in der Regel nach New York, wo sie meist Delikatessengeschäfte eröffneten, und die Osterlandföhrer als Farmer, Hühnerzüchter und Handwerker nach Kalifornien. Inzwischen leben in den USA mehr Föhrer als auf der Insel selbst. Zwischen den Ausgewanderten und der Insel gab es regen Austausch, Briefe und Reisen hin und her. So landete der «Föhrer Manhattan» auf der Insel, den Auswanderer in den vierziger Jahren des letzten Jahrhunderts mitbrachten: eine Hälfte Whisky, die andere roter und weißer Vermouth.

Arne hat immer zwei Wasserkanister davon in seinem grünen Strandkorbvermieter-Strandkorb gebunkert und ich weiß, wo er den Schlüssel versteckt. Nach der schrecklichen Vernissage in Alkersum war dies der einzige Ort, an dem ich sein mochte. Leider bin ich mit seinem «Föhrer Manhattan» derartig versackt, dass ich hier auch gleich schlafen musste. Maria weiß Bescheid, ich habe ihr eine SMS geschickt, die sie nicht beantwortet hat. Trotzdem bleibt es natürlich ein Armutszeugnis, an dem die Auswanderer keine Schuld haben.

«Arniiiiiiie, hier liegt jemand!»

Erst versuche ich die schrille Frauenstimme in meinen Traum zu integrieren, dann rüttelt mich jemand an der Schulter.

«Das ist mein Neffe Sönke», höre ich Arnes Stimme.

«Hat der kein Zuhause?», kreischt die schrille Frau.

«Sönke, aufwachen!»

Widerwillig öffne ich die Augen.

Es ist viel zu hell, die Sonne steht hoch am wolkenlosen, blauen Himmel. Mein Onkel kommt mir mit seinen kurzen Haaren vor wie ein Fremder. Neben ihm steht eine Frau in meinem Alter, die gar nicht so unsympathisch aussieht, wie ihre Stimme vermuten ließ: rotblonde Haare, grüne Augen und Sommersprossen auf der spitzen Nase.

«Moin», grüße ich mit trockenem Mund. Arne reicht mir eine Flasche Mineralwasser, die ich mir gierig an die Lippen setze.

«Alles klar bei dir, Sönke?»

Was soll in meinem Leben wohl in Ordnung sein, wenn ich hier betrunken im Strandkorb übernachte?

«Wie spät ist es?», nuschle ich verkatert.

«Acht.»

Dann hat Maria schon wieder Dienst. Heiser raune ich Arne zu: «Ich habe es vermasselt.»

«Was hast du vermasselt?»

«Alles!»

«Ärger mit Maria?»

«Alles!»

«Du bist ja immer noch besoffen! Los, ab ins Wasser!»

Ich trotte mit der Mineralwasserflasche in der Hand Richtung Nordsee, die immer noch viel zu hell in der Sonne funkelt. An der Wasserkante kniee ich mich in den Sand und schaufele mir etwas Wasser ins Gesicht. Ich schaue mich kurz um, ziehe schnell Hose und Hemd aus und laufe nackt ins Wasser. An sich eine gute Idee, die diesmal nur komplett versagt: Das Meer ist mir viel zu kalt und bleibt es auch. Nach ein paar Schwimmzügen Richtung Sylt drehe ich um.

An der Wasserkante erwarten mich Arne und seine Rothaarige mit einem Handtuch, denn neben meinen Sachen hat eine Gymnastikgruppe mit geschätzten zwanzig Frauen mittleren Alters Position bezogen. Netterweise kommt mir Arne mit dem Handtuch im Wasser entgegen, sodass ich mir keine Blöße geben muss.

Wir setzen uns in den Strandkorb.

Das heißt, Arne steht, die Rothaarige setzt sich neben mich.

«Ich bin die Carla», stellt sie sich vor und reicht mir eine Flasche Sonnenschutzmittel mit Lichtschutzfaktor 50, die ich gerne annehme.

«Sönke.»

«Ich weiß, das hat Arnie mir schon verraten.»

Wieso nennt die Arne eigentlich die ganze Zeit «Arnie»?

Soll ich ihr sagen, dass sie so alt ist wie Arniiiies Tochter Maria, deren größtes Problem ich gerade bin? Würde sie das vertreiben? Ich schaue meinen Onkel bittend an, Carla ist echt über im Moment.

«Was ist denn los?», fragt Arne.

«Nix.»

«Verarsch' mich nicht. Was ist mit Maria?»

«Nix.»

Arne ist ein feiner Kerl, aber manchmal muss man ihn wirklich sehr mögen, um ihm zu verzeihen. Zum Beispiel wie jetzt, wenn er sagt: «Ich habe vor Carla keine Geheimnisse.»

Glaubt der, ich würde mein Seelenleben vor seinem One-Night-Stand ausbreiten? Vor ein paar Tagen, genau hier auf dem Fest, hat er sie noch nicht einmal gekannt, und jetzt fährt er so dicke auf? Will er sie damit beeindrucken? Ist er derartig verzweifelt? Langsam kann ich verstehen, warum Maria mit sechzehn Föhr so dringend verlassen wollte, um so etwas nicht mehr miterleben zu müssen. Andererseits gönne ich es meinem Onkel, der immerhin schon auf die sechzig zugeht und Single ist.

«Können wir unter vier Augen reden?», frage ich trotzdem.

Carla verzieht erst leicht beleidigt ihren schmalen Mund, dann gibt sie aber doch nach: «Ist o. k., Arnie, ihr kennt euch ja länger.»

Wie wahr.

Arne und ich halten uns weit abseits der Gymnastikfrauen an der Wasserkante. Die Sonne scheint von einem blauen Himmel herab, über dem Wasser stehen noch letzte Reste des weißen Morgennebels.

Ich weiß gar nicht, was ich Arne sagen soll. Was Beziehungen anbelangt, bin ich ein Totalversager. Ich treffe die Frau meines Lebens. Komme mit ihr zusammen. Ein Glücksfall, seltener als ein Lottogewinn. Ich vertraue ihr trotzdem nicht. Belüge sie. Wie krank ist das?

Bin ich überhaupt in der Lage, einem Menschen zu vertrauen? Wenn nicht Maria, wem dann?

Ich sollte eine Therapie machen, ernsthaft. Mit Sicherheit habe ich mehr Probleme, als ich mir eingestehen möchte. Der Streit mit Maria ist nur die Spitze vom Eisberg, den ich gerade gerammt habe.

Arne und ich starren nebeneinander auf die offene See.

«Meine Tochter hat etwas Besseres verdient als dich!», raunzt Arne mich an.

«Was ist das denn für ein Schwachsinn?» Im Ernst, das klingt wie auswendig gelernt.

«Gar kein Schwachsinn!»

«Maria hat herausbekommen, dass es Beweise gegen deine Mutter gibt, die ich unterschlagen habe.»

«Mach dich nicht lächerlich! Du willst doch nur davon ablenken, dass du beziehungsunfähig bist – und zwar komplett!»

Und das ausgerechnet von Arne!

«Welche Beziehung von dir hat denn länger als zwei Monate gedauert?»

«Wir reden nicht über mich, mein Lieber, sondern über dich!»

«Und über Maria!»

«Meine Tochter lässt du besser aus dem Spiel!»

Es ist sinnlos. Ich drehe mich um und gehe.

«Soll ich dir was über Maria erzählen?», ruft Arne mir hinterher. «Sie hatte nach der Polizeischule einen Freund, der sie sehr verletzt hat. Maria hat unendlich darunter gelitten, sie bekam sogar Essstörungen deswegen. Aber dann ist sie zu ihm gegangen ist und hat ihm gesagt, dass sie ihm verziehen hat.»

Ich bleibe stehen und drehe mich um. «Was willst du mir damit sagen?»

«Der Typ war total baff und wollte wieder mit ihr zusammenkommen. Aber Maria hat ihn eiskalt abblitzen lassen.»

«Tja, Rache kann ein schönes Gefühl sein.»

«Der Typ ist total durchgedreht und hat sie verfolgt. Der hat sogar nächtelang auf ihrer Fußmatte gepennt.»

«Wie hat Maria reagiert?»

«Sie hat ihn angezeigt.»

«Und?»

«Sie hat die Anzeige wieder zurückgezogen, weil er Polizist war. Sie wollte ihm schaden, ihn aber nicht vernichten.»

«Was hat das mit mir zu tun?»

«Nur weil du mit diesem Ex nicht klarkommst, musst du nicht durchdrehen. Das ist lange her, und für Maria ist es auch nicht leicht.»

«Sag mal, wovon redest du eigentlich?»

«Tu doch nicht so! Du machst doch hier dieses Drama wegen Tobias!»

Das ist nicht wahr!

Jetzt kapiere ich, was hier *wirklich* läuft!

18. Vogelkoje

Wenn ich mir mein Inneres als Land vorstelle, gibt es darin verschiedene Zonen. Einsame Strände, um mal mit dem Angenehmsten anzufangen, Seen, lebendige Wohnviertel mit Straßencafés, aber auch Gewerbeparks und Baustellen, die sämtlich mit Autobahnen, Fahrradwegen oder Trampelpfaden verbunden sind. Nicht alles schön, aber ich habe bisher immer genug Baumaterial gefunden, um das Unangenehme zu verbessern.

Von diesem Land führt ein schmaler Tunnel durch einen hohen Berg. Wenn du in diesen Tunnel gerätst, und das kann jeder und jedem passieren, schließt sich hinter dir eine massive Stahltür. Du kommst nicht mehr zurück, da kannst du rütteln, so viel du willst, du hast nur deine nackten Hände, und Stahl ist Stahl.

Auf der anderen Seite ist es gleißend hell. Von allen Seiten hörst du deinen Namen rufen und verächtliches Gelächter. Dir wird heiß, und du hast nichts zu trinken, der Durst wird unerträglich. Dein Herz reagiert mit bedrohlichen Aussetzern. Du legst dich hin und möchtest dich ausruhen, wenigstens fünf Minuten, aber das funktioniert nicht.

Alles, was du vorher von dir gedacht hast, existiert nicht mehr. Du bist dir selbst fremd.

Genau so fühlt sich Eifersucht an!

Diese ganzen Sonderschichten von Maria – ich Trottel habe wirklich geglaubt, es ginge um den Diebstahl im Museum! Dabei hatte mein Unterbewusstsein längst Alarm geschlagen, als Maria auf Hansens Hof ihre Hand Tobias in den Nacken legte. Das war viel zu intim für eine Frau, die es hasst, Fremde zu berühren (was sie als Polizistin häufig genug muss).

Alte Geschichten aufzuwärmen ist so einfach, wenn man sich im richtigen Moment wiedertrifft. Der Vorteil ist, man weiß noch, wie alles gut funktioniert, vielleicht sogar besser als in der Zeit, in der man zusammen war.

Zu blöde, dass Maria jetzt Tagdienst hat.

Mit Tobias, dem intellektuellen Supercop aus Wiesbaden.

Der alles weiß.

Der gut aussieht.

Der jedes Problem mit zwei Telefonaten löst.

Der im Fitness-Studio immer eine gute Figur macht.

In Kunstmuseen ist er natürlich auch ein Crack.

Körper und Geist in Höchstform.

Eine Ausnahmeerscheinung.

Dagegen ich: versuche mein jämmerliches Arche-Projekt auf die Beine zu stellen, im besten Fall nährt uns das ein Jahr, im schlechtesten ein halbes oder gar nicht. Natürlich bin auch ich eloquent und buffettauglich, aber Tobias hat zusätzlich noch etwas, was ich nicht besitze: Waffengewalt. Ich hingegen kämpfe alleine, ohne Pistole, kein mächtiges BKA steht hinter mir, ich bin immer abhängig von anderen. Was für ein Scheiß.

Obwohl ich andererseits froh bin, dass die Waffengesetze in Deutschland so streng sind. Wer weiß, was ich sonst tun würde in meiner Lage …

Vor fünf Tagen habe ich noch mit Maria am Hamburger Flughafen gestanden und gedacht, Jade wird eine Art Testlauf für uns. Wie leben wir mit einem Kind? In Utersum haben wir am Strand getanzt, und in den Dünen geknutscht und gedacht, für diesen Moment lohne sich alles andere! Wir haben zusammengehalten, was Omas Wohnung anbelangte, und Maria hat sich beim Würfeln prächtig mit Oma und Jade verstanden.

Was ist davon noch übrig? Ich will Maria sehen – jetzt! Sie muss vor mir stehen und es mir ins Gesicht sagen: «Tobias ist der Bessere für mich, mit dir geht es nicht.»

Sonst begreife ich es nie!

Ich möchte Maria nicht anrufen, sondern sie direkt treffen, und wenn sie gerade mit Tobias … dann weiß ich wenigstens, woran ich bin, und muss mich nicht mehr nach ihr sehnen.

Demütigend ist, dass mein Rivale meine Kleidung trägt, *mein* Jackett, *meine* Unterhose, *meine* Identität. Das ist durch und durch böse – von ihr und von Tobias!

Per Inselfunk setze ich eine Fahndung in Gang. Föhr ist 12 Kilometer lang und 6,8 Kilometer breit. In jedem Planquadrat kenne ich jemanden. Als Erstes rufe ich Omas Freund Ocke an, der mit seinem Taxi überall herumkommt. Leider hat er den dunklen BMW mit dem aufgesetzten Blaulicht in den letzten Stunden nicht gesehen. Feuerwehrchef Lükki hat Maria und Tobias zwei Stunden zuvor in Nieblum entdeckt. Der Nieblumer Bürgermeister Brodersen weiß wiederum, dass sie in seinem Amtsbezirk getankt haben und dann Richtung Alkersum gefahren sind. Voilá, die «Kunst der Westküste».

Es ist heiß, aber ich habe keine Lust, die Klimaanlage anzustellen. Lieber schwitze ich mich tot. Ich habe extreme

Schwierigkeiten, mich aufs Fahren zu konzentrieren; jeder zweite entgegenkommende Wagen hupt mich an, weil mein Kurs auf der Landstraße offensichtlich etwas unklar ist. Polizisten sollten Autofahrer nicht nur auf Alkohol überprüfen, sondern auch auf Beziehungsprobleme: Hände weg vom Steuer bei Eifersucht!

Ich parke den Wagen direkt vor dem Eingang des Museums und stürme hinein. Friederike sitzt wie immer an der Kasse vor dem Museumsshop.

«Moin», keuche ich und renne an ihr vorbei.

«Sönke», ruft sie, «was passiert jetzt mit mir?»

Immerhin hat ihr Maria auf der Vernissage offiziell mit strafrechtlichen Konsequenzen gedroht. Ich kann Friederikes Sorge verstehen, aber jetzt gerade habe ich überhaupt keine Zeit. Wo sind Maria und Tobias? Das ist das Einzige, was jetzt zählt!

Im Salon renne ich an norwegischen Wasserfällen vorbei, passiere Katastrophen auf See, heitere Abendstimmungen mit Lampions am Wyker Südstrand, «Anziehung» und «Trennung» von Munch lasse ich im schmalen Raum rechts liegen.

Im kleinen Salon mit dem «Badenden Knaben» von Liebermann sind die beiden auch nicht. Also weiter durch den abgedunkelten Flur über die Lichtbrücke am Boden zu dem Gebäude mit den alten Mauerteilen. Genau hier verläuft die Grenze zwischen Geest und Marsch, die architektonisch mit einem Absatz eingearbeitet wurde. Auf der Marschseite beginnt die aktuelle Kunst. Ich renne die Treppe hinunter an einer riesigen Videoinstallation über das Meer in Scheveningen vorbei, reiße eine blaue Tür auf und befinde mich in einem Raum für Kinder, in dem alles in Blau getaucht ist, das Glas der Fensterfront, die Teppiche, Wände und Spielzeug, es gibt keine andere Farbe. An der einen Wand sind Rohre eingelassen, in die Kinder eine Flaschenpost stecken können, damit andere Kinder die mitnehmen. Ich interessiere mich vor allem für den großen Schrank an der Seite, durch den man den Spielbereich betritt.

Er ist leer.

Natürlich ist er leer. Was habe ich gedacht? Dass sie es im Kinderbereich miteinander treiben?

Ich renne zurück durch das Museum. Am Eingang treffe ich wieder auf Friederike.

«Hast du Maria gesehen?», keuche ich.

«Nein!», ruft sie, «warte ...!»

Ich renne weiter. Natürlich ist es unhöflich von mir, ich bin Friederike einiges schuldig, aber das hier ist eine echte Notsituation. Erst im Wagen frage ich mich, warum ich Friederike nicht gleich am Eingang nach Maria und Tobias gefragt habe, das wäre viel schneller gegangen.

Es ist Quatsch, was ich hier veranstalte. Ich wähle Marias Nummer. Die Mailbox.

Vogelwart Markus klingelt durch, der bei den Seevögeln Tenor singt. Er hat den Polizei-BMW vor der Boldixumer Vogelkoje parken sehen, ist sich aber nicht ganz sicher. Für mich dagegen ist jetzt alles klar. In einer Vogelkoje jagt niemand Bilderdiebe. Hierher geht man nur, wenn man nicht gesehen werden will.

Föhr ist flach und offen, kein Berg verstellt den Blick, auch kein Bauwerk. Nur an ausgesuchten Stellen gibt es kleine bewaldete Inseln mit einer höheren Gestrüpp- und Baumdichte als im Regenwald, die Vogelkojen eben. Selbst mit einer Machete hätte man extreme Schwierigkeiten, eine Schneise hineinzuschlagen. Man kann sich vorstellen, dass in den letzten Jahrhunderten hier geheime Händel getätigt wurden und Piraten ihre Beute vergruben. Doch das ist nur eine Kinder- und Jugendbuchphantasie, die Koje ist schlicht und einfach eine Vogelfalle. Enten und Gänse sind auf ihrem Flug durch die nordfriesische Weite auf geschützte Rastplätze angewiesen. Die Vogelkojen mit ihrer dichten Vegetation erscheinen ihnen als perfekte Oasen. In der Mitte befindet sich ein offener Teich, von dem aus kleine, immer enger werdende Gräben mit Reusen abgehen, die so genannten Pfeifen. Mit Hilfe von gezähmten Lockenten wurden die Wildenten hier hineingelockt. Am Ende wartete der Kojenwart, um ihnen den Hals umzudrehen. Zehntausende Enten im Jahr sollen die Föhrer früher so gefangen haben.

Ich parke den Mini vor dem einzigen Eingang. Der Dienst-BMW von Tobias ist nicht zu sehen, aber das muss nichts heißen. Die Vogelkoje ist von einem Graben umgeben, den Steg haben sie hinter sich hochgezogen. Zum Glück liegt ein Stückchen weiter ein Baumstamm, über den ich hinüberbalanciere; fast rutsche ich dabei ab.

Als ich drüben bin, hält mich nichts mehr auf. Ich kämpfe mich durch extrem dichtes, dorniges Gestrüpp wie durch eine Wand. Das dichte, dornige Geäst schluckt jeden Schall. Hier ist es absolut windstill, allenfalls streicht hin und wieder ein Hauch oben über die Baumkronen. Es ist wirklich die perfekte Falle.

Mein Herz fängt an in einem eigenen Takt zu klopfen, unabhängig von meiner Bewegung, es rast, wenn ich stehe und kommt nicht hinterher, wenn ich laufe. Als ob eine fremde Macht die Regie über mich übernommen hätte. Ich bin nur noch Werkzeug.

Mein Gesicht zerkratzt an einer Dornenhecke – egal. Weiter. Wenn Maria und Tobias hier sind, werde ich sie finden!

Plötzlich klingelt mein Handy. Jade ist dran. Was will die denn? Das passt gerade überhaupt nicht!

«Moin, Jade.»

«Moin, Sönke, du musst mir helfen. Mich verfolgen ein paar Typen auf dem Friedhof, die was von mir wollen. Ich habe mich in der St.-Laurentii-Kirche versteckt.»

«Was für Typen?», frage ich erschrocken. Doch sie hat schon aufgelegt. «Ich komme», rufe ich, obwohl sie mich nicht mehr hören kann.

Ich muss jetzt so schnell wie möglich nach Süderende kommen. Als ich mich zurück zum Ausgang kämpfe, wähle ich im Laufen Marias Handynummer und spitze die Ohren, ob es in der Vogelkoje irgendwo klingelt.

Nichts.

Wahlwiederholung.

Nichts.

Warum auch? Was unterstelle ich dem liebsten Menschen in meinem Leben eigentlich? Wie wenig ist noch von mir übrig, dass ich so denke?

Der Ausgang war eine schlechte Idee, denn er ist ja geschlossen. Und der Graben ist immer noch zu breit, um ihn zu überspringen. Sehr umständlich und langsam arbeite ich mich durchs Gestrüpp zurück zu dem Baumstamm, über den ich gekommen bin, und balanciere auf die andere Seite.

Auf dem Parkplatz springe ich in den Mini und rase durch die Marsch Richtung St. Laurentii. Was ist da bloß los? Föhr ist doch nicht die South Bronx! Ich drücke das Gas voll durch, zum Glück geht es in der Marsch ja meistens geradeaus. Meistens.

Nur manchmal gibt es doch eine Kurve, und ganz plötzlich ist sie da. Ich erkenne sie viel zu spät, weil ich in der Marsch vollkommen die Orientierung verloren habe, und dann noch die Hitze ...

Obwohl ich voll in die Bremsen steige, bleibt der Wagen vorbildlich in der Spur. Aber die Begegnung mit dem Viehgatter ist nicht zu verhindern. Es kracht sehr hässlich, vorne splittern die Scheinwerfer, und die Motorhaube bekommt unschöne Beulen.

Ich steige aus und hole Luft. Die Sonne brennt mir auf den Kopf, ich habe Durst. Der Mini sieht so aus, als hätte ihn die Polizei gerade aus dem Verkehr gezogen, ein Schrotthaufen. Das wäre mir egal, aber die Räder sind blockiert, weiterfahren geht nicht. Natürlich könnte ich die Polizei anrufen und zum Friedhof schicken, aber bis die aus Wyk da sind .... Ich biege mit Gewalt den rechten Kotflügel weg, damit das Rad frei kommt.

Dabei fällt die vordere Stoßstange ab.

Ich bin am Ende.

Am liebsten würde ich mich in den Wagen setzen und einfach die Augen schließen. Aber ich kann Jade unmöglich hängenlassen. Also Rückwärtsgang rein und weiter. Zum Glück fährt der Wagen wieder.

19. Endzeitromantik

Zwischendurch muss ich noch einmal anhalten, weil der linke Kotflügel mit einem hässlichen Ton am Rad schabt. Ich biege ihn so hin, dass ich langsam weiterfahren kann. Der Himmel bezieht sich, die Marsch erstarrt in schattenlosem Grau, aus allen Farben werden Kontrast und Schärfe herausgefiltert.

Ich stelle den Wagen vor der Friedhofsmauer von St. Laurentii ab und haste über den Friedhof in die Kirche. Drinnen umfängt mich der charakteristische Kirchengeruch, wie immer der auch entsteht, ich vermute, dass wurmstichige Gesangsbücher und Kerzen mehr dazu beitragen, als man denkt.

«Jade?»

Laut rufend, suche ich alle Winkel der Kirche ab, was gar nicht so einfach ist: Es wird gerade alles renoviert, sämtliche Wände sind eingerüstet und viele Ecken mit Plastikfolien abgeklebt.

Jade ist in der Kirche nirgends zu sehen, ich finde auch keine Typen, es ist einfach niemand hier

Ich bin doch nicht zu spät? Besorgt sprinte ich nach draußen. Wenn sie nicht in der Kirche ist, vermute ich sie beim Grabstein von Matthias Petersen, dem Glücklichen.

Doch da ist sie auch nicht. Ich schaue hinter jeden Grabstein. Nichts.

Dann bin ich einmal um die Kirche herum, und plötzlich – steht Maria vor mir! Mit gezogener Dienstwaffe!

«Maria!», rufe ich erschrocken.

Sie ist ebenfalls geschockt: «Sönke! Was machst du denn hier?»

«Äh, ich suche Jade.»

«Ich auch, sie braucht Hilfe.»

«Ich habe sie nirgends gefunden.»

«Lass uns zusammen suchen.»

Sie steckt die Waffe wieder ein. In diesem Moment melden sich synchron unsere Handys. Jeder von uns hat ein Smily von Jade geschickt bekommen.

Wir brauchen beide eine Sekunde, bis der Groschen fällt.

«Hey, das war eine Intrige», sage ich. «Sie wollte, dass wir uns treffen.»

«Süß.»

«Wie kommt sie darauf?»

«Sie hat unseren Streit in der Galerie mitbekommen», mutmaßt Maria. «Schon vergessen?»

«Wir hätten uns sowieso getroffen, oder?»

Maria antwortet nicht. Wir haben uns bisher noch nicht geküsst oder berührt. Es ist noch schlimmer als vor ein paar Tagen auf Haukes Hof, als sie unter Tobias' Choreographie tanzen musste.

Ich schaue mich um.

«Der Friedhof ist mehr was für Jade, oder?», sagt Maria.

Ich stimme ihr zu. Die Gräber besitzen eine besondere Macht über uns Lebende, die Maria und mir momentan nicht gerade hilfreich ist.

«Wie bist du hier?»

«Mit dem Polizeiwagen.»

«Ich habe ein paar fiese Beulen in den Mini gefahren.»

Es ist immerhin ihr Auto.

«Egal.»

«Komm, wir gehen ein Stück.»

«Die alte Strecke?»

Maria nickt.

Der Himmel bleibt starr und dunkelgrau. Nur eine leichte Brise bringt Bewegung in die Weite. Wir fahren stumm im Polizeiwagen die fünf Minuten von Süderende nach Dunsum und gehen dort über den Deich. Die Flut vor ein paar Tagen hat ihren Höchststand am Deichsaum mit einer Borte aus Schilf, Tang und Plastikflaschen markiert, dazwischen findet sich der eine oder andere tote Fisch. Etwa fünfzig Meter rechts von uns wurde ein lädierter Strandkorb angespült, der schief im Watt steht. Von gegenüber sendet der Leuchtturm von Hörnum regelmäßige Blinksignale.

Die riesige leere Fläche vor uns signalisiert vor allem eines: Aufatmen! Das Watt ist unser Pilgerweg, Maria und ich gehen oft hierher, auch im Winter. Nirgendwo sonst können wir allen Ärger so verlässlich auf Null stellen und alles hinter uns lassen: Die Gezeiten gab es vor uns und wird es auch nach uns geben, was jedes Problem auf ein angemessenes Maß relativiert.

Wir lassen unsere Schuhe am Deich stehen, ziehen die Hosen hoch und gehen los. Die perfekte Kleidung für dieses Wetter wären kurze Hose und Jacke, obwohl das wie ein Widerspruch klingt. Diese sehr spezielle Temperatur in Verbindung mit dem Wind gibt es nur hier. In den Sandriffeln des Meeresbodens sammeln sich kleine Pfützen, die sich bald vergrößern werden. Wir haben auflaufendes Wasser, zu spät dürfen wir nicht zurück. Wir befinden uns nicht im Biotop des Menschen, sondern in dem der Meerestiere: über dem Grund, auf dem wir gehen, schwimmen in ein paar Stunden wieder Fische.

Maria und ich gehen eine Weile stumm nebeneinander her.

«Grau», brumme ich.

«Das klart bald auf», kommt von Maria.

«Morgen soll ja schön werden.»

«Badewetter.»

Dann schweigen wir wieder.

Haben wir nichts Dringenderes zu besprechen als das Wetter? Ich finde es wichtig, über das Wetter zu reden. In keiner Mail und keinem Telefonat lasse ich es aus. Denn egal, was wir tun und denken, das Wetter steht immer über uns, in jedem Moment, Tag und Nacht. Doch bei dem Thema soll es natürlich nicht bleiben. Die Frage ist nur, wer fängt an? Wir halten weiter auf den Hörnumer Leuchtturm zu, er ist die höchste Erhebung weit und breit.

Nach mehreren hundert Metern räuspern wir uns beide synchron: «Also …»

Maria und ich lächeln uns kurz an.

Dann werden wir gleichzeitig wieder ernst: «Ich …!»

Wir müssen nun beide lachen, obwohl uns überhaupt nicht zum Lachen zumute ist: Bekommen wir das heute noch hin?

«Also was war mit Tobias?», beginne ich. «Wieso muss ich erst von Arne erfahren, dass du mit ihm zusammen warst?»

Maria schaut Richtung Horizont. «Es hat mich total überfordert, ihn wiederzusehen.»

«Weil du nicht wusstest, wohin du gehörst?»

«Unsinn. Aber da war noch so viel Wut über das, was gelaufen war. Das kam mir alles wieder hoch.»

«Und dann lässt du ihn meine Sachen anziehen? Um zu sehen, wie er darin wirkt? Was war das für ein Spiel?»

Maria sieht so hilflos aus wie selten. «Das mit den Klamotten ist mir einfach so durchgerutscht, es war ein Reflex, er hatte nasse Sachen, du hattest trockene Sachen, also dachte ich …, es war unüberlegt.»

«Und was war da auf Haukes Hof zwischen euch?»

«Ich wusste einfach, wie ich ihn beruhigen kann, wenn er Mist baut.»

«Ach, ja?»

«Tobias hat das vollkommen falsch verstanden und mich danach total angebaggert. Da habe ich erst kapiert, dass er den Fall nur meinetwegen an sich gerissen hat. Der hat ernsthaft geglaubt, ich fange wieder etwas mit ihm an.»

«Und ohne mich, hättest du …?»

«Niemals! Der hat sie nicht mehr alle. Als ich ihm klar gemacht habe, wo der Hammer hängt, war er tief gekränkt. Deswegen hat er mir jetzt den totalen Krieg erklärt.»

«Nicht gut für deine Versetzung.»

«Dass Oma da mit drin hängt, macht es nicht gerade besser. Aber noch ist das letzte Wort nicht gesprochen.»

«Ich hätte dir von Friederikes DVD erzählen sollen.»

Maria bleibt stehen und dreht sich zu mir hin. «Finde ich nicht», sagt sie, «ich habe noch einmal darüber nachgedacht, du hast es richtig gemacht.»

«Waas?»

«Ich war so viel freier. Sonst hätte ich bei den Ermittlungen immer nur krampfhaft darauf geachtet, dass Oma nicht in die Schusslinie kommt. Gerade das hätte Oma viel eher in Schwierigkeiten gebracht.»

«*Falls* sie schuldig ist.»

Maria schaut hinüber zur Nachbarinsel Sylt. «Das wird sich klären.»

Wir gehen ein paar Schritte schweigend in die Unendlichkeit, die direkt vor uns liegt.

«Ich dachte, wir werden zusammen in Nieblum so alt, dass wir den ganzen Tag nebeneinander im Wintergarten sitzen und die Vögel draußen beobachten», seufze ich.

Maria lacht. «Wohl kaum!»

«Wir werden nicht zusammen alt?»

Maria stemmt die Arme in die Hüften. «Doch, hoffentlich. Nur wirst du niemals Vögel beobachten. Dazu hast du gar nicht die Ruhe.»

«Aber du?», frage ich lächelnd.

Daraufhin fallen wir uns – endlich – in die Arme und küssen uns. Irgendwann verlieren wir auf dem rutschigen Grund die Balance und fallen in den Schlick, der ziemlich kühl ist. Wir können nicht genug voneinander bekommen. Wenige Grad mehr und unser Schlammcatchen wäre in hemmungslosen Versöhnungssex übergegangen.

«Ich bringe den Polizeiwagen zurück», schlägt Maria vor, als wir wieder zu Atem gekommen sind. Ihre Uniform ist als solche kaum noch zu erkennen. Meine Klamotten sehen auch schlimm aus.

«Wir werden die Sitze einsauen!», befürchte ich.

Was Maria freut: «Ich werde mich per Funk abmelden und sagen, dass ich vom Steg gefallen bin. Dann mache ich Feierabend.»

«Guter Plan», strahle ich.

Maria legt ihren Kopf an meine Schulter. «Oder hast du zufällig was anderes vor?»

«Was sollte das sein?»

Eigentlich treffen sich heute in Utersum die Seevögel mit den Knurrhähnen. Nach meinem Auftritt im «Museum Kunst der Westküste» habe ich vorgeschlagen, dass sich beide Chöre verabreden und über eine Zusammenarbeit verhandeln, was auf einer überschaubaren Insel wie Föhr sinnvoll wäre. Aber das bekommen die auch ohne mich hin.

Hand in Hand gehen wir zurück zum Festland, keiner sagt etwas. Alles wird gut, das wissen wir, und es braucht keine weiteren Worte.

Doch dann kommt ein Anruf auf Marias Diensthandy, der sie erstarren lässt.

«Ich soll sofort ins Revier kommen», sagt sie. «Es gibt eine neue Spur.»

«Sind die auf Oma gekommen?»

«Wir sollten es besser rauskriegen.»

Unsere Versöhnung endet anders als im Kino, geschenkt. Als wir in den Polizeiwagen springen, machen wir mit unseren schlickigen Klamotten die Sitze unbenutzbar für Marias Kollegen, aber was bleibt uns anderes übrig? Maria setzt mich im nahe gelegenen Utersum ab. Ich werde kurz bei den Seevögeln und den Knurrhähnen Moin sagen. Spätestens in einer Dreiviertelstunde wird mich Maria dort abholen. Sie verspricht, sich zu beeilen.

20. Leinen los im Taarephüs

Die Seevögel sind wetterfest und singen meistens auf dem Deich. Aber wir achten auch darauf, dass wir bei Tiefdrucklagen nicht die Grenze zum Masochismus überschreiten. In solchen Fällen üben wir im Taarephüs, norddeutsch Dorfhaus, einem prächtigen Friesenhaus in Utersum, in dem die Veranstaltungen der Gemeinde stattfinden. In den Raum unter dem Reetdach passen an die zweihundert Leute. Heute ist er leer, bis auf den langen Tisch vor der kleinen Bühne, an dem sich die beiden Chöre streng getrennt gegenübersitzen. Von den Seevögeln sind Karl vom Standesamt, die frisch blondierten Landfrauen Gerda und Annalena sowie Vogelwart Markus erschienen. Friederike fehlt, ich muss sie so bald wie möglich auf den neusten Stand bringen.

Auf der anderen Seite sitzen sämtliche Knurrhähne, Kapitän Petersen, Jens Jensen, Christian, Lükki, Brodersen, Holger Ketels und Fritz. Zwischen den Chören stehen Bierflaschen und eine wunderbare Friesentorte.

«Ich habe keine Lust, Lieder zu singen, die die Seeleute damals selbst schon doof fanden», meckert Gerda gerade, als ich hereinkomme. Ob es je zu einer Zusammenarbeit von Seevögeln und Knurrhähnen kommen wird, ist fraglich: unsere Frauen werden keine Shantys singen wollen, und die Shantyherren keinen Soul.

«Woher willst du denn wissen, dass die die doof fanden?», beschwert sich Lükki beleidigt.

«Woher willst du wissen, dass die die *nicht* doof fanden?», kontert Gerda, verschränkt die Arme vor ihrem Bauch und lehnt sich zurück.

«Was ist *dir* denn passiert, Sönke?», fragt Jens mit einem Blick auf meine verschlickte Kleidung, als ich mich auf den einzigen freien Platz an der Stirnseite des Tisches setze.

«Das Schönste, was einem Menschen passieren kann», hätte ich am liebsten geantwortet.

Aber das wäre zu intim gewesen und hätte Nachfragen provoziert.

«Afglitscht», brummle ich auf Plattdeutsch, *ausgerutscht*.

Kann passieren, kennt jeder, damit ist das Thema durch.

«Und ich will nichts Schweinisches singen», versucht Lükki klarzustellen.

Allgemeine Heiterkeit bei den Seevögeln.

«Was sollte das sein?», erkundigt sich Annalena und muss dabei kichern.

Lükki bleibt ernst. «Na, sechs Moschiehn, oder wie das heißt.»

Sechs Moschiehn? Ah, *Sex Machine* von James Brown!

«Das singen wir gar nicht», beruhigt ihn Gerda, «und außerdem, die schweinischen Lieder habt ja wohl ihr im Repertoire!»

«Waas?», amüsiert sich Holger Ketels.

«What shall we do with the drunken sailor – das klingt doch eindeutig nach Liebe unter Matrosen ....»

Alle lachen laut los, außer Gerda. Sie hat es wohl ernst gemeint.

Wenn die beiden Chöre zusammenkämen, besäße das eine geradezu historische Dimension. Denn Föhr ist strikt geteilt in die Bereiche Stadt Wyk und Föhr-Land. In den verschiedenen Inselteilen werden sogar verschiedene Sprachen gesprochen, in Wyk ist es überwiegend Hochdeutsch, auf dem Land Friesisch und Platt, dazu kommt auch noch die dänische Minderheit. Ich konnte es nicht fassen, als ich auf die Insel zog:

Utersum ist so nah bei Wyk, für diese Strecke kann man in Hamburg ein Kurzfahrtticket lösen. Für die meisten Wyker allerdings, so lernte ich, ist eine Fahrt nach Hamburg naheliegender als die nach Utersum. Zuerst hielt ich das für Folklore, bis ich feststellte: die Leute reden nicht nur so, sie ziehen es durch!

Die Knurrhähne sind ein rein Wyker Chor, bis auf Bürgermeister Brodersen aus Nieblum. Die Seevögel wohnen alle in Föhr-Land. Und so wird das heutige Treffen auch behandelt: wie die Friedensverhandlungen zweier Großmächte.

Sollen sie machen. Für mich wird alles gut ausgehen, egal, wie *das* hier ausgeht. Ich schaue auf meine Uhr. Maria braucht eine Viertelstunde bis zum Revier, eine Viertelstunde für die Dienstabmeldung und eine Viertelstunde zurück. Genau so lange schaue ich mir das hier an. Und keine Minute länger.

Dann ergreift Kapitän Petersen das Wort. «Wir sollten nicht rumschnacken, sondern singen.»

Alle klopfen zustimmend mit Fäusten auf den Tisch.

«Aber was nur?», fragt Markus.

Kapitän Petersen schnaubt in ein Stofftaschentuch. «Wir haben zum Glück ein klares Bild voneinander.» Er grient in die Runde. «Wie wäre es denn, wenn ihr uns mal vorführt?»

Beide Parteien starren ihn erstaunt an.

«Wir sollen die Knurrhähne nachmachen? Kein Problem», sagt sich Gerda und schnallt sich Petersens Akkordeon über. Dann stellt sie sich zusammen mit Annalena breitbeinig wie ein Skipper auf die Bühne.

«Was bin ich denn hier schon?», ruft sie nölend in die Menge, «nix as 'ne stinkige Landratte!»

Die Übrigen entern die Bühne und haken sich mit den Armen ein. Ich bleibe bei den Knurrhähnen sitzen und schaue mir das Ganze an. Die anschließende Parodie von «La Paloma» geht in die Geschichte ein. Schlimmer wurden Shantysänger noch nie durch den Kakao gezogen.

Die Knurrhähne nehmen es sportlich mit anerkennendem Tischklopfen. Dann überlassen die Seevögel ihnen die Bühne.

Die Herren postieren sich mit durchgedrückten Rücken und feierlicher Miene auf der Bühne, wie man es für gesetzte Männer um die sechzig erwartet. Kapitän Petersen stellt sich als Dirigent vor die Truppe, schlägt vollkommen ernst eine Stimmgabel an. Dann verteilt er die Stimmen. Die Chorherren summen einen vierstimmigen Chorsatz ohne Text, der an schnulzige Volksmusik erinnert.

Ich muss an Maria denken. Wir werden gleich nach Haus fahren, wild übereinander herfallen und dann tagelang nicht mehr das Haus verlassen.

Ich scheine in der Zwischenzeit etwas nicht mitbekommen zu haben, jedenfalls wirbeln die Arme der Shantysänger plötzlich wild durcheinander, es wird gewippt und gerappt, was das Zeug hält, die Knurrhähne legen eine «Sex Machine»-Version hin, die zwischen peinlich und frech schwankt.

Riesenapplaus bei den Seevögeln.

Man spürt, dass die Herren nicht im Süden der USA aufgewachsen sind. Aber das macht den besonderen Charme ihres Auftritts aus. Danach singen alle zusammen am Tisch spontan das Feringlied, die Hymne der Insel Föhr, das kennen alle, Seevögel wie Knurrhähne.

Ich bleibe mit entrücktem Buddhalächeln in einer Ecke sitzen. Noch eine halbe Stunde, dann kommt Maria.

Christian schlägt vor, dass nun getrunken werden soll. Dem wird einstimmig stattgegeben.

Ich setze mich etwas abseits in eine Ecke des Taarephüses und halte Hof wie der alte Mafiapate im Film. Alle kommen zu mir, um sich einen Platz auf der Arche zu sichern. Lükki will mit einem Feuerwehrwagen an Bord, Christian will die Inselklinik animieren, kostenlose Nackenmassagen für gestresste Hamburger anzubieten, Hotelchef Ketels plant ein Buffet mit Räucherfisch. Brar von den Seevögeln hat sich eine abgeschlossene Kabine mit Liegen ausgedacht, auf denen man Wellen und Möwen hören kann.

Meine Arche sticht in See!

Dann kommt Maria herein. Endlich!

Aber nicht, wie erwartet, im Laufschritt, um mich nach Hause zu zerren, sondern langsam, wie eine Verletzte, die jeden Schritt ausloten muss. Ihre Augen signalisieren nichts Gutes.

Ich springe auf sie zu. «Was ist?»

Maria schaut mich an. «Tobias hat den Film mit Oma gesehen.»

«Wie bitte? Das ist doch nicht möglich! Das einzige Exemplar von der DVD haben wir.»

«Seine Leute haben sich Friederikes PC vorgenommen. Man kann Gelöschtes auf der Festplatte wieder sichtbar machen.»

«Mist!»

Wir gehen zusammen hinaus. Vor dem Taarephüs tuckert gerade ein Trecker vorbei, gefolgt von einer Schlange Touristenautos, die nicht überholen können. Wir lehnen uns nebeneinander an die Hauswand.

«Tobias meint, ich hätte das gewusst», sagt Maria.

«Au weia. Strafvereitelung im Amt, oder wie heißt das?»

«So ähnlich.»

Das ist das Ende. Maria wird Föhr verlassen müssen.

«Er fahndet auf der ganzen Insel nach Oma», sagt sie mit tonloser Stimme.

«Besser wir finden sie vor ihm.»

«Hast du eine Ahnung, wo sie steckt?», fragt Maria. «Zu Hause nimmt niemand das Telefon ab, und ans Handy geht sie auch nicht.»

«Was ist mit Jade?», fällt mir ein.

«Oma hat sie zu Momme geschickt», weiß Maria.

«Sie sollte doch bei ihr bleiben.»

Maria zuckt mit den Achseln: «Oma wollte ihrem Glück nicht entgegenstehen. Sie hat es nett gemeint.»

«Wir müssen Oma zur Fahndung ausschreiben», schlage ich vor.

Maria lacht kurz auf. «Darauf ist Tobias schon vor uns gekommen.»

«Dann müssen wir eben schneller sein!»

Ich nehme Maria bei der Hand und ziehe sie zurück ins Taarephüs. Dort wird man uns weiterhelfen.

Seevögel und Knurrhähne sind schon längst beim Trinken. Die Gruppen haben sich durchmischt, man diskutiert über Musik, Inselklatsch und die besten Live-Konzerte, die jede und jeder besucht hat.

«Ein Bier für Sönke und Maria», grölen einige, als wir hereinkommen, und fangen sofort an, gemeinsam zu singen: «La Paloma ohe, einmal muss es vorbei sein ...»

Ich schaue die vereinigten Chöre abwesend an und warte geduldig, bis sie den Refrain vollständig zu Ende gesungen haben. Danach öffnet Lükki zwei Biere und will sie mir und Maria wortlos in die Hand drücken.

«Jetzt nicht.»

Allgemeines Aufgeheule, so kennen sie mich gar nicht. «Sönke! Maria! Was ist?!»

Maria sagt gar nichts, sie ist vollkommen geknickt.

Ich hebe beschwichtigend die Hände. «Leute, ich brauche eure Hilfe. Der Typ vom Bundeskriminalamt denkt, Imke, also unsere Oma, hätte das Bild aus dem Museum gestohlen.»

Petersen lacht. «Das ist nicht sein Ernst.»

«Leider doch.»

Ich halte mein Handy hoch wie eine Waffe. «Helft ihr mir, Oma zu finden, bevor der das tut?»

Alle schalten blitzschnell um. «Logo.»

Ich bin der Partykiller, aber niemand beschwert sich.

«Wer was weiß, meldet sich bei mir», schlage ich vor.

«Geht klar.»

Sowohl Seevögel als auch Knurrhähne zücken ohne Verzögerung ihre Handys und telefonieren mit konzentrierten Gesichtern herum. Als säßen sie im Krisenstab der Bundesregierung und dies sei der geübte Ernstfall. Ich könnte sie küssen dafür. Spätestens jetzt bin ich ganz auf Föhr angekommen! Nun geht es nur noch darum, wer Oma früher findet, Tobias oder wir.

21. Geständnis

Friesen sind normalerweise genauso gesetzestreu wie der Rest der deutschen Bevölkerung. Aber in Krisenzeiten schimmert noch die alte Tradition des Auflehnens gegen die Obrigkeit durch. Das war vor Jahrhunderten im Kampf gegen die Dänen so, und das ist auch jetzt noch so. In solchen Momenten steht der friesische Wappenspruch «Leewer duad üs slaav» (Lieber tot als Sklave) noch über dem Grundgesetz.

Alle hören sich um, wer Oma gesehen haben könnte. Dieses Föhrer Inselnetzwerk kann Tobias nicht anzapfen, das könnte – mit Glück – unser kleiner Vorsprung sein.

Die W.D.R.-Kapitänskollegen von Petersen melden verstärkte Fahrzeugkontrollen durch Zivilbeamte im Hafenvorfeld. Oma kann die Insel also nicht verlassen haben. Dann hören Maria und ich von Holger, dass Tobias am Sandwall war und mit seiner Polizeisirene im schwarzen Dienst-BMW das Kurkonzert unterbrochen hat. Wie wir schon ahnten, war Oma nicht in ihrer Wohnung. Dass Tobias so bescheuert auffällig in Erscheinung tritt, kommt uns natürlich sehr zugute.

Blöderweise haben wir keinen Wagen. Ein Kollege hat Maria vorhin hier vorm Taarephüs abgesetzt, nachdem der zerbeulte Mini am Süderender Friedhof nicht mehr anspringen wollte. Fritz überlässt Maria und mir ohne viel Aufhebens seinen penibel gewienerten silbernen Golf. Wir sehen immer noch aus wie Sau, aber Fritz scheint das nicht im Geringsten zu stören. Maria und ich fahren zu Arne nach Utersum, weil der nicht ans Handy geht. Wir parken neben der Strandkorbhalle und rennen über die Düne. Am Strand lagern Feriengäste in Strandkörben und auf Handtüchern, sie lesen Bücher und Zeitungen, Kinder buddeln mit Schaufeln im hellen, weichen Sand, es riecht nach Sonnenöl und Nordseeluft. Arnes grüner Vermieter-Strandkorb ist abgeschlossen, er selbst ist nirgends zu sehen.

Als wir zum Parkplatz zurückeilen, kommt er gerade mit seinem bunt lackierten Bulli angefahren. Auf dem Dach befinden sich drei Surfbretter unterschiedlicher Größe, die er allerdings nur aus Statusgründen hin- und herfährt. Im Wasser könnte er wegen seiner angeschlagenen Bandscheibe nichts mehr damit anfangen.

«Wo ist Oma?», bedrängt Maria ihren Vater, noch bevor der ausgestiegen ist. «Die Polizei sucht sie.»

«Die Polizei sucht Mama?»

«Ja», bestätigt Maria ungeduldig.

Arne lacht, er will es einfach nicht glauben. Dann überlegt er. «Selbst wenn ich wüsste, wo sie steckt, würde ich es dir kaum sagen. Ich habe ja wohl auch ein Aussageverweigerungsrecht, als Angehöriger.»

«Papa, ich will sie vor der Polizei finden!»

«Du bist die Polizei!»

Maria sieht ihn an. «Es geht um Oma!», sagt sie leise.

Arne schaut sie ebenfalls erschrocken an. Diesen Tonfall

kennt er von seiner Tochter nur in höchsten Notlagen. «Und nun?»

«Wo ist Oma? Bitte!»

«Vorhin hat Tobias vor eurem Haus in Nieblum gehalten und ist in den Garten gelaufen. Das ist das einzige, was ich weiß.»

«Wann war das?»

Arne schaut auf seine wasserdichte Uhr. «Vor ungefähr zehn Minuten.»

«Dann wird er gleich hier sein», sage ich. «Los!»

Wir springen in unseren geliehenen Golf. Gerade, als wir losfahren, sehen wir hinter uns im Rückspiegel Tobias' dunklen BMW heranrauschen. Zum Glück hat er uns im silbernen Golf von Fritz nicht erkannt. Er steigt aus und eilt Richtung Strandkörbe. Das kostet Zeit, gut so!

Maria und ich fahren Richtung Dunsum zu Ockes Haus hinterm Deich. Da Ocke Omas Freund ist, könnte sie vielleicht hier untergekommen sein. Sein Taxi ist nicht zu sehen, das ist schon mal schlecht. Maria drückt den Klingelknopf. Nichts.

Wir rennen um das Gebäude herum und schauen durch jedes Fenster. Keiner da.

Dann klingelt mein Handy, und ich erfahre von Friederike, dass Tobias gerade das Museum «Kunst der Westküste» betreten hat. Oma hat dort eigentlich nichts zu suchen – das hoffe ich wenigstens. Aber für Tobias wird es eine Weile dauern, alle Räume zu durchsuchen.

Ich rufe vom Auto aus meine Tante Regina beim Optiker in Wyk an. «Moin, hier ist Sönke.»

«Ich bin gerade in einem Kundengespräch, kannst du später noch einmal –»

«Deine Mutter wird von der Polizei gesucht!»

«Wir haben Gleitsichtgläser in drei Qualitäten, wenn Sie mal schauen mögen –»

«Regina!»

«Es passt gerade nicht!»

«Weißt du, wo Oma steckt?»

«Nein.»

«Hast du mit ihr über das Heim geredet?»

«Ich muss jetzt auflegen.»

«Hast du?»

«Nur ganz allgemein.»

Also ja und ausführlich.

«Wann war das?»

«Vorhin.»

«Falls du Oma siehst, meldest du dich, ja?»

«Ich lege jetzt auf.»

Sie legt auf.

Maria macht einen U-Turn und rast auf das Gelände der Kurklinik in Utersum. Wir springen aus dem Golf und laufen durch den Kiefernwald. Es ist schattig hier, ich fröstele etwas, denn meine Klamotten sind immer noch klamm. Überall sind Wege für die Patienten angelegt, einige Trampelpfade führen direkt zu den Raucherplätzen am Wasser. Wir sind nicht sicher, ob Oma hier irgendwo ist, aber es könnte gut sein. Regina wird versucht haben, ihr die Vorteile des Heims klar zu machen, und wie ich Oma kenne, will sie sich selbst ein Bild machen.

Wir haben Glück.

Oma sitzt in Röhrenjeans und bauchfreiem rosa T-Shirt in der Sonne auf dem Steg, neben ihr Fräulein Rottenmeier. Die beiden lachen, gestikulieren mit großen Bewegungen in der Luft herum und haben sich offensichtlich viel zu erzählen.

«Oma!», rufe ich erleichtert.

Sie dreht sich um. «Sönke, Maria! Was macht ihr denn hier?»

Wir umarmen sie. Sie steht auf und deutet auf ihre Nachbarin: «Darf ich euch Frau Dr. Nissen vorstellen?»

Fräulein Rottenmeier macht Anstalten aufzustehen und reicht uns die Hand. «Moin.»

«Das sind meine Enkel Maria Riewerts und Sönke Naumann.»

«Bleiben Sie sitzen», bittet Maria die alte Dame. Wir hatten ja eigentlich schon mal das Vergnügen, aber ich will lieber keine Peinlichkeit provozieren, indem ich das erwähne.

«Frau Dr. Nissen war jahrzehntelang praktische Ärztin in Schobüll. Sie hat mir etwas gegen Krampfadern empfohlen.»

«Hast du Krampfadern?», staunt Maria.

«Nein, aber wenn, sollte man wissen, was zu tun ist.»

Frau Dr. Nissen nickt und lächelt freundlich: «Die Fähre kommt heute nicht mehr, extremes Niedrigwasser, die können gar nicht mehr anlegen.»

Sie steht auf und wünscht uns einen wunderschönen Tag. Wir schauen ihr hinterher.

«Dieser ganze Steg ist Verarsche», raunt uns Oma zu.

«Wir müssen reden, Oma.»

Oma springt auf. «Aber nicht hier. Hier bekomme ich Depressionen.»

«Lass uns an den Strand gehen», schlage ich vor. «Im Wasser redet es sich leichter.»

Obwohl die Sommersonne ihr Allerbestes gibt, ist kaum ein Tourist an diesem abgelegenen Strandabschnitt zu sehen. Maria und ich nehmen Oma in unsere Mitte, während wir mit den Füßen durchs flache, wohltemperierte Wasser streifen.

Ich überlasse Maria das Wort. Sie weiß besser, was jetzt ansteht.

«Oma, hast du das Bild geklaut?», fragt Maria ganz direkt.

Oma setzt eine empörte Miene auf.

«Ich sag's auch nicht weiter», verspricht Maria.

«Denkst du, dass deine eigene Großmutter eine Verbrecherin ist?», beschwert sich Oma.

Maria findet das gar nicht amüsant. «Es ist wichtig! Hast du, oder hast du nicht?»

Oma wirkt plötzlich ganz klein und verloren.

«Ich hab es doch schon Sönke erzählt», sagt sie mit weinerlicher Stimme. «Ich erinnere mich nicht mehr.»

Es tut mir richtig weh.

«Und Jade?»

«Jade ist ein ordentliches Mädchen.»

«Aber den Erpresserbrief hast du geschrieben, in dem du die alten Postleitzahlen zurückforderst.»

«Wie kommst du denn darauf?»

«Wer sonst sollte auf so eine Idee kommen?»

Oma überlegt lange, dann bleibt sie stehen. «Da könnte eventuell etwas Wahres dran sein.»

Sie schaut so kindlich-schuldbewusst, als sei sie beim Äpfelklauen erwischt worden.

«Oma, auf dem Brief waren Fingerabdrücke. Soll ich die mit deinen abgleichen lassen?»

«Das würdest du tun?»

Maria holt tief Luft.

«Ich bin doch gar nicht dein Problem, sondern der Kollege Winter vom BKA. Der will es ganz genau wissen.»

Oma lacht verlegen.

«Es ist kein Witz, Oma, wir wollen dir helfen», verspricht Maria.

Ich schaue einer Gruppe Sturmmöwen hinterher, die über uns hinweg Richtung offene See zieht.

«Schuldig!», sagt Oma plötzlich laut.

«Wie?», rufen Maria und ich gleichzeitig.

«Ich habe eine Vier gewürfelt», sagt Oma leise. Dann zeigt sie nach unten: «Guck mal, ein Krebs!»

Tatsächlich läuft ein kleiner Krebs an ihrem knallrot lackierten großen Zeh vorbei.

«Ihr habt also gewürfelt», fasst Maria geduldig zusammen. «Wer war denn dabei?»

«Ocke und Christa. Die ‹Vier› hieß bei uns nun mal: Schreibe einen Brief an die Polizei, in dem du die alten Postleitzahlen forderst. Es hätte genauso gut Christa oder Ocke treffen können.»

«Was waren die anderen Möglichkeiten?»

«Ein versautes Lied in der Kurmuschel singen, ein Graffito auf die Fähre sprühen, die guten Sachen habe ich vergessen.»

Maria zieht eine Augenbraue hoch: «Musste das sein?»

Oma versteht nicht: «Drei Möglichkeiten müssen wehtun!»

«Kann man nicht was anderes spielen?», stöhnt Maria, die vor wenigen Tagen noch selbst voller Lust bei uns mitgewürfelt hat.

«Komme ich deswegen in den Knast?», fragt Oma zaghaft und sucht den Blick ihrer Enkelin.

«Nur, wenn du das Bild gestohlen hast. Wir müssen das wissen, wenn wir uns bei der Polizei melden.»

«Bei der Polizei melden?», wehrt Oma ab. «Wieso sollten wir das tun?»

Sie ahnt nicht, was auf Föhr gerade alles an Polizeitechnik aufgeboten wird, um sie zu finden.

«Mensch, Oma, die suchen dich. Es ist besser, wenn du dich freiwillig stellst.»

Oma schaut unglücklich aufs Meer, auf dem ein schnelles Boot laut brummend hinüber nach Amrum zischt.

«Ich habe Angst», flüstert sie.

«Wovor?»

«Dass ich das Bild wirklich gestohlen habe.»

«Na wenn du das selbst nicht weißt, dann ist Jade die Einzige, die uns das sagen kann. Wo steckt die jetzt?»

22. Familie Riewerts im Aquarium

Spätestens jetzt, beim dritten Mal, wird es zum Ritual: Wieder einmal umrunde ich auf dem Grabfeld unserer Vorfahren die jahrhundertealte Kirche von St. Laurentii, diesmal zusammen mit Maria. Oma haben wir Wagen im gelassen, sie hat sich auf der Rückbank von Fritzens Golf so lang gemacht, wie es eben geht, und versucht etwas zu dösen.

Heute zeigt sich der Friedhof bei bestem Strandwetter, das hübscht den Tod wenigstens äußerlich deutlich auf. Maria und ich ziehen vorbei an dem Westindienfahrer Brar Riewerts, seiner Frau Antje und Matthias Petersen, dem Glücklichen. Die Grabsteine sind sommerlich-warm, es riecht leicht nach welken Schnittblumen, kein Besucher ist zu sehen, bis auf eine ältere Frau in Schwarz, die regungslos vor einem frischen Grab steht, auf dem noch die Trauerschleifen liegen.

Jade ist nicht hier. Jetzt wird es schwierig.

«Handy?», frage ich Maria.

Die schaut auf den alten Kirchturm mit der Mobilfunkstation, die dort angebracht ist.

«Ich habe ihr auf die Mailbox gesprochen, dass sie es ausschalten soll», sagt sie.

«Du meinst, die Polizei macht eine Handyortung?»

«Tobias hat keine andere Spur wegen der Bildersache. Wenn er Oma nicht findet, wird er sich an Jade halten.»

Ich schaue mich um.

«Wo könnte sie sonst sein?», überlegt Maria.

«Bei Hansen», fällt mir ein. «Die beiden mochten sich auf Anhieb. Haukes Sohn war auch Goth.»

Plötzlich raschelt es hinter dem Grabstein von Matthias, dem Glücklichen. Maria und ich zucken zusammen und eilen sofort hin. Und tatsächlich sitzt dort unsere Cousine Jade. Sie heult, was das Zeug hält, und lässt sich gar nicht beruhigen.

«Was ist denn los», frage ich und setze mich neben sie.

«Kann ich bei euch auf Föhr bleiben?»

Das kommt für Maria und mich total überraschend.

«Es ist ja, meine Eltern haben mich hierher geschickt, weil …»

Sie weint wieder los. Maria legt ihren Arm um sie.

«Ich weiß, du bekommst ein iPhone, wenn du vierzehn Tage bei uns durchhältst», erinnere ich mich.

«Ach, das Scheiß-iPhone», heult Jade. «Mama will nach Thailand zurückgehen. Und ich soll mit.»

«Was sagt Cord dazu?», frage ich. Ihr Vater wird das nie zulassen.

«Das verhandeln die in Frankfurt, während ich auf Föhr bin.» Sie schluchzt erneut.

«Und, was willst *du*?», fragt Maria.

«Hier bleiben.»

«Und wenn dein Vater mit nach Thailand käme?»

Cord besitzt ein Zahnlabor in der Nähe von Bangkok. Das wäre also durchaus möglich.

Jade schaut uns empört an. «Ich bin ein *Goth*. Das geht in

Thailand gar nicht. Außerdem habe ich hier Momme kennengelernt ...»

Sie lächelt plötzlich durch ihre Tränen hindurch. «Ich
würde mich auch um Oma kümmern.»

«Und deine Freunde in Frankfurt?», will Maria wissen.

Jade macht einen schiefen Mund. «Mit denen habe ich eh
Stress.»

Klingt alles nicht gut.

«Übrigens danke nochmal wegen der Verkupplung», bedankt sich Maria und streichelt Jades Hand. «Das war eine
großartige Idee.»

«Wie bist du eigentlich darauf gekommen?», frage ich.

Jade schaut erst Maria an, dann mich. «Ich habe ja im Museum ein bisschen mitbekommen, was Sache ist bei euch.
Da dachte ich, ein Date zu zweit könnte nicht schaden.» Sie
lächelt wieder.

«Wir mussten gar nichts mehr tun», bestätigt Maria, «hat
wunderbar geklappt.»

«Würde es gehen, dass ich hier bleibe?», erkundigt sich
Jade noch einmal. «Mein Großvater unterrichtet ja nicht
mehr auf der Schule, wo Papa war.»

Sie meint es vollkommen ernst. Leider muss Maria darauf
eine typische Erwachsenenantwort geben: «Das können nur
deine Eltern entscheiden, Jade.»

Das tröstet sie natürlich am Allerwenigsten.

«Also, wenn meine Arche in See sticht, bist du auf jeden
Fall dabei», verspreche ich.

«Ehrenwort?»

«Ehrenwort. Aber jetzt müssen wir erst einmal Oma beistehen. Die wird von der Polizei gesucht – und du übrigens
auch.»

Jade wischt sich mit dem Handrücken die Tränen aus dem

Gesicht, weiße Schminke mischt sich mit schwarzer. «Wegen der Museumssache?»

«Ja.»

«Oma war es nicht.»

«Sicher?»

«Ja.»

«Warum hast du uns das nicht früher gesagt?»

«Es war total absurd!»

«Damit ist die Sache aber noch nicht ausgestanden», erklärt Maria. «Wir müssen verhindern, dass Tobias sie in die Mangel nimmt und sie für unzurechnungsfähig erklären lässt.»

Mit gesenkten Köpfen schleichen Jade, Maria, Oma und ich zum Eingang des Museums «Kunst der Westküste». Am Eingangstresen neben dem Postkartenständer sitzt wie immer meine liebste Schwellenhüterin, Friederike.

«Moin, Friederike», sagt Maria.

«Moin.»

«Könntest du die Polizei für uns anrufen?»

«Soll ich verhaftet werden?»

«Du? – Nein, es ist alles o. k., Friederike. Tut mir leid, was du mitmachen musstest.»

Friederike grinst. «Wer wird verhaftet?»

«Niemand», beruhigt Maria sie.

«Wir sind unschuldig», erklärt Jade.

«Lass einfach Herrn Winter ausrichten, dass die Riewerts-Familie hier im Museum ist und ihn erwartet. Dann wirst du in zehn bis fünfzehn Minuten sein Martinshorn hören.»

Und dann tauche ich mit meiner Familie unter Wasser. Wir bewegen uns wie in Zeitlupe und erkennen uns in dem dunklen blauen Licht kaum wieder, Maria, Jade und Oma scheinen zu schweben.

Jedenfalls kommt es mir so vor.

Das letzte Mal war ich in diesem Kinderbereich, als ich Maria und Tobias gesucht habe. Kein Raum, in dem ich vorher in meinem Leben war, ist so einheitlich blau, sogar die Fensterscheiben sind blau getönt und die Wand mit den Rohren für die Flaschenpost. Wir betreten nacheinander den großen Schrank an der Seite, um in den Spielbereich zu gelangen. Auf dem Grund des Aquariums liegen bequeme Säcke, die sich der Körperform anpassen. Auf denen macht es sich die Familie Riewerts bequem.

«Hierher haben Oma und ich uns gleich zu Anfang zurückgezogen», erklärt Jade. «Wir hatten uns immerhin drei Jahre nicht gesehen und wollten einfach quatschen, ohne die anderen zu stören. Das ging hier am besten.»

Jetzt kapiere ich auch, wie Oma und Jade unbemerkt von den anderen aus dem Malkurs verschwinden konnten.

«Wie konntet ihr bei diesem Licht überhaupt malen?», wundere ich mich.

«Schau dir das Strandkorb-Bild von Oma doch an. Es ist total blaustichig.»

«Ich finde es schön.»

«Und wie habt ihr von dem Raub erfahren?», will Maria wissen, «wenn ihr hier in diesem Raum wart?»

«Friederike kam rein und hat gesagt, wir sollten auf die Polizei warten. Dazu hatten wir aber keine Lust; wir sind lieber durchs Fenster abgehauen.»

Friederike hat auch nicht gewartet, sondern ist in ihr Haus gegangen. Dort hat sie Oma und Jade auf dem Film der Überwachungskamera erkannt. So weit alles klar. Nur wird Tobias nichts davon glauben, fürchte ich.

Maria fasst Oma an beiden Schultern. «Pass auf, Oma, wir sollten jetzt ganz exakt besprechen, wie wir vorgehen. Du musst genau wissen, was du sagst.»

«Ja?»

Maria atmet tief ein. «Du sagst am besten gar nichts, sondern verweigerst die Aussage.»

Dann hat Tobias keine Handhabe, um Omas Geisteszustand untersuchen zu lassen.

«Mache ich», antwortet Oma brav.

«Und du auch, Jade, keine Aussage!»

Maria bleibt skeptisch. «Die werden alles probieren, damit ihr was sagt, und sei es aus Höflichkeit.»

«Ja?», fragt Oma.

«Aber du sagst nichts.»

«Ja.»

«Wenn du etwas sagst, und das ist eine Falschaussage, machst du dich strafbar.»

Oma wird immer kleiner. «Ja.»

Ich zweifle, dass das funktionieren wird. Das halten gesunde, gerissene Menschen kaum durch. Und welche mit schlechtem Kurzzeit-Gedächtnis wie Oma schon gar nicht.

Als Tobias nach einer Viertelstunde zusammen mit Marias Chef Gerald Brockstedt den Raum betritt, trifft er auf eine dösende Familie Riewerts, deren Mitglieder es sich auf den blauen Säcken bequem gemacht haben. Tobias ist irritiert: Seine Verdächtigen hätte er wohl lieber nervöser gesehen.

Gerald grinst, in der dunkelblauen Uniform hebt er sich in diesem Licht kaum ab von der Umgebung. Mit seinen zwei Metern Länge wirkt er wie ein schattiger Riese im Regenwald, was seine dunklen Locken und der kurz geschnittene Bart noch verstärken.

«Was ist denn hier los?», staunt Tobias.

Er trägt immer noch *meinen* besten Anzug. Das geht ja wohl gar nicht, den hätte er längst zurückgeben müssen. Sein Haar ist frisch gegelt – soweit man das in diesem unwirklichen blauen Licht erkennen kann.

«Also, wie war das nun?», beginnt er.

Keiner sagt etwas. Jade hilft Oma hoch, die gut und gerne ein längeres Nickerchen gemacht hätte. Maria und ich bleiben einfach liegen.

Tobias kann unsere Antwort nicht abwarten, er prescht sofort voran und wendet sich an Oma: «Frau Riewerts, ich kann beweisen, dass Sie mit Ihrer Enkelin Jade Riewerts gegen dreizehn Uhr aus dem Fenster dieses Museums geklettert sind. Sie hatten ein Bild bei sich, ist das so weit richtig?»

«Ja», sagt Oma einfach.

«War es dieses?»

Tobias knallt eine DIN-A4-große Farbkopie auf den Boden. Maria, Jade und ich rücken näher, unter Umständen sehen wir da Oma in jungen Jahren. Auf dem Grund des Aquariums ist das Bild wegen des blauen Lichts nur undeutlich zu erkennen. Schemenhaft sehen wir ein Mädchen in Friesentracht unter einer Kastanie vor einem Reetdachhaus.

«Meine Frage lautet ganz einfach: Wissen Sie, wo sich das ‹Friesische Mädchen› gerade befindet?», schnarrt Tobias.

Gerald setzt sich auf einen freien Sack und macht es sich bequem.

«Tja», seufzt Oma, «wo ist sie hin? Sie ist doch gerade erst gemalt worden, und jetzt ist sie plötzlich 76. Ach, der nette Herr Engel ...»

Das war natürlich ein böser Fehler. Darauf wäre Tobias von alleine nie gekommen!

Der BKA-Fahnder kann sein Glück kaum fassen: «Heißt das ..., habe ich das richtig verstanden? Das friesische Mädchen sind Sie?»

Das ist natürlich ein sensationell-wichtiges Verdachtsmoment, das ihm die Verdächtige da frei Haus liefert. Oma wird es nicht schaffen, wenn sie sich schon am Anfang so um Kopf und Kragen redet.

Erst einmal muss sie ihre Lesebrille aus der Jackentasche fummeln und aufklappen.

Das dauert.

Tobias wippt mit den Beinen auf und ab.

«Mensch, Imke, Engel hat dich echt gemalt?», sagt Revierleiter Gerald anerkennend. «Dann bist du ja eine echte Berühmtheit.»

Oma zuckt mit den Achseln, nimmt die Kopie in die Hand und lächelt.

«Gibt es hier auch anderes Licht?», fragt Tobias.

Gerald richtet sich auf und drückt einen Schalter an der Wand. Nach und nach springen ein paar weiße Neonleuchten an, die sonst wohl nur für die Putzfrau angeschaltet werden.

Oma schaut lange auf das Bild, hält es weiter weg, rückt es wieder näher heran.

«Sind *Sie* das?»

Oma lächelt Tobias kokett ins Gesicht: «Was würden *Sie* denn sagen?»

«Wieso ich?»

«Es ist so lange her, und das Mädchen ist verfremdet. So

wie die haben wir damals alle ausgesehen. Mit Zöpfen und diesen Schürzenkleidern.»

«Aber es ist möglich, dass Sie es sind?»

«Und selbst wenn sie es wäre», weist ihn Maria zurecht. «Das beweist doch gar nichts.»

Tobias wendet sich wieder an Oma, die für ihn am leichtesten zu knacken scheint: «Frau Riewerts, Sie sind nicht vorbestraft, Sie beziehen eine gute Witwenpension, Ihre Wohnung am Sandwall ist längst abbezahlt, Sie haben ein Sparkonto, ein paar Aktien, …»

So viel zum Datenschutz.

«… ich kann mir keinen Grund vorstellen, wieso Sie ein Bild stehlen und verkaufen sollten.»

«Genau!», bestätigt Maria.

Jetzt explodiert Tobias: «Ihr hängt doch alle mit drin. Dazu kommt dieser Erpressungsbrief mit den Postleitzahlen, so etwas Albernes denkt man sich nur mit fünfzehn aus, nicht wahr, Jade? Ich kann mir vorstellen, dass du das Ausmaß des Ganzen gar nicht überblickt hast, als ihr das Bild mitgenommen habt. Wer von euch wusste, dass während der Hängung immer der Alarm ausgeschaltet ist?»

Kollektives Schweigen der gesamten Familie Riewerts.

Nach einer sehr langen Weile steht Tobias auf: «O. k., es geht auch anders. Oma kommt mit raus, und ihr wartet hier.»

«Für Sie immer noch Frau Imke Riewerts», beschwert sich Oma.

Recht so!

Gerald verzieht genervt das Gesicht und geht mit Oma und Tobias hinaus.

«Meint ihr, Oma hält durch?», sorge ich mich.

«Bestimmt», sagt Jade und guckt grimmig.

«Die Fingerabdrücke auf dem Brief sind doch aber von Oma, oder?», frage ich Maria leise. «Das lässt sich also wohl beweisen.»

«Es war gelogen», flüstert Maria. «Ich habe es nur behauptet, damit Oma endlich die Wahrheit sagt.»

«Dann sind da Abdrücke von Ocke und Christa drauf – auch nicht gut.»

«Nein, die haben aufgepasst. Da ist gar nichts drauf.»

Die Tür geht auf, und Oma kommt heraus und reckt triumphierend ihren Hals.

«Das ging aber schnell.»

«Ich habe ihm das Fenster gezeigt, wo wir ausgestiegen sind. Ansonsten habe ich die Aussage verweigert, wie Maria gesagt hat», nuschelt sie stolz, aber erschöpft. Sie setzt sich neben mich und ist blitzschnell an meiner Schulter eingedöst.

Die Tür geht auf, Tobias bittet mich hinaus. «Sönke, bitte!» Er sieht zerknirscht aus.

Mit diesem Blender war Maria also mal zusammen. Was hat sie bloß an dem gefunden? Es muss eine andere Zeit gewesen sein, damals hatten Maria und ich keinen Kontakt, keine Ahnung, wie sie drauf war. Und wenn ich ehrlich bin: auch ich kann auf eine wenig respektable Geschichte peinlicher Beziehungsirrtümer zurückschauen. Auf diesem Gebiet sind wir alle nur Amateure …

Außerhalb des Aquariums muss ich mich erst einmal an das helle Licht gewöhnen. Ich setze mich auf eine Bank vor einem riesigen Foto mit aufgewühlten Wellen. Plötzlich erscheinen vor dem Ozean die Köpfe des glatt gegelten Tobias und des wusellockigen Gerald. Sie haben sich zwei Stühle herangeholt und nehmen mir gegenüber Platz.

«Was reden die Insulaner denn so?», erkundigt sich Tobias.

Er hat Maria gewollt und nicht bekommen. Das kann er nicht akzeptieren. *Darum* geht es eigentlich.

«Wann bekomme ich meine Sachen wieder?», frage ich.

«Was für Sachen?», will Gerald wissen.

Tobias' Augen zucken einen Moment. Dass er die Kleidung eines verdächtigen Zeugen trägt, kann ihm nicht gefallen. In meinen Klamotten funktioniert sein Verhör schlecht, das merkt er in diesem Moment selbst.

«Wieso tragen Sie die Kleidung eines Zeugen?», blafft ihn Brockstedt an.

«Na und?», gibt Tobias kleinlaut zu.

«Er ist befangen», beschwere ich mich. «Der hat mich doch nur auf dem Kieker, weil Maria ihn hat abblitzen lassen.»

«Schön wär's», sagt Tobias und lacht. Er ist ein lausiger Schauspieler.

«Ich will jetzt nicht vor Herrn Brockstedt von den Stalking-Aktionen anfangen, die du bei Maria abgezogen hast.»

Tobias lacht erneut. Es hat ihn sichtlich getroffen, jetzt muss er sich massiv nach vorne bewegen.

«Also, eure Oma hat das Bild geklaut, weil sie meinte, es ist ihres. Maria hat Beweismittel unterschlagen und die Ermittlungen behindert. Was bedeutet, sie wird versetzt. Du bekommst ein Verfahren wegen Behinderung der Justiz, das endet mit mindestens einer Geldstrafe, Oma wird vor Gericht gestellt, und dann schauen wir erstmal, ob sie zurechnungsfähig ist.»

«Also, Herr Winter», mischt sich Brockstedt ein, «ob Frau Riewerts versetzt wird oder nicht, entscheiden andere als Sie! Maria ist Landesbeamtin und nicht beim BKA!»

So schnell gibt Tobias aber nicht auf. «Och, Herr Brockstedt, aber Dienstaufsichtsbeschwerden stellen darf ich auch als BKA-Mann, oder? Und dem muss nachgegangen werden, das wissen Sie so gut wie ich.»

Er geht um die Ecke und holt ein Bild mit einem Goldrahmen, das ich kenne: das Strandkorb-Bild, das Oma nach ihrem Traum im Museum gemalt hat.

«Imke Riewerts hat vermutlich den Rahmen vom ‹Friesischen Mädchen› gewechselt und ihr Werk reingestellt. Das werden wir untersuchen. Mein Angebot: Oma gibt die Sache zu und schleppt das Bild wieder ran. Eurer Großmutter kann doch gar nichts passieren, die schreibt jeder Amtsarzt haftunfähig. Und wenn sie kooperiert, kann Maria vielleicht auf Föhr bleiben.»

«Wie kommst du an das Bild?», frage ich empört.

«Es wurde mir zugespielt», sagt er, ohne mit der Wimper zu zucken.

«Quatsch, das stammt aus Omas Wohnung.»

Die nach dem Brand nicht abzuschließen war. Da er sonst keine Beweise hatte, konnte Tobias wohl nicht widerstehen und ist einfach hineingegangen. Eifersucht und Rachegelüste sind allerdings nicht gerade zielführend bei polizeilichen Ermittlungen, das hätte Herr BKA wissen müssen.

Gerald Brockstedt beendet das Verhör jedenfalls mit einer ziemlichen Wut im Bauch.

«Ich werde mich über Sie beschweren, Herr Winter», schnauzt er. «Ohne Durchsuchungsbeschluss war das illegal!»

Es scheint überstanden zu sein. Nun geht es für Tobias unverrichteter Dinge zurück an den Schreibtisch in Wiesbaden. Ich stehe auf.

«Komm, Tobias, wir gehen zusammen shoppen.»

Er starrt mich an, als ob ich geisteskrank geworden wäre. «Wie?»

«Ich will meine Sachen wiederhaben.»

«Ich finde, das ist ein annehmbarer Vorschlag», grunzt Brockstedt, ohne eine Miene zu verziehen.

Mein Anzug stand Tobias allerdings ganz gut. Eine Botschaft habe ich von ihm mitgenommen: Ich sollte wieder mehr Sport machen.

23. Wohin mit Oma?

Drei Wochen später.

Wenn man nach Föhr fährt, stellt man sich auch auf schlechtes Wetter ein, aber wenn das Mallorcaklima mal bis nach Nordfriesland reicht, beschweren sich trotzdem nur wenige. Es ist einer der heißesten Tage des Jahres, Augusthitze über dreißig Grad, kein Lüftchen regt sich. «Friesische Karibik» scheint nicht nur eine Werbeidee der Föhr-Touristik zu sein, sondern eine Verheißung, die sich gerade erfüllt. Alle sind im Wasser, und das Wasser ist fast zu warm. Das flache Wattenmeer wärmt sich in der Sonne unglaublich schnell auf.

Ich warte vor dem Polizeirevier beim Sportboothafen. Mein Herz schlägt so schnell wie das eines 100-Meter-Weltmeisterläufers, obwohl ich sitze und mich nicht bewege. Drinnen wird gerade Marias Fall verhandelt, ein Beamter aus dem Dezernat Interne Ermittlungen ist deswegen aus Kiel angereist. Die Frage ist, was Maria wann gewusst hat und ob sie Beweismittel unterschlagen hat. Es sieht nicht gut aus.

Natürlich haben Maria und ich den schlimmsten Fall der Fälle durchgespielt, es nützt ja nichts, sich etwas vorzumachen. Auch wenn Maria, wie zu befürchten ist, nach Norderstedt versetzt wird, werden wir nicht dort wohnen. Ich bin in Norderstedt aufgewachsen und will auf keinen Fall wieder dorthin zurück. Wir werden uns etwas in Hamburg suchen. Ich habe schon mal im Internet geschaut, was es so gibt. Unser kleines Häuschen in Nieblum werden wir an Feriengäste vermieten. Als Gast nach Föhr zurückzukommen, würde mir echt wehtun. Ich werde die Insel zukünftig wohl meiden müssen.

Die Tür des Polizeireviers öffnet sich, Maria schießt heraus und umarmt mich.

«Föhr, oder nicht Föhr?», frage ich bange.

«Föhr!», schreit sie und wiederholt es immer wieder: «Föhr! Föhr! Föhr!»

Auch ich brülle vor Freude so laut los, dass sich einige weit entfernt stehende Touristen erschrocken zu uns drehen. Maria und ich boxen in die Luft, küssen uns und schreien wieder.

«Erzähl!»

«Oma ist entlastet wegen des Museums.»

«Endgültig?»

«Na ja, eine kleine Blamage für Tobias ist es schon. Der Bilderdieb wurde heute Morgen in Stuttgart gefasst. Die haben das ‹Friesische Mädchen› in seiner Wohnung sichergestellt.»

«Und, wer war es?»

«Einer der Wachmänner, der die Hängung überwacht hat. Tobias hat eng mit ihm zusammengearbeitet, um den Fall zu lösen. Blamabler geht's nicht.»

«War das der, der behauptet hat, dass Friederike bei dem ‹Friesischen Mädchen› war?»

«Ganz genau.»

Maria und ich drücken uns, so doll wir können, Apfelshampoo und Amber sind wieder da, wo sie hingehören: in meiner Nase.

«Feiern wir das?», frage ich.

«Gerne, aber du weißt ja, wie das ist in der Familie Riewerts ...»

«Es kommt immer was dazwischen? Bitte nicht.»

«Wir müssen erst klären, was mit Oma wird.»

Tatsächlich, das können wir nicht mehr aufschieben. Ihr geht es nicht besonders, sie braucht uns jetzt.

Eine halbe Stunde später sitzen Maria, Arne, Regina und ich nebeneinander in Wyk am Hafenkai und lassen unsere nackten Füße ins Wasser baumeln.

«Wohin mit Oma?», fragt Regina in die Runde.

«Muss sie überhaupt *irgendwohin*?», frage ich leise. «Kann sie nicht doch zu Hause bleiben?»

Regina, Maria und Arne schweigen.

Wir haben uns einen Tag zuvor das Heim hinter dem leeren Steg in Utersum angeschaut. Fräulein Rottenmeier alias Frau Dr. Nissen hat mich, Arne, Regina und Maria herumgeführt. Die Pflegerinnen und Pfleger wirkten liebevoll und kompetent, alle Bewohnerinnen und Bewohner schienen sich wohl zu fühlen, insofern war nichts dagegen zu sagen.

Vorher müssten wir allerdings das Einverständnis von Oma bekommen. Oder sie für geschäftsunfähig erklären lassen. Aber das will keiner von uns. Trotzdem können wir uns vor einer Entscheidung nicht drücken, das sind wir ihr schuldig. Sowieso, und für alles Schöne, was wir mit ihr erlebt haben, ich an erster Stelle!

«Der erste Schritt muss sein, dass wir mit ihr reden», meint Maria. «Sie muss einsehen, dass sie Hilfe braucht.»

Arne stöhnt auf. «Ihr kennt sie doch. Das wird sie nie tun.

Lieber verdrängt sie ihren Zustand, bis die ganze Bude ab-
brennt.»

«Würde mir genauso gehen», vermute ich. «Wir müssen es
trotzdem versuchen.»

Arne müsste längst wieder bei seinen Strandkörben sein.
Zum Glück hat Jade ihren Urlaub auf Föhr verlängert und
konnte heute in Utersum für ihn einspringen. Erstaunlicherweise ungeschminkt, aber bei der Hitze wäre das anders nicht möglich.

«Ich will nicht, dass Oma ins Heim kommt», sage ich.
«Auch wenn es ein gutes ist.»

«Gut, dann wechseln wir uns alle ab, tageweise, wenn es
sein muss», schlägt Regina vor. Eine echte Wende; bisher
ist Regina immer vehement für die Heimlösung eingetreten.

«Ist das nicht zu viel Hektik für sie?», überlegt Arne. «Jeden
Tag jemand Neues?»

«Hey, wir sind ihre Familie, uns kennt sie doch!», beruhige ich ihn.

Regina verteilt ein paar zusammengetackerte Din-A4-Sei-
ten mit Excel-Tabellen. «Ich habe mal durchgespielt, wie es
laufen könnte.»

Ich blättere den Plan durch. Sogar die Möglichkeit, dass
einer von uns mal spontan nicht kann oder krank wird, ist
einkalkuliert. Es sieht perfekt aus.

Maria, Arne und ich erklären uns einverstanden. Jetzt
muss es nur noch Oma erfahren.

Schweigend trotten wir vom Hafen über den Sandwall zu
ihrer Wohnung. Ich nehme Marias Hand. Gleich werde ich
eine der bittersten Situationen erleben, die man sich im Leben einer Familie vorstellen kann. Die Straßencafés sind voll

besetzt, die Stimmung unter den Feriengästen ist prächtig. Ausgerechnet Oma soll ihre Unabhängigkeit aufgeben, die ihre Freiheit in den letzten Jahren bis zum Anschlag ausgekostet hat.

In der Kurmuschel gegenüber von ihrer Wohnung spielt die ukrainische Band wieder «Ich war noch niemals in New York», Touristen sitzen in den Bänken davor, einige Kinder tanzen mit Eiswaffeln in der Hand. Heute rauscht das Lied an mir vorbei, ohne dass ein Ton hängenbleibt.

Die erste Überraschung erleben wir am Hauseingang: Es gibt kein Klingelschild mehr! Nichts Gutes ahnend, treten wir ins Treppenhaus.

Die Tür zu Omas Wohnung steht offen, vom Flur kommt Musik aus einem Radio, irgendetwas aus den aktuellen Charts, das gegen die Kurmusik anplärrt. Wir gehen hinein und geraten in Panik. Die Wohnung ist komplett ausgeräumt. Ein Maler ist dabei, die Tapeten abzureißen. Er ist höchstens zwanzig und hat sich auf die Unterarme wilde Phantasietiere mit spitzen Zähnen tätowieren lassen. Die Hitze macht ihm sichtlich zu schaffen, seine Stirn ist schweißnass.

«Was ist hier los?», frage ich ihn.

Der Maler dreht das Radio leiser.

«Neue Tapeten», nuschelt er.

«Wo ist Imke Riewerts?»

«Von einer Riewerts weiß ich nichts», sagt der Mann und schabt weiter mit seinem Spachtel an der verräucherten Raufaser.

«Sie ist die Besitzerin!», hakt Maria ungläubig nach.

«Da müssen Sie sich an meinen Auftraggeber wenden, ein Herr Dr. Dreesen aus Flensburg», erklärt der Maler. «Für den soll ich hier alles neu tapezieren.»

Und Oma?

«Wo kann sie nur sein?», überlegt Maria. «Etwa auf dem Festland?»

«Dann hätte sie uns Bescheid gesagt», ist sich Arne sicher.

Plötzlich kommt Dr. Behnke die Treppe hinauf, der Hausarzt von Oma, mit dem sie auch befreundet ist. Kugelrund und fröhlich wie immer.

«Da staunt ihr, was?», lacht er. «Mir hat sie auch kein Wort gesagt, ich bin nur durch Zufall drauf gekommen. Ihr glaubt nicht, was passiert ist.»

Wir starren ihn fragend an.

24. Ein Strandkorb für Oma

Mein Vater ist ein herzensguter Mann, der seit Jahrzehnten im Einwohnermeldeamt arbeitet und sich zu benehmen weiß (obwohl das Erste auch ohne das andere geht). Meine Mutter tritt gerne etwas zu aufdringlich auf, merkt aber durchaus, wenn sie zu weit gegangen ist (außer bei ihrem Sohn, aber das ist eine andere Geschichte).

Trotzdem, als meine Eltern mich damals in meiner WG besuchten, hatten sie keine Chance, *nicht* peinlich zu wirken. Ich war schon vorher hochgradig gestresst, weil ich unsere Dreckbude, in der vier Leute lebten, alleine aufklaren musste. Und das, obwohl ich keinen Küchendienst hatte, eigentlich war Lars dran, aber der war erst um sechs Uhr morgens nach Hause gekommen und schlief noch. Zum Glück gab es eine Kammer, in der einige Töpfe und Pfannen unabgewaschen zwischengelagert werden konnten, sonst hätte ich es bis zur Ankunft von Mama und Papa nie geschafft.

Dann rückten sie an. Eine halbe Stunde zu früh, wie immer, ich stand gerade unter der Dusche, als Maybritt grölte: «Sönke, deine Alten sind da.» Sie sagte wirklich «deine Alten», und meine Eltern hatten das mit Sicherheit gehört. Es würde einiges an Energie kosten, sie davon zu überzeugen, das Maybritt ihre positiven Seiten besaß, zu denen allein

Einfühlungsvermögen und Höflichkeit nicht zählten. Dafür konnte man mit ihr bis zum Morgengrauen feiern und herumalbern, sie war immer der letzte Gast.

Leider würde auch *das* meine Eltern kaum beeindrucken.

Eltern können bei WG-Besuchen grob gesagt zwischen zwei Strategien wählen: entweder sich ranschmeißen an die Jugend oder förmlich bleiben. Wobei eigentlich nur die letztere wirklich funktioniert, weil jede Seite da wie auf Schienen fährt und sich niemand anstrengen muss, sein Bild vom Gegenüber in Frage zu stellen.

Meine Eltern machten alles falsch. Papa trug eine ausgeleierte Jeans, ein verwaschenes T-Shirt und eine Baseball-Cap vom «1.FC St. Pauli», obwohl er in Wirklichkeit Fan von Mönchengladbach ist. Er erzählte lahme politische Witze, was er sonst nie tut, und gab sich als Jugendversteher. Meine Mutter hingegen spielte die spröde Vorstadtzicke im Kostüm, nah an der Grenze zur Parodie, und fragte alle, was sie beruflich planten. Auch die unmögliche Tussi, die Lars letzte Nacht abgeschleppt hatte und die gegen drei halbnackt zu uns an die Kaffeetafel stieß.

Das Echo hinterher war niederschmetternd für mich: meine Mitbewohner fanden meine Eltern viel sympathischer und toleranter als ihre eigenen. Ich war fassungslos.

In der WG, zu der ich unterwegs bin, übernehme ich praktisch die Rolle meiner Eltern, und das ist vollkommen neu für mich.

Denn Oma ist in eine Alten-WG gezogen.

Ohne uns zu fragen. Warum auch?

Sie wohnt in Dunsum gleich im ersten Haus hinterm Deich. Ocke hat Oma und ihre jüngere Freundin Christa bei sich einziehen lassen. Vier Räume waren für ihn alleine schon lange zu viel. Der Vorteil für Oma ist, dass alle Zimmer auf einer Ebene liegen und Christa und Ocke Oma helfen, falls sie etwas nicht kann.

Oma schießt sofort aus der Tür, als ich mit dem zerbeulten Mini vorfahre. Hier hinterm Deich ist heute starker Wind, die Wolken wandern hektisch über den Himmel. Nur für kurze Momente blitzt die Sonne dazwischen hervor wie ein genervter Elternteil, der nichts ausrichten kann.

Oma und ich liegen uns in den Armen; wir drücken uns wie immer.

«Sönke, mein Lieber!»

«Mensch, Oma, was ist das?», begrüße ich sie. «Ziehst einfach um? Ohne ein Wort zu sagen?»

Ein triumphierendes Grinsen huscht über ihr Gesicht: «Bevor ihr mich ins Heim steckt ...»

«Wer redet denn davon?»

Sie blinzelt mich vielsagend an. «Es sieht alles ziemlich durcheinander aus, wir sind noch am Einräumen.»

So, wie ich Oma kenne, wird sich an dieser Unordnung auch danach nicht viel ändern.

Sie zeigt mir ihr Zimmer, das nach Südwesten hinausgeht, sodass sie nachmittags und abends Sonne hat. Das rauchgeschwärzte Elefantenbild hängt über ihrem Bett, der alte Schreibsekretär ist da, ein neuer Kleiderschrank, die Couch. Das Zimmer wirkt hell und freundlich, außerdem geht es von ihrem Zimmer direkt auf eine riesige Terrasse.

«Und? Wie fühlt es sich an?»

«Schwierig», klagt Oma. «Ocke und Christa sind viel ordentlicher als ich.»

Ihr Enkel hat zum Glück einige Jahre WG-Erfahrung voraus.

«Es ist egal, wie ordentlich alle sind, irgendjemand ist immer *noch* ordentlicher», weiß ich. «Einer muss in einer WG den Unordentlichen spielen, sonst gerät alles aus der Balance. Das ist eine Art Naturgesetz.»

«Muss man wirklich jedes Mal die Kacheln trockenwischen, wenn man geduscht hat?», erkundigt sich Oma.

«Oder müssen alle benutzten Teller sofort im Geschirrspüler verschwinden?», ergänze ich aus leidvoller Erinnerung.

«Wir haben keinen Geschirrspüler», klagt Oma leise.

Ich starre sie entsetzt an: «Das geht gar nicht! Ich schenke dir einen.»

«Das muss ich erst mit den anderen besprechen.»

«Was sollten die dagegen haben?»

Klar, der Geschirrspüler wird ein Punkt beim wöchentlichen WG-Gespräch. Arme Oma, hoffentlich ziehen die anderen mit!

«Keine Ahnung, wir stehen ja erst am Anfang. Komm, ich mache uns einen Tee.»

Wie in jeder anderen WG sitzt immer jemand in der Küche. Hier ist es Taxi-Ocke in seinem obligatorischen Fischerhemd, der Tee trinkt und sich am dichten weißen Bart krault.

«Moin, Ocke.»

«Moin, Sönke.»

«Hü gungt et?»

«Gud, an hü gungt et di?»

«Jo. – Tee?»

«Gern.»

Ich setze mich an den Tisch.

Oma entschuldigt sich: «Ich verschwinde kurz im Bad.»

Ocke holt eine Tasse mit einer Diddl-Maus und gießt mir

Tee ein. Anschließend schaut er schwermütig in seine Tasse.
«Sag, mal Sönke, kannst du mal mit den Weibern reden?»,
bittet er.

«Worüber?»

«Ich habe keine Lust, für alle zu kochen, das geht nicht.
Christa isst fast nur Rohkost, und Imke ist mehr der Restau-
rant-Typ, selber Kochen ist bei beiden mau.»

«Dann lass sie doch.»

«Würde ich ja. Aber *wenn* ich koche, essen sie immer mit.
Das sehe ich nicht ein!»

Die WG lebt erst zwei Tage zusammen. Das wird noch
spannend!

Christa kommt herein. Eine Frau Ende fünfzig, sie sieht
wunderbar aus, braun gebrannt und voller Energie, eine le
benslustige, schöne Frau. Christa umarmt mich und gibt
mir einen Kuss auf jede Wange.

«Moin, Sönke.»

Ocke schaut verzweifelt zur Decke.

Nach unserer herzlichen Begrüßung wendet sie sich an
Ocke: «Ich bin hier nicht die Putzfrau für alle!»

Hinter mir höre ich Omas Stimme vom Badezimmer her:
«Christa hört viel zu laut Entspannungsmusik! Ich hasse
Entspannungsmusik, die macht mich ganz kribbelig.»

Alles nicht viel anders als bei ihrem Enkel in Hamburg
damals.

Wir sollten in der Familie zusammenlegen und den dreien
eine Geschirrspülmaschine und eine Putzfrau besorgen, notfalls auch bezahlen. Das schafft zwar keinen Frieden, aber
vielleicht eine Art Waffenstillstand. Oma kann ja auch wirklich nicht mehr putzen, ihr Rücken macht das nicht mehr
mit.

Oma kommt mit Jacke und kurzen Hosen aus dem Bad

zurück in die Küche. Ihre nackten Beine sind wie immer braun gebrannt.

«Komm, du kennst meinen Lieblingsplatz noch nicht, Sönke.»

«O.k.»

Ich trinke schnell den Tee aus, und wir gehen zusammen hinaus.

Der Seedeich ist nur wenige Meter entfernt. Oma hakt sich bei mir ein, als wir uns langsam, Schritt für Schritt, zur Deichkrone hochkämpfen. So fit wie früher ist sie wirklich nicht mehr.

Es ist gerade Ebbe, und die Wolken spielen Fangen vor der Sonne, hektische Schatten huschen übers Land und über das Wasser. Oma steuert auf den weißen Strandkorb zu, der ungefähr fünfzig Meter rechts schief im Watt steht.

«Vom letzten Sturm aus Utersum angespült», freut sich Oma. «Ein Traum, oder?»

«Könnte der nicht sogar Arne gehören?», spekuliere ich.

«Hier steht er jedenfalls richtig», findet Oma.

«Hat es noch keinen Ärger deswegen gegeben?»

«Na ja, Vogelwart Markus war hier und hat was von Nationalpark Wattenmeer und Weltkulturerbe gefaselt. Ich habe einfach mit meiner Signalpistole grob in seine Richtung geschossen, da war er weg.»

«Du hast *was*? Wo hast du die her?»

«Hat Ocke mir gegeben, zur Sicherheit, falls ich mal im Strandkorb einschlafe und die Flut kommt.»

Wie damals vermutlich meine Eltern in meiner Studenten-WG frage ich mich: Ob das alles so richtig ist? Was soll aus Oma in dieser WG werden? Ist das der richtige Einfluss für sie?

Innen ist der Strandkorb mit breit weiß-blau gestreiftem Stoff ausgeschlagen. Oma setzt sich hinein, und ich setze mich daneben. Ich muss schon zugeben, es hat was. Hier draußen ist es noch schöner als am Strand.

Außerdem hat es etwas von Straßenboulevard, wenn die Touristenmassen bei Ebbe von Wattführern direkt an Omas Strandkorb vorbei nach Amrum geführt werden.

«Meinst du nicht, Markus kommt wieder und transportiert den ab?»

«Bitte rede mit ihm, ja? Ihr singt doch zusammen im Chor. Der Strandkorb hier draußen ist mein Traum.»

«Ich werde es versuchen.»

Wie ich Markus kenne, würde der sich eher einer Geschlechtsumwandlung unterziehen, als diesen Strandkorb zu übersehen. Probieren werde ich es trotzdem.

«Vielleicht brüten hier ja seltene Vögel im Schatten des Korbs, die unter Artenschutz stehen», überlegt Oma.

«Um diese Zeit?»

Sie fuchtelt aufgeregt mit den Händen in der Luft herum.

«Das ist ja das Tragische! Die sind eben schon ein bisschen tüddelig. Deswegen müssen wir sie ja schützen.»

Wenigstens hat sie ihren Humor nicht verloren.

«Weißt du, Sönke, der soll sich nicht so haben. Ökologisch gesehen läuft auf Föhr seit Jahrhunderten sowieso alles schief», sagt sie.

«Findest du?»

«Jeder baut sich auf der Insel ein Haus, was einzeln mit Strom, Abwasser und allem erschlossen werden muss. Dazu kommt noch Heizung und so weiter. Die meisten Menschen denken, Grasdächer seien ökologisch. Aber mit oder ohne Grasdach, Einfamilienhäuser sind eine riesige Flächenverschwendung.»

«Was wäre dein Vorschlag?»

«Ein Hochhaus für die ganze Insel, vielleicht zwei. Man konzentriert alles auf einem Fleck, mit Zentralheizung, Geschäften, allem, was man braucht. Das würde nur ein Minimum an Grundfläche verbrauchen. Und der Rest der Insel bleibt reine Natur. *Dafür* sollten sich die Naturschützer engagieren. Alles andere ist Romantik und keine Ökologie.»

Ich lache kurz auf.

«Erzähl mal den Insulanern und auch den Touristen, dass sie ihre Reetdachhäuser abreißen und alle in ein Hochhaus ziehen sollen.»

«In Dubai machen die das, ohne mit der Wimper zu zucken. Wär doch toll. Von ganz oben würdest du über alle nordfriesischen Inseln hinweg, fast bis Amerika, gucken.» Sie denkt kurz nach. «Vielleicht könnte man Reetdächer auf die Hochhäuser setzen, um die Akzeptanz zu erhöhen.»

Ich schaue Oma fröhlich an: «Bestimmt.»

«Du findest das irre, oder?»

Ich hebe abwehrend die Arme. «Nein, nein.»

«Du machst mir nichts vor, Sönke, mein Lieber: du findest das irre.»

«Es ist irre!»

Mit Oma kann ich so reden.

Sie verzieht gespielt beleidigt das Gesicht: «Aber vom rein ökologischen Standpunkt aus habe ich recht.»

«Sicher.»

Christa, ihre beste Freundin, ist nun ganz offiziell ihre Pflegerin. Oma wird nicht alleine sein, es kann ihr nichts passieren, ihr Hausarzt und Freund Dr. Behnke wird regelmäßig zu Hausbesuchen kommen, abgesehen davon, dass Arne, Regina und ich sie so oft wie möglich besuchen werden.

«Meinst du, wir können einfach so da sitzen wie früher?»,
fragt Oma, «und nebeneinander lesen?»

Ein heftiger Windstoß fegt in den Strandkorb.

«Aber ja», lächle ich.

Mit Oma habe ich in unzähligen Cafés gesessen und einfach eine Zeitschrift nach der anderen gelesen. Wenn jemand etwas Bemerkenswertes fand, hat er oder sie es vor-
gelesen, dann waren wir wieder still. Das kann ich außer mit
Oma nur mit Maria.

Sie fischt einen alten «Spiegel» für mich aus der Fußbank.
«Ich möchte nicht lesen, das ist mir zu anstrengend. Aber
lies du bitte.»

«Soll ich dir vorlesen?»

«Nein, ich bin zu müde.»

Als ich die Zeitschrift in die Hand nehme, heulen wir beide
sofort los. Ich nehme Oma in den Arm, wir halten uns aneinander fest. Erst als die Nordsee an unseren Füßen leckt,
können wir aufhören.

Gegen die Flut kann niemand etwas machen.

25. Land in Sicht

Ein Vierteljahr später schiebt sich die «Uthlande» langsam zur Elbmündung und nimmt Kurs zurück auf Föhr. Es ist absolut windstill, die W. D. R.-Autofähre erhebt sich über die Meeresoberfläche wie eine stolze Arche, die weißen Aufbauten leuchten in der Wintersonne, die im November besonders kostbar ist.

Unter uns im Salon laufen DVD-Aufnahmen der letzten Tage über die Leinwand. Die Insulaner sitzen davor und trinken «Föhrer Manhattans» auf die letzten Tage. Die Zeit an den Hamburger Landungsbrücken war für uns alle großes Kino.

Lükki war der Held aller Kinder, die sich in den Feuerwehrwagen setzen durften, die Inselklinik bot kostenlose Nackenmassagen an, Hauke residierte auf der schönsten seiner Kutschen, und Brar von den Seevögeln hatte eine Kabine mit Liegen eingerichtet, auf denen man Wellen und Möwen hören konnte. Arne hatte eine Bar mit Strandkörben aufgebaut, in der seine Schwester Regina und ihr Mann Holger servierten, Oma half spülen.

Nicht zuletzt bekochte Hotelchef Holger Ketels die Gäste aufs Allerfeinste. Die Ausstellung von Meeresbildern des Museums «Kunst der Westküste» war ein Riesenerfolg, inklusive des «Friesischen Mädchens» von 1940. Unsere Aktion wurde ausführlich in allen Hamburger und vielen überregionalen Zeitungen besprochen, das Fernsehen war da und hat ausführlich berichtet.

Mit anderen Worten: Föhr war Tagesthema in der Hansestadt.

Jade war mit ihrem Vater Cord aus Frankfurt angereist und tanzte in der Volkstanzgruppe mit. Wie die alten friesischen Tänze gehen, hat ihr Vater ihr in Frankfurt beigebracht, er kannte sie noch aus seiner Kindheit, Jade machte das hervorragend.

Das funktionierte letztlich nur, weil man sich zu Hause geeinigt hatte: Jade darf in Frankfurt bleiben, sie wird ihre Mutter in den Ferien in Thailand besuchen und lernt dafür fleißig Thai. Deutsch, Friesisch und Thai: Es gibt nicht viele Menschen, die diese drei Sprachen auf einmal beherrschen.

Viele alte Freunde von früher kamen vorbei, die Maria zum Teil noch gar nicht kannten. Nur meine Eltern konnten nicht, weil sie ausgerechnet in dieser Zeit im Urlaub waren.

Ein Highlight des Videofilms ist die Premiere der Show, die die Seevögel zusammen mit den Knurrhähnen aufgeführt haben. Zuerst begann ein konventionelles Konzert mit Shantys, denn folgte Soul, und dann wurden die Rollen getauscht: Die Knurrhähne versuchten sich am Soul, die Seevögel antworteten mit veralberten Shantys. Der Streit steigerte sich und endete damit, dass man sich Takt für Takt musikalisch «bekämpfte». Unser Konzert war beim Hamburger Publikum ein Riesenerfolg, wir mussten vier Zugaben geben, und ein zufällig anwesender Veranstalter wollte uns vom Fleck weg für die nächste «Kieler Woche» buchen.

Viel geschlafen hat keiner.

Früher hatten die Seeleute in Hamburg noch richtig Zeit für ausgedehnte Landgänge. Heute liegen sie nur noch zwanzig Stunden im Hafen und fahren dann weiter. Wir Insulaner hingegen hatten drei Tage Zeit, abends durch Hamburg zu ziehen. Und das haben wir so ausgiebig genutzt, dass wir alle dringend eine Kur gebrauchen könnten. Insofern liegen wir mit dem Kurs auf Föhr ganz richtig. Wo sich Zigtausende Touristen entspannen, sollte uns das auch gelingen.

Maria und ich stehen in Pullover und Jacken eingemummelt an Deck. Auf der Backbordseite ist der Turm der Insel Neuwerk zu erkennen, Kapitän Petersen bringt die «Uthlande» mit einer sanften Drehung auf nördlichen Kurs.

Ich schaue Maria an. Die Novembersonne spiegelt sich in ihrer Iris. Ich habe den größten Kloß im Hals, den ich je hatte.

Wie sage ich das, was ich sagen will, ohne zu kitschig oder zu cool zu wirken? Mir fehlt komplett die Sprache dafür.

«Mmh», murmele ich und schweige wieder. Es kommt einfach nicht raus.

Maria fragt seltsamerweise gar nicht nach, was ich sagen wollte.

Dann passiert ein Wunder.

«Ob ich dich heiraten würde?», fragt sie mich. Nur Frauen besitzen diese Intuition.

«Ja», sage ich mit belegten Stimmbändern.

«Dann aber sofort», schlägt sie vor, und dann liegen wir uns in den Armen.

Kapitän Petersen und sein Steuermann schauen uns abweisend an, als wir die Brücke betreten. Fachfremde Personen sehen sie hier ungerne.

«Petersen, du bist doch Kapitän, kannst du uns trauen?», frage ich ganz direkt.

«Würde ich gerne tun», freut er sich und lächelt entschuldigend, «aber das gilt dann nicht. Wir müssten außerhalb der Zwölf-Meilen-Zone sein.»

«Und nun?»

«Karl ist doch Standesbeamter», erinnert er mich.

Petersen stoppt augenblicklich die Maschine und lässt den Anker werfen.

«Alle Insulaner aufs Autodeck», ruft er über Bordlautsprecher, seine Stimme hallt übers Wasser.

Dann geleitet er uns aufs Autodeck, wo immer noch die große Bühne steht. Alles strömt verwirrt aus dem Salon nach unten. Hier parken immer noch Haukes Kutschen, überall hängen große Fotos von Seeigeln und Föhrer Sonnenuntergängen.

Petersen flüstert dem dünnen Karl etwas ins Ohr. Der hat schon einige Manhattans hinter sich, aber es scheint noch zu gehen.

Oma wieselt auf uns zu: «Was ist los?»

«Oma, würdest du uns auf die Bühne begleiten?», bittet Maria.

Oma schaut uns einen Moment fragend an, dann versteht sie ohne weitere Worte. Frauen!

Eine einzelne Glücksträne perlt an ihrer Wange herunter, als sie uns in den Arm nimmt.

Das wird jetzt hart für mich, denn auch ich habe nahe am Wasser gebaut. Ich werde mich an Maria halten, die ist gefasster als ich, das weiß ich. Ich bestehe darauf, dass Jade als zweite Trauzeugin mitkommt, obwohl sie noch keine achtzehn ist.

Zu viert stehen wir auf der großen Bühne. Der dünne Karl

hebt seine Stimme Richtung Insulanerinnen und Insulaner:
«Maria und Sönke wollen heiraten.»

Riesen-Hurra bei allen.

«Bitte, mach's kurz», flüstere ich ihm zu.

«Was soll ich sagen? Ihr passt zusammen.»

Erneuter Beifall. Noch bin ich tapfer.

«Ich frage dich, Maria Riewerts, willst du Sönke Naumann zu deinem Mann nehmen?»

Maria sagt nichts. Sie kann gar nichts sagen.

Meiner sonst so starken Liebsten rollen die Tränen in Bächen herunter.

Ganz leise kommt: «Ja.»

«Du auch, Sönke?», fragt Karl kurz.

«Jo!»

«Dann seid ihr jetzt verheiratet!»

Ich küsse Maria, die es richtig schüttelt.

Die anschließenden Jubelschreie kann man bis hinter Helgoland hören. Auf dem Autodeck wird die Bar wieder eröffnet, Seevögel und Knurrhähne singen zusammen «When a man loves a Woman» und «Somewhere over the rainbow».

Danach wird die Anlage angeschmissen, und wir tanzen und trinken, bis wir nicht mehr können. Kapitän Petersen fährt extra langsam, damit wir nicht so schnell ankommen.

Maria und ich lassen uns nicht mehr los.

Dank

Mein Dank gilt allen von der Insel Föhr und vom Festland, die mich bei der Arbeit an diesem Roman unterstützt haben, insbesondere meiner Frau Bente, Karen und Jürgen Schmidt, Hark Rickmers, Dr. Thorsten Sadowsky und Lucas Haberkorn vom Museum Kunst der Westküste in Alkersum (die beide allerdings nicht ahnten, dass ich ihnen ein Bild stehlen wollte).

Vorbild für Sönkes «Arche» waren die «Föhr-Amrumer Kulturtage» 2003 und 2005, organisiert von Wolfgang Peters und Lars Schmidt, die tatsächlich jeweils eine W. D. R.-Fähre voll mit Ständen zu den Hamburger Landungsbrücken gebracht haben.

Die in diesem Buch dargestellten Personen und Ereignisse sind frei erfunden. Ähnlichkeiten sind zufällig und nicht beabsichtigt.

Oma dreht auf

Inhalt

1. Lust

Als Imke jünger war, hatte sie immer befürchtet, Altsein fühle sich an wie eine permanente Magenverstimmung oder ein fürchterlicher Kater. Stattdessen lag sie nun mit ihren siebenundsiebzig Jahren unter der Bettdecke und kam sich vor wie ein Mädchen im Hochsommer. Vorhin hatte sie ein heißes Bad genommen, sich danach von Kopf bis Fuß mit Bodylotion eingecremt und dann den verwegenen roten Seidenpyjama angezogen. Durch das gekippte Fenster kam ein kühler Hauch vom nahen Meer herein, der eine zarte Liaison mit dem Himbeerduft der frischen Bettwäsche einging. Gardinen besaß sie nicht, der volle Mond streichelte ihr sanft übers Gesicht und warf sein Licht auf den weißen Elefantenschädel auf dem Bild ihres Lieblingsmalers Brée, das über ihrem Bett hing. Sie streckte sich einmal genüsslich aus und streichelte mit den Zehen über den weichen Bettbezug.

Dieses wohlige Gefühl ließ sich noch steigern, was ihr kleines Geheimnis war. Imke grinste glücklich ins Mondlicht. Auf dem kleinen Nachttisch wartete der obligatorische duplo-Riegel auf sie; die Verpackung hatte sie schon vorm Zubettgehen abgestreift. Kaum eine Verhaltensregel aus der Kindheit wurde im Erwachsenenalter noch konsequent befolgt, außer dieser: Keine Schokolade nach dem Zähneputzen!

Das galt jedoch nicht für sie.

Was mit dem Inhalt des Wasserglases neben dem duplo zusammenhing, in dem es übermütig spritzte und sprudelte. Ganz unten auf dem Grund lagerte ihr Gebiss. Natürlich war es für Imke ein Schock gewesen, als ihr erklärt wurde, dass sie ihre Zähne überlebt hatte. Ein Gebiss hatte sie zunächst strikt abgelehnt, aber was hätte sie tun sollen? Nur noch Brei essen? Monatelang Torturen erleiden, bei denen ihr Implantate in den Kiefer getrieben wurden? Zum Glück, musste sie im Nachhinein sagen, hatte sie so heftige Zahnschmerzen bekommen, dass die Entscheidung beschleunigt wurde: Alles war besser als das, also Augen zu und durch!

Imkes Körper hatte unter der Decke die optimale Wohlfühltemperatur erreicht. Nun schnellte ihr linker Arm hervor, die Finger griffen routiniert nach dem Schokoriegel, dann wanderten die ersten Zentimeter Schokolade in ihren Mund. Ihre Lippen freuten sich einen wunderbaren Moment lang über die zarte Riffelung auf der Oberfläche, bevor die Schokolade langsam schmolz. 49,5 Prozent Anteile Vollmilchschokolade explodierten an ihrem Gaumen, und damit war das Fest noch lange nicht zu Ende. Darüber legte sich nämlich eine zweite Welle aus Vanille, besten Haselnüssen und Kakao. Beim Lutschen summte sie Lieder aus ihrer Kindheit – *Üb immer Treu und Redlichkeit*, *Die Gedanken sind frei*, *Wenn die bunten Fahnen wehen* –, ihre Bauchdecke vibrierte von innen, und ihr wurde richtig heiß.

Plötzlich schreckte sie zusammen: Ein Mann stand in ihrem Zimmer. Sein mächtiger Schatten war im Mondlicht deutlich zu erkennen. Vermutlich ein Einbrecher. Hatte er sie bemerkt? Es war viel zu dunkel, um zu sehen, wohin er schaute. Sie wollte schreien, aber die Stimme blieb ihr im Hals stecken.

«Imke?», flüsterte eine raue Bassstimme.

Entwarnung. Das war Ocke, ihr Mitbewohner. Hätte er nicht anklopfen können? Was wollte er um diese Zeit von ihr? Schnell ließ sie das duplo unter der Decke verschwinden, das sollte ihr Geheimnis bleiben. Noch wichtiger war es jedoch, das Glas zu verstecken; außer ihrem Zahnarzt hatte bisher niemand das Gebiss zu sehen bekommen. Sie hörte das Wasser neben sich sprudeln, tastete nach dem Glas, doch leider stieß sie es dabei zu Boden. Anscheinend war es nicht kaputtgegangen, aber wo lag bloß das Gebiss?

«Hast du das gehört?», flüsterte Ocke.

Ihre Verzweiflung verwandelte sich in Ärger.

«Das Glas!», beschwerte sie sich laut, als wäre Ocke dafür verantwortlich. Sie bekam den S-Laut einigermaßen authentisch hin, was ohne Zähne eine Spitzenleistung war.

«Komm mal her», raunte Ocke ihr heiser zu.

So nervös kannte sie den ehemaligen Seemann gar nicht, der in vier Jahrzehnten alle sieben Weltmeere befahren hatte. Was war bloß mit ihm los?

Widerwillig schälte sich Imke aus der warmen Decke und berührte aus Versehen mit dem linken Fuß ihre kalten, nassen Zähne auf dem Teppich. Sie hätte schreien können vor Ekel, riss sich aber zusammen. Dann eilte sie zur Zimmertür, die Ocke einen Spalt geöffnet hielt. Er schwitzte stark und roch nach hochprozentigem Alkohol.

«Hörst du das?», fragte er noch einmal.

Imke lauschte auf den Flur, ihr Gehör war immer noch gut. Tatsächlich, aus dem Zimmer ihrer gemeinsamen Mitbewohnerin Christa vernahm sie ein Stöhnen, genauer gesagt stöhnte dort ein Mann, und zwar ziemlich lustvoll. Dann war es wieder still.

«Christa hat Herrenbesuch», stellte sie ungerührt fest.

Deswegen holte sie Ocke aus dem Bett?

«Der Typ hört sich einiges jünger an», raunte er. Vor Aufregung war aus seinem Flüstern normale Zimmerlautstärke geworden.

Imke verstand das Problem nicht: «Es scheint ihr doch gut zu gehen.»

Christa war die Jüngste in ihrer Dreier-WG, sie wurde meist auf Anfang fünfzig geschätzt. Ihr wirkliches Alter hielt sie seit Jahren streng geheim. Imke kannte es, hätte es aber nicht einmal unter Todesandrohung verraten.

«Ich will verdammt noch mal wissen, wer unter unserem Dach pennt», zischte Ocke. «Das kann sonst wer sein!»

Imke war empört. Sie waren hier nicht in einem Heim, sondern in einer Wohngemeinschaft, und jeder konnte tun und lassen, was er wollte. Andererseits musste sie zugeben, dass ihr ein Fremder in der eigenen Wohnung auch ein bisschen unheimlich war.

«Lass uns nachschauen», schlug Ocke vor.

«Bist du verrückt?»

«Nur mal 'n büschen luschern.»

Ocke schloss die Tür zum Flur und huschte durch Imkes Zimmer zur Terrasse. Während sie betete, dass er im Dunkeln nicht auf ihre Zähne trat, folgte sie ihm hinaus.

Draußen herrschten nicht gerade Pyjamatemperaturen. In der Nacht war die Luft noch erheblich kühler als am Tag.

Vor einigen Jahrhunderten hatte Föhr noch zum Festland gehört, bis eine riesige Sturmflut weite Teile des Landes auseinandergerissen hatte. Föhr war als Inselvorposten weit draußen zurückgeblieben. Hier traf der Wind, der direkt aus Island kam, nach dem langen Weg übers Meer das erste Mal auf festen Boden. Die See gab niemals Ruhe, sie versuchte unablässig, den Fremdkörper in seinem Terrain zu vereinnahmen. Allein durch den mächtigen Deich hinter ihrem

Haus fühlte sich Imke gut beschützt, ohne ihn wäre der Boden unter ihr längst eine Sandbank, das war ihr, wie allen Insulanern, immer bewusst.

Die feuchte Kälte kroch ihr unangenehm an den Beinen hoch. Vorsichtig schaute sie um die Hausecke. Christas Zimmer lag zur Straße hin. Ihr Fenster war weit geöffnet, die Deckenlampe warf ein helles Lichttrapez auf die Büsche des winzigen Vorgartens. Plötzlich kletterte ein Mann aus dem Fenster, den man im Dunkeln nicht erkennen konnte, ein großer schwarzer Hund sprang hinterher.

Wieso nahm der nicht die Haustür?

Mann und Hund verschwanden in einem schwarzen Geländewagen, der direkt hinter Ockes altem Mercedes-Taxi parkte.

«NF-SP 23», nuschelteOcke, als sei er Polizeifahnder und spreche in ein Funkgerät. Als der Unbekannte Motor und Scheinwerfer anschaltete, wurden Ocke und Imke so hell angeleuchtet wie Schauspieler auf einer Theaterbühne. Leider war es ein grottenschlechtes Stück, das hier gespielt wurde, instinktiv hielten sie sich die Hände vor die Augen. Zum Glück drehte das Licht schnell ab und verschwand auf der Dorfstraße.

«Mist», fluchteOcke, «der hat uns gesehen.»

«Mir ist kalt», Imke huschte, barfuß, wie sie war, über das feuchte Gras zurück. Ihre Zähne hätten jetzt wohl laut geklappert, wenn sie noch welche gehabt hätte. Dann trat sie auch noch auf einen spitzen Stein und quiekte vor Schmerz laut auf.

Bloß zurück ins Bett!

Imke rüttelte an der Terrassentür. Doch die war vom Wind zugeschlagen worden und klemmte blöderweise seit einigen Tagen, sodass sie sich nicht von außen öffnen ließ.

«Auch das noch», stöhnteOcke hinter ihr.

Wie um sie zu ärgern, frischte der Wind einmal kurz und bedrohlich auf, woraufhin Imkes Blase und Nieren heftig zu protestieren begannen.

«Ich klingele vorne», entschied sie.

«Wie sieht das denn aus?»

«Bevor ich mir was weghole ...»

Also gingen sie wieder ums Haus, und Imke klingelte an der Tür. Sie kam sich vor wie ein unangemeldeter Vertreter, der einem Fremden etwas verkaufen wollte, dabei stand ihr eigener Name doch auf dem Klingelschild.

Es dauerte eine Weile, bis Christa öffnete. Sie sah verschwitzt aus, und da ihr weißer Bademantel einen winzigen Spalt geöffnet war, ahnte man, dass sie darunter nackt war. Christa starrte mit ihren klaren blauen Augen auf ihre beiden Mitbewohner.

«Wo kommt ihr denn her?»

Ocke sah Imke an, die wusste aber auch nichts zu sagen.

«Wir waren am Meer», murmelte Ocke schließlich und legte den Arm um Imkes Schultern.

«Im Pyjama, wie romantisch», lächelte Christa entzückt. «Ich hab euch gar nicht weggehen gehört.»

«Wir waren ganz leise, weil wir dich nicht wecken wollten», log Ocke, was Imke albern fand. Christa musste klar sein, dass sie ihren Gast wegfahren gesehen hatten, was sollte diese Geheimnistuerei? Christa überging die Bemerkung und wandte sich neugierig an Imke.

«Was hast du da für einen braunen Fleck auf dem Pyjama?», fragte sie.

Imke fiel ein, dass sie ihr duplo hastig unter der Decke versteckt hatte, als Ocke plötzlich im Raum gestanden hatte. Dort war es anscheinend ziemlich schnell geschmolzen.

Als sie wieder in ihrem Zimmer war, fand sie die Überreste des Schokoriegels auf dem frisch bezogenen Laken. Sie legte ihn auf das Nachtschränkchen und huschte unter die Decke, die in der Zwischenzeit ziemlich kühl geworden war. Bibbernd wartete sie, bis ihr Körper warm wurde. Sie war hellwach und blieb es den Großteil der Nacht.

2. Frühstück mit Beweismitteln

Nachdem Imkes Wohnung am Sandwall vor einem Jahr beinahe abgebrannt wäre, weil sie den Herd angelassen hatte, hatte Ocke ihr selbst vorgeschlagen, bei ihm einzuziehen. Er fand das selbstverständlich, denn es war klar, dass seine gute alte Freundin nicht mehr allein wohnen konnte, und außerdem hatte er genug Platz. Christa kam mehr oder weniger spontan mit. Sie war Imkes beste Freundin und nach dem Vorfall ganz offiziell zu ihrer Pflegerin ernannt worden. Sie bekam es hin, Imke bei Dingen zu helfen, die ihr schwerfielen, und ihr ansonsten alle Freiheiten zu lassen. Ocke unterstützte sie gerne dabei. Zugegeben, er hatte dabei auch ein bisschen aufs Geld geschielt – allein vier Zimmer zu bewohnen, war auf Dauer einfach zu teuer geworden.

Doch seit gestern Abend war für Ocke in der WG nichts mehr so wie vorher. Die halbe Nacht tigerte er in seinem Zimmer, das so eingerichtet war wie die Kapitänskajüte auf einem Handelsschiff, auf und ab. In seiner Zeit als Seemann hatte er es vom Maschinenraum aus nicht bis zum Schiffsführer gebracht und deshalb an Bord in schmucklosen Kajüten wohnen müssen. Aber das war alles ein paar Jahre her, er war nun Taxifahrer und wollte auf nichts mehr verzichten. Also hingen an der mit Teak ausgeschlagenen Wand ein Poster des Segelschulschiffs Gorch Fock und eine

Wetterstation aus Messing. Ein Sekretär und zwei riesige Ledersessel standen im Raum, darüber hinaus gab es einen riesigen Flachbildschirm mit Soundsystem. Am liebsten sah er sich DVDs an, die er auf seinen Fahrten aufgenommen hatte: das Meer in allen Farben, vom Atlantik bis zur Südsee. Dazu hörte er seine Lieblingsmusik, das Meeresrauschen. Jahrzehntelang hatte er in engen Kojen geschlafen, deswegen hatte er sich in seinem Zimmer einen Bettschrank mit Seitenwänden und tiefer Decke gebaut, nur ohne Türen. Auf die Enge an Bord konnte er nicht ganz verzichten, so gelang ihm das Einschlafen immer noch am besten. Am liebsten wäre ihm gewesen, das Haus hätte auch geschaukelt, aber man konnte nicht alles haben.

Ocke war außer sich. Nach einem Jahr in der WG hatte sich so einiges bei ihm angestaut, was dringend raus musste. Seine Mitbewohnerinnen konnten einfach keine Ordnung halten, außerdem hatte er es satt, ständig übergangen zu werden. Dass Christa nachts Herrenbesuch empfing, ohne ihn zu informieren, setzte dem Ganzen die Krone auf. An Bord eines Schiffes wurde gemacht, was der Kapitän befahl, basta.

Kurz entschlossen riss er das große Poster mit der Gorch Fock von der Wand. Der Viermaster hatte Föhr im Sommer 1985 für ein paar Tage besucht, was Tausende von Schaulustigen angezogen hatte. Das Poster hatte ihm der damalige Kapitän des Segelschulschiffes höchstpersönlich geschenkt, er war gebürtiger Föhrer und ein guter Kumpel von Ocke. Aber das war längst Geschichte.

Ocke legte das Poster mit der Rückseite nach oben auf den Laminatboden. Wenn er seine Thesen schwarz auf weiß hier drauf malte, hatte das etwas Unausweichliches. Also schrieb er mit Edding in großen Blockbuchstaben seine Beschwerden zur aktuellen Lage auf. Anschließend las er sich den Text noch einmal durch und grunzte zufrieden: Ja, so war es richtig.

So leise wie möglich schlich er in den Flur, schleifte Christas Staffelei – sie war eine leidenschaftliche Malerin – vom Gemeinschaftszimmer in die Küche und befestigte das Plakat daran. So würden Christa und Imke es morgen noch vor dem Frühstück sehen.

Die handgemalten Thesen erlebten den Übergang von der Nacht zum Morgengrauen, lagen zwischenzeitlich im neutralen Licht grauer Wolken, um ab acht Uhr direkt von der Sonne beschienen zu werden.

WAS GAR NICHT GEHT:
(1) Nach jedem Duschen bleiben Schamhaare im Abfluss!
(2) Versucht ihr, Pilze in gebrauchten Kaffeebechern zu züchten, die ihr auf dem Dachboden lagert?
(3) Holzbrettchen bekommen Risse, wenn sie nass werden. Sie haben nichts in der Spülmaschine zu suchen!
(4) Meine Zeichenstifte verleihe ich gerne – wenn man mich fragt!

Obwohl er so spät ins Bett gegangen war, wachte Ocke am nächsten Morgen viel früher als sonst in seiner Koje auf. Missmutig sah er in den sonnig blauen Himmel, am weißen Fahnenmast im Garten kräuselte sich der Wimpel mit den friesischen Farben Gelb-Rot-Blau im auffrischenden Wind. Schlechtwetter hätte ihm besser gepasst. Das alte Backsteinhaus aus dem 19. Jahrhundert wurde beidseitig von riesigen Büschen geschützt, vorne wuchs eine hohe Hecke, und auf der Rückseite schaute man auf eine Weide, hinter der sich in sattem Grün die flache Marsch erstreckte. Im Haus befanden sich vier Zimmer, Küche und Abstellräume. Das Reetdach war leider schon in den zwanziger Jahren durch feste Ziegel ersetzt worden, die weißen Sprossenfenster waren aber immer noch aus altem Holz.

Ocke wusste, dass das gemeinsame Frühstück heute anders verlaufen würde als sonst. Draußen auf dem Flur vernahm er bereits Christas Schritte. Nicht nur, dass er sie von Imkes unterscheiden konnte, er hörte auch, ob sie Strümpfe trug oder barfuß lief, und an der Art, wie sie auftrat, spürte er, ob es ihr gut ging oder nur mäßig. Heute war ihre Laune offensichtlich prächtig, was mit Sicherheit dem Herrenbesuch der letzten Nacht zuzuschreiben war. Aber wenn sie erst das Plakat erblickte, würde ihre Laune schnell auf Grund laufen.

Sein Mund wurde trocken.

Gleich würde Christa an seiner Tür klopfen und ihn zur Rede stellen. Bevor das geschah, sollte er sich lieber sturmsicher machen. Also raus aus der Koje und ab zur Tür. Behutsam drückte er die Klinke runter und linste auf den schattigen Flur.

Alles frei.

In Rekordgeschwindigkeit huschte er ins gegenüberliegende Bad und schloss ab. Das hatte ihn fast so außer Atem gebracht wie ein Viertelmarathon. Er holte den Trockenrasierer aus dem Wandschrank und begann behutsam, seinen graumelierten Bart zu stutzen. Anschließend ließ er sich unter der Dusche abwechselnd heißes und kaltes Wasser über Kopf und Nacken laufen und trocknete sich sorgfältig ab. Im Ganzkörperspiegel, den Christa in die WG mitgebracht hatte, sah sein Körper gut aus. Seine Haut war gebräunt, er war noch schlank, wenn auch nicht gertenschlank, sein Haar voll und grau. Für siebenundsechzig war er noch gut beieinander, fand er, einer, der sich in Form hielt und dennoch nicht auf Genuss verzichtete.

Zurück in seinem Zimmer, entschied er sich bewusst gegen seine Berufskleidung, Jeans und blaues Fischerhemd mit rotem Tuch um den Hals. Als Taxifahrer entsprach er sonst gerne dem Bild, das Touristen von einem Einheimischen hatten. Aber heute kramte er aus dem Schrank das graue Designerhemd und die helle Hose hervor. Beides hatte er vor einem halben Jahr in Flensburg gekauft, aber noch nie getragen.

Der Ganzkörperspiegel signalisierte ihm, dass alles so saß, wie es sollte.

Plötzlich fiel ihm siedend heiß ein, dass er einen kapitalen Fehler begangen hatte. Schon beim Einzug hatte er seine Mitbewohnerinnen darum gebeten, nach jedem Duschen die Kacheln mit einem Lederlappen trocken zu wischen und die Haare aus dem Abfluss zu entfernen. Ordnung an Bord war überlebenswichtig! Die beiden hatten sich sofort einverstanden erklärt, hielten sich aber nur jedes dritte Mal daran.

Nun hatte er es selbst vergessen. Schnell schlüpfte er ins Bad zurück und begann mit dem Lederlappen die Kacheln zu wienern. Blöderweise landete dabei von der Dusche ein Tropfen auf seinem grauen Designerhemd und vergrößerte sich sofort auf das Dreifache. Ocke war das egal, denn was er gerade entdeckte, ließ seine Halsschlagader heftig anschwellen: Im Abfluss befanden sich schwarze Haare!

Christa war blond, Imke blond gefärbt, er selbst grau.

Mit anderen Worten: Diese Haare mussten von Christas Lover stammen, oder, schlimmer noch, von dessen Köter. Ekliger ging es nicht.

Ocke sah sich um.

Auf einem Badezimmerschränkchen lag eine durchsichtige Plastiktasche mit ein paar Cremetuben. Er schüttete die Tuben ins Waschbecken, stülpte die kleine Tasche nach außen, fasste hinein und nahm damit die Haare aus dem Abfluss wie Hundebesitzer den Haufen ihrer Tiere. Triumphierend schloss er die Tasche mit dem Zippverschluss. Das war wichtiges Beweismaterial, das er nicht zurückhalten würde, wenn er gleich die Terrasse enterte.

An der Tür nach draußen hielt Ocke kurz inne. Christa und Imke hatten sich offenbar gerade an den Frühstückstisch gesetzt.

«Moin, Christa, gut geschlafen?», erkundigte sich Imke mit brüchiger Stimme.

«So gut wie lange nicht mehr», gurrte Christa durch ihre Müdigkeit hindurch. «Und selbst?»

«Ging so.»

«Kein Wunder, wenn du so spät noch unterwegs bist.»

«Du siehst auch nicht gerade ausgeschlafen aus.»

Bevor die beiden auf Details der letzten Nacht zu sprechen kamen, gab Ocke sich einen Ruck und schoss durch die Tür.

«Moin!»

Im hellen Sonnenlicht musste er sich erst einmal orientieren. Der Tisch war mit allem gedeckt, was er gerne mochte: Brötchen, Marmelade, Käse, Wurst, Ei und Kaffee. Imke lackierte sich gerade die Zehennägel neongrün, was für ihn am Frühstückstisch eigentlich gar nicht ging. Anstatt einzuschreiten, saß Christa im Bademantel daneben und biss ungerührt in ein Krabbenbrötchen. Er musste sich eingestehen, dass sie mit ihren strahlend blauen Augen und den hohen Wangenknochen auch ungeschminkt wunderbar aussah. Ihre schulterlangen Haare wurden vom warmen Wind in alle Richtungen gewirbelt.

«Ocke!», riefen Christa und Imke wie aus einem Munde und rissen ihn aus seinen Gedanken.

«Hast du noch was vor?», erkundigte sich Christa begeistert.

«Wieso?», grummelte er, ohne seine Mitbewohnerinnen anzuschauen.

«Na, du hast dich so aufgebrezelt.»

«Nicht gut?», fragte er mürrisch.

«Doch, klasse!», bestätigte Imke.

Auch Christa strahlte: «Steht dir hervorragend!»

Ocke nickte geschmeichelt, doch dann fiel ihm auf, dass die beiden gar keinen Kommentar zu seinem Plakat abgegeben hatten. Imke und Christa konnten die Staffelei in der Küche wohl kaum übersehen haben. Wie auch immer, er war bestens vorbereitet, in seiner Gesäßtasche steckte die Tüte mit den Haaren, die er im Duschabfluss gesichert hatte.

«Was ist denn nun mit morgen, Imke?», erkundigte sich Christa. «Wir müssen uns dringend noch ein paar Gedanken machen.» Für Imkes achtundsiebzigsten Geburtstag am nächsten Tag waren über hundert Gäste eingeladen worden.

«Am liebsten wäre mir eine altmodische Siebziger-Jahre-Party», seufzte Imke, während sie ihren rechten großen Zeh ausmalte. «Das war so eine schöne Zeit!»

Ocke wusste, worauf Imke anspielte: Damals hatte sie, verheiratet und Mutter von vier Kindern, Johannes von der Nachbarinsel Amrum kennengelernt, der für Jahrzehnte ihr heimlicher Geliebter wurde und vor zwei Jahren verstorben war. Ocke war einer der wenigen, die sie eingeweiht hatte.

«Wir haben Attika geraucht», schwelgte Imke. «Die gab es in einer grünen Packung.»

Christa nickte. «Erinnert ihr euch noch an Ata-Scheuerpulver? Heute würde man das Zeugs wahrscheinlich als chemischen Kampfstoff einstufen.»

«Gerochen hat es damals schon so», sagte Ocke.

Christa schaute Imke begeistert an. «Wir sollten Glitzeranzüge und Plateauschuhe tragen!»

«Ich komme als Einheimischer», grummelte Ocke. Da musste er sich wenigstens nicht verkleiden, er war nicht gerade ein begeisterter Anhänger des Karnevals.

Imke fuchtelte mit ihrem Brötchen in der Hand herum. «Heute feiern die Leute so, als ob sie alle schwer krank sind, mit Gemüsedips und Tofu-Frikadellen. Ich möchte, dass wir mal wieder eine rauchen, und es soll Unmengen von Cholesterin geben. Außerdem soll schwer getrunken werden – so wie früher, als noch *richtig* gefeiert wurde.»

«Und was hast du noch für Wünsche?», erkundigte sich Ocke. Immerhin mussten er und Christa das Ganze vorbereiten.

«Ich mache eine Weißwein-Bowle.»

Christa verschluckte sich vor Lachen fast an ihrem Brötchen: «Eine Bowle? Das Wort habe ich Jahrzehnte nicht gehört.»

Imke schob Ocke ein Glas mit eingeweckten Erdbeeren hin. «Kannst du das mal aufmachen?»

Ocke drückte die Metallbügel nach unten, dann sprang der Deckel auf. Eine schwere Duftwolke aus süßem Alkohol waberte in seine Nase.

«Probier mal», forderte Imke ihn auf.

Er nahm einen kleinen Löffel und kostete eine Spitze. Imke und Christa warteten gespannt auf sein Urteil.

Das Zeug schmeckte genau so, wie es roch.

«Ich bin ja viel rumgekommen in meinem Leben», sagte er, «aber so einen heftigen Rumtopf habe ich noch nie getrunken. Mannomann, ist der stark!»

«Der wird ja noch mit Weißwein verdünnt», beruhigte ihn Imke.

«Na, dann ...», lachte Christa.

«Ich habe noch einige Gläser davon im Keller, die müssen dringend weg.»

«Wir sollten das Gemeinschaftszimmer ausräumen», sagte Christa. «Irgendwo müssen wir ja tanzen, oder was meinst du, Imke?»

«Absolut! Das soll auf keinen Fall eine Alte-Leute-Party werden, immerhin werde ich erst achtundsiebzig. Ocke, was ist mit Musik? Baust du deine Anlage auf?» Sie war offenbar fertig mit Frühstücken und hatte sich bereits erhoben.

«Ayaye, Sir», sagte er. «Aber für den Garten muss Arne seine Boxen mitbringen.»

Das hatte Ocke mit Imkes ältestem Sohn schon besprochen, Arne würde singen, und er würde ihn an der Gitarre begleiten.

«Ich komme gleich wieder.» Imke erhob sich und verschwand im Haus.

Sobald Imke weg war, rückte Christa ganz nahe an Ocke heran und nahm seine Hand. Und obwohl Ocke eigentlich sauer auf sie sein sollte, merkte er, dass er schwach wurde.

«Ich muss dir etwas beichten», flüsterte sie geknickt. «Du hast es wahrscheinlich schon mitbekommen, oder?»

Ocke schluckte, jetzt kam es also. Er wurde ganz nervös. Aber nein, er würde sich nicht bestechen lassen. Vorsorglich fasste er sich an die Hosentasche, um die Tüte mit den Haaren blitzschnell herausziehen zu können.

«Ja?»

«Ich bin ja nun mal Imkes Pflegerin, ich hätte einfach besser aufpassen müssen.»

Christa war ganz offiziell zuständig für alles, was Imke nicht mehr konnte. An manchen Tagen war es das Anziehen, aber das kam selten vor, es ging eher um Dinge wie Herdplatte ausschalten und Zimmer aufräumen.

«Was ist denn passiert?»

Christa rückte noch näher.

«Imke hat in deinem Zimmer das Foto mit der Gorch Fock abgerissen und hinten etwas draufgekritzelt. Sie hat das Bild auf die Staffelei gestellt und in der Haushaltskammer versteckt.»

Ocke machte der Hautkontakt mit Christas Hand ganz unruhig, er winkte lässig ab: «Wenn's nur das ist …»

«Ab jetzt werde ich sie besser im Blick behalten, da kannst du dich drauf verlassen.»

Einen Moment überlegte er noch, ob er das Poster holen und ihr die Rückseite präsentieren sollte. Aber irgendwie hatte er den richtigen Zeitpunkt verpasst. Christa hatte ihn wieder mal völlig aus dem Konzept gebracht. Imkes Geburtstagsfeier, so viel stand fest, würde eine Tortur für ihn werden – und zwar nicht wegen des Cholesterins …

3. Flucht übers offene Meer

«Also, meine Lieben», sagte Christa, als Imke wieder da war, «wir kriegen morgen eine Menge Besuch, und es sieht überall aus wie Sau. Wir brauchen eine Putzaktion, wie sie die Welt noch nicht gesehen hat!»

Imke schaute sie missmutig an, Hausarbeit war noch nie ihre Sache gewesen. Als Mutter von vier Kindern hatte sie sich diesbezüglich immer irgendwie durchgemogelt, aber nie Ehrgeiz entwickelt. Die einzige Ausnahme war das Kochen, was schon als Jugendliche ihr Hobby gewesen war. Christa und Ocke erwarteten jetzt sicherlich keine Höchstleistung von ihr, sie sollte lediglich die Pflanzen im Gemeinschaftszimmer abstauben, aber selbst das war ihr zu viel. Morgen würden um die hundert Gäste kommen und ohnehin alles wieder einsauen, dafür wollte sie nicht ihre Kräfte verschwenden. Also erklärte sie Christa und Ocke, dass sie noch ganz dringend etwas frische Luft auf dem Deich schnuppern müsse, um fit zu werden. Die beiden ahnten wohl, dass sie sich drücken wollte, sagten aber nichts.

Der Wind hatte etwas nachgelassen, die Sicht war klar. Langsam schlenderte Imke in Richtung Deich, den viele Menschen zum natürlichen Landschaftsbild der Insel Föhr zählten, obwohl er ja ein künstlich aufgeschüttetes Bollwerk war. Schon nach den ersten Schritten war sie, trotz ihres bedächtigen Tempos, aus der Puste. Der Deich baute sich vor ihr auf wie ein alpines Bergmassiv – lächerlich! Das war mal ganz anders gewesen, erinnerte sie sich. 1972, als es in Deutschland die sogenannte Trimm-Dich-Aktion gegeben hatte, die die Leute dazu bringen sollte, mehr Sport zu treiben, war auch im Kurpark ein Trimm-Dich-Pfad installiert worden. Imke hatte als Erste den Parcours mit Klimmzügen und Bauchmuskelübungen in einem dunkelblauen Polyacryl-Trainingsanzug absolviert. Der *Wyker Bote* hatte sogar ein Foto von ihr auf Seite eins gebracht. Seitdem betete sie zu Gott, dass er das Zeitungsarchiv durch Feuer oder Sturmflut vernichten möge, denn ihre Frisur und die weißen Schweißbänder an Stirn und Handgelenken machten sie im Nachhinein zu einer Karikatur. Leider hatte der Herrgott sie bisher nicht erhört.

Imke schaute auf einen Ohrenkneifer vor ihren Füßen, der blitzschnell zwischen den Grashalmen davonhuschte; sie beneidete ihn für seine Mühelosigkeit. Auf keinen Fall würde sie aufgeben. «En betj gongt immer», murmelte sie ihr friesisches Mantra vor sich hin, «ein bisschen was geht immer». Das gab ihr das letzte Quäntchen Kraft, das ihr gefehlt hatte.

Als sie endlich die Deichkrone erreichte, kam sie sich vor wie auf dem Siegertreppchen bei der Olympiade. Ihr Herz hüpfte, als stünde sie hier das erste Mal. Sie schaute in den riesigen Himmel über dem Watt, von gegenüber leuchtete ihr die sonnenverwöhnte, sandige Südspitze von Sylt entgegen. Imke schloss die Augen und ließ ihr Gesicht vom Wind massieren. Er hatte heute genau die Stärke, die ihn zärtlicher sein ließ als jede menschliche Hand. Sanft strich er ihr über die Stirn, füllte mit leichter Kühle ihre Augenhöhlen und berührte fast unmerklich ihre Wangen.

Dann drehte er und nahm sich vorsichtig ihren Nacken vor.

Sie ging den vertrauten Weg zum Watt hinunter. Der Meeresboden unter ihr war weich, aber nicht so nachgiebig wie sonst. Erst nach einigen Metern bemerkte sie, woran das lag: Sie trug noch ihre Ledersandalen. Auch wenn sie vorhatte, nur ein paar Schritte zu gehen, wollte Imke den warmen Schlick unter ihren Füßen spüren. Also zog sie die Schuhe aus und legte sie auf eine kleine Muschelbank, auf dem Rückweg würde sie sie wieder einsammeln. Ihre grün lackierten Fußnägel leuchteten auf dem Wattboden wie Steuerbordbojen.

Jetzt hielt sie direkt auf Sylt zu. Die Nachbarinsel sah verlockend nahe aus, aber sie wusste, man konnte sie zu Fuß nicht erreichen. Der direkte Weg wurde durch einen tiefen Priel unterbrochen, der auch bei Ebbe nicht trocken lief. Es war einer der Gründe dafür, warum die Beziehung der Föhrer zu Sylt traditionell nicht so eng war wie die zu Amrum, was sich auch in der Sprache zeigte: Das Amrumer und das Föhrer Friesisch waren ähnlich, während das Sylter Friesisch für Föhrer nahezu unverständlich war. Plötzlich wusste Imke nicht mehr, ob sie die Geschichte mit dem Priel wirklich glauben sollte. Die Berliner Mauer war ja auch gefallen, obwohl es keiner für möglich gehalten hatte. Das Wattenmeer veränderte sich jeden Tag, vielleicht gab es den Priel überhaupt nicht mehr.

Also auf nach Sylt!

Im Gegensatz zu dem warmen Schlick war der Wind recht kühl. In ihrem weißen T-Shirt mit den bunten Pailletten war die Temperatur gerade so auszuhalten. Ein Gutes hatte die Brise auf jeden Fall: Sie kam von hinten und hielt sie frisch, sodass Imke sich viel stärker fühlte als vorhin auf dem Deich. Ihr fiel ein, dass sie gar kein Geld dabei hatte, falls sie sich auf Sylt ein Fischbrötchen kaufen wollte. Aber das würde sich finden.

Unbeirrt hielt sie auf den Leuchtturm von Hörnum zu, den sie seit frühster Kindheit bei allen Wetterlagen und Jahreszeiten kannte. Die Wolken am Himmel spiegelten sich in den unzähligen Pfützen, wodurch Oben und Unten zu einem großen Ganzen verschwammen.

Nachdem sie etwa eine halbe Stunde durchs Watt gewandert war, ging ihr plötzlich die Luft aus. Ein Schwächeanfall, noch schlimmer als vorhin auf dem Deich. Sie wusste, was das bedeutete: Ein paar Seemeilen weiter lauerten Millionen Tonnen grimmigen Meerwassers, die in ungefähr zwei Stunden alles ersticken würden, was nicht Meerestier war. Das war ihr sicherer Tod!

Ihr Herz begann zu rasen, sie schwitzte und zitterte, ihr wurde kalt. Plötzlich sehnte sie sich nur noch nach Erlösung. Das erste Mal in ihrem Leben wäre sie einverstanden damit gewesen, sich der Flut zu überlassen. Ihr fiel ein, dass sich bei den Eskimos die Alten auf einer Eisscholle aussetzen ließen, wenn die Zeit gekommen war, damit sie der Gemeinschaft nicht länger zur Last fielen.

Doch dann kam ihr Johannes in den Sinn. Wenn sie sich aufgab, beendete sie damit ihre Liebe, das konnte sie ihm nicht antun. Er brauchte sie und sie ihn. Unschlüssig schaute sie sich um: Amrum, Sylt und das Festland waren gleich weit entfernt, wohin sollte sie gehen? Natürlich zu Johannes! Sie mobilisierte ihre letzten Kräfte, jeder Schritt war so anstrengend wie ein ganzes Fußballspiel. Erste Vorboten der Flut leckten bereits über die Wattfläche, zudem hatte sie irrsinnigen Durst, was ihr angesichts der heranrückenden Wassermassen fast grotesk erschien. Schließlich schien Amrum zum Greifen nahe, der Wind wehte ein paar Sandkörner von den weitläufigen Dünen herüber.

Doch zwischen ihr und der Insel lag noch ein Priel, der sich rasend schnell füllte. Sie hatte sehr viel Zeit verloren, der Wasserstand war bedenklich, die Strömung reißend. Ohne zu zögern, zog sie sich ganz aus und stieg nackt in das eiskalte Wasser, das ihr bis zur Brust ging, ihre Klamotten trug sie auf dem Kopf.

Es ging gerade so.

Als sie den Priel erfolgreich durchwatet hatte, zog sie sich die Sachen wieder über die nasse Haut und schleppte sich mit allerletzter Kraft auf den asphaltierten Feldweg Richtung Norddorf. Ein stark auffrischender Rückenwind unterstützte sie dabei, sonst hätte sie es wohl nicht geschafft. Die sandigen Dünen neben dem Weg wurden abgelöst durch Weiden, auf denen schwarzbuntes Vieh graste, dann erreichte sie die Kreuzung Oode Waii / Bideelen, wo Johannes' rot geklinkerte Doppelhaushälfte mit dem hohen, steilen Dach stand. Das Haus kannte sie seit vierzig Jahren, es war ihr weitaus vertrauter als die WG-Räume, die sie seit einem Jahr bewohnte.

Wenn die Kreisel in ihrem Kopf allerdings noch ein paar Sekunden so weiter tanzten, würde sie ohnmächtig zu Boden fallen. Bitte nicht, so kurz vorm Ziel!

Vor dem Eingang parkte ein großer kakaobrauner Kombi mit Dachreeling, den Imke noch nie gesehen hatte. Wo war der gute alte Lada geblieben, der für Johannes als Russisch-Dozent eine Art Aushängeschild gewesen war?

Die schwere braune Eingangstür war nicht abgeschlossen. Fast schaffte sie es nicht, die Klinke herunterzudrücken, so schwach war sie. Im Flur roch es anders, als sie es in Erinnerung hatte, und Johannes hatte die Schwarzweißfotos vom Watt abgehängt und durch Farbfotografien fremder Leute ersetzt. Aus dem Wohnzimmer hörte sie Stimmen, Johannes hatte wohl Besuch. In diesem Zustand mochte sie ihm nicht entgegentreten, was sollte er von ihr denken? Er kannte sie als modebewusste Frau und nicht als Häufchen Elend.

Sie hatten sich einige Zeit nicht gesehen.

Wann war das letzte Mal gewesen?

Sie konnte sich nicht erinnern, und plötzlich war es ihr auch egal, sie wollte nur noch schlafen. Also kämpfte sie sich die Holztreppe in den ersten Stock hoch. Auf den Stufen lag noch der alte rote Bastteppich, der unangenehm unter ihren nackten Fußsohlen kratzte. Sie wankte durch die erste Tür, hier befand sich das Schlafzimmer. Auch diesen Raum hatte Johannes vollkommen neu eingerichtet, hier stand jetzt ein wuchtiges Doppelbett, und die Schränke waren alle ausgewechselt. Das hatte er gar nicht erwähnt, es sollte wohl eine Überraschung sein. Neben dem Bett entdeckte sie eine halbvolle Wasserflasche, die sie in hastigen Zügen austrank. Dann legte sie sich, ohne sich auszuziehen, aufs Bett und fiel in einen tiefen Schlaf.

Dass die Urne mit Johannes' Asche seit zwei Jahren auf dem Grund der Nordsee lag und dieses Haus längst anderen Leuten gehörte, hatte sie glatt vergessen.

4. Putzen und lieben

Als Erstes nahm sich Ocke das Gemeinschaftszimmer vor. Im Grunde war diese Bezeichnung falsch, denn das eigentliche Gemeinschaftszimmer in ihrer WG war – wie in den meisten WGs – die Küche. Nicht einmal zum Fernsehgucken trafen sie sich hier in diesem Raum, da bevorzugten sie die Riesenglotze in Ockes Zimmer. Aber da das Zimmer nun mal da war, hatten sie es etwas lieblos mit all den Möbeln zugestellt, die sie in den anderen Räumen nicht haben wollten, zum Beispiel Christas dunkelbrauner Cord-Stoffcouch, die einen Platz im Museum verdient hätte, wenn sie nicht so durchgesessen gewesen wäre, oder Imkes klobige schwarze Ledersessel, die in ihrer alten Wohnung im Keller gestanden hatten und die überhaupt nicht zur Couch passten.

An der Wand hingen großformatige Schwarzweißfotos, sie zeigten verkantete Eisschollen, die sich im Watt zu bizarren Gebilden auftürmten, wie Trümmer von Häusern, die gesprengt worden waren. Die Bilder hatte Christa fotografiert und entwickelt. Sie stammten nicht aus dem ewigen Eis, sondern vom letzten Winter auf Föhr. Eigentlich schneite es nicht oft auf der Insel, das Meeresklima sorgte dafür, dass das Thermometer selten weit unter null ging. Aber das Wetter verhielt sich hier so wie die meisten Menschen, die auf Diät waren: Es machte gerne mal eine Ausnahme. Eine davon war jener eiskalte Januar gewesen, wo an manchen Tagen die Fährverbindung zum Festland wegen starken Eisgangs eingestellt werden musste.

Nachlässig wischte Ocke mit dem Staubwedel über die großen Blätter der zahllosen Pflanzen. Grünzeugs hatte es in den fünf Jahren, in denen er vorher hier gewohnt hatte, nicht gegeben. Dieses Zimmer war seine Mofa-Werkstatt gewesen, während Christas jetziges Zimmer als Ersatzteillager gedient hatte. Auch an Land konnte er als ehemaliger Schiffsmaschinist nicht ganz von Motoren lassen. Er baute aus zwei, drei alten Mofas ein funktionstüchtiges zusammen und wurde so zur heißen Adresse für die Erstmotorisierung von Jugendlichen auf Föhr. Als Imke und Christa bei ihm eingezogen waren, hatte er die Zahl der Mofas halbiert und sie in den Gartenschuppen verbannt.

Plötzlich fragte er sich, ob er in der Zeit vor Gründung der WG nicht glücklicher gewesen war als jetzt, auch wenn er manchmal sehr unter seiner Einsamkeit gelitten hatte.

Die Antwort lautete ganz klar: ja!

Da gab es keine fremden Männer, die erst seine Mitbewohnerin beglückten und dann übers Fenster abhauten – nicht ohne büschelweise Hundehaare in der Dusche zu hinterlassen. Keine Diskussion übers Putzen, Aufräumen und Bügeln. Trotzdem, das musste er sich eingestehen, hatte man es allein auch oft schwer, und nicht nur an kalten Wintertagen.

Imke hatte schon seit Jahrzehnten zu seinen festen Freunden gezählt, obwohl sie deutlich älter war als er. Die beiden hatten sich in einem Kochkurs kennengelernt, den er in der Wyker Volkshochschule gegeben hatte: «Asiatische Küche für Anfänger». Auf seinen Schiffsreisen hatte Ocke den Köchen in der Kombüse immer interessiert über die

Schulter geschaut, und auch auf seinen Landgängen, die oft Wochen dauerten, hatte er einige Rezepte aufgeschnappt. Für den Kurs in Wyk war er damals extra nach Hamburg gefahren, um seltene Originalgewürze zu kaufen, die es auf Föhr nicht gab.

Christa kannte er vorher nur vom Sehen. Am liebsten saß sie auf dem Deich und fotografierte. Dazu brauchte sie nicht mehr als ihren Klappstuhl und den Blick in die Weite, und das bei jedem Wetter: im Winter notfalls mit arktistauglichem Schlafsack. Gleichzeitig war sie eine lebensfrohe, weltoffene Frau, die gern lachte und fünfe gerade sein ließ. So diszipliniert sie mit ihren vegetarischen Essgewohnheiten und dem regelmäßigen Joggen war, so spontan war sie auch, wenn es ums Feiern ging.

Ja, Christa war eine großartige Frau, das musste er sagen, und noch dazu unglaublich attraktiv. Dass sie einen wildfremden Kerl einfach so bei sich übernachten ließ, hätte er ihr trotzdem nicht zugetraut. Abgesehen davon fand er es eine Frechheit, schließlich war er hier immer noch der Hauptmieter! Solch ein Verhalten musste er sich nicht bieten lassen.

Er könnte Christa kündigen, aber dann müsste er auch Imke hinauswerfen, denn die war auf Christas Pflege angewiesen. Wie sollte er ihr das verklickern, wo sie sich hier dermaßen wohl fühlte? Nein, das ging nicht. Also gab es nur eine Möglichkeit: Der Kerl musste weg.

Ocke schnappte sich den neuen Riesenstaubsauger und stellte ihn mit dem Fußschalter an, während Christa gerade im Flur auf allen vieren an ihm vorbeirobbte, Eimer mit Putzlappen neben sich. Sie hatte sich ein rotes Kopftuch mit gelben Punkten umgebunden und machte sich nun an den Fußleisten zu schaffen.

Grinsend schwenkte er den Saugrüssel in Richtung ihres

Kopfes. Die Kraft des neuen Staubsaugers war beeindruckend: Schwupp, war das Kopftuch weg.

Christa reagierte schneller als gedacht.

Im Bruchteil einer Sekunde landete ihr Putztuch auf seinem Kopf. Als er es wegnehmen wollte, hatte Christa bereits den Staubsauger erobert und fuchtelte mit dem Saugrüssel vor seinem Mund herum. Dafür bekam sie den Lappen wieder – auf die Schulter. Sie tauchte ihn tief ins Wasser und schleuderte ihn Ocke an den Kopf. Der nahm die Fehde an und stürmte auf den Flur, wo er mit einem Schwall Wasser begrüßt wurde, der seinen Oberkörper vollständig einnässte. Quietschend vor Lachen, rannte Christa nach draußen auf die Terrasse. Ocke machte einen kurzen Abstecher ins Bad, füllte dort seinerseits einen Eimer mit Wasser und nahm ihn mit auf die Terrasse.

Dort empfingen ihn die pralle Sonne und ein kühler Wind – nur Christa war nicht zu sehen. Mit dem Eimer in der Hand lief er in den Garten, um sie zu suchen. Da erwischte ihn von hinten der Wasserstrahl des Gartenschlauchs, jetzt war er vollständig nass. Der anschließende Kampf um die Hoheit über den Schlauch wurde erbittert und mit allen Mitteln ausgefochten. Ockes Kraft setzte Christa ihre Geschicklichkeit entgegen, keiner von beiden gewann, am Ende war jedenfalls auch Christa pitschnass. Sie fiel Ocke in die Arme und bat, nach Luft japsend, um Gnade: «Ich kann nicht mehr.»

Sie schauten sich lachend an und wischten sich das Wasser aus dem Gesicht.

Der Kerl in Christas Leben wäre Ocke vollkommen egal gewesen – wenn sie nicht seine absolute Traumfrau gewesen wäre!

5. Imke und die Mondgesichter

Die pralle Nachmittagssonne, die durch das Giebelfenster aufs Bett schien, weckte Imke aus einem tiefen Schlaf. Wo war sie? Verwirrt drehte sie sich zur Seite und erschrak: Vom Nebenbett starrten sie vier bebrillte Mondgesichter an. Ein runder, blasser Vaterkopf um die vierzig, ein runder Mutterkopf und zwei Zwillingsmädchen, die nicht ganz so kugelig waren wie ihre Eltern. Die starken Brillengläser ließen ihre Augen erheblich größer erscheinen – wie bei Fischen vor einer Aquariumsscheibe. Offenbar besaß die ganze Familie die gleiche Sehschwäche. Keiner sagte etwas, die Fische starrten sie nur stumm an.

Imke schaute stumm zurück.

«Dr. Bösinger», stellte sich der kalkblasse, rundliche Mann nach einiger Zeit vor. Er saß in einer kurzen khakifarbenen Hose am Rand des Bettes. Wenn man ihm einen Tropenhelm aufsetzte, würde er einen perfekten britischen Kolonialherrn aus dem vorletzten Jahrhundert abgeben. Er hatte einen Seitenscheitel, die Kopfhaut war von der Sonne verbrannt.

«Bösinger», stellte sich nun die Frau vor. Sie trug ebenfalls kurze Hosen und eine khakifarbene Bluse.

«Wer bist du?», fragte einer der Zwillinge. Beide Mädchen trugen weiße T-Shirts mit einem stilisierten Fisch, wie man ihn manchmal auf den Rückfronten von Autos sah, das Zeichen der radikalen Christen.

«Imke Riewerts», Imke richtete sich auf.

«Angenehm», sagte Herr Bösinger.

«Wir sind die Bösingers», fasste die Frau noch einmal zusammen. Ihr Lächeln wirkte aufgesetzt, ihre Augen blieben kalt und abweisend. «Und das hier ist unser Ferienhaus.»

Plötzlich wurde Imke klar, wo sie sich befand: im ehemaligen Haus von Johannes! Die Möbel waren zwar neu, aber sie erkannte das Schlafzimmer wieder. Was war geschehen?

Langsam erinnerte sie sich. Sie war den ganzen Vormittag durchs Watt gelaufen. Anschließend musste sie einen Schwächeanfall erlitten haben, denn sie wusste nicht mehr, wie sie in dieses Bett gekommen war. Wie gerne wäre sie weiter verwirrt gewesen, dann müsste sie sich jetzt nicht so sehr schämen …

Aber so? Wie kam sie hier wieder raus?

«Ich finde dich lustig», sagte eines der Mädchen und lachte.

Wenigstens das.

«Unten warten Kaffee und Kuchen auf Sie», sagte Frau Bösinger mit freundlicher Stimme. Doch ihre Augen hatten sich immer noch nicht aufgehellt, sie blieb misstrauisch.

«Ich beziehe erst einmal das Bett neu», schlug Imke vor.

«Das mache ich schon. Gehen Sie doch schon mal ins Badezimmer, ich habe Ihnen ein Handtuch hingelegt.»

Es klang nicht wie ein Angebot, sondern wie ein Befehl.

Imke erhob sich.

«Wo sind meine Schuhe?»

«Sie sind barfuß gekommen», erklärte Herr Bösinger. Ganz vage dämmerte Imke, dass sie ihre Schuhe im Dunsumer Watt zurückgelassen hatte.

«Das Badezimmer ist ...», rief Frau Bösinger.

«... hinten rechts, ich weiß», sagte Imke.

Die Bösingers schauten sich erstaunt an.

Erleichtert stellte Imke fest, dass das Bad immer noch das alte war: Die blass-orangen Kacheln waren an einigen Ecken abgeplatzt, die Armaturen hatten Patina angesetzt, die sich vermutlich auch mit Gewalt nicht mehr abschrubben ließ. Sie zog ihr T-Shirt aus und versuchte die klamme Jeans herunterzuziehen. Ärgerlicherweise hatte sie vergessen, die Tür abzuschließen, was Frau Bösinger nachholte, denn sie war inzwischen ins Bad gekommen.

«Ich helfe Ihnen.»

Widerspruch zwecklos.

Frau Bösinger zerrte Imke die Jeans vom Leib, dann machte sie sich an ihrem Slip zu schaffen.

«Das schaffe ich selbst», protestierte Imke.

Vergebens, Frau Bösingers Pflegerinnenhände akzeptierten keine Selbstbestimmung.

Nackt stieg Imke unter die Dusche, während Frau Bösinger die «richtige» Temperatur einstellte, die Imke viel zu kalt war. Das Wasser prasselte auf sie nieder, und plötzlich musste sie daran denken, wie sie sich unter der Dusche mit Johannes geliebt hatte. Es fühlte sich wie gestern an. Doch da stellte Frau Bösinger den Hahn auch schon wieder aus, offensichtlich reichte es.

Ersatzkleidung hatte sie auch schon bereit gelegt: eine viel zu weite Jogginghose, die Herrn Bösinger gehören musste, und ein weißes T-Shirt, ebenfalls mit einem stilisierten Fisch darauf.

«Malen Sie Ihre Zehen immer so an?», fragte Frau Bösinger.

Imke starrte auf ihre quietschgrünen Nägel. Am liebsten wäre sie sofort abgehauen, aber dann würden die Bösingers bestimmt die Polizei rufen. Es war taktisch klüger, nett zu sein, ein bisschen Kuchen zu essen und sich dann höflich zu verabschieden.

Herr Bösinger wartete bereits am gedeckten Kaffeetisch im sonnenbeschienenen Garten auf sie. Hier hinterm Haus war es windgeschützt und damit etliche Grad wärmer als auf der Seeseite, wo der Nordseewind heftig blies.

«Machen Sie hier Urlaub?», erkundigte sich Herr Bösinger in fröhlichem Plauderton. Was wie ein nettes Gespräch klingen sollte, fühlte sich an wie ein Verhör.

«Nein, ich wohne auf Föhr.»

«Ah, das ist ja interessant … Dann war das ein Tagesausflug?»

Imke konnte sich jetzt deutlich erinnern, warum sie heute Morgen das Weite gesucht hatte.

«Ich hatte Putzdienst.»

«Sie wohnen in einem Heim?»

Müsste sie dann putzen?

«Nein, in einer Kommune.»

Vermutlich war es die falsche Vokabel, aber ihr fiel das richtige Wort nicht ein.

«Mit freier Liebe?», Herr Bösinger lachte nervös.

Imke spielte am Henkel ihrer Kaffeetasse herum. Wie kam sie hier bloß wieder raus?

«Ja», antwortete sie provokativ.

«Friedrich, die Zwillinge!», wies Frau Bösinger ihren Mann zurecht. Das Ehepaar warf sich verstohlene Blicke zu, als wüssten sie nun endgültig, dass Imke abgehauen war. Freie Liebe in ihrem Alter, da konnte etwas nicht stimmen.

Nun nickte Frau Bösinger ihrem Mann auffordernd zu.

«Ich möchte vor dem Essen ein Gebet sprechen», sagte er.

«Nichts dagegen», sagte Imke, obwohl sie sich schon wunderte. Bisher kannte sie, wenn überhaupt, Tischgebete nur zu den Hauptmahlzeiten.

Herr Bösinger hob mit geschlossenen Augen die Arme Richtung Himmel, und seine Frau gab ein Zeichen, dass Sie nun alle die Augen zu schließen hätten.

«Lieber Herrgott», begann er, «Vater, du hast deinen Sohn Jesus Christus auf diese Erde gesandt, um uns alle zu erlösen. Dafür möchte ich dir danken. Ich möchte dir auch danken für den Kuchen, die Sahne, dieses Ferienhäuschen ...»

Imke nahm an, dass das hier länger dauern würde, also öffnete sie vorsichtig die Augen. Genau darauf hatten die Zwillinge gewartet, sie zwinkerten ihr fröhlich zu. Doch ihre Mutter, die schon so etwas geahnt hatte, öffnete nun ihrerseits die Augen und blinzelte empört dazwischen. Da sie das Gebet nicht unterbrechen durfte, blieb ihr nur die Pantomime mit angestrengt zusammengekniffenen Augen, unter besonderer Einbeziehung ihrer starken dunklen Brauen.

«... und danke, dass du uns Imke Riewerts geschickt hast ...»

Imke horchte erschrocken auf: Hielten die Bösingers sie für eine Gesandte Gottes? In was für einer Sekte war sie hier gelandet?

«... bitte schenke uns deinen Segen. Amen.»

Herr Bösingers Mondgesicht, das beim Beten ganz verkniffen ausgesehen hatte, schnellte in seine ursprüngliche Form zurück und strahlte nun zufrieden in die Runde. Die Familie fasste sich an den Händen, ohne Imke auszuschließen, dann riefen sie laut «Guten Appetit» und ließen sich wieder los.

«Und nach dem Kaffee bringen wir Sie nach Hause», sagte Herr Bösinger.

«Kommt gar nicht in Frage!», protestierte Imke, «ich nehme mir ein Taxi zur Fähre.»

«Haben Sie denn Geld bei sich?»

Das war leider ein guter Einwand.

«Nein.»

Mist, sonst verließ sie das Haus nie ohne Portemonnaie.

«Ich übernehme das gerne», gab sich Herr Bösinger generös. Offenbar sollte sie das beruhigen, dabei fühlte sich Imke den Bösingers vollkommen ausgeliefert, was die irgendwie zu genießen schienen. Die ganze Zeit taten sie so, als sei sie ein Gast, den sie eingeladen hatten. Andererseits hätte es Imke schlimmer treffen können; beim Anblick einer fremden Frau im eigenen Schlafzimmer hätten andere sofort die Polizei gerufen.

Bösingers taten das nicht, sondern fotografierten sie stattdessen nach dem Kaffeetrinken von allen Seiten. Leider gehörte Imke nicht zu der Sorte Senioren, die ihre Eitelkeit schon vor dem Ableben begraben hatten. Im Gegenteil, sie war berüchtigt für ihre engen Jeans und die viel zu knappen T-Shirts in den schrillsten Farben. Außerdem war sie in Herbst und Winter Dauergast im Sonnenstudio, ihre Haut war immer lederbraun gebrannt. Insofern war es ein Albtraum, in der ausgeleierten Jogginghose von Herrn Bösinger und einem christlichen T-Shirt für die Ewigkeit auf digitalen Datenträgern festgehalten zu werden.

«Dürfte ich bitte telefonieren?», fragte Imke nun.

Das Grundrecht jedes Inhaftierten.

«Aber natürlich, liebe Frau Riewerts, Ihre Kommunarden machen sich sicher längst Gedanken, wo Sie stecken.»

Aber Imke hatte nicht vor, ihre WG anzurufen. Um Gottes willen, Ocke und Christa durften das hier nie erfahren! Dann würde Christa sie keine Sekunde mehr aus den Augen lassen, und das wäre ihrer Freundschaft nicht zuträglich.

Womöglich würde sie sogar ihre Geburtstagsfete absagen, und das wollte sie auf gar keinen Fall riskieren. Es gab nur einen, der sie retten konnte, und dessen Nummer hatte sie zum Glück im Kopf.

6. Omas Lieblingsretter

Sönkes schwanenweißes Boot wartete in einer einsamen, sandigen Bucht vor den Dünen an der Nordspitze, die sich an dieser Stelle des Strandes hoch auftürmten. Er war nach dem panischen Anruf seiner Oma sofort losgefahren.

Sie hatten so einiges zusammen erlebt, hatten abenteuerliche Reisen in alle Welt unternommen, waren in Hamburger Musik-Clubs gestrandet, und eigentlich hatte er damit gerechnet, dass seine Oma auf ihre ganz alten Tage etwas ruhiger wurde. Aber da hatte er sich wohl getäuscht. Jetzt war es allerdings mehr Tüdeligkeit als Abenteuerlust, die seine Oma in derartige Situationen brachte.

Er schob das Boot in die unruhige Nordsee, sodass es gerade genug Wasser unter dem Boden hatte. Dann half er seiner Oma hinein, was gar nicht so einfach war, denn das leichte Boot kippelte bedenklich hin und her. Oma setzte sich nach vorne auf die Bank, und Sönke startete mit einer Schnur den Außenborder, der sofort ansprang. Die Abgase des Zweitakters mischten sich mit dem salzigen, kühlen Nordseewasser.

Über den Aufzug seiner Oma amüsierte er sich insgeheim: Imke war mit Abstand die eitelste Frau Nordfrieslands (und angrenzender Gebiete), freiwillig hätte sie nie eine ausgeleierte graue Jogginghose und ein T-Shirt mit Fischmotiv angezogen. Das bedeutete für sie die Höchststrafe.

«Es war Wahnsinn, allein durchs Watt zu gehen», rief ihr Sönke gegen den Wind zu, als sie langsam Richtung Föhr lostuckerten.

Oma warf verächtlich den Kopf in den Nacken. «Ich bin es gewohnt, weißt du doch.»

Früher war es ihr wöchentlicher Weg von Föhr zu ihrem Geliebten Johannes gewesen. Aber inzwischen war sie viel zu schwach für eine solche Strecke.

«Und weswegen legst du dich zu wildfremden Leuten ins Bett?»

«Mooment, die Bösingers sind nicht wildfremd! Wir kennen uns von früher, wenn auch nur flüchtig. Deswegen habe ich sie auch zu meiner Geburtstagsfeier eingeladen.»

Das war schlecht gelogen.

«Oma, ich bin nicht blöd.»

«Ist ja gut», lenkte Imke ein. «Aber das mit der Geburtstagsfeier stimmt wirklich. Und sie haben zugesagt.» Verlegen sah sie auf ihre grünen Fußnägel.

«Was war denn das Peinlichste, was *du* je erlebt hast?», fragte sie nach einer Pause.

Sönke überlegte eine Weile, bis es ihm wieder einfiel:

«Lieber nicht.»

«Siehste!»

Damit war das Thema erledigt, und sie schauten schweigend übers Wasser Richtung Föhr. Das heißt, Sönke machte sich schon Sorgen, denn bei dieser Aktion hätte sonst was passieren können. Christa hätte besser auf Oma aufpassen müssen, das war ja wohl klar!

Die Insel Föhr zeigte in der warmen Abendsonne noch einmal alles, was sie zu bieten hatte. Die Deiche leuchteten in einem warmen, satten Grün, das an einigen Stellen von ockergelben Stränden unterbrochen wurde. Der Kirchturm von Nieblum zeigte starr in den blauen Himmel. Über der Godelniederung schwebte ein riesiger dunkler Vogelschwarm auf und nieder, was wie eine gigantische Tanzvorführung wirkte. Sönke hatte es nie bereut, vor zwei Jahren hierher gezogen zu sein, sein früheres Leben in Hamburg erschien ihm so weit weg wie ein anderer Planet. Was natürlich auch an Maria lag, die er letztes Jahr geheiratet hatte. Maria war seine Kusine, sein Onkel Arne hatte sie adoptiert, und früher, wenn Sönke mit seinen Eltern auf Föhr zu Besuch war, hatten sie zusammen im Sand gespielt.

Er musste zugeben, sie war immer noch seine Traumfrau, daran hatte sich nichts geändert. Sie wohnten zusammen in einem kleinen, reetgedeckten Hexenhäuschen in Nieblum, das sie von ihrem Opa geerbt hatten. Mittlerweile arbeitete Sönke bei der Kurverwaltung als Marketingleiter und fühlte sich dort pudelwohl.

Aus dem Augenwinkel sah Sönke, wie Oma sich eine stille Träne wegdrückte.

«In letzter Zeit ging es mir nicht so gut», sagte sie. «Ich habe mich schwach gefühlt und alles Mögliche durcheinandergebracht.»

«Ja.»

Daran gab es nichts zu deuteln.

Sie lächelte ihn an: «Das ist plötzlich weg, als wäre es nie da gewesen.»

«Was soll das heißen?» Sönke sah sie skeptisch an.

«Es ist ein Wunder. Als ich bei den Bösingers aufgewacht bin, war ich wieder fit und klar, wie früher.»

«Vorsicht, Oma.»

«Papperlapapp! Auch wenn das nur eine Phase ist, werde ich sie schamlos ausnutzen. Auf meinem Geburtstag lasse ich es richtig krachen.»

Genau so liebte Sönke seine Oma.

Er ging mit dem Tempo runter und wich gekonnt einer

Sandbank aus, die fast unsichtbar unter knöcheltiefem Wasser lag. Ihm kamen die seltsamen Namen der Seegebiete um Föhr in den Kopf, die er für seinen Motorbootführerschein gelernt hatte: Theeknobsrinne, Nordmannsgrund und Rütergatt.

«Wann werde ich endlich Urgroßmutter?», fragte Oma unvermittelt.

Sönke zog eine Augenbraue hoch. Was war das denn schon wieder?

«Oma, findest du nicht, mein Sexleben ist meine Privatsache?»

Imke schüttelte vehement den Kopf. «Die Folgen davon betreffen auch die Familie.»

«Du hast immerhin vier Kinder und vier Enkel, ist das nicht genug?»

«Nein.»

«Du bist unersättlich.»

«Ja.»

In Utersum machte Sönke das Boot an einer Boje fest. Es würde nur noch Minuten dauern, bis die Anlegestelle trocken fiel und das Boot im Schlick zur Seite kippte. Erst mit auflaufendem Wasser käme es wieder frei. Er hatte den Wagen hier hinter den Dünen geparkt, und natürlich fuhr er seine Oma die paar Kilometer nach Dunsum in ihre WG.

Christa saß im Bikini am Terrassentisch, um ihre schlanken Beine hatte sie einen Sarong geschlungen. Neben ihr saß Ocke in grauem Designerhemd und kurzer Sporthose. Auf dem Tisch standen bestimmt zwanzig Einmachgläser mit Früchten und an die siebzig Weinflaschen. Es roch nach schwerem, hochprozentigem Rum und Weißwein. Christa verteilte die Früchte in vier bauchige Bowletöpfe zu ihren Füßen, während Ocke eine Flasche Wein nach der anderen darüberkippte. Die beiden schienen eine Menge Spaß zu haben, das eine oder andere Glas hatten sie wohl schon gekostet.

Hatten sie sich keine Gedanken gemacht, wo Imke abgeblieben war? Sie irrte einfach so durchs Watt, und ihnen fiel das noch nicht mal auf? Unglücklicherweise hatte seine Oma ihm im Boot hochfeierlich den Schwur abgenommen, in der WG über die Vorkommnisse auf Amrum erst einmal die Klappe zu halten, daran fühlte er sich gebunden.

«Ach, war Imke bei dir?», fragte Christa Sönke beiläufig, als sie sie kommen sah. «Ich dachte schon, ich müsste mir Sorgen machen.»

Das klang in Sönkes Ohren etwas zu locker. Immerhin hatte er, als amtlicher Vormund seiner Oma, Christa zur Pflegerin ernannt. Er würde mit ihr sprechen müssen, denn so etwas durfte sich auf gar keinen Fall wiederholen. Aber jetzt war es besser, das Thema zu wechseln.

«Wer soll das denn alles trinken?», fragte er mit Blick auf die Flaschen.

«Wenn wir uns alle ein bisschen Mühe geben, kriegen wir das schon hin», sagte Ocke achselzuckend.

Sönke schnupperte an einem Einmachglas.

«Waldbeeren», verriet Oma. «Reine Vitamine.»

«Ist das nicht ein bisschen heftig?», Sönke war wie betäubt vom starken Alkoholgeruch.

Seine Oma stemmte empört die Hände in die Hüften.

«Ihr seid alle viel zu vernünftig geworden!», schimpfte sie und nahm sich erst einmal ein Glas Wein. Dann verschwand sie im Haus, um sich umzuziehen.

Sönke sah ihr besorgt nach. Er bekam das ungute Gefühl, dass Omas Fete mit dieser Bowle aus dem Ruder laufen würde.

7. Musikanten aus Athen

Imkes Geburtstag begann für Ocke mit der Erfüllung eines heimlichen Traumes: Christa kam barfuß im rosa Pyjama in sein Zimmer gehuscht und setzte sich neben ihn aufs Bett, wo er in seinem hellblauen Lieblingspyjama im Schneidersitz hockte und seine Gitarre stimmte. Von draußen schien die Sonne direkt auf ihn, und ein Westwind heulte ums Haus, der alles mitnahm, was nicht ernsthaft befestigt war. Christas Haare waren noch ganz verwuselt von der Nacht, ihre klaren, blauen Augen strahlten ihn fröhlich an, er roch ihr dezentes Parfüm. Auch er war vorher im Bad gewesen und hatte etwas Amber aufgelegt.

Einen Moment lang war er versucht, alles zu vergessen, was ihn in den letzten Tagen geärgert hatte. Christas Herrenbesuch, das ständige Chaos in der Wohnung, um das sich niemand außer ihm zu scheren schien. Wenn er die WG wirklich auflöste, würde er so einen Moment wie diesen nie mehr erleben …

«Moin, Ocke, bist du so weit?», wisperte Christa und hielt kichernd ein großes Paket hoch, das in goldenes Geschenkpapier eingeschlagen war.

«Nur noch zu Ende stimmen.» Er fummelte an der Gitarre herum. Christa hatte noch nie auf seinem Bett gesessen, es tat fast weh, so schön war das. Wenn es nach ihm gegangen wäre, hätte er am liebsten mit ihr eine Pyjamaparty bis zum nächsten Morgen gefeiert. Hoffentlich merkte Christa ihm seine Aufregung nicht an.

«Fertig?»

Ocke nickte und folgte ihr mit umgehängter Gitarre zu Imkes Zimmertür. Bevor Christa die Klinke herunterdrückte, schaute sie Ocke fragend an. Der lächelte nur, sie zählte mit den Fingern bis drei, dann stürmten sie ohne anzuklopfen hinein.

Imke schoss im Bett hoch und steckte sich mit der rechten Hand geistesgegenwärtig das Gebiss in den Mund. Danach zeigte sie ihren berühmten koketten Augenaufschlag, als sei nichts passiert. Es war schön, dass sie noch so eitel war, dachte Ocke, das hielt sie am Leben. Er spielte ein kleines Präludium, und Christa tanzte dazu mit dem goldenen Paket in der Hand. So unauffällig wie möglich trocknete sich Imke die Hand an der Bettdecke ab. Sie konnte nicht ahnen, welches Lied jetzt kam, es war auf jeden Fall nicht *Happy Birthday*. Als er mit Christa begann, zweistimmig zu singen, richtete sie sich begeistert im Bett auf.

Jeden Sonntag kamen sie herüber,
Unsre Musikanten aus Athen.
Jeden Sonntag waren sie uns lieber
Und das können nur wir zwei verstehen.

Immer wieder Sonntags kommt die Erinnerung,
Ich hör die Bouzuki spielen.
Grade so wie in der Sonntag Nacht,
Als das Glück uns zwei nach Haus gebracht.

Immer wieder Sonntags kommt die Erinnerung
Und da sind dieselben Lieder,

Die wir hörten in der Sonntag Nacht,
Als Du mir das Glück gebracht.

Nachdem sie fertig waren, riefen sie wie aus einem Mund: «Herzlichen Glückwunsch zum Geburtstag, liebe Imke», warfen sich auf ihr Bett und drückten sie wie wahnsinnig.

«Ja ja, schon gut», quietschte Imke. Und nach einer Pause: «Ich war in letzter Zeit ziemlich vergesslich.» Ihre Augen blitzten listig auf, und sie wiederholte singend: «Aber immer wieder sonntags kommt die Erinnerung!»

«Man fragt sich, warum gerade sonntags», gluckste Christa.

«Wo doch heute Donnerstag ist», sagte Imke. «Und welche Musikanten aus Athen?»

«Vom Text her ist das einer der blödesten Schlager, die ich kenne», lachte Ocke. «Aber bei einer Siebziger-Jahre-Party darf er nicht fehlen.»

«Wenn die jungen Leute meinen, es gäbe heutzutage nur noch schwachsinnige Songs, kann ich nur sagen: Unsere Lieder waren noch schwachsinniger!», rief Imke.

Nun drängten sich Ocke und Christa von beiden Seiten noch näher an Imke heran und überreichten ihr das Paket, das sie sofort auspackte. Als sie sah, was darin war, lief sie rot an: Es war gefüllt mit ungefähr zweihundert duplo-Riegeln!

«Wie kommt ihr gerade auf duplo?», fragte sie mit gespieltem Erstaunen.

Christa und Ocke lachten herzlich.

«Versuch es erst gar nicht», empfahl Christa. «In einer WG gibt es keine Geheimnisse.»

Imke versuchte es trotzdem. «Was für Geheimnisse?»

«Jeder hat ja so sein Abendritual, nicht wahr?», sagte Ocke.

Imke schaute ihn leicht empört an.

«Aber es war keiner dabei, der das bezeugen könnte! Oder habt ihr Kameras in meinem Zimmer installiert?»

«Ja», sagte Christa trocken.

«Eigentlich genügt ein Blick in den Abfalleimer am nächsten Morgen», verriet Ocke und zog aus seiner Pyjamatasche ein wunderschönes blaues Halstuch, das er in einem alten Tuchwarenladen in England bestellt hatte. Das Geschäft kannte er aus seinen Seefahrerzeiten, die Waren wurden dort noch von Hand gefertigt. Mit einem solch geschmackvollen, rührenden Geschenk hatte Imke offenbar gerechnet, sie drückte Ocke fest und bedankte sich überschwänglich. Währenddessen huschte Christa nach nebenan und kam mit einem mondänen, goldenen Morgenmantel wieder, den Imke gleich uberzog, um sich im Ganzkörperspiegel neben ihrem kleinen Schreibsekretär zu betrachten.

«Wie eine Filmdiva!», strahlte sie.

Christa zwinkerte ihr zu.

«Unschlagbar!»

Imke nahm Ocke bei der Hand, der tanzte einen kurzen Walzer mit ihr. Der zweite große Glücksmoment an diesem Morgen!

«In dem Aufzug kannst du jeden haben», grinste Christa.

«Na, da bin ich ja beruhigt», Imke verdrehte die Augen. «Als Single ist es ja so was von öde!»

Plötzlich gefror Ockes Lächeln. Ohne es zu ahnen, hatte Imke ausgesprochen, was sein Leben seit Jahren bestimmte. Wobei es ihm eigentlich nie etwas ausgemacht hatte, Single zu sein, man gewöhnte sich daran.

Bis jetzt.

Besser, Christa wäre niemals hier eingezogen, dann wäre alles weiter in ruhigen Bahnen verlaufen. Aber wie hätte er ahnen können, dass ihm so etwas in seinem Leben noch mal passierte?

«Wie sieht es aus mit Frühstück?», fragte Imke unternehmungslustig.

«Was soll es denn sein?», fragte Christa zurück.

Offenbar ahnte keine der beiden etwas von seinen dunklen Gedanken, und das war auch gut so.

«English breakfast, please», bestellte Imke.

Christa nickte Ocke zu. «Das ist dein Part.»

Ocke wusste, dass Christa als Vegetarierin von einem englischen Frühstück höchstens das Rührei und die roten Bohnen aß. Aber Imke liebte nun mal Speck und Würstchen. Es war nicht gerade das, was ihr Hausarzt empfahl, aber sonntags brutzelte Ocke es häufig für sie und sich. Und natürlich an einem Donnerstag – wenn es zufällig ihr Geburtstag war.

Fort mit den Sorgen, jetzt kam der nette Teil des Tages! Der Abend hingegen würde grausam für ihn werden. Denn Christas Lover würde es sich bestimmt nicht nehmen lassen, zur Fete zu kommen.

8. Rum-Aroma

Das englische Frühstück wurde mit allem Pipapo unter blauem Himmel und bei Sonnenschein zelebriert, anschließend machten sich die drei WG-Bewohner an die Arbeit. Bis zum Abend gab es schließlich noch eine Menge zu tun. Es wurden Tische aufgebaut, Gläser bereitgestellt und alle Räume noch einmal ausgefegt. Überwiegend wirbelten natürlich Christa und Ocke herum, aber auch Imke tat, was sie konnte. Zum Glück wurde das Buffet geliefert, sodass sie sich darum nicht auch noch kümmern mussten.

Am frühen Nachmittag waren sie fertig. Für Ocke war das der Moment, an dem der Countdown zu seinem Unglück begann. Seine Angst vor der Feier verwandelte sich in Panik. Alles, was an diesem Morgen so schön mit Christa gewesen war, würde heute Abend dahin sein. Vor seinem inneren Auge sah er sie mit ihrem Lover eng zusammen tanzen. Ein öliger Gigolo mit Sonnenbankbräune, den Christa mit Zunge küsste! Der Ölige flüsterte ihr etwas ins Ohr, worüber sie strahlend lachte – so, wie sie heute ihn, Ocke, angestrahlt hatte.

Wie sollte er das aushalten?

Einfach weggucken? Sich betrinken?

Ocke fühlte sich wie ein Tier in einem viel zu engen Käfig. Er ging unter die Dusche, zog sich eine graue Hose und ein schwarzes Hemd sowie schwarze Schuhe an. Als Christa und Imke ihr persönliches Aufhübsch-Programm für den Abend starteten, verabschiedete er sich hastig.

«Du willst noch weg, Ocke?», staunte Christa. Sie sah leicht abgekämpft und verschwitzt vom Aufräumen aus – und noch schöner als sonst. Als wollte ihm das Schicksal noch einmal mit aller Kraft vor Augen führen, was er nicht haben konnte.

«Leider, ich habe noch einen wichtigen Kunden», behauptete er und verließ dann das Haus.

Natürlich war das gelogen. Sein Weg führte ihn direkt zum Wyker Hafen, wo er sich ein Ticket kaufte und sich dann auf dem Vorplatz zur Fähre in Spur vier einreihte. Neben ihm warteten Urlauber mit voll gepackten Familienkombis und Vans auf die Abfahrt. Sie waren voller Wehmut, weil sie ihre Urlaubsinsel wieder verlassen mussten. Zumal am blauen Himmel immer noch keine Wolke zu sehen war und der heftige Wind ganz Föhr zum Tanzen brachte.

Ocke war das egal.

In einer Dreiviertelstunde befand er sich auf dem Festland, wo er sicher vor Christas Lover war. Allein der Gedanke daran war eine Erleichterung. Es gab keinen Plan, nur eine Richtung: so weit weg von der Feier wie möglich!

Hinnerk, der Braungebrannte von der Reederei mit der weißen Mütze, winkte Ocke als Ersten an Bord, Einheimische wurden immer vorgelassen. Als Ocke den Zündschlüssel umdrehte, schoss sein Blutdruck in die Höhe. Jetzt wurde der Gedanke zur Tat: Die Party würde ohne ihn stattfinden.

Konnte er das wirklich bringen?

Wie sollte er Imke das erklären?

Nicht *eine* gute Ausrede fiel ihm ein, das war das Schlimmste, und Imke wurde nur einmal achtundsiebzig.

Nein, das hatte sie nicht verdient.

Er rief Hinnerk durch die geöffnete Scheibe etwas zu, was der nicht verstand, legte den Rückwärtsgang ein, und kurze Zeit später fuhr er über die Traumstraße hinter Nieblum in die Witsumer Marsch – eine weite grüne Fläche, die von keinem Deich begrenzt wurde. Über die See hinweg blickte man auf den Leuchtturm von Nebel auf Amrum. Ocke fuhr bis ans Wasser, wo schwere Wogen gegen den Strand schlugen, dann hielt er an. Eigentlich sollte er jetzt hier mit Christa sitzen und seinen Arm um sie legen.

Reine Phantasie.

Ocke kurbelte sämtliche Fenster im Wagen runter, damit der starke Wind hindurchgehen konnte. Es bildeten sich wilde Turbulenzen, die das Auto zum Vibrieren brachten. Im Radio vernahm er, dass vor Sylt ein Segelboot im starken Wind gekentert war. Wäre nicht alles einfacher, er wäre an Bord dieses Bootes gewesen? Eine bessere Ausrede, nicht zu feiern, konnte es gar nicht geben – natürlich nur, wenn er gerettet würde, das sollte schon sichergestellt sein …

Regungslos blieb er im Wagen sitzen und versuchte, an gar nichts zu denken.

Sinnlos, Christa ließ sich nicht vertreiben.

Eine Stunde später fuhr er nach Nieblum zurück, drehte aber schnell wieder um: zu viele Menschen.

Schließlich landete er auf einem schmalen Wirtschaftsweg, der zur Kurklinik in Utersum führte. Zwei blond gefärbte Frauen wanderten vor ihm auf der Straße, beide in knielangen Hosen. Die eine trug einen figurbetonten dunkelroten Pullover, die andere ein weißes T-Shirt. Sie mussten sich leicht nach vorne beugen, um gegen den Wind anzukommen, abgesehen davon schienen ihre Korksandalen mit den hohen Absätzen zum Wandern nicht besonders geeignet. Ocke beschloss, nicht zu überholen, denn er hatte es ja nicht eilig. Als die Frauen ihn bemerkten, sprangen sie zur Seite, um ihn vorbeizulassen. Er hielt jedoch direkt neben ihnen. Zwei stark geschminkte Augenpaare starrten ihn neugierig an, Ocke schätzte sie auf Mitte vierzig. Der rote Pullover der einen bot einen großzügigen Blick auf ein mächtiges Dekolleté, auf dem weißen T-Shirt der anderen stand in lila Schrift: «Selbst die Nostalgie war früher besser.»

Was hervorragend zu seiner morbiden Stimmung passte.

«Kann ich euch mitnehmen?», erkundigte sich Ocke.

«Ohne Moos nichts los», bedauerte die mit dem roten Pullover und lachte. Ihre blondierten Haare flogen im Wind nach allen Seiten. Sie trug für Ockes Geschmack zu viel grünen Lidschatten. Ihre Begleiterin sah aus wie ihre gleichaltrige Schwester, nur mit blauem Lidschatten.

«Heute ist euer Siegertag», sagte Ocke. «Ihr bekommt 'ne Freifahrt, wohin ihr wollt.»

«Echt?»

Sie stiegen hinten ein.

«Wo soll's denn hingehen?», fragte Ocke

Die beiden sangen sofort laut los: «Mit einem Taxi nach Paris, nur für einen Tag …»

«Wo da genau?»

«Champs-Élysées.»

«Geit klor.»

In seiner Lage wäre er liebend gerne nach Paris gefahren. So eine Tour bekommt man nur einmal im Leben, außerdem wäre das wirklich eine plausible Ausrede gewesen.

«Wo wohnt ihr auf Föhr?», er sah in den Rückspiegel.

«In der Kurklinik», antwortete die eine

Ihre Freundin erklärte grölend: «Aber heute haben wir Freeiiiiiigang.»

Offensichtlich hatten sie den «Freiiiiiigang» schon etwas begossen. Plötzlich kam Ocke eine Idee.

«Hättet ihr spontan Lust auf 'ne echte Insulanerparty?»

«Wie läuft das denn so bei euch Eingeborenen?»

«Ganz normal, mit Lagerfeuer und Menschenopfern.»

«Gebongt.»

«Super!», Ocke lächelte still in sich hinein. Jetzt hatte er zumindest eine Art Schutzschild gegen Christa. Manchmal konnte das Leben so gnädig sein.

Als sie zehn Minuten später auf das WG-Haus in Dunsum zufuhren, krampfte sich sein Magen zusammen. Der Friesenwimpel über dem Haus stand so gerade in der steifen Brise, als sei er aus Holz, das sah nach einer typischen Föhrer Gartenparty aus. Die Gäste würden sich beim Sprechen und Tanzen immer gegen den Wind stemmen müssen, lange Haare sollten gut zusammengebunden sein. Ocke zoomte, noch immer im Wagen, jeden Winkel ab, den er einsehen konnte: Wo war Christa?

Und noch wichtiger: *Wo war ihr Kerl?*

Auf dem Tisch neben dem Eingang standen die vier riesigen Bowletöpfe und zahlreiche Gläser, die leicht im Wind schepperten. Imke hockte auf einem Klappstuhl daneben und empfing ihre Gäste. Sie war in ihre weiße Siebziger-Jahre-Jeans gestiegen, die etwas zu weit war, weil sie in letzter Zeit stark abgenommen hatte. Ihr Untergewicht wurde zum Glück durch ihren strahlenden Teint überspielt. Ihre Bluse, wie immer in ihrer Lieblingsfarbe so-bunt-wie-möglich, blähte der Wind zwischendurch auf, als sei sie schwanger oder dick, was sehr lustig aussah.

Ocke blieb das Herz stehen.

Christa kam aus dem Haus, in einem schlichten weißen ärmellosen Kleid. Um ihren schmalen Hals schmiegte sich eine Kette aus mattem Gold. Christa leuchtete geradezu, was nicht nur an ihrer Kleidung, sondern vor allem an ihrem grandiosen Lächeln lag. Niemand hätte vermutet, dass ein breitschultriger Maschinist wie er es kaum schaffte, die Bremse in seinem Wagen zu finden, weil die Frau seiner Träume ein paar Meter von ihm entfernt stand. Es war lächerlich, aber ändern konnte er es auch nicht. Wenigstens war Christa in diesem Moment allein. Aber das hieß noch nichts, vielleicht holte sich ihr Freund gerade etwas zu essen aus der Küche, wo das Buffet aufgebaut war.

Die beiden Blondinen pulten sich kreischend vor Lachen aus dem Wagen und hakten sich links und rechts bei Ocke ein, gemeinsam staksten sie etwas ungelenk zum Haus. Imke freute sich sichtlich über die gackernden Weiber, die Stimmung in die Bude bringen würden, während Christa Ocke neugierig entgegengrinste. Er lief puterrot an. Auch wenn er bei Christa keine Chance hatte, merkte er plötzlich, wie peinlich es war, was er hier veranstaltete.

Zu spät, aus der Nummer kam er nicht mehr raus.

«Ich bin die Carla», grüßte die mit dem weißen Motto-T-Shirt. «Herzlichen Glückwunsch.»

Imke bedankte sich artig und reichte ihr ein großes Glas Bowle mit extra vielen Früchten.

«Willkommen in der Lebensgemeinschaft ‹Seelenfrieden›!»

Christa lachte laut los, während Ocke die Gesichtszüge entglitten: Wie kam Imke dazu, ihrer WG diesen bescheuerten Namen zu geben? «Seelenfrieden» hießen Kleingartenvereine und Seniorenheime, was sollten die beiden Ladys von ihm denken? So alt war er nun auch noch nicht!

«Der sexy Taxifahrer hat uns eingeladen», erklärte die mit dem weiten Ausschnitt fröhlich. Sie drehte sich zu Ocke. «Wie heißt du eigentlich, Schätzchen?»

Schätzchen?

«Ocke.»

«Ich bin die Tamara aus Bottrop.»

«Moin, Tamara», Imke reichte auch ihr ein Begrüßungsglas. Als Christa sich vorstellte, mied Ocke ihren Blick.

«Otto, zeig uns doch mal dein Zimmer», hauchte Carla.

«Ocke», verbesserte er sie.

«Du bist süß, Otto», stellte Tamara fest und musste grundlos kichern.

Christa schaute Ocke amüsiert an, der froh war, dass jetzt Imkes Lieblingsenkel Sönke mit seiner Frau Maria auftauchte.

Maria sah klasse aus, sie trug eine ihrer dunkelblauen Marlene-Dietrich-Hosen, die sie selbst schneiderte, dazu ein schwarzes T-Shirt, was hervorragend zu ihren braunen Augen und den langen dunklen Haaren passte. Maria war Polizistin auf der Insel. Jetzt näherte sich ihr Vater, Imkes ältester Sohn Arne. Sein blond gefärbtes Haupthaar war seit seinem fünfzigsten Geburtstag vor sechs Jahren deutlich spärlicher geworden. Es folgten ein mondgesichtiges Paar, das Ocke noch nie gesehen hatte, und einige Leute von der Insel. Arne hatte in seinem Uralt-VW-Bus eine kleine Anlage mit Verstärker und Mikrophon mitgebracht, die Ocke nun mit ihm im Garten aufzubauen begann. Dann ging Ocke in sein Zimmer, um seine Gitarre zu holen, und sie konnten loslegen.

Arne hatte praktisch sein Leben lang am Strand gelebt, er war einer der ersten Surfer auf Föhr gewesen, später dann Surflehrer und jetzt Strandkorbvermieter. Für einen coolen Hippie wie ihn war es selbstverständlich, immer eine Gitarre dabei zu haben. Er hatte ein festes Repertoire von ungefähr dreißig Songs, die er bei jeder Gelegenheit zum Besten gab, seit etwa vierzig Jahren. Die ständigen Wiederholungen hatten Arne nie genervt, er nahm sie wie den Sonnenuntergang, der ja auch immer wieder schön war.

Er fing mit *Blowing in the wind* an, dann folgten *Country Road* und *Give Peace a Chance*. Ocke begleitete ihn dezent und verlässlich auf seiner E-Gitarre. Er fand, dass Arne tatsächlich eine wunderschöne warme Stimme hatte. Wenn er wollte, konnte er die Töne richtig schluchzen wie ein echter Schlagersänger. Teilweise sang er mit geschlossenen Augen, als überwältige ihn die Musik spontan. Da hätte er beruflich richtig was draus machen können.

Mit dem Instrument in der Hand fühlte Ocke sich sicher, vor allem jetzt, da Christa – immer noch ohne Begleitung – mit einem Glas in der Hand im Publikum stand und ihn wohlwollend anlächelte. Obwohl Arnes Lieder hierzu nicht gerade geeignet waren, zogen sich Carla und Tamara die Korksandalen aus und begannen, barfuß zu tanzen. Der Mann mit dem Mondgesicht sprang wie eine Flipperkugel zwischen den beiden hin und her. Nach einer Weile warf er sein hellgraues Anzugjackett lässig auf den Rasen, darunter trug er ein blau-weiß geringeltes T-Shirt, das seinen runden Bauch noch betonte – mutig! Ocke konzentrierte sich aufs Gitarrespiel, so gut es ging. Komischerweise hatte ihn sein Schöpfer mit einem kräftigen Körper, aber sehr langen, schmalen Fingern ausgestattet. Fast zu fein für einen Mechaniker, würde man meinen, aber diese Finger hatten ihm im Maschinenraum oft geholfen, jede auch noch so verwinkelte Schraube hinter sperrigen Rohren herauszufummeln, und zum Gitarrespielen waren sie perfekt.

Als sie den alten Cat-Stevens-Titel *Morning has broken* zu Ende gespielt hatten, bat Arne um eine Pause. Er wollte sich noch ein Glas Bowle holen, obwohl er schon vorher gut dabei gewesen war.

Ocke blieb etwas unbeholfen auf seinem Platz sitzen. Ihm war nicht nach Alkohol zumute. Er fürchtete jeden Moment, dass Christas Lover auftauchte und seine behaarten Affenarme um sie schlang. Wenn die beiden vor ihm stehen würden, rechnete er ernsthaft damit umzukippen.

«Super, so eine Elektrogitarre», rief ihm der Mann mit dem Mondgesicht zu.

«Spielen Sie auch?», fragte Ocke, froh über die Ablenkung.

«Ein bisschen.»

«Wollen Sie?»

Das Gesicht des Mannes leuchtete auf. «Gerne! Ich bin übrigens Dr. Bösinger, ich habe mich auf Amrum um Imke Riewerts gekümmert.»

Ocke fragte nicht nach, wie er das meinte. Er schnallte die Gitarre ab und hängte sie Herrn Bösinger um, wobei er noch ordentlich am Gurt zuppeln musste, bis der passte. Da der Mann um einiges kleiner war als er, musste auch der Mikrophonständer tiefer gestellt werden.

Offenbar liebte der Mondgesichtige christliche Popmusik. Er begann mit *Herr, deine Liebe ist wie Gras und Ufer*. Die Töne schmierten ihm immer leicht ab, was er nicht zu merken schien. Unbeirrt kündigte er den nächsten Song an, womit er gleichzeitig den Missionsauftrag der Bibel wahrnahm:

«Das nächste Lied erzählt von der Güte Gottes, es ist ein fröhliches Lied. Denn Jesus hat eine gute Nachricht für uns alle: Er ist gekommen, um uns von der Sünde zu befreien.»

Inzwischen war es dunkel geworden. Der Wind fegte jede Serviette weg, die nicht festgehalten wurde, und formte Frisuren so, wie es ihm gerade gefiel. Versuche, überflüssige Körperrundungen mit weit geschnittenen Hemden zu kaschieren, wurden erbarmungslos zunichtegemacht, weil der Wind die Stoffe eng an die Körper wehte. Zum Glück war die Luft nicht kalt. Die Bowle wurde schnell hinuntergekippt, sie schmeckte fruchtig und frisch, und die Gäste hatten Durst, deshalb tranken sie gleich noch ein Glas hinterher.

Ocke, den Herr Bösingers Gesang zu nerven begann,

wühlte sich durch die Gästeschar, die auf schätzungsweise hundert angewachsen war und sich rund ums Haus verteilte.

Bei seinem letzten Zahnarztbesuch hatte er im Wartezimmer in einer Zeitschrift etwas von der sogenannten Konfrontationstherapie gelesen. Eigentlich hielt er so etwas für Psycho-Quatsch, aber mit einem Mal schien es ihm gar nicht so unbrauchbar: Man schickte Menschen dorthin, wo genau sie sich am meisten fürchteten, also Leute mit Flugangst ins Flugzeug, Leute mit Höhenangst auf einen hohen Berg. Dort redete man mit ihnen und baute ihre Beklemmungen nach und nach ab.

Vielleicht half das ja auch ihm.

Denn ohne Zweifel war er schwerer Christa-und-ihr-Lover-Phobiker. Was war also hilfreicher, als sich ihnen direkt auszusetzen? Und zwar jetzt, sofort.

Leider war Christa nirgends zu sehen.

Imke saß immer noch am Eingang auf der anderen Seite des Hauses und war voll und ganz mit dem Bowleausschank beschäftigt.

«Die ist aber stark», beschwerte sich die mondgesichtige Begleitung von Herrn Bösinger, vermutlich seine Frau. Sie wirkte so, als sei sie Alkohol nicht gewöhnt.

«Das ist nur Rumgeschmack mit Gewürzen», verriet ihr Ocke im Vorbeigehen. «Da ist kaum was drin.»

Imke zwinkerte ihm verschwörerisch zu. Beim Einwecken vor zwei Jahren hatte sie die Früchte in puren fünfzigprozentigen Rum gelegt, wo sie seitdem nichts anders getan hatten, als sich restlos mit Alkohol voll zu saugen.

«Hast du Christa gesehen?», fragte Ocke.

Auf der anderen Hausseite ließ es Herr Bösinger nun richtig krachen: *Go, tell it on the Mountains, that Jesus is everywhere …*

Imke schüttelte den Kopf: «Nee, schon lange nicht mehr.»

Hatte sie sich etwa mit dem Kerl in ihr Zimmer zurückgezogen?

Und dann entdeckte er Christa, sie kam vom Deich direkt auf das Haus zu. Ihr Gesicht war in der Dunkelheit nur undeutlich zu erkennen, aber ihr weißes Kleid leuchtete ihm entgegen. Offenbar hatte sie sich kurz die Beine vertreten. Neben ihr ging ein Mann, der ein Fahrrad schob: Das musste er sein.

Ein ganzer Chor von Stimmen in Ockes Kopf schrie: «Tu es nicht!» Er rang nach Luft und ging mit großen Schritten auf das Paar zu.

9. Engtanz

Ocke hatte sich geirrt. Der Mann neben Christa war der bärtige Vogelwart Markus Clausen, der in dem Föhrer Chor namens «Seevögel» sang und über den Christa sich gerne wegen seines übertriebenen Öko-Gehabes lustig machte. Dass er die Vogelkoje in Oldsum betreute und die Vögel in der Godelniederung zählte, fand Ocke durchaus lobenswert – ohne Sandregenpfeifer, Kiebitze und Sturmmöwen wäre Föhr nicht Föhr. Aber musste man deswegen zwanghaft die grünen Tonnen der Insulaner nach Plastikresten durchsuchen und den Sündern penetrant mit Bußgeldern drohen?

Markus schob sein teures, auf alt gemachtes Manufactum-Rad neben sich her und trug seinen üblichen Aufzug: Cargohose und kariertes Öko-Hemd, Wanderschuhe. *Der* war mit Sicherheit nicht ihr Lover. Als Ocke ihnen entgegenkam, sah Christa ihn erfreut an.

«Ocke, gut dass du kommst …!»

Als er das hörte, hätte Ocke vor Freude am liebsten auf der Straße getanzt. Spontan lud er Markus auf ein Glas ein, doch der war gar nicht in Feierstimmung.

«Das geht *gar* nicht!», greinte Markus gegen den Wind.

Ocke lachte.

«Was geht nicht?»

«Hier ist ein Biosphärenreservat, die Tiere brauchen Ruhe.» Markus' braune Augen funkelten bedrohlich.

«Komm, Imke wird nur einmal achtundsiebzig.»

Inzwischen hörte sich Bösingers Musik an wie die *Einstürzenden Neubauten*, und zwar im wörtlichen Sinn.

«Es ist wohl einer ihrer letzten Geburtstage», ergänzte Christa.

Markus verzog das Gesicht, als hätte er gerade in eine Zitrone gebissen. «Dann sollte ihr die Natur nicht egal sein, schon wegen der kommenden Generationen.» Er konnte ein furchtbarer Prinzipienreiter sein.

«Es gibt manchmal auch Ausnahmen, Markus», sagte Ocke und gab ihm einen aufmunternden Klaps auf den Oberarm.

«Nicht für die Tiere.»

«Willst du Imke nicht wenigstens gratulieren?» Ocke wollte in diesem Moment wirklich nicht über den Zustand des Planeten diskutieren.

«Erst, wenn ihr die Musik runterdreht.»

Kaum zu glauben, dass Markus mit Abstand der beste Elvis-Imitator der nordfriesischen Inseln war und damit sogar Geld verdiente. Das bekam man einfach nicht zusammen.

«Nun sei mal nicht so spießig, dann pennen die Piepmätze morgen halt etwas länger aus», sagte Ocke.

Christa lachte herzlich.

Doch das war für Markus offenbar die vollkommen falsche Ansage.

«Ihr findet das wohl auch noch witzig, oder was? Ich rufe jetzt die Polizei.»

Ocke und Christa sahen sich an. Es hatte keinen Zweck mehr.

Was Markus auch fand.

Wortlos schwang er sich auf sein Edelfahrrad und zückte nach ein paar Metern sein Handy.

Bösinger tobte sich inzwischen immer mehr aus, schrie Obszönitäten durchs Mikro und veranstaltete mit der Gitarre maximalen Krach. Vielleicht sollte man ihn wirklich abstellen, dachte Ocke, aber er hatte keine Lust, sich mit dem Mondgesicht anzulegen. Gemeinsam mit Christa ging er zurück zum Haus.

Es gab auch ansonsten erste Verfallserscheinungen. Arne zum Beispiel knutschte im Vorgarten wild mit Tamara aus Bottrop rum, was an sich vielleicht nicht bemerkenswert gewesen wäre – wenn sich der Körperkontakt auf die beiden beschränkt hätte. Dem war aber nicht so. Denn hinter Arne saß Frau Bösinger, den Kopf an seinen Rücken gelehnt, die Hand an seinem Nacken, während ein stetiger Speichelfaden aus ihrem halb geöffneten Mund rann. Offenbar war sie in dieser Position eingenickt. Arne schien nicht mal zu bemerken, dass nicht alle Arme, die ihn berührten, zu Tamara gehörten.

«Lass uns reingehen», schlug Ocke vor und schlenderte mit Christa zurück ins Haus. Im Gemeinschaftszimmer kam ihnen Musik aus den Achtzigern entgegen. Das war *die* Gelegenheit! Aber anstatt Christa lässig auf die Tanzfläche zu ziehen, verdrückte er sich erst mal ins Bad und setzte sich auf die Klobrille.

Er musste sich erst einmal sammeln.

Ihr Typ war offenbar nicht gekommen. Was bedeutete das?

Sollte er es jetzt wagen?

Seltsame Gedanken jagten ihm durch den Kopf. Die Ergebnisse einer wissenschaftlichen Studie zum Beispiel, laut derer Schauspieler ab dreizehn TV-Auftritten pro Jahr im Fernsehen bekannt wurden. Gab es so etwas vielleicht auch in der Liebe? Dreizehn Berührungen, dann war Christa an seiner Seite? Konnte doch sein, oder? Er wusste gar nichts mehr, aber wahrscheinlich war ohnehin alles sinnlos, wenn Christa einen anderen hatte. Das Bad zu blockieren, brachte ihn allerdings auch nicht weiter. Also erhob er sich, schlich in den Tanzraum und machte das, was er immer getan hatte, wenn er in einer Disco war: dumm in der Ecke rumstehen.

Da gab es ein Paar, das wild miteinander tanzte und förmlich füreinander brannte: Sönke und Maria. Marias Haare wirbelten durch die Luft, und Sönke hob sie zwischendurch an der Hüfte fast hoch bis zur Decke. Daneben tanzte Christa genauso wild mit Regina, der jüngsten Tochter von Imke, da wollte er sich nicht dazwischendrängen. Christas Bewegungen waren geschmeidig und elegant und wirkten ganz natürlich. Wie gern wäre er an Reginas Stelle gewesen.

Das wurde hier nichts mehr mit ihm, so viel war klar. Er ging in Richtung Tür. Seinen Platz sah er ab jetzt neben dem Bowletopf. Doch irgendjemand hielt ihn entschlossen am Arm fest. Er drehte sich um.

Christa.

«Tanzt du mit mir?», fragte sie leise.

Ocke reagierte wie ein Vollidiot.

«Ich wollte mich gerade …»

… mit Bowle volllaufen lassen?

Christa wartete nicht darauf, bis er fertig gesprochen hatte, sondern zog ihn einfach mit auf die Tanzfläche. Ocke fühlte sich etwas befangen neben einer so tollen Tänzerin, aber er wusste, er musste jetzt sein Bestes geben. Dann kam ein langsamer Titel, *Angie* von den Rolling Stones. Ocke bekam einen trockenen Mund. Und nun? Was würde Christa tun? Sich entschuldigen und hinausgehen? Er hatte den Gedanken noch nicht zu Ende gedacht, da lag sie schon in seinen Armen, und sie tanzten eng. Ocke schmiegte sich vorsichtig an Christas Körper, sie hielt ihre Wange an seine.

Er roch sie, und sie roch wunderbar.

Ihm wurde heiß und heißer.

Sehr uncool.

Plötzlich rückte Christa weg – hatte er etwas falsch gemacht?

«Dein Bart kratzt», lachte sie und zog ihn wieder zu sich hin.

Ocke schloss die Augen.

Er befand sich in einem unendlichen Raum. An einem Ort, der nicht mehr mit dem Verstand zu erfassen war.

Dann schaltete jemand das gleißende Deckenlicht an. Die Musik ging aus, was auf der Tanzfläche heftigen Protest auslöste. Alle kniffen die Augen zusammen und schrieen durcheinander: «Hey, was soll das?»

«Die Party ist vorbei!», kündigte eine schneidende Männerstimme an.

Ocke öffnete die Augen und konnte es kaum glauben: Mehrere uniformierte Polizisten standen im Raum, unter ihnen Revierleiter Gerald Brockstedt. Markus Clausen hatte tatsächlich die Polizei gerufen! Jetzt kam Brockstedt direkt auf ihn und Christa zu. Vorsichtig löste sie sich von ihm.

«Ocke, was ist hier los?», fragte der Polizist.

«Nach was sieht das denn aus?», schnaubte Ocke.

«Die Situation in Haus und Garten ist völlig aus dem Ruder gelaufen. Wir sind in mehreren Räumen und auf dem Flur stark alkoholisierten Personen begegnet, die entweder heftig pöbeln oder die Beamten zum Tanzen auffordern. Es ist das pure Chaos.»

Ocke verstand gar nichts. In Gedanken hielt er immer noch Christa im Arm, alles andere interessierte ihn nicht. Aus dem Garten waren schreiende Männer und Schläge zu vernehmen. Christa rannte nach draußen, während Ocke wie gelähmt auf der Tanzfläche stehen blieb. Plötzlich kam der Vermieter des Hauses, Stefan Petersen, auf ihn zu, ein braungebrannter Endvierziger mit welligem, dunklem Haar und einem Knick in der dünnen, langen Nase – was wollte der denn hier?

«Moin, Herr Hansen, bei euch geht's ja ab!», begrüßte Petersen ihn leicht amüsiert.

«Ist was mit dem Haus?», stotterte Ocke.

Petersen lachte.

«Nee, die Inselpolizei hat mich gerufen. Ich soll Blutproben bei den Randalierern nehmen.» Petersen war Arzt auf der Insel.

«Was? Wer hat randaliert?»

«Keine Ahnung, der Typ wird gerade draußen gefesselt. Und Arne Riewerts haben sie in Dunsum auf der Hauptstraße gefunden. Der ist voll auf die Beamten losgegangen. Na ja, ich gehe mir erst mal die Hände waschen.»

In dem Moment schoss Christa um die Ecke.

Und küsste Petersen auf den Mund.

Ocke starrte die beiden entsetzt an. Christas Lover war Dr. med. Stefan Petersen, ihr Vermieter?

Das war das Ende ihrer WG.

Und sein Ende auf Föhr.

Und zwar endgültig.

10. Katerfrühstück

Am nächsten Morgen schlenderte Imke in ihrem neuen Morgenmantel auf die Terrasse. Sie war ausgeschlafen, weil sie vor Mitternacht ins Bett gegangen war und sich Ohropax in die Ohren gesteckt hatte. Feiern konnten die Gäste auch ohne sie, und nun war sie gespannt auf den Tratsch, den es nach jeder Party gab: wie lange es gegangen war, wer mit wem getanzt hatte und so weiter.

Sie schaute hoch in den Himmel. Im Norden plusterte sich eine mächtige Quellwolke auf und quetschte sich vor die Sonne wie ein riesiges Tier, dem man nicht ausweichen konnte. Imke schloss die Augen. Die kühle Luft legte sich wie Aloe Vera auf ihre Gesichtshaut, das milderte ihre Melancholie ein wenig. Da freute man sich monatelang auf den Geburtstag, und zack, war er schon wieder vorbei. Sie ließ ihre Lieben in Gedanken noch einmal an sich vorbeiziehen. Freunde und Verwandte hatten sie gefeiert wie eine Königin.

Verträumt setzte sie sich an den Terrassentisch, wo Christas tragbarer DVD-Player stand. Imke nahm ihre randlose Lesebrille aus der Tasche des Morgenmantels und setzte sie auf. Sönke hatte ihr gestern eine Geburtstagsrede gehalten, die Regina netterweise aufgenommen hatte. So lange die anderen noch schliefen, konnte sie sie sich ansehen. Insgeheim war sie stolz, dass sie wusste, welche Knöpfe zu drücken waren: erst «On», dann «Auswählen» und schließlich «Play».

Sönke erschien auf dem kleinen Bildschirm. Ihr geliebter Enkel! In der letzten Zeit war er sichtbar älter geworden, immerhin war er nun schon siebenunddreißig Jahre alt, und das Jugendliche war in seinem Gesicht nur noch zu erahnen. Aber das Alter stand ihm gut. Seine neue Brille war zwar schick, aber bis vor kurzem hatte er noch keine gebraucht. Sönke strahlte sie an, wie er da vor der Musikanlage stand und das Mikro übernahm. Es ging ihr durch und durch.

«Oma, ich weiß, du magst solche Reden nicht. Trotzdem möchte ich dich daran erinnern, dass du auf der Berlinale echten Hollywoodstars wie Brad Pitt die Hand geschüttelt hast, du hast Kunstführungen veranstaltet, obwohl du null Ahnung von den ausgestellten Werken hattest, und auf einer Vernissage musste ich deinen Lover spielen, weil du einen Skandal provozieren wolltest – richtig?»

Jetzt kam sie ins Bild. Sie legte den Kopf etwas verlegen zur Seite. Ihr eigener Anblick war ihr fremd, vergeblich suchte sie das siebzehnjährige Mädchen, das sich stundenlang im Spiegel betrachtete und sich fragte, was wohl aus ihrem Leben einmal werden würde. Stattdessen sah sie eine alte Frau, und das entsprach so gar nicht ihrem Selbstbild. Nicht, weil sie ihr Alter verdrängen wollte, sondern weil sie noch so genau wusste, was das Mädchen Imke damals gedacht und gefühlt hatte.

Und trotzdem ging ihr Leben jetzt langsam zu Ende – konnte man das begreifen? Das sollte es gewesen sein? Andererseits, wenn wirklich nicht mehr viel käme, dann konnte sie sich glücklich schätzen, denn eigentlich ließ sich ihr Glück kaum noch steigern.

«Oma, du warst immer etwas abgehoben, das kannst du nicht bestreiten», fuhr Sönke fort. Der Bildschirm zeigte ihr gespielt beleidigtes Gesicht.

«Ich bin immerhin die Tochter eines ehrbaren Wyker Kaufmanns», protestierte sie.

Sönke grinste.

«Dann ist der Apfel weit vom Stamm gefallen. Nur auf Föhr hast du dich immer zusammengerissen, einigermaßen jedenfalls.»

«Ganz genau!»

«Das soll sich nun ändern. Du sollst endlich auch mal hier abheben.» Sönke zückte einen Briefumschlag. «Deswegen schenken wir dir einen Rundflug über Föhr und das Wattenmeer.»

Sie klatschte begeistert in die Hände, die Kamera fuhr ins Publikum, alle applaudierten mit. Sönke gab seiner Oma einen dicken Kuss.

«Super Idee!», rief sie, dann brach der Film ab.

Sie war immer noch gerührt. Zuerst hatte sie vermutet, dass der Rundflug Sönkes Idee gewesen war, aber er hatte ihr verraten, dass Regina die Sache eingefädelt hatte. Ausgerechnet ihre Jüngste, mit der sie sich nicht besonders verstand, erinnerte sich an ihren heimlichen Traum! Imke war Zeit ihres Lebens eine Freundin der Vögel auf der Insel gewesen, sie liebte die Austernfischer und Schilfrohrsänger, voller Ehrfurcht beobachtete sie, wie sie sich über dem Wattenmeer scheinbar mühelos und spielerisch treiben ließen. Vor Jahren hatte sie sogar eine verletzte Mönchsgrasmücke in ihrem Wohnzimmer durch den Winter gebracht. Regina hatte sich mit Sicherheit an die Geschichte erinnert, denn sie hatte bei der Fütterung geholfen. Und nun schenkte sie ihrer Mutter die Gelegenheit, ihre Heimat aus der Perspektive eines Vogels zu sehen! Das erste Mal seit Jahren hatten sich Mutter und Tochter mit feuchten Augen in den Armen gelegen. Und *das* war für sie das schönste Geschenk des Abends gewesen. Sie konnte stolz auf ihre Familie und ihre Freunde sein, dabei hatte sie es ihnen bestimmt nicht immer leicht gemacht.

Im Haus regte sich immer noch nichts. Also ging Imke in die Küche, um Kaffee zu machen, die anderen würden bestimmt bald aufwachen. Auf dem Flur wäre sie fast über ihren ältesten Sohn Arne gestolpert, der in Kleidern und ohne Decke auf dem Boden lag.

Hatte er vorhin schon hier gelegen? Sie erinnerte sich nicht. Was machte er hier?

Ein Stückchen weiter entdeckte sie eine sehr blonde Frau auf dem Bastläufer, ihr dunkelroter Pullover war hochgerutscht und zeigte sehr viel weiße Rückenhaut. Imke erinnerte sich, dass sich Arne und diese Frau auf der Party gut verstanden hatten – und mehr als nur das. Wogegen ja nichts einzuwenden war. Aber warum waren die beiden nicht ganz normal zusammen ins Bett gegangen?

Was sie richtig aufregte, waren die Bösingers, denn die schliefen im Gemeinschaftszimmer auf dem Teppich. Dabei hatte sie ihnen doch extra ihr Bett überlassen und bei Christa genächtigt, die wiederum auf eine Luftmatratze ausgewichen war. Dieses ganze Hin und Her hätten sie sich sparen können.

Jetzt kam Christa im Pyjama in die Küche geschlurft und sah erstaunlich frisch aus – abgesehen davon, dass sie sich stöhnend den Kopf rieb.

«Imke, deine Bowle war der Tod», beschwerte sie sich. «Ich habe zwar nur zwei Gläser getrunken, aber die haben mich aus den Latschen gehauen.»

«Die Jugend von heute kann einfach nichts mehr ab!», gab Imke lachend zurück.

«Das mit der Jugend nehme ich als Kompliment», erwiderte Christa.

Ein paar Minuten später war die Blonde aufgewacht und packte trotz ihres heftigen Katers beim Aufräumen beherzt mit an, ihre blaue Mülltüte war schnell gefüllt. Christa deckte währenddessen auf der Terrasse den großen Tisch für das Frühstück. Bald standen darauf ein Kännchen Tee, eine Thermoskanne mit Kaffee, Orangensaft, salzige Heringe, Käse und Wurst. Wer wollte, konnte auch selbst eingekochte Marmelade essen.

Die ambossförmige Wolke im Norden wuchs indessen weiter, sie war bestimmt schon einige Kilometer hoch und verdeckte jetzt fast vollständig den Himmel. Ocke kam auf die Terrasse geschlurft, er trug wieder sein blau-weiß gestreiftes Fischerhemd und setzte sich nach einem muffeligen «Moin» an den Tisch, ohne mit irgendjemand Blickkontakt aufzunehmen. Ihn musste es am Vorabend schwer erwischt haben. Er wirkte schwächlich und grau, als färbte der Himmel auf ihn ab.

Dann folgte Arne mit verquollenem Gesicht. Mit seinen blond gefärbten Haaren sah er an diesem Morgen aus wie ein abgehalfterter Schlagersänger, den nicht einmal mehr Möbelhäuser in der tiefsten Provinz buchen wollten. Er gab der Blonden die Hand.

«Moin, ich bin Arne aus Utersum.»

Alle schauten betreten zu Boden. Peinlicher ging es nicht. Am Abend hatten die beiden noch miteinander geknutscht, was in Arnes Hirn offensichtlich komplett gelöscht worden war. Mit Sicherheit war die Blonde jetzt beleidigt, und zwar zu Recht.

«Hallo, nett dich kennenzulernen», sagte die Blonde ungekünstelt. «Ich bin die Tamara aus Bottrop.»

Glück gehabt, mein Sohn, dachte Imke, auch Tamara

scheint vergessen zu haben, was gestern Nacht passiert ist.

Mehr oder weniger angeschlagen schaute die gesamte Tischgesellschaft in die Marsch, die flach und grün unter dem sanftgrauen Himmel vor ihnen lag. Tamara zeigte einen unersättlichen Appetit auf eingelegte Heringe und konnte auch nach dem dritten nicht Schluss machen.

Imke strahlte zufrieden in die Runde: «Vielen Dank an euch alle! Das war eine wunderbare Party.»

Tamara war vollkommen ihrer Meinung: «Menschenskinder, ihr Friesen könnt vielleicht feiern, das glaubt kein Schwein. Das ist heftiger als der Kölner Karneval.»

Imke, stolze Friesin, die sie war, nahm das als Kompliment.

«Guten Morgen», rief Christa plötzlich.

Alle drehten sich zur Terrassentür, wo Herr Bösinger in einem viel zu großen Bademantel auftauchte. Er war nur mit Mühe wiederzuerkennen. Seine dünnen Haare standen nach allen Seiten ab, vom Seitenscheitel keine Spur. Sein Gesicht war kalkweiß, seine Augen wirkten glasig wie die eines Grippekranken. Er kam zum Tisch, schnappte sich die Flasche mit dem restlichen Orangensaft, setzte sie an seinen Mund und trank sie in einem Zug leer. Was man vielleicht tat, wenn man allein zu Hause war, aber doch nicht als Gast!

«Hey, wir wollen auch noch was», protestierte Tamara.

Nun erschien Frau Bösinger, ebenfalls in weißem Bademantel. So übel, wie sie aussah, schien sie dieselbe Krankheit wie ihr Mann zu haben.

Imke hatte mitbekommen, wie Frau Bösinger Ocke am Vorabend ihre Anziehsachen von der Wattwanderung in einer ALDI-Tüte überreicht hatte: Hose, Slip, T-Shirt. Was Imke sehr peinlich gewesen war. Denn eigentlich hätte niemand von ihrem Trip nach Amrum erfahren sollen.

«Moin», rief Christa extra laut.

«Guten Morgen», zischte Frau Bösinger und setzte sich neben ihren Mann. Imke schenkte ihr fürsorglich Mineralwasser ein, und Frau Bösinger nahm sofort einen großen Schluck.

«Der Wein gestern war wohl gegoren», beschwerte sie sich schlecht gelaunt.

Herr Bösinger lachte auf, dann sprach er mit brüchiger Stimme die ersten Worte an diesem Morgen: «Damit das klar ist: Ich werde Strafanzeige erstatten.»

Imke lächelte ihn freundlich an, sie hielt das für einen Witz, den sie nicht verstanden hatte.

Arne belegte gerade sein Brötchen mit Krabben. «Weswegen das denn?»

«Das braucht Sie gar nicht so zu amüsieren. Ich bin Anwalt in einer angesehenen Kieler Kanzlei. Und eines verspreche ich Ihnen: Die Vorkommnisse von gestern werden Folgen haben!»

«Was ist denn?», fragte Frau Bösinger ihren Mann irritiert.

«Kapierst du nicht? Die haben uns Drogen in die Getränke geschüttet! Wir können froh sein, wenn wir nicht abhängig werden.»

Imke verstand zwar immer noch nicht, was er meinte, aber es klang irgendwie lustig.

«Seid ihr eine Drogen-WG?», fragte Frau Bösinger.

Imke nickte. «Schlaftabletten, alle drei Tage.»

Ohne die Dinger konnte sie tatsächlich kaum noch einschlafen.

«Ich kann mich leider an nichts erinnern», sagte Frau Bösinger.

«K.-o.-Tropfen», erklärte ihr Mann, der erfahrene Strafrechtler.

Langsam wurde Imke unruhig. Was war da bloß alles passiert, nachdem sie ins Bett gegangen war?

«Sag mal, hast du sie noch alle?», Tamara war empört. «Du hast dich zugesoffen wie ein Eimer.»

Herr Bösinger warf ihr einen giftigen Blick zu.

«Ich trinke *nie* zu viel, und duzen Sie mich nicht.»

Er erhob sich, bedeutete seiner Frau mit einem Blick, dass es Zeit war zu gehen, und damit verschwanden die beiden ums Hauseck herum.

«Was machen die wohl jetzt?», wunderte sich Christa.

«Sex», spekulierte Imke spontan, ohne eine Miene zu verziehen.

Alle lachten.

Die Stimmung blieb gut, bis sich unerwartet zwei neue Gäste an ihren Tisch gesellten: Revierleiter Gerald Brockstedt und Peter Markhoff, letzterer mit einem großen Pflaster auf der Stirn. Beide sahen schlecht gelaunt und ziemlich übermüdet aus.

«Moin Gerald, Moin Peter», rief Imke. «Mit dir hätte ich ja nun gar nicht gerechnet …»

«Herzlichen Glückwunsch nachträglich», murmelte Brockstedt und schaute sie düster an.

«Von mir auch», sagte Peter Markhoff, auch nicht gerade überschwänglich.

«Nun guck nicht so streng», lachte Imke. «Als wenn ich was verbrochen hätte. Setzt euch, es ist genug da. Mensch, ihr seid einen Tag zu spät, die Bowle ist längst alle.»

Brockstedt holte tief Luft und legte ein Blatt Papier neben Arnes Teller.

«Was soll das, Gerald?», fragte der genervt.

«Arne, das ist eine hochoffizielle Vorladung ins Polizeirevier.»

«Und weswegen?», fragte Arne.

«Willst du mich auf den Arm nehmen?», erwiderte Brockstedt. «Körperverletzung, Widerstand gegen die Staatsgewalt, Beamtenbeleidigung, Landfriedensbruch – der Rest steht auf der Vorladung.»

«Was?», Imke war empört. «Mein Junge ist doch kein Schläger, also wirklich!»

«Wollt ihr mir was anhängen, oder was?», fragte Arne.

Brockstedt ging gar nicht darauf ein, sondern fragte: «Sind Herr und Frau Bösinger noch da?»

«Die sind vor fünf Minuten gegangen, vielleicht erwischt ihr sie noch am Auto.» Imke erhob sich und führte Brockstedt zum Gatter hinter der Terrasse. Dort bot sich ihr ein seltsamer Anblick: Auf der großen Kuhweide mit den vielen gelben Butterblumen standen Herr und Frau Bösinger in ihren Bademänteln und hoben mit geschlossenen Augen die Hände zum Himmel.

«Herr, vergib uns! Und vergib diesen Leuten!», flehte Herr Bösinger.

«Herr und Frau Bösinger!», unterbrach Brockstedt sie entschlossen.

Jetzt öffneten beide die Augen und drehten sich erschrocken zu dem Polizisten um.

«Was wollen Sie von uns?»

Brockstedt zückte einen Zettel.

«Das ist eine Vorladung ins Polizeirevier.»

«Diese Leute stehen unter meinem Schutz!», rief Imke spontan.

Brockstedt ließ sich nicht aus der Ruhe bringen.

«Gegen Sie beide liegen Strafanzeigen vor, und zwar wegen Beamtenbeleidigung, Körperverletzung und Behinderung der Justiz.»

Imke verstand die Welt nicht mehr: Die Bösingers? Eine Strafanzeige?

«Gerald, das ist Unsinn», sagte sie, «ich war gestern Abend selbst dabei, da war nichts. Du tust gerade so, als ob Arne und die Bösingers Verbrecher sind!»

Brockstedt zuckte mit den Achseln.

«Der Herr Jesus Christus ist an einem Freitag wie heute gekreuzigt worden», murmelte Frau Bösinger.

«Jetzt hören Sie mal ganz genau zu», wandte sich Bösinger an den Polizisten. «Ich stelle eine Dienstaufsichtsbeschwerde gegen Sie. Des Weiteren erstatte ich Anzeige gegen Herrn Ocke Hansen, Frau Christa Soundso und Frau Imke Riewerts wegen Drogenhandels, Drogenmissbrauchs und Körperverletzung durch heimlich Abgabe von Drogen.»

Imke schüttelte bekümmert den Kopf. Irgendwie war alles durcheinander – lag das an ihr?

11. Badeverbot

Als Sönke über den schmalen Weg durch die Dünen zum Nieblumer Strand kam, winkte Maria ihm heftig gestikulierend aus dem Wasser zu. Sie wohnten nun schon zwei Jahre in dem kleinen Reetdachhäuschen in Nieblum, was er keinen Tag bereut hatte. Seine Hamburger Freunde fragten ihn bei jedem Telefonat nach dem Inselkoller, doch der wollte sich einfach nicht einstellen. Der beste Beweis: Gerade hatte Sönke eine Woche Urlaub von seinem Job in der Kurverwaltung, und er verbrachte ihn dort, wo er auch wohnte: auf der Insel Föhr!

Er schaute prüfend in den Himmel und hoffte, dass die riesige Wolke bald verschwinden würde, um Platz für die Sonne zu machen. Aber auch bei diesem Wetter war es am Strand so voll wie bei Sonnenschein. Der feine Sand unter seinen Füßen fühlte sich noch etwas feucht und kühl an, was die Stammgäste in ihren Strandkörben wenig kümmerte. Sie wussten, wie schnell sich das Wetter am Meer änderte, und braun wurden sie auch so. Es war ja nicht kalt, immerhin war es August. Also lasen sie ihre Zeitungen und Bücher wie sonst auch, dösten vor sich hin oder schauten einfach ins Nichts, um ihre Gedanken schweifen zu lassen. Die älteren Kinder spielten Beachvolleyball, während die Kleinen ihre Phantasiestädte in den Sand buddelten.

Alles war gut.

Zu den lustigsten Erlebnissen auf Föhr zählte für Sönke die Begegnung mit einer Schülergruppe aus Süditalien, die sich letzten Sommer auf die Insel verirrt hatte. Während Insulaner und Touristen den Tag auch bei bedecktem Himmel in Badehose und Bikini genossen, trugen die Italiener Jacken. Sie waren fassungslos darüber, dass die Menschen bei 19 Grad ins Wasser sprangen. Bei der anschließenden Diskussion kam man zu dem Ergebnis, dass Europa angesichts der unterschiedlichen Badetemperaturen nur schwer zusammenwachsen konnte. Was die wenigsten wussten: Um Föhr herum befand sich eine Art geheizte Naturbadewanne, denn das Nordseewasser wird im flachen Wattenmeer besonders schnell von der Sonne erwärmt.

Sönke zog sich um, warf sich kopfüber in die frische See und kraulte zu Maria. Als er sie erreicht hatte, tauchten sie zusammen ab, umarmten und küssten sich unter Wasser, bis sie keine Luft mehr kriegten, dann kamen sie schnaufend wieder hoch.

«Brille wieder klar?», keuchte Maria.

«Perfekt.»

Der Heavy-Metal-Gitarrist mit dem runden Gesicht hatte ihm auf Omas Fete mit einer ungestümen Armbewegung seine Brille heruntergerissen und war anschließend aus Versehen draufgetreten. Sönke war deswegen nach dem Frühstück kurz zu seiner Tante Regina gefahren, die das Gestell in ihrem kleinen Wyker Optikerladen wieder hergerichtet hatte.

«Und wie geht es dir, meine große Liebe?», fragte Sönke.

«Mir ist immer noch etwas schlecht», sagte Maria.

«Omas Bowle war schon heftig.»

«Hallo? Ich habe kaum etwas getrunken. Nee, ich muss was Falsches gegessen haben.»

Sönke spritzte etwas Wasser zu ihr herüber und grinste.

«Vielleicht bist du ja schwanger.»

Maria lachte kurz auf: «Wie kommst du denn darauf?»

«Wegen Oma. Sie hat mir letztens gebeichtet, dass sie sehnlich darauf wartet, Urgroßmutter zu werden.»

«Von Omas Wünschen allein werde ich ja noch nicht schwanger. Was hast du ihr denn gesagt?»

«Dass es nicht geht, weil wir keinen Sex haben.»

Maria musste so sehr lachen, dass sie sich mit Salzwasser verschluckte.

«Kleines Rennen?», forderte sie ihn auf.

«Okay!»

Sie legte ein paar starke Schläge vor, Sönke hatte große Mühe, hinterherzukommen. Es war erbärmlich. Er schwor sich, von jetzt an jeden Tag zu trainieren. Nach einigen Metern brach Maria ab und legte sich flach aufs Wasser. Sie wollte ihm weitere Demütigungen ersparen. Sönke legte sich wie sie auf den Rücken und nahm ihre Hand. So schauten sie beide direkt in den Himmel, der bereits von Grau in Blau changierte. Die pralle Sonne stand kurz vor dem Durchbruch.

«Und, was erzählt Regina so?», fragte Maria.

«Ohne ihre Großfamilie würde es ihr wohl besser gehen.»

Sie schwammen gemächlich auf die Hallig Langeneß mit ihren sechzehn Warften zu, die trotzig aus dem Meer ragten.

«Wie das?»

«Die Gerüchteküche brodelt nach Omas Party.»

«Kann ich mir vorstellen.»

Maria tauchte kurz ab, und als sie wieder hochkam, lagen ihre langen Haare quer über ihrem Gesicht, was sie nicht zu stören schien. Langsam schwammen sie weiter.

«Was erzählt man sich denn so?»

«Ocke ist ein Säufer, Christa baggert junge Kerle an, wir kümmern uns nicht um Oma. Ach ja, Omas Gäste zünden Strandkörbe an und verprügeln die Polizei.»

Jetzt blitzten Marias braune Augen besorgt auf. Kein Wunder, immerhin war sie selbst Polizistin auf der Insel und damit doppelt betroffen, einmal privat, einmal beruflich.

«Sagt wer?»

Sönke drehte sich wieder auf den Rücken.

«Karen-Ann vom Eisladen in Oevenum. Und die hat es natürlich aus erster Hand.»

«Na, denn.»

Maria drehte sich auch auf den Rücken, und Seite an Seite ließen sie sich in Richtung offene See treiben.

«Hast du schon im Revier angerufen?», fragte Sönke vorsichtig.

«Ich habe mich noch nicht getraut.»

«Wir haben im Tanzraum doch gar nichts mitbekommen von dem ganzen Schlamassel.»

«Sönke, mein Vater hat meinen Kollegen Peter Markhoff verprügelt, als der ihn von der Straße aufsammeln wollte.»

«Dann bekommt er wohl ernste Probleme, bei seiner Vorgeschichte …»

Marias Vater Arne hatte vor einem Jahr zusammen mit einem Surfer-Kumpel ein Internet-Unternehmen gegründet. Sie verkauften Zubehör für Surfer, das der Kumpel in China billig einkaufte. Auf Anweisung seines Kompagnons hatte Arne dabei einige Papiere unterschrieben, die er nicht hätte unterschreiben dürfen. Das Dämlichste an der Sache war, dass er sie nicht einmal gelesen hatte. Sein Kumpel behauptete hinterher, er hätte die Verträge nie zu Gesicht bekommen, und Arne war vom Niebüller Amtsgericht wegen Betrugs zu einer zweijährigen Bewährungsstrafe verurteilt worden. Es war eine harte Lektion für ihn gewesen.

Dass sein Schwiegervater in geschäftlichen Dingen gnadenlos naiv war, wusste Sönke, aber ein Schläger war er nie und nimmer. Der Ausfall letzte Nacht war einfach nicht zu erklären. Sollte man ihn deswegen anklagen, würde seine Bewährung aufgehoben werden – und dann landete er womöglich im Gefängnis.

Maria pustete einen salzigen Wassertropfen weg, der über ihre Oberlippe den Weg in ihren Mund suchte.

«Was machst du denn nun wegen Arne?», fragte Sönke.

Maria streckte sich lang aus.

«Da halte ich mich raus.»

Sönke wusste, dass Maria ein recht kompliziertes Verhältnis zu ihrem Vater hatte, aber er fand, dass sie ihn in diesem Fall nicht hängenlassen durfte.

«Mensch, Maria, vielleicht muss Arne in den Knast.»

«Verstehst du nicht? Er hat einen Kollegen von mir angegriffen. Da kann ich nicht Partei für ihn ergreifen. Wie stehe ich dann da im Revier?»

Die Frage erledigte sich wenige Minuten später ohne ihr Zutun, denn vom Land her ertönte eine metallisch-quäkende Stimme übers Wasser.

«Maria, Sönke! Kommt sofort aus dem Wasser!»

Die beiden drehten sich um.

Auf dem DLRG-Turm stand Revierleiter Gerald Brockstedt mit einem Megaphon in der Hand. Der uniformierte Ordnungshüter erzeugte unter den leicht bekleideten Badegästen natürlich riesige Aufmerksamkeit, alle schossen aus ihren Strandkörben hervor, um zu sehen, was da los war. Maria und Sönke schwammen langsam zurück und staksten aus dem Wasser. Brockstedt stand jetzt an der Wasserkante und starrte sie mürrisch an.

«Moin, Gerald», grüßte Maria freundlich.

Doch ihrem Chef war nicht nach Höflichkeit zumute.

«Ich will dich im Revier sehen», grunzte er. «Gleich!»

«Ich habe heute frei», protestierte Maria.

«Jetzt nicht mehr.»

«Wieso?»

Statt einer Antwort wandte sich Gerald an Sönke: «Und du kommst gleich mit.»

«Ich? Wieso das denn?»

«Als Zeuge.»

«Wofür?»

Jetzt explodierte Brockstedt und brüllte los, was sonst gar nicht seine Art war: «Mensch, Sönke, wenn du drauf bestehst, kann ich dich auch schriftlich vorladen!»

Brockstedt stapfte zurück zu dem Polizeipassat, den er hinter dem Café Am Wattenmeer abgestellt hatte.

«Woher wusste der, dass wir hier schwimmen gehen?», fragte sich Sönke laut.

«Du weißt doch, wie das läuft auf der Insel, das kostet ihn drei Anrufe.»

Sönke und Maria trockneten sich ab und begaben sich ohne Eile zum Wagen. Eigentlich hatten sie vorgehabt, nach dem Baden nach Wyk zu fahren. Maria wollte zum Friseur, und danach hätten sie noch ein bisschen bei Bubu im Buchladen und in der Wyker Buchhandlung gestöbert. Daraus wurde jetzt nichts.

In diesem Moment zersprengte die Sonne die riesige Wolke in Einzelteile, und der Strandsand blendete wie wahnsinnig. Er wäre schön gewesen, zu bleiben.

Das rot geklinkerte Polizeirevier am Hafen wirkte wie eine abweisende Burg. Maria parkte ihren Mini One, und bei schönstem Sonnenschein gingen sie die Treppe zum Revier hoch. Als Maria die Tür mit ihrem amtlichen Schlüssel öffnete, kam ihnen ihr übermüdeter Kollege Burki im Flur entgegen:

«Moin.»

«Moin, Moin.»

Maria und Sönke verdrückten sich erst einmal in Marias Büro, von wo aus sie auf die Masten der unzähligen Segelboote im Hafen schauten. Amtsräume verströmten immer einen ganz eigenen Geruch, fand Sönke, nämlich gar keinen. Bis auf die zarte Note von muffeligem, altem Papier, das in unzähligen Leitz-Ordnern lagerte.

Gerald Brockstedt streckte den Kopf durch die Tür: «Frau Riewerts, kommst du?», grummelte er.

Mit Nachnamen angesprochen zu werden, musste für Maria ungewohnt sein; sie und Gerald hatten sich von Anfang an geduzt. Jetzt wirkte Brockstedt so sauer, als würde er am liebsten zum «Sie» zurückkehren.

«Kannst gleich mitkommen, Sönke.»

Sönke fühlte sich wie verhaftet, als er hinter Maria ins schmucklose Büro des Revierleiters trottete. Brockstedt nahm an seinem penibel aufgeräumten Schreibtisch Platz. Der einzige Farbfleck im Raum war der Kalender der Polizeigewerkschaft, der in diesem Monat eine Schafherde auf der Schwäbischen Alb zeigte. Maria und Sönke setzten sich unaufgefordert auf die zwei Besucherstühle, während sich Brockstedt Richtung Fenster drehte und stumm auf den sonnenbeschienenen Sportboothafen direkt vor dem Polizeirevier blickte. Er wirkte, als müsse er sich erst einmal sammeln, dann legte er los.

«Was ist gestern Nacht bei Imke passiert?»

«Wir haben getanzt», antwortete Maria.

«Ich feiere ja auch gerne», sagte Brockstedt, «und da kann schon mal ein Glas zu viel dabei sein. Aber gestern war das eine ganz andere Dimension.»

«Ich habe keine Straftaten begangen und auch keine geduldet», erklärte Maria trotzig. Als Polizistin wäre sie verpflichtet gewesen, so etwas anzuzeigen.

«Mann, dein Kollege Peter ist verletzt», brüllte Brockstedt plötzlich los, «und zwar weil dein Vater auf ihn losgegangen ist wie ein Berserker!»

«Das ist totaler Mist und muss geahndet werden, da bin ich deiner Meinung. Aber noch mal zum Mitschreiben: Ich habe nichts damit zu tun. Oder komme ich deswegen in Sippenhaft?»

Brockstedt schüttelte den Kopf und schaute ihr in die Augen.

«Es geht gar nicht um dich, Maria.»

«Sondern?»

Er holte tief Luft.

«Um eure Oma.»

«Aber …»

«Ocke und Christa sind nicht der richtige Umgang für Imke. Die haben sich zu Chaoten entwickelt. Ich kann es selbst kaum glauben, aber es ist so.»

Maria wurde jetzt richtig sauer.

«Woher nimmst du das? Ocke und Christa haben doch gar nichts gemacht.»

«Die laden sich einen Haufen Wahnsinniger ein, die ganz Dunsum aufmischen und deine Kollegen angreifen. Sogar Touristen sind in die Sache verwickelt. Wie kommt das, frage ich mich?»

Jetzt senkte Brockstedt die Stimme auf Zimmerlautstärke: «Du schreibst einen Bericht über alles, was du gesehen hast, und zwar sofort.» Er nahm einen Papierlocher in die Hand – so etwas gab es tatsächlich noch bei der Polizei – und spielte damit herum.

«Mal so von Mensch zu Mensch: Nehmt eure Oma da

raus! Christa hat ihre Aufgabe als Pflegerin nicht im Griff, das ist offensichtlich. Imke soll vorgestern auf eigene Faust durchs Watt nach Amrum gelaufen sein, stimmt das?»

«Was? Keine Ahnung», stammelte Maria.

Sönke musste schlucken. Er hatte Maria noch nichts von der Rettungsaktion erzählt, das musste er dringend nachholen. Wenn es selbst ihr Revierleiter schon wusste …

Brockstedt glaubte ihr kein Wort und schüttelte nur verständnislos den Kopf: «Muss denn noch mehr passieren?»

In diesem Moment piepste Sönkes Handy. Eine SMS von Regina. Sie rief zur Familiensitzung am Utersumer Strand.

Von der harmonischen Stimmung, wie sie gestern Abend bei der Geschenkübergabe noch geherrscht hatte, war nichts mehr zu spüren.

12. Strandburg

Der Utersumer Strand zeigte sich an diesem Tag wie ein vielfarbiges Aquarell: ein Streifen heller Sand, gespickt mit bunten Strandkörben, dahinter eine Schicht braunes Watt, darüber die hellen Dünen auf der Nordspitze von Amrum, und ganz oben ein fetter, dunkler Regenhimmel aus Lila und Schwarz. Die meisten Urlauber ließen sich von dem einsetzenden Niederschlag erst einmal nicht beirren und blieben in ihren Strandkörben oder auf ihren Fahrrädern sitzen, aßen Eis oder setzten ihren Spaziergang fort. Erst als die Tropfen dichter wurden, suchten sie sich einen trockenen Unterstand. Unter den Sonnenschirmen der vielen Straßencafés konnten die Feriengäste wunderbar an der frischen Luft bleiben, ohne nass zu werden. Was manchmal schöner war als gutes Wetter, denn bei Hitze verloren sich die Menschen oft in alle Richtungen. Nun hingegen rückten sie zusammen, bestellten eine Friesentorte oder ein Herrengedeck und kamen viel schneller ins Gespräch.

Sönke erinnerte sich noch daran, wie er als kleiner Junge an diesem Strand zusammen mit Maria einen Strandburgenwettbewerb gewonnen hatte. Er lebte damals mit seinen Eltern in Hamburg, aber da seine Oma hier wohnte, kamen sie regelmäßig zu Besuch. Er musste um die zehn gewesen sein. Ihre Strandburg hatten sie gespickt mit Muscheln,

Steinen und selbst gebastelten Wimpeln. Das war inzwischen schon eine echte Alte-Onkel-Geschichte, die Jüngere kaum glauben konnten, denn Strandburgen waren aus Naturschutzgründen mittlerweile streng verboten. Sönke fand, dass vieles leichter und unbeschwerter gewesen war, als man sich über die Umwelt noch nicht so viele Gedanken gemacht hatte. Auch wenn das natürlich vernünftig und notwendig war.

Dicke Tropfen ploppten auf den Sand. Sönke war an Arnes Revier angelangt, hier vermietete sein Onkel seine Strandkörbe. Drei der Körbe hatte Arne in der Nähe des DLRG-Turms wie eine Festung zusammengerückt – je einen für Sönke, Regina und sich. Typisch für unsere Familie, dass jeder seinen Korb hat, dachte Sönke. Sie waren zusammengekommen, um über Oma zu reden. Aber natürlich ging es nach gestern Abend um noch viel mehr.

Erst einmal schwiegen alle und hörten dem Regen zu. Der machte niemandem etwas aus, denn auch bei Schietwetter konnte man sehr gut in Strandkörben sitzen. Wenn man sie aufrecht stellte, ließen sie keinen Tropfen durch. Unter anderen Umständen hätte es richtig gemütlich werden können.

Sönke war schon von seiner fast gleichaltrigen Tante Regina genervt, bevor sie etwas gesagt hatte. Sie war das jüngste Kind von Oma und wohnte mit ihrem Mann Holger und ihrem fünfzehnjährigen Sohn John in einem kleinen Haus in Wyk gleich hinterm Postamt, in der Rungholtstraße. Sönke hatte auf der Party mitbekommen, dass Regina sich lange mit Frau Bösinger unterhalten hatte. Da hatten sich zwei gefunden. Frau Bösinger hatte ihr mit Sicherheit jedes Detail von Omas Amrum-Ausflug weitergetratscht. Zudem konnte Regina Christa nicht ausstehen, von der Sönke wiederum ein echter Fan war. Eine

Frau, die auch jenseits der fünfzig noch lustvoll lebte, empfand Regina als pervers, ihre Mutter war das beste Beispiel dafür. Sönke wusste, dass Regina Imkes jahrzehntelange heimliche Liebesbeziehung zu Johannes auf der Nachbarinsel Amrum immer noch als Verrat empfand. Bei der gestrigen Geschenkübergabe hätte man allerdings meinen können, dass Mutter und Tochter ein neues Kapitel in ihrer Beziehung aufgeschlagen hätten. Doch das war wohl nur ein Wunschtraum gewesen.

«Was die Leute reden, ist Rufmord», begann Regina.

«Die hören auch wieder damit auf, du kennst das doch», hielt Sönke dagegen. Schade, dass Maria nicht dabei sein konnte, Brockstedt hatte sie mit seinem blöden Bericht in Beschlag genommen. Sie hätte ihn sicher unterstützt.

«Im Geschäft wollen die Leute keine Brillen mehr von mir kaufen», jammerte Regina.

«Du übertreibst», sagte Arne.

Regina lächelte ihn säuerlich an: «Kommst du jetzt eigentlich in den Knast, Bruderherz? Oder wie ist da der Stand?»

Arne sah sie wütend an. «Das geht dich nichts an», zischte er.

Der Regen wurde stärker, und Sönke zog die Beine ein.

«Das fällt alles auf unsere Familie zurück», sagte Regina.

«Wenn das deine einzige Sorge ist», erwiderte Sönke. «Hast du uns wegen Arne zusammengetrommelt?» Er war nicht gekommen, um einem Geschwisterkrieg beizuwohnen.

«Nein. Die wichtigere Frage lautet: Ist die WG der richtige Umgang für Mama?»

Nun war es raus.

«Christa und Ocke kümmern sich rührend um sie», sagte Sönke, wohl wissend, dass das vielleicht nicht ganz der Wahrheit entsprach.

Regina verzog höhnisch das Gesicht.

«So sehr, dass sie auf eigene Faust nach Amrum wandert und sich in fremde Betten legt?»

«Besser als eingesperrt», brummte Sönke.

Doch Regina wusste noch mehr: «Christa ist zurzeit vollkommen von der Rolle. Die hängt auf dem Sandwall rum und baggert junge Männer an.»

«Sagt wer?», fragte Arne.

«Karen-Ann. Sönke hat es heute Morgen selbst mit angehört, als er bei mir im Laden war, oder, Sönke?»

«Christa sieht toll aus, warum denn nicht?»

«Die kann einfach nicht älter werden.»

«Das regelt der Markt, würde ich sagen. Entweder klappt es ...»

«... oder sie macht sich lächerlich!», keifte Regina. «Christa steckt in einer Lebenskrise. Das könnte uns ziemlich egal sein, wenn sie sich ordentlich um Mama kümmern würde. Aber das tut sie nicht.»

«Ocke ist ja auch noch da», wandte Arne ein.

«Dasselbe in Grün! Macht einen auf Rocker, außerdem soll er heimlich saufen.»

«Wenn er es heimlich macht, woher weißt du es dann?»

Wirklich, das war ein reines Vorurteil, weil Ocke Seemann war. Da war nichts dran. Ocke trank schon mal einen, aber seltener als Sönke, und der trank nun echt nicht viel. Als Taxifahrer konnte sich Ocke in dieser Hinsicht ohnehin keinen Schnitzer erlauben.

«Ich habe ihn doch selbst auf der Fete erlebt. So etwas erkennt man, wenn man auch mal an der Flasche hing.»

Tatsächlich war Regina seit zwei Jahren trockene Alkoholikerin und hatte zwanzig Kilo abgenommen, das musste man ihr hoch anrechnen. Doch leider hatte sie sich zu einer Missionarin entwickelt, die strikte Zurückhaltung von sämtlichen Mitmenschen in ihrer Umgebung forderte, was ihr nicht nur Sympathien einbrachte …

«Auf der Fete gehörte er zu denen, die am wenigsten getrunken haben», sagte Sönke.

«Außerdem haben wir da alle keine gute Figur gemacht», seufzte Arne.

«Ich schon», sagte Regina.

«Natürlich.»

«Ich habe auf der Feier nichts getrunken, mir kann man nichts vorwerfen. Im Gegensatz zu dir, Arne, denn du hast das mit dem Trinken gar nicht mehr im Griff.» Regina machte eine kurze Pause. «Wir sind die kaputteste Familie auf ganz Föhr», fügte sie hinzu.

«Und? Sollen wir jetzt eine Familientherapie machen, oder was?» Sönke hasste Reginas Übertreibungen.

«In einer betreuten Wohngruppe wäre das alles nicht passiert», stellte Arne fest.

Das kam überraschend. Bisher hatte Arne immer zu Omas WG gestanden und ein Heim kategorisch abgelehnt. Sönke war plötzlich enttäuscht von seinem Onkel und Schwiegervater. Dieser Mann war einmal sein Vorbild gewesen: der erste Surflehrer der Insel Föhr!

«Spinnst du?», sagte er.

«Betreutes Wohnen ist im Grunde nichts anderes als eine WG, nur dass die Betreuer ihre Aufgabe ernst nehmen», stimmte Regina ihrem knapp zwanzig Jahre älteren Bruder zu. «Frag mal die Leute, die da wohnen, die fühlen sich sauwohl!»

«Wahrscheinlich hast du recht», sagte Arne.

Sönke verstand die Welt nicht mehr, was war nur mit Arne los? Die Heimdiskussion hatten sie vor einem Jahr schon mal geführt, als Oma den Herd angelassen und damit fast ihre Wohnung am Sandwall abgefackelt hätte. Da war Arne noch empört gewesen, dass ein Heim überhaupt in Erwägung gezogen wurde. Oma war einer Entscheidung zum Glück zuvorgekommen, indem sie auf eigene Faust mit Christa zu Ocke nach Dunsum gezogen war.

Regina setzte noch einen drauf: «Wir sollten Mama von der Insel aufs Festland bringen. Mit etwas Abstand könnte alles viel entspannter sein.»

In diesem Moment hörte der Regen schlagartig auf, und die Sonne eroberte einen kreisrunden Ausschnitt über den Dünen von Amrum.

«Oma hat ihr Leben lang auf Föhr gelebt», empörte sich Sönke. «Du spinnst ja wohl total!»

Jetzt stiegen Regina die Tränen in die Augen. «Im Gegensatz zu dir bin ich gebürtige Insulanerin. Und ich möchte weiter hier leben, und zwar ohne ständigen Ärger! Ich werde hier noch zur Außenseiterin. Das klingt vielleicht egoistisch, aber es ist so.»

Sönke schnappte nach Luft. «Oma ist vollkommen klar. Okay, sie hatte zwischendurch eine kleine Schwächeperiode, aber was soll sie in einem Heim?»

«Genau umgekehrt, mein Lieber! Mama ist altersschwach und hatte gerade ihre letzte Hochphase.»

«Quatsch.»

«Mann, Sönke, Imke dreht nicht auf – sie baut ab! Das wird uns allen mal so gehen.»

«Mag sein, aber zurzeit ist sie vollkommen klar.»

Regina hob abwehrend die Hände.

«Kompromiss!», rief sie, «das mit dem Festland vergessen wir. Aber in der Wohngruppe ‹Schmetterlinge› hier in Utersum ist ein Platz frei geworden …»

«Schmetterlinge? So nennt man Wickelgruppen in Kindergärten.»

«Du bist Mamas gesetzlicher Vormund, Sönke. Und du hast Christa als Pflegerin eingesetzt.»

«Dazu stehe ich auch!»

«Omas Wattwanderung und die Party werden sich bis zum Amt herumsprechen, da sei mal sicher.»

«Soll das eine Drohung sein?»

«Imke ist immer noch meine Mutter, und ich möchte, dass es ihr gut geht. Ich möchte, dass Christa die Pflege abgibt, sonst garantiere ich für nichts.»

«Und wie soll es ohne Christa weitergehen in der WG?»

«Gar nicht.»

Sönke erhob sich. «Ich rede erst einmal mit Christa, ja? Dann sehen wir weiter.»

Das hätte er nach Omas Wattwanderung längst tun sollen. Hoffentlich war es noch nicht zu spät.

13. Oma dreht auf

Am nächsten Morgen saß Imke an ihrem Schreibsekretär und fummelte am DVD-Player herum. Sie wollte sich ihren Geburtstagsfilm noch einmal ansehen, um vielleicht mehr über die Geschehnisse auf ihrer Party zu erfahren. Wen sie auch fragte, alle hielten sich bedeckt und wollten sie schonen, was sie maßlos ärgerte. Als wenn sie nicht mitbekommen hätte, wie Brockstedt seine Vorladungen an Arne und die Bösingers verteilt hatte!

Sie war so aufgewühlt, dass sie alles falsch machte und auf dem Display schließlich das böse Wort «Error» erschien.

«Du verfluchtes Miststück», schnauzte Imke den DVD-Player an, als würde das etwas ändern.

Da klopfte es an der Tür. Ihre Enkelin Maria kam in ihrer dunklen Uniform herein. Sie stand ihr hervorragend, wie Imke immer wieder feststellte. Auf jeden Fall besser als die schrecklichen Vorgängermodelle «Förstergrün mit kackbeiger Hose».

Marias schaukelnder Gang wirkte allerdings auf Imke immer etwas zu männlich, was so gar nicht zu ihrem feinen Gesicht mit den großen braunen Augen passte. Deswegen hatte sie früher wie eine Ballettmeisterin versucht, der pubertären Maria einen weiblichen Schritt beizubringen –

vergeblich. Der Gang gehörte einfach zu ihr, und als Polizistin musste sie ja nicht auf den Laufsteg.

«Moin, Oma.»

«Moin, mien seuten Deern.»

Maria küsste sie auf die Wange.

«Es ist keiner da, und die Haustür war auf», sagte Maria mit sanftem Tadel. In Föhr wurden Wohnungen traditionell nicht abgeschlossen, obwohl es immer mehr Diebstähle gab.

«Setz dich doch.»

«Ich habe leider wenig Zeit, Oma, ich bin im Dienst.»

«Schade.»

Imke liebte ihre Enkelin sehr. Im Alter von drei Jahren war sie von ihrem Sohn Arne adoptiert worden, als Marias Hippiemutter sich nach Indien aufgemacht hatte. Da Arne als allein erziehender Vater nicht immer Zeit gehabt hatte, war Imke oft und gerne eingesprungen. Und was das Schönste war: Maria hatte ihren Lieblingsenkel Sönke geheiratet!

«Hat schon jemand mit dir über die Party geredet?», fragte Maria. «Ich meine, über den Polizeieinsatz?»

«Nein, die halten mich alle für zu blöd.»

«Genau das habe ich befürchtet. Aber ich finde, du sollst wissen, was da los war. Immerhin geht es auch um Arne.»

Maria legte eine DVD auf Imkes Schreibsekretär.

«Es gibt eine Aufzeichnung vom Einsatz. Aber die hast du nie gesehen, klar? Auch Sönke muss davon nichts erfahren.»

Imke hob scherzhaft den Zeigefinger.

«Hast du etwa Geheimnisse vor deinem Mann?»

Maria nickte.

«Ich fürchte, er hätte gute Argumente gegen das, was ich hier gerade mache.»

«Danke.»

Nachdem Maria für ihre Oma die DVD eingelegt hatte, gab sie ihr einen Kuss auf die Wange und verschwand wieder.

Imke blickte gespannt auf den Bildschirm.

Zuerst erschien eine Zahl in einer Ecke des Monitors, vermutlich das Datum, aber es war zu klein, um es entziffern zu können. Dann folgte die akustische Aufzeichnung des Notrufs von Vogelwart Markus Clausen:

«Die Alten-WG in Dunsum macht einen Höllenlärm! Das könnt ihr euch nicht vorstellen, die drehen vollkommen durch.»

«Ich kann dich kaum verstehen», kam es zurück.

«Ruhestörung in Dunsum», brüllte Markus.

Schnitt.

Im Licht eines Handscheinwerfers war eine Frau in dunkelrotem Pullover zu sehen, das Bild wackelte stark. Sie lag vor der Holzwand der Dunsumer Bushaltestelle, an der wild durcheinander Plakate klebten; Anzeigen fürs Sommerfest der Föhrer Landfrauen, für einen Yoga-Kurs bei Frau Ranga Janzen, Hinweise auf den Wyker Fischmarkt und ein Kirchenkonzert in St. Laurentii.

Schnitt.

Gegenüber der Bushaltestelle war eine Person zu sehen, die mit bizarr verrenkten Gliedmaßen unter dem Schaukasten der Maklerfirma Densch & Schmidt lag. Das Motto der Firma blitzte kurz im Scheinwerferlicht auf: «Leben, wo der Wind weht.»

«Mist», entfuhr es Polizeimeister Markhoff, «das ist Arne.»

Imke schaute genau hin, aber selbst sie hätte ihren Sohn kaum erkannt.

Markhoff fühlte ihm den Puls.

«Der ist noch warm», stellte er erleichtert fest.

Plötzlich öffnete Arne die Augen und lallte: «Was wollt ihr blöden Bullenschweine?»

Markhoff nahm sein Funkgerät in die Hand: «Wir bräuchten mal den Notarzt nach Dunsum in die Dorfstraße …»

«Kein Arzt!», lallte Arne und rüttelte ihn am Arm, woraufhin der Polizist ins Stolpern geriet.

Markhoff missverstand das als Angriff und wehrte sich nach Kräften, was Imke reichlich übertrieben fand. Aber auch ihr Arne, das musste sie zugeben, teilte mächtig aus.

Schnitt.

Danach zeigte die Kamera Herrn Bösinger, der einen irrsinnigen Krach mit seiner Gitarre veranstaltete und mit glasigen Augen unverständliche Wortfetzen ins Mikrophon schrie. Gerald Brockstedt und Peter Markhoff forderten ihn höflich auf, die Anlage auszustellen, was er überhaupt nicht einsah. Frau Bösinger stand daneben und bedrohte die beiden mit einem Tortenmesser. Daraufhin schritt Brockstedt selbst zur Tat und zog den Stecker. Bösinger stürzte mit umgehängter Gitarre auf die beiden Ordnungshüter los: «Ihr Arschlöcher, euch mache ich fertig, ihr verblödeten Hurensöhne!»

Das reichte. Imke hielt den Film an, sie wollte dieser Tragödie nicht länger zusehen. Es war schlimmer, als sie befürchtet hatte. Ihre Bowle war einfach zu stark gewesen, und deswegen musste ihr Sohn jetzt vielleicht ins Gefängnis.

Sie schaute aus dem Fenster und dachte nach. Es gab nur eine Chance, Arne zu helfen: die hohe Kunst der Föhrer Inseldiplomatie. Sie musste direkt mit Brockstedt reden und ihn dazu bringen, die Angelegenheit anders zu regeln als mit dem Staatsanwalt in Niebüll.

Natürlich hätte sie Ocke bitten können, sie zu fahren, aber erstens nahm sie ihn ohnehin schon zu viel in Anspruch, und zweitens war es für ihre Mission besser, sie tauchte allein bei Brockstedt auf. Und zwar heute noch. Ein Überraschungsangriff funktionierte immer am besten.

Sie blickte hinüber auf die Deichkrone und sah eine

Traube bunt gekleideter Touristen zur Haltestelle trotten. Sollte sie sich zu ihnen in den vollen Bus nach Wyk zwängen, der auch in Midlum hielt, wo sie hin musste? Aber wie käme sie dann von dort weiter, falls das nötig war?

Imke zückte eine Tablettenpackung und zögerte einen Moment. Die mahnenden Worte ihres Hausarztes kamen ihr in den Sinn: «Dieses Mittel ist nur für den Notfall, es geht auf die Nieren und kann abhängig machen.»

War das mit achtundsiebzig noch irgendwie wichtig?

Dr. Behnke hatte ihr empfohlen, mit einer Tablette anzufangen, aber Imke beschloss, dass sie keine Zeit hatte, vorsichtig zu sein, und schluckte gleich zwei auf einmal. Dann legte sie sich aufs Sofa, um die Wirkung abzuwarten. Und tatsächlich, das Zeug schlug phänomenal an, Minute für Minute ging es ihr besser. Das bezahlte sie zwar mit einem Rauschen in den Ohren, das sich wie Windstärke zwölf anhörte, aber das wäre bei einem echten Sturm ja auch nicht anders gewesen.

Voller Tatendrang zog sie sich Jacke und Schuhe an und ging zu dem Schuppen hinter dem Haus, den sie sonst eher mied. Sie hasste den Ölgeruch und die rutschige Schmiere auf dem Boden, Ocke sammelte und reparierte hier seine alten Mofas. Eine schwarz lackierte Maschine mit Rostflecken stand aufgebockt auf einem Ständer, der Schlüssel steckte im Schloss. Das Gefährt sah seltsam aus, denn der Motor lag vorne, quer vor dem Lenker.

«Vélosolex», entzifferte Imke den abblätternden Schriftzug.

Sie zögerte.

Seit Jahren war sie nicht mehr Auto gefahren, weil sie sich zu schwach fühlte – und nun sollte sie sich auf ein Zweirad setzen? Andererseits waren ihre Mitbewohner gerade nicht da und die Wirkung der Tabletten auf dem Höhepunkt, also jetzt oder nie! Sie drehte den Schlüssel um und stellte sich mit beiden Füßen auf die rechte Pedale. Erstaunlicherweise sprang das Ding beim ersten Mal an und stieß giftige blaue Dampfwolken aus. Imke setzte sich auf das Mofa, jetzt musste es nur noch vom Ständer.

Aber das schaffte sie nicht, dazu fehlte ihr einfach die Kraft.

Das war es wohl.

Trotzdem, noch ein Versuch.

Imke verlor das Gleichgewicht, und wie von allein rutschte das Mofa vom Ständer und fuhr mit ihr aus dem Schuppen. Hätte sie nicht das blanke Entsetzen gepackt, wäre das eine lustige Slapstick-Einlage gewesen. *Meine Oma fährt im Hühnerstall Motorrad.* Zum Glück fand sie nach ein paar Metern das Gleichgewicht wieder und schnurrte jetzt über eine schmale Nebenstraße zwischen üppig wuchernden Maisfeldern Richtung Marsch.

Der Himmel war immer noch bedeckt, aber es regnete nicht. Dieses Wetter war ein echtes Geschenk. Und auch die Strecke war dankbar, es ging meistens stur geradeaus. Über ihr brummte ein kleines Flugzeug Richtung Sylt. Imke klammerte sich krampfhaft an den Gasgriff und durchfuhr eine Schilfallee mit schlanken, hellen Halmen, die im Wind raschelten und bald von einer Hecke abgelöst wurden, in der glutrote Hagebutten leuchteten. Dann schoss sie auf eine kilometerweite freie Fläche mit sattgrünen Kuh- und Pferdeweiden zu. Sie ließ Oldsum rechts liegen und preschte auf der geraden Straße voran. Kurz vor Midlum passierte sie die Brücke über den kleinen Kanal, zehn Minuten später stand sie vor dem Friesenhaus, in dem Gerald Brockstedt wohnte. Ihr Handgelenk schmerzte noch etwas vom Gasgriff, aber sie hatte es geschafft!

Das Haus war umgeben von einem Rosengarten und einem perfekt gestutzten Rasen, der fast so glatt wie ein

Teppich aussah. Vor der grün lackierten Eingangstür kniete eine Frau mit dunklen Haaren und einem ausgebleichten lila T-Shirt, Geralds Frau Wiebke. Sie rupfte Moos und Unkraut zwischen den Pflastersteinen auf dem Bürgersteig heraus, was genau genommen Aufgabe der Gemeinde war.

Imke atmete tief durch: Jetzt ging es los! Den Motor stellte sie lieber nicht ab, sonst würde sie das Mofa nie wieder in Gang bekommen.

«Moin, Wiebke. Hört nie auf, die Sauarbeit, was?»

Wiebke kam hoch und stützte dabei ihren Rücken, wie es Schwangere tun.

«Moin, Imke.»

«Ist Gerald da?»

«Der ist angeln im Hafen – eilt es?»

Imke winkte lässig ab: «Ach was.»

Pech gehabt, jetzt musste sie noch weiter fahren. Sie spürte, dass ihre Kräfte zu schwinden begannen.

«Lass dich bloß nicht von meinem Mann erwischen», sagte Wiebke.

«Wieso?»

«Ohne Helm und ohne Kennzeichen?»

«Och …»

Imke verabschiedete sich und tuckerte auf die Midlumer Dorfstraße. Inzwischen war es unglaublich schwül, es ging bestimmt auf dreißig Grad zu. Schweißtropfen liefen ihr in die Augen, aber sie traute sich nicht, sie abzuwischen, denn dafür hätte sie kurz den Lenker loslassen müssen. Als sie auf einem Verkehrsschild die Warnung vor spielenden Kindern sah, betete sie, dass ihr keines in den Weg lief, denn Ausweichmanöver befanden sich nicht in ihrem Repertoire. Der Himmel verdüsterte sich zusehends, sie musste sich beeilen.

Im Sportboothafen angekommen, sah sie Hunderte von

Segelmasten steil in den Himmel ragen, dahinter legten die schweren, großen Fähren aus Dagebüll und Amrum an. Gegenüber befanden sich das Gebäude der W.D.R.-Reederei mit seiner Glasfassade und einige Buden, an denen Fischbrötchen und Kuscheltiere verkauft wurden.

Jetzt entdeckte Imke Brockstedt. Er saß mit seiner Angel in der Hand auf der Kaimauer und starrte aufs Wasser. Seltsam, dass er sich ausgerechnet diesen Platz ausgesucht hatte, von wo aus er das Polizeirevier im Blick hatte – war *das* gut, um Abstand zu gewinnen? Oder konnte er einfach nicht loslassen? Zumal es um ihn herum von Touristen wimmelte. Am Deich wäre es deutlich ruhiger gewesen. Maria hatte mal behauptet, dass Brockstedt nur angelte, um nicht von seiner Frau zur Gartenarbeit genötigt zu werden, Fische interessierten ihn eigentlich nicht die Bohne. Warum suchte er sich dann nicht ein Hobby, das ihm Spaß machte?

Um Ärger zu vermeiden, parkte Imke das Mofa ein paar Meter entfernt hinter einem Schuppen. Dann ging sie langsam zu Brockstedt und ließ sich neben ihm auf dem Kai nieder. Ein echter Kraftakt.

«Na?», sagte sie.

Brockstedt grummelte eine mäßig-freundliche Mischung aus «Moin» und «hmmh» – was verständlich war: Angeln ging man nicht, um zu quatschen, sondern um *nicht* zu quatschen.

«Und?»

«Frag ich dich.»

Natürlich musste ihm klar sein, weswegen sie gekommen war.

«Wird ja viel geredet», sagte sie nach einer Weile.

«Jo.»

Beide starrten stumm ins Hafenbecken.

Das Gute an Gesprächen mit Föhrern war, dass man zwischendurch auch mal gar nichts sagen durfte. Man konnte in Ruhe zu Ende denken und dann weiterreden. Eine Pause nahm einem keiner übel. Jetzt riss eine riesige Sturmmöwe mit ihrem Geschrei sie abrupt aus ihren Gedanken.

«Föhr ist ja zum Glück weit weg vom Festland», murmelte Imke.

«Weiter, als man denkt», bestätigte Brockstedt, was sie als kleines Entgegenkommen wertete.

«Ich wundere mich oft über die Strafen auf dem Festland», sagte sie.

«Zu lasch?» Brockstedt warf seine Angel aus und kurbelte an der Rolle.

«Weiß nicht. Was für den einen eine Strafe ist, ist für den anderen gar nicht so schlimm. Manche nehmen eine Bewährung wie einen Freispruch.»

«Wohl wahr.»

«Denen sollte man besser den Führerschein wegnehmen oder so etwas. Das trifft sie viel mehr.»

Brockstedt nickte. «Geht aber nicht, rein rechtlich.»

«Schade.»

«Jo.»

Imke schaute in den Himmel. Der Regen war fast schon zu riechen, sie musste auf den Punkt kommen.

«Auf Föhr ist ja immer die Frage: Geht es nach Festlandsrecht oder nach Inselrecht?»

Brockstedt warf ihr einen strengen Blick zu: «Wir gehören hier genauso zu Deutschland wie Bayern.»

«Na ja …»

«Nee, dat is so!»

Imke wusste, dass Brockstedt es nicht so meinte. Zu den ungeschriebenen Spielregeln der friesischen Diplomatie gehörte es, die Dinge nicht direkt anzusprechen. Sie rutschte etwas näher an ihn heran.

«Was ist denn die schlimmste Strafe für einen ganz normalen Menschen?»

Brockstedt überlegte einen Moment. «Nackt über die
Straße laufen?»

Imke brummte zufrieden. «Ganz genau.»

«Und? Zu Hause alles gesund?», fragte sie nach einer
Pause, obwohl sie ja direkt von seiner Frau kam. Brockstedt
erzählte ihr von der Gartenarbeit, die nicht vorankam, weil
er lieber angeln ging. Imke deutete auf seine Angelrolle, um
das Gespräch harmonisch abzuschließen:

«Neu?»

«Kennst du dich aus mit Rollen?»

«Ein bisschen», behauptete sie, was glatt gelogen war.

«Das ist eine Heckbremsenrolle, Cormoran Bull Fighter.
Die mag ich am liebsten, lässt sich fein einstellen, und das
Getriebe läuft satt und rund. Drei Stahlkugellager, Longlife
Bügelfeder, ergonomischer Kurbelknauf, guck mal, wie die
in der Hand liegt, die ist perfekt.»

Nur einen Fisch hast du damit nicht gefangen, dachte sie.
Die dunkle Wolke war schneller gekommen als erwartet, die
ersten Tropfen fielen schon vom Himmel.

«Ich muss denn mal wieder», sagte Imke.

Brockstedt half ihr hoch und fischte sein Regenzeug aus
seinem Rucksack.

«Ach, Imke», sagte er. «Was ich dir noch sagen wollte …»

«Ja?»

Bitte nicht noch mehr Fakten aus der Anglerwelt!

«In deiner Familie braut sich was zusammen.»

Imke sah ihn erstaunt an.

«Wieso? Was denn?»

«Sönke, Regina und Arne haben in Utersum am Strand
getagt. Wegen dir.»

«Sagt wer?»

«Jan von der DLRG, der hat sie zusammen in den Strandkörben gesehen.»

«So? Und was schnacken die so?»

«Vielleicht solltest du mal nachdenken, ob Christa und
Ocke die Richtigen zum Zusammenwohnen sind.»

Was hatte das nun wieder zu bedeuten?

«Wie bist du hier?», fragte Brockstedt unvermittelt.

«Mit dem Bus.»

«Na, denn.»

Das Hafenbecken wurde jetzt von kleinen Wassertropfen
gesprenkelt, die immer dichter wurden. Imke wäre am liebsten in das gläserne Gebäude der nahe gelegenen W.D.R.-
Reederei *gerannt*, aber das war nicht drin. Also stakste sie
Schritt für Schritt auf das Gebäude zu und versuchte den
Regen zu ignorieren. Später fiel ihr noch das Mofa hinter
dem Schuppen ein, aber darum konnte sie sich nun wirklich
nicht mehr kümmern.

14. Tief im Bauch

Maria und Sönke hatten es sich auf einer Matratze im Wintergarten ihres kleinen Reetdachhauses bequem gemacht. Inzwischen prasselte von oben ein kleines Regen-Inferno auf die Scheiben. Maria lagerte ihren Kopf auf seinem Bauch und lag nun im rechten Winkel zu Sönke.

«Sind deine Kollegen eigentlich immer noch sauer wegen der Fete?», unterbrach Sönke die Wassermusik.

Maria atmete tief ein.

«Die Kollegen nicht, aber Gerald. Der hat die WG-Schlägereien zur Chefsache gemacht und will hart gegen Papa vorgehen.»

Sönke spielte mit seinen Fingern in Marias dunklem Haar.

«Arne wird nichts zu lachen haben.»

«Wahrscheinlich denkt er, mit ein bisschen Gelaber kommt er da raus.»

«Wann ist die Anhörung?»

«Am Dienstag.»

«Solltest du nicht doch noch mal mit Brockstedt reden?»

Sönke spürte, wie Maria auf seinem Bauch den Kopf schüttelte.

«Mein Vater ist alt genug, um für sich selbst zu sorgen.»

«Na ja, er kommt ja bald ins Rentenalter, da braucht er vielleicht Hilfe.»

Maria lachte. «Das sag ihm mal.»

Tatsächlich hielt sich Arne für mindestens fünfzehn Jahre jünger und gab sich immer betont jugendlich. Das hatte er wohl von seiner Mutter geerbt.

«Mann, wann haben wir das letzte Mal so wild gefeiert?», seufzte Maria.

«Und das auf einem Achtundsiebzigsten, das gehört ins Geschichtsbuch.»

«Du musst trotzdem mit Christa wegen Oma reden, da hat Regina ausnahmsweise mal recht.»

«Oma ist im Augenblick so was von klar, da sehe ich keine Probleme.» Dass er ihre Sorge insgeheim teilte, behielt er lieber für sich.

«Das kann sich jeden Tag ändern. Es geht ja nur darum, dass sich Christa verantwortlich fühlt, wenn Oma sie braucht.»

«Am besten, ich fahre direkt zu ihr.» Sönke richtete sich auf und schaute auf seine Uhr. «Sie müsste jetzt zu Hause sein.»

Maria streichelte über seinen Nacken. «Bleib noch einen Moment, Sönke.»

«Wenn ich jetzt nicht fahre, mache ich es nie.» Sönke ließ sich wieder auf den Rücken sinken und beobachtete den Tropfenteppich über sich.

«Wie das wohl wird, wenn wir alt werden?», fragte Maria.

«Wie kommst du jetzt darauf?»

«Weiß nicht, vielleicht wegen Oma.»

«Ich glaube, wenn man einfach nur alt ist und einigermaßen gesund, ist es gar nicht schlimm.»

«Wenn bloß nicht dieser dusselige Tod wäre. Ich meine, wenn man alt ist, kann man nicht mehr sagen, irgendwann sterbe ich mal, sondern dann stirbt man sehr bald. Und das Gleiche erlebt man bei seinen besten Freunden, die sterben einer nach dem anderen weg.»

«Es gehört dazu, leider.»

«Was es nicht verständlicher macht.»

«Ich möchte auf keinen Fall verbrannt werden», sagte Sönke.

«Wieso nicht?»

«Vielleicht können sie aus meinen Knochen noch ein paar Nägel machen, dann sind sie wenigstens noch zu was nutze, das würde mir gefallen.»

«Kannst du dir vorstellen, achtundsiebzig zu sein wie Oma?», fragte Maria.

«Nicht wirklich. Aber ich konnte mir mit zwanzig auch nicht vorstellen, siebenunddreißig zu sein.»

«Und, wie ist es?»

«Perfekt.»

«Echt?»

«Ja, und bei dir?»

«Auch gut – das heißt: noch.»

«Wieso das? «

«Zu dritt wird es hier etwas eng werden.»

«Hmmh.»

Sönke spürte eine unendliche Leere in sich.

Marias Worte verloren sich im Raum.

Und kamen nach einer Sekunde wie ein Echo wieder: Was hatte sie da gesagt? Wenn es *das* war, dann war es wichtiger als alles andere in seinem bisherigen Leben.

«Was war das eben?», fragte er. Bestimmt hatte er sie falsch verstanden.

«Sönke?»

Sönke bekam einen trockenen Mund: «Ja?»

Maria lachte und schrie mit strahlenden Augen wie eine Irre los: «Jaaaaaaa!»

Sönke umarmte sie heftig, es ging alles durcheinander, schreien, juchzen, heulen, lachen.

«Wir bekommen ein Kind. Ein Baby. Wahnsinn. Wir werden Mama und Papa!» Maria lächelte das entrückteste, schönste Lächeln, das Sönke je in ihren Augen gesehen hatte.

«Seit wann weißt du es?»

«Seit zehn Minuten.»

«Wie?»

Maria führte ihn ins Schlafzimmer, wo der Schwangerschaftstest noch lag, und hielt ihn ihm stolz vor die Nase.

«Irrtum ausgeschlossen?»

«Ich muss noch zum Arzt, aber ich fühle es auch, ich bin schwanger.»

«Heute Morgen hast du noch gesagt, es kann nicht sein.»

«Jetzt bin ich ganz sicher.»

Sönke legte seine Hand auf Marias Bauch: «Junge oder Mädchen?»

«Es wird ein Mädchen.»

«Oder ein Junge.»

«Nein, es wird ein Mädchen.»

«Das wird sich zeigen.»

Maria schüttelte den Kopf: «Bei uns in der Familie wissen die Frauen, was sie bekommen. Das ist eine Fähigkeit, die man nicht erklären kann.»

«Also Mädchen.»

«Ich finde, sie soll Imke heißen.»

«Zumindest mit zweitem Namen.»

«Abgemacht, und der erste Name?»

«Anna.»

«Anna Imke Riewerts.»

«Okay.»

Sönke wusste gar nicht, wohin mit sich, er wollte bei Maria sein und gleichzeitig durch den Raum springen. Alles würde jetzt anders werden. Vor einem Jahr war ihre fünfzehnjährige Grufti-Cousine Jade aus Frankfurt bei ihnen zu Besuch

gewesen, da hatten Maria und er schon mal das Eltern-
sein geübt – mit gnadenlosen Niederlagen, das musste er
zugeben. Aber mit dem eigenen Kind würde es ganz anders
werden!

«Sagen wir es den anderen?»

«Lass uns noch warten.»

«Nicht mal Oma?»

«Bitte, das hat doch Zeit.»

«Mensch, am liebsten würde ich mich jetzt mit dir besaufen!»

Maria breitete entschuldigend die Arme aus. «Das ist für
mich ab jetzt die falsche Ansage.»

Dann nahmen sie sich fest in den Arm und ließen sich den
ganzen Tag nicht mehr los. Zu Christa konnte er auch noch
morgen fahren.

15. Frauen bringen Unglück

Der Warteraum der W. D. R.-Reederei war voller Touristen, die in den ausliegenden Zeitschriften und Katalogen blätterten. Imke war nass geworden, aber es machte ihr nichts aus. Mit dem Regen hatte sie sich angefreundet, sonst hätte sie nicht ihr ganzes Leben auf Föhr verbringen können. Nun wartete sie, bis sich der Himmel wieder aufklarte, dann wollte sie mit dem Bus nach Hause fahren.

Ein junger Mann neben ihr hatte auf seinem Laptop den Regenradar des Wetterdienstes eingestellt und verfolgte, wie die Wolke Richtung Festland abzog. Was heutzutage alles möglich war! Imke ließ es sich dreimal erklären, war aber am Schluss genauso schlau wie zuvor. Sie schnappte sich einen der ausliegenden Kataloge und studierte das Angebot an Piratenfahrten, Insel- und Hallighopping sowie Kurzflügen nach Sylt. Es gab wahlweise «Sylt Royal» mit dem Bus, Schiffstörns zu den Seehundbänken, nach Amrum, auf die Hallig Gröde, die Hallig Langeneß und natürlich auf die Hallig Hooge mit dem Königspesel, einer alten Friesenstube aus dem 18. Jahrhundert. Imke hielt die rechte Katalogseite mit der Hand zu und versuchte sich zu erinnern: Hatte der dänische König Friedrich VI. dort in der Nacht vom 2. auf den 3. Juli 1825 wegen einer Sturmflut übernachtet? Diese Jahreszahl musste zu ihrer Schulzeit jedes Insulanerkind im Schlaf kennen, als ob es nichts Wichtigeres auf der Welt gab. Imke nahm die Hand wieder weg, die Zahl stimmte. So schlecht konnte es um ihr Gedächtnis nicht stehen.

Ihre Gedanken schweiften zu Brockstedt. Hoffentlich hatte sie Arne vor dem Knast bewahren können. So chaotisch die Familie Riewerts auch manchmal war, im Gefängnis hatte noch niemand von ihnen gesessen, und das wollte Imke auf ihre alten Tage nicht noch erleben. Zum Glück liefen die Uhren auf der Insel manchmal etwas anders – in diesem Fall allerdings nur, wenn Brockstedt es wollte.

Als die Regenwolke endlich Richtung Festland abgezogen war, kam die Sonne raus. Erst etwas zögerlich, dann immer entschlossener. Imke machte sich auf zur Bushaltestelle, die sich direkt vor dem W.D.R.-Gebäude befand, und erwischte einen Sonderbus nach Dunsum. Dort angekommen, empfing sie ein fröhlicher, warmer Wind, der am wolkenlosen Himmel von Sylt herüberzog. Am liebsten wäre sie zum Deich getapert, um einen Blick aufs Watt zu werfen, aber sie wollte es nicht übertreiben. Es waren allein die Tabletten, die ihr diese Tour ermöglicht hatten, jetzt sollte sie ihr Schicksal besser nicht mehr herausfordern. Also schlenderte sie die wenigen Meter zum Haus, das wie eine schlafende Schönheit in der Nachmittagssonne lag. An den verschiedenen Rotfärbungen der Steine erkannte man deutlich, dass die Wände zu unterschiedlichen Zeiten ausgebessert worden waren.

Draußen war niemand zu sehen, obwohl Ockes Taxi mit geöffnetem Kofferraum vor der Tür stand. Was sollte das? Ocke war eigentlich immer draußen, im Winter legte er sich sogar mit einem Mumienschlafsack auf die Terrassenliege, um Mittagsschlaf zu halten.

Sie betrat das Haus und ging über den schattigen Flur

in die Küche. Es war nichts zu hören, Ocke und Christa schienen nicht da zu sein. Sie setzte ihre Brille auf, gab ein paar gehäufte Löffel Kaffeepulver in die Kaffeemaschine, füllte Wasser ein und stellte sie an. Ein starker Bohnenkaffee würde ihr guttun. Erst als sie sich an den Küchentisch setzen wollte, fiel ihr auf, dass vor der Anrichte mindestens ein Dutzend Umzugskartons standen.

Was hatte das zu bedeuten?

Plötzlich hörte sie ein Geräusch aus Ockes Zimmer. Er war also doch da? Sie ging hin und blickte auf das pure Chaos. Ocke hatte all seine Bücher kreuz und quer auf den Boden geworfen und war gerade dabei, sein Regal von der Wand zu schrauben. Das Foto von der Gorch Fock lag neben dem Schreibtisch auf dem Boden. Ohne nachzudenken, stürmte Imke auf ihn zu und warf sich ihm um den Hals. Nirgendwo fühlte sie sich sicherer als in den Armen ihres starken Mitbewohners, der immer einen festen Stand zu haben schien. Eigentlich wollte sie ihm beichten, dass sie sich, ohne ihn zu fragen, sein Mofa geliehen hatte, aber zuerst musste die gute Nachricht raus.

«Stell dir vor, ich war eben mit Brockstedt angeln.»

«So?»

«Mit Glück habe ich damit Arne bei der Polizei rausgehauen.»

«Sehr gut.»

«Mehr nicht? Kein Wort der Anerkennung? So etwas wie, ‹Hey, Imke, wie hast du das hinbekommen?›?»

Ocke schaute sie traurig an. «Hast du gut gemacht.» Er faltete einen Umzugskarton auf und legte seine Wetterstation behutsam hinein.

«Du hast doch erst gerade renoviert», wunderte sich Imke.

Ocke legte mehrere Lagen Zeitungspapier über die Wetterstation und packte darüber seine messingfarbene Tischlampe mit dem Zugschalter aus einer Perlmuttkette aus Malaysia.

«Ich ziehe aus.»

Imke hörte die Worte wohl, konnte sie aber nicht glauben.

«Nein.»

Ocke schraubte weiter an seinem Regal herum.

«Tut mir leid, es geht nicht anders.»

«Warum?»

Sie nahm das Bild von der Gorch Fock in die Hand, stellte es mit der Rückseite nach vorne. Irgendetwas stand dort geschrieben. Sie setzte ihre Brille auf und konnte nun deutlich Ockes Thesen lesen:

WAS GAR NICHT GEHT:
  (1) Nach jedem Duschen bleiben Schamhaare im
      Abfluss!
  (2) Versucht ihr, Pilze in gebrauchten Kaffeebechern
      zu züchten, die ihr auf dem Dachboden lagert?
  (3) Holzbrettchen bekommen Risse, wenn sie nass
      werden. Sie haben nichts in der Spülmaschine zu
      suchen!
  (4) Meine Zeichenstifte verleihe ich gerne – wenn
      man mich fragt!

Imke nahm die Brille ab und schaute Ocke stirnrunzelnd an.

«Deswegen?»

«Nee», murmelte Ocke.

«Von den Schamhaaren in der Dusche habe ich nicht mal etwas geahnt!»

Ocke schüttelte den Kopf: «Es hat nichts damit zu tun.»

«Geld oder Liebe?», Imke nahm ihm den Schraubenzieher aus der Hand.

Da Ocke ihrem Blick auswich, lag die Lösung auf der Hand.

«Also Liebe.»

Ocke nahm den Schraubenzieher wieder an sich, setzte sich mit verschränkten Armen auf die Couch und schaute unglücklich aus dem Fenster. Draußen war bestes Sonnenwetter, viel zu schade, um trübe in der Bude zu sitzen.

«Kenne ich sie?», fragte Imke.

Ocke nickte.

«Wer?»

Ocke verschränkte die Arme vor dem Bauch. «Sage ich nicht!»

«Wer?»

«Ist doch egal.»

«Lass mich raten – Rita vom Edeka-Markt in Utersum?»

Rita war die attraktive fünfzigjährige Kassiererin mit dem riesigen Busen, mit der Ocke an der Kasse gerne mal einen Klönschnack hatte. Nach großer Liebe hatte das für sie nicht ausgesehen. Aber selbst wenn, war das ein Grund auszuziehen?

«Christa.»

Imkes Augen flackerten begeistert auf: «Du hast dich in Christa verliebt?»

«Wehe, du sagst es ihr, Imke! Hast du gehört?»

Imke strahlte. «Wie toll!»

Ocke haute wütend mit der Hand auf die Armlehne seines roten Sofas.

«Was soll daran toll sein? Du hast doch selbst mitbekommen, dass Christa einen anderen hat. Der mit dem Köter. Sie hat ihn auf der Party geküsst, direkt auf den Mund!»

«Er war auf unserer Party? Da war ich wohl schon im Bett.»

«Ja. Und weißt du, wer es ist? Unser Vermieter, Stefan Petersen. Kommt aus Hannover und greift hier unsere Frauen ab.»

Das hatte Imke nicht erwartet. Ausgerechnet Petersen,

dieser Angeber. Sie ließ sich ihr Entsetzen aber nicht anmerken.

«Na und? Woher willst du wissen, dass der Kuss ernst gemeint war?»

Ocke sah schwermütig aus dem Fenster.

«Frauen bringen nur Unglück.»

«Aber nur an Bord, dachte ich. – Und wie geht es nun weiter?»

«Jetzt kommen die üblichen Wochen mit zu viel Alkohol. Dann reiße ich mich wieder zusammen und mache Sport. Im besten Fall bin ich in einem halben Jahr durch mit der Sache. So war das mein ganzes Leben lang, da drin hab ich Routine.»

«Wenn das so klar ist, warum willst du dann ausziehen?», fragte sie spitzfindig. Selbstmitleidige Männer reizten sie immer zur Boshaftigkeit, dagegen konnte sie nichts machen.

«Tür an Tür mit ihr habe ich keine Chance, sie zu vergessen.»

Seine Liebe zu Christa erzeugte offensichtlich mehr Ängste als alle Orkane auf hoher See zusammen, Imke war beeindruckt. Natürlich wollte sie ihm helfen – aber wie?

«Du weißt doch gar nicht, was mit Petersen wirklich ist! Wenn Christa mit ihm zusammen gewesen wäre, hätte sie ihn ja wohl von Anfang an auf der Party dabeigehabt und ihn offiziell als ihren Freund ausgegeben, oder?»

Es war ein Versuch. Imke war aber nicht sicher, ob Ocke sie überhaupt gehört hatte.

«Weißt du, heute Mittag waren Christa und ich richtig zusammen», murmelte er abwesend, «also vielleicht nicht ganz, aber kurz davor. Wir haben noch zusammen die letzten Reste der Party aufgeräumt, und jedes Mal, wenn sie mir über den Weg lief, hat sie mich angelächelt. Das habe ich dann wieder als Hoffnungszeichen gesehen. Als wir mit dem

Putzen fertig waren, haben wir sogar einen Piccolo zusammen auf der Terrasse getrunken.»

Imke klatschte begeistert in die Hände.

«Das klingt wunderbar! Besser könnte es doch gar nicht sein.»

Ocke schüttelte den Kopf.

«Es war alles Illusion. Nach dem Sekt verschwand Christa im Bad und kam geföhnt und geschminkt wieder heraus. Sie hatte sich schick gemacht – für ihren Lover.»

«Woher willst du wissen, dass sie zu ihm wollte?»

«Ich Idiot habe sie sogar zu ihm gefahren.»

Und dann erzählte Ocke ganz leise, wie Christa neben ihm in seinem alten Mercedes-Taxi gesessen hatte. Und hellwach und erwartungsvoll auf die Gräser und Bäume geschaut hatte, die vom Wind in alle möglichen Richtungen geweht wurden. Wie sie die Beifahrerscheibe heruntergekurbelt und ihren Kopf immer wieder herausgehalten hatte, um die frische Luft zu inhalieren – ohne Rücksicht auf ihre Frisur.

So hatte Imke Ocke noch nie erlebt. Es stand ihm hervorragend, verliebt zu sein.

«Ich wäre vor Verzweiflung am liebsten gegen einen Baum gefahren.»

«Wo hast du sie denn abgesetzt?»

«Am Wyker Tennisplatz.»

Jetzt schleuderte Ocke den Schraubenzieher in eine Zimmerecke und schaute Imke mit Bernhardinerblick an.

«Meine Entscheidung steht fest, Imke, ich mach die Biege.»

Imke schüttelte den Kopf. «Kommt nicht in Frage!»

«Doch.»

«Das ist kindisch.»

«Und wenn.»

«Wieso kämpfst du nicht wie ein richtiger Mann?»

«Weil ich längst verloren habe.»

«Das weißt du erst, wenn du auf dem Tennisplatz warst.»

«Wie bitte?»

«Was hast du zu verlieren?»

Eigentlich war ihr das nur so rausgerutscht. Aber vielleicht war es gar keine schlechte Idee.

«Niemals!», stöhnte Ocke.

«So ein Bussibussi auf einer Fete muss doch gar nichts bedeuten. Aber das kannst du nur rausfinden, wenn du hinfährst.»

Er sah sie zweifelnd an, aber sie hatte das Gefühl, er war am Haken. Klar war, dass wenn Ocke ihrem Plan folgte, er das nur in ihrer Begleitung tun würde. Sie musste sich ein weiteres Mal aufraffen. Dabei hatte der Tag sie bis jetzt schon viel zu viel Kraft gekostet. Aber sie konnte Ocke jetzt nicht hängenlassen, außerdem war dies die letzte Chance, ihre Dreier-WG zu retten. Und es lag ihr sehr viel daran, weiter mit Ocke und Christa in dem alten Ziegelhaus hinterm Deich zu wohnen. Mit Hilfe des pharmazeutischen Hilfsmotors von Dr. Behnke würde sie es schon irgendwie schaffen. Medizinisch grenzte das nicht an Drogenmissbrauch, es war einer! Egal, danach würde sie sich ein paar Tage Ruhe gönnen. Apropos Hilfsmotor... Aber das mit dem Mofa hatte noch Zeit.

«Mach dich fertig, ich begleite dich. Keine Widerrede!», befahl sie und verschwand in ihrem Zimmer, um sich für die bevorstehende Fahrt zu stärken.

16. Göttliches Spiel

Ocke packte die blanke Angst, wenn er daran dachte, was ihm bevorstand. Da konnte er sonst noch so stark und fit sein, jemand hatte den Stecker bei ihm gezogen, und seine gesamte Energie sackte auf einmal Richtung null. In der Marsch hinter Süderende vermochte sein Auge keinen festen Punkt mehr zu finden, das Museum Kunst der Westküste in Alkersum zog als undeutliche weiße Wand an ihm vorbei. Normalerweise hätte er in diesem Zustand gar nicht fahren dürfen, und schon gar nicht mit Imke an Bord. Es ging gerade so gut.

Auf dem kleinen Parkplatz im Wyker Rugstieg inmitten eines schattigen Kiefernwäldchens hielt er an. Direkt neben ihm stand der schwarze Geländewagen, dessen Kennzeichen er auswendig kannte: NF-SP 23. Es war dasselbe Auto, das nachts vor ihrem WG-Haus in Dunsum gestanden hatte.

Plötzlich erinnerte er sich daran, wie er hier vor sechzig Jahren beim Einpflanzen der zarten Schößlinge dieser Bäume zugesehen hatte. Da war er gerade in die zweite Klasse gekommen und wollte Düsenjägerpilot werden. Jetzt stand er an derselben Stelle und blickte wehmütig zurück. Was hatte er erreicht? Hatte er seine Chancen auf ein gelungenes Leben verspielt?

«Ich bleibe im Wagen», keuchte er.

Er hätte sich niemals zu diesem ganzen Schwachsinn überreden lassen dürfen. Was sollte er denn tun? Christa zur Rede stellen? Sich mit Petersen duellieren?

«Ich kann das nicht alleine durchziehen, Ocke, dazu reicht meine Kondition nicht.» Imke sackte in ihrem Sitz zusammen.

Er startete den Motor. «Umso besser, fahren wir zurück.»

Jetzt schoss Imke mit überraschender Energie aus dem Sitz wieder hoch und war anscheinend voll auf Sendung.

«Mach den Motor aus, dann gehe ich alleine», schnarrte sie entschlossen.

Ocke bekam ein schlechtes Gewissen. Was war, wenn Imke im Wald etwas passierte? Einmal stolpern, Oberschenkelhalsbruch, Lungenentzündung, dann Exitus, so etwas hatte er wer weiß wie oft gehört. Konnte er das verantworten?

«Also gut.» Er schaltete den Motor ab, stieg aus und half Imke aus dem Wagen.

Sie hakte sich bei ihm ein, und so schritten sie langsam auf das Waldstück zu, in dem der Tennisplatz lag. Es war etwas beschwerlich, die Äste schlugen ihnen ins Gesicht, aber nach wenigen Minuten standen sie am haushohen Drahtzaun des Tennisplatzes, der zusätzlich mit einem halb durchsichtigen dunkelgrünen Gazenetz geschützt war. An einer Stelle war das Netz aufgeschlitzt, sodass sie von dort freien Blick auf den Tennisplatz hatten.

Ocke entdeckte Christa sofort. Sie saß alleine in dem kleinen Café neben den Spielfeldern, vor ihr standen zwei große Gläser Mineralwasser. Zwei mittelalte Herren mit kugelrunden Bäuchen traten gerade am Court gegeneinander an. Die Abendsonne brutzelte immer noch erbarmungslos auf den gewalzten Sand, die Männer schwitzten wie wahnsinnig und spielten das langsamste Tennis, das nach den Gesetzen der Schwerkraft überhaupt möglich war. Die beiden würde selbst er vom Platz fegen, obwohl er gar kein Tennis konnte, dachte Ocke.

Kurze Zeit später kam Petersen an Christas Tisch: schlank, dynamisch, braungebrannt. Seine Haare waren leicht gelockt, ohne eine Spur Grau. Er funkelte Christa mit seinen großen Augen an.

«Gegen den komme ich niemals an!», stöhnte Ocke.

«Jetzt steiger dich da nicht so rein», rief Imke. «Das sehe ich auf einen Blick, dass das rein platonisch ist!»

In diesem Moment küsste Petersen Christa auf den Mund – mit Zunge. Christa schmolz dahin wie ein Stück Schokolade in der Sonne.

«Ich will hier weg», jammerte Ocke.

«Geh du schon vor. Ich will noch zuschauen, wie sie spielen.»

Ocke blieb wie angewurzelt neben Imke stehen, obwohl er selbst nicht wusste, warum er sich das antat. Die beiden älteren Herren hatten inzwischen aufgegeben und Christa und Petersen den Platz überlassen. Christa gab alles, sie pfefferte Petersen die Bälle nur so um die Ohren. Sie war in der Lage, ihre gesamte Energie auf einen Punkt zu konzentrieren, was den Altersunterschied zwischen den beiden locker ausglich. Bald lag Petersen hoffnungslos zurück. Er lächelte tapfer, aber Christa spürte offensichtlich, dass ihm nicht wohl dabei war. Also ließ sie ihn aufholen, verschlug einen Ball nach dem anderen, als sei ihre Kraft erschöpft.

«Typisch Frau», kommentierte Imke verärgert.

«Wieso? Weil sie verliert?»

«Es genügt Christa zu wissen, dass sie besser ist. Sie muss es ihrem Gegner nicht noch unter die Nase reiben.»

Petersen zeigte eine triumphale Freude daran, Punkt für Punkt aufzuholen, und plötzlich sahen seine Bewegungen ganz mühelos aus. Dagegen kam sich Ocke vor wie ein Klotz. Den letzten Punkt holte Petersen mit einem filmreifen Volley vom Netz aus und warf seinen Schläger in die Luft, was wohl mehr als Parodie gemeint war.

Plötzlich sank er mit schmerzverzerrtem Gesicht zu Boden. Ocke erhoffte instinktiv das Schlimmste für ihn: Herzinfarkt, Schlaganfall – Hauptsache, er verschwand aus Christas Leben. Dann könnte er, Ocke, Christa trösten, und sie würde entdecken, dass sie eigentlich schon immer Gefühle für ihn gehabt hatte. Pfui, das ist nicht nett, Ocke, ermahnte er sich, normalerweise bist du gar nicht so schlecht!

Christa hielt Petersens Abgang wohl erst für einen Scherz, aber als er gar nicht mehr aufstehen wollte, rannte sie zu ihm. Er lag am Spielfeldrand in der prallen Sonne. Christa eilte zum Platzwart, der ihr einen Beutel mit Eis zum Kühlen gab. Sie legte Petersen das Eis auf die Schulter und half ihm, sich langsam aufzurichten.

«Es gibt also doch einen Gott!», freute sich Ocke.

«Ocke!», tadelte Imke mit hochgezogener Augenbraue.

Als Christa nun mit dem humpelnden Petersen unterm Arm in ihre Richtung kam, machten sich Ocke und Imke rasch davon. Sie mussten unbedingt vor den beiden am Auto sein.

Ocke schaltete die Zündung des Uraltdiesels an, blöderweise dauerte es quälende Sekunden, bis er den Motor starten konnte. Er schaffte es, kurz bevor Christa und ihr Lover den Parkplatz erreichten, im Rückwärtsgang auf den Rugstieg und blieb dort stehen. Von hier aus konnte er beobachten, wie Christa ihre und Petersens Sporttasche auf den Rücksitz seines Geländewagens warf. Petersen gab ihr seinen Schlüssel, sie setzte sich auf den Fahrersitz. Ocke ahnte, was es bedeutete, wenn ein Mann wie Petersen das Steuer abgab: Dann war es wirklich ernst!

Schneller als erwartet rumpelte der schwarze Geländewagen direkt auf das parkende Taxi zu. Imke und Ocke tauchten tief in die Sitze. Der Geländewagen rauschte an ihnen vorbei.

«Ich fahre jetzt nach Hause», sagte Ocke nach einer Pause. «Ich will heute noch mit dem Packen fertig werden.»

17. See-Neurotiker

Inzwischen ging es auf Sonnenuntergang zu. Ocke war eigentlich ein besonnener Fahrer, aber auf dem Rückweg peitschte er den alten Diesel auf hundertzwanzig. Er würde seine Koffer packen und noch heute Abend in ein Hotel aufs Festland ziehen. Auf Föhr wurde das nichts mehr mit ihm. Selbst wenn er sich eine andere Wohnung nahm, würde er Christa und Petersen auf der Insel andauernd begegnen.

Undenkbar.

Vor einigen Jahren hätte die Lösung für ihn auf der Hand gelegen: Er wäre auf große Fahrt gegangen, möglichst weit weg, nach Südamerika oder China. Heute würde es aufs Festland hinauslaufen – bloß wo? Bayern vielleicht, oder Österreich, Schottland könnte ihm auch gefallen, doch das war zu teuer.

«Hast du eine dringende Verabredung, oder was?», erkundigte sich Imke, als die Tachonadel über hundertdreißig ging – ziemlich riskant für die schmale Landstraße.

«Mein Leben lang war ich für Frauen nur der Kumpel», knurrte er.

«Und was war mit Uschi aus Bremerhaven?»

Die hatte Imke zwar nie kennengelernt, aber Ocke hatte manchmal von ihr erzählt. Ansonsten hatte er nicht viel über

sein Liebesleben geredet, und Imke hatte auch nicht nach-
gefragt.

«Mit Uschi ging das fast ein Jahr. Dann hat sie mich mit
meinem besten Freund betrogen, als ich auf großer Fahrt
war.»

«Und die käufliche Liebe?»

Obwohl er gerade zwei Autos nacheinander überholte, sah
er sie empört von der Seite an: «Also Imke!»

«Schau auf die Straße, bitte.»

«Okay, mit Geld habe ich es zwei-, dreimal probiert. Aber
ohne Gefühl funktioniert es bei mir nicht. Eine erbärmliche
Bilanz für einen Siebenundsechzigjährigen, oder?»

Imke kratzte sich am Kinn.

«Du musst was tun.»

Ocke lachte bitter auf. «Imke, mal im Ernst! Ich befinde
mich auf der Zielgeraden in meinem Leben, was soll sich da
noch groß ändern?»

«Noch bist du nicht tot», hielt Imke dagegen.

Ocke ging etwas vom Gas. Sie meinte es nur gut, das
wusste er.

«Aber so gut wie.»

«Ach was! Dich muss nur mal jemand auf Kurs bringen.
Aber einer, der sich auskennt!»

«Wer bitte sollte das sein? Wo es bisher noch nie geklappt
hat?»

Imke schaute Ocke aufmerksam von der Seite an.

«Es gibt jemanden.»

«Eine Wahrsagerin, oder was?»

Imke schüttelte den Kopf.

«Nein, ein Therapeut.»

Jetzt wurde er richtig sauer. «Ich bin doch nicht verrückt!»

«Weißt du's?»

Therapeuten hatte er höchstens mal im Kino gesehen, in

der Großstadt sollten die ja richtig in Mode sein, aber *er*? Deprimiert sah er auf den grauen Asphalt vor ihm. «So weit bin ich also schon, deiner Meinung nach?»

«Besser als Doppelkorn aus der Flasche.»

Ocke nahm eine Hand vom Lenkrad und fuchtelte damit in der Luft herum.

«Selbst wenn, wo soll ich denn so einen Seelenklempner herzaubern, bitte sehr?»

«Es gibt sogar auf Föhr welche.»

«Na, super! Dann sehen mich alle in sein Haus huschen, oder seine Putzfrau ist gerade da, die mich vom Taxi kennt, und schon ist das rum.»

«Das stimmt», sagte Imke. «Besser, du suchst dir einen auf dem Festland.»

Ocke stöhnte auf. «Da kenne ich auch keinen. Und jedes Mal mit der Fähre nach sonst wohin tuckern, ist mir zu teuer. So hoch ist meine Rente auch wieder nicht. Was meinst du, warum ich Taxi fahre?»

«Perfekt wäre ein Psychologe, der dir auf Föhr hilft und dann aufs Festland verschwindet.»

«Vergiss es, wo sollte der herkommen?»

Imke lächelte. «Der Optikerladen in Wyk, in dem Regina arbeitet, wird von Nicole Feddersen aus Oldsum geputzt, die auch Ferienhäuser sauber macht», murmelte sie. «Die hat mal von einem Psychologen aus Essen erzählt, der ein Haus in Goting besitzt. Ich habe den Mann sogar kurz kennengelernt, auf einer Parkbank in Nieblum. Ein smarter Typ, Ende dreißig, hohe Stirn, gute Manieren. Angeblich kommt er jedes zweite Wochenende mit dem eigenen Flugzeug von Essen nach Föhr, er muss also sehr erfolgreich sein.»

«Was erzählst du denn da für ein Zeug?»

«Jetzt fällt mir sein Name wieder ein, Dr. Kohfahl. Das ist dein Mann!»

«Weil du mit ihm auf einer Parkbank gesessen hast?» Das war wieder eine von Imkes Schnapsideen.

«Bieg ab», rief Imke, «wir müssen nach Witsum.»

Ocke zögerte. Einerseits glaubte er nicht an diesen ganzen Psycho-Quatsch, andererseits hatte er tatsächlich nichts zu verlieren, da hatte Imke recht. Also nahm er den Weg nach Witsum über die sogenannte Traumstraße. Konnte es einen schöneren Weg zu einem Seelenklempner geben?

Als Ocke in den schmalen Ual Hiaswai abbog, wurde ihm mulmig zumute. Imke hatte auf der Fahrt ein Nickerchen gemacht und öffnete jetzt die Augen.

«An der nächsten Kreuzung musst du rechts ab», sagte sie.

Es war eine Sackgasse mit dem Hinweis «Keine Wendemöglichkeit». Das Haus von Kohfahl war das letzte in der Straße. Ocke fuhr erst einmal ein paar Meter daran vorbei und stellte den Wagen dann auf einer Wiese ab.

«Ich überleg's mir noch mal.»

«Das ist deine letzte Chance», sagte Imke und stieg aus.

Das riesige Reetdachhaus war an sich schon ein Traum, aber es stand auch noch auf einem der seltenen Hügel auf der Insel. Von der leichten Anhöhe aus schaute man über die Godelniederung und das Wattenmeer auf die Insel Amrum mit dem Leuchtturm in Nebel. Schöner ging es nicht. Dort unten am Wasser hatte Ocke am Donnerstag gestanden, als er vor der Fete geflohen war. Noch während er überlegte, an welchem der beiden Tage er sich schlechter gefühlt hatte, heute oder am Donnerstag, klingelte Imke an der Haustür. Ocke kam sich vor wie ein Volltrottel. Auf einen Samstagabend störte man niemanden, der nur übers Wochenende auf Föhr war, und schon gar nicht mit so einem Kinderkram!

Ein leicht verschlafener Mann öffnete die Tür. Er war barfuß, trug Shorts und ein albernes T-Shirt mit einer Diddl-

Maus. Trotzdem sah er aus wie aus einem Reklame-Katalog, energisches Kinn, volle Haare, selbstbewusster Blick, höchstens Ende dreißig.

Neben seinem guten Aussehen verdient er auch noch viel Geld, dachte Ocke. Manchen schenkte es der Herrgott wirklich im Schlaf …

«Moin, ich bin Imke Riewerts, ich kenne Ihre Putzfrau Nicole Feddersen um ein paar Ecken. Und wir haben uns schon mal auf einer Bank in Nieblum getroffen. Das ist Ocke Hansen.»

«Moin», grummelte Ocke und blickte zu Boden.

Kohfahl brauchte eine Sekunde, dann erinnerte er sich.

«Richtig», sagte er und lächelte. «Sie haben mir damals geraten, meine Jugend zu verschwenden und bloß nicht zu vernünftig zu werden.»

Imke legte ihren unwiderstehlichen Augenaufschlag auf. «Das soll ich gesagt haben?»

Statt einer Antwort bat Kohfahl sie herein. Er führte sie durch einen langen Flur und ein riesiges Wohnzimmer mit Kamin auf eine windgeschützte Terrasse, wo ein Strandkorb stand. Zahlreiche Bücher und Zeitschriften lagen auf einem großen Holztisch und überall auf dem Boden herum.

«Entschuldigen Sie bitte die Unordnung», sagte Kohfahl, «aber ich lasse mich gerade so richtig gehen.» Er packte ein paar Zeitungen vom Strandkorb auf den Tisch. Erstaunlicherweise hatte er nicht einmal gefragt, worum es ging. Imke musste einen guten Eindruck bei ihm hinterlassen haben. Es war auch besser so, denn sonst hätte er sie bestimmt gleich wieder weggeschickt. Der wollte hier Ferien machen und nicht arbeiten!

Imke setzte sich gar nicht erst hin, sondern kam gleich zur Sache: «Nicole Feddersen hat mir gesagt, Sie sind Psychologe, und ich habe ein Problem.»

Ocke wurde schlecht.

Kohfahl lächelte immer noch.

«Oh, das ist ein Irrtum. Ich arbeite in der Personalabteilung eines Energiekonzerns.»

«Aber Sie haben Psychologie studiert, oder nicht?», fragte Imke.

«Schon, aber das ist ein weites Feld. Was *Sie* suchen, ist ein Therapeut.»

Ocke hatte gleich gewusst, dass dies hier eine Panne-Aktion war. Ihm konnte sowieso keiner von diesen kackschlauen Seelenklempnern helfen.

«Um mich geht es gar nicht», sagte Imke. «Es geht um meinen Freund hier, Ocke Hansen. Der braucht Hilfe.»

Kohfahl schaute Ocke an. «So?»

Am liebsten wäre Ocke im Boden versunken. Die ganze Situation war vollkommen absurd. Eine alte Frau, die Kohfahl nicht kannte, bat ihn, einen alten Mann, den er auch nicht kannte, zu therapieren, obwohl er gar kein Therapeut war. Und das im Urlaub, in seiner eigenen Villa!

«Äh.»

«Ich wohne in einer WG, und er ist mein Mitbewohner», ergänzte Imke.

Kohfahl blinzelte Imke amüsiert an: «Sie wohnen in einer WG?»

«Das ist cool, oder?»

Kohfahl lachte.

Sie waren vollkommen falsch hier! Ocke brauchte keinen Top-Manager, der es bis nach ganz oben geschafft hatte, für solche Menschen war er der geborene Verlierer.

«Mein Studienschwerpunkt lag, wie gesagt, im Personalmanagement.»

«Psychologe bleibt Psychologe. Sie haben mit Sicherheit ein paar mehr Tricks drauf als der Schnitt der Bevölkerung.»

«Was ist mit Freunden?», fragte Kohfahl Ocke.

Er hatte recht, es war erbärmlich.

«Freunde sind schön und gut», sagte Imke, bevor Ocke sich erklären konnte. «Aber er braucht einen *neutralen* Ratgeber.»

«Was erwarten Sie von mir?», erkundigte sich Kohfahl.

«Lass uns wieder gehen», bat Ocke und wandte sich an Kohfahl. «Tut mir leid, dass wir Sie gestört haben.»

Kohfahl schaute ihn an und legte seine Stirn in Falten. «Es ist schon etwas verrückt, dass Sie zu mir kommen. Im Büro würde mir so etwas nie passieren. Da ist der ganze Tag verplant, und meine Assistentin hält mir alles Unvorhergesehene vom Leib, was gar nicht anders geht bei meinem Terminplan. Aber auf der anderen Seite ist es auch stinklangweilig.»

Sie schwiegen eine Weile

«Also gut, ich kann es probieren», sagte Kohfahl. «Aber ohne Garantie.»

«Jetzt oder nie, Ocke Hansen!», rief Imke und huschte grußlos hinaus.

Ocke stand mitten auf der fremden Terrasse und wusste nicht wohin mit sich. Das schlimmste Orkantief seines Lebens raste auf ihn zu, und er saß allein in einer Nussschale ohne Ruder. Ihm war so unwohl, dass es ihn am ganzen Körper schüttelte.

«Muss ich mich hinlegen?», erkundigte er sich zaghaft.

«Hinlegen?»

«Na, auf eine Couch.»

Kohfahl lachte. «Wo denken Sie hin? Nein, kommen Sie …»

Er führte Ocke an einen kleinen Holztresen in einer lauschigen Ecke des Gartens, die von Büschen und Sträuchern umgeben war. Die Sonne stand als roter Feuerball über dem Meer.

«Bier», fragte Kohfahl, «oder was Härteres?»

«Ist das denn erlaubt beim Therapieren?»

«Bei mir ja.»

«Bier klingt sympathisch.»

Kohfahl fischte aus der Bar zwei Flaschen heraus, beide tranken ohne Glas, was Ocke sehr entgegenkam. Er stellte sich vor, dass Kohfahl kein Psychologe war, sondern ein Barmann, und schon fühlte sich alles deutlich entspannter an.

«Dann mal raus damit», forderte Kohfahl ihn auf.

Ocke holte tief Luft und atmete aus. Aber es war noch viel schwerer, als er gedacht hatte. Die Worte blieben ihm einfach im Hals stecken. So etwas hatte er noch nie erlebt. Das Ganze also noch einmal: Tief einatmen, ausatmen …

«Genau genommen habe ich mich verliebt», kam es dann mit heiserer Stimme. Er räusperte sich und ergänzte: «Bloß sie hat einen anderen.»

Kohfahl sah ihn erstaunt an. Probleme mit der Liebe waren wohl nicht gerade das, was er von einem Mann in Ockes Alter erwartet hätte.

«Sind Sie sicher, dass sie sich nicht für Sie interessiert?»

«Mmh, ja.»

«Und woran machen Sie das fest?»

«Sie macht keine Annäherungsversuche.»

Kohfahl nahm einen Schluck aus der Flasche.

«Und Sie? Haben Sie ihr Ihre Gefühle mal gezeigt oder sich geäußert?»

Ocke wurde fast sauer. «Soll ich einfach meinen Arm um sie legen und sie küssen? Ich bin nicht Curd Jürgens.»

«Wer ist Curd Jürgens?», fragte Kohfahl.

«Dafür sind Sie zu jung.»

Kohfahl nickte. «Als Wirtschaftsmann würde ich sagen, greifen Sie an! Was haben Sie zu verlieren?»

Ocke nahm einen tiefen Schluck aus der Flasche und schüttelte den Kopf. «Obwohl es einen anderen Mann gibt?»

«Nur wer nicht kämpft, hat schon verloren.»

Der hatte gut reden, mit Villa und Flugzeug liefen ihm die Frauen sicher scharenweise hinterher. Aber Ocke riss sich zusammen. Es ging ja nicht um Kohfahl, sondern um ihn.

«Meinen Sie, das kann noch klappen, wenn man sein Leben lang nichts hinbekommen hat auf dem Gebiet?», erkundigte er sich vorsichtig.

«Woran lag's denn?»

«Ich war als Seemann immer viel unterwegs.»

Kohfahl nickte begeistert. «Ich hatte einen Onkel in Emden, der war auch Seemann. Er war der Held meiner Kindheit.»

«Mal was anderes als die üblichen Stadtneurotiker, was?»

«Tja, Sie sind eher See-Neurotiker», befand Kohfahl.

«Was bedeutet das?»

«Sie sind kein Mann des Wortes, stimmt's?»

«Schriftlich drei, mündlich fünf, würde ich sagen.»

«Können Sie singen?»

Ocke kratzte sich am Bart: «Ich bin im Shantychor. Aber was hat das in diesem Zusammenhang …?»

«Mir kommt da gerade eine Idee. Die ist zwar altmodisch, aber zielführend.»

Ocke blickte ihn in einer Mischung aus Neugier und Skepsis an.

Eine Stunde später kam Ocke aus dem Haus. Er tanzte geradezu auf das Taxi zu. Imke lag schnarchend auf dem Rücksitz. Ocke wollte sie schlafen lassen, aber als er den Diesel anwarf, schoss sie sofort in die Senkrechte.

«Alles klar?», fragte Ocke.

«Und selber?»

«So klar wie lange nicht.»

«Was hat Kohfahl mit dir angestellt?»

«Ich habe mir so eine Therapie immer ganz anders vorgestellt», sprudelte es aus ihm heraus. «Aber das war reines Vorurteil, muss ich zugeben. Weißt du, so 'n Therapeut ist im Grunde nichts anderes als ein Barmann.»

Imke zog skeptisch die rechte Augenbraue hoch: «Ihr habt *gesoffen?*»

«Nur *ein* Bierchen, ich kann noch fahren, keine Angst.»

«Hat er dich nach deiner Mutter gefragt?»

«Nee.»

«Echt nicht?»

«Nee.»

«Ich kannte deine Mutter gut, das weißt du, Ocke. Für Swantje lege ich meine Hand ins Feuer.»

Ocke rangierte das Taxi mit aufheulendem Motor rückwärts aus der Sackgasse.

«Es gibt immer einen Weg.»

«Du redest in Rätseln, Ocke. Was hat Kohfahl denn nun gesagt?»

«Wo hat Arne seine Anlage? Die er auf der Party mithatte?»

Imke überlegte. «In der Utersumer Strandkorbhalle, glaube ich.»

«Dann fahren wir dahin.»

«Ziehst du immer noch aus?», erkundigte sie sich vorsichtig.

«Erst mal nicht.»

Imke atmete laut auf.

«Alles andere ergibt sich», lachte Ocke übermütig.

Oder eben nicht.

18. Von Frau zu Frau

Imke brauchte lange, um wieder einigermaßen zu Kräften zu kommen, obwohl sie nach der Tour mit Ocke erst mal vierzehn Stunden durchgeschlafen hatte. Am dritten Morgen fühlte sie sich immer noch wie erschlagen. Die ganze Nacht über war es unerträglich schwül gewesen, und auch jetzt stand die Luft im Raum.

Heute war ein wichtiger Tag. Die Anhörung von Arne und den Bösingers stand an. Nach den Unterstellungen beim Katerfrühstück hatte Herr Bösinger sich bei Imke persönlich entschuldigt. Er und seine Frau hätten einen Fehler gemacht und zu viel getrunken, das hätten sie eingesehen, und der Herr Jesus habe ihnen das mit seinem Gang ans Kreuz verziehen. Imke hatte das Friedensangebot angenommen und sie daraufhin mit Arne zum gemeinsamen Frühstück vor dem Verhör eingeladen. Sie sollten noch mal zur Ruhe kommen und Kraft schöpfen, bevor es losging.

Sie ging zum Kleiderschrank, um sich etwas Passendes zum Anziehen rauszusuchen. Ihre Wahl fiel auf einen beige Rock und eine dunkle Bluse. Diese Farben mochte sie sonst nicht so gern, aber die Anhörung war schließlich eine ernste Angelegenheit. Obwohl Imke mit Brockstedt geredet hatte, war die Sache noch nicht in trockenen Tüchern. Nachdem sie sich angekleidet hatte und sich daraufhin im Spiegel betrachtete, musste sie für einen kurzen Moment lächeln: Sie sah aus wie die Oma aus dem Bilderbuch, es fehlte nur noch der Dutt, aber dafür waren ihre blondierten Strubbelhaare dann doch zu kurz.

Maria hatte vorhin noch einmal angerufen und sich beklagt, wie kompromisslos sich Brockstedt über Arne und die Bösingers geäußert hatte. Da hatte Imke Mut geschöpft, dass alles gut ausging, denn vermutlich hatte Brockstedt vor Maria extra den Ultraharten gespielt, weil er wusste, dass sie Arne davon erzählen würde. Die Angst vorweg sah der Revierleiter als Teil der Strafe, Arne und die Bösingers sollten sich richtig schlecht fühlen, wenn sie zur Anhörung auftauchten.

Um halb zehn fuhren die Bösingers mit ihrem kakaobraunen Volvo vor, und auch Arne traf kurze Zeit später ein. Auf der Terrasse hatten Christa und Imke Brötchen, Krabben, Marmelade, Kaffee und Tee gedeckt. Herr Bösinger hatte sich bei einem Amrumer Inselfriseur die Haare auf Stoppellänge kürzen lassen, trug einen schwarzen Anzug mit weißem Hemd und dunkelblauem Schlips und unterm Arm eine Aktentasche. Frau Bösinger hatte sich für ein dunkelblaues Kostüm mit Perlenkette entschieden. Alle schwitzten fürchterlich, zum einen wegen der hohen Luftfeuchtigkeit, zum anderen, weil sie nicht wussten, was sie erwartete.

Genau wie Imke trug auch Christa an diesem Tag eine dunkle Bluse. Zur Begrüßung gab man sich förmlich die Hand, niemand lächelte. Die Stimmung war fast wie vor einer Beerdigung, die Bösingers und Arne konnten kaum etwas essen – kein Wunder, wenn einem im schlimmsten Fall Gefängnisstrafe drohte.

«Wir haben Jesus Christus um Verzeihung gebeten», bekannte Herr Bösinger und nahm einen Schluck Tee.

«Damit kommt ihr nicht durch», sagte Imke.

«Er ist *immer* bei uns», entgegnete Frau Bösinger.

«Außerdem dürfen wir nicht vergessen, dass dies keine Gerichtsverhandlung ist, sondern nur eine Anhörung», sagte ihr Mann.

«Aber da werden wichtige Weichen gestellt», wusste Arne, der als Jugendlicher hin und wieder mit der Inselpolizei zu tun gehabt hatte. Alles relativ harmlose Sachen, die sich auf kurzem Dienstweg hatten regeln lassen. Bis auf diesen blöden Betrugsvorwurf …

Nun fischte Herr Bösinger eine Handakte aus seiner Aktentasche. «Meine Frau und ich haben unsere Aussagen verschriftlicht, und ich habe ein bisschen im Strafgesetzbuch geblättert. Die Beamten werden sich warm anziehen müssen.»

«Inwiefern?», erkundigte sich Christa.

Herr Bösinger blickte triumphierend in die Runde. «Ich halte die Verhaftung für vollkommen unangemessen, außerdem haben sie mir zu enge Handfesseln angelegt und damit die Blutzufuhr abgeschnürt, das ist Körperverletzung.»

«Nebenkriegsschauplätze», urteilte Arne und zündete sich eine Zigarette an.

Imke stutzte. Ihr Sohn hatte seit Jahren keine geraucht. Er musste wirklich sehr nervös sein.

«Solche Fakten können das Verfahren entscheidend beeinflussen, unterschätzen Sie das nicht», belehrte ihn Herr Bösinger, der wirkte, als ob er am liebsten mitgeraucht hätte. Wäre seine Frau nicht dabei gewesen, hätte er mit Sicherheit eine geschnorrt.

«Unterm Strich habt ihr Mist gebaut und wenig in der Hand», sagte Imke. «Ist es nicht so? Brockstedt ist ein scharfer Hund, ich kann euch nur warnen.»

«Letztlich entscheidet das in unserem Land immer noch der Staatsanwalt», sagte Bösinger.

«Wir sind hier nicht in Kiel, sondern auf Föhr», entgegnete Imke. «Hier gelten andere Gesetze.» Insgeheim musste sie lächeln. Dass sie mit Brockstedt gesprochen hatte, wusste niemand, nicht einmal Maria und Sönke. Diskretion war eine unausgesprochene Nebenvereinbarung der friesischen Diplomatie.

«Vor Gericht und auf hoher See sind wir alle in Gottes Hand», zitierte Frau Bösinger einen uralten Spruch, den sie vollkommen ernst zu meinen schien.

«In diesem Sinne», sagte Bösinger und erhob sich. «Wir machen uns auf den Weg.»

Imke nahm ihren Sohn, der ebenfalls los musste, noch einmal fest in den Arm.

«Ik trak di a tüm, man dring», sagte sie auf Friesisch. *Ich drücke dir die Daumen, mein Junge.* Wenn Arne zu einem Auslandseinsatz der Bundeswehr geschickt worden wäre, hätte es nicht anders geklungen.

Die Bösingers nickten Imke und Christa stumm zu und stiegen in ihren Volvo, Arne kletterte in seinen VW-Bus, und die Frauen sahen zu, wie die Autos in Richtung Wyk verschwanden.

Nun konnte der angenehme Teil des Tages beginnen. Als Erstes wechselten die beiden Frauen ihre Garderobe. Christa zog ein dünnes T-Shirt mit Spaghettiträgern und eine kurze Hose an, Imke eine ärmellose Bluse und ebenfalls eine kurze Hose, die ihre braunen Beine zeigte. Dann machten sie es sich auf der Terrasse unterm Sonnenschirm bequem. Ocke hatte den ganzen Tag zu tun und würde erst am Abend wiederkommen.

«Hoffentlich gewittert es bald», stöhnte Imke, die an diesem Tag die Finger von Dr. Behnkes Pillen gelassen hatte. Dementsprechend schlapp fühlte sie sich.

«Meinst du, es geht bei der Polizei gut aus?», fragte Christa.

«Ja.» Plötzlich hatte Imke ein gutes Gefühl, und ihre Zweifel waren ganz verschwunden.

«Wieso bist du da so sicher?»

Imke lächelte. «Ich habe gestern mit Brockstedt geredet.» Jetzt, da die Anhörung kurz bevorstand, brach sie ihr Schweigen.

Christa strahlte ihre Mitbewohnerin an: «Wissen die das?»

«Nein. Ich wollte sie extra ein bisschen schmoren lassen. Arne braucht einen vor den Bug, und die Bösingers auch.»

«Du bist unmöglich, Imke!», sagte Christa und lachte.

Imke nahm einen Schluck Orangensaft. «Und du?»

«Was ich?»

«Was ist denn nun mit Petersen?»

«Woher weißt du davon?»

«Meine liebe Christa, erstens war er vor ein paar Tagen nachts hier im Haus, falls du dich erinnerst, und zweitens hast du ihn auf dem Tennisplatz geküsst.»

Christa versuchte Haltung zu bewahren.

«Wer behauptet so etwas?»

«Ich habe dich zufällig gesehen.»

Christa fragte nicht weiter nach, sondern nahm einen kräftigen Schluck aus ihrem Wasserglas.

«Stefan ist ein Vollidiot!», sagte sie.

«Schon wieder vorbei?» Imke hob interessiert die linke Augenbraue.

«Ich fürchte ja.»

«Wo habt ihr euch überhaupt kennengelernt?

«In der Sauna – ausgerechnet.»

Imke war fassungslos.

«Wie kann das funktionieren, wenn man nackt ist?»

Christa lachte, aber dann wurde ihr Blick traurig.

«Es ist vollkommen aussichtslos. Abgesehen davon, dass Stefan um einiges jünger ist als ich.»

«Och, bei dir ist doch alles noch da, wo es hingehört.»

Christa winkte ab.

«Mit kleinen Abstrichen im Detail, aber danke.»

«Wer hat denn wen angesprochen?» Jetzt war Imkes Neugier geweckt.

«Ach, es war so, dass sich ein Typ in der Sauna darüber aufgeregt hat, dass Stefan keine Badelatschen trug. Daraufhin erklärte Stefan ihm, dass sich Fußpilz, wenn überhaupt, direkt vor der Eingangstür der Sauna sammelt. Da, wo alle ihre Latschen ausziehen. Ich habe mich mit ein paar spitzen Bemerkungen eingemischt, später sind wir essen gegangen, und Stefan hat mich nach Hause gefahren. Danach haben wir uns öfter getroffen, unter anderem letzte Woche.»

«Was Ocke und ich nicht mitbekommen sollten. Aber dafür wart ihr etwas zu laut ...»

Christa lächelte.

«Stefan war an dem Tag total verspannt, ich habe ihn in meinem Zimmer massiert ...»

Imke wusste nicht, ob sie das glauben sollte.

«Weswegen er gestöhnt hat, geht mich nichts an.»

«Zu mehr ist es an dem Abend leider nicht gekommen», seufzte Christa. «Ich weiß nicht mal, ob ich verliebt bin, dafür kenne ich ihn zu wenig, aber er gefällt mir schon ziemlich gut.»

«Und warum bist du jetzt so pessimistisch?»

Christa musste schlucken.

«Er hat einen empfindlichen Nerv bei mir getroffen, und das macht mich so unsicher. Als Stefan aus dem Fenster abgehauen ist, hat er mich von unterwegs aus noch mal angerufen. Er hat mir gesagt, dass er mich anfassen will. Das war pure Verbalerotik.»

Imke nickte.

«Irgendwie hat mich das so sehr angemacht, dass ich mich über mich selbst erschrocken habe. Er schlug vor, in den nächsten Tagen zusammen Tennis zu spielen und dann dort weiterzumachen, wo wir bei mir zu Hause aufgehört hatten. Als ich dann tatsächlich auf dem Tennisplatz erschienen bin, sah er das als Zeichen, dass ich einverstanden war mit seinem Plan.»

«Und dann hast du Angst vor deiner eigenen Courage bekommen?»

«So in etwa. Ehrlich gesagt, habe ich seit ziemlich langer Zeit keinen Sex mehr gehabt, es sind mehrere Jahre. Die körperliche Nähe zu einem Menschen habe ich schon vermisst, aber nicht so, dass ich es nicht aushalten konnte. Es war eher eine leichte Unzufriedenheit, die sich kaum spürbar zwischen anderen Gefühlen eingenistet hatte. Aber als Stefan so direkt war, habe ich mich das erste Mal gefragt, ob es mit einem Mann überhaupt noch funktionieren würde, kannst du das verstehen?»

Natürlich konnte Imke das. Welche Frau könnte das nicht?

«Spontan hätte ich gesagt, klar, warum nicht?», fuhr Christa fort. «Aber was wäre gewesen, wenn es einfach nicht mehr geklappt hätte, aus was für Gründen auch immer? Stefan ist zehn Jahre jünger als ich und hatte vor mir mit Sicherheit jüngere Frauen gehabt. Das addiert sich schnell auf zwanzig, fünfundzwanzig Jahre Unterschied zwischen mir und meinen Konkurrentinnen.»

Imke winkte lässig ab. «Das ist doch nur blanke Statistik. Was sagt das über dich aus, Christa? Du hast fast immer jüngere Männer gehabt.»

«Aber nie ein volles Jahrzehnt jünger.»

«Wenn sich beide Seiten wohl fühlen, ist es doch super!»

«Tja, aber so ein Glück kann schnell zu Ende gehen. Was

ist zum Beispiel, wenn ich nicht merke, wann mein Haltbarkeitsdatum endgültig abgelaufen ist?»

«So kenne ich ich dich gar nicht, Christa. Wo ist dein Selbstbewusstsein geblieben?»

«Ich meine, Stefan hat mich zwar spüren lassen, dass dieser Zeitpunkt jetzt noch nicht gekommen ist. Er findet mich attraktiv. Aber der Sex nach dem Tennis war ein mittleres Desaster, was vor allem daran lag, dass Stefan nur in einer ganz bestimmten Position schmerzfrei an der Schulter war. Bloß dass diese Position mir nun gar nicht gefiel … Aber es ging noch, das war für mich die gute Botschaft.»

«Wo liegt dann das Problem?»

«Das Problem ist, dass Stefan verheiratet ist, obwohl er gesagt hat, er lebt seit Jahren getrennt von seiner Frau. Die hat nämlich, als wir zusammen auf dem Sofa lagen, auf seinem Handy angerufen und wollte von der Fähre abgeholt werden. Und was macht der Kerl? Schießt sofort vom Sofa hoch und hat seine Schulterschmerzen offenbar völlig vergessen.»

Typisch, dachte Imke.

«Er hat mich dann mehr oder weniger rausgeschmissen. Und auch wenn ich es besser weiß, denke ich, dass ich ihm vielleicht doch zu alt war.»

«Christa, jetzt hör aber mal auf, dir so einen Unsinn einzureden! Es liegt nicht an dir, dass dieser Mann ein Armleuchter ist.»

«Ich weiß, und trotzdem wünsche ich mir, ich würde noch mal eine zweite Chance bekommen. Vielleicht fühlte ich mich einfach nur geschmeichelt, dass ein jüngerer Mann etwas von mir wollte. Aber nun bin ich tief in meiner Eitelkeit gekränkt. Und das ist momentan mein Problem.»

«Ich hoffe, du hast trotzdem mit ihm Schluss gemacht.»

«Na ja, es kommt noch besser», kicherte Christa.

«Was ist denn jetzt so lustig?»

«Eigentlich ist es so traurig, dass man schon wieder drüber lachen muss. Wir haben uns noch einmal heimlich getroffen. Seine Frau hatte eine Essenseinladung, und wir haben einen Spaziergang in die Marsch gemacht, obwohl sich Stefan dort eigentlich total unwohl fühlt, er hält sich fast ausschließlich in der Geest auf.»

Tatsächlich war die Geest der liebliche Teil auf Föhr, hier standen die meisten Häuser, es gab kleine Waldstücke, sogar Andeutungen von Hügeln. In der Marsch hingegen gab es auf den ersten Blick nichts außer einer flachen grünen Fläche. Erst wenn man sich dem länger aussetzte, erkannte man, was darin, scheinbar unsichtbar, verborgen lag.

«Stefan hat kein Problem, sich in der Sauna nackt zu zeigen, aber in der Marsch steht er schutzlos vor dem riesigen Himmel. Dass es etwas gibt, das über den großen Stefan hinausgeht, erschreckt ihn wohl mächtig.»

Sie stand auf, um die Kaffeekanne aus der Küche zu holen. Imke nutzte die Zeit, um über das, was Christa ihr gerade erzählt hatte, nachzudenken.

«Du auch Kaffee?», fragte Christa, als sie wieder auf der Terrasse war.

«Danke, ich trinke später eine Tasse.»

Christa schenkte sich ein und fuhr dann fort.

«Natürlich habe ich mich gefragt, ob ich ihn überhaupt noch mal treffen sollte. Unser Beisammensein schrie ja nicht gerade nach Wiederholung. Aber irgendwie war da noch was offen zwischen uns, du kennst das Gefühl.»

Imke nickte – und dachte dankbar an Johannes, mit dem es solche Spielchen nie gegeben hatte.

«Er lief reichlich *underdressed* auf, in kurzer Hose und einem ausgewaschenen weißen Billig-T-Shirt. Es war ihm offenbar total egal, wie er auf mich wirkte. Das fand ich enttäuschend, andererseits machte es auch schon keinen Unterschied mehr. Wir unterhielten uns über deine Fete und übers Trinken, darüber, dass heutzutage ganz anders gefeiert wird als früher. Dann fing ich vom Föhrer Rummelpottlaufen im Januar an, dass man da ja auch ganz schön rumkommt …»

«Und sogar in die Häuser rein, wenn man seinen Spruch aufgesagt hat.»

Imke und Christa sangen spontan das Lied, das man beim Rummelpottlaufen auf Föhr anstimmte, wenn man eine Menge Schnaps ausgeschenkt bekommen wollte:

> *Rummel, rummel, ruttje,*
> *Kriech ik noch en Futtje?*
> *Kriech ik een, blev ik stohn,*
> *Kriech ik twee, so will ik gohn.*
> *Kriech ik dree, so wünsch ik*
> *Glück, dat de Osche mit de*
> *Posche dür de Schosteen flüch.*
> *Dat ole Johr, dat nie Johr,*
> *sind de Futtjes noch nicht gor,*
> *pros Niejohr, pros Niejohr!*

«Plötzlich war mir so versöhnlich zumute», sagte Christa nach einer Pause. «Ich wollte einfach, dass wir es dabei belassen, ohne uns zu streiten. Also schlug ich ihm vor, ‹du gehst jetzt Richtung Osten zurück, und ich Richtung Westen zu meiner WG›, dann haben wir einen schönen Abschluss gefunden. Da rückte er mit einer großen Bitte heraus – dem eigentlichen Grund, warum er sich mit mir getroffen hatte.»

Imke richtete sich in ihrer Liege auf, sie fand das alles hoch spannend.

«Er betonte noch einmal, dass zwischen uns nichts gewesen war und auch nichts sein würde. Ich fand, es war nicht gerade ein Kompliment.»

«Um dir *das* zu sagen, hat er sich mit dir getroffen?»

«Nee, er wollte tatsächlich, dass ich zu seiner Frau gehe und ihr das so sage. Die hatte nämlich von unserer Knutscherei am Tennisplatz erfahren und ihm angeblich deswegen mit Scheidung gedroht. Fragt sich nur, wie oft sie diese Szene schon hatten.»

«Und wie hast du darauf reagiert?»

«Es war schon dunkel. Wir waren gerade beim Lagelum Siel im Osterland, da fehlte an einer Stelle das Gitter. Ich bin einen Schritt zur Seite gegangen, habe Anlauf genommen und Stefan ins Wasser gestoßen.»

Imke hielt sich vor Schreck die Hand vor den Mund.

«Hast du nicht!»

Christa nahm einen Schluck Kaffee. «Der hatte überhaupt nicht damit gerechnet und ist in hohem Bogen ins Wasser geflogen.»

Imke grinste.

«Was nicht gut für seine Schulter sein wird.»

Christa zuckte mit den Achseln.

«So bleiben wenigstens keine Zweifel übrig, was man voneinander denkt.»

«Das ist eben der Vorteil der Jugend», seufzte Imke. «Ihr könnt über alles reden, müsst es aber nicht. Wenn man jung ist, gibt es immer noch andere Wege, um seine Gefühle auszudrücken.»

«Ja, da hast du recht. Aber so ganz über die Sache hinweg bin ich trotzdem nicht. Ich bin nämlich auch nicht mehr die Jüngste, und mit zunehmendem Alter wird man leider eitler und verletzlicher. Eigentlich paradox, aber was soll's? Wenigstens habe ich ihm gezeigt, dass er mit mir nicht alles machen kann.»

Imke nahm jetzt doch einen Kaffee, und sie prosteten sich mit den Tassen zu. Was Imke über Ocke wusste, verriet sie mit keinem Wort. Vielleicht sah es gar nicht so schlecht für ihn aus.

In diesem Moment fuhr ein Polizeiwagen mit Blaulicht auf das Grundstück zu. Kurz darauf erschien Brockstedt auf der Terrasse. Seinem Gesichtsausdruck nach zu urteilen, war er nicht gerade in Feierlaune.

Imke sah ihn erschrocken an.

«Ist was mit Arne?»

«Moin Imke, Moin Christa», sagte Brockstedt ernst.

«Was ist mit meinem Jungen?», fragte Imke noch einmal.

«Wie man's nimmt. Wir bräuchten deine Aussage, Imke, dann wären wir einen großen Schritt weiter.»

Imke stiegen die Tränen in die Augen.

«Es lag alles an mir, Gerald, meine Bowle …»

Brockstedt bot ihr demonstrativ seinen Arm an.

«Das ist mir sonnenklar.»

«Dafür soll Arne nicht büßen.»

«Wie gesagt, wir brauchen deine Aussage.»

«Ich gehe kurz ins Haus, um mich umzuziehen.»

«Kurze Hose ist okay, ist ohnehin viel zu warm auf dem Revier.»

Also zog sie sich nur schnell ein T-Shirt über und ließ sich von Brockstedt zum Polizeiwagen führen.

—

19. Krumme Seehunde

Wie durch ein Wunder ließ die Schwüle nach, und es wurde einer jener trockenen Hochsommertage, die keine Wünsche offenließen: 27 Grad, dazu wehte ein angenehmer, leichter Wind. Bei auflaufendem Wasser schwammen unzählige runde Köpfe im Meer, die wie lustig bemalte Bojen aussahen. Überflüssig zu erwähnen, dass die Strandkörbe am Wyker Südstrand ausnahmslos besetzt waren. An so einem prächtigen Tag kamen zu den Inselgästen stets noch unzählige Tagesbesucher vom Festland und von der Nachbarinsel Amrum dazu. Es roch nach Sonnencreme und Pommes, und wer es edler wollte, wurde in den wunderbaren Cafés am Sandwall, der Promenadenstraße hinter dem Strand, bestens bedient. Wyk wirkte in der Sommerhitze wie eine Stadt am südlichen Mittelmeer, nur dass man dort auf die prächtige Kulisse verzichten musste, die hier geboten wurde: Alle Strandgäste schauten direkt auf die vorgelagerte Hallig Langeneß, die sich lang und elegant auf der Südostseite von Föhr erstreckte.

Brockstedt fuhr mit Imke langsam auf den Sandwall. Zu dieser Zeit herrschte hier die wohl größte Gummischlappendichte der Republik, das Tempo war behäbig, und das schlimmste Problem der Menschen war, dass die Eiskugeln schneller schmolzen, als man sie essen konnte. Einige Kurgäste, die die Hitze nicht so gut abkonnten, suchten den Schatten der alten Bäume hinter dem Strand.

Imke fühlte sich unwohl im Polizeiwagen. Sämtliche Passanten glotzten sie neugierig an: Die musste irgendwas verbrochen haben, sonst säße sie da wohl nicht. Am Brunnen vor der Buchhandlung Bubu hielt Brockstedt an.

«Ende der Fahrt», rief er und stieg aus.

«Was machen wir hier? Bücher kaufen?»

«Ortstermin am Strand», brummte Brockstedt.

Imke verstand nicht.

«Weswegen?»

Immerhin hatte Brockstedt sie quasi verhaftet. Was sie nun an diesem Strandabschnitt sollte, war ihr schleierhaft.

«Ich habe uns einen Logenplatz reserviert», sagte Brockstedt und führte sie zu einem der nächsten Strandkörbe. Dort zauberte er eine Flasche Piccolo und zwei Gläser hervor und stellte sie auf das kleine Ausklapptischchen. Er wollte mit Imke anstoßen, aber sie lehnte dankend ab. Ihr war viel zu heiß für Alkohol. Brockstedt schenkte ihr trotzdem ein halbes Glas ein.

«Wie ist es denn nun gelaufen?»

«Arne war so klein mit Hut.» Er zeigte es mit dem rechten Daumen und Zeigefinger. «Bösinger hingegen ist mit mächtigen Schriftsätzen aufgefahren …»

«Und?»

«… die ich vor seinen Augen zerrissen habe.»

Das klang schon mal gut.

«Wieso?»

«Ich wollte ihn nach friesischem Recht bestrafen. Aber er meinte doch tatsächlich, Föhr gehört zur Bundesrepublik Deutschland.»

Imke lachte erleichtert auf. Da war Brockstedts Humor wieder, das beruhigte sie. «Hat er seinen Irrtum eingesehen?»

«Ich habe ihm den Film vom Polizeieinsatz gezeigt. Tja, und dann habe ich ihm klargemacht, dass solche Filme leicht zu kopieren sind. Die landen schon mal im Internet oder im Fernsehen.»

«Erpresser!» Sie lächelte. Aber wenn sie ehrlich war, interessierte sie viel mehr, was mit Arne war. Die Bösingers waren für ihr eigenes Glück verantwortlich.

«Als er den Film gesehen hat, war er plötzlich ganz still. Ich muss dir nicht erklären, warum, du kennst den Film ja bestimmt.»

Imke gab sich ahnungslos: «Welchen Film?»

Brockstedt schaute ihr tief in die Augen. «Hat Maria ihn dir nicht heimlich gezeigt?»

«Ich weiß nicht, wovon du sprichst», sagte Imke und wurde rot.

Brockstedt nickte ihr grinsend zu.

«Ich habe Bösinger dann erläutert, was die Strafe nach friesischem Recht ist, und er fragte, was sei, wenn er sich weigere. ‹Dann treten all jene Paragraphen in Kraft, die Sie bestens kennen›, habe ich geantwortet, ‹Widerstand gegen die Staatsgewalt, Körperverletzung, Beleidigung …› Da war dann Ruhe im Karton.»

Doch Imke hörte nur noch mit halbem Ohr hin, denn sie hatte soeben Bösinger und seine Frau entdeckt. Sie kämpften sich mit einem riesigen Korb voller Kuscheltiere über den Strand und versuchten sie zu verkaufen. Beide schwitzten vor Anstrengung, und Herr Bösingers Kopf war bedenklich gerötet. Er hätte wohl gern sein T-Shirt mit dem frommen Fisch ausgezogen, aber dann wäre ihm ein Sonnenbrand sicher gewesen. Seine Frau war ungefähr zwanzig Meter vor ihm, sie verkaufte im Gegensatz zu ihm erstaunlich gut.

«Das ist die Strafe?», fragte Imke.

«Hmm.»

«Meinst du, das ist medizinisch vertretbar bei dem Wetter?»

«Im Gefängnis gibt es auch keine Klimaanlage. Außerdem ist es den Bösingers jederzeit gestattet, sich auf eigene Kosten kalte Getränke zu besorgen.»

Plötzlich schoss Arne um die Ecke, ebenfalls mit einem Korb in der Hand. Er stutzte, als er Imke und Brockstedt zusammen im Strandkorb sitzen sah.

«Mama, was machst du denn hier?»

«Ich sonne mich.» Sie war jetzt guter Dinge, weil Arne mit einer zwar entwürdigenden, aber leichten Strafe davonkommen würde. Er umarmte sie.

«Hier am Südstrand?»

Immerhin wohnte sie in Dunsum, wo etliche traumhafte Bademöglichkeiten leichter zu erreichen waren als der Strand in Wyk.

«Es ist mein altes Revier, schon vergessen?» Imke hatte jahrelang direkt gegenüber der Kurmuschel am Sandwall gewohnt. Obwohl sie erst ein Jahr in der WG lebte, kam es ihr vor wie das Leben eines anderen Menschen. Damals hätte sie nicht im Traum damit gerechnet, noch einmal umzuziehen. Aber es war alles viel besser geworden.

«Und was machst *du* hier?», fragte sie scheinheilig.

«Siehste doch, ich verkaufe Seehunde.»

Imke nahm einen in die Hand. «Wie sehen die denn aus?»

Tatsächlich waren die Kuscheltiere etwas verformt, sie sahen eher aus wie die Karikatur eines Seehundes. Der leichte Höcker auf dem Rücken hätte besser zu einem Kamel gepasst, außerdem waren sie in demselben Lila gehalten wie die Milka-Kühe.

«Die stammen aus der Fehlproduktion einer Fabrik, deswegen haben wir sie umsonst bekommen», erklärte Brockstedt, «so springt am meisten Geld für die Seehundstation raus. In jedem Korb sind zweihundert Tiere, die sollen für drei Euro das Stück verkauft werden. Und zwar alle!», er sah Arne streng an.

Arne verabschiedete sich missmutig und rief laut: «Krumme Seehunde für den guten Zweck, krumme Seehunde …»

«Das ist die gesamte Strafe?», fragte Imke, als er außer Hörweite war.

«Nicht ganz. Nachher gibt es in der Kurmuschel noch ein kleines Musical von Jugendlichen aus einem Hamburger Kinder-Erholungsheim, bei dem Arne und die Bösingers eine entscheidende Rolle spielen werden. Wirst schon sehen.»

«Sadist», flüsterte sie. Sie hätte ihn küssen können!

Brockstedt öffnete den ersten Knopf seines Hemdes. «Wenn einer meiner Beamten verletzt wird, verstehe ich keinen Spaß.» Sagte es, drehte sich mit geschlossenen Augen Richtung Sonne und fügte hinzu: «Überleg mal, was ein Verfahren den Staat gekostet hätte! Drei Angeklagte, Verteidiger, Staatsanwalt, Protokoll, Verwaltung, etc. pp., das können wir uns wirklich sparen.»

«Hast ja recht.»

«Arne hilft Peter Markhoff zusätzlich an vier Wochenenden beim Pferdestallbauen. Als Schmerzensgeld. Er hat sich übrigens schon längst persönlich bei ihm entschuldigt. Weißt du Imke, das sind ja keine Schwerverbrecher. Im Grunde sind sie nur Opfer deiner wahnsinnigen Bowle geworden.»

Imke sah an Brockstedt vorbei zu Bösinger, der sich weiter von Strandkorb zu Strandkorb quälte. «Die Bowle war vollkommen legal.»

«Sagst *du*! In dieser Stärke fällt sie eindeutig unter das Betäubungsmittelgesetz.»

«Wie willst du das beweisen? Sie ist längst alle.»

«Und noch was, Imke.» Brockstedt räusperte sich. «Also, ich war nach der Party etwas sauer auf Ocke und Christa.

Aber die haben nichts mit der Sache zu tun, dass du das nur weißt.»

«Da bin ich erleichtert.»

«Trotzdem muss Christa in Zukunft besser auf dich aufpassen.»

«Ja ja.»

«Jetzt vielleicht doch einen Prosecco?»

Imke nickte und erhob ihr Glas: «Auf das friesische Recht!»

Die weißen Holzbänke vor der Kurmuschel waren voll besetzt. Das war die letzte Hürde, die Arne und die Bösingers heute nehmen mussten. Der stundenlange Seehundverkauf am Strand saß ihnen offenkundig noch in den Knochen, aber Brockstedt ließ keine Gnade walten.

Ein Erzieher mit langen Rastalocken trat ans Mikrophon: «Meine Damen und Herren, darf ich Ihnen nun ein Musical ankündigen, das das Hamburger Kinder-Erholungsheim selber erarbeitet hat: *Muck, der Seehund*!»

Freundlicher Applaus.

Ein albernes Windrad (Arne), ein noch albernerer Leuchtturm mit einer Bauchbeule (Herr Bösinger) und ein schiefer, dicker Apfelbaum (Frau Bösinger) schoben sich als Dekoration auf die Bühne, was großes Gelächter und Gejohle hervorrief. Imke saß in der ersten Reihe direkt neben Brockstedt und freute sich mit. Sie war hin- und hergerissen, als sie ihren sonst so eitlen Sohn als unglückliches Windrad auf der Bühne sah. Er tat ihr ein bisschen leid, aber das hier war besser als Gefängnis!

Die Eingangsmusik kam vom Band, und die Handlung begann. Seehund Muck verlor seine Mutter, irrte durch die Welt, erlebte eine Menge Abenteuer und wurde von der Seehundstation gerettet. Windrad, Leuchtturm und Apfelbaum auf der Hallig mussten nichts anderes tun, als einfach da zu stehen. Zum Schluss gab es einen Rap mit der Moral von der Geschicht: Wer einen Seehund rettet, rettet damit die ganze Welt. Als das Windrad mit dem Apfelbaum plötzlich Walzer zu dem Rap tanzte, was gar nicht zur Musik passte, und als sich daraufhin der dicke Leuchtturm schwerfällig wie ein Elefant in Bewegung setzte, tobte das Publikum. Die rappenden Jugendlichen auf der Bühne vergaßen vor Lachen vollständig ihren Text.

Imke blickte auf die wunderbar lebhaften Kinder in der Kurmuschel. Sie stellte sich vor, wie sie ein Urenkelkind mit schwarzen Locken im Arm hielt und mit ihm herumschäkerte. Sämtliche Kitschbilder, die es jemals zu diesem Thema gegeben hatte, tauchten vor ihrem inneren Auge auf, und es fühlte sich prächtig an. Jetzt drehte sie sich zum Publikum um und entdeckte hinter den voll besetzten weißen Bänken Sönke mit Regina. Irgendjemand hatte ihnen wohl gesteckt, dass Arne hier auftreten würde. Aber die beiden schauten nicht auf die Bühne, sondern schienen sich zu streiten. Was war da los? Ihr fiel ein, dass Brockstedt gesagt hatte, in ihrer Familie braue sich etwas zusammen. Kam jetzt etwa wieder die Diskussion auf, ob man sie ins Heim stecken sollte? Wegen der Wattwanderung und der Bowle? Regina konnte sie nicht trauen, das wurde ihr wieder einmal bewusst.

Sie stieß einen Seufzer aus. Eigentlich hatte sie nach der ganzen Aufregung nur den Wunsch, sich auszuruhen. Mit einem Mal war ihr schon die Vorstellung, nach dem Konzert noch nach Hause zu gehen, zu viel. Und jetzt kam auch noch ein Familienstreit hinzu, der wahrscheinlich um sie kreiste. Sie versuchte sich zu beruhigen: Sönke würde nie zulassen, dass sie die Wohngemeinschaft hinterm Deich verließ, da war sie sich sicher. Außerdem gab es ja noch Christa und Ocke. Trotzdem, sie musste so bald wie möglich mit Sönke reden, um den neusten Stand zu erfahren.

20. Ein zartes Fiepen

Am nächsten Morgen wachte Sönke mit einem Glücksgefühl auf und tastete neben sich. Doch da war niemand. Maria war schon zum Dienst gefahren. Eigentlich war es ihm gar nicht recht, dass sie sich in ihrem Zustand mit Besoffenen oder Kriminellen rumschlagen musste. Besser, sie verschanzte sich im Innendienst. Doch dazu müsste Maria Brockstedt erst einmal mitteilen, dass sie schwanger war, und das wollte sie so lange wie möglich hinauszögern.

Sönke hatte vor Aufregung die ganze Nacht kaum geschlafen, er war auch jetzt immer noch aufgewühlt. Väter waren immer nur andere geworden, Bekannte, Freunde, Verwandte. Nun er? So richtig konnte er es sich nicht vorstellen, schlaflose Nächte, Windelwechseln, und mit Kinderprodukten kannte er sich überhaupt nicht aus, von ferngesteuerten Monster-Trucks und Ähnlichem mal abgesehen. So etwas schenkte er gerne seinem Patenkind, sehr zum Entsetzen der Waldorfkindergarten-Eltern. Hoffentlich ging alles gut.

Er beschloss, dass Wickelkommode und Kinderwagen noch Zeit hatten, jetzt gab es erst einmal anderes zu tun. Es war bereits neun, Zeit für ein Frühstück mit Christa, um mit ihr über Oma zu sprechen. Regina hatte ihn während der Vorführung in der Kurmuschel abgefangen und regelrecht gedroht, in Sachen Oma sofort aktiv zu werden. Sie konnte nicht einmal das Ende des Stücks abwarten, dabei war es total lustig gewesen, Arne als Windrad zu sehen. Und gleichzeitig erleichternd, denn dadurch musste er nicht in den Knast! Regina hatte das überhaupt nicht beeindruckt. Sie hatte nur kurz mit verächtlichem Blick auf die Kurmuschel geschaut und ihn dann angekeift, wieso er nicht schon längst bei Christa gewesen sei, wie er versprochen hätte. Sönke war keine gute Begründung eingefallen. Er durfte ja nicht verraten, dass inzwischen etwas noch Wichtigeres in sein Leben getreten war. Die Geheimnistuerei ging ihm mächtig gegen den Strich, aber Marias Wort galt in diesem Fall nun mal mehr als seines. Statt die Neuigkeit überall hinauszuschreien, wie er es gerne getan hätte, musste er sich nun darum kümmern, dass Christa Oma besser überwachte oder zumindest mehr im Blick behielt. Keine leichte Aufgabe, Christa besaß ein Recht auf ihr eigenes Leben, da musste ein Kompromiss gefunden werden. Regina hatte ihm ein Ultimatum bis zum Abend gestellt, dann wollte sie mit der Heimsuche beginnen. Und wie Sönke sie kannte, würde sie das auch tun.

Er stieg in Marias uralten Mini One, der vor dem Haus parkte. Maria fuhr in letzter Zeit meist mit dem Fahrrad zur Arbeit. Beim Anlassen des Motors fiel ihm auf, dass sie auch ein neues Auto brauchen würden, denn ein Kinderwagen passte in diese kleine Kiste nur mit Not. Er nahm den geteerten Wirtschaftsweg nach Süderende. Der Westwind bog die Bäume in Richtung Osten, wirbelte vergessenes trockenes Laub vom letzten Herbst auf und warf es übermütig in die Luft. Die Spitzen der Schilfhalme standen wie Peitschenantennen in den Gräben und wurden von quertreibenden Windböen in die Waagerechte gedrückt. Das einzig Unbewegte schienen die Häuser und Straßenlampen zu sein, aber auch die vibrierten bei genauerem Hinsehen. Manchmal erwischte eine Böe den Wagen, der zum Glück immer brav in der Spur blieb, weil er so tief lag wie ein Gocart.

In Süderende fuhr er langsam am Friedhof St. Laurentii vorbei. Dort gab es Grabsteine, auf denen die Lebensgeschichte seiner Vorfahren eingemeißelt war – und nun würde es bald neues Leben bei den Riewerts geben! Mit seinem Nachwuchs würde der Stab in der Familie weitergereicht. Er selbst rückte eine Generation weiter nach hinten, genau wie alle anderen in der Familie auch. Sönke drehte das Radio an, ein dänischer Sender war zu hören, der Moderator erzählte kichernd eine Geschichte, von der Sönke zwar nichts verstand, die aber wie Musik in seinen Ohren klang. Danach wurde ein Uralt-Titel von Roxette gespielt: *Listen to your heart*. Das war die erste CD gewesen, die er sich von seinem eigenen Taschengeld gekauft hatte. Damals war er elf gewesen. Sönke sang alle Strophen laut mit, und es gelang ihm gar nicht mehr runterzukommen. Eigentlich war dies die komplett falsche Stimmung für das ernste Gespräch, das ihm bevorstand.

Als er den Ortseingang von Dunsum erreichte, traute er seinen Augen nicht. Seine Oma kam ihm leicht schwankend auf der Straße entgegen. Sie trug ihren alten roten Hosenanzug, der in der Landschaft leuchtete wie ein Warnsignal. Schritt für Schritt kämpfte sie sich voran. Sönke hielt sofort an und schaltete die Musik aus. Obwohl sie ihm gestern Abend am Telefon versichert hatte, dass sie mindestens vierundzwanzig Stunden schlafen würde, sah sie müde und matt aus. Im letzten halben Jahr war sie sehr gealtert, da gab es nichts zu beschönigen. Das Schlimme daran war: Man konnte nicht mehr damit rechnen, dass es noch mal besser wurde. Ihre gemeinsamen Touren nach Amsterdam, Berlin oder Venedig würden sich nicht wiederholen lassen, sie waren nichts als Erinnerungen, wenn auch besonders schöne. Der Raum, in dem seine Oma sich bewegen konnte, wurde immer enger und würde schließlich dem eines kleinen Kindes ähneln. Als Sönke aus dem Wagen sprang, erwischte ihn sofort eine frische Windböe, was ihm guttat.

«Na, Oma, trainierst du gerade?», rief er fröhlich.

«Meine Zwischenzeiten sind ziemlich im Keller», grummelte Imke mit einem Lächeln.

Er nahm seine Oma in den Arm. «Moin erst mal. Hü gungt et?»

«God.»

Was stark übertrieben sein durfte.

«Soll ich dich im Wagen mitnehmen?» Es waren zwar nur hundert Meter bis zum Haus, aber immerhin.

Imke schüttelte den Kopf und deutete auf sein Auto. «Bis ich mich bei dir auf den Sitz gepult habe, laufe ich die Strecke dreimal hin und zurück.»

Also parkte Sönke den Wagen an der Straßenseite und hakte sich bei seiner Oma unter. «Ist Christa zufällig da?»

«Ja, aber sie kann nicht mit dir sprechen.»

Das kam ziemlich schroff.

«Wieso nicht?»

Oma sah ihn prüfend von der Seite an: «Willst du mit ihr über mich schnacken?»

Sönke wurde heiß und kalt: erwischt!

«Sie ist immerhin deine Pflegerin, und ich soll mich offiziell um deine Angelegenheiten kümmern.»

Dass er der Vormund seiner Oma war, erwähnte er nicht gerne. Aber jetzt blieb ihm nichts anderes übrig.

Imke blieb stehen und holte tief Luft. «Weißt du, warum ich auf dieser blöden Straße laufe und nicht auf dem Deich?»

«Nein.»

Sie sah die Straße hinunter. «Weil ich es nicht mehr schaffe, den Deich hochzukommen. Ich glaube, die haben den nur gebaut, um mich vom Watt fernzuhalten.»

«Klar, warum auch sonst?» Sönke lachte.

Oma schüttelte den Kopf. «Ich kann nicht mal mehr abhauen, wenn ich tüdelig werde. So sieht es aus. Also mach dir keine Sorgen.»

«Ich will trotzdem mit ihr reden. Sie soll dich unterstützen, wo sie nur kann. Und wo ihr das nicht möglich ist, organisieren wir Hilfe von außen.»

«Du kannst Christa gerade nicht sprechen», wiederholte Oma energisch und hielt ihren Enkel am Arm fest.

«Warum nicht?»

Sie ließ ihren Blick bedeutungsvoll zum Horizont schweifen: «Lass uns einen kleinen Umweg machen, aber unauffällig …»

Sönke hielt das für eine schlechte Idee, denn Oma konnte nicht mal eben einen Umweg machen. Doch sie ließ sich nicht davon abbringen und lotste ihn zu dem Maisfeld, das direkt gegenüber vom Haus lag. Die Blätter der mannshohen Pflanzen und die schweren Früchte schlugen ihnen gegen Gesicht und Bauch, Oma steckte das erstaunlich gelassen weg. Bald standen sie an einem Punkt, von dem aus sie auf die Vorderseite des Hauses blicken konnten. Ein irrsinnig lautes Fiepen war zu hören, schlimmer als ein startendes Flugzeug. Oma zog ein kleines Fernglas aus ihrer Jacke und drückte es Sönke in die Hand.

«Ich habe meine Brille nicht dabei, schau du lieber.»

Sönke blickte durch das Fernglas.

«Was siehst du?», löcherte sie ihren Enkel.

Sönke stellte den Fokus schärfer. «Vor Christas Fenster steht Ocke mit seiner E-Gitarre. Er hat eine Anlage und einen Mikrophon-Ständer vor sich aufgebaut.»

Oma nickte, als hätte sie so etwas erwartet. «Sind die Gardinen bei Christa zu?»

«Da regt sich nichts.»

«Die wird sich wundern.» Oma lächelte.

Sönke behielt Christas Fenster fest im Blick. «Es passiert immer noch nichts.»

«Gib mir mal das Fernglas, bitte», sagte Imke und riss es ihm bereits aus der Hand. «Mist, ohne Brille kann ich wirklich nichts erkennen.»

«Was hat das alles zu bedeuten?», fragte Sönke.

Seine Oma strahlte ihn an, aber sie sagte nichts.

21. Ständchen

Nach dem Gespräch mit Dr. Kohfahl fühlte sich Ocke wie
ausgewechselt. Dabei war das, was der Psychologe ihm geraten hatte, nicht gerade höhere Mathematik gewesen: «Zeig
ihr, was du fühlst, und sei ihr immer zugewandt.» Kohfahl
hatte recht, Ocke hatte sich vor Christa eher versteckt, als
ihr seine Gefühle offen zu zeigen. Davon abgesehen war er
ohnehin niemand, der viel und gern redete. Und wenn es
drauf ankam, verstummte er vollständig. «Wenn Sie kein
Redner sind, reden Sie nicht!», hatte ihm Kohfahl geraten.
«Das geht nur schief.»

Singen war etwas anderes. Ocke sang gerne und viel, wenn
auch selten öffentlich. Damals auf hoher See hatte er oft mit
seiner Gitarre an Deck gehockt und mit Seemannskollegen
aus allen Ländern zusammen musiziert. Von philippinischen
Chorälen bis zu Südseegesängen der Kiri-Batis hatte er viele
Lieder gelernt, und er sang sie immer noch, wenn er allein
im Taxi saß. Kohfahl hatte das aufgegriffen und auf den
Punkt gebracht: «Werben Sie um Ihre Christa! Bringen Sie
ihr ein Ständchen!» Für Ocke hörte sich das altmodisch im
besten Sinne an: Es war eine alte Mode, die schon die Min-
nesänger im Mittelalter angewandt hatten.

Er hatte sich also seinen besten schwarzen Anzug angezogen – den Christa noch nie an ihm gesehen hatte –, dazu

ein weißes Hemd. Vorher war er noch zum Friseur gegangen, seine ehemals wuseligen Haare waren nun sportlich kurz geschnitten, der Bart war verschwunden. Vom früheren Seebär war nichts mehr zu ahnen. «Es ist nicht wichtig, was Sie sagen, sondern was Sie zeigen», hatte Kohfahl ihm gesagt. «Und da können Sie ihr nichts vormachen, Ihre Körpersprache wird Sie immer verraten. Mit anderen Worten: Seien Sie ehrlich, das genügt.»

Ocke war sein Leben lang nach außen immer der Starke und Verlässliche gewesen, dem nichts etwas anhaben konnte. Was an sich nichts Schlechtes war. Er erinnerte sich, wie sein Kapitän auf einem Norwegentörn einmal seine Ehefrau mit an Bord genommen hatte. Als der Containerfrachter bei Windstärke neun heftig zu schaukeln begann, kam sie mit einer ausgebauten Tür über die engen Gänge gelaufen. Falls das Schiff sinken und sie es nicht rechtzeitig ins Rettungsboot schaffen würde, wollte sie etwas haben, woran sie sich festhalten konnte. Ocke hatte ihr die Tür mit gutem Zureden abgenommen und stundenlang mit ihr Mensch ärgere Dich nicht gespielt, damit sie abgelenkt war und der Kapitän an Bord sein Gesicht nicht verlor.

Er war stets der «Kümmerer» gewesen. Zu ihm waren die Kollegen mit Familienproblemen gekommen, und wenn es mit der Frau nicht mehr klappte, hatte er immer ein offenes Ohr gehabt. Nicht, dass er tolle Lösungen anzubieten hatte, aber die Seeleute fühlten sich schon besser, wenn da jemand vor ihnen saß, der einfach nur zuhörte. Er selbst hätte auch gerne so einen Zuhörer gehabt. In der Zeit mit Uschi war sie das gewesen, aber die Beziehung hatte ja nur ein Jahr gehalten, und wenn er seine große Fahrt abzog, sogar nur ein halbes. Geendet hatte sie in einer Katastrophe, wie er sie nicht noch einmal erleben wollte.

Jetzt stand er an Christas Fenster und klimperte die ersten

Akkorde auf der E-Gitarre. Sie fühlten sich fremd an. «Es ist wichtig, dass Sie beim Singen den Boden spüren», hatte Kohfahl gesagt. Und tatsächlich, wenn er sich darauf konzentrierte, fühlte es sich so an, als ob seine Fußsohlen Wurzeln in die Erde schlugen. Seine zarte, helle Männerstimme kam sehr klar durch die Gesangsanlage. Er wollte sich nicht mehr verstecken, sondern ohne Schnörkel klarstellen, worum es ging. Deswegen hatte er sich den Soul-Klassiker *When a man loves a woman* ausgesucht. Seine Stimme war nicht besonders kräftig, aber authentisch:

> *When a man loves a woman, can't keep his mind on nothing else*
> *he'd trade the world for the good thing he's found.*
> *If she is bad he can't see it she can do no wrong,*
> *turn his back on his best friend he puts her down.*

Ocke wusste, dass Christa gestern Abend früh ins Bett gegangen war, sie hatte ziemlich frustriert gewirkt. Im besten Falle hatte sie Ärger mit ihrem Stefan gehabt, was ihm Mut machte. Immerhin hatte sie nicht bei ihm übernachtet und er auch nicht bei ihr.

Auch Ocke hatte sich früh hingelegt und statt der üblichen Flasche Bier einen Pott Salbeitee getrunken, der gut für die Stimme war. Er wollte nichts unversucht lassen, um Christas Herz zu erobern. Nun gab es kein Zurück mehr, er stand kurz vorm Refrain. Ein gutes Gefühl – mit flauem Magen!

Ocke stellte sich vor, wie Christa gerade aus tiefsten Träumen erwachte und die Musik im ersten Moment nicht zuordnen konnte. Sie wohnten ja nicht an einem Touristenboulevard mit hundert Straßenmusikern am Tag, sondern am Rand der Marsch hinterm Deich. Noch waren die Vorhänge geschlossen, Ocke sang weiter.

When a man loves a woman spend his very last dime
trying to hold on to what he needs.
He'd give her all his comforts sleep out in the rain
if she said that's the way it oughta be.

Dann wurden die Gardinen beiseitegeschoben und das
Fenster geöffnet. Ocke konzentrierte sich mit aller Kraft
darauf, das leichte Zittern seiner Stimme unter Kontrolle
zu bekommen. Christas Kopf mit dem verwuselten Haar
tauchte am Fenster auf. Obwohl Ocke sie gerade aus dem
Schlaf gerissen hatte, sah sie gerührt aus. Nun schloss er die
Augen. Er hatte gesehen, was er zu sehen gehofft hatte. Jetzt
wusste er nicht einmal mehr, ob sie überhaupt noch schaute.
Ocke hatte alles genau so umgesetzt, wie es ihm sein Therapeut empfohlen hatte: «Wenn Ihre Christa dadurch nicht
bewegt wird, hat sie ein Herz aus Stein.»

Das Lied war zu Ende, Ocke öffnete die Augen, Christa
lächelte ihn durchs offene Fenster an. Dieses Lied galt nur
ihr, und das wusste sie nun. Ocke erwartete nicht, dass er
sie im Sturm erobern würde. Zumal sie zusammen lebten
und einen Alltag teilten, der für sich gesehen alles andere als
aufregend war. Doch ab jetzt würde immer etwas anderes,
ganz und gar nicht Alltägliches darunter hervorschimmern.
Wo auch immer die Reise hinging, das Schiff hatte abgelegt.

22. Diät ist auch kein Leben

«Heute mache ich gar nichts», kündigte Ocke am nächsten Morgen nach dem Frühstück an und streckte sich auf seiner Liege aus. Ein warmer Luftzug ging über die WG-Terrasse und huschte weiter in Richtung Marsch. Hoch «Hanne» hatte ganz Nordfriesland im Griff, der Friesenwimpel überm Haus hing schlaff an der Stange. Es tat gut, richtig auszuspannen und zwischendurch einfach mal wegzudämmern. Ocke hatte sich im Gesicht mit Lichtschutzfaktor dreißig eingecremt, weil seine Haut dort, wo sein Bart jahrzehntelang gestanden hatte, schneeweiß war. Alles war getan, alles erledigt. Er schloss die Augen.

«Ich gehe nie wieder weg von dieser Terrasse», sagte Imke, die ihm gegenüber lag.

«Und gekocht wird heute auch nicht, wir lassen uns was kommen», ergänzte Christa. Sie lag im Bikini neben ihm auf der Liege.

Nach der Geburtstagsfeier und dem anschließenden Trubel schienen sie alle froh, dass wieder so etwas wie Alltag eingekehrt war. Wobei ihr Sonnenbad auf der Terrasse den Alltag natürlich um einiges toppte. Für Ocke war das alles jedoch völliger Unsinn: Er lag neben Christa und war entspannt? Wie sollte das gehen?

Nach seinem Ständchen vor Christas Fenster war für

ihn nichts mehr normal in der WG, schon gar nicht ein Sonnenbad auf der Terrasse, wenn seine Liebste im Bikini direkt neben ihm lag. Das heißt, seine Liebste war sie ja nicht, sondern – ja, was eigentlich? Es war Ocke egal, dass sie das Hoch «Hanne» genannt hatten, für ihn war es Hoch «Christa» – und das würde auch so bleiben, wenn daraus ein Tief werden sollte. Wie auf Föhr alles für ihn nur noch «Christa» war: ihre ehemalige Schule, die Meierei, in der sie gelernt hatte, ihr Elternhaus in Wyk und sogar die Fähre, mit der sie so oft gefahren war. Alles, was mit ihrem Leben zusammenhing, wurde eine Sehenswürdigkeit, und die Insel war voll davon.

Ocke musste sich sehr beherrschen, um sich seine Nervosität nicht anmerken zu lassen und nicht permanent auf seiner Liege herumzuzappeln. Der einzige Gedanke, der ihn seit Stunden beschäftigte, war, was wohl passieren würde, wenn er einfach Christas Hand nähme. Dies war ja noch ein sehr keuscher Gedanke, aber schon der versetzte ihn in blankes Entsetzen. Natürlich musste es nach dem Ständchen irgendwie weitergehen, und auch das lag jetzt an ihm. Andererseits: Wenn Christa ihn zurückwies, würde für ihn alles zusammenbrechen, die WG und sein Leben. Wenigstens wusste sie seit gestern Bescheid über seine Gefühle. Wirklich? Oder könnte sie sein Lied auch als nette Geste werten und nicht mehr? *When a man loves a Woman* hätte für sie genauso *Yellow Submarine* sein können? Einfach nur ein schöner Song?

Auf den ersten Blick taten sie beide so, als sei alles wie immer.

Und auch wieder nicht.

Ocke nahm genau wahr, was Christa tat oder vorhatte. Er war zur Stelle, wenn sie etwas brauchte, eine Taxifahrt etwa, ein aufmunterndes Wort oder ein Stück Schokolade. Und sie war irgendwie immer dort, wo er sich aufhielt, in der Küche, auf der Terrasse. Aber das konnte auch Einbildung sein.

«Wollen wir etwas spielen?», fragte Christa.

«Bist du wahnsinnig?», sagte Imke mit geschlossenen Augen. «Mir wäre es jetzt schon zu anstrengend, einen Würfel in die Hand zu nehmen.»

«Reden?», fragte Christa.

«Worüber?»

«Ein Wortspiel vielleicht? Dafür brauchen wir keine Würfel.»

«Viel zu aufregend. Ich möchte nur noch dumpf sein.»

«Ocke?»

Ocke hätte gerne mit ihr gespielt, aber er fühlte sich befangen. Wenn er die Augen öffnete, schaute er auf Christas Bauchnabel, der bei jedem Atemzug bebte, ihre sinnlichen Lippen, den wundervollen Busen, nicht zu groß, nicht zu klein. Ein Spiel, bei dem er mitdenken musste, war in seinem Zustand eine komplette Überforderung.

«Danke, nein», brummte er.

Verdammt, jetzt hielt Christa ihn für einen Spielverderber, er hatte es endgültig vergeigt. Um sich nichts anmerken zu lassen, summte er leise die Melodie der Muppet Show. Und staunte nicht schlecht, als Christa sofort mit ihrem glockenhellen Sopran einstimmte:

Jetzt tanzen alle Puppen,
macht auf der Bühne Licht!
Macht Musik bis der Schuppen
wackelt und zusammenbricht!

Und dann ahmten sie unisono den knödeligen Tonfall von Kermit, dem Frosch, nach: «Die sensationellteste, fabelhaftellteste, blödelhaftellteste, muppetionellteste – ja jetzt kommt die super Muppet Show!»

«Wie geht das Lied noch mal weiter?», rief Imke amüsiert.

Bevor jemand eine Antwort geben konnte, stand der blonde Bernd, ihr Postbote, auf der Terrasse.

«Moin!»

Bernd hielt ein Päckchen und einige Briefe in der Hand. Er war ungefähr fünfzig und trug seit den siebziger Jahren immer dieselbe Frisur: lange blonde Koteletten, die dünnen Haare halb über die Ohren. Das Einzige, was sich verändert hatte, war sein Gewicht, das jedes Jahr etliche Kilo nach oben gegangen war. Ocke kannte ihn noch als spitteligen Teenager in Badehose, bei dem jede Rippe unter der Haut zu erkennen war, das konnte sich heute niemand mehr vorstellen.

«Moin, Bernd», grüßte Ocke und kam mühsam hoch. «Willst du 'nen Eistee? Oder Bier?»

Bernd überlegte nicht lange: «Biä? Gähnä.»

Er setzte sich an den großen Tisch, um den herum alle Liegen postiert waren. Ocke stand auf und reichte Bernd eine Flasche, die neben seiner Liege gestanden hatte und sogar noch einigermaßen kühl war. Bernd legte die Post auf den Tisch und blickte neidisch in die Runde.

«Euch geht das bestens, was?»

Ocke zuckte mit den Achseln.

«Wir kommen zurecht. Und selber?»

Bernd verzog das Gesicht.

«Dr. Behnke meint, bei der Post sollten wir wieder umstellen auf Fahrräder.»

Bernd kam immer mit einem knatternden Diesel-Lieferwagen.

«Wieso das denn?», frotzelte Christa. «Bis du die Briefe

aus Wyk mit dem Rad bei uns in Dunsum hast, ist längst Sonnenuntergang.»

Bernd sah sie beleidigt an.

«Wenigstens im Winter», schwächte Christa ab.

«Aber Umwelt dankt», sagte Imke.

Jetzt rieb Bernd sich seinen kugelrunden Bauch: «Nee, der Dokter meint das nicht wegen die Natur, sondern wegen meine Blutwerte.»

«Ärzte sind immer viel zu streng», beruhigte ihn Ocke.

Bernd schöpfte sofort Hoffnung. «Meinst du?»

«Guck dir Dr. Behnke doch mal an mit seiner runden Plauze, ist der ein Vorbild?»

Bernd nickte. «Diät ist auch kein Leben, ich sag euch das!»

Ocke lachte: «Schon mal ausprobiert?»

«Kurz. Ist aber nicht mein Ding.»

Und so plauderten sie noch ein bisschen weiter, abwechselnd über Diäten und Schlemmereien, dann musste Bernd los. Die Post blieb erst einmal unbeachtet auf dem Tisch liegen. Seit überwiegend Rechnungen und kaum noch persönliche Nachrichten kamen, waren Briefe kein besonderes Ereignis mehr. In dem einzigen Päckchen befand sich die neue Ultraschall-Zahnbürste, die Ocke für Christa im Internet bestellt hatte. Das hatte Zeit, sie lehnten sich wieder zurück und genossen die Sonne.

«Summertime ...», summte Christa, und Imke fiel mit geschlossenen Augen ein: «... and the living is easy.»

Irgendwann nahm Ocke dann doch den ersten Brief und riss ihn mit seinen schmalen Fingern auf. Zuerst sagte er gar nichts, dann starrte er nach oben.

«Nein!», rief er. «Verdammt.»

Imke und Christa hatten sich gerade eingesungen und wirkten ein bisschen sauer, dass er sie unterbrach.

«Was ist denn?», fragte Imke.

«Wir sind gekündigt worden!»

Christa und Imke schossen synchron von ihren Liegen hoch: «Was?»

Ocke hielt den Brief hoch.

«Petersen kündigt wegen Eigenbedarf, er will in dieses Haus einziehen.»

Ocke reichte Christa den Brief, die das hochoffizielle Schreiben Wort für Wort las.

«Das ist seine Rache für das Siel», stöhnte sie.

«Welches Siel?», fragte Ocke.

Christa winkte ab. «Und jetzt?»

«Ich würde sagen, das ist ein Fall für unseren WG-Anwalt», sagte Imke.

«Der da wäre?» Ocke war schleierhaft, wie sie einen Anwalt bezahlen sollten.

Imke schaute ihn verständnislos an: «Na …?»

Ocke überlegte eine ganze Weile, dann war der Groschen gefallen.

«Bösinger? Meinst du das ernst?»

«Kennst du einen anderen?»

«Du weißt nicht, was der kostet …»

Imke grinste: «Da mach dir mal keine Sorgen, der schuldet mir noch was. Aber das weiß er noch nicht.»

Ocke hatte natürlich geahnt, dass die Bösingers nicht freiwillig krumme Seehunde am Strand verkauft hatten. Zumal das Strafverfahren gegen sie anschließend wie durch ein Wunder eingestellt worden war.

«Hast du die Bösingers rausgehauen?»

Imke winkte ab. «Bin ich der Polizeipräsident, oder was?»

Doch Ocke kannte sie zu gut, als dass er ihr Dementi glauben konnte. Er fragte aber nicht weiter nach.

«Wir müssen uns wehren!», sagte Christa.

«Ach, Leute wie Petersen sitzen doch immer am längeren Hebel», seufzte Ocke resigniert.

«Ausgerechnet Stefan», hielt Christa dagegen, «dieses Weichei!»

Das hörte Ocke natürlich gerne.

«Es wäre schlimm, wenn wir unsere WG auflösen müssten», sagte Imke betrübt.

«Wer redet denn davon?», munterte Christa sie auf. «Bösinger wird uns da raushauen.»

Ocke war da nicht so sicher. «Ob der vor Gericht so schnell ist wie an der Gitarre?»

Alle mussten lachen. Imke bat Christa, von ihrem Schreibtisch die Visitenkarte zu holen, die Bösinger ihr gegeben hatte.

«Dr. jur. Friedrich Bösinger», murmelte Christa, als sie zurückkam.

«Der große Fritz», blödelte Ocke.

Imke stand auf, nahm das tragbare Telefon und verschwand damit in Richtung Marsch. Ocke und Christa sahen sich an. Wollte Imke das im Alleingang lösen? Als sie zurückkam, blickten sie Ocke und Christa erwartungsvoll an.

«Wir können jederzeit zu ihm kommen, er ist noch auf Amrum.»

«Geht das nicht telefonisch?», nörgelte Ocke. Er hatte eigentlich keine Lust, dem Mondgesicht noch mal persönlich zu begegnen.

«So was bespricht man lieber von Angesicht zu Angesicht, es ist zu wichtig.»

«Meint ihr wirklich, er ist der Richtige?», fragte Ocke.

«Als Anwalt wünscht man sich einen Pitbull, der seine Beute nicht loslässt, sobald er einen Fitzel davon zu fassen bekommen hat», sagte Imke. «Und Bösinger ist so einer.»

«Zumindest sieht er aus wie ein Pitbull», rutschte es Ocke heraus. Als Christa und Imke darüber lachten, tat er so, als sei er ehrlich über seine Worte erschrocken: «Das meine ich gar nicht so!»

«In Ordnung», erklärte Christa. «Dann fahre ich mit Ocke zu ihm. Imke, du wirst dich ein bisschen schonen. Wir regeln das.»

«Das hier ist auch mein Zuhause, ich will dabei sein», protestierte Imke und fügte beleidigt hinzu: «Außerdem ist Bösinger *mein* Anwalt!»

«Mensch, Imke, erst auf die Fähre und dann in den Bus nach Norddorf, das ist viel zu anstrengend», mahnte Christa. Womit sie vollkommen recht hatte.

Schließlich hatte Imke die rettende Idee: «Lasst uns mit dem Taxi auf die Fähre fahren. Ich bezahl das auch.»

«Einverstanden», sagte Ocke. Wenn er fuhr und Christa neben ihm saß, konnte Imke es sich hinten bequem machen.

23. Dr. Pitbull

Eine halbe Stunde später erreichten sie in Ockes Taxi den Anleger zur Fähre. Ocke hatte etwas zu viel Gas drauf, als er über den Metallabsatz fuhr, sodass einmal die Vorder- und dann noch die Hinterachse laut krachte.

«Hell Driver!», murmelte Imke und löste damit allgemeines Gewiehere aus.

«Wart ihr damals auch bei den Hell Drivers auf dem alten Golfplatz?», rief Christa. «Wann war das noch?»

«Dreiundsiebzig», erinnerte sich Imke. «Ich glaube, es gab keinen Föhrer, der da nicht war.»

«Nee, das war vierundsiebzig!», widersprach Christa.

Ocke lächelte Christa an. «Stimmt. Ich war damals gerade zwei Tage auf Landgang. Wie die mit ihren Fords über die Rampen gejagt sind, und dann – dschhht – über zwei, drei Autos rüber und – Crash!»

«Sie sind mit Opels gefahren, nicht mit Fords», korrigierte Imke.

«Nee, Fords. Ich wollte mir nämlich genau so einen kaufen, wie sie da kaputt gefahren haben. Aber ein Auto lohnte sich damals gar nicht für mich, dafür war ich immer viel zu lange auf See.»

«Trotzdem Ford», sagte Christa augenzwinkernd.

«Wieso zeigen sie heute solche tollen Sachen nicht mehr?»

«Umwelt!», seufzten Christa und Ocke wie aus einem Munde.

Das Autodeck war fast leer. Der Verkehr von Föhr nach Amrum war an diesem Tag überschaubar und bestand überwiegend aus Tagesgästen, die nur mal wissen wollten, wie es auf der Nachbarinsel so aussah. Die «Uthlande» der W.D.R.-Reederei nahm den üblichen Kurs parallel zum Südstrand, der voller Menschen war, die den ganzen Tag nichts anderes machten als im Strandkorb zu liegen und zu schwimmen. Ocke und Christa stiegen aus und stellten sich an den Bug, während Imke auf der Rückbank sitzen blieb und das Fenster herunterkurbelte. Alles roch urvertraut: das hell glitzernde Nordseewasser, das im Sommer vollkommen anders duftete als im Winter; es gab aber auch spezielle Heimatgerüche, die nichts mit der Natur zu tun hatten, wie die Abgase des Schiffsdiesels, die frische weiße Farbe auf dem Geländer und das Sonnenöl der Passagiere.

Jeder Flecken auf dieser Insel erzählte eine Geschichte: Sie dachte an ihre Konfirmation im «Friesendom» in Nieblum, die Fahrradfahrt auf dem Gepäckträger ihrer Mitschülerin Hanne, bei der sich ihre Tracht in den Speichen verfing und einen langen Riss bekam, die erste schüchterne Liebe zu Erik, der die längsten blonden Wimpern besaß, die sie jemals bei einem Mann gesehen hatte, die Hausgeburt ihres ältesten Sohnes Arne, der unglaublich viele Haare hatte, dann die Geburt ihrer anderen Kinder, Geeske, der Mutter von Sönke, Cord und Regina. Das Unterbewusstsein mischte die Erinnerungen nach seiner eigenen Ordnung und Wichtigkeit. Plötzlich tauchte Wilhelm, der alte Schuster mit der abgewetzten Lederschürze, auf, an den hatte sie schon Jahrzehnte nicht mehr gedacht, genauso wie die Referendarin in der Grundschule, deren Namen sie vergessen hatte, weil sie nur ein Vierteljahr auf der Insel geblieben war. Alles, was ihr einfiel, kam ihr so frisch vor wie der Wind hier auf der See, auch wenn es schon so lange zurücklag. Imke war nicht auf dieselbe Art religiös wie die Bösingers, aber sie dankte Gott dennoch mit einem stillen Gebet, dass er dieses Eiland für sie ausgesucht hatte.

Vor ihr standen Christa und Ocke eng nebeneinander. Die beiden redeten kein Wort, sondern blinzelten einfach stumm auf das Wasser, das aus lauter hellen Leuchtpunkten zu bestehen schien. Sie sind sich näher, als es ihnen bewusst ist, dachte Imke und freute sich. Ob es mit ihnen klappen würde? Liebe auf den zweiten Blick? Für sie wäre so etwas undenkbar gewesen, es musste *gleich* knallen, oder es ging gar nicht. Leider hatte sie das nicht vor Irrtümern geschützt. Aber Christa und Ocke passten perfekt zusammen, schon deswegen mussten sie das Haus in Dunsum halten, es war ideal für die beiden – wenn sie mal nicht mehr war. Sie stieg aus und gesellte sich zu ihnen.

«Wenn ihr drei Fotos mit ins Paradies nehmen dürftet, was wäre da drauf?», fragte sie.

«Keine Ahnung, das ist sehr theoretisch», meinte Ocke.

«Meine ersten Fotos vom Watt, die ich als kleines Mädchen aufgenommen habe», sagte Christa.

«Bei mir wäre es ein Gruppenbild mit meinen Kindern und mit euch», sagte Imke. «Johannes ist auch mit drauf. Das zweite wäre eins von der Camden Street in London, mit all dem Gewusel vor den Geschäften, da konnte ich stundenlang im Café sitzen und einfach zuschauen.»

Amrum rückte immer näher.

Ocke schaute nach vorn, wo sich die Hallig Langeneß lang vor ihnen ausstreckte: «Nix vom Wattenmeer?»

Imke schaute ihn verständnislos an: «Wenn es das Paradies gibt, ist es das Wattenmeer! Dann brauche ich kein Foto davon!»

Eine übermütige Welle spritzte über die Bordwand, alle drei sprangen zurück. Dann setzten sie sich wieder ins Taxi. Die Fähre legte in Wittdün an, nicht gerade eine Perle architektonischer Schönheit, aber wunderbar gelegen. Immerhin wurde nach und nach alles «verhübscht», wie es Imke gerne ausdrückte, auch Wyk sah inzwischen viel schöner aus als noch vor drei, vier Jahrzehnten. Imke war froh, dass sie im Taxi gekommen waren, denn die Haltestelle für den Bus nach Norddorf war von einer dichten Traube schwerbepackter Touristen umlagert wie der Bierstand auf einem Volksfest, das hätte sie nur mit Mühe geschafft.

Sie schloss die Augen und spürte, wie sie leicht wegdämmerte. Als sie aufwachte, parkte Ocke sein Taxi gerade hinter dem kakaobraunen Volvo mit Kieler Kennzeichen vor dem vertrauten Haus im Oode Waii, in dem Imke so viele Stunden mit Johannes zugebracht – und einen der peinlichsten Momente ihres Lebens erlebt hatte. Nach den Ereignissen auf ihrer Geburtstagsfete begegnete man sich wenigstens wieder auf Augenhöhe, was sie sehr erleichterte.

Kaum hatten sie die Wagentüren geöffnet, kamen schon die Zwillinge angesaust. Sie hatten sich zwei Zöpfe gebunden und beide einen der erbärmlichen Seehunde in der Hand, die ihr Vater am Wyker Südstrand verkauft hatte.

«Das ist Muck.»

«Und das ist Muckel.»

Zum Glück ahnten sie nicht, was für eine Demütigung diese Schmusetiere für ihre Eltern gewesen waren, sie würden es wohl auch nie erfahren. Imke und Christa hatten auf der Fähre Schokolade als Mitbringsel gekauft, wie es sich für ältere Damen gehörte. Die Mädchen führten die drei ums Haus herum in den Garten, wo Herr und Frau Bösinger im Schatten unter einem Apfelbaum saßen. Sie standen sofort auf und gaben ihren Gästen freundlich die Hand. Man merkte, dass ihnen die Ereignisse der letzten Tage in den Knochen saßen, das war vermutlich mehr an Aufregung und Peinlichkeit gewesen als in ihrem ganzen bisherigen Leben.

«Danke, dass Sie uns helfen wollen», sagte Imke.

Bösinger hatte nicht eine Sekunde gezögert, als Imke ihn angerufen und ihm von der Kündigung erzählt hatte.

«Sagt mal, wollen wir uns nicht endlich duzen?», schlug Herr Bösinger vor. «Ich heiße ganz altmodisch Friedrich.»

«Susanne», stellte sich seine Frau vor.

«Wie wir heißen, wisst ihr ja», kürzte Imke die Vorstellungsrunde ab. Mit dem «du» war sie einverstanden, aber am liebsten hätte sie «Herr Bösinger» und «du» gesagt. Das wäre in Deutschland aber nur gegangen, wenn sie Kollegen an der Supermarktkasse gewesen wären: «Herr Bösinger, machst du mal 'nen Fehlbon?»

Susanne brachte Apfelkuchen und Tee in einer Thermoskanne. Der Schattenplatz unter dem Baum war sehr angenehm, denn inzwischen war es noch heißer geworden, das Thermometer zeigte knapp unter 32 Grad an. Laut Wetterbericht lagen Mallorca und Föhr mit der Hitze gleichauf.

Friedrich nahm seine Brille ab und rieb sich die Augen. Dann setzte er sie wieder auf und nahm das Kündigungsschreiben von Petersen in die Hand, das Ocke ihm reichte. Alle am Tisch schwiegen betreten. Von Friedrichs Einschätzung würde abhängen, ob sie ausziehen müssten oder nicht.

«Ich habe eine gute und eine schlechte Nachricht für euch», verkündete der Anwalt, nachdem er den Brief mehrmals gelesen hatte.

Imke, Christa und Ocke sahen sich ängstlich an.

«Ich will die schlechte zuerst hören», murmelte Ocke.

«Nee, lieber die gute», widersprach Christa.

Bösinger schaute die drei ernst an. «Wir können das

Ganze hinauszögern. Aber in einem Jahr seid ihr draußen, tut mir leid.»

Imke war schockiert: «Endgültig?»

Friedrich verzog entschuldigend das Gesicht: «Leider. Falls Herr Petersen nicht selbst in das Haus einzieht, holen wir uns auf jeden Fall die Umzugskosten wieder.»

Imke sandte ein stilles Stoßgebet in den Himmel. Sie ahnte, worauf das hinauslief: Wenn sie nichts tat, würde vermutlich alles so ablaufen, wie Friedrich es vorausgesagt hatte. Sie könnten noch ein Jahr bleiben, und dann wäre es vorbei mit ihrer WG. Und was würde das für ein Jahr werden, wenn man ständig den Vermieter im Nacken hatte? Allein bei der Vorstellung wurde ihr schon schwindelig. Es gab praktisch keine bezahlbaren Wohnungen für Einheimische auf Föhr, weil alle Immobilien zu Spitzenpreisen an wohlhabende Hamburger oder Düsseldorfer verhökert wurden. Wieder mal würde es nur eine Möglichkeit geben, ihrem Schicksal zu entkommen: Friesische Diplomatie. Bloß würde es viel komplizierter werden als mit Brockstedt, weil sie es hier mit einem harten Gegner zu tun hatten, der sich persönlich beleidigt fühlte und nicht einmal von der Insel stammte. Von ihrer schwindenden Kraft ganz zu schweigen. Aber vielleicht war ihre Kraftlosigkeit überhaupt der perfekte Ausweg …

«Imke, bist du noch bei uns?», fragte Christa.

Erschrocken blickte Imke auf. Sie hatte gar nicht gemerkt, dass sie völlig abgetaucht war.

«Parallel zu dem ganzen Schriftkram können wir auch selber etwas tun!», rief sie entschlossen in die Runde, anstatt auf Christas Frage einzugehen. Alle schauten sie verblüfft an.

«Und was?», fragte Christa neugierig.

«Ich rede mit Petersen.»

«Du kennst ihn nicht.»

Imke lächelte milde. «Genau das ist mein Vorteil, Christa.»

«Ich habe ihn gedemütigt, das erträgt er einfach nicht», erwiderte Christa.

«Deswegen wurde ja die UNO gegründet.»

«Na, dann haben wir ja Glück», sagte Christa ironisch.

«Allerdings», bestätigte Imke und deutete auf sich, «denn die UNO bin ich!»

Wenn sie drei, vier Tage durchschlief, war sie vielleicht stark genug für den ersten Angriff.

24. Föhrer Messebau

Ocke staunte, wie viel ein Mensch schlafen konnte. Imke brachte es am nächsten Tag auf ganze sechzehn Stunden! Als sie gegen Mittag aufwachte, sah sie trotzdem so schlecht wie noch nie zuvor aus. Sie war blass und hatte einen leeren Blick. Christa versorgte sie erst mal mit frischem Obst, und Ocke kochte ihr eine kräftige Hühnersuppe mit viel Gemüse.

Nach dem Essen zog sich Imke ihren neuen goldenen Morgenmantel über den Seidenpyjama und legte sich in Ockes Bettschrank. In seinem Zimmer sah es nach der abgebrochenen Auszugsaktion immer noch reichlich chaotisch aus, überall lagen Umzugskartons und Regalteile herum. Ocke hatte Imke dazu verdonnert, Christa gegenüber die Klappe zu halten, die offizielle Version war: Er wollte renovieren, basta!

«Was möchtest du sehen?», fragte Ocke mit der Fernbedienung seiner Riesenglotze in der Hand.

«Lass einfach laufen», bat Imke.

Ocke überlegte einen kurzen Moment und entschied sich dann fürs ZDF, wo gerade der Vorspann für eine Telenovela lief.

«Laut genug?», fragte er.

«Wunderbar.»

«Können wir sonst noch etwas für dich tun?», erkundigte sich Christa.

«Eine neue Wohnung suchen.»

«Wird erledigt.»

Sie wussten alle drei, dass es auf Föhr unendlich schwer sein würde, eine bezahlbare Wohnung oder ein Haus zu finden. Auf Sylt hatte das dazu geführt, dass die Hälfte aller Insulaner aufs Festland gezogen war, meist in die Gegend von Klanxbüll, wo es besonders billig war. Von dort fuhren sie jeden Tag mit dem Nahverkehrszug eine Station weiter auf die Insel, was nicht länger als ein paar Minuten dauerte. Aber nach Föhr fuhr nun mal kein Zug.

Tatsächlich gab es aber schon Putzkolonnen und Handwerker, die täglich mit der ersten Fähre nach Föhr kamen und mit der letzten zurückfuhren. Das bedeutete alles in allem zwar mehr als zwei Stunden Fahrzeit, war aber immer noch billiger, als auf der Insel zu wohnen.

«Friedrich hat vorhin angerufen», sagte Ocke. «Er hat wegen eines Formfehlers bei der Kündigung Widerspruch eingelegt. Darauf muss Petersen jetzt erst mal reagieren. Friedrich sagt, das wird sich einige Zeit hinziehen und ihm großen Ärger bereiten.»

«Trotzdem müssen wir realistisch sein: Am Ende werden wir gefeuert», erinnerte ihn Christa.

Ocke kratzte sich am glatt rasierten Kinn, was sich ohne Bart immer noch fremd anfühlte.

«Hauke hätte vielleicht was in Toftum.»

«Kutschen-Hauke?», staunte Christa. «Wo hat der denn was zu vermieten?»

«Keine Ahnung, hab ich von Hinnerk.»

Imke schaute ihn und Christa aufmunternd an. «Also, worauf wartet ihr noch?»

«Ich lasse dich hier nicht allein», sagte Christa.

«Wieso das denn nicht?»

«Weil ich Sönke hoch und heilig versprochen habe, dass ich dich nie mehr allein lasse.»

Ocke wusste, dass Christa einen Anruf von Sönke bekommen hatte. Das Telefongespräch war ihr immer noch unangenehm, weil Sönke natürlich mit allen Vorwürfen recht gehabt hatte.

«Lass mal gut sein, Imke», brummte Ocke. Auch er machte sich Vorwürfe, dass er an dem Tag von Imkes Wattwanderung nicht besser auf sie aufgepasst hatte. Nach der Wasserschlacht hatten er und Christa Imke einfach vergessen, da ließ sich nichts beschönigen.

«Ich würde ja gerne wieder ins Watt gehen», bekannte Imke ganz offen, «auch gegen euren Willen. Aber schaut mich an, ich bin einfach zu schlapp.»

«Es kann ja auch mal was anderes schiefgehen.»

«Das Schlimmste, was mir passieren kann, ist, obdachlos zu werden. Also raus hier! Ich will Fernsehen gucken.»

«Hey, das ist immer noch mein Zimmer», protestierte Ocke und schaute nun Christa fragend an. «Bis Toftum sind es zehn Minuten», überlegte er laut.

Christa legte Imke das Telefon nebens Bett und speicherte ihre Handynummer ein. Im Notfall musste Imke nur die Wahlwiederholungs-Taste drücken, um sie zu erreichen. Christa ließ sich das einmal von Imke vorführen, was prompt schiefging, weil Imke Telefon und Fernbedienung verwechselte. Beim zweiten Mal klappte es aber, und so konnten Ocke und Christa einigermaßen beruhigt losfahren.

Für Ocke war es ein wunderbares Gefühl, als Christa neben ihm im Taxi Platz nahm. Er befürchtete nämlich, dass die Wirkung seines Ständchens langsam abflauen und im WG-Alltag untergehen könnte. Sein zweiter Schritt war längst überfällig, Händchen halten oder so etwas, nur, das traute er sich einfach nicht. Auch Christa war vorsichtig, obwohl sie seine Nähe sichtlich mehr suchte als zuvor. Jedenfalls bildete er sich das ein. Was er nicht wissen konnte: Fühlte sich Christa vielleicht nur geschmeichelt und nutzte es aus, dass er um sie herumtanzte und alles für sie tat? Nein, so war Christa nicht. Die ganze Situation stresste ihn, jeder weitere Tag ohne Klärung wurde zum Experiment mit ungewissem Ausgang. Insofern war es gut, durch die Wohnungssuche abgelenkt zu sein.

Als er Richtung Toftum fuhr, schaute Ocke zufrieden durch die klare Windschutzscheibe, die er vorhin noch mit einem alkoholgetränkten Lappen von unzähligen Insektenresten befreit hatte. Wenigstens etwas bekam er hin. Am sonnigen Himmel standen perfekte, rundliche Schäfchenwolken, es war nicht zu warm und nicht zu kalt, typische Föhrer Hauptsaison.

Zehn Minuten später standen sie auf dem Hof von Hauke Hansen, wo ein alter Toyata-Landcruiser ohne Türen seit Jahren vor sich hingammelte. Auch sonst sah alles sehr heruntergekommen aus, überall lagen Eisenschrott und feuchtes Holz herum. Ausnahme war die neue Scheune, in der Haukes alte Kutschen lagerten, die er seit Jahren sammelte, um sie zu restaurieren.

Hauke saß mit einer Flasche Korn in der Hand auf einem Reifenstapel neben der Scheune. Ein großer, massiger Mann mit vollem grauen Haar. Er trug seine Arbeitskluft, schwarze Gummistiefel und braune Latzhose, und begrüßte Christa und Ocke mit den Worten: «Lasst euch nicht stören, mir ist gerade die Frau weggelaufen.»

Was den beiden merkwürdig vorkam, weil seine Scheidung schon einige Jahre her war und Hauke seitdem keine neue Frau gefunden hatte.

«Tut mir leid», sagte Ocke, ohne weiter nachzufragen. An sich war Hauke ein feiner Kerl, das wusste Ocke, aber seine Scheidung hatte ihn vollkommen aus der Bahn geworfen. Sein Sohn lebte weit weg in Kanada und besuchte ihn nur selten. Immerhin funktionierte Hauke noch so weit, dass er die nahe gelegene Biogasanlage regelmäßig mit Mais beliefern konnte. Ocke nahm Haukes Zustand als Mahnung: Wenn es ganz dumm lief mit Christa, würde er bald auch so da sitzen ...

«Du hast 'ne Wohnung zu vergeben?», fragte Christa.

«In 'ner Scheune», nuschelte Hauke.

Christa schaute Ocke unsicher an: «Äh ...?»

«Schauen können wir ja mal», sagte Ocke, der sich allerdings auch nicht vorstellen konnte, dass sie bald in einer Scheune leben würden. Er ging mit Christa hinein. Der Innenraum war vollgestellt mit prächtigen alten Kutschen. Hauke hatte einen Teil des Lagerraums mit dünnen Rigipswänden ausstaffiert, was eher an einen Messestand erinnerte als an Wohnraum, es gab nicht einmal Fenster.

Hauke fand das offenbar völlig normal. «Der Rest wird noch gemacht.»

Die Wahrheit war, es gab kein Bad und kein WC, und Hauke besaß auch kein Geld mehr, um weiter zu bauen, das wusste jeder auf der Insel. Davon einmal abgesehen, war die Idee von einer Wohnung in der Scheune von vornherein schwachsinnig.

Ocke sah, wie enttäuscht Christa war, und nahm kurz entschlossen ihre Hand. Sie schaute ihn verblüfft an und ließ sich von ihm zu einer offenen gelben Kutsche führen, wo er einen Spruch aus Goethes *Faust* zitierte, der ihm aus seiner Schulzeit hängengeblieben war: «Mein schönes Fräulein darf ich's wagen, mein Arm und Geleit Ihr anzutragen?»

Christa reagierte prompt, denn auch bei ihr war der *Faust* Pflichtlektüre gewesen: «Bin weder Fräulein weder schön, kann ohn Geleit nach Hause gehn.»

Ocke lächelte sie glücklich an, im Spiel war alles so einfach.

«Es stinkt», bemerkte Christa leicht pikiert und zog ihre Hand weg. Tatsächlich kam vom Misthaufen vor der Tür eine penetrante Duftwolke herein.

«Fenster kommen noch», versprach Hauke, doch Christa und Ocke bedankten sich nur kurz und stiegen in den Wagen. Hier wollte niemand gerne wohnen.

Zurück im Taxi pochte Ockes Herz auf Hochtouren. Christas Hand zu nehmen war der nächste Schritt nach dem Ständchen gewesen. Genau genommen war es sogar ein riesiger Sprung, auch wenn er ihn als Spiel getarnt hatte. Und falls es nicht so gestunken hätte, wer weiß … Zum Glück war die Tour mit Christa noch nicht zu Ende. Am Morgen hatte Ocke noch eine Annonce im Anzeigenblatt *Wir Insulaner* gefunden, in der ein renovierungsbedürftiges Altenteil mitten in der Marsch angeboten wurde.

«Ich rufe erst einmal Imke an», sagte Christa, nahm ihr Handy und stellte auf laut, damit Ocke mithören konnte.

«Ja?», kam es schluchzend aus dem Hörer. Imke weinte!

Ocke und Christa sahen sich schuldbewusst an. Das war wohl reichlich schiefgegangen.

«Imke, ich bin's», rief Christa besorgt. «Was ist passiert?»

«Patrick hat seine Lena gerade bekommen.»

«Welcher Patrick?»

«Der im Fernsehen natürlich. Es ist dermaßen romantisch …!»

«Wirklich alles gut?»

«Nein. Wie denn auch? Lena ist krank, sie wird vielleicht sterben! Stör mich bitte nicht weiter.»

Man hörte ein Klacken, Christa schaute Ocke verdattert an.

«Aufgelegt.»

Sie lachten beide erleichtert auf und fuhren in die sonnige Marsch, die in ihrem satten Grün geradezu selbstgefällig wirkte. Beim Vorbeifahren starrten kauende Kühe sie teilnahmslos an. Die Schönwetterwolken ließen ihre Schatten über die Felder tanzen, es gab hier alles, nur keinen Stillstand. Der einzige triste Fleck weit und breit war das völlig heruntergekommene Haus hinter hohen Büschen, das aus bröckeligen, roten Klinkern bestand. Ocke rollte mit dem Taxi auf die grasüberwucherte Einfahrt und überprüfte zur Sicherheit noch einmal die Adresse: Sie stimmte, leider.

Zögerlich gingen sie über das Grundstück, obwohl sie eigentlich sofort hätten umdrehen können. «Renovierungsbedürftig» war reichlich untertrieben, von Amts wegen hätte das Gebäude abgerissen werden müssen, auf dem Dach fehlten etliche Ziegel, es würde überall hineinregnen.

«Wir werden Föhr verlassen müssen», sagte Christa.

Doch diesmal war es Ocke, der noch nicht aufgeben wollte. «Lass uns zu diesem Makler aus Flensburg, der das Büro in Nieblum aufgemacht hat.»

«Schnösel-Feddersen?»

«Der kostet zwar drei Monatsmieten, aber besser als keine Wohnung, würde ich sagen.»

«Du hast recht.»

Zehn Minuten später hielt Ocke vor einem mondänen weißen Friesenhaus in Nieblum. Neben der Tür hing ein blank poliertes, anthrazitfarbenes Glasschild mit der Firmenaufschrift FEDDERSEN IMMOBILIEN. Die Tür war nicht abgeschlossen, und es gab keine Klingel, das war schon mal sympathisch. Über eine schmale Holzstiege gelangten

Ocke und Christa ins Büro in der Dachetage. Die Treppe sah ziemlich ausgetreten aus, was wohl nicht an der Masse von Kunden lag, die täglich aufliefen, sondern daran, dass hier vorher der Bürgermeister gewohnt hatte und davor ein Geldverleiher …

Feddersen sprang von seinem Stahlschreibtisch auf, als sie hereinkamen. Der blonde Seitenscheitelträger war ungefähr dreißig Jahre alt und trug einen dunkelblauen Pullover über dem weißen Hemd, dazu Jeans. Er empfing sie wie alte Freunde – was er mit allen Kunden so machte, wie Ocke annahm.

«Moin! Schön, dass Sie zu uns kommen.»

Ocke kam ohne Umwege zur Sache.

«Wir wohnen auf der Insel und suchen was Neues.»

«Beest dü fan feer?», fragte Feddersen auf Friesisch.

Kommst du von Föhr?

«Jä was, schocht' m det?»

Ja, sieht man das?

Er lachte. «Sorry, da hört mein Friesisch schon auf. Aber ich freue mich. Wissen Sie, ich bin nicht der typische Schickimicki-Makler vom Festland. Insulaner sind wichtig für die Insel Föhr.»

Ach ja?

«Hätten Sie denn was?», fragte Ocke.

«Zwei Personen?»

«Nee, zu dritt. Wir sind eine WG.»

«Eine WG? In Ihrem Alter? Suuuuper, ich liebe so etwas, suuuper.» Feddersen tippte ein paar Daten in den PC und sprach dabei laut mit: «Drei Zimmer plus Gemeinschaftszimmer, Küche, zwei Bäder, alles ebenerdig – so weit genehm?» Er drückte schwungvoll die Return-Taste. Irgendwas hatte der genommen, so wie er unter Strom stand. «Da haben wir auch schon etwas!», trällerte er in Verkäufer-Singsang.

«Wo?»

«Midlum.»

«Kostet?»

Feddersen lächelte geheimnisvoll: «Eine Alten-WG muss man in jedem Fall unterstützen. Ich mache Ihnen einen Sonderpreis. ‹Frage nicht, was dein Land für dich tun kann, sondern was du für dein Land tun kannst›, ist es nicht so? Sie haben als Rentner doch etwas Zeit mitgebracht, nehme ich an?»

«Könnten wir uns das Haus nicht erst einmal auf dem Bildschirm ansehen?», fragte Christa.

«Wenn Sie ein Rezeptbuch lesen, wissen Sie auch nicht, wie das Essen schmeckt. So etwas muss man riechen und sich dann auf der Zunge zergehen lassen, das ist bei Immobilien nicht anders.»

Ocke schaute Christa fragend an.

«Also gut», sagte er.

Ocke und Christa folgten Feddersens flaschengrünem Landrover-Defender nach Midlum. Auch wenn der Makler reichlich überdynamisch wirkte, hörte sich das Objekt vielversprechend an. Am Haus angekommen, parkte Feddersen direkt neben dem Rosengarten von Gerald Brockstedt – ausgerechnet!

«Na, Brockstedt wird sich freuen», wisperte Christa kichernd. «Die Chaoten-WG als Nachbarn.»

Feddersen deutete auf das perfekt renovierte Friesenhaus mit Reetdach, Terrasse und Garten, viel schöner als das der Brockstedts, und hob jetzt die Stimme wie ein Reiseleiter: «Hier stehen wir vor dem Wochenendhaus eines Reifenhändlers aus Eckernförde. Der gute Mann hat sich gerade was Neues an der Schlei gekauft und will es nun loswerden.»

«Wir wollen aber nicht kaufen», erwiderte Ocke.

«Rechnen Sie das mal in Ruhe durch, das ist viel billiger als mieten», versprach Feddersen.

«Nicht in unserem Alter.»

Feddersen schloss die Tür mit einem kleinen goldenen Sicherheitsschlüssel auf. «Schauen Sie erst einmal, dann reden wir.»

Das Haus war ein Traum. Ein riesiges Wohnzimmer mit Kamin, geräumige Zimmer für alle, auch im ersten Stock, sämtlich mit Parkett und Fußbodenheizung ausgestattet, und alles unter Reet. Dazu kam ein schöner Garten mit viel Rasen, der von einer von wilden Hagebuttensträuchern umwucherten Natursteinmauer umgeben war. Mehr war auf dieser Welt kaum möglich – jedenfalls nicht im friesischen Teil dieses Planeten.

«Mietfrei im Alter zu wohnen ist ein großes Thema!», rief Feddersen schwungvoll.

«Wir wollen aber mieten», wiederholte Christa. «Was würde das kosten?»

Er lächelte.

«Na gut, weil Sie es sind, bekommen Sie von mir einen Sonderpreis: Zweitausenddreihundert kalt, plus Nebenkosten.»

Statt einer Antwort starrten Ocke und Christa nur stumm in die Luft. Natürlich hatten sie gehofft, ein Schnäppchen zu machen, aber die genannte Summe war leider zu erwarten gewesen.

«Vielen Dank», brummte Ocke und nahm Christas Arm, um sie sanft hinauszudrängen. Warm kämen sie da auf fast dreitausend, das war ein Phantasiepreis, den sie nicht bezahlen konnten. Aber Feddersen hatte noch einen Joker auf Lager:

«Wenn Sie die Wohnung im Sommer für drei Monate räumen, wären es nur tausendneunhundertfünfzig kalt. Dann vermieten wir das Haus an Feriengäste.»

«Und wo wohnen wir in der Zeit?», muffelte Ocke ihn an und ging mit Christa hinaus.

Im Auto sah Christa Ocke schuldbewusst an. «Wenn ich Petersen nicht geschubst hätte, wäre alles gut.»

«Quatsch, das hat er verdient.» Ocke sah ihr entschlossen ins Gesicht. «Lass uns mal einen Moment Pause machen, damit wir wieder einen klaren Gedanken fassen können.» Sagte es und fuhr mit ihr nach Nieblum an den Surferstrand, der außerhalb des Ortes lag. Dort holt er seine Gitarre aus dem Kofferraum und suchte eine abgelegene Düne, die nicht von den Surfern belagert war. Das Meer spülte sanft, fast beiläufig, kleine Wellen an den Strand, die letzten Schönwetterwolken hatten sich verzogen, und die Sonne schien an einem blauen Himmel.

Ocke wollte Christa endlich gestehen, was er für sie empfand. Deswegen sang er Christa ein Liebeslied: *Ich liebe dich, meine leuchtende Perle, du funkelndes Wasser, das den Berg hinunter zu mir fließt, damit ich es trinken kann …*

Natürlich tat er das nicht.

Das heißt, er sang das Lied schon, aber nicht auf Deutsch, sondern in der Originalsprache der Kiri-Batis, wie es ihm ein Seemannskollege an Bord eines Containerfrachters beigebracht hatte. In dem unbekannten Südsee-Dialekt klang alles völlig unverfänglich.

«Das Lied ist total schön», sagte Christa und strich sich das Haar hinters Ohr. «Worum geht es darin?»

Ocke strich verlegen über den Gitarrencorpus.

«Um einen bunten Fisch in einer Lagune, der den Frieden in die Welt bringt.» Er wunderte sich selbst, dass ihm das spontan eingefallen war.

Christa strahlte ihn an: «Herrlich.»

Ocke freute sich, dass es ihr gefiel. Doch so schön das war, so kamen sie nicht weiter. An diesem Tag ein zweites Mal Christas Hand zu nehmen, traute er sich allerdings auch nicht, trotz der traumhaften Kulisse. Immerhin hakte sich Christa auf dem Rückweg zum Taxi bei ihm ein.

25. Wohnung auf Rezept

Imke setzte ihre Schonphase fort. Sie ließ die Aufputschmittel von Dr. Behnke weg, schlief einige Tage lang jeden Morgen bis neun und legte sich nach dem Frühstück auf die Terrasse. Nach dem Mittagessen döste sie noch einmal von eins bis drei, die klassische Mittagsruhe, die es über weite Teile ihres Lebens gegeben hatte. Damals waren die Geschäfte sogar um diese Zeit geschlossen, wie übrigens auch am Mittwochnachmittag. Nach der Tagesschau verschwand sie zur besten Sendezeit um 20.15 Uhr im Bett. Leider änderte das nur wenig, die Kraft kam einfach nicht wieder. Ihr war oft schwindelig, und sie fühlte sich die meiste Zeit schlapp.

Am Dienstag kam ihr geliebter Enkel Sönke zu Besuch, um zu sehen, wie es ihr ging. Zum Glück lag sie da zufällig nicht im Bett, sondern saß in der Küche und trank einen unglaublich gesunden Kräutertee, der zum Speien schmeckte.

«Wo sind Ocke und Christa?», fragte Sönke.

«Mal wieder auf Wohnungssuche.»

«Sind die beiden jetzt ein Paar?» Nach dem Ständchen, das er mit angesehen hatte, war das eine durchaus berechtigte Frage.

«Wird sich zeigen.»

Plötzlich fing Sönke an, wie irre zu lachen, und dann tanzte er auch noch mit einem Stuhl.

«Und bei dir ist alles klar, mein Junge?», erkundigte sich Imke besorgt.

«Bestens!», schrie Sönke.

«Du bist seltsam, Sönke.»

Ihr Enkel tanzte weiter. «Ich freue mich über Christa und Ocke.»

«Nein.»

«Doch.»

Imke zog die rechte Augenbraue hoch. «Da ist noch was anderes.» Für bestimmte Dinge besaß sie einen untrüglichen Instinkt.

«Was meinst du?», fragte Sönke harmlos.

Plötzlich strahlte Imke, und ihr lief ein Schauer über den Rücken.

«Wenn ein Mann sich so verhält wie du, gibt es nur einen Grund dafür.»

«Er hat sich endlich sein Traumauto gekauft», juchzte Sönke und grinste ihr ins Gesicht.

Imke schüttelte den Kopf. «Nein, das andere.»

«Was meinst du, Oma?»

Ja, sie kannte ihren Enkel genau und war sich jetzt ganz sicher. «Ist es wahr?»

«Was denn?»

«Maria ist schwanger?»

Sönke schaute sie kurz etwas verunsichert an. «Jaaaaaa!», schrie er dann und schien sich kein bisschen für die Tränen zu schämen, die ihm die Wangen hinabliefen. «Und weißt du, Maria ist sich jetzt schon ganz sicher, dass es ein Mädchen wird. Und wir wollen sie Imke nennen, nach dir!»

In diesem Moment spürte Imke eine Kraft in sich aufsteigen, die die Wirkung der Tabletten von Dr. Behnke um ein Vielfaches übertraf.

Imke war den ganzen Tag überglücklich und sagte sich immer wieder den einen Satz auf: Ich werde Urgroßmutter! Ich werde Urgroßmutter!

Sönke und Maria würden tolle Eltern werden, da war sie sich sicher. Imke dachte an ihre eigenen Urgroßeltern zurück, die sie nur aus Erzählungen kannte. Sie waren im 19. Jahrhundert geboren, um 1860, und es gab nur ein paar wenige Schwarzweißfotos von ihnen, mehr nicht. Ihr Urgroßvater hatte zeit seines Lebens einen Vollbart getragen und präsentierte sich um die Jahrhundertwende auf Bildern stets mit Monokel und feinem Anzug am Sandwall. Aber irgendwie war er ihr immer fremd geblieben. Tondokumente und Filme gab es in der Familie Riewerts erst seit den Super-8-Filmen der sechziger Jahre. Unter anderem war die Sandburg dokumentiert worden, die Sönke, Maria und Arne zusammen gebaut und für die sie einen Preis gewonnen hatten.

Hoffentlich erlebte sie noch die Geburt der Kleinen, dann würde sie sich mit dem Baby filmen lassen, und das Kind könnte später angeben: «Schau, ich habe noch meine Urgroßmutter kennengelernt.»

Imke freute sich wie wahnsinnig auf das Kind. Leider musste sie vor den anderen die Klappe halten, das hatte sie Sönke geschworen, und daran hielt sie sich auch.

Nach zwei weiteren Tagen Ruhe war sie so weit. Christa und Ocke waren mit der Wohnungssuche nicht weitergekommen, also beschloss sie, zu Petersen zu fahren. Sie hatte einen Plan.

Nach einer morgendlichen Wechseldusche aus extrem heiß und extrem kalt machte sie sich auf den Weg. So ausgeschlafen hatte sie sich lange nicht mehr gefühlt, außerdem hatte sie zur Sicherheit die Tabletten von Dr. Behnke in ihrer Handtasche – aber nur für den Notfall. Ein Kollege von

Ocke fuhr sie direkt von der WG zu Petersens Praxis, die sich in einem schmucklosen Einfamilienhaus in der Nähe des Südstrands von Wyk befand.

Entschlossen drückte Imke die Klinke der Eingangstür runter. Der Vorraum der Praxis war von weißen Neonlampen beleuchtet, was jetzt, im Sommer, besonders unangenehm wirkte. Die Sprechstundenhilfe Gaby Schulenberg wunderte sich, als Imke am Anmeldetresen vor ihr stand:

«Moin, Imke, was machst du denn hier? Bist du nicht sonst bei Dr. Behnke?»

Gaby war eine Schulfreundin ihrer Tochter Regine gewesen, sie hatte als Kind oft bei ihnen gespielt.

«Besser, man holt sich eine zweite Meinung.»

Gaby senkte die Stimme: «Was Ernstes?»

«Geht man zum Doktor, wenn es *nichts* Ernstes ist?», erwiderte Imke vielsagend.

«Ich muss mir doch keine Sorgen machen?»

«Wenn ich nicht gerade zwei Stunden warten muss, nicht.»

«Du kommst gleich dran, setz dich mal ganz nach vorne. Übrigens noch mal herzlichen Glückwunsch zum Geburtstag.»

«Danke.»

Imke setzte sich in das sterile Wartezimmer. Spätestens wenn man hier warten musste, wurde man wirklich krank, fand sie. Zugegeben, sie war von ihrem Hausarzt Dr. Behnke extrem verwöhnt. Nicht nur, dass sie privat befreundet waren, Walter Behnke hatte ein altes Reetdachhaus zur Praxis ausgebaut, man saß im Wartezimmer direkt unter dem Dach, und im Winter wurde in der Mitte des Raumes sogar ein Herdfeuer entzündet. Dr. Petersen hingegen stand auf die üblichen Lamellen vor den Fenstern und kalte Stahlrohrstühle im kahlen Raum. Das heißt, hier und dort hingen Fotos von großen Tennisereignissen im Leben des Stefan

Petersen: Stefan als Teenager mit Jugendpokal; Stefan, der mit ausgestrecktem Schläger einen beeindruckenden Hechtsprung hinlegt; Stefan beim gemischten Doppel unter Palmen. Imke fand das peinlich. Nicht, weil Petersen keine gute Figur auf den Fotos machte, sondern weil es ihr zu eitel und privat war. Fürs Wartezimmer gab es zur Not die klassische Moderne von Klee bis Miró, das passte besser als so eine aufgeblasene Selbstdarstellung.

Als Imke aufgerufen wurde, kam Petersen betont dynamisch auf sie zu. «Moin, Frau Riewerts, was kann ich für Sie tun?» Er führte sie ins Sprechzimmer.

«Moin, Herr Petersen», Imke ließ sich auf einen unbequemen Freischwinger fallen, der etwas nachfederte. «Also, ich leide unter Schlaflosigkeit.»

«Wie lange schon?»

«Seit einigen Tagen.»

Petersen nickte. «Ist etwas Besonderes passiert?»

«Ja, meine Wohnung ist gekündigt worden.»

«Das ist nicht schön.» Der Arzt sprach in jenem herablassenden Tonfall, in dem manche Menschen mit kleinen Kindern und Omis redeten.

«Nee.»

«Und haben Sie schon was Neues?»

Imke riss die Augen so weit auf, wie sie konnte, und schaute ihn verzweifelt an: «Auf der Insel ist das schwer.»

«Wohl wahr.»

«Meine Schlaflosigkeit ist aber heftig.» Sie ließ ihn nicht aus den Augen.

Jetzt nahm Petersen einen billigen Kugelschreiber in die Hand, auf dem das Emblem einer Pharmafirma prangte. Er überlegte wohl schon, welches Medikament er ihr verschreiben würde; da sie als Beamtenwitwe ja Privatpatientin war, durfte es gerne etwas Teures sein …

«Wie viele Stunden schlafen Sie denn?», erkundigte er sich.

«Vier höchstens.»

Petersen verzog besorgt das Gesicht. «Das ist zu wenig.»

«Allerdings.»

«Dann verschreibe ich Ihnen etwas, das Sie entspannen wird. Vorher messe ich aber noch mal Ihren Blutdruck und höre die Lungen ab.»

Imke beugte sich etwas vor und legte ihre rechte Hand auf seinen Schreibtisch: «Oder Sie sorgen dafür, dass ich meine Wohnung behalten kann, indem Sie Ihre Kündigung zurückziehen.»

Petersens Miene wechselte von übertrieben freundlich zu arrogant.

«Nur weil Christa Sie beim Siel ins Wasser gestoßen hat …», setzte Imke nach.

Jetzt entglitten Petersen die Gesichtszüge, damit hatte er nicht gerechnet. So ähnlich könnte er ausgesehen haben, als er nach Christas Stoß im Graben herumgerudert hatte.

«Raus!», rief er und wurde knallrot.

Imke blieb sitzen. «Herr Petersen …!»

«Raus!»

So barsch war Imke noch nie angefahren worden, schon gar nicht von einem Arzt. «Wie heißt das Zauberwort?», fragte sie, obwohl sie längst eingesehen hatte, dass ihre Mission gescheitert war.

Petersen sprang auf. «Ich brauche kein Zauberwort! Das ist meine Praxis, und ich habe hier Hausrecht! Hauen Sie ab, auf der Stelle!»

Imke blinzelte ihn böse an. «Föhr ist eine kleine Insel, vergessen Sie das nicht. Man trifft sich immer wieder.»

«Lächerlich!»

«Auf Wiedersehen, Herr Dr. Petersen», sie erhob sich.

«Schönen Tag dann noch», keifte Petersen ihr hinterher.

Imke ging hinaus und setzte sich ins Wartezimmer, in dem drei Leute saßen: Gerd von der Stackmeisterei, Jens Jensen vom Café Friesentraum und Karen-Ann, die Eisverkäuferin aus Oevenum.

«Bist du schon fertig beim Doktor, Imke?», fragte Gaby, die Sprechstundenhilfe.

«Ja», stöhnte Imke und hielt sich krampfhaft am Stuhl fest. Plötzlich war ihr schrecklich übel, was Gaby zunächst gar nicht mitzubekommen schien, weil sie gerade etwas in den PC eintippte. Kurze Zeit später stürzte Petersen aus dem Behandlungsraum. Als er sah, dass Imke immer noch nicht gegangen war, verlor er erneut die Beherrschung.

«Haben wir uns nicht verstanden?», dröhnte seine Stimme in ihr Ohr. «Gehen Sie!»

Zum Glück bemerkte Gaby jetzt, dass irgendetwas mit ihr nicht stimmte.

«Frau Riewerts geht es nicht gut», zirpte sie dazwischen.

«Quatsch, die simuliert!» Petersen zischte wieder in sein Behandlungszimmer ab, und nun wurde Imke schwarz vor Augen.

«Der Frau geht es wirklich nicht gut», beschwerte sich Karen-Ann bei Gaby, «wo ist denn der Doktor?»

Gaby eilte zu ihr. «Imke, was machst du für Sachen?», flüsterte sie.

Das klingt wie auswendig gelernt, dachte Imke noch. Dann schlief sie ein.

Als sie wieder aufwachte, drehten Sprechstundenhilfe Gaby und Dr. Petersen sie gerade in die stabile Seitenlage.

«Lass sie einen Moment hier liegen», ordnete Petersen an. Fast widerwillig legte er ihr eine Blutdruckmanschette an. Ihr Blutdruck war tatsächlich viel zu niedrig.

«Wir betten sie auf die Liege nebenan, du bleibst bei ihr», befahl er seiner Assistentin. Dann verschwand er.

Imke kam wieder zu Kräften, nachdem Gaby ihr ein Glas Wasser gebracht hatte.

«Ich will hier weg», murmelte sie. «Kannst du Ocke rufen? Er soll mich mit dem Taxi abholen.»

26. Pladdäreeg'n

«Pladdäreeg'n» nannte Ocke das, was am nächsten Vormittag gegen die Scheiben des Gemeinschaftszimmers prasselte. Dieses Wort ließ sich nur sehr vage ins Hochdeutsche mit «Platterregen» übersetzen; «Pladdäreeg'n» traf es viel genauer, man musste es schnell und gleichzeitig breit aussprechen. So wie man von den Inuit sagte, sie hätten zahlreiche Wörter für Schnee, gab es in Nordfriesland mindestens ebenso viele Ausdrücke für Regen. Wobei die Wetterstatistik das feuchte Image eigentlich widerlegte: Föhr hatte erheblich mehr Sonnenstunden als das Festland.

Aber an diesem Tag war eben mal Pladdäreeg'n. Mal kam er von oben, mal schräg von der Seite, mal frontal gegen die Scheibe geprasselt. Die Kuhlen und Senken auf den Feldern der Marsch und auf nicht befestigten Wegen füllten sich im Nu, im Garten der WG bildete sich ein richtiger kleiner Teich.

Ocke saß mit Imke und Christa auf der Couch. Christa hatte Tee gekocht und ein paar selbst gebackene Kekse bereitgestellt. Für einen Moment kam es Ocke so vor, als sei er richtig mit Christa zusammen. Aber es war nichts passiert, und wenn er Pech hatte, würde auch nichts passieren.

Schreckliche Vorstellung.

«Wie soll es nun weitergehen mit unserer WG?», sorgte sich Imke.

«Auf jeden Fall ist jetzt mal Schluss mit deinen Alleingängen, Imke», schimpfte Christa.

«Ich sehe es ja ein.»

Christa sah ihr skeptisch in die Augen.

«Was braucht es, um Petersen umzustimmen?», fragte Ocke und beantwortete die Frage gleich selbst: «Nicht viel.»

«So?», wunderte sich Christa.

Imke streckte die Beine aus. «Denn vertell mal.»

«Wir machen da weiter, wo du aufgehört hast, Imke», sagte er. «Haben wir nicht alle so unsere Wehwehchen? Und wer kann uns besser behandeln als …?»

«Dr. Stefan Petersen», ergänzte Christa mit leuchtenden Augen.

«Ab jetzt kommen seine Mieter täglich in seine Praxis», sagte Ocke.

Christa nickte begeistert: «Als lebendes Mahnmal.»

«Er wird das nicht mögen!»

«Das hoffe ich sehr.»

«Wir sollten Trauerkleidung dabei tragen», überlegte Imke. «Das kommt noch besser.»

«Wieso das?», wunderte sich Ocke.

«Bist du *nicht* in tiefer Trauer, weil wir das Dach überm Kopf verlieren?», fragte Imke zurück.

«Die Idee ist ja nicht schlecht, aber wir haben Sommer, so ein schwarzer Schlips bringt mich um», nörgelte er.

«Deinen schwarzen Anzug hast du beim Ständchen für mich auch überlebt», säuselte Christa. «Er steht dir außerdem hervorragend.»

Ihm wurde ganz warm. Christa sprach das erste Mal über sein Ständchen! War das ein Zeichen?

«Wir müssen uns noch Krankheiten ausdenken», stotterte er.

«Das muss ich zum Glück nicht», freute sich Imke, «Altersschwäche, Tüddeligkeit, zu niedriger Blutdruck, Schwindel, das sollte genügen.»

«Es muss etwas Akutes sein, damit er uns nicht zurückweisen kann», meinte Ocke.

«Ich bin leider kerngesund», klagte Christa.

... und traumschön, ergänzte Ocke im Stillen.

«Komm, wir gehen ins Internet», schlug Imke vor. «Irgendetwas finden wir schon.»

Zusammen hockten sie sich vor Christas Laptop. Wie nicht anders zu erwarten, wurde im weltweiten Netz eine Vielzahl von schwer diagnostizierbaren Krankheiten beschrieben, die Petersen einiges abverlangen würden. Wie auf einem Basar begannen sie auszuhandeln, wer von ihnen bei Petersen welches Leiden angab. Eigentlich hatten Christa und Ocke beschlossen, die Sache allein durchzuziehen, aber Imke bestand darauf, mitzukommen. Mit Christa und Ocke an ihrer Seite sei sie bestens beschützt. Andernfalls müsste Christa mit ihr zu Hause bleiben. Außerdem: Wo wäre sie im Falle eines Falles besser aufgehoben als in einer Arztpraxis?

Der Pladdäreeg'n hielt sich hartnäckig. Als Ocke, Christa und Imke in schwarzer Kleidung zu Ockes Taxi gingen, sahen sie aus wie ein Trauerzug. Ein älterer Spaziergänger, der zufällig an ihrem Haus vorbei Richtung Deich ging, kondolierte, indem er kurz seine Mütze abnahm. Das nahmen sie als gutes Omen: die Kostümierung funktionierte.

Imke, die hinten saß, schloss auf der Fahrt sofort die Augen, während Ocke und Christa in stillem Einvernehmen vorne saßen. Vor Petersens Praxis in Wyk hielt er an. Das Gebäude war nichts Besonderes, es sah so aus, als hätte es sich jemand in den siebziger Jahren aus einem Standardhaus-Katalog bestellt.

Ocke ging als Erster hinein. Ihn kannte Petersen am besten, denn er hatte damals den Mietvertrag unterschrieben. Im Treppenhaus strömte ihm ein starker Geruch nach Lavendel entgegen; woher der wohl kam? Ein bisschen nervös war er schon, als er an der Tür klingelte. Immerhin würde er gleich seinem zwanzig Jahre jüngeren Rivalen gegenüberstehen. Die Geschichte zwischen Christa und Petersen war zwar offiziell vorbei, aber woher sollte er wissen, ob sie nicht immer noch Gefühle für ihn hatte? Da fiel ihm Kohfahls Tipp ein: «Wenn Sie nervös sind, versuchen Sie sich vorzustellen, dass seine Füße ekelig riechen.»

In den Praxisräumen musste sich Ocke erst einmal an die Helligkeit gewöhnen. Während draußen tiefschwarze Wolken ihre feuchte Last ausschütteten, blendete Ocke hier drinnen ein grelles Weiß von Wänden, Möbeln und unzähligen Neonlampen.

«Moin, Ocke», grüßte Gaby.

«Moin, Gaby, hü gongt et?»

«Schietwetter.»

Der Regen schlug laut gegen die Scheiben.

«Och, das wird wieder.»

In diesem Augenblick bog Dr. Petersen um die Ecke. Bei Ockes Anblick verzog er das Gesicht. «Wenn Sie mich privat sprechen wollen – ich habe keine Zeit.»

Gaby sah erst Ocke, dann ihren Chef erstaunt an.

«Ich bitte um medizinische Behandlung», sagte Ocke ruhig.

«Vergessen Sie's.»

Ocke zückte ein Handy und drückte auf eine Kurzwahltaste, die er vorher eingespeichert hatte. «Wie Sie wollen, Herr Dr. Petersen.»

Der Angesprochene lief leicht rot an. «Handy ist hier streng verboten», blökte er.

«Kein Problem.» Ocke ging vor die Tür und kam nach ungefähr zwanzig Sekunden wieder.

«Soll ich die Polizei rufen, damit Sie endlich abhauen?», rief Petersen.

Jetzt kam die Sprechstundenhilfe mit dem schnurlosen Telefon von der Rezeption zu ihrem Chef und hielt es ihm hin.

«Herr Dr. Petersen …»

«Jetzt nicht!»

Gaby wich keinen Schritt zurück: «Es ist aber wichtig.»

«Haben Sie Tomaten auf den Ohren? Jetzt nicht!»

Gaby blieb einfach stehen, sie sah etwas unglücklich aus, was Ocke leidtat, denn er hatte die Situation verursacht.

«Die Techniker Krankenkasse ist dran, es geht um Herrn Ocke Hansen», sagte Gaby.

Petersen sah sie verärgert an. «Ich rufe zurück.»

«Die sagen aber, es ist dringend.»

«Das sagen sie immer, ich rufe zurück.»

Gaby ging zurück zur Rezeption: «Hören Sie, der Herr Doktor kann gerade nicht … Ja … ja …»

Petersen wandte sich an Ocke: «Ich gehe jetzt in mein Zimmer, und wenn ich wiederkomme, sind Sie verschwunden.»

«Nein.» Ocke verschränkte die Arme vor der Brust.

Nun kam Gaby wieder und drückte ihrem Chef den Hörer einfach in die Hand. «Sie sollten besser mit denen reden. Es ist irgendwas mit der Kassenzulassung …»

«Stellen Sie durch», gab Petersen nach und verschwand in seinem Sprechzimmer. Nach einer Minute kam er wieder heraus. Er sah so aus, als hätte ihm ein Schwächling gerade eine Ohrfeige verpasst. «Herr Hansen, bitte», rief er mit zitternder Stimme.

Ockes Krankenkasse hatte es gar nicht witzig gefunden,

dass Petersen einen ihrer Versicherten aus reiner Willkür nicht behandeln wollte.

Sobald Ocke die Tür hinter sich geschlossen hatte, begann Petersen zu schreien: «Wenn Sie denken, Sie haben gewonnen, nur weil Sie Ihre Kasse gegen mich aufhetzen, dann täuschen Sie sich, das schwöre ich Ihnen! Ich lass mich hier nicht für dumm verkaufen!»

Ocke schaute ihn desinteressiert an: «Und weiter?»

«Nix weiter!»

Jetzt beugte Ocke sich zu ihm vor: «Sie haben eine schöne Wohnung mitten in Wyk. Warum sollten Sie nach Dunsum ziehen?»

«Meine Sache.»

Durch die Sprechanlage kam die Stimme der Sprechstundenhilfe: «Eine Frau Christa Schmidt möchte Sie sprechen.»

Ockes Augen blitzten freudig auf: «Meine Mitbewohnerin.»

«Ich habe gerade einen Patienten!», brüllte Petersen in die Anlage.

«Und Frau Imke Riewerts von gestern ist wieder da», kam es ergänzend hinterher.

Ohne zu klopfen, kam Christa herein und baute sich vor Petersen auf. Sie wirkte absolut souverän und kein bisschen aufgeregt, Ocke war schwer begeistert.

«Du hasst die Marsch – hast du selber gesagt! Warum solltest du ausgerechnet dorthin ziehen?»

«Sparen wir uns doch die Scharmützel», schlug Ocke vor. «Sie nehmen die Kündigung zurück, und alles ist gut.»

Petersen lehnte sich auf seinem Stuhl zurück und wippte nervös hin und her. «Das habt ihr schön ausgeheckt. Aber so läuft das nicht. Ihr werdet mir nicht vorschreiben, was ich mit meinem Haus mache. Das ist meine Privatsache, da hilft euch keine Krankenkasse dieser Welt. Und jetzt raus, alle beide!»

Ocke schaute ihn wütend an. «Und mein Rücken?»

«Was ist mit Ihrem Rücken?»

Jetzt wurde Ocke laut: «Ich habe seit vier Wochen aasige Rückenschmerzen.»

Petersen griff in seine Schreibtischschublade und zog eine Tablettenpackung heraus. «Da! Nehmen Sie das …» Er warf ihm die Tabletten verächtlich über die Tischplatte.

«Und Krankengymnastik?»

«Gehen Sie öfter schwimmen.»

«Das mache ich jeden Tag dreimal eine halbe Stunde. Wenn man direkt hinterm Deich wohnt, ist das ganz normal.»

Petersen griff zum Rezeptblock und kritzelte seine Unterschrift auf das Papier. «Gut, zwölf Mal Physiotherapie, jetzt aber …!»

Christa hatte die ganze Zeit dabeigestanden und nichts gesagt. «Hör mal zu, mein Schubsen war vielleicht etwas zu impulsiv», erklärte sie nun.

«Wieso ‹vielleicht›?» Petersen starrte sie feindselig an. «Es war *auf jeden Fall* zu impulsiv, ich musste mir sogar neue Schuhe kaufen, das Leder war vollkommen hin.»

«Schick mir die Rechnung.»

«Sowieso.»

«Aber deswegen musst du uns nicht kündigen, das trifft auch Unschuldige.»

«Es ist *mein* Haus!»

«Wir werden nicht ausziehen», sagte Ocke.

Petersen lachte höhnisch. «Dann zieht der Gerichtsvollzieher euch eben an den Ohren heraus.»

Christa stand auf und sah ihn verächtlich an, was für Ocke natürlich ein Fest war.

«Wir werden uns jetzt öfters sehen, Herr Dr. Petersen», kündigte Ocke an.

Mit diesen Worten verließen er und Christa das Sprechzimmer.

Die erste Runde war gut gelaufen. Kein K.-o.-Sieg, was auch nicht zu erwarten gewesen war, aber ein Punktsieg allemal. Christa und Ocke gingen ins Wartezimmer, wo Imke saß.

«Muss ich auch noch rein?», fragte sie.

«Nö.»

Christa hinterlegte bei Sprechstundenhilfe Gaby einen Umschlag. Darin lag ein Brief mit der Bitte um Rücknahme der Kündigung, Petersen brauchte nur zu unterschreiben. Wenn er das nicht tat, würden sie Montagmorgen wieder in seinem Wartezimmer sitzen, erst vormittags, dann nachmittags, um am Dienstagvormittag wiederzukommen. Und im Gespräch mit den anderen Patienten würden sie bereitwillig erzählen, was für ein «Gutmensch» der Doktor in ihren Augen war. Das würde Petersen gar nicht gefallen, und er könnte wenig dagegen machen. Als sie wieder im Taxi saßen, war die Stimmung dementsprechend fröhlich.

«Heute ist Freitag», juchzte Christa. «Das wird ihn das Wochenende über beschäftigen.»

Ocke schüttelte verständnislos den Kopf: «Heißt das etwa, du willst ihn am Wochenende in Ruhe lassen?»

27. Die Grönland-Frage

Am Samstag herrschte in ganz Nordfriesland ein hochsommerliches, warmes Wetter – während der Rest der Republik mit Starkregen zu kämpfen hatte. Allein das gab den Urlaubern und Insulanern das Gefühl, privilegiert zu sein und sich – im wörtlichen Sinne – auf der Sonnenseite zu befinden.

Ocke hatte sich mit Christa und Imke vorsichtshalber schon um acht auf den Weg zu Petersens Apartment gemacht. Nun warteten die drei, bis sich hinter den Jalousien etwas regte. Der Herr Doktor schlief anscheinend aus, denn bis zehn Uhr passierte gar nichts. Imke schloss ein wenig die Augen, Ocke schaute stumm aus dem Fenster und dachte an Christa, die neben ihm saß und ebenfalls döste. Dann endlich erschien Petersen auf seinem Balkon, streckte sich gähnend in der frischen Luft aus und wollte den gewohnten Blick auf den Strand werfen, der noch in einem leichten Sommernebel lag. Doch dann rieb er sich die Augen und sah genauer hin. Drei Menschen in schwarzer Trauerkleidung standen ungefähr zwanzig Meter entfernt auf der anderen Straßenseite und starrten ihn an.

«Was wollt ihr?», rief er ihnen zu.

Sie gaben keine Antwort.

Hinter ihm tauchte eine Dunkelhaarige mit Locken auf

hoher Geschwindigkeit aus der Tiefgarage, Ocke, Imke und Christa hinterher. Die Fahrt dauerte nicht lange, sie endete vor demselben Tennisplatz im Rugstieg, auf dem Christa und er sich getroffen hatten. Ocke kam es vor, als läge das Lichtjahre zurück. Diesmal stellten sich die drei demonstrativ an eine offene Stelle des Zaunes, damit Petersen sie sah. Es dauerte trotzdem eine ganze Weile, bis er sie bemerkte. Zunächst saß er mit seiner Tussi im Tenniscafé, bestellte etwas und knutschte dann mit ihr herum. Erst als das Frühstück auf dem Tisch stand, warf er einen entsetzten Blick auf den Zaun hinter dem Spielfeld. Jetzt hatte auch seine junge Begleitung die drei entdeckt und zeigte zu ihnen herüber. Sie schien völlig auszuflippen, sprang auf und rannte weg, Petersen spurtete hinterher. Dann kam er wieder an den Tisch, alleine. Er wollte sich offenbar nicht unterkriegen lassen und tat so, als ob er ganz genüsslich frühstückte.

«Kommt, wir ziehen ab, das ist mir zu langweilig», sagte Imke.

Die anderen waren einverstanden.

Am Nachmittag saß Petersen im wunderschönen Café Valentino am Sandwall: erste Reihe, vor sich der Strand, dahinter der freie Blick aufs Wattenmeer und die Hallig Langeneß. Es war Ebbe, und statt des Wassers bevölkerten Hunderte Urlauber den Sand. Erst hatte Petersen ausgiebig Zeitung gelesen, dann war er mit einer alleinstehenden, dunkelhaarigen Touristin ins Gespräch gekommen.

«Diesmal liegt er mit dem Alter wieder einigermaßen gleichauf», bemerkte Ocke, als sie sich etwas entfernt in ihrer Trauerkleidung auf die Promenade stellten. Imke nahm auf dem Klappstuhl Platz.

«Was Frauen anbelangt, scheint er vollkommen wahllos zu sein», stellte Christa leicht beleidigt fest.

«Sagen wir, er ist flexibel», korrigierte sie Imke.

«Meinst du, er wird weich?», fragte Ocke.

«Er ist auf jeden Fall nicht so stark, wie er aussieht.»

Plötzlich stand Petersen vor ihnen: «Sehr witzig.»

Die drei schauten durch ihn hindurch.

«Wir sind Rentner und haben unendlich viel Zeit», sagte Ocke mit Blick zum Horizont.

Petersen ging wieder zu seinem Tisch, an dem seine Neueroberung wartete, und fühlte sich sichtlich unwohl. Christa ging zu ihm, legte ihm wortlos Briefpapier und einen Kugelschreiber neben seinen Cocktail, dann machten sie sich davon. Sie wollten unbedingt bei Rita in der Altstadt ein Eis essen.

Als sie zum Café Valentino zurückkamen, war Petersen verschwunden. Ocke ging nach drinnen zur Bar, wo ein sympathischer Kellner mit Elvistolle gerade ein paar Gläser polierte.

«Moin, wat kann ick für Sie tun?», fragte der Barkeeper mit Berliner Akzent.

«Moin. Ist bei Ihnen zufällig ein Brief für mich abgegeben worden?»

«Wie heißense denn?»

«Ocke Hansen.»

Der Kellner nickte und zog einen Umschlag aus der Schublade: «Wohngemeinschaft Ocke Hansen aus Dunsum?»

«Genau.»

«Bitte sehr.»

Ocke nahm den Umschlag an sich und riss ihn auf. Unglaublich, Petersen hatte tatsächlich unterschrieben! Die Kündigung war vom Tisch!

«Drei Kir Royal bitte», sagte er und winkte Christa und Imke zu sich an die Bar.

Nach dem Drink ließen sie sich von einem Kollegen Ockes zurück in ihr Haus nach Dunsum fahren. Imke wollte nach dem anstrengenden Tag und dem Kir Royal sofort ins Bett. Sie war so müde, dass sie sogar auf ihr duplo verzichtete, das Christa ihr bereitgelegt hatte, und schlief auf der Stelle ein.

Ocke und Christa schlenderten zusammen auf den Deich. Es war jene sommerliche Abendzeit, an der der Sonnenuntergang noch ungefähr eine Stunde bevorstand. Vor ihnen breitete sich das Wattenmeer mit den Inseln Sylt und Amrum aus, wie ein verlässlicher Freund, der stets für sie da war. Ocke hatte sich vorgenommen, mit Christa noch etwas ins Watt zu gehen, auf Imkes Spuren sozusagen. Aber bevor er das tat, musste er einfach wissen, wo er bei Christa stand. War es jetzt Zeit, aufs Ganze zu gehen? Und wenn ja, wie könnte das aussehen?

«Die Zeichen einer Frau sind oft schwer zu deuten, sie können immer Liebe und Abweisung gleichzeitig bedeuten», hatte Kohfahl ihm bei ihrem Treffen gesagt. «Es liegt allein an Ihnen, was Sie glauben.»

Ja, was denn nun? Das half Ocke nicht weiter.

Christa war braun geworden in den letzten Tagen, sie hatte sich ein weißes T-Shirt und die sandfarbene Leinenhose angezogen, die ihr Maria zum letzten Geburtstag geschneidert hatte. Ocke hatte Tausende von schönen Sonnenuntergängen zu allen Jahreszeiten gesehen, aber dieser war anders. Wenn Christa «nein» sagte, fiel er genau an den Punkt zurück, an dem Imke ihn zum Therapeuten geschleppt hatte, und er würde sofort von der Insel fliehen.

Egal, jetzt musste es passieren.

Alles war besser als dieses ewige flaue Gefühl der Unsicherheit. Er würde nicht ohne eine Antwort in das WG-Haus zurückkehren. Also legte er sich die Worte im Kopf zurecht: «Christa, wir sind uns ja in letzter Zeit um einiges näher gekommen ...»

War das gut?

Nein, zu gestelzt.

Er war wirklich kein Mann des Wortes.

«Weißt du, Christa, ich finde es richtig schön mit dir. Wollte ich nur mal so sagen.»

Erbärmlich.

Was leider gar nicht ging, war einfach die Wahrheit auszusprechen: «Ich liebe dich, Christa.»

Als er noch dabei war, nach den richtigen Worten zu suchen, meldete sich Christa zu Wort, wofür er ihr dankbar war. «Jetzt, wo das hier geregelt ist, werde ich erst einmal weggehen», kündigte sie an und starrte aufs Wasser.

Ocke schluckte, das war das Ende seiner Träume. «Ach so? Wohin denn?»

«Nach Grönland. Da gibt es so einen Ort, an dem die Gletscher ins Meer abbrechen, da wollte ich immer schon mal hin. Die schwimmen da direkt an einem vorbei, wie Häuser. Tja, und danach vielleicht noch nach Island.»

Christas Augen leuchteten – leider nicht für ihn.

Sollte er jetzt noch etwas über seine Gefühle sagen? Überflüssig, das wäre eine Einbahnstraße gewesen! Wenn Christa auch nur irgendetwas für ihn empfinden würde, würde sie niemals wegfahren.

«Und wie lange, dachtest du?»

«Vier Monate mindestens.»

Das war es dann! Tschüs, Christa!

«Und was wird mit Imke? Soll ich ...»

«Sönke wird sich um sie kümmern, ich habe schon mit ihm gesprochen.»

Und wer kümmert sich um mich?, fragte sich Ocke im Stillen.

«Was sagst du?», fragte Christa.

«Spielt doch keine Rolle», nuschelte er verbittert.

Christa sah ihn unsicher an. «Wieso nicht?»

«Mmmh.»

Ocke fühlte sich wieder dahin verwiesen, wo er immer gelandet war: in die Ecke der Disco, als stiller, gehemmter Zuschauer, der für niemanden wichtig ist. Er hatte Christas Zeichen in der letzten Woche offensichtlich falsch gedeutet. Wie hätte es auch anders sein können?

Christa schaute aufs offene Meer. «Ich habe Angst», gestand sie.

«Dann komme ich eben mit nach Grönland», sagte Ocke. Dann beugte er sich zu ihr herab und küsste sie. Christa krallte sich in seinen Haaren fest und erwiderte den Kuss.

Es ging alles wie von selbst.

28. Familie Riewerts hebt ab

Der Wyker Flughafen lag in der Nähe des Golfplatzes und erinnerte eher an eine Schafweide als einen Airport in der Großstadt. Vom Kinderspielplatz blickte man über den hüfthohen Zaun auf die Landebahn direkt dahinter, man konnte nur hoffen, dass ein zu hoch gespielter Ball nicht mal ein startendes Flugzeug erwischte. Neben dem Zugang zum Rollfeld befand sich ein Hundenapf mit Wasser für die Vierbeiner. Der Tower sah so aus, als hätte man ihn einer Modellanlage entnommen und gerade so weit vergrößert, dass echte Menschen mit gebücktem Rücken darin Platz fanden.

Sönke und Maria kamen etwas zu früh. Wenn man genau hinschaute, sah man inzwischen einen kleinen Bauch bei ihr, und wenn man noch genauer hinschaute, bei Sönke auch. Warum *er* in der Schwangerschaft zunahm, war ihm ein Rätsel und nervte ihn. Aber das wollte er heute vergessen, denn heute war Omas großer Tag! Maria und er passierten den Clubraum des Luftsportclubs Föhr und setzten sich in das kleine Flughafenrestaurant mit den Holzpaneelen an den Wänden. Auch das erinnerte eher an eine Skatkneipe als an einen Airport. Der Raum war vollgehängt mit Ölbildern von den Doppeldeckern.

Durchs Fenster hatten sie Ausblick auf den kleinen Parkplatz draußen und sahen nun, wie Ocke mit seinem alten Taxi vorfuhr und Imke, Christa, Regina und Arne mitbrachte. Christa und Ocke strahlten sich mit leuchtenden Augen an und gingen Hand in Hand aufs Restaurant zu. Sönke fand, dass sie das schönste Paar der Insel waren. Als Oma hereinkam, lachte Sönke sie erst einmal aus: Sie war in einem ockerfarbenen Overall erschienen, wie Piloten ihn zu Zeiten der Doppeldecker trugen, es fehlte nur noch die Ledermütze.

«Oma, die Maschinen sind heutzutage geschlossen», beruhigte sie Sönke.

Imke hob beleidigt den Kopf.

«Weiß ich doch. Aber sicher ist sicher.»

Außer dem Piloten durften noch drei Leute mit in dem Sportflugzeug sitzen. Sönke hatte sich auf einen Familienstreit um die Plätze eingestellt, doch komischerweise war außer ihm und Maria niemand versessen darauf, das kleine Flugzeug zu besteigen.

Ein blonder Hüne mit einer großen Nase kam nun an ihren Tisch. Sie kannten ihn, er hieß Thies und hatte auf Omas Party CDs aufgelegt.

«Moin! Ihr wollt einmal übers Wattenmeer?»

«Bist du etwa der Pilot?», fragte Regina misstrauisch.

Thies fand das gar nicht witzig. «Was dagegen?»

«Nee, nee.»

Thies hatte auf Omas Party erst extrem viel von der Bowle getrunken und dann irgendwann sein DJ-Pult verlassen, um selbst alberne Verrenkungen auf der Tanzfläche zu machen. Sönke konnte sich schwer vorstellen, dass dieser Mann in der Lage war, ein Fluggerät sicher zu steuern.

«Der ist vorbestraft wegen Betrugs», flüsterte Maria Sönke zu.

«Und du bist schwanger, das ist viel schlimmer», wisperte Sönke.

«Wie jetzt?»

«Muss man denn alles riskieren?»

«Wenn du alleine fliegst, und es passiert was, wächst unser Kind ohne Vater auf. Auch nicht schön.»

«Also alle oder keiner?»

Oma deutete jetzt auf eine Holzleiste neben dem Tresen, an der zwei Dutzend abgeschnittene Schlipse hingen.

«Was ist das?», fragte sie Thies.

«Eine alte Fliegertradition. Nach dem dritten Alleinflug ohne Lehrer wird dem Piloten der Schlips abgeschnitten.»

«Ich hoffe, das haben Sie lange hinter sich!»

«Keine Sorge.» Thies verschwand kurz, um die letzten Vorkehrungen für den Flug zu treffen.

Regina drückte ihre Mutter zum Abschied fest an sich. «Mama, alles Gute, Mast- und Schotbruch.» Sie überreichte ihr ein Lunchpaket in einer Tupperdose, was reichlich übertrieben war, denn sie flog ja nicht nach Australien, sondern nur eine Runde übers Wattenmeer.

Auf die Tupperdose verzichtete Imke lieber: «Das ist lieb gemeint, Reginchen, aber ich esse das lieber hinterher. Ich bin froh, wenn mein Magen den Flug ohne Probleme übersteht.» Sie zeigte Regina eine Spucktüte, die sie sich in die Brusttasche ihres Overalls gesteckt hatte.

Arne umarmte seine Mutter ebenfalls. «Ich wollte nicht mit», gestand er verlegen. «Das Wasser hat zwar keine Planken, aber die Luft irgendwie noch weniger.»

«Ich wusste gar nicht, was ihr alle für Memmen seid», rief Imke und lachte ihnen ins Gesicht. Der bevorstehende Flug versetzte sie in Hochstimmung. Das sei das schönste Geburtstagsgeschenk ihres Lebens gewesen, betonte sie immer wieder. Auch Ocke und Christa verabschiedeten sie mit Küsschen auf die Wange. Thies schlurfte nun lässig an den Tisch und baute sich schlecht gelaunt vor Sönke, Oma und Maria auf.

«Die Maschine ist betankt, es kann losgehen», nölte er freundlich.

«Mensch, Maria, und du willst wirklich mit?», sorgte sich Imke.

«Was soll denn passieren, Oma?»

Regina machte ein letztes Foto mit ihrem Handy von ihrer Mutter, dann stand Imke auf und hakte sich bei Maria und Sönke unter. Langsam gingen sie auf das Flugfeld zu der Cessna.

«Das Wetter könnte besser sein», warnte Thies, «der Wind liegt heute bei fünf bis sechs, es kann also etwas wacklig werden.»

Oma winkte ab: «Vollkommen egal, wenigstens scheint die Sonne.»

Sie bestand darauf, hinten bei Sönke sitzen zu dürfen. Es war gar nicht so leicht, sie in die Maschine zu hieven. Sönke legte ihr den Bauchgurt um und schnallte sich selbst an. Einen Moment zögerte er. Oma sah zwar zu allem entschlossen, aber doch etwas blass aus. Hoffentlich übernahm sie sich nicht. Doch da startete Thies bereits den Motor, der überraschend laut war. Maria drehte sich lächelnd nach hinten und hob den Daumen. Thies verteilte Kopfhörer mit eingebauten Mikrophonen an alle, sodass sie sich trotz des Motorenlärms verständigen konnten, nur Oma lehnte ab.

Langsam lenkte Thies die C-172 auf dem unebenen Rasen auf Startposition und bat beim Tower um Starterlaubnis.

«Geit klor», rief der Fluglotse über Funk. Das lief vom Tonfall hier etwas lockerer ab als auf den großen Verkehrsflughäfen.

Dann tauschte Thies noch in schlechtem Englisch irgendwelche Zahlen mit dem Tower aus. Plötzlich schoss die

Cessna mit aufheulendem Motor nach vorn und rumpelte über den unebenen Rasen, was für Sönke gewöhnungsbedürftig war. Es dauerte ewig, bis die kleine Maschine Fahrt aufnahm: Würde sie den Weg über die Baumwipfel schaffen? Er vergewisserte sich kurz bei Thies, dass alles in Ordnung war.

Statt einer Antwort hoben sie ab.

Als sie gerade über Baumhöhe waren, erfasste eine starke Seitenböe das Flugzeug und ließ es nach Steuerbord über den Golfplatz abdriften, Thies korrigierte ruckartig mit dem Steuerknüppel nach, die Maschine wurde kräftig durchgerüttelt. Oma lachte nur darüber und schaute begeistert durch das Seitenfenster nach unten. Föhr lag wie eine satte, grüne Perle im Wattenmeer, eingefasst und beschützt von Amrum und Sylt. Der Kirchturm von St. Johannis in Nieblum war deutlich zu erkennen, die bunten Strandkörbe in Utersum, das Nordseewasser, das Föhr umgab, glitzerte fast überirdisch in der Sonne, Seehunde lümmelten sich auf den Sandbänken. Thies zog die Maschine langsam weiter hoch und steuerte Richtung offene See, das Flugzeug lag nun viel ruhiger in der Luft.

Sönke drehte sich um zum Leuchtturm von Hörnum. Zwischen den Inseln und Halligen lagen unzählige Priele, die sich gerade mit frischem Wasser füllten. Selbst von hier oben konnte man die reißende Strömung erahnen. Im Watt waren die Abschnitte mit Sandrippeln deutlich zu erkennen, dazwischen die Sandbänke mit den Seehunden und die Stellen, die sich unter der Fußfläche anfühlten wie kalt gewordener Griespudding, wie Sönke von seinen unzähligen Wattwanderungen wusste. Er stellte sich vor, dass die großen und kleinen Pfützen miteinander sprechen konnten, zusammen mit den Sandbänken und den Seehunden, den Steinen und dem Wasser. Alle würden durcheinanderreden,

und trotzdem würde sich aus den vielen Stimmen ein harmonischer, überirdischer Chor ergeben.

«Es ist das Paradies», seufzte er ins Mikrophon.

Dann nahm er den Kopfhörer ab und rief es noch mal
seiner Oma entgegen, die ohne Verkabelung einfach so auf
ihrem Sitz saß: «Es ist wunderbar, oder?»

Doch Oma war ganz tief eingeschlafen.

Sönke lächelte.

Erst auf den zweiten Blick erkannte er, dass sich bei ihr
etwas verändert hatte.

und sah ihn fragend an. Das war nicht seine Frau! Altersmäßig hatte sich Petersen nach Christa offensichtlich komplett umorientiert. Sie war bestimmt zwanzig Jahre jünger, obwohl sie dafür reichlich verlebt aussah.

«Haut ab», schrie Stefan Petersen.

Die WG-Bewohner zeigten keine Reaktion. Man konnte beobachten, wie die Dunkelhaarige ihn ängstlich etwas fragte und Petersen beschwichtigend, aber offenkundig genervt auf sie einredete.

«Haut endlich ab», schrie er erneut.

Und tatsächlich zogen sie jetzt ab.

Ocke parkte sein Taxi in einer Nebenstraße im Schatten und drehte die Klimaanlage hoch.

«Alles klar mit dir, Imke?», fragte Christa.

«Mir geht's bestens.»

«Eigentlich ist es ja Terror, was wir hier veranstalten», überlegte Christa.

«Und was ist das, was Petersen macht? Alte Leute auf die Straße setzen?», fragte Imke.

Die Idee zu dieser Aktion beruhte auf einem Zeitungsartikel, den Ocke vor etlichen Jahren mal gelesen hatte. Ein Inkassobüro hatte damals Herren in Anzug und Melone eingesetzt, die nichts anderes taten, als überall aufzutauchen, wo die Schuldner arbeiteten oder wohnten. Sie standen einfach nur da und bewegten sich nicht vom Fleck. Wenn der Schuldner sie ansprach, überreichten sie ihm wortlos eine Visitenkarte des Gläubigers. Diese Methode war damals sehr erfolgreich gewesen, die meisten zahlten nach kurzer Zeit, weil sie es nicht aushielten, permanent an ihre Schulden erinnert zu werden.

Keine halbe Stunde später hatte sich Petersen entschlossen, die Flucht anzutreten. Sein Geländewagen raste mit

29. Biikebrennen

Der folgende Winter auf Föhr war ungewöhnlich kalt, der Frost hatte die Insel mit Minustemperaturen bis 15 Grad fest im Griff. Felder, Bäume und Reetdächer waren von einer dicken weißen Schneedecke überzogen. Im Wyker Hafen stauten sich die Eisschollen, die Fähren hatten Mühe, zum Festland durchzukommen.

Am Nachmittag des 21. Februar war es besonders kalt, und die rötlich-gelbe Sonne musste einige Himmelsschichten mehr als im Sommer durchdringen, weshalb die Lichttemperatur so warm wie in keiner anderen Jahreszeit war. Auch wenn man sich mehrere Pullover und Jacken übereinander anziehen musste, waren das für Insulaner die schönsten Momente auf Föhr.

Vor dem Polizeirevier am Hafen hatte sich eine Gruppe von annähernd fünfzig Menschen versammelt, die bibbernd und mit roter Nase auf einen Reisebus warteten, den Revierleiter Brockstedt bestellt hatte. Alle waren anwesend, die gesamte Familie Riewerts: Sönke, Maria und ihr Baby, Sönkes Mutter Geeske und sein Vater Harald, Regina, ihr Mann Holger und ihr gemeinsamer Sohn John, sogar Cord war mit seiner adretten Tochter Jade aus Frankfurt angereist. Jade hatte vor gut zwei Jahren die Insel als Gruftie ziemlich aufgemischt und war äußerlich kaum wiederzuerkennen, seit sie ihre Banklehre machte. Imkes Hausarzt Dr. Behnke war auch da sowie alle Beamten des Reviers, bis auf zwei, die Dienst hatten; Freunde und Bekannte von Imke, sogar Tamara und Carla waren aus Bottrop angereist, und natürlich waren die Bösingers aus Kiel samt Zwillingen dabei. Ach ja, und Kutschen-Hauke, der sich wieder gefangen hatte.

Der vorgeheizte Bus hielt vor dem Polizeirevier, alle huschten schnell hinein in die Wärme. Arne gab dem Busfahrer eine CD, die sofort eingeworfen wurde. Und so lieferten Cindy und Bert sowie ABBA den Soundtrack für die Tour. Arne, Dr. Behnke und fünf andere Passagiere hatten riesige Bowletöpfe auf dem Schoß, den größten hatte Revierleiter Brockstedt. Alle hatten sie genau darauf geachtet, dass viel Rumtopf zum Weißwein kam.

Der Bus musste wegen Schneeverwehungen in der Marsch einen Umweg nehmen, die Landschaft hatte durch den Raureif vollkommen ihren Ausdruck verändert, Eis und Frost formten aus Zäunen und Büschen im Sonnenlicht ein weißes Märchenrelief. Diesen Anblick würde keiner von ihnen je vergessen.

Der Bus hielt am Deich.

Dahinter, am Dunsumer Strand, wurde das riesige Feuer, die «Biike», von Feuerwehrleuten entzündet. Haushohe Flammen schlugen aus dem Holz, dahinter lag das Meer im zarten Rot des Sonnenuntergangs. Zu den Gästen aus dem Bus kamen noch Dorfbewohner und einige Touristen hinzu, die extra zu diesem Ereignis angereist waren.

Das traditionelle Biikebrennen auf Föhr findet seit Jahrhunderten am 21. Februar statt, früher wurden damit die Walfänger verabschiedet. Die zurückbleibenden Frauen zündeten die Feuer entlang des Strandes an, um ihren Männern noch lange sicheres Geleit zu geben. Schon Wochen vorher wurden riesige Holzhaufen am Strand zusammengetragen. In manchen Dörfern wurde eine Strohpuppe verbrannt, woanders stellte man auf die Biikespitze ein altes Holzfass; wenn es fiel, war der Winter vorüber. Heute bestand das Biikefeuer meist aus alten Weihnachtsbäumen und Gestecken, die bis zum Biikebrennen aufgehoben wurden, viele schnitten in der Zeit ihre Gartenbüsche, um die Zweige hier zu verbrennen.

In der Mitte, ganz dicht vorm Feuer, saß Oma in einem Rollstuhl. Christa und Ocke hatten sie in ganz viele Daunendecken eingewickelt, sie war kaum zu erkennen. Ihre Augen strahlten in die mächtigen Flammen, sie war die ungekrönte Königin der Veranstaltung. Familie und Freunde standen um sie herum, Sönke und Maria mit der kleinen Anna Imke im Kinderwagen, Arne und Regina, Ocke, Christa, Gerald Brockstedt und viele mehr.

Nach dem Rundflug war Oma in einen tiefen Schlaf gefallen, mehrere Tage lang, sodass sich alle große Sorgen um sie gemacht hatten. Die Familie hatte sie ins Inselkrankenhaus gebracht, wo alles für sie getan wurde. Oma wachte nach fast einer Woche wieder auf, es ging ihr gut, sie fühlte sich wohl.

Aber sie konnte nicht mehr sprechen. Oder mochte nicht mehr.

Natürlich hätte man noch eine Menge aufwendiger Untersuchungen durchführen lassen können, um herauszubekommen, woran das lag. Aber das wollte ihre Familie ihr nicht zumuten. Jeden Tag war mindestens einer von ihnen bei ihr in Dunsum und unterstützte Christa und Ocke bei ihrer Pflege. Alle machten mit, Arne, Sönke, Maria, Regina. Sönke hatte Wände und Decke ihres Zimmers mit Fotos aus allen Epochen ihres Lebens beklebt, von der Kindheit bis zu ihren Kindern und Enkeln. Aber in der Mitte klebte ein großes Foto von der kleine Anna Imke, das Oma jeden Tag stundenlang verliebt anschaute. Ansonsten gehörte sie weiter selbstverständlich dazu, sie wurde immer mitgenommen, wenn es etwas zu unternehmen galt.

Nur dass sie eben nicht redete. Aber dadurch achteten alle noch viel mehr darauf, dass es ihr gut ging.

Noch war es hell, die tiefliegenden Winteraugen der Zuschauerinnen und Zuschauer waren berührt davon, dass die Sonne einen rosa Streif an den Himmel zauberte. Man schaute über das gefrorene Wattenmeer, das im Winter ganz sich selbst gehörte, drüben auf Sylt waren ebenfalls große Biikefeuer zu erkennen. Durch die Biike wurden die Insulaner mit Zeiten und Menschen verbunden, die zwar längst vergessen waren, aber die Energie der Vorfahren war für alle in diesem Moment spürbar. Gegen halb acht war es stockdunkel, nur das Feuer glühte noch.

Dann wurde in der Dunsumer WG gefeiert. Der gecharterte Bus sollte dafür sorgen, dass alle viel trinken konnten und die anschließende Transportfrage geklärt war. Sämtliche Mäntel wurden in Ockes Zimmer aufs Bett geworfen, überall waren Kerzen aufgestellt. Christa und Ocke hatten in der Küche das traditionelle Grünkohlessen nach der Biike gekocht. Ja, und sie waren tatsächlich zusammengekommen und waren immer noch schwer verliebt. Ihre Reise nach Grönland hatten sie verschoben, in einem Monat sollte es losgehen: vier Monate ins ewige Eis, sie freuten sich jeden Tag mehr darauf. Für Imke war in der Zeit gesorgt. Ihre Familie war groß genug.

An langen Tischen im Flur und in den Zimmern servierten sie nun Grünkohl mit Kasseler und Kochwurst. Maria legte die kleine Anna Imke in den Schoß ihrer Urgroßmutter, wo sie sich wohlig streckte. Und dann wurde gefeiert, wie es Imke gefiel: mit großen Mengen Alkohol und Cholesterin.

POLARIS

«Ein Roman, der zu Tränen rührt!»

(Daily Express)

Louisa Clark weiß, dass sie gerne als Kellnerin arbeitet
und dass sie ihren Freund Patrick nicht liebt.
Sie weiß nicht, dass sie schon bald ihren Job verlieren wird.

Will Traynor weiß, dass es nie wieder so sein wird,
wie vor dem Unfall. Und er weiß, dass er dieses neue
Leben nicht führen will.
Er weiß nicht, dass er schon bald Lou begegnen wird.

Eine Liebesgeschichte, anders als alle anderen.

Ro 165/1 · Rowohlt online: www.rowohlt.de · www.facebook.com/rowohlt

rororo Polaris 26703

Ein Roman voller Charme, Sehnsucht und Gefühle

Nur ungern kehrt Kati zurück in die Lüneburger Heide. Zu schmerzhaft sind die Erinnerungen an den Tod ihrer Zwillingsschwester. Was genau damals geschah, weiß niemand. Nun muss sich Kati um den familieneigenen Gasthof kümmern. Der Vater liegt im Krankenhaus, die Großmutter wird alleine mit Küche und Gästen nicht fertig. Gemeinsam hauchen sie dem Heidehof neues Leben ein.

Bestsellerautorin Sofie Cramer berührt mit einer Geschichte aus ihrer Heimat.

Ro - 008/1 · Rowohlt online: www.rowohlt.de · www.facebook.com/rowohlt

rororo 25774

KINDLER

Zusammen wohnt man besser als allein.

Ferdinand lebt allein auf seinem großen Bauernhof.
Nach einem heftigen Gewitter ist das Dach seiner
Nachbarin Marceline eingestürzt. Ferdinand nimmt sie bei sich
auf.Nach und nach kommen immer mehr dazu, ein Jugend-
freund, zwei kopflose alte Damen, eine Krankenschwester in
Not, ein verträumter Student und viele Tiere. Doch was ist mit
Paulette?

**«Ein anrührender Appell an die Solidarität
zwischen den Generationen.»
(Le Nouvel Observateur)**

Ro 158/1 · Rowohlt online: www.rowohlt.de · www.facebook.com/rowohlt

Auch als
E-Book

Barbara Constantine

Und dann kam
Paulette ROMAN

KINDLER

ISBN: 978-3-463-40641-1

Das für dieses Buch verwendete FSC®-zertifizierte Papier
Creamy liefert Stora Enso, Finnland.